O NOVO TEMPO DO MUNDO

COLEÇÃO
ESTADO de SÍTIO

coordenação Paulo Arantes

OUTROS TÍTULOS LANÇADOS

Até o último homem
Felipe Brito e Pedro Rocha de Oliveira (orgs.)

Bem-vindo ao deserto do Real!
Slavoj Žižek

Brasil delivery
Leda Paulani

Cidades sitiadas
Stephen Graham

Cinismo e falência da crítica
Vladimir Safatle

Comum
Pierre Dardot e Christian Laval

As contradições do lulismo
André Singer e Isabel Loureiro (orgs.)

Ditadura: o que resta da transição
Milton Pinheiro (org.)

A era da indeterminação
Francisco de Oliveira e Cibele Rizek (orgs.)

Estado de exceção
Giorgio Agamben

Evidências do real
Susan Willis

Extinção
Paulo Arantes

Fluxos em cadeia
Rafael Godoi

Guerra e cinema
Paul Virilio

Hegemonia às avessas
Chico de Oliveira, Ruy Braga e Cibele Rizek (orgs.)

A hipótese comunista
Alain Badiou

Mal-estar, sofrimento e sintoma
Christian Ingo Lenz Dunker

A nova razão do mundo
Pierre Dardot e Christian Laval

O novo tempo do mundo
Paulo Arantes

Opus Dei
Giorgio Agamben

Poder e desaparecimento
Pilar Calveiro

O poder global
José Luís Fiori

O que resta da ditadura
Edson Teles e Vladimir Safatle (orgs.)

O que resta de Auschwitz
Giorgio Agamben

O reino e a glória
Giorgio Agamben

Rituais de sofrimento
Silvia Viana

Saídas de emergência
Robert Cabanes, Isabel Georges, Cibele Rizek e Vera S. Telles (orgs.)

São Paulo
Alain Badiou

Tecnopolíticas da vigilância
Fernanda Bruno, Bruno Cardoso, Marta Kanashiro, Luciana Guilhon e Lucas Melgaço (orgs.)

O uso dos corpos
Giorgio Agamben

Videologias
Maria Rita Kehl e Eugênio Bucci

Videologias
Maria Rita Kehl e Eugênio Bucci

coleção
ESTADO de SÍTIO

PAULO ARANTES

O NOVO TEMPO DO MUNDO
E OUTROS ESTUDOS SOBRE A ERA DA EMERGÊNCIA

Copyright © Boitempo Editorial, 2014
Copyright © Paulo Eduardo Arantes, 2014

Coordenação editorial Ivana Jinkings
Editora-adjunta Bibiana Leme
Assistência editorial Thaisa Burani
Preparação Sara Grünhagen (com exceção do capítulo "Depois de junho a paz será total", por Mariana Tavares)
Revisão Mariana Tavares
Capa David Amiel (sobre foto de Mídia NINJA, protestos contra a Copa das Confederações em Belo Horizonte, junho de 2013)
Diagramação Antonio Kehl
Coordenação de produção Juliana Brandt
Assistência de produção Livia Viganó

CIP-BRASIL. CATALOGAÇÃO NA PUBLICAÇÃO
SINDICATO NACIONAL DOS EDITORES DE LIVROS, RJ

A683n
    Arantes, Paulo Eduardo, 1942-
    O novo tempo do mundo: e outros estudos sobre a era da emergência / Paulo Eduardo Arantes. - 1. ed. - São Paulo : Boitempo, 2014.
(Estado de Sítio)

ISBN 978-85-7559-367-7

    1. Filosofia. 2. Filosofia - Estudo e ensino. I. Título. II. Série.

14-10484   CDD: 100
                                                                          CDU: 1

É vedada a reprodução de qualquer parte
deste livro sem a expressa autorização da editora.

1ª edição: abril de 2014;
1ª reimpressão: outubro de 2014; 2ª reimpressão: maio de 2019;
3ª reimpressão: fevereiro de 2025

BOITEMPO
Jinkings Editores Associados Ltda.
Rua Pereira Leite, 373
05442-000 São Paulo SP
Tel.: (11) 3875-7250 / 3875-7285
editor@boitempoeditorial.com.br | boitempoeditorial.com.br
blogdaboitempo.com.br | youtube.com/tvboitempo

SUMÁRIO

Prefácio: Um intelectual diante da barbárie 9
   Marildo Menegat

1
O novo tempo do mundo 27

2
Sale boulot 101
Zonas de espera 141
Alarme de incêndio no gueto francês 199

3
1964 281
Tempos de exceção 315

4
Em cena 331
Um prólogo 341

5
Depois de junho a paz será total 353

Fontes dos textos 461
Obras do autor 463

Ao sangue bom que há treze anos circula nas noites de quarta.

Nota da edição

Nas citações de obras estrangeiras, quando não indicado seu equivalente nacional, a tradução foi livre, feita pelo próprio autor.

PREFÁCIO

Um intelectual diante da barbárie

Marildo Menegat

> E ele atento esperava
> numa faísca, num instante,
> a senha de virar o mundo pelo avesso.

1

É difícil definir com alguma precisão o gênero da prosa de Paulo Arantes. Se incorporarmos lições de escritos seus anteriores, persistências temáticas e outros indícios, podemos pensar que é uma das formas possíveis da teoria crítica, quando o mundo já não se apresenta em linhas bem armadas de encadeamentos progressivos quase óbvios. Por certo é o resultado de experiências definidoras de um processo em cascata de transformações somente esperadas por quem olhava o futuro pelo espelho retrovisor. Esse processo foi a articulação de três atos separados por um tempo curto, cuja unidade demoramos a perceber: o fim da era das revoluções modernizadoras na periferia, que a contrarrevolução preventiva de 1964 assinalou para a América Latina; a materialização desse estreitamento de expectativas no centro, com a derrota do Maio de 1968 e a tempestade de gelo que o sucedeu; e, por fim, a crise sinalizadora dos limites lógicos do capitalismo, iniciada por volta de 1973. Desde então, a história da humanidade tem sido, quando não se está para cortinas de fumaça, uma contínua catástrofe social e ecológica[1]. Sem

---

[1] Duas cenas em nossa memória recente ilustram o que aqui vai dito: um dia nem tão memorável em que Lula, Cabral e Paes em Copenhague, e uma multidão nas areias de Copacabana, festejaram no mais explícito estilo *new* janota-populista a escolha do Rio como sede das Olimpíadas de 2016, e a inusitada situação do mesmo anúncio feito recentemente da sede dos Jogos Olímpicos de 2020. No primeiro caso,

meias palavras: uma crise brutal do outrora chamado processo civilizador – no qual até mesmo parte da esquerda tradicional embarcou sem muitas restrições afora o desejo de universalizá-lo.

2

Pensar e dar forma a uma experiência regressiva vivida desde a periferia de um sistema-mundo em desmonte obriga a fazer exercícios heterodoxos e atentos de experimentos intelectuais. As antigas disciplinas do conhecimento, fundadas a partir das exigências da vida intelectual dos países centrais, há muito perderam o fio de realidade que ainda retinham em seus conceitos. Numa época em que, como observou Roberto Schwarz, "em lugar da almejada europeização ou americanização da América Latina, assistimos à latino-americanização das culturas centrais"[2], algo como um *novo tempo do mundo* parece mesmo estar em curso. No período anterior, pensavam-se as disparidades das formas socioeconômicas e culturais entre centro e periferia a partir de um referente do processo histórico dado pelo centro; agora, quando a brasilinização[3] das sociedades anda acelerada pelo planeta, esse esforço de pensamento passa a encontrar na periferia o seu modelo. Longe de essa afirmação compor um mero efeito retórico, tal reposicionamento histórico-filosófico do relógio do mundo implica, entre outras coisas, pensar no (e o) limite de uma forma dialética transtornada, em que o ponto da contradição em que a realidade se reproduz não oferece mais qualquer impulso que não seja o de um estado de emergência generalizado. Ao invés

---

uma falsa – que a rebelião de junho de 2013 não nos deixe esquecer – sensação de segurança em que o *crash* ainda quente da economia mundial foi tomado pelos personagens em questão por uma "marolinha"; e, no segundo caso, a definição da sede por exclusão: a candidatura de Istambul foi preterida porque a cidade está a alguns quilômetros do olho do furacão que arrasa o Oriente Médio, a de Madri porque é a capital dos Indignados, ramo imediatamente anterior da mesma espécie de protestos que ocupou a praça Zuccotti nas proximidades de Wall Street, em Nova York, e, ao que parece, faz parte da mesma disposição que, da chamada Primavera Árabe às ruas do Brasil, tem incendiado o planeta com protestos, e, por fim, a de Tóquio, que apesar de escolhida, é sempre bom lembrar, está a não muitos quilômetros da radiação em expansão do acidente nuclear de Fukushima. De fato, todos os lugares do mundo andam muito perigosos...

[2] Roberto Schwarz, *Que horas são?* (São Paulo, Companhia das Letras, 1987), p. 36.
[3] Paulo Eduardo Arantes, *Zero à esquerda* (São Paulo, Conrad, 2004), p. 30s.

da contradição em que a realidade se desdobra trazendo o novo no seu interior, ela traz apenas a dissolução da velha sociedade. A dinâmica modernizadora de um desenvolvimento desigual e combinado que nos ajudou a pensar no passado, da qual nasceram as teorias e situações revolucionárias que até então nos moveram, feneceu. A perda do impulso não decorreu de uma falha da formação de consciência ou do dilema mortal da crise de direção da humanidade, mas do esgotamento da substância social que em suas metamorfoses empurrou a sociedade burguesa para todos os cantos do mundo e organizou objetivamente a matéria de uma experiência comum. O açoite que obrigava os países atrasados a "saltar etapas", como dizia Trotski, recolheu-se à verdade que nele latejava desde sempre: um exercício vazio de sacrifícios em massa. Como se fossem espantalhos de um tempo futuro que não veio, as marcas do *colapso das promessas de redenção do Terceiro Mundo* assombram, ao permanecer espalhadas pelo cotidiano e devidamente guardadas por urubus de sorriso cínico pousados sobre seus ombros. Obras que assinalavam a possibilidade de uma integração talvez menos violenta das classes subalternas à sociedade, ainda inacabadas e já em ruínas, servem de habitação improvisada para indivíduos dessas mesmas classes que não esperam de seus dias mais do que não morrer assassinados pela polícia. Não é nada estranha a esse contexto – antes o completa e aprofunda – a falência recém-decretada da cidade de Detroit, que foi num passado recente o símbolo máximo do fordismo e da sociedade norte-americana, literalmente o motor da economia hegemônica do capitalismo mundial, e que viu nos últimos trinta anos sua população se reduzir de 2 milhões de habitantes (uma ex-megaconcentração operária) para menos da metade (cerca de 700 mil, uma gigantesca "zona de espera" formada por significativo número de desempregados e *homeless*)[4].

---

[4] "Calcula-se que 40 mil casas, edifícios industriais e terrenos permaneçam sem ocupantes. A desvalorização dos preços da terra é tão grande que, no auge da crise das montadoras, alguns urbanistas chegaram a propor que os lotes desocupados fossem convertidos em áreas agrícolas, para a produção intensiva de alimentos" (Cláudio Gradilone, "Motor fundido: incapaz de pagar até mesmo os juros de uma dívida estimada em mais de US$ 16 bilhões, a cidade de Detroit, berço da Chrysler, Ford e GM, pede concordata", *IstoÉ Dinheiro*, 24 jul. 2013, p. 51. Disponível em: <http://www.istoedinheiro.com.br/noticias/124351_MOTOR+FUNDIDO>. Acesso em nov. 2013).

3

No quadro histórico da formação e expansão da sociedade burguesa como um sistema planetário de produção de mercadorias, dois aspectos compuseram e orientaram a compreensão crítica da experiência que a acompanhou: a reflexão sobre o espaço onde esta se realizava e o horizonte de expectativas que gerou. Essa foi a matéria que a dialética moderna organizou em conceitos depois da Revolução de 1789, acrescentando à auspiciosa aurora da liberdade a consciência à flor da pele das consequências desastrosas da defasagem histórica da periferia – no caso, a da Europa. Paulo Arantes mastiga essa matéria desde sempre. Não vem ao caso um comentário pormenorizado sobre *a ordem do tempo*, mas já naquela tese interpretativa de Hegel, a história dos "povos sem história", quando atingidos pelo domínio das nações europeias, terminava (com direito à premonição sobre o curso dessas mesmas nações) em ruínas[5]. Na Alemanha de meados do século XIX, essa interpretação dialética do tempo formulada enquanto filosofia da história por Hegel entrou em crise ao frustrar as expectativas de toda uma geração de jovens intelectuais dispostos a realizá-la, tornando-se desde então objeto de críticas. No balanço e nas perspectivas dos grandes acontecimentos que abalaram a Europa em 1848, reparos profundos nessa modalidade de teoria se tornaram inevitáveis. Diante do caráter limitado da emancipação humana na sociedade burguesa, após a perda de tão caras ilusões plantadas havia pouco pela burguesia revolucionária, fez-se necessária uma inversão no modo de pensar a matéria da dialética. Em outros termos, centro e periferia precisaram ser explicados e equacionados numa hierarquia de arranjos e círculos infernais mais rígida e resistente aos influxos das ideias e da vontade. Dessa forma, se ainda houve espaço para a modernização das nações periféricas por "outras vias", como a prussiana na unificação da Alemanha de 1871, isso se realizou ao preço do abandono do melhor das expectativas anteriores. Além do mais, o número de países que ingressaram no núcleo avançado das nações burguesas nunca passou de pouco mais de uma dezena – o que indica ser esse núcleo o limite lógico de um sistema de dominação, e não o espaço de realização dos ideais da revolução. Nos demais países excluídos do núcleo central, tais idealizações projetivas das expectativas do tempo somente funcionaram como imagens fora do lugar ou como novo

---

[5] Paulo Eduardo Arantes, *Hegel: a ordem do tempo* (São Paulo, Hucitec/Polis, 2000), p. 206s.

tipo de revolução, em que o tempo histórico para sua realização apenas se apresentou mais tarde. Por essa época, portanto, como Baudelaire assinalou em seu *As flores do mal**, algo de significativo na relação entre processo histórico e horizonte da experiência na sociedade burguesa estava desfeito.

Um argumento de peso contra essa *espera da humanidade por um grande dia*, ancorada numa filosofia da história de corte idealista, foi elaborado por Marx não muitos anos depois de 1848. A proposição de uma teoria crítica da economia política da sociedade burguesa, mesmo que em seu eixo essencial de uma crítica do fetichismo tenha ficado durante décadas às moscas, foi uma importante contribuição à compreensão de que a moderna sociedade produtora de mercadorias é regida por uma espécie inconsciente de dominação impessoal, da qual não se pode esperar qualquer movimento teleológico emancipatório ao fim de seu curso. A ocorrência do inverso, em que centro e periferia saltam sobre suas próprias sombras, açoitados pelos limites da acumulação de capital, é mais provável.

4

Contudo, a crise sem precedentes na história da humanidade, que se abriu com a Primeira Guerra Mundial, em 1914, foi aguçada com o *crash* de 1929 e generalizou a sanha destrutiva entre 1938 e 1945, liberou dois processos que pareciam desmentir as lições desabonadoras da filosofia da história depois de 1848. Um novo tipo de revolução ocorreu em 1917 na Rússia, reacendendo expectativas nos países excluídos do núcleo central de que o curso da história universal poderia não terminar em ruínas (sem detrimento de mistificações, essas expectativas, ao menos no início, foram antissistêmicas). E, mesmo nos países centrais, a institucionalização da "luta entre direito e direito" no imediato pós-Segunda Guerra contribuiu para mitigar a barbárie cotidiana desse tipo de sociedade. Foi um sopro de esperança de que a história poderia ser diferente, e de que bastava para isso que aquelas condições fossem meticulosamente repetidas em outros lugares. A "força do contra" que esses processos produziram constam como um legado importante da modernidade, porém parcialmente invalidado pelo arrefecimento dos ventos que insuflaram suas velas.

---

* Rio de Janeiro, Nova Fronteira, 2006. (N. E.)

5

O estado de horrores produzido pelo nazifascismo foi tendencialmente lido como particularidade patológica da modalidade tardia de modernização do centro – um subproduto da via pelo alto em que esse processo se realizou na Alemanha, na Itália e no Japão. Não se viu nele um sintoma comum à forma social em que indivíduos associados coativamente são reduzidos à realização de funções imperativas determinadas por leis sociais naturalizadas. O trabalho sujo – um conceito de que Paulo Arantes faz uso e desenvolve com impressionante densidade e capacidade explicativa[6] – de milhares de respeitáveis cidadãos alemães, que tornou viável o regime de exceção e a eliminação de 6 milhões de pessoas com procedimentos burocráticos zelosos e forças produtivas industriais poderosas, não seria explicável sem o fundamento que sustenta a existência do capitalismo. Sem eliminar do resultado final o peso de fatores como a cegueira que a razão instrumental produz e as particularidades da formação dessas nações, parece que esse processo foi urdido pela conjunção de uma sociabilidade fundada no trabalho e o trauma da crise econômica e social do entreguerras, ou seja, imposição dominadora dos mecanismos funcionais da sociedade e adesão subjetiva produzida pelo medo que a dissolução das relações sociais cria.

O trabalho no capitalismo, como sabemos, é uma atividade orientada para fins em que seus agentes pouco sabem das consequências do que produzem, mas sentem-se obrigados a prosseguir até sua conclusão. Sua finalidade pressuposta e determinante é uma abstração: o "dispêndio produtivo de cérebro, músculos, nervos, mãos etc."[7]. para a transformação de valor em mais-valor a ser acumulado e, para isso, investido em novos meios de produção etc. A mortificação de um ritual movido pelo sentido tautológico macabro de transformar D em D'. Ninguém precisa ter o conhecimento que um astrônomo tem do Sol para reconhecer sua importância e aproveitar sua força para produzir alimentos. Sem ele, a vida na Terra não existiria. É a certeza de que amanhã ele apontará no horizonte, produzindo as mesmas "róseas auroras" do tempo de Homero, que orienta em parte a previsibilidade da atividade de todos. Os ciclos da natureza no capitalismo

---

[6] Cf. Paulo Eduardo Arantes, "*Sale boulot*", p. 101-40 deste volume.

[7] Karl Marx, *O capital: crítica da economia política*, Livro I (São Paulo, Boitempo, 2013), p. 121.

são domesticados e adequados aos ciclos cada vez mais rápidos e fugazes da acumulação. Nunca nos perguntamos (afora Hume!) o que faríamos se o Sol não aparecesse amanhã. Contudo, em diversas manhãs da história do capitalismo do século XX, o sistema tautológico de transformação de valor em mais-valor colapsou – como na hiperinflação dos anos 1920 na Alemanha ou na Quinta-Feira Negra, em outubro de 1929 nos Estados Unidos[8]. O que seria a vida numa sociedade que naturaliza essa atividade reflexa quando seu sentido não pode mais objetivamente se reproduzir? Talvez algo como o fim do mundo.

Tanto na Europa como nos Estados Unidos do entreguerras, essa experiência foi vivida com toda a intensidade do horror com que ela se apresenta aos indivíduos abstratos que essa sociedade produz. Na medida em que vivem na escuridão de uma solidão imposta, se as funções do mecanismo social que os chama para fora de casa falham, resta-lhes não mais do que, por um movimento inercial dessa mesma mecânica, deprimir-se. Voltar à vida, sentir novamente o calor dos raios do Sol, ocorreu, segundo Homero, até a Aquiles, que nas entranhas do Hades aproveitou uma visita de Ulisses para lhe confessar que esse era seu maior desejo e que, para tal, se possível fosse, aceitava até mesmo ser o mais desprezível dos servos. Ante a morte social de milhões de indivíduos abstratos, que resultou da grande crise do capitalismo de 1914-1929, quando a sociabilidade reificada perdeu a força dinâmica de seu fundamento, esses mesmos indivíduos na Alemanha aceitaram voltar a existir como mortos-vivos, ainda que para isso tivessem de levar à morte biológica, num homérico trabalho sujo, milhões de outros

---

[8] A Quinta-Feira Negra, 24 de outubro de 1929, pode ser estudada como caso exemplar de pânico coletivo produzido por um colapso econômico. A flauta doce da especulação parou repentinamente, depois de desafinar por meses a fio. Em torno de 12 milhões de ações mudaram de mãos naquele dia: "Às onze horas da manhã, o mercado havia degenerado em um tumulto enlouquecido de vendedores" (John Kenneth Galbraith, *1929: a grande crise*, São Paulo, Larousse do Brasil, 2010, p. 102). A expressão das pessoas não era de dor, sofrimento, mas de "incredulidade horrorizada" (ibidem, p. 103). O desastre total, de fato, começou na segunda-feira, 28 de outubro. O caráter sistêmico da economia, sua sinergia de grandes grupos econômicos centralizados, fez com que a quebra prosseguisse em efeito dominó, arrastando a todos. Não se tratava apenas da falência de uma ou mais empresas importantes, mas de uma crise do sistema. Poucas pessoas, em relação à população total, participaram da festa especulativa da Bolsa de Valores, porém ninguém que vivia nos Estados Unidos naqueles dias, e por anos, saiu ileso do *crash* de 1929.

indivíduos identificados com um povo ou religião ou ideário arcaicos em relação ao curso do espírito objetivo que lhes devolvia à vida.

E mesmo a economia norte-americana somente saiu do poço da crise de 1929 quando o esforço de guerra total foi empreendido por Roosevelt, a partir de 1941. Desse modo, afora os pronunciamentos heroicos de praxe, por honra e glória de um país que fazia o sacrifício de salvar a humanidade de seu mergulho recente na mais densa barbárie, o capitalismo norte-americano, e, por conseguinte, o sistema-mundo dele derivado, apenas voltou a se reconstruir graças à aventura nazifascista. Em resumo, sem a guerra – e o "trabalho sujo" do Holocausto que dela fez parte –, a trégua na recaída da barbárie que foram os trinta anos gloriosos após a Segunda Guerra Mundial teria sido inviável.

6

Essa história retorna agora com toda a força. O novo tempo do mundo se inicia com o fim da trégua, fazendo com que tempo e espaço se condensem e se separem numa dinâmica desigual. Como observa Paulo Arantes no ensaio que dá título a seu livro: "Com essa colonização do Lugar pelo Fluxo, é a própria noção moderna de Progresso – e a temporalização da história que a tornou pensável – que literalmente vai para o espaço"*. A experiência entrou em apuros: aceleração e bifurcação do tempo e seleção espacial dos eleitos, ou seja, dos que tomaram carona neste galope – e querem desembarcar em alguma paisagem paradisíaca de resort; e os que não embarcaram (os de sempre) e por isso mesmo afundam em algum círculo infernal (zonas de espera) da ordenação do mundo em ruínas. Desde os anos 1970, a permanente expansão no "dispêndio produtivo de cérebro, músculos, nervos, mãos etc." encontrou limites. Tudo indica que esse longo período de crise, que se aprofundou dramaticamente em 2008, sinalize limites intransponíveis do sistema. O capital não consegue mais retirar da exploração do processo de produção a quantidade de mais-valor que sustentava a unidade de seus ciclos e ondas expansivas. A perversão do sistema, por isso, vai a todo vapor: desemprego em massa, trabalho escravo, terceirização-precarização e flexibilização com retirada de direitos, aumento

---

* Ver p. 62 deste volume. (N. E.)

e intensificação da jornada de trabalho numa brutalidade de fazer inveja ao coronel Kurtz – que nessas trevas era "descolado" –, assédio moral e mil atividades enlouquecedoras – como a venda de seguros de vida "para toda a família", de tal sorte que alguém sempre ganha quando o outro morre – e, por fim, as funções policiais numa dimensão que "o Ocidente democrático" nunca viu em tempos de paz.

Para tentar sair desse beco, entre outros expedientes, o recurso do trabalho sujo já foi acionado. São mercenários para toda obra: de invasores de países à formação armada de oposições, passando pela segurança privada dos que sempre apoiam qualquer guerra – por razões humanitárias, por certo! Essas mesmas funções estão implícitas no combate ao comércio de mercadorias ilícitas e no apoio aos milicianos, sem descuidar de uma contabilidade que não aparece nas estatísticas deste maravilhoso mundo novo (ou será apenas um novo tempo?), que é a proporção, com a densidade de um estado de sítio, do número de policiais por cidadãos. Para se ter uma vasta ideia dessa situação basta levar a sério dois dados: a Polícia Militar de São Paulo tem um contingente de aproximadamente 100 mil soldados; no Rio, já são 60 mil e o governo, nos últimos 6 anos, passou orgulhoso da contratação de 500 soldados por ano para 6 mil[9]. Não reside aqui uma questão moral. O fato é que eles são modos de organização de atividades remuneradas (trabalho assalariado) para escorar um mundo que desaba. Trabalho sujo para suster um tempo de emergência, diria Paulo Arantes. Contra isso, a classe média branca, sempre tão indignada, nada tem a declarar. Observe o leitor que a motivação da aceitação deste mundo de horrores é o horror de que este mundo pare de funcionar, ou seja, que o feitiço que o sustenta chegue finalmente ao seu desencanto.

7

Para onde vai a filosofia da história nesse fio de pólvora? Não são necessários grandes rodeios para perceber que a "atualidade da revolução", no modelo que se pensou reproduzir depois do experimento (apenas) inicialmente bem-sucedido de 1917, voltou ao canteiro das ilusões perdidas aberto ainda em 1848. Também não será necessária muita prosa arrumada para

---

[9] Cf. Vera Malaguti Batista, "Uma guerra particular" (entrevista), *CartaCapital*, 8 jul. 2013.

mostrar que o caminho de Paulo Arantes é outro, sem ser exatamente o da crítica da economia política da sociedade burguesa, e sem desconhecer a contribuição desta na compreensão do modo inconsciente como se move a dominação neste tempo de regressões. Ele observa que, se é possível demonstrar a adesão subjetiva ao mecanismo de dominação, é possível ainda falar de escolhas feitas por esses agentes. Nesse caso, o processo social seria regido por um "quase" automatismo. A segunda natureza constitutiva da sociedade moderna dificulta seu entendimento imediato, mas não o inviabiliza. Essa situação tornaria possível conceber e dar sentido a uma modalidade de dialética negativa, que Paulo Arantes recolhe de algumas rápidas passagens de Hegel, como na *Filosofia do direito**, e que tem um sentido diferente daquela formulada por Adorno[10]. Ela não opera como uma crítica imanente, mas pelo esforço de formação de um campo de contradição organizado. Como crítica transcendente, ela é a *espera* de outra hipótese (como a comunista, por exemplo) de organização das relações sociais. Não se trata de corrigir o andamento da modernidade nem de resolver a contradição numa síntese superior, mas de reconhecer a impossibilidade desse processo social fundado na lógica abstrata da dominação por meio do acúmulo de trabalho abstrato de garantir sequer a existência física da humanidade.

Nesta altura da história da sociedade burguesa, não cabem mais no seu andar ideias que se inspiram em potencialidades ou promessas emancipatórias constituídas a partir de princípios dessa mesma sociedade e que ainda não teriam sido realizados. O comunismo não se mostra mais como uma forma social que sucede evolutivamente ao capitalismo, ampliando conscientemente a racionalidade de suas forças produtivas. Até mesmo estas se tornam agora um dos objetos centrais da crítica, pois não há a menor possibilidade de espera de um grande dia para a humanidade como resultado da realização do "princípio motor do conceito" enquanto produção de particularidades do universal dessa forma social[11]. O desgaste do

---

* São Paulo, Martins Fontes, 2009. (N. E.)

[10] O tema da dialética negativa em Paulo Arantes é uma indicação de Bento Prado Jr. Cf. "Prefácio: o pressentimento de Kojève", em Paulo Eduardo Arantes, *Ressentimento da dialética: dialética e experiência intelectual em Hegel* (Rio de Janeiro, Paz e Terra, 1996), p. 15.

[11] G. W. F. Hegel, *Principes de la philosophie du droit* (Paris, Tel-Gallimard, 1997), p. 71.

movimento contraditório da sociedade não criou a proximidade do novo, mas apenas um acúmulo de ruínas do velho. A espera nesse novo tempo do mundo, como já foi dito, é de outra ordem. Ela se efetiva no contrapé da autocontradição do mecanismo social, que realizou plenamente seu desenvolvimento incorporando e esvaziando outras formas (e esperas) de contradição, como a luta de classes ou aquela decorrente do desacordo entre o desenvolvimento das forças produtivas e as relações sociais de produção. O processo civilizador, que o capitalismo em alguns aspectos representou, entrou num estado agônico desde os anos 1970 e sobre o qual não pode saltar: como um vampiro, viveu sugando o mais-valor produzido pelo trabalho vivo; como burguês puritano, poupou em demasia esse mesmo trabalho que é sua razão de existir, modificando a composição orgânica do capital por meio do aumento de trabalho morto, a ponto de não mais poder criar satisfatoriamente o movimento de extração do mais-valor.

O sentido de fim de linha que esse estado de coisas cria não inviabiliza, antes reforça, a figura do intelectual do contra como um catalisador da compreensão do modo como tal contradição se apresenta, no que resta de disposição daquilo que um dia se chamou de experiência e sua expectativa emancipatória. Diante de um "abismo sem base e substância", segundo expressão de Bento Prado, sua capacidade raciocinante é, juntamente com a necessidade brutal que se coloca para amplos setores da sociedade – de que sua existência somente poderá se efetivar se algo de inteiramente outro para tal fim se criar –, um referencial crítico e organizador importante. A chave de "uma cultura de oposição e resistência", que essa modalidade da dialética negativa pressupõe, poderia talvez ser pensada em articulação com a hipótese formulada por Roberto Schwarz acerca de um novo papel a ser exercido pela cultura no contexto recente, em que a integração da sociedade brasileira – ou de qualquer outra sociedade – "perdeu o sentido, desqualificado pelo rumo da história": "A única instância que continua dizendo que isto aqui é um todo e que é preciso lhe dar futuro é a unidade cultural". Essa unidade funcionaria como "um antídoto para a tendência dissociadora da economia", sendo por isso "um elemento antibarbárie". O espírito de resistência e oposição organizada ocuparia esse lugar e seria forçado a criar novas formas, uma vez que "a economia deixou de empurrar em direção à integração"[12].

---

[12] Roberto Schwarz, *Que horas são?*, cit.

Seria válido conceber a cultura, como fez Benjamin, na perspectiva de que ela *também* guarda as marcas do seu inverso. Neste caso ela é igualmente o resultado de uma determinada divisão social do trabalho e da violência que a impôs e mantém. Na hipótese de ser um elemento antibarbárie, a cultura precisa ser apresentada como húmus que serve de parâmetro justamente para o que não é aceitável, num contexto em que o seu inverso se efetiva em diligente organização de atividades destrutivas com a adesão zelosa dos agentes nelas mobilizados[13]. Portanto, a observação de Schwarz, se não estou errado, vai por aquela brecha posta por Benjamin, mas inverte seu enunciado: para que a vida social ainda exista efetivamente é necessário que a cultura se volte abertamente contra as tendências dissolutivas e sirva de chão para a criação de algo novo. Este novo é resultado de uma longa espera que torna possível que o cultivo da espécie se realize de modo livre e consciente, portanto, para além das formas de atividades produtivas desta sociedade. A espera não seria, neste sentido, um conteúdo particular da cultura ou um momento ideal do passado, sem, contudo, ser indiferente a tal determinação. É principalmente a forma constitutiva de um campo de escolhas das capacidades de cultivo humano que a viabilizaria nessa dimensão de um elemento antibarbárie. Para que a escolha exista é necessário que a capacidade de produzir algo diferente esteja posta como viável para o campo da ação.

De volta a Paulo Arantes, é cara às suas elaborações a relação orgânica "de uma nova estirpe de intelectuais" com as classes populares. O modelo – emprestado de Gramsci – remonta ao processo histórico que liga a Reforma Protestante a um sentido ético presente nas melhores formulações do idealismo alemão[14]. A Reforma – incluindo a Revolução Puritana de 1640 e a Revolta Camponesa de Thomas Münzer – foi uma "revolução abortada", mas pôs em movimento uma ampla reforma intelectual. Um dos aspectos que deram força a esse movimento foi justamente a criação de uma espera contrária à continuidade da sociedade feudal colapsada, como também o fato de ser uma das primeiras resistências contra a nascente sociedade burguesa: foi quando a velha Europa permaneceu por instantes virada do avesso. Para criar novas relações sociais é necessário ter a disposição de fazer

---

[13] Esse sentido de limite fica bem nítido na pergunta-título (e no conteúdo) de uma das obras de Primo Levi sobre os campos de morte: *É isto um homem?* (2. ed., Rio de Janeiro, Rocco, 2013).

[14] Paulo Eduardo Arantes, *Ressentimento da dialética*, cit., p. 297-9.

escolhas que estão presentes e perfazem a própria matéria da cultura, que apenas foi apartada da atividade produtiva humana em razão da perversão do capitalismo que reduz o cultivo da espécie à contabilidade do acúmulo de riqueza abstrata. A noção de um "espírito configurador", espécie de niilismo ativo que atuou diante da crise do feudalismo, nada tem de absurda. No que vai dito, essa espera contrária à continuidade assume o sentido de uma pragmática em que a ação é o espaço de invenção do novo[15]. Cabe justamente a uma "cultura de oposição e resistência" preservar essa possibilidade.

8

Se analisarmos, numa outra direção, as características das ações empreendidas por Paulo Arantes, que são coerentes com as proposições de seus experimentos teóricos, podemos talvez encontrar sentido na ideia de que ele é um modelo de intelectual diante da barbárie. Tomarei apenas o exemplo do modo como ele realiza o debate público. Com uma trajetória acadêmica respeitada entre seus pares, que (no máximo) lamentam seu desperdício de talento com temas menores[16], ele recria os passos do que se poderia entender por um intelectual engajado na era do ocaso das utopias, ou, se preferirmos, um intelectual público pós-sartriano. É esse capital simbólico, para ficarmos nos termos de Bourdieu, que ele põe a serviço de algo pouco comum ao ambiente cultural brasileiro: a crítica demolidora. Ao contrário do intelectual tradicional, assim como do parecerista bem informado das agências de fomento, que se entregam aos temas sérios da moda e almejam a glória da obra aclamada, a matéria reflexiva de Paulo Arantes é antes a crítica de um presente vivido como insuportável[17]. Enquanto invenção de um lugar no debate público, o resultado é muito surpreendente. Dele

---

[15] "Com certeza, a emancipação ante o tradicionalismo econômico aparece como um momento excepcionalmente propício à inclinação a duvidar até mesmo da tradição religiosa e a se rebelar contra as autoridades tradicionais em geral. [...] a Reforma significou não tanto a eliminação da dominação eclesiástica sobre a vida de modo geral, quanto a substituição de sua forma vigente por uma outra" (Max Weber, *A ética protestante e o "espírito" do capitalismo*, São Paulo, Companhia das Letras, 2004, p. 30).

[16] Oswaldo Porchat, "Um ensaio brilhante de um intelectual maduro", *Novos Estudos*, São Paulo, Cebrap, n. 39, jul. 1994, p. 253.

[17] Cf. Benoît Denis, *Literatura e engajamento: de Pascal a Sartre* (Bauru, Edusc, 2002), p. 38-9.

emerge um tipo de intelectual negativo que combina excepcionalmente bem o momento destrutivo – ademais, posto em curso pela própria estrutura social, portanto parte constitutiva da realidade, do qual ele apenas aproveita o influxo – com o momento criador que deve retirar seus recursos de uma disposição, esta também negadora, que espera o grande dia (que pode ser hoje) de iniciar a ação de produzir outras formas de relações sociais[18]. A esses elementos seguem-se outros, como seu ensaísmo, que em certos momentos propicia a impressão de que ele está ironizando o modelo dissertativo da academia e em outros parece aquela fórmula brechtiana de pensar por meio de outros e com muitos ao mesmo tempo. Outro exemplo é o uso da entrevista como um gênero dialético revisitado, em que a amplitude com que mobiliza o conhecimento tem a força serena de uma vertigem. Nela, as respostas beiram a afronta ao entrevistador e o universo pequeno de suas perguntas. Contudo, isso não é nada pessoal, diz respeito à perspectiva – ou ausência – dos lugares que ocupam. Entrevistas são uma importante matéria remanescente do diálogo constituinte da esfera pública. No entanto, para o entrevistado, parece-me, está posta outra posição sem caminho de volta: a de aberto confronto com o conformismo e a adesão de uma sociedade sitiada, que apenas se sustenta por meio das inúmeras atividades sujas da administração da barbárie. O debate que se trava nessas entrevistas, no *décalage* a que o entrevistado submete o entrevistador, aponta precisamente para uma contraesfera pública – que Paulo Arantes pode enunciar de dentro da esfera pública atual. Num último ato desta rápida caracterização, diria que ele é uma das mais interessantes e fortes influências entre uma jovem intelectualidade que vem crescendo – em todos os sentidos – e se agitando. São intelectuais que trabalham e vivem em situações precárias e encontram em movimentos sociais – muito pouco em partidos – um espaço de protesto, socialização e elaboração de uma nova linhagem da crítica radical. Esses jovens estão em relações orgânicas com as massas que primeiro sentiram o desmoronamento da periferia do capitalismo.

---

[18] Um bom exemplo desse tema pode ser conferido em Paulo Arantes, "Tarifa zero e mobilização popular", em Blog da Boitempo, 3 jul. 2013. Disponível em: <http://blogdaboitempo.com.br/2013/07/03/tarifa-zero-e-mobilizacao-popular/>. Acesso em nov. 2013.

Epílogo

Uma nota encorajadora perante algumas dificuldades que a leitura dos ensaios deste livro pode gerar: a escrita acelerada – na qual um piscar entre texto e nota de rodapé faz o espaço e o tempo se ampliarem em visadas de tirar o fôlego e, na volta, já sem termos certeza de sermos ainda os mesmos sujeitos da experiência, entre a sensação de estarmos perdidos e protegidos por um cinto de segurança impreciso, determinado por linhas retas de escrita, o mundo torna a galopar em raciocínios desconcertantes de achados no mínimo brilhantes – tem algo a ver com a representação possível do que ainda resta de real na realidade (Debord). É exatamente com esse resto que temos de nos haver.

1

O NOVO TEMPO DO MUNDO

A experiência da história numa era de expectativas decrescentes

1

World time

    Costuma-se atribuir a origem da expressão *world time* a um livro de assunto um tanto remoto – conflitos sociais na China medieval –, *Conquerors and Rulers*, de Wolfram Eberhard[1]. Em sua acepção de estreia no repertório historiográfico, tal conceito sugeria a existência de algo como um clima internacional, suficientemente persuasivo para influenciar escolhas sociais e decisões políticas em arenas locais mais restritas. Fosse outro o "tempo do mundo", a dose de brutalidade implicada na decolagem econômica do Japão, em fins do século XIX, por exemplo, não se beneficiaria do "clima" mundial que de certo modo a favoreceu[2]. Subsidiariamente, trata-se de uma questão de método: a ideia de um "tempo mundial" cortaria pela raiz a tentação de comparações excessivas entre períodos ou experiências históricas particularmente afastados uns dos outros, não obstante analogias estruturais à primeira vista irrecusáveis. Em suma, um demarcador de época que permite comparar e se comparar[3]. Por esse fio comparatista puxará Immanuel Wallerstein, ao mencionar de passagem o conceito e seu autor na introdução do primeiro volume do *Modern World-System*. A seu

---

[1] Wolfram Eberhard, *Conquerors and Rulers: Social Forces in Medieval China* (Leiden, Brill, 1970).

[2] Estou me apoiando na breve notícia de Zaki Laïdi, cujo interesse pelo tema logo entenderemos. Cf. Zaki Laïdi, *Un monde privé de sens* (Paris, Hachette/Fayard, 2001/1994), p. 270-1.

[3] Ibidem, p. 271.

ver, o que Wolfram Eberhard batizou de *world time* nada mais era do que o contexto mundial de uma época determinada, de sorte que, num exemplo nem tão a esmo assim, França do século XVII e Índia do século XX, mesmo compartilhando certas características estruturais, permaneciam incomparáveis na medida em que os respectivos contextos mundiais não poderiam ser mais distantes[4]. A distinção era menos corriqueira do que parece: a noção de "tempo mundial" permitia contornar o absurdo de comparar incomparáveis, evitando igualmente as ciladas comparatistas armadas pelo ponto de vista das "modernizações", das "defasagens" etc. Tratava-se, afinal, de aproximar ou afastar industrializações, revoluções etc., enquanto processos ou acontecimentos histórico-mundiais. Como se dizia antigamente, quando era outro, aliás, o Tempo do Mundo. E outra também a exigência de compreensão da mudança social substantiva na origem do mundo moderno. Enfim, nova menção do autor e do conceito[5], ainda nos mesmos anos 1970 em que o antigo tempo do mundo estava começando a expirar – seja dito para adiantar um pouco o argumento –, encontra-se no estudo de Theda Skocpol sobre as relações entre Estado e Revoluções Sociais, justamente uma análise comparativa entre França, Rússia e China[6]. No caso, a dimensão em que as revoluções transcorrem e modelos específicos que se deixam contagiar a distâncias históricas em princípio intransponíveis.

Le temps du monde

No limite, esse breve certificado de origem seria dispensável não fosse um lapso de Braudel, que simplesmente declara, na abertura do terceiro e último volume de *Civilização material, economia e capitalismo*, que o seu título, *Le temps du monde*, se inspira livremente na "feliz expressão"

---

[4] Immanuel Wallerstein, *The Modern World-System I: Capitalist Agriculture and the Origins of the European World-Economy in the Sixteenth Century* (Nova York, Academic Press, 1974), p. 6-7.

[5] Acompanhando, como indicado, a reconstituição de Zaki Laïdi, que, por seu turno, como se verá com detalhe mais adiante, relançará a noção de *world time* justamente num "contexto mundial" totalmente modificado. Cf., p. ex., "Le temps mondial comme événement planétaire", em Zaki Laïdi (org.), *Le temps mondial* (Bruxelas, Complexe, 1997).

[6] Theda Skocpol, *States and Social Revolutions: A Comparative Analysis of France, Russia and China* (Cambridge, Cambridge University Press, 1979), p. 23-4.

de Wolfram Eberhard, *world time*[7]. Até aqui nada de mais, se não fosse o tal lapso. No artigo de 1958 para os *Annales* sobre a *longue durée* – como esquecer? –, o próprio Braudel introduzira a expressão *tempo do mundo* para melhor destacar a originalidade do historiador quando confrontado, por exemplo, com os cientistas sociais, como o seu amigo Georges Gurwitch, segundo o qual cada realidade social decanta seu tempo, suas escalas de tempo. "Mas que ganhamos nós, historiadores, com isso? A imensa arquitetura dessa cidade ideal permanece imóvel. A história está ausente dela. O tempo do mundo, o tempo histórico, está aí, mas, como o vento no país de Éolo, encerrado num odre."[8]

---

[7] Fernand Braudel, *Le temps du monde: civilisation matérielle, économie et capitalisme, XVe-XVIIIe siècle: le temps du monde* (Paris, Armand Colin, 1979), v. III [ed. bras.: *Civilização material, economia e capitalismo, séculos XV-XVIII: o tempo do mundo*, trad. Telma Costa, São Paulo, Martins Fontes, 1996, v. III].

[8] Idem, "Histoire et sciences sociales: la longue durée", em *Écrits sur l'histoire* (Paris, Flammarion, 1969), p. 79. Para um comentário desse esquecimento, mas não só, ver François Fourquet, "Um novo espaço-tempo", em Yves Lacoste (org.), *Ler Braudel* (Campinas, Papirus, 1989), p. 83, n. 7. Se escavarmos mais fundo, encontraremos "*le temps du monde*" em 1943, tematizado no capítulo sobre a transcendência em *O ser e o nada*, de Sartre. Mas ainda não é preciso chegar a tanto, embora Braudel fosse leitor de Sartre, mas do Sartre político libertário, contraditor público da "dominação de um homem sobre outro homem" (Fernand Braudel, *Le temps du monde*, cit., p. 544). Que, a seu ver, sonhava alto demais: "Deve-se quebrar a hierarquia, a dependência de um homem em face de outro homem? Sim, disse Jean-Paul Sartre em 1968, mas será verdadeiramente possível?" (Fernand Braudel, *A dinâmica do capitalismo*, Rio de Janeiro, Rocco, 1987, p. 63). É que o capitalismo – a simbiose do poder político com os donos da riqueza monetária, na acepção heterodoxa que lhe emprestou Braudel – tem necessidade de uma hierarquia, ou melhor, assim como o capitalismo não inventou o mercado e o consumo, ele não inventa as hierarquias; pelo contrário, estas o precedem e o comandam de antemão. Daí o fracasso do socialismo real: não basta suprimir a hierarquia econômica, supondo-se que isso tenha ocorrido. A lembrança dessa conceituação braudeliana bem conhecida não é assim tão ociosa, como poderia parecer à primeira vista. O *novo tempo do mundo*, em busca do qual nos pusemos em campo, bem pode ser a fonte primária de novas hierarquizações, por sua vez espinha dorsal de um novo regime de acumulação de riqueza e poder. É o caso de uma "aristocracia da velocidade", por exemplo – identificada por Paul Virilio nos idos de 1970 (cf., do autor, *Velocidade e política*, São Paulo, Estação Liberdade, 1996), antevisão da sociedade de duas velocidades com a qual se defrontariam os franceses ao término dos trinta anos gloriosos de crescimento e concertação social.

Todavia, do artigo ao livro que encerra a trilogia, o conceito se especificou. Mas não apenas por recobrir a história econômica do mundo entre os séculos XV e XVIII, pois agora se trata de saber em que "hora do mundo" nos encontramos. Ao contrário do que sua amplitude dá a entender, esse Tempo do Mundo não pode ser a totalidade da história dos homens. Estamos às voltas com "um tempo vivido nas dimensões do mundo". E mais, um "tempo excepcional" que governa, segundo os lugares e as épocas, certos espaços e certas realidades. Neles é que se vive verdadeiramente na "hora do mundo", ao passo que outras realidades, outros espaços lhe escapam, alheios à batida desse relógio mais impositivo. É assim que podemos encontrar por toda parte zonas em que o "tempo do mundo" não repercute, "zonas de silêncio, de ignorância tranquila" – mesmo nas Ilhas Britânicas da Revolução Industrial. Mesmo nos países ditos "avançados", *"le temps du monde n'a pas tout brassé"* [o tempo do mundo não misturou tudo]. São as imensas manchas brancas no mapa da vida material e econômica que permanecem à margem da "história triunfante". Ênfase à parte, onde estamos, afinal, quando se fala em tempo do mundo? Ao que parece, no andar superior da bizarra topologia braudeliana, pois a seu ver o que se encontra em jogo no tempo do mundo seria uma curiosa "superestrutura da história global", como se nele culminasse todo um jogo de forças que se desenrolaria na sua base e sobre a qual ele exercesse, por sua vez, uma pressão equivalente. Curiosa imagem espacial para evocar uma noção em suma temporal, ainda que esta não se confunda com a mera sucessão cronológica de formas e experiências. É que esse tempo envoltório recobre a economia-mundo capitalista que no decorrer de cinco séculos tornou-se um sistema mundial. Não será necessário reconstruir a visão braudeliana – apurada posteriormente por Wallerstein – da economia-mundo como uma tríplice realidade: um espaço cujos limites se rompem de tempos em tempos, recortado por jurisdições políticas concorrentes, formado por zonas concêntricas atravessadas por uma divisão do trabalho que as hierarquiza, gravitando o conjunto em torno de um polo, representado originalmente por uma cidade-Estado, depois por uma capital econômica. Houve um tempo em que várias economias-mundo coexistiam com a europeia, a Rússia até a abertura de Pedro, o Grande, vivendo essencialmente de si mesma e para si mesma, ou o Império Turco até o século XVIII etc. O tempo do mundo que nos interessa, porém, como ficou dito, é o da economia-mundo europeia em expansão na forma de ciclos sistêmicos de acumulação, para falar agora na linha de um outro teórico dos sistemas mundiais[9]. Mais exatamente, o transcurso das hegemonias do capitalismo histórico. Até agora três, nas contas de Arrighi, holandesa, inglesa e norte-americana, em crise esta última desde a virada financeira que se sabe. Pois é nesses momentos de troca de comando que, segundo Braudel, soa a hora fatídica do relógio do mundo, deslocamentos que se realizam no transcorrer de lutas, choques e crises econômicas. Uma bifurcação extemporânea talvez ajude a esclarecer melhor toda essa configuração.

Passagens para o Novo Tempo (I)

Vistas as coisas pelo prisma da zona periférica que nos coube como ponto de observação, digamos que a experiência histórica de ser alcançado pelo *temps du monde* em questão nos é familiar. Não estou me referindo, é claro, ao choque sofrido pelas vítimas nativas da Conquista resultante do desenclave planetário do sistema europeu de Estados. Tampouco aludindo ao outro lado dessa violência em expansão, ou melhor, ainda não, à reviravolta mental, à crise da consciência europeia provocada pelas Grandes Descobertas. Penso em primeiro lugar em nossa Passagem para o Novo Mundo, nos termos em que o historiador Fernando Novais reconstituiu a longa conjuntura de crise do Antigo Sistema Colonial que levou à ruptura do vínculo com a Metrópole[10]. Pressionada pela erosão convergente do colonialismo mercantilista e do absolutismo, a camada dominante na colônia deve então ter experimentado enfim o que vem a ser aquele mencionado "tempo vivido nas dimensões do mundo". Dimensões do *Modern World-System* de que há pouco falávamos, que, ao se desenvolver e se encaminhar para a constituição do capitalismo industrial, vai multiplicando as pressões sobre metrópole e colônia, até então à margem desses influxos emanados do recentramento do eixo gravitacional do mecanismo de fundo de todo o sistema. É esse o tempo excepcional de crise que passou a governar as cabeças dirigentes do senhoriato colonial – ainda o tempo do mundo identificado por Braudel. Além do mais, tempo

---

[9] Giovanni Arrighi, *O longo século XX: dinheiro, poder e as origens de nosso tempo* (trad. Vera Ribeiro, Rio de Janeiro/São Paulo, Contraponto/Unesp, 1996).

[10] Fernando Novais, "Passagens para o Novo Mundo", *Novos Estudos*, São Paulo, Cebrap, n. 9, jul. 1984, recolhido depois no livro do autor *Aproximações: estudos de história e historiografia* (São Paulo, Cosac Naify, 2005). Ver, ainda, do autor, o clássico *Portugal e Brasil na crise do antigo sistema colonial (1777-1808)* (São Paulo, Hucitec, 1979).

vivido na forma de uma tensão inédita induzida pela percepção de uma conjuntura não só em rápida e instável mutação, mas assombrada pela lembrança recente de acontecimentos que Wallerstein incluiria na escala dos eventos *world-historical*, como a Revolução Francesa, à qual se somara o espectro mais apavorante da rebelião negra de São Domingos (1791), o conjunto negativamente projetado no futuro nebuloso da América, tanto a hispânica, a primeira a se desintegrar, quanto a portuguesa.

Experiência histórica de passagem para um Novo Tempo, portanto. E cujo registro, através das idas e vindas de um vocabulário político ainda incerto, outro historiador, João Paulo Pimenta, teve a boa inspiração de transcrever e ordenar no quadro categorial definidor justamente desse tempo braudeliano do mundo que estava passando como um rio pela vida do colonato atlântico, escoando entre a Revolução Francesa e o Congresso de Viena:

> Uma crescente definição da luta política em torno de posições progressivamente radicalizadas de adesão a projetos políticos de manutenção da ordem vigente, ou contrários a ela, e que conduzirão ao rompimento definitivo entre colônias e metrópoles, ao mesmo tempo em que atribuirá a vocábulos como insurgência, insurreição, insubordinação e revolução um sentido de afronta à ordem ainda debilmente vigente, perpetuará, para o período seguinte de construção de novos Estados e novas Nações, um novo espaço de experiência, que ajudará a definir os ulteriores horizontes de expectativa, capitaneando as ações políticas daquele novo presente.[11]

Como ainda estamos repertoriando noções básicas para o argumento a ser desenvolvido, basta assinalar, entre as noções mobilizadas pelo autor, o livre jogo com as categorias que, segundo Reinhart Koselleck, permitem redefinir a novidade dos Tempos Modernos, o par assimétrico constituído pelo contraponto indissolúvel entre *Espaço de experiência* e *Horizonte de expectativa*[12]. A boa inspiração ressaltada há pouco não se restringe, entretanto, ao sucesso de um exercício de semântica aplicada, é bem verdade que a um campo linguístico sociopolítico demarcado pela tensão vivida na hora dramática da nossa passagem para o Novo Mundo pós-colonial – ainda

---

[11] João Paulo Pimenta, "A política hispano-americana e a crise do Império Português (1810-1817): vocabulário político e conjuntura", em István Jancsó (org.), *Brasil: formação do Estado e da nação* (São Paulo, Hucitec, 2003), p. 139.

[12] Reinhart Koselleck, *Futuro passado: contribuição à semântica dos tempos históricos* (trad. Wilma Patrícia Mass e Carlos Almeida Pereira, Rio de Janeiro, Contraponto/PUC-Rio, 2006).

que culmine no desfecho conservador que se sabe, a tríplice modernização liberal da monarquia, da escravidão e da terra enclausurada pela monocultura de exportação. É que ao encaixe analítico preciso do par conceitual de Koselleck no vocabulário estratégico daquela conjuntura crítica – afinal, a hora do mundo, para falar como Braudel, era a da transição, congestionada por guerras e revoluções, de uma hegemonia mundial à outra – se sobrepõe um outro achado não programado, um outro encaixe mais profundo, no limite responsável pelo sucesso do primeiro, a evidência de que o tempo braudeliano do mundo, que afinal se espraiara com a crise do antigo sistema colonial, se apresentara devidamente decifrável e politicamente vivido, nos termos mesmos em que, na experiência europeia da história, estava se cristalizando a noção decisiva do Novo Tempo: os "tempos modernos" (*Neuzeit*), cuja "modernidade" começava a se confundir com a temporalidade própria da "época contemporânea" (*neue Zeit*), no léxico dos historiógrafos estudados por Koselleck, ao mapear as realizações linguísticas graças às quais, no processo de desintegração do Antigo Regime, "experiências" eram reunidas e "expectativas" eram enfeixadas[13]. Tudo somado – embora não tenhamos ainda reconstruído o esquema metateórico de Koselleck, crucial em nosso argumento acerca do novo tempo do mundo, como se verá: mal estamos relembrando o nascimento daquele que só mais tarde (as datas variam) passaria por um "antigo" tempo do mundo, na acepção de Braudel, é claro –, podemos dizer que os Estados Coloniais recém-emancipados das Américas espanhola e portuguesa, comunidades de proprietários, "cujo principal interesse estava ligado ao valor monetário de seus bens, e não ao poder autônomo de seus governantes", e por isso mesmo formavam o eleitorado natural da hegemonia britânica do livre-comércio, na expressão de Giovanni Arrighi[14], nasceram como comunidades políticas imaginadas[15], e imaginadas segundo um ritmo temporal inédito, escandido justamente por um "horizonte de expectativa" cujo ponto de fuga se concentrava na

---

[13] Ibidem, p. 268.

[14] Giovanni Arrighi, *O longo século XX*, cit., p. 56.

[15] Na fórmula consagrada de Benedict Anderson, *Imagined Communities: Reflections on the Origin and Spread of Nationalism* (Londres, Verso, 1983/1991) [ed. bras.: *Nação e consciência nacional*, trad. Lólio Lourenço de Oliveira, São Paulo, Ática, 1989]. Para um comentário sobre algumas de suas implicações, ver Paulo Eduardo Arantes, "Nação e reflexão", em *Zero à esquerda* (São Paulo, Conrad, 2004).

construção perene de um artefato político chamado Nação[16]. Por onde se vê – ou melhor, por onde se presume, pois ainda não vimos nada – que a ideia moderna de Nação é um daqueles conceitos históricos demarcadores do *Neuzeit* que Koselleck batizou de "conceitos de movimento", em cuja dimensão pragmático-temporal incide algo como uma experiência fundamental da mudança na direção de um futuro aberto[17]. E tudo isso porque

---

[16] Ver a respeito o estudo de Márcia Regina Berbel, *A nação como artefato: deputados do Brasil nas cortes portuguesas, 1821-1822* (São Paulo, Hucitec, 1999).

[17] Reinhart Koselleck, *Futuro passado*, cit., cap. 13. Para ser um pouco mais preciso, Koselleck diria que é menos a nação do que o Nacionalismo vindouro dos primórdios – românticos, para começar – do século XIX em diante que se poderia incluir nos "conceitos de movimento", uma longa série de conceitos terminados em "ismo", sufixo no qual se exprime algo como um denominador temporal comum, ele mesmo cifra da prevalência da orientação histórica para o futuro, da expectativa apenas parcialmente baseada na experiência, depositada no tempo que está por vir (ibidem, p. 296-7). Seja como for, o artefato Nação, a rigor "inventado" no Novo Mundo pós-colonial, como mostrou Benedict Anderson, é um constructo imaginável apenas nesse Tempo Novo cujo nascimento se deve à ruptura entre Experiência e Expectativa, sempre nos termos de Koselleck. Curiosamente, no entanto, o mesmo Benedict Anderson conjuga a percepção coletiva de uma comunidade política imaginada segundo uma outra gramática do tempo, à primeira vista conflitante com o repertório de que estamos partindo. É que, a seu ver, "a ideia de um organismo sociológico que se move pelo calendário através do tempo homogêneo e vazio apresenta uma analogia precisa com a ideia de nação, que também é concebida como uma comunidade compacta que se move firmemente através da história. Um norte-americano jamais encontrará, nem mesmo saberá como se chama, mais do que um pequeno número de seus milhões de compatriotas. Não tem ideia alguma sobre o que estão fazendo em qualquer tempo. Mas está absolutamente seguro de sua atividade constante, anônima e simultânea" (*Nação e consciência nacional*, cit., p. 35). Aqui a ideia central é a de simultaneidade, mais exatamente, uma simultaneidade por assim dizer transversal ao tempo, marcada não mais do que por mera coincidência temporal, medida pelo relógio e pelo calendário (ibidem, p. 33). Dela deriva o conceito fundamental moderno do "enquanto isso", responsável pela estrutura básica de duas formas de imaginar que pela primeira vez floresceram na Europa do século XVIII, o romance e o jornal, sem as quais, segundo o nosso autor, seria inconcebível o nascimento da comunidade política imaginada que passamos a chamar de Nação. Pois é a imaginação de conjunto desse "ao mesmo tempo" que exige a homogeneidade e o vazio de um receptáculo desprovido de qualquer qualidade própria que não a abstração moderna – para ir direto ao ponto. Assim, tudo se passa como se o tempo ao longo do qual perdura um organismo nacional fosse aquele mesmo da *Física* de Aristóteles, a saber, o número do movimento. Daí a surpreendente positivação do "tempo homogêneo e vazio" abominado por Walter Benjamin, como sabe todo leitor de suas *Teses sobre o*

o *temps du monde*, por assim dizer, desaguou enfim na periferia colonial da economia-mundo capitalista. Acoplado àquela maré alta da passagem para o Novo Mundo redescoberto pelo colapso do Antigo Regime, algo como um *espaço do mundo*, análogo à visão braudeliana de que partimos – o "tempo excepcional", que reordena os ritmos costumeiros ao irromper como uma avalanche em câmara lenta –, de sorte que, na mesma proporção, "todos os lugares ficaram vulneráveis à influência direta do mundo mais amplo, graças ao comércio, à competição intraterritorial, à ação militar, ao influxo de novas mercadorias, ao ouro e à prata etc."[18].

---

conceito de história. Ora, convenhamos que, à primeira vista – para não falar ainda do excesso de significações que recobre a noção de *Erwartung* –, o Tempo Novo, através de cuja força própria a história se realiza, não é bem um meio homogêneo e vazio. Como igualmente não casa bem com a ideia inteiramente nova de um tempo nacional, de algum modo qualificado, portanto. Quando a ideia de nação como artefato a ser construído se apresentou a uma coalizão de leitores-proprietários na periferia americana do sistema mundial em transição, e se apresentou como uma exigência da razão política, pode-se dizer – no vocabulário de Koselleck – que se tratava de um "conceito de pura expectativa". É esse o filtro das projeções e nomeações da conjuntura analisada pelo historiador João Paulo Pimenta, como se viu. Ocorre que esse filtro não ficou por aí. Se pensarmos no debate de fundo que percorre toda a tradição crítica que problematizou a possibilidade moral de todos aqueles territórios até então meramente econômico-administrativos – a saber, o nervo mesmo da Passagem para o Novo Mundo, a conversão de uma Colônia numa Nação –, não será difícil perceber que toda uma constelação de conceitos nacionais de movimento (de sistema literário a subdesenvolvimento), se a expressão já não for ela mesma redundante, se encarregou de expor, de um lado, a separação consciente entre a experiência havida e a expectativa no horizonte e, de outro, a superação dessa separação como tarefa intelectual e política – se for permitido, como penso ser o caso, o decalque das fórmulas de Koselleck, afinal a invenção (britânica, aliás) da Periferia que sucedeu ao Antigo Sistema Colonial é contemporânea da matéria-prima delas. Se assim é, a que veio o recurso deliberado de uma noção aparentemente tão inadequada para um horizonte em movimento, como o tempo mecânico e meramente aditivo do relógio e do calendário? Voltaremos ao ponto logo adiante. Mas não custa lembrar – o que só agrava o desencanto dos tempos – que Benjamin estigmatizava o "tempo homogêneo e vazio" na hora final em que o progressismo, tanto liberal quanto socialista, esbarrara no desvio incompreensível do apocalipse nazista.

[18] David Harvey, *Condição pós-moderna* (trad. Adail Ubirajara Sobral e Maria Stela Gonçalves, São Paulo, Loyola, 1992), p. 221. Voltaremos, é claro, às consequências que Harvey extraiu dessa confluência de tempo e espaço no "projeto do Iluminismo".

Passagens para o Novo Tempo (II)

No ensaio de abertura de *Futuro passado* – para entrarmos de vez no núcleo categorial de nossa hipótese, um diagnóstico de época orientado pelo deslocamento de todo um Horizonte de Expectativa enquanto parâmetro fundador do Tempo do Mundo –, Koselleck reconstitui uma verdadeira experiência da história, para ser exato, uma experiência direta do fenômeno moderno da "temporalização da história"[19]. No centro da cena onde se desenrola tal experiência – por enquanto inteiramente privada e intelectual –, Friedrich Schlegel, por volta de 1800, fascinado e perplexo diante do anacrônico esplendor de um afresco de Albrecht Altdorfer, executado em 1529 por encomenda do duque da Baviera, *A batalha de Alexandre*, na qual se defrontavam poderes celestes e cósmicos – pois até o Sol e a Lua, forças da luz e das trevas, se distribuíam entre os exércitos em choque: de um lado, os combatentes persas representados de modo a serem identificados de imediato com os turcos ameaçadoramente nas portas de Viena, do outro, os guerreiros helênicos de Alexandre figurando a cristandade triunfante na fisionomia inconfundível dos príncipes germânicos do tempo. Presente e passado se encontravam assim englobados por "um horizonte histórico comum"[20]. Ocorre que a batalha

---

[19] Reinhart Koselleck, "O futuro passado dos tempos modernos", em *Futuro passado*, cit.

[20] Pois é justamente esse "horizonte histórico comum" que pede, aos olhos de Benedict Anderson, voltando ao embaraço assinalado há pouco, o contraponto do moderno "tempo homogêneo e vazio", tal a estranheza dessa visão medieval em que cosmologia e história não se distinguem, de modo a implicar uma ideia não menos estranha ao sentimento histórico dos modernos, de simultaneidade (novamente) por assim dizer longitudinal, "marcada pela prefiguração e pelo cumprimento", a simultaneidade do passado e do futuro num presente momentâneo – na formulação insuperável de Auerbach, trata-se de uma forma de consciência para a qual (assim como não fazia sentido a perspectiva de um longo futuro para uma raça humana jovem e vigorosa, agora nas palavras do medievalista Marc Bloch) "o aqui e agora não é mais um simples vínculo em uma corrente terrena de eventos, ele *é simultaneamente* algo que sempre existiu, e que será cumprido no futuro" (citado em Benedict Anderson, *Nação e consciência nacional*, cit., p. 32-3). Como para Benedict Anderson essa é uma ilustração eloquente do que Benjamin entendia por tempo messiânico, não lhe ocorreu termo de comparação mais antitético do que o execrado "tempo homogêneo e vazio" do "enquanto isso" historicista. Sem falar, é claro, que Benjamin vivia de fato – nos seus próprios termos, por certo – num tempo do fim, no qual a simples ideia de uma superação imanente e irresistível deveria parecer indecente. Como a ideia original do jovem Marx segundo a qual o Comunismo seria o enigma enfim resolvido da História, de sorte que um horizonte de expectativa máxima reabsorveria

de Issus, travada em 333 a. C., não era uma batalha qualquer, tampouco o fim do Império Persa, que ela selou, um acontecimento entre outros, um grão a mais na poeira dos eventos que recobrem o chão da história, como diria Braudel. Sob o céu escatológico de toda uma era, a vitória de Alexandre sobre os persas, situando-se entre o começo e o fim do mundo, preludiava, simbolizando-o, o combate final com o Anticristo: os que lutavam ali, naquela imagem congelada fora do tempo, "eram contemporâneos de todos aqueles que viviam aguardando o Juízo Final"[21]. Aqui o nervo do nosso enredo: tudo orbitava em torno dessa Espera.

A história da Cristandade, até o século XVI, é uma história das expectativas, ou, melhor dizendo, de uma contínua expectativa do final dos tempos; por

---

o conjunto da experiência humana decorrida. Cf. Reinhart Koselleck, *L'expérience de l'histoire* (Paris, Gallimard, 1997), p. 86. Sendo, aliás, o comunismo realmente existente aquilo que nos anos 1930 já se sabia. Depois de observar com justeza que Koselleck também sabia muito bem que o conceito de Progresso serviu não apenas para a "abertura utópica do horizonte de expectativas, mas também para mais uma vez obstruir, com o auxílio de construções teleológicas da história, o futuro visto como fonte de inquietude", Habermas – que, como se vê, alinhou inteiramente seu Discurso da Modernidade sobre as categorias meta-históricas desentranhadas por Koselleck da semântica da temporalização da história – reconhece que, em virtude de uma tal configuração, Benjamin opera "*uma drástica inversão* entre o horizonte de expectativas e o campo de experiência. Atribui a todas as épocas passadas um horizonte de expectativas insatisfeitas, e ao presente orientado para o futuro designa a tarefa de reviver na reminiscência um passado que cada vez lhe seja correspondente, de tal modo que possamos satisfazer suas expectativas com nossa débil força messiânica" (Jürgen Habermas, *O discurso filosófico da modernidade*, trad. Luiz Sérgio Repa e Rodnei Nascimento, São Paulo, Martins Fontes, 2000, p. 19-22). Se assim é, a escolha terminológica de Benedict Anderson se explica, mas não resolve o problema de fundo, o sentimento histórico de que, no momento de sua invenção, imaginação nacional e horizonte de expectativa de algum modo se recobrem, antes de mais nada, quando apreendidos contra o pano de fundo de um sistema mundial polarizado entre Centro e Periferia. Podemos igualmente presumir, para voltar à conjuntura de crise do Antigo Sistema Colonial, que o Tempo do Mundo, redefinido por Braudel e que ao longo daquela transição de caos sistêmico se depositava nas páginas de um incipiente *print capitalism* que por vez embalavam a imaginação da "simultaneidade" de uma virtual coalizão de leitores, não era, tal *temps du monde*, propriamente "homogêneo e vazio". Pelo menos ainda não – mesmo imbricado no tempo das mercadorias coloniais justapostas nas páginas dos jornais, conforme a análise notável de Benedict Anderson. O tempo abstrato dos mercadores e o tempo histórico de uma comunidade política imaginada em movimento percorriam desde o início o mesmo trilho.

[21] Reinhart Koselleck, *Futuro passado*, cit., p. 24.

outro lado, é também a história dos repetidos adiamentos do mesmo fim do mundo. O grau de imediatismo dessas expectativas podia variar de uma situação para outra, mas as figuras essenciais do fim do mundo já estavam definidas [...] embora variassem as imagens do fim do mundo, o papel do Sacro Império Romano permanecia fixo nesse quadro: enquanto ele existisse, a derrota final seria protelada. O Imperador era o *kathecon* do Anticristo.[22]

A Reforma – a mesma Reforma cuja ética deveria impulsionar a compulsão cega da acumulação capitalista interminável, atribuindo um "espírito" ao *nonsense* desse fim em si mesmo que vem a ser a acumulação pela acumulação[23] – menos "esclareceu" esse quadro mental do que lhe imprimiu um sentido imediato de Urgência. Assim,

> Lutero viu o Anticristo sentado em um trono sagrado; para ele, Roma era a Babilônia prostituída, ao passo que os católicos viram, em Lutero, o Anticristo; a Guerra dos Camponeses, assim como os diferentes partidos militantes de uma Igreja decadente, pareciam preparar a última guerra civil que deveria preceder o fim do mundo.[24]

Trazendo consigo os sinais do fim do mundo, um movimento de renovação religiosa como a Reforma – não obstante, ou talvez por isso mesmo, a teologia calvinista infletir a doutrina sombria da predestinação no rumo

---

[22] Idem.

[23] Até onde sei, Immanuel Wallerstein foi dos primeiros a notar que o capitalismo histórico é um sistema evidentemente absurdo, pois afinal se acumula capital a fim de se acumular mais capital. Cf. *O capitalismo histórico* (São Paulo, Brasiliense, 1985), p. 34; edição americana de 1983. E se assim é – se "os capitalistas são como camundongos numa roda, correndo sempre mais depressa a fim de correrem ainda mais depressa" (idem) –, torna-se ainda mais surpreendente a entronização da ideia de "progresso" como ideologia autojustificadora da economia-mundo capitalista. Salvo engano, a menção não é ociosa: ainda segundo o mesmo Wallerstein, a noção de Progresso está ancorada numa premissa básica sobre a temporalidade, mais exatamente sobre a Modernidade como uma "temporalidade nova" (ibidem, p. 63-4). A ética protestante justamente tem a ver com essa ausência de limites inerentes à lógica da acumulação ilimitada. Cf. idem, "La bourgeoisie: concept et réalité du XIe aux XXIe siècle", em Étienne Balibar e Immanuel Wallerstein, *Race, nation, classe: les identités ambiguës* (Paris, La Découverte, 1990), p. 197-8. O argumento foi retomado por Luc Boltanski e Ève Chiapello (*Le nouvel esprit du capitalisme*, Paris, Gallimard, 1999, p. 41-2 [ed. bras.: *O novo espírito do capitalismo*, São Paulo, Martins Fontes, 2009]), segundo os quais o "espírito" weberiano do capitalismo vem a ser a imprescindível ideologia que justifica o "engajamento" num sistema absurdo de aprisionamento dos seus agentes acumuladores numa engrenagem sem fim e insaciável totalmente abstrata.

[24] Reinhart Koselleck, *Futuro passado*, cit., p. 24.

da ascese facilitadora da acumulação laboriosa – exponenciou aquele sentimento de urgência:

> Lutero dizia frequentemente que o fim deveria ser esperado para o próximo ano, ou mesmo para o ano em curso [...]. Acreditava que os acontecimentos do novo século haviam sido comprimidos em uma única década [...]. Essa abreviação temporal indicava que o fim do mundo se aproximava com grande velocidade, ainda que a data permanecesse oculta.[25]

Nesse ponto de sua narrativa, Koselleck faz uma pausa para sobrevoar trezantos anos à frente, afinal seu assunto é a transformação da estrutura temporal nesse período – e nos termos em que encaminhamos a questão até agora, o mesmo período ao longo do qual o Tempo do Mundo estendeu sua soberania sobre novos territórios, como diria Braudel. Confronta então duas Esperas, a de Lutero e a de Robespierre, para constatar uma decisiva inversão do Horizonte de Expectativa – cuja definição, aliás, estamos deliberadamente postergando. Quando Robespierre proclamava que era

---

[25] Ibidem, p. 25. Qualquer semelhança do apocalipse cristão com o apocalipse nuclear não é mera coincidência – se for permitido não resistir à tentação de avançar o sinal do argumento geral desse estudo, assim tão intempestivamente: como se verá, o Novo Tempo do Mundo também pode ser entendido como uma Emergência Perpétua. Feita a ressalva, resta assinalar que a supracitada analogia foi evocada com minúcia por Günther Anders na conclusão de um ensaio de 1960, *Le temps de la fin* (Paris, L'Herne, 2006). Para Günther Anders, como se deveria saber, a Catástrofe é o horizonte insuperável do nosso tempo. E, até onde sei, ele foi o primeiro a lastrear social e politicamente esse enunciado que depois se trivializou como a própria cegueira cotidiana diante da "obsolescência" da humanidade que a explosão de Hiroshima (basta uma) tornou mortal enquanto espécie. Como desde então sua existência perdura à sombra da iminência da destruição planetária, a hora histórica em que passamos a viver não constitui mais uma época, mas um *prazo*, o tempo que resta: "A possibilidade de nossa aniquilação definitiva como espécie, mesmo que jamais venha a ocorrer, representa a aniquilação definitiva de nossas possibilidades". Todavia, aproximação feita, analogia desfeita. Ao seu modo muito peculiar, algo da leitura de Karl Löwith sobre as matrizes escatológicas do gênero Filosofia da História ficou pelas dobras da meditação estritamente materialista de Günther Anders sobre a "alma" humana sob o capitalismo das revoluções industriais. É que, a seu ver – para ser breve e direto –, a antiga esperança escatológica anunciava o começo do Futuro, ao passo que a "mensagem" de nosso tempo do fim simplesmente declara que "a ausência de futuro já começou". Ora, devidamente desdramatizado, este último enunciado tornou-se o teorema apologético básico da miragem *presentista* que envolve hoje a intensificação capitalista do assim chamado *tempo real*. Entre os dois extremos, porém, mal iniciamos o relato acerca da gênese, do desenvolvimento, do auge e do posterior eclipse do Tempo do Meio, o largo período moderno das *Great Expectations*.

chegada a hora de cada um atender ao chamado do destino – que de resto se apresenta como uma missão – e que, portanto, uma vez que "o progresso da razão humana preparou esta grande Revolução", recai sobre os ombros de todos os cidadãos "o especial dever de acelerá-la"[26], sua fraseologia de cunho providencial – que embaralha num só personagem o *philosophe* e o profeta exaltado – não pode mais dissimular o fato de que a Grande Espera já não é mais a mesma: "Para Lutero, a abreviação do tempo é um sinal visível da vontade divina de permitir que sobrevenha o Juízo Final, o fim do mundo. Para Robespierre, a aceleração do tempo é uma tarefa do homem, que deverá introduzir os tempos da liberdade e da felicidade"[27]. No lugar antes ocupado pela antevisão do fim do mundo, um tempo novo, diferente, o tempo de Schlegel, enfim, explicação da vertigem estética que o assalta ao perceber, num breve relance, que se defronta com um curto-circuito de duas Esperas definitivamente incomunicáveis. É que, para ele, a história assumira de vez uma dimensão especificamente temporal, algo que para Altdorfer simplesmente não fazia sentido. Noutras palavras, continua Koselleck, "nos 300 anos que o separam de Altdorfer, transcorreu para Schlegel mais tempo, de toda maneira um tempo de natureza diferente daquele que transcorreu para Altdorfer, ao longo dos cerca de 1.800 anos que separam a batalha de Issus e sua representação"[28].

Com esse quadro em mente – a qualidade inteiramente nova que o tempo histórico adquiriu entre 1500 e 1800[29] –, voltemos à confluência registrada anteriormente, mais do que mera analogia, entre as duas passagens, para o Novo Tempo orientado para um futuro aberto, enquanto horizonte de expectativa, e para o Novo Mundo, que se desenhava no ponto de fuga de uma crise concomitante do Antigo Regime e do Sistema Colonial. Graças a esse entrecruzamento, as projeções políticas do senhoriato colonial foram arrastadas para a correnteza do tempo braudeliano do mundo, na exata

---

[26] Reinhart Koselleck, *Futuro passado*, cit., p. 25.
[27] Idem.
[28] Ibidem, p. 23.
[29] "O tempo passa a ser não apenas a forma em que todas as histórias se desenrolam; ele próprio adquire uma qualidade histórica. A história, então, passa a realizar-se não apenas no tempo, mas através do tempo. O tempo se dinamiza como uma força da própria história" (Reinhart Koselleck, "Modernidade: sobre a semântica dos conceitos de movimento na modernidade", em *Futuro passado*, cit., p. 283).

medida em que comunidades nacionais de proprietários foram se constituindo à sombra de um outro regime mundial de acumulação e governo do *world-system*, como apontado sem maiores intenções teóricas, seguindo aliás raciocínio citado de Fernando Novais. Que de resto resumiu nossa (América portuguesa) passagem para o Moderno Sistema (Capitalismo Industrial), metaforizando outra vez a fórmula Novo Mundo, sabidamente a expressão de um conceito que nunca foi meramente geográfico, mas, antes de tudo, "um topos do pensamento, da imaginação e do discurso"[30]. Ora, se retrocedermos então ao emaranhado original que envolveu a expressão Novo Mundo nos primeiros tempos da Conquista, veremos – ou melhor, em nossa ignorância moderna somos condenados a relembrar – que a visão endêmica do Paraíso Terreal reencontrado é indissociável da mesmíssima "esperança do tempo do fim", por assim dizer retratada no afresco de Altdorfer – *A batalha de Alexandre* se reapresentava sob o mesmo signo escatológico que presidia a empresa moderna por excelência que foi a expansão ultramarina europeia, sem a qual o capitalismo jamais seria o que veio a ser enquanto sistema mundial estratificado e polarizado de alto a baixo.

Como essa circunstância paradoxal está longe de ser uma evidência – salvo para especialistas –, sem falar, mais uma vez, na surpreendente superposição entre o tempo apocalíptico do conquistador-missionário e a fusão de acontecimentos díspares num único horizonte histórico comum, surpreendido por Koselleck no estranhamento temporal ressentido por Schlegel, como se viu, não será demais um breve rodeio, de resto inteiramente ancorado num ensaio de Frank Lestringant[31]. Afirmar que o encontro de um Novo Mundo é presságio do Fim do Mundo, embora estritamente contemporâneo daquele mau encontro, contraria, é claro, o senso comum positivador da descoberta da América como sinônimo de abertura, da qual data a explosão do mundo fechado da Idade Média, cujos estilhaços abalaram o etnocentrismo europeu na forma de um sem-número de "alteridades críticas".

---

[30] Como Marilena Chaui relembra muito a propósito num extenso ensaio sobre "Profecias e tempo do fim", no qual examina, entre outros temas, tanto a sombra projetada por Isaías sobre os primeiros navegantes quanto a ainda mais exótica contaminação de homens de pensamento e ciência como Bacon e Newton pelas profecias de Daniel. Cf. Adauto Novaes (org.), *A descoberta do homem e do mundo* (São Paulo, Companhia das Letras, 1998), p. 460-1.

[31] "O conquistador e o fim dos tempos", em Adauto Novaes (org.), *Tempo e história* (São Paulo, Companhia das Letras, 1992).

A ideia mesmo de um globo terrestre implicava a perfeição esférica de um autoconhecimento da humanidade por ela mesma que afinal se perfazia[32]. No entanto, um forte sentimento escatológico fazia de Colombo muito mais um profeta do que um descobridor. Uma atmosfera apocalíptica domina pouco a pouco suas explorações, por isso "insiste na urgência que há em levar a tarefa a seu termo. Segundo seus cálculos, com efeito, restam apenas 150 anos antes do fim do mundo". Já vimos – em Lutero, mais precisamente – essa aceleração da história. Por isso se batizam – ou trucidam – às pressas multidões indígenas arrancadas ao jugo da idolatria. Sendo iminente o fim dos tempos, 1492 marca a transposição do derradeiro limiar. Esse curso precipitado da História é a regra nas grandes visões da época: sempre que se fala do Novo Mundo e de sua evangelização, "o horizonte temporal que se impõe é ainda e sempre apenas o fim do mundo". Mesmo entre os dissidentes e os refratários, como Las Casas, que "não hesita em fixar em uma duração de cem anos o reinado terrível mas efêmero de Satã sobre o Novo

---

[32] Com a descoberta do Novo Mundo, "tanto para o humanismo renascentista como para nós [...] a concepção medieval de um mundo plano e limitado transformou-se radicalmente na moderna representação de um mundo redondo, unitário ou global. Nas cartas e crônicas das primeiras expedições marítimas da Renascença, o mundo foi se revelando como orbe" (Eduardo Subirats, "O mundo, todo e uno", em Adauto Novaes (org.), *A descoberta do homem e do mundo*, cit., p. 335). A euforia da Globalização só é comparável evidentemente como pastiche, além do mais regressivo, como denuncia o trocadilho apologético do best-seller de Thomas Friedman, *The World is Flat*. Pensando bem, há um quê de apocalíptico na celebração da vitória final dos integrados ao lançar a rede do mercado sobre o Novo Mundo, subitamente disponível com a derrocada do socialismo real – sem chegar a ser um argumento, o dandismo do Último Homem retratado por Francis Fukuyama é pelo menos um sintoma com alguma força retórica. Na outra ponta, sem embargo do anacronismo, Frank Lestringant chega a caracterizar o pensamento dos primeiros descobridores resumindo-o numa fórmula reveladora: Novo Mundo como fim da história. Assim expandida: "Esse começo foi percebido de imediato como um fim, essa abertura adquiriu os ares inquietantes de um fechamento do espaço e do tempo. A descoberta de um mundo novo indicava, sem equívoco possível, a iminência do fim do mundo. O brusco desvelamento pelo qual a Providência permitira que a cristandade conhecesse, depois de séculos da mais completa ignorância, a totalidade do universo criado parecia constituir o sinal irrefutável do advento dos últimos dias. Em outros termos, a consumação de um espaço enfim encerrado em si mesmo implicava a perfeição da duração histórica. Um duplo fechamento se afirmava. Revolução espacial e temporal, que depois do percurso do ciclo inteiro, reconduzia todas as coisas ao seu ponto de origem" (Frank Lestringant, "O conquistador e o fim dos tempos", cit., p. 412).

Mundo". Seu requisitório – prossegue nosso autor – "exprime a obsessão profunda de um fim prematuro de um mundo, que bem poderia significar a da nação da humanidade inteira". Em suma, nos deparamos com uma América "igualmente governada pela espera do combate apocalíptico entre o Anticristo e o Redentor". Pois esse Grande Teatro dos Últimos Dias foi aos poucos cedendo terreno a uma outra Espera, como sabemos, onde se mesclam ciência racional do prognóstico político e visões de uma outra aceleração – pois agora se tratava de "recuperar o atraso da razão"[33]. Mas por

---

[33] Como Hans Blumenberg se refere às ideias condutoras de uma época que acabara de descobrir o Progresso. E, para "recuperar o atraso da razão" – na medida em que a cronologia bíblica se reduzia à sua dimensão paroquial –, só havia um meio, "a aceleração da maneira de proceder". Citado e comentado por Helga Nowotny, *Le temps à soi: genèse et structuration d'un sentiment du temps* (Paris, Maison des Sciences de l'Homme, 1992), p. 43. O argumento da autora gira em torno do nascimento – pleno a partir do século XVIII – da "necessidade (individual) de tempo", ou, mais concretamente, de quando se tornou socialmente relevante perguntar "que horas são?". Enfim, na formulação de Le Goff, citado pela autora, o tempo de Deus começou a ceder a vez ao tempo dos mercadores, o tempo dos riscos dos negócios – e "seguros" correspondentes. Mas esse não é ainda o horizonte de espera em cujo encalço nos pusemos a caminho, pois ainda se trata de mero cálculo-prognóstico. Segundo Koselleck (*Futuro passado*, cit., p. 35), nos primeiros passos da passagem para o Novo Tempo, mesmo com a entrada em cena, conforme apodreciam ainda mais as guerras de religião do século XVI, do princípio da política como um parâmetro independente da confissão religiosa, a ponto de ancorar a pacificação numa espécie de indiferença religiosa inercial, mesmo que a Paz de Vestfália, substituindo o Sacro Império pelo Sistema Europeu de Estados Soberanos, tenha desqualificado a função escatológica do Império na gestão das profecias do fim do mundo, mesmo assim "a distância entre a consciência histórica e a política moderna, de um lado, e a escatologia cristã, de outro, mostra-se menor do que em princípio se poderia supor. *Sub specie aeternitas*, nada de fundamentalmente novo pode acontecer, seja o futuro perscrutado com a reserva do crente ou com o prosaísmo do calculista. Um político poderia tornar-se mais inteligente ou mais esperto, refinar suas técnicas, tornar-se mais sábio ou mais cuidadoso; entretanto, a história jamais o levaria a regiões novas e desconhecidas do futuro. A transmutação do futuro profetizado em futuro prognosticável não destruiu, em princípio, o horizonte das previsões cristãs". Uma amostra eloquente desse descompasso pode ser encontrada num alto personagem como o padre Vieira, híbrido de profeta, orador messiânico e político de alto bordo, operando entre Metrópole e Colônia, no tempo da supremacia holandesa, tempo do mundo, é claro. "A teoria messiânica de Vieira trazia uma originalidade inegável: o Império a que se referia tinha existência corpórea, eram as conquistas lusitanas espalhadas pelos mares, capazes, na sua especificidade, de realimentar mitos antigos. Seus escritos proféticos expressavam a conexão profunda entre a sociedade metropolitana

aí já retornamos aos nossos trilhos – depois de notar que correm paralelos na Metrópole e nas Colônias.

Se essas simetrias procedem, quer isso tudo dizer que a flecha da temporalização da história que atingira a imaginação de um intelectual contemporâneo da Revolução – não esqueçamos que os escritores reunidos em torno da revista *Athenaeum* proclamaram a primazia de três acontecimentos maiores na inflexão da Idade então Contemporânea: a Revolução Francesa, a *Doutrina da ciência*, de Fichte, e o *Wilhelm Meister*, de Goethe – e também das Guerras Napoleônicas, perdidas aliás na convulsão sistêmica que precipitou o colapso dos impérios coloniais ibéricos, quer dizer enfim que a reversão do horizonte de expectativa assinalada páginas atrás, a propósito do fim e do começo simbolizados respectivamente pela Reforma e pela Grande Revolução, também operava entre 1500 e 1800 na reviravolta da experiência temporal do Novo Mundo. Dada, no entanto, a centralidade da expansão colonial para a consolidação da economia-mundo capitalista, será plausível afirmar que, sem o combustível daquela acumulação atlântica de experiências realizadas em uma Fronteira histórica inédita, não se constituiria no continente europeu um novo ou, por outra, propriamente dito horizonte de expectativa, sem a abertura do qual – se os esquemas de Koselleck estão corretos – não se poderia falar de um *Neuzeit*. Aliás, o próprio autor que está nos guiando – e, por assim dizer, instruindo os primeiros passos deste estudo sobre a experiência política do pensamento numa era de expectativas decrescentes, uma Idade de *Diminishing Expectations*, como se começou a dizer em meados dos anos 1970, de resto, no exato e não casual momento em que o autor de *Crítica e crise*, uma investigação magistral do que chamou então (1959) uma "patogênese do mundo burguês", consolidou sua concepção do moderno tempo do mundo como a expressão dinâmica de uma tensão crescente até a dissociação entre "espaço de experiência" e "horizonte de expectativa"[34] – sublinha em

---

e a colonial: por meio da missão, os portugueses levavam Cristo ao Novo Mundo e simultaneamente desvelavam esse mundo aos europeus. A América se integrava à Europa na medida em que era o local onde se revelavam as profecias, passivas de serem lidas e explicadas única e exclusivamente pelos portugueses" (Laura de Mello e Souza e Maria Fernanda Baptista Bicalho, *1680-1720: o império deste mundo*, São Paulo, Companhia das Letras, 2000, p. 11-2).

[34] Para o enunciado direto da tese de Koselleck, ver o último ensaio de *Futuro passado*, "Espaço de experiência e horizonte de expectativa". Quanto ao livro de 1959, *Crítica e crise: uma contribuição à patogênese do mundo burguês*, elaborado em plena escalada

mais de uma ocasião, embora de passagem e sem maiores considerandos, o papel desempenhado pelo ciclo das Grandes Navegações e a consequente revelação do globo terrestre – independentemente da predação traumática da Conquista – na paulatina constituição de um "coeficiente temporal" novo, reagrupando num só paradigma um bloco inusitado de experiências e expectativas. Denominar sem mais Progresso esse paradigma inédito encobre um ponto essencial, a percepção que começa então a se generalizar da contemporaneidade do não-contemporâneo – daí a obsessão crescente por toda a espécie de *rattrapage* –, percepção esta deflagrada em grande medida pela expansão ultramarina na direção do Novo Mundo[35].

---

da Guerra Fria – "A história europeia expandiu-se em história mundial e cumpriu-se nela, ao fazer com que o mundo inteiro ingressasse em um estado de crise permanente. Assim como o globo terrestre foi unificado pela primeira vez pela sociedade burguesa, a crise atual também se desenrola no horizonte de um autoentendimento histórico-filosófico, predominantemente utópico" –, existe tradução brasileira de Luciana Villas-Boas Castelo-Branco (Rio de Janeiro, Eduerj/Contraponto, 1999). Ainda para fixar datas: o original alemão do livro de Helga Nowotny, citado em nota anterior, é de 1989 – o ano da Queda ou do Bicentenário da Revolução Francesa, como se preferir. Wallerstein diria que o primeiro acontecimento, cujo ensaio geral ocorreu em 1968, arremata o segundo, encerrando a idade histórica ascendente inaugurada naquele momento. Cf., p. ex., Immanuel Wallerstein, *Geopolitics and Geoculture: Essays on the Changing World-System* (Cambridge, Cambridge University Press, 1991), que incorpora o achado de Koselleck logo à primeira página do capítulo I e como uma evidência do nosso tempo: "Hoje, a tensão entre a experiência presente, desvalorizadora do passado e à espera de um futuro cada vez melhor, foi largamente abolida".

[35] "Com o descobrimento do globo terrestre apareceram muitos graus distintos de civilização vivendo em um espaço contíguo, sendo ordenados diacronicamente por uma comparação sincrônica. Olhando-se para a América selvagem a partir da Europa civilizada, olhava-se também para trás [...]. As comparações ordenaram a história do mundo, que passava a fazer parte da experiência, interpretada como um progresso para objetivos cada vez mais avançados. Um impulso constante para a comparação progressiva proveio da observação de que povos, estados, continentes, ciências, corporações ou classes estavam adiantados uns em relação aos outros, de modo que por fim – desde o século XVIII – pôde ser formulado o postulado da aceleração ou – por parte dos que haviam ficado para trás – o alcançar ou ultrapassar. Essa experiência básica do 'progresso', que pôde ser concebida por volta de 1800, tem raízes no conhecimento do anacrônico que ocorre em um tempo cronologicamente idêntico" (Reinhart Koselleck, "Modernidade: sobre a semântica dos conceitos de movimento na modernidade", cit., p. 284-5). Assim, *a noção de Progresso só se torna um Horizonte* quando "a simultaneidade do não-simultâneo passa a ser a experiência básica de toda a história – um axioma que no século XIX foi enriquecido pelas mudanças sociais e políticas que trouxeram este axioma para a experiência diária" (ibidem, p. 286). O

A reunião de um grande número de novas experiências dos três séculos anteriores à hora histórica em que a noção de Progresso surgiu como um horizonte incontornável, e o fato de que todas elas – este o ponto – remetiam à percepção decisiva do não-contemporâneo no contemporâneo, é algo que se pode atribuir à força catalisadora da revelação de um globo terrestre, por sua vez indissociada da revolução copernicana e da ciência nova codificada por Galileu. Em suma, a Descoberta despertou nos centros metropolitanos uma outra revelação, a de um novo horizonte de expectativa. Ou melhor, tudo se passou como se retrospectivamente a associação entre Revolução Científica e Grandes Navegações confirmasse uma outra Espera ruminada até então nalgum recanto da imaginação social europeia antecipadora. O nexo entre as viagens transoceânicas e a empresa do novo ideal de conhecimento científico não por acaso aparece estampado no frontispício do *Novum Organum*, de Francis Bacon[36]. Já a Grande Expectativa, consumada por esse vínculo entre as duas conquistas, um Brecht de corte iluminista – no melhor figurino da Filosofia da História, cuja certidão de nascimento Koselleck reescreveu no livro citado de 1959 – encarregou Galileu de anunciar na grande fala de abertura da peça, escrita paradoxalmente na hora em que soava meia-noite no século XX:

---

que a experiência da história mostra a partir da Revolução Francesa, ou melhor, passa a exigir, são "explicações segundo critérios temporais, colocadas sob a alternativa de progredir ou conservar, recuperar o tempo ou torná-lo mais lento". Notemos de passagem que essa nova configuração do mundo serviria de moldura para a futura "ilusão do desenvolvimento", como os teóricos do *World-System* descreverão os esforços sem fim, tanto faz se por via sistêmica ou antissistêmica, de emparelhamento ou *catching up* com o núcleo orgânico da economia-mundo, cujo tempo estamos procurando identificar. E estamos vendo como pode ser surpreendido de início também na experiência original da "simultaneidade daquilo que não é contemporâneo" propiciado pela expansão para ultramar.

[36] Assim comentado por Eduardo Subirats no artigo "O mundo, todo e uno", cit., p. 338: "Em seu frontispício, o *Novum Organum* traz justamente uma imagem que ilustra o nexo entre as viagens transoceânicas europeias e a empresa do conhecimento científico. A gravura em questão revela um cenário magnífico: em primeiro plano, ergue-se as colunas de Hércules, símbolo de um limite mitológico ultrapassado e, por conseguinte, de um distanciamento da concepção clássica, isto é, fechada ou limitada, do mundo [...]. Duas caravelas navegam em mar aberto com seus velames enfunados [...] uma das naus começa a romper com sua proa as águas que separam o limite simbólico entre o Velho Mundo e o oceano".

Mas agora nós vamos sair, Andrea, para uma grande viagem. Porque o tempo antigo acabou, e começou um tempo novo. *Já faz cem anos que a humanidade está esperando alguma coisa* [...]. Gosto de pensar que os navios tenham sido o começo. Desde que há memória, eles vinham se arrastando ao longo da costa, mas, de repente, deixaram a costa e exploraram os mares todos[37] [...]. Mas as águas da Terra fazem girar as novas rocas, e nos estaleiros, nas manufaturas de cordame e de velame, quinhentas mãos se movem em conjunto, organizadas de maneira nova [...]. O que constava é que as estrelas estão presas a uma esfera de cristal para que não caiam, agora juntamos coragem, e deixamos que flutuem livremente, sem amarras e em grande viagem [...]. Nossos navios viajam longe. As nossas estrelas giram num espaço longínquo [...]. Como diz o poeta: "Ó manhã dos inícios!...".[38]

Com efeito, o poeta disse muito mais: "Ó manhã dos inícios!.../ Ó sopro do vento/ Que vem de terras novas", completa Andrea Sarti, o filho da governanta, ao dar-lhe a réplica. Algo sabia Max Weber dessa brisa de ultramar, o vento do progresso que sopra do futuro? Como se pode ler num escrito de 1906:

> A origem histórica da liberdade moderna remonta a precondições únicas que jamais se repetirão. Encaremos a mais importante dela. A expansão ultramarina. Nos exércitos de Cromwell, na Assembleia Constituinte francesa, até hoje no conjunto de nossa vida econômica, essa brisa transoceânica é sentida... mas não existe mais nenhum continente novo à nossa disposição.[39]

---

[37] A ressonância da imagem fala por si só. Ainda Subirats (idem): "As navegações mal chegavam aos limites de um mundo doméstico e provinciano. A nova filosofia científica, ao contrário, era a expressão das viagens transoceânicas, do mundo da moderna indução, que se caracteriza justamente, segundo as palavras do próprio Bacon, por seu alcance universal [...]. O método científico converte-se no princípio da nova universalidade da conquista tecnocientífica".

[38] Bertolt Brecht, "Vida de Galileu", em *Teatro completo* (trad. Roberto Schwarz, 2. ed., Rio de Janeiro, Paz e Terra, 1999), v. 6, p. 57-8. Grifo meu.

[39] Citada e comentada na abertura, esta passagem dá o tom do livro de Richard Tuck, *The Rights of War and Peace: Political Thought and the International Order from Grotius to Kant* (Oxford, Oxford University Press, 1999), um estudo sobre as relações entre o pensamento político e a ordem internacional de Grotius a Kant. É basicamente uma demonstração do lastro exterminista e expropriador dos grandes conceitos políticos à sombra dos quais floresceram os direitos liberais do individualismo moderno. Para os nossos propósitos de agora – o nexo entre o sistema mundial interestatal, e sua conflitualidade congênita por motivo de competição acumuladora de poder e capital, e a conformação de um "planejamento utópico do futuro", no qual o Koselleck de *Crítica e crise* identificou a matriz do gênero Filosofia da História, graças ao qual a sociedade burguesa que se desenvolveu no século XVIII podia se entender como

Como sugerido, essa mesma brisa marinha que impulsionou o grande transbordamento capitalista da economia-mundo europeia também ajudou a disparar a flecha do tempo braudeliano do mundo, orientado segundo uma inédita linha do horizonte, cujo ponto de fuga – "o tempo está em fuga", alguém escreveu em 1807[40] – se apresenta como um novo tempo em que a diferença entre a "experiência" e a "expectativa" não para de crescer. Noutras palavras, uma economia-mundo capitalista, em expansão permanente desde o nascedouro, só se legitima perante uma combinação paradoxal entre o sempre igual da acumulação como fim em si mesmo e um horizonte igualmente ilimitado de expectativas. Por isso a humanidade podia *esperar* cem anos por algo novo[41].

---

um "mundo novo", reclamando intelectualmente o mundo inteiro – não será ocioso assinalar que uma das novidades do estudo de Richard Tuck consiste em identificar no choque das soberanias estatais a ideia geradora do indivíduo autônomo portador de direitos inalienáveis. Noutras palavras – agora por nossa conta –, *a guerra moderna tornara-se uma fonte de novas e grandiosas expectativas*. Mais especificamente, como mostrou Koselleck no livro de 1959, uma vez encerradas as guerras civis ditas de religião, a restrição das guerras a meras guerras "disciplinadas" entre Estados poderia ser encarada como condição para o progresso moral. Para um comentário do livro de Tuck, ver a resenha de Peter Gowan, "The Origins of Atlantic Liberalism", *New Left Review*, Londres, n. 8, mar.-abr. 2001.

[40] Citado em Reinhart Koselleck, *Futuro passado*, cit., p. 289.

[41] O tempo do mundo deixa-se a tal ponto apreender pela aceleração com que as expectativas vão se distanciando de todas as experiências anteriores que até mesmo os circum-navegadores que se lançaram ao mar para ampliar a terra – na curiosa visão de Hannah Arendt acerca da alienação moderna em relação ao mundo, menos relevante do que a relativa ao ego, em *A condição humana* (trad. Roberto Raposo, São Paulo, Forense, 1981), p. 262-3 – não pensavam apequená-la ao reduzi-la a uma bola, fechando assim, através de uma conquista que ao fim e ao cabo eliminou a importância da distância, "horizontes infinitos, tentadora e ameaçadoramente abertos a todas as eras anteriores". Voltando à formulação de Koselleck sobre os altos e baixos da "surpresa permanente", mais uma vez a novidade era a seguinte: "As expectativas para o futuro se desvincularam de tudo quanto as antigas experiências haviam sido capazes de oferecer. E as experiências novas [este o ponto, P. A.], acrescentadas desde a colonização ultramarina e o desenvolvimento da ciência e da técnica, já não eram suficientes para servir de base a novas expectativas para o futuro. A partir de então o espaço da experiência deixou de estar limitado pelo horizonte de expectativa. Os limites de um e de outro se separaram" (*Futuro passado*, cit., p. 218). Fechando a referência a Arendt, apenas para efeito de distanciamento em razão do antiprogressismo da autora: a alienação em relação à Terra, uma outra "distância" ameaçadora,

2

Great Expectations

Ao longo dos três séculos que separam o afresco milenarista de Altdorfer do choque experimentado por um contemporâneo do Novo Tempo – intervalo pontuado por Renascimento, Descobertas e Reforma, sem falar na Grande Revolução, de cuja expansão napoleônica o próprio intelectual era testemunha e intérprete, mais adiante refratário –, foi se efetuando a mutação que se sabe, uma temporalização da história impensável para leitores do Velho Testamento decifrado como "a sombra do futuro"[42], ela mesma, tal temporalização, expressão de uma aceleração igualmente inédita, imposta pela expansão mundial do sistema europeu de acumulação impelida pela pressão competitiva de jurisdições políticas rivais. Pois entre 1500 e 1800 – ou 1789, para ser preciso, como se verá – esse mesmo sistema operou em grande escala sem que aflorasse a menor consciência conceitual da novidade radical da experiência em curso, para além, é claro, da inércia teológico-política residual que se viu. Pelo menos é essa a hipótese básica de Wallerstein acerca da moldura ideológica tardia do capitalismo histórico[43].

Por estranho que pareça, esse sistema aparentemente absurdo de acumulação interminável como um fim em si mesmo funciona desde o remoto século XVI, dispensando a muleta de algum conjunto de valores e regras básicos que fosse aceito ativamente pela classe esclarecida e, ao menos passivamente, pelo povo comum[44]. Até que a Revolução Francesa mudou isso tudo:

> A Revolução Francesa foi, em si mesma, o ponto final de um longo processo que não se deu apenas na França, mas em toda a economia-mundo capitalista como um sistema histórico. Isso porque, em 1789, uma parte considerável

---

era enfim decorrência da descoberta e posse do planeta – não era bem isso o que a humanidade de Galileu esperava há mais de um século.

[42] Na fórmula de Santo Agostinho, comentada por Marc Bloch e citada por Benedict Anderson, *Nação e consciência nacional*, cit., p. 32.

[43] Acerca da originalidade do termo "capitalismo" segundo os principais formuladores da *world-system theory*, ver Thomas Shannon, *An Introduction to the World-System Perspective* (Oxford, Westview Press, 1989), p. 25-6. Há um bom resumo em Jacques Adda, *La mondialisation de l'économie: genèse* (Paris, La Découverte, 1997), v. I, cap. III.

[44] Immanuel Wallerstein, *After Liberalism* (Nova York, The New Press, 1995), p. 147 [ed. bras.: *Após o liberalismo: em busca da reconstrução do mundo*, trad. Ricardo Anibal Rosenbusch, Petrópolis, Vozes, 2002]. O tema é recorrente em vários ensaios do livro, particularmente no último, "The Agonies of Liberalism: What Hope Progress?".

do globo já se encontrava há três séculos inserida nesse sistema histórico. E ao longo desses três séculos a maioria de suas instituições básicas tinha sido estabelecida e consolidada: a divisão axial do trabalho, com significativa transferência de mais-valia das zonas periféricas para as zonas do núcleo orgânico; a retribuição preferencial àqueles que operavam no interesse da infindável acumulação de capital; o sistema interestados composto por Estados supostamente soberanos, mas que na verdade se achavam submetidos ao arcabouço de regras desse sistema; e a crescente polarização desse sistema-mundo, que não era meramente econômica, mas também social, e estava prestes a se tornar demográfica.[45]

O que lhe faltava era justamente uma *geocultura de legitimação*. Embora seja sugestiva a proximidade mais do que analógica com a esfera geopolítica – e de fato tratava-se de uma dimensão supralocal e supranacional –, a compreensão do termo demanda alguma mudança de hábitos conceituais. É menos um suplemento espiritual de uma economia-mundo do que o seu *underside*, sua fábrica submersa de visões acerca do *modus operandi* do sistema. Está particularmente apta a fortalecer na arena geopolítica o titular daquela casa de máquinas, como se argumenta neste breve exemplo, a propósito das guerras mundiais que presidiram a mudança de guarda no topo do sistema. Nessas ocasiões, a "diferença geocultural" nem sempre acompanha o desequilíbrio geopolítico. Assim, argumenta Wallerstein, quando comparamos o último *round* da luta pela supremacia global entre Estados Unidos e Alemanha durante o século XX com o confronto similar entre Inglaterra e França ao longo do século XVIII até Waterloo, notamos, ao lado de uma singular similitude geopolítica, uma não menos desconcertante diferença geocultural: o universalismo característico de uma revolução como a de 1789 conferia à França um peso geopolítico extra nos primeiros tempos de demolição do Antigo Regime europeu; não era o caso da Alemanha, cujo territorialismo, ao contrário do francês, cruamente antiuniversalista, não resistiria ao confronto com a aura geocultural da Revolução de 1917, cujo poder territorialista herdado, diante do inimigo circunstancialmente comum, se encontrava não obstante alinhado com o poder capitalista do Atlântico Norte. Desta última inverossímil convergência, novamente geocultural, entre Americanismo Wilsoniano e Comunismo Leninista[46],

---

[45] Ibidem, p. 253-4 [ed. bras.: ibidem, p. 256].

[46] Segundo Giovanni Arrighi (*O longo século XX*, cit., p. 66, p. ex.), uma afinidade no antagonismo foi assinalada pela primeira vez por Arno Mayer em 1959, estudando

Wallerstein concluirá que ambos compartilhavam não só a plataforma ilustrada de engenharia social racionalmente planejada, mas também uma "visão secular do futuro", sendo igualmente, um e outro, "escatologias"[47]. Dessa liga intempestiva brotará – para chegar logo ao ponto final – a "fé geocultural na possibilidade do desenvolvimento", estrela guia entre 1945 e 1970, desde então uma quimera em queda livre[48]. No caminho de volta ao nosso ponto de partida – o fermento geocultural inoculado no capitalismo histórico pela difusão mundial da ruptura de 1789 –, observemos de passagem que nessa reconstrução, à primeira vista fantasiosa, Lenin e Wilson atuam como o *prophète-philosophe* que o século XVIII conheceu, cuja "consciência de tempo e de futuro se nutre de uma ousada combinação de política e profecia"[49]. Noutras palavras, além de não ser implausível, não seria pouca coisa rastrear a filiação da geocultura – entendida nos termos da *World-System Theory* – até o advento da Filosofia da História, está claro que nos moldes heterodoxos em que Koselleck a reconstruiu, recortando aquele gênero inaugural na constelação de imagens premonitórias que tanto obscureciam quanto descortinavam o horizonte da crise que se avizinhava[50].

---

as origens políticas da nova diplomacia em 1917-1918, secundado por Barraclough em 1967, nos seguintes termos: "A convocação de Lenin para uma revolução mundial provocou, como um contragolpe deliberado, os Quatorze Pontos de Wilson: a solidariedade do proletariado e a revolta contra o imperialismo tiveram como adversários a autodeterminação e o século do homem comum". Estava-se no fundo, prossegue Arrighi, montando um cenário comum em condições de acomodar as demandas dos povos não-ocidentais e dos não-proprietários. Como se verá, trata-se de um cenário sobrecarregado por uma nova onda de expectativas em movimento. Mas voltemos à sua antecâmara, às origens da geocultura de legitimação do capitalismo histórico, cujo prazo de validade venceu em algum momento da desmontagem desse condomínio geopolítico.

[47] Immanuel Wallerstein, *Geopolitics and Geoculture*, cit., p. 5.
[48] Cf., do mesmo Wallerstein, p. ex., "The Geoculture of Development", em *After Liberalism*, cit. Ou, ainda, "O desenvolvimento: uma estrela polar ou uma ilusão?", em idem, *Impensar a ciência social: os limites dos paradigmas do século XIX* (trad. Adail Sobral e Maria Stela Gonçalves, Aparecida, Ideias e Letras, 2006).
[49] Reinhart Koselleck, "O futuro passado dos tempos modernos", cit., p. 35.
[50] "No século XVIII, a intelectualidade burguesa transformou a história em processo, sem tornar-se consciente dessa transformação. Esse acontecimento, que inaugura os tempos modernos, é idêntico à gênese da filosofia da história" (idem, *Crítica e crise*, cit., p. 14). Processo por assim dizer tramitando no alto tribunal da razão, "entre cujos membros naturais a elite ascendente se inseria". Aqui com uma conotação

Reforçando o parentesco insólito, ocorre por vez a Wallerstein assimilar uma tal formação – a geocultura legitimadora do capitalismo histórico, legitimação tardia, como estamos vendo – a uma Visão de Mundo cristalizada justamente pelo papel "profético e anunciatório" desempenhado pela Revolução, segundo Labrousse, ela mesma reunião das grandes experiências de "progresso" acumuladas nos três séculos anteriores, nas palavras já citadas de Koselleck, "experiências e expectativas afetadas por um coeficiente de variação temporal"[51]. Ou melhor, o *Progresso* – tal como o vimos ser inven-

---

jurídica original de que as futuras metamorfoses materialistas do termo "processo" jamais conseguiriam se livrar – como se o *Processo* de Kafka vaticinasse os Processos de Moscou. "Neste comércio jurídico, o espírito burguês desempenhava a função de acusador, de instância judicativa suprema e – o que teria uma importância decisiva para a filosofia da história – de partido". Ainda no mesmo rumo genealógico: por incongruente que pareça associar Lenin e os Quatorze Pontos de Wilson, e ainda mais juntá-los nos extremos de um mesmo arco geocultural impregnado de planejamento utópico-iluminista do futuro, não deixa de fazer sentido – se as sugestões recolhidas até aqui procedem – ainda hoje, Depois da Queda do Muro (que ruiu "*with a bang and not a whimper*" [com um estrondo, e não um gemido], como acha Wallerstein, ao abrir sua *Geopolitics and Geoculture*), a tese enunciada por Koselleck no fim dos anos 1950 acerca das raízes iluministas do estado de crise permanente em que o mundo ingressara, finda a guerra com a irrupção da Era Nuclear: "Assim como o globo terrestre foi unificado pela primeira vez pela sociedade burguesa, a crise atual também se desenrola no horizonte de um autoentendimento histórico-filosófico, predominantemente utópico [...]. A crise política (que, uma vez deflagrada, exige uma decisão) e as respectivas filosofias da história (em cujo nome tenta-se antecipar essa decisão, influenciá-la, orientá-la ou, em caso de catástrofe, evitá-la) formam um único fenômeno histórico, cuja raiz deve ser procurada no século XVIII [...]. Hoje, o globo terrestre é reivindicado ao mesmo tempo por grandes potências, em nome de filosofias da história análogas" (ibidem, p. 9-10).

[51] Idem, *Futuro passado*, cit., p. 317. Conforme assinalado páginas atrás, a propósito da surpresa histórica proporcionada pela visão direta do "não-contemporâneo no contemporâneo", uma economia-mundo como a capitalista, que se constituiu como um espaço econômico hierarquizado, polarizado, estratificado até a medula, por isso mesmo submete suas elites acumuladoras à permanente ansiedade da corrida contra o "atraso econômico" (de que tratou em perspectiva histórica, entre outros, Alexander Gerschenkron, em 1962), para não falar no mito compensatório do Desenvolvimento, mencionado há pouco, de sorte que a esse sistema de zonas concêntricas corresponde o perene temor do descompasso entre temporalidades sociais, acelerações e rebaixamentos – tudo somado, hierarquias espaciais e temporais legitimadas por uma mesma *geocultura do progresso*, para juntar os termos cuja gênese se está indicando. Um campo de forças atravessado por projeções antagônicas, que mais tarde a geocultura do imperialismo positivaria. Ainda Koselleck, no limiar do Novo

tado ou descoberto no final do século XVIII enquanto espera de um futuro aberto – *como Geocultura da economia-mundo capitalista*, na hora histórica em que este "mundo", até então abarcado apenas na definição de um espaço econômico descentralizado, passa a ser intelectualmente reclamado como o mundo inteiro, porém na condição de mundo novo, incluído neste último, como se viu, o Novo Mundo, cujo "descobrimento", alargando o futuro, igualmente novo, pela igualação com a perspectiva desvendada no Ultramar, vinha realçar ainda mais o universalismo profético que subiu à cabeça dos *philosophes de l'histoire*; a partir do espaço político europeu, a sociedade que o viu nascer desenvolveu uma filosofia do progresso à medida que se desligava daquele núcleo embrionário: "O sujeito dessa filosofia era a humanidade inteira que, unificada e pacificada pelo centro europeu, deveria ser conduzida a um futuro melhor" – conforme o prólogo do diagnóstico de Koselleck acerca da gênese do mundo burguês, gênese torta, por assim dizer, comandada pela crítica dissimulada do absolutismo, e portanto encobridora do significado político do Iluminismo, recoberta pelo primado do confronto meramente moral com o poder soberano, substituição de objeto na origem de algo como uma "modernidade utópica".

> A Crítica e a Crise a que se refere o título do livro de Koselleck remetem ao vínculo entre a utópica filosofia da história e a Revolução desencadeada a partir de 1789.
>
> O fato de que a conexão entre a crítica praticada e a crise emergente tenha escapado ao século XVIII conduziu à presente tese: o processo crítico do Iluminismo conjurou a crise na medida em que o sentido político dessa crise permaneceu encoberto. A crise se agravava na mesma medida em que a filosofia da história a obscurecia. A crise não era concebida politicamente, mas, ao contrário, permanecia oculta pelas imagens histórico-filosóficas do futuro, diante das quais os eventos cotidianos esmoreciam. Assim, a crise encaminhou-se, ainda mais desimpedidamente, em direção a uma decisão inesperada.[52]

Tempo do Mundo: "Um grupo, um país, uma classe social tinham consciência de estar à frente dos outros, ou então procuravam alcançar os outros ou ultrapassá-los. Aqueles dotados de uma superioridade técnica olhavam de cima para baixo o grau de desenvolvimento de outros povos, e quem possuísse um nível superior de civilização julgava-se no direito de dirigir esses povos" (idem).

[52] Idem, *Crítica e crise*, cit., p. 13.

Decisão exigida pela crise política, uma vez deflagrada. Esse nó ainda não foi desatado. Por isso a herança do Iluminismo – a utopia como resposta ao Absolutismo, que inaugurou o processo dos tempos modernos – continua onipresente, prossegue nosso autor:

> A transformação da história em um processo forense provocou a crise, na medida em que o novo homem acreditava poder aplicar sua garantia moral à história e à política, ou seja, na medida em que era filósofo da história. A guerra civil foi reconhecida, mas minimizada, por uma filosofia da história para a qual a decisão política pretendida não passava do fim previsível e inexorável de um processo suprapolítico e moral. Mas, ao minimizá-la, agravava-se a crise. Concebido a partir de uma visão dualista do mundo, o postulado dos militantes burgueses – isto é, a moralização da política – se misturava de tal modo com o desencadeamento da guerra civil, que a "revolução" não foi vista como uma guerra civil, mas como o cumprimento de postulados morais.[53]

Aqui o ponto nevrálgico, o calafrio de atualidade que até hoje torna a leitura do livro realmente palpitante, como se diz: *ocorre que ainda vivemos sob a lei daquela guerra* – dito em 1959, com todas as letras, à página 160. Salvo uma alusão inicial à situação cataclísmica que se expressava na estratégia da Destruição Mútua Assegurada, nenhuma outra pista é fornecida acerca daquela lei da guerra civil sob a qual ainda viveríamos. Haveria, por certo, interesse – noutro momento do presente estudo – em retraçar a genealogia jurídico-política dessa Lei perversa: a certa altura, o livro de Carl Schmitt sobre a Ditadura, *Die Diktatur* (1921), é evocado por Agamben em nota a propósito do presumido caráter de ditadura permanente de que se revestiria o "soberano" que Rousseau introjetou na Vontade Geral. Tanto maior o interesse quanto se sabe que a aplicação de um artigo da liberal-social Constituição de Weimar inaugurou o Terceiro Reich com uma "guerra civil legal"[54], e isso depois de Koselleck mostrar como, para os iluministas, a soberania absolutista já era em si mesma a guerra civil. Igualmente viria ao caso emendar o diagnóstico sobre a persistência da Filosofia da História enquanto ofuscamento moral da crise como guerra civil, numa outra

---

[53] Ibidem, p. 160-1.
[54] Giorgio Agamben, *Estado de exceção* (trad. Iraci D. Poleti, São Paulo, Boitempo, 2004, Coleção Estado de Sítio), p. 12.

linhagem, esta, porém, ao contrário, desencobridora, ao que parece inaugurada por Isaac Deutscher, num ciclo de conferências de 1967, ao interpretar a Segunda Guerra Mundial como etapa de uma "grande guerra civil europeia", cujo primeiro ato, a rigor, principiou em 1914 e, segundo Luciano Canfora, que consagrou um capítulo a respeito, prosseguiu até a Queda da União Soviética, com a vitória do terceiro protagonista (para além de bolchevismo e fascismo), justamente as "democracias parlamentares" que em agosto de 1914 abriram as portas do inferno do século XX[55]. Curiosamente, é esse toque da mais premente atualidade – o estado de crise permanente no qual nos instalamos tão logo o globo terrestre foi unificado, crise que "também se desenrola no horizonte de um autoentendimento histórico-filosófico, predominantemente utópico" – que sai de cena no conjunto de ensaios de semântica histórica reunidos no livro de 1979, *Futuro passado*. Mais paradoxal ainda – como na sua devida hora veremos por extenso –, os grandes esquemas sobre o nascimento da experiência da história no âmbito da tensão produtiva entre Espaço de Experiência e Horizonte de Expectativa são formulados num espírito recuado de isenção epistemológica no momento mesmo em que as últimas *Great Expectations* alimentadas pelos anos 1960 se extinguiam, seja na estagnação da Era Brezhnev, seja na reconversão chinesa dos Anos Deng, seja, enfim, nos primeiros triunfos políticos – em 1979, Thatcher, no ano seguinte, Reagan – da nova tecnologia do poder capitalista, baseada na reintrodução do medo econômico e da insegurança social no coração de populações consideradas excessivamente welferizadas[56]. Por certo, Koselleck não poderia antecipar a grande virada que se avizinhava – como procuraremos mostrar, a lógica mesma do Novo Tempo do Mundo –, *uma sociedade do risco que acarretaria precisamente uma tremenda reversão de todos os horizontes modernos de expectativa*. Nada mais, nada menos. Mesmo assim, o desencontro faz pensar, sobretudo, como ressaltado, porque a

---

[55] Luciano Canfora, *A democracia: história de uma ideologia* (Lisboa, Edições 70, 2007), cap. 12.
[56] Variações sobre esse último tema em Gabriel Palma, "Why did the glorious Latin American Critical Tradition Become Practically Extinct?", em Mark Blyth (org.), *Routledge Handbook of International Political Economy (IPE): IPE as a Global Conversation* (Londres, Routledge, 2009).

primeira sistematização histórica do tema localizava-o num século XVIII se precipitando rumo à Revolução, para melhor formular todo um diagnóstico contemporâneo de época, cuja surpreendente atualidade, de resto, ressuscitaria ao longo dos anos 1980, enquanto desmoronava o "absolutismo" soviético, minado por uma Crise igualmente dissimulada pela Crítica, ela também ancorada na "autenticidade" moral dos dissidentes da Europa oriental. Nessa travessia, inventou-se o Discurso da Sociedade Civil, devidamente despojada de qualquer conotação negativa que pudesse evocar seu homônimo gramsciano, deixado ao relento pela falta de imaginação de seus herdeiros. Estou me referindo à redescoberta um tanto casual do livro de Koselleck, no calor da hora da desintegração do sistema soviético, num artigo em que Paul Hirst comenta, a certa altura, a forte irradiação de Václav Havel acerca do "poder dos sem-poder", ideia que de certo modo prolonga e dá forma doutrinária à experiência polonesa do Solidarność. Tratava-se então de um projeto de resistência ao poder absoluto baseado num programa antipolítico – pois a política se resumia, caso não fosse a sua verdade enfim revelada, à violência secreta de um aparato cujo automatismo burocrático e corrupto reduzia-se a um mero ritual de cínica hipocrisia, ao qual seus próprios funcionários se submetiam sem a menor convicção interior –, programa segundo o qual, portanto, se deveria, em contraposição à mentira oficial, "viver dentro da verdade" e, assim, viver, contra a imoralidade obscena de um Estado de granito, "a vida independente da sociedade", logo rebatizada de "civil" e como tal positivada enquanto polo antipolítico da inocência, fonte da crítica e da renovação. Sem tirar nem pôr, o esquema de Koselleck fornecia-lhe assim a chave de todo um *revival* que ignorava a matriz que estava reencenando[57].

Nessa conversão da história em processo jurídico-moral, "os juízes burgueses estavam sempre do lado do progresso"[58], compondo a figura de uma elite moralmente justa e conforme a razão, em condições, portanto, de rivali-

---

[57] Paul Hirst, "O Estado, a sociedade civil e o colapso do socialismo soviético", em *A democracia representativa e seus limites* (trad. Maria Luiza X. de A. Borges, Rio de Janeiro, Jorge Zahar, 1993), p. 170-7.

[58] Reinhart Koselleck, *Crítica e crise*, cit., p. 14.

zar com a Providência, devidamente esclarecida e rebaixada, e assim planejar o futuro como censores que se encarregavam de discriminar o condenado e executar a sentença, solenemente transitando em julgado numa História convertida em Tribunal, sem falar no mal-entendido básico, decorrente dessa subordinação da política à moral em indivíduos despolitizados pela Razão de Estado do Absolutismo: a crença utópica de que a história seja planificável. Pois é justamente essa "visão de mundo voltada para o futuro" (Koselleck) e sua peculiar concepção de tempo que Wallerstein está chamando de geocultura originária do capitalismo histórico. Um capitalismo prometeico nas suas aspirações – e desse Prometeu desacorrentado (David Landes) não houve melhor porta-voz do que o Galileu de Brecht, com o horizonte da Ciência Nova expandido pela brisa oceânica. Ou o autor de *Histoire philosophique et politique des établissements et du commerce des européens dans les deux Indes*, o abade Raynal[59].

Publicada pela primeira vez em 1770, suas sucessivas edições deram a volta ao mundo, sobretudo o Novo Mundo, em plena Crise, no caso, do Antigo Sistema Colonial. Se há uma obra que conjugue Ultramar com Futuro, é esta, escreverá Koselleck no livro sobre a gênese retorcida de um outro mundo, o burguês. Como vimos, as Grandes Navegações principiam sob o signo dos Últimos Tempos, para ao fim de três séculos serem revistas como uma Descoberta, sim, porém da dimensão pragmática de um novo Horizonte de Expectativa, por sua vez posto em perspectiva por toda uma geocultura do progresso, como estamos vendo agora, amalgamando dois repertórios. Vistas as coisas, no entanto, do ângulo assinalado na digressão anterior – o hiato, nos escritos de Koselleck sobre o tema, entre a sobriedade epistemológica dos anos 1970 e o estado de urgência crítica na reconstrução heterodoxa dos anos 1950 –, viria ao caso repassar pelo filtro do abade Raynal, *philosophe de l'histoire* por excelência, o sopro da brisa atlântica com o qual nos defrontamos já na primeira onda do tempo braudeliano do mundo. Eis o comentário de Koselleck[60]. No fundo, uma outra gênese do horizonte moderno de

---

[59] Guillaume Raynal, *História filosófica e política das possessões e do comércio dos europeus nas duas Índias: o estabelecimento dos portugueses no Brasil* (Rio de Janeiro/Brasília, Arquivo Nacional/UnB, 1998), v. 9.
[60] Reinhart Koselleck, *Crítica e crise*, cit., p. 152-9.

expectativa, além de burguesa, patogênica, que interessa reler de perto, quando se tem em vista as futuras "esperas" por vir, e sua abreviação acelerada por uma sorte de percepção antipolítica da urgência – para antecipar outra vez a linha geral do argumento. Então. Progressista e moderado – "defendia uma transformação sólida e lenta das circunstâncias vigentes" –, Raynal foi um "autêntico profeta da crise em duplo sentido: da crise como ameaça de uma guerra civil e da crise como tribunal moral". Uma tal situação crítica encontra-se na origem de sua *História das duas Índias*, menos uma história colonial propriamente dita do que uma elaboração histórico-filosófica da crise política. O que realmente interessa, o estado atual da Europa, é tratado indiretamente pelo contraponto entre os dois mundos, um inocente e novo, outro decrépito e corrompido pelo exercício de um poder soberano absoluto. Assim, "no curso da história econômica e colonial dos Estados Europeus de além-mar, a história mundial transforma-se em Juízo Final". Com o descobrimento do Novo Mundo, o esquema que sempre orientou o Iluminismo como crítica política indireta envolve agora América e Europa numa oposição polêmica entre inocência moral e despotismo moral. O esforço de colonos virtuosos e esclarecidos para se emancipar da tutela de seus déspotas metropolitanos anuncia a chegada ao presente do "tempo da virtude e da transformação". Colonos virtuosos que por definição não governam, de um lado do oceano; do outro, burgueses abastados mas sem poder político: dos dois lados, a mesma polarização moral exigindo uma "decisão radical", a ser tomada por um tribunal moral que só pode ser a guerra civil, moralmente justificada "no momento em que a virtude entra no campo político da ação". Conclusão: "A guerra civil é um acontecimento inocente". Mais uma vez, "para o Estado, a guerra civil é uma crise; para o cidadão, é um tribunal". A guerra de independência das colônias inglesas na América do Norte era a confirmação da revolução profetizada por Raynal. Quando Thomas Paine deu ao seu jornal, que cobriu os acontecimentos de 1776 a 1783, o nome *The Crisis* – assegura Koselleck, que continuo transcrevendo –, conferiu a essa palavra o mesmo duplo sentido dos iluministas continentais: guerra civil e instalação de um tribunal moral. Numa obra que já contava com 54 edições, Raynal multiplicava as passagens mais incendiárias de Paine. Algo como a "consagração de uma necessidade transoceânica" pressionando na direção de uma decisão definitiva na França; o exemplo americano prenunciava um igual transcurso moral na crise no Velho Mundo. A Filosofia da História – que assegurava a execução dos veredictos burgueses –, tornando-se global por uma espécie de expansão geográfica do dualismo moral que a impulsionava, culminava assim com o enunciado da crise de dois mundos. Por isso, desde o início, para Raynal, ultramar e futuro são, antes de tudo, "um espaço fictício que garantia indiretamente a vitória da moral. Assim, graças à Filosofia da História, a crise estava superada". Fim de citação, com ou sem aspas.

Como ficamos? No mínimo – por enquanto –, diante de um paradoxal entrecruzamento. O mesmo processo responsável, como se viu, pela "temporalização da história", à medida que a primeira grande crise do sistema – e do Antigo Regime e do Colonialismo Mercantilista – se desenhava segundo a linha de *um horizonte carregado de expectativas* cujo lastro era a própria crise se avizinhando, testemunhava a elaboração de uma filosofia do progresso, na qual se refugiava a má consciência moralizante dos principais protagonistas e beneficiários daquela reviravolta que se aproximava, algo como uma *desistorização dissimuladora* da real natureza da crise, ela mesma, no entanto, o foco efetivo da nova pergunta pelo futuro enquanto vetor histórico. Melhor que essa expressão arrevesada, porém correta, a explicação final de Koselleck:

> A nova elite desenvolveu a consciência de encarnar o ser verdadeiro, moral, o ser propriamente dito. A história é destituída de sua facticidade para colocar a moral burguesa em seu pleno direito. Da maneira mais natural do mundo, os cidadãos apolíticos, alienados da historicidade, consideram que se deveria anular a história, pecado original da natureza. A partir de então, a história só pode ser concebida como filosofia da história, um processo da inocência que se deve realizar.[61]

Mutatis mutandis, é o que se vê hoje. Ou melhor, veremos, se avançarmos um pouco o sinal. Só que agora os papéis parecem invertidos. Ao assim chamado Retorno da História (conforme o título recente do neoconservador Robert Kagan, reconvertido ao realismo geopolítico:

---

[61] Ibidem, p. 159-60.

The Return of History and the End of Dreams[62]), de fato, embora Kagan afirme o contrário, um desdobramento do mesmo gênero Filosofia do Fim da História, por sua vez, independentemente dos mal-entendidos provocados pelo emprego astucioso da palavra "fim" por Francis Fukuyama, uma retomada paradoxal, da parte dos vencedores de 1989, das Grandes Narrativas que o século XIX viu prosperar em tempos de Padrão Ouro, Constitucionalismo, Livre-Comércio, Equilíbrio de Potências e... luta de classes, mas Grandes Narrativas na modalidade por assim dizer popular das filosofias-ônibus do tipo Positivismo, Evolucionismo, Vitalismo etc., por mais rasos que sejam os pastiches contemporâneos na produção dos quais também se revezam diplomatas, colunistas, conselheiros de segurança nacional etc., pois enfim, a essa paródia involuntária da dissimulação iluminista da crise – no entanto igualmente anunciada, seja como Big Bang financeiro, aquecimento global, pandemias, proliferação de Estados párias nuclearizados –, a qual não falta o já mencionado Discurso Antipolítico da Sociedade Civil, corresponde uma verdadeira destemporalização do tempo histórico, se é que se pode falar assim, ou, nos termos de um insuspeito teórico da Sociedade em Rede, um "tempo intemporal" (*timeless time*), que o autor entende como a forma dominante do tempo social numa sociedade em que as novas tecnologias de poder do capitalismo informacional – seja lá o que isso queira de fato dizer – se exercem de forma seletiva pela inclusão/exclusão de funções e indivíduos em diferentes estruturas temporais e espaciais[63]. Um universo de conexões privilegiadas, em suma, este em que o *tempo se destemporaliza* no topo e torna-se ainda mais brutalmente *redundante* na base, reiterando noutro registro a dominação do tempo abstrato disseminado pelo sistema das compulsões e coerções propriamente capitalistas[64]. Por extenso:

---

[62] Robert Kagan, *The Return of History and the End of Dreams* (Nova York, Alfred A. Knopf, 2008).

[63] Manuel Castells, *A sociedade em rede* (São Paulo, Paz e Terra, 1999), cap. 7.

[64] A respeito dessa conexão entre tempo abstrato, em que se desenrola o vínculo social regido pelo Valor, e tempo histórico, retomaremos no devido momento as análises de Moishe Postone, *Tempo, trabalho e dominação social: uma reinterpretação da teoria crítica de Marx* (São Paulo, Boitempo, 2014), cap. 8.

Funções e indivíduos selecionados *transcendem o tempo*, ao passo que atividades depreciadas e pessoas subordinadas *suportam a vida enquanto o tempo passa*. Embora a lógica emergente da nova estrutura social vise a contínua suplantação do tempo como uma sequência ordenada de eventos, a maioria da sociedade em um sistema global interdependente permanece à margem do novo universo. A *intemporalidade* navega em um oceano cercado por praias ligadas ao tempo, de onde ainda se podem ouvir os lamentos das criaturas a ele acorrentadas."[65] [Eufemismos à parte, ainda veremos, P. A.]

Não é o menos surpreendente nessa reviravolta que se possa reconhecer, justamente na dominância desse tempo intemporal – a "efemeridade eterna" na qual vai se instalando a sociedade à medida que se vai no mesmo passo "desordenando a sequência temporal dos eventos, tornando-os simultâneos"[66] –, o mesmíssimo *temps du monde* braudeliano – salvo que se trata de um *novo tempo do mundo*, se comparado com aquele identificado por Braudel na fronteira histórica da economia-mundo capitalista –, especificado inclusive por metáforas espaciais análogas: nas praias de relegação e redundância social de agora, havia no antigo mapa de Braudel as imensas manchas brancas à margem da "história triunfante" cujo "tempo excepcional" comandava as zonas de silêncio em que a hora do mundo não repercutia. Temporalidades subjugadas, portanto – aliás, a expressão é do próprio Castells, ao admitir a cristalização atual de uma "diferenciação conflituosa do tempo". A saber: "Essa diferenciação afeta, por um lado, a lógica contrastante entre a intemporalidade estruturada pelo espaço-de-fluxos e as múltiplas temporalidades subordinadas, associadas aos espaços de lugares", sendo que "fluxos induzem tempo intemporal, lugares estão presos ao tempo"[67].

---

[65] Manuel Castells, *A sociedade em rede*, cit., p. 490. Grifo meu.

[66] Idem.

[67] Idem. Para a origem destas noções – não vindo ao caso no momento o destino que lhes deu Castells –, ver Arrighi, que, por seu turno, remete ao modo pelo qual John Ruggie introduziu a ideia de um "espaço funcional não territorial" que cresce dentro do moderno sistema de governo capitalista do mundo, mediante a "diferenciação das coletividades em espaços territoriais fixos e mutuamente excludentes de dominação legítima", de sorte que essa nova dimensão constitui uma negação institucional da territorialidade exclusiva desse sistema. Nela, nas palavras de Ruggie, se exprime uma tendência pela qual "os laços microeconômicos transnacionalizados [...] criaram uma

Com essa colonização do Lugar pelo Fluxo, é a própria noção moderna de Progresso – e a temporalização da história que a tornou pensável – que literalmente vai para o espaço[68]. E se assim é, tudo se passa como se a tensão constitutiva entre Lugar-Experiência e Fluxo-Horizonte (admitida a possível correspondência), além de baixar a zero, mudasse de sinal: evocando como modelo a "colagem temporal", característica da mídia contemporânea, Castells se refere a um *flat horizon*, "sem começo nem fim, nem sequência"[69].

Assim *comprimido*, é esse o lastro à primeira vista incongruente – o que não chega a ser uma objeção, apenas uma reação política – do mencionado Retorno (do Fim) da História, "esvaziado", como Koselleck diria de seu precursor iluminista, novamente numa fabulação moral da inocência de um processo de realização utópica do Direito, encobrindo uma era de guerra permanente, nossa Crise, enfim. Ora, para essa circunstância a especulação filosófica de Fukuyama previu justamente uma bipartição análoga à mencionada "diferenciação conflituosa do tempo". Esse fabuloso Fim da História seria, a rigor, uma redenção para poucos da entropia temporal; basicamente apenas o núcleo orgânico do sistema ingressaria na zona de luz da *pós-história*, cujo principal eixo de interação entre seus múltiplos espaços-de-fluxos seria econômico, relegando cada vez mais aos museus das curiosidades, precisamente "históricas", as velhas regras da política de poder dos Estados "baseados em armas" – como

---

'região' não territorial na economia mundial – um espaço-de-fluxos descentrado, mas integrado, que opera no tempo real e existe paralelamente aos espaços-de-lugares a que chamamos economias nacionais" (citado em Giovanni Arrighi, *O longo século XX*, cit., p. 80-1). É nesses espaços-de-lugares que Castells "localiza" o tempo linear irreversível, mensurável e previsível que está sendo subjugado pelo fluxo turbilhonar do "tempo intemporal", que transcende todo tipo de jornada da Era Industrial, da jornada disciplinar do tempo de trabalho remunerado aos ciclos de vida de uma existência.

[68] Para simples registro e posterior retomada: em 1989, Harvey abria seu capítulo sobre o conteúdo de experiência espaço-temporal da Acumulação Flexível – como preferia denominar a virada pós-fordista – rediscutindo a literatura recente que relacionava a nova condição "pós-moderna" do mundo a uma espécie de revanche (análoga à do Capital), algo como uma subversão espacial da antiga ordem predominante do tempo. Cf. *Condição pós-moderna*, cit.

[69] Manuel Castells, *A sociedade em rede*, cit., p. 486. E, para o original em inglês, *The Rise of the Network Society* (Oxford, Blackwell, 1996), p. 462.

disse um colunista num momento de apoteose mental[70] –, assim como seria irreversível a erosão das características tradicionais do Poder Soberano – em suma, na esfera superior pós-histórica do mundo, a profecia kantiana da Paz Perpétua se cumpriria no "tempo intemporal" de uma União Pacífica, a relíquia bárbara do *ethos* guerreiro sendo suplantada pelo *doux commerce* entre sociedades saciadas. Do outro lado, ou melhor, por todos os lados à volta daquela fortaleza de bem-aventurança sem tempo, permanece a imensa zona de sombra do mundo ainda histórico, no qual continuam em vigor as antigas normas da política de poder, um campo minado pelo ressentimento social, pela violência da luta malsucedida pelo reconhecimento entre atores embrutecidos pela ineficiência econômica, um mundo, em suma, *cujo tempo ainda é nacional*, disciplinado pelo fato de o Estado-Nação persistir como o *locus* principal da identificação política[71]. Como observado pelos autores concernidos, entretanto, essa bifurcação do tempo – transcendência euforizante para um lado, confinado disciplinamento para os demais – é conflituosa: quer dizer, o tempo do fim (da História) é antes de tudo um (novo) tempo de guerra. E com este último, um novo *regime de expectativas* entrará em vigor, redefinido segundo uma redistribuição igualmente desigual de riscos e urgências. Em princípio, esses dois mundos, o pós-histórico e o histórico, "manterão existências paralelas, porém separadas, com interação relativamente pequena". Entretanto, irão colidir ao longo de mais de um eixo – a primeira Guerra do Golfo mal terminara –, dos recursos naturais estratégicos à imigração, passando pela propriedade intelectual etc. Assim, como "a metade histórica do mundo insiste em operar de acordo com os princípios realistas, a metade pós-histórica precisa fazer uso de métodos realistas, quando trata com essa parcela do mundo ainda situada na história"[72]. Por esse trilho passaram então a ocorrer as guerras da e pela ordem mundial, não custa relembrar[73].

---

[70] Charles Krauthammer, citado por Elmar Altvater, *O preço da riqueza* (São Paulo, Unesp, 1995), p. 269.

[71] Francis Fukuyama, *O fim da história e o último homem* (trad. Aulyde S. Rodrigues, Rio de Janeiro, Rocco, 1992), cap. 26.

[72] Ibidem, p. 337.

[73] A expressão é de Robert Kurz, *Weltordnungskrieg* (Bad Honnef, Horlemann, 2003).

Guerra dos tempos, portanto, um ainda industrial, o outro, vencedor, pós-industrial – como, aliás, ficou evidente na assimetria tecnológica na primeira Guerra do Iraque e logo depois no Kosovo.

Tampouco surpreende que essa nova linha divisória separando História (Lugar) e Pós-História (Fluxo) se assemelhe à linha de expansão ultramarina que viu nascer o tempo braudeliano do mundo, como vimos, decantado durante os três séculos decisivos ao longo dos quais a visão escatológica dos últimos tempos deixou-se absorver, até desaparecer, pelo tempo direcional de um processo ascendente. Pelo menos não se poderá dizer que esta última Filosofia da História tenha comprado o mito da convergência, no qual embarcaram tanto modernizadores pró-sistêmicos quanto desenvolvimentistas antissistêmicos; tanto é assim – ainda no que concerne à genealogia colonial dessa mutação na experiência temporal da história – que naqueles primeiros anos de auge profético, embora girando em torno de um fim consumado, um *insider* como Robert Cooper (que fim levou? Ou melhor, que postos escalou desde então na Comissão Europeia?) mapeou esse mundo do fim da história decalcando involuntariamente os círculos concêntricos da *World-System Theory* (núcleo orgânico, semiperiferia e periferia) no vocabulário do século XIX (evolucionismo a menos, visto que chegamos ao fim triunfante da linha): civilizados, bárbaros e selvagens, noutras palavras, pós-modernos, modernos e pré-modernos, cujas zonas também se sucedem em escala decrescente, da segurança ao caos, passando pelos espaços intermediários onde prospera a perigosa belicosidade das sociedades históricas ricas em recursos naturais e prontidão militar ainda clausewitziana[74].

Podemos encerrar este excurso assinalando o curioso desencontro ideológico entre pares. Como é sabido, Fukuyama tornou-se um neocon renegado[75] – surpreendentemente discordou do segundo choque iraquiano entre o mundo pós-histórico e o mundo histórico –, enquanto

---

[74] Robert Cooper, *The Postmodern State and the World Order* (Londres, Demos, 1996).

[75] Dá as suas razões num livro sobre o legado do neoconservadorismo, *O dilema americano: democracia, poder e o legado do neoconservadorismo* (trad. Nivaldo Montigelli Jr., Rio de Janeiro, Rocco, 2006). É injusto consigo mesmo, ao afirmar que o *Fim da História* é antes uma discussão sobre a modernização (p. 61). Kojève valia bem uma missa.

seu contraditor do momento, Robert Kagan, ao desenhar o contorno de uma outra Guerra Fria entre democracias liberais e autocracias, só que desta vez no mundo decididamente unificado pelas pressões competitivas da acumulação interminável, acredita ter redescoberto a História que seu ex-colega havia expulsado da geopolítica, por acreditar que esta última, além de congenitamente a-histórica, se tornara obsoleta junto com o velho mundo histórico, configurado na virada do setecentos para o oitocentos. Na gramática de nosso inventário inicial: mundo este com certeza configurado no momento em que a tensão entre Experiência e Expectativa viu sua voltagem subir aos céus graças à *decisão* revolucionária de uma *crise* inédita. Em boa lógica, o Estado Universal e Homogêneo de Kojève redescoberto e estilizado por Fukuyama, em cujo âmbito econômico liberal se resolve a Dialética do Senhor e do Escravo, quer afinal dizer – como poderia sustentar qualquer jovem hegeliano dos anos 1840 – que o enigma da história afinal se apresentou e foi praticamente decifrado e que, portanto, como se há de recordar, a Expectativa consumada reabsorveu inteiramente a experiência transcorrida. Todavia, nesse ponto em que se abria para Kojève "*le dimanche de la vie*", Fukuyama, sob o guarda-chuva nietzschiano do Último Homem, inova, pois o seu fecho conclusivo associa a guerra pós-histórica ao deserto em que reinará a mais completa insignificância, nela incluídos todos os ritos de uma civilidade puramente formal. Nem mesmo um outro ciclo de crueldade estaria excluído. Faltou o seu tanto de discernimento histórico aos críticos, à esquerda e à direita, daquele escrito unanimemente condenado por desvario. (Aliás, os mesmos que viram em Toni Negri um Fukuyama de esquerda, quando o tema do Império também queria dizer que o Tempo do Mundo já não era mais o mesmo, e que o "Estado" era de "Exceção", pois a guerra pós--clausewitziana igualmente se banalizara.) Seja como for, o *establishment* se dividiu. Na *mouvance* pós-moderna, convencida, desde o estouro da bolha de 1968, de que o capital tinha vindo mesmo para ficar, não era preciso muito esforço para traduzir o diagnóstico de Fukuyama no reconhecimento de que o tempo do mundo perdera sua força – não obstante o paradoxo já assinalado de que essa tese era o enunciado final de uma Grande Narrativa acerca do curso do mundo; convergem igualmente para o limiar transposto por Fukuyama o *timeless time* do capitalismo informacional e o juízo (de novo) pós-moderno, segundo o qual a história teria atingido "sua imobilidade na dinâmica voragem de um turbilhão"[76]. O *flat horizon,* enfim, entrevisto linhas atrás por Manuel Castells. No campo adjacente, em que se movem os demais doutrinários da nova normalidade, os paradoxos não surpreendem menos, pois aquele mesmo tempo histórico, exaurido de sua força, foi saudado pelos apóstolos cosmopolitas do Direito dos Povos como sinal precursor do advento da Paz Perpétua kantiana – em suma, um Horizonte de Expectativa bicentenário enfim preenchido. Pelo menos nesse ponto, o sarcasmo do mencionado Robert Kagan – que, aliás, durante a campanha presidencial já sugerira aos entusiastas de sempre que pusessem as barbas de molho, pois Obama estava se revelando um autêntico intervencionista[77] – procede, por instinto, é claro, como é do feitio desta casta intelectual que orbita em torno da chamada comunidade de segurança, encarregada de formular o poder americano em exercício. De fato, eram tempos de *Grand Expectations*, mesmo que aos poucos o horizonte fosse se tornando negativo[78]. Como estavam todos de olho nos dividendos da paz, como se dizia, o emprego da palavra *expectation* não é jamais inocente: como o herói de Dickens, a humanidade, em nome da qual já se travavam as primeiras guerras humanitárias de letalidade cirúrgica, acreditava ter tirado a sorte grande e, como o provinciano Pip, ficara igualmente siderada pela boa-nova de que estava autorizada a alimentar *great expectations*, de entrar na posse de um legado de bom tamanho, no caso, a herança histórico-filosófica do Iluminismo. Aviso aos navegantes: *end of dreams*, portanto. Ora, fazia algum tempo, a rigor quase duas décadas antes da Queda, que o horizonte do mundo vinha encolhendo.

De volta ao argumento: "visão de mundo" – embora roída até a corda, é essa mesma a expressão empregada pelos nossos dois autores (Wallerstein

---

[76] As aproximações e a fórmula, bem como a expressão "o tempo perdeu sua força", se encontram em Perry Anderson, *O fim da história: de Hegel a Fukuyama* (trad. Álvaro Cabral, Rio de Janeiro, Jorge Zahar, 1992), p. 74.

[77] Robert Kagan, "Não se iludam, Obama é um autêntico intervencionista", *Folha de S.Paulo*, 31 ago. 2008, p. A23. Artigo publicado originalmente no *Washington Post*.

[78] À sua hora, veremos o que Paul Virilio entende por *horizon négatif*.

e Koselleck) –, cuja imagem básica, a de uma luta cultural mundial, tinha uma premissa oculta, precisamente "uma premissa sobre a temporalidade", e uma temporalidade nova, superior e contraposta a uma "tradição", por sua vez, "temporalmente antiga"[79]. Quando uma tal geocultura desponta no âmbito material do capitalismo em processo de *"désenclavement planétaire"* (Jacques Adda), algo como uma *experiência da história* pode então acontecer, ou melhor, pode ser "feita" – como se diria na língua da *Fenomenologia do espírito*. Enfim, a explosão responsável por um tal desenclave – pouco importa por enquanto a natureza da revolução que a produziu – abriu de vez a *brecha do tempo*, quer dizer, o abismo, que desde então não deixou de se aprofundar, entre o Espaço de Experiência e o Horizonte de Expectativa, para voltar ao enunciado da tese meta-histórica de Koselleck, agora alicerçada em sua base material mais evidente. Acontece que, a certa altura do curso contemporâneo do mundo, a distância entre expectativa e experiência passou a encurtar cada vez mais e numa direção surpreendente, como se a brecha do tempo novo fosse reabsorvida, e se fechasse em nova chave, inaugurando uma nova era que se poderia denominar das *expectativas decrescentes*, algo "vivido" em qualquer que seja o registro, alto ou baixo, e vivido em *regime de urgência*[80]. Resta determinar a data, e também no âmbito desta hipótese, a periodização é tudo: a data justamente do *novo tempo do mundo*. Dito isso, retomemos o fio. Isto é, voltemos ao (antigo) tempo do mundo na hora do seu nascimento, pois afinal o que estamos querendo identificar é o advento do instante histórico em que o horizonte contemporâneo do mundo começa de vez a encurtar e turvar, quando então nossa argumentação propriamente dita poderá finalmente começar.

O Progresso como geocultura legitimadora – mas por isso mesmo não menos desestabilizadora – da economia-mundo capitalista não entrou em cena já banalizado como um progressismo entre outros, como uma das tantas categorias (reflexiva, no caso) de movimento da ideologia burguesa em estado avançado de rotinização. Embora seu caminho o tivesse pavimentado por

---

[79] Immanuel Wallerstein, *O capitalismo histórico*, cit., p. 63-4. Para o cotejo com o original – pois essa *temporality*, além do mais, *new*, não é uma ocorrência vocabular rotineira –, ver *Historical Capitalism with Capitalist Civilization* (Londres, Verso, 1996), p. 75.

[80] O que vem a ser um tal regime de urgência foi o que procurei sugerir num estudo anterior, "Alarme de incêndio no gueto francês, publicado na p. 199-278 deste volume.

um sem-número de sinais precursores – da Revolução Puritana à Guerra da Independência Americana –, o desfecho revolucionário do Século das Luzes não deixou de ser uma surpresa traumática, mesmo entre os profetas-filósofos através dos quais o Iluminismo toma consciência de si próprio. Todavia, alguma coisa do novo campo de forças liberado pela Revolução Francesa enquanto acontecimento *world-historical*[81] já começara a se delinear algum tempo antes daquele ponto de inflexão decisivo. É quando a ideia de futuro politicamente calculável começa a ser ultrapassada por uma percepção inédita do transcurso temporal. Eis mais ou menos o raciocínio de Koselleck a respeito, repertoriando os elementos que solaparam a supremacia política da escatologia cristã, de resto assegurada então pelo monopólio eclesiástico da previsão do futuro – não foram poucos os desavisados queimados em praça pública. (A burocracia stalinista tampouco abriu mão desse monopólio.) Como conceito antagônico às antigas profecias, apareceu, primeiramente nas cidades-Estado italianas dos séculos XV e XVI, em seguida nos gabinetes dos Estados dinásticos europeus, "a previsão racional, o prognóstico". (Podemos acrescentar por nossa conta: de certa forma, o ancestral da *análise de conjuntura*, cujo primeiro apogeu se dará ao longo das idas e vindas da turbulenta maré social francesa do século XIX. Com uma diferença crucial, sem precisar recorrer diretamente ao exemplo máximo, *O 18 de brumário de Luís Bonaparte**, de Marx: a nova arte política do prognóstico já incorporara ao seu cálculo, que aliás deixará de ser meramente tal, a linha de força de uma história temporalizada. Fica no ar a dúvida, ou melhor, o pressentimento, prestes a virar tese: *como ficamos quando este tempo perde a sua força ou, por outra, quando na verdade o tempo conjuntural tende a se perpetuar?*) Como lembrado de passagem páginas atrás, o futuro não se tornaria secularmente calculável sem a transformação da indiferença religiosa em fundamento da paz, isto é, se o poder soberano do Estado não domesticasse a guerra. A partir de então, o monopólio da manipulação do futuro passa a ser

---

[81] Como entende Wallerstein tal megaevento: "Julgo que a Revolução Francesa e seu prosseguimento napoleônico catalisaram a transformação ideológica da economia-mundo capitalista como *sistema-mundo*, criando assim três arenas ou conjuntos completamente novos de instituições culturais que desde então constituíram o aspecto central do sistema-mundo", a saber: as ideologias, as ciências sociais e os movimentos políticos. Cf. "A Revolução Francesa como acontecimento histórico-mundial", *Os limites dos paradigmas do século XIX* (Aparecida, Ideias e Letras, 2006), p. 21, 25.

* São Paulo, Boitempo, 2011. (N. E.)

exercido pelo Estado. Na comparação de Koselleck, o tempo começa a ser governado pela Razão de Estado à maneira de um "seguro".

A propósito, não seria trivial lembrar que a tecnologia absolutista do prognóstico político – na retaguarda de cada poder soberano alinhava-se um potencial administrativamente calculável de soldados e habitantes, capacidades produtivas e recursos financeiros – é rigorosamente contemporânea das primeiras percepções do "risco", envolvido na aventura exploratória das Grandes Navegações, quando inclusive o termo foi inventado a partir do vocabulário náutico ibérico, estendendo-se a seguir a todo tipo de especulação financeira acerca de perdas e ganhos no comércio de longa distância, custos militares incluídos. Segundo Anthony Giddens – no qual estou me apoiando para extrair conclusões opostas –, no original português ou espanhol empregava-se a palavra "risco" para designar a navegação rumo a águas não cartografadas, não se podendo assim descartar a hipótese de que resida nessa orientação espacial de origem – arrisquemos agora por nossa conta – o vínculo mais do que metafórico entre Horizonte e projeções positivas ou negativas de quem avança por territórios do absolutamente outro. Não por acaso, a primeira Utopia contrariou o seu próprio conceito para poder se abrigar no Novo Mundo. Só mais tarde é que essa noção espacial do risco calculado, destacando-se do mero infortúnio ou perigo, "passou a ser transferida para o tempo, tal como usada em transações bancárias e de investimento"[82].

> No seu devido momento, repassaremos uma outra hipótese, culturalmente mais abrangente, inclusive por incidir de modo decisivo na própria representação cartográfica do mundo, acerca da concomitante metaforização e politização das técnicas de visualização do Horizonte. Refiro-me à invenção da Perspectiva como forma simbólica, mais exatamente tal como a reconstitui Zaki Laïdi, na esteira, é claro, de Erwin Panofsky – a perspectiva como um constructo resultante de um longo processo de disciplinamento visual – e sobretudo de Koselleck, que, num breve estudo sobre "Ponto de vista, perspectiva e temporalidade", recolhido em nosso atual breviário, *Futuro passado* (capítulo 9), se refere de passagem à presença da doutrina renascentista da perspectiva na reflexão

---

[82] Anthony Giddens, *Mundo em descontrole: o que a globalização está fazendo de nós* (trad. Maria Luiza X. de A. Borges, Rio de Janeiro, Record, 2002), p. 32-3.

historiográfica da Idade Clássica – "em 1623, Comenius compara a atividade do historiador com a perspectiva do telescópio" –, como se a progressiva temporalização da noção espacial de ponto de vista conduzisse à "descoberta" moderna do mundo histórico. Toda a argumentação de Laïdi consiste basicamente em extrair da ideia renascentista de perspectiva – dominação e vontade de poder à parte – algo como uma dimensão política da ultrapassagem que libera o olhar, porém de um modo que incita o observador a "procurar um lugar que não lhe foi previamente designado, que ele deve achar, inventar, imaginar"[83]. Uma educação política do olhar, portanto, que descobre a profundidade numa janela literalmente "aberta para a história", de que falava Alberti, referindo-se, é claro, à fábula narrada pelo quadro. Quem assim levanta o olhar ou se esforça por abrir uma janela adota uma perspectiva racional e moral: ao contemplar, não só se recolhe, mas também se projeta. É toda uma Antropologia do Projeto que se põe em movimento – e não se trata de Fenomenologia requentada; vem de longe o tempo da cultura do projeto, como mostrou Jean-Pierre Boutinet[84]. Graças à representação perspectiva, em suma, projeção no espaço e projeção no tempo confluem, "permitindo enxergar para além do quadro, para além das coisas presentes, imaginar, para além da realidade, todo um *horizonte de expectativa*"[85]. Essa narrativa obviamente vai longe, tão longe quanto são epistemologicamente "duros" seus pressupostos, pois afinal se trata de sustentar que o tempo do mundo em cujo encalço partimos, porém de olho em sua mutação radical a caminho, tem a mesma idade histórica que o sistema de relações práticas e simbólicas que vincula desde a Renascença – e a cartografia das Grandes Navegações – representação perspectiva do espaço e "sociedades orientadas para o futuro", nos termos em que logo veremos Giddens argumentando. Ora, é essa experiência social conjunta do tempo e do espaço, o sistema de vasos comunicantes entre o olho que vê "em perspectiva" e o horizonte coletivo de expectativa de que participa como filho de seu tempo, que começa a entrar em colapso com a primeira grande crise sistêmica da geocultura do capitalismo histórico,

---

[83] Zaki Laïdi, *Le sacre du présent* (Paris, Flammarion, 2000), p. 48.
[84] *Anthropologie du projet* (Paris, PUF, 1990).
[85] Zaki Laïdi, *Le sacre du présent*, cit., p. 44.

a Grande Guerra de 1914 a 1918, a data precisa da ruptura pela qual Walter Benjamin principiou sua contagem regressiva[86]. Justamente a Guerra Cubista, analisada num capítulo notável de Stephen Kern[87]: a evidência concomitante da desmontagem do espaço renascentista pela guerra dos materiais, incomensuráveis na escala da violência que desabou sobre a massa humana comprimida nas trincheiras, e da implosão do tempo do mundo impulsionado por um horizonte que em quatro anos se eclipsou, pois a guerra rompera de tal modo o tecido histórico que apartara súbita e irreparavelmente todas as pessoas do seu passado[88]. A fantasia exata de que se tratava de uma *guerra cubista* – travada em tantas frentes e espaços simultâneos – o autor redescobriu nas anotações de Gertrude Stein e Picasso.

Como se vê, o olho clínico do abade Raynal para o senso comum de sua época encaminhou sua "filosofia" das duas Índias para a junção dessas duas dimensões, de que resultou a rima utópica entre Futuro e Ultramar, dois horizontes convergentes, só que o *risco* já era o da *crise* revolucionária. No mesmo passo, porém, estava lançada a semente da espacialização vindoura do futuro e seu decisivo rebaixamento como *horizonte de risco*, calculável e portanto apropriável como ganho num ambiente de negócios movido a apostas. Daí o teorema linearmente progressista de Anthony Giddens, embora historicamente exato: "O conceito de risco pressupõe uma sociedade que tenta ativamente romper com o seu passado – de fato, a característica primordial da civilização industrial moderna"[89]. Não lhe ocorre, entretanto, registrar a dissonância entre o fato de a palavra risco só passar a ser amplamente utilizada em "sociedades orientadas para o futuro" e o seu pressuposto, de que o futuro seja justamente visto como "um território a ser conquistado e colonizado". Riscado do mapa, em suma, sob o pretexto de ser existencialmente assumido como um risco. Não se poderia ir mais involuntariamente

---

[86] Walter Benjamin, *Rua de mão única* (trad. Rubens Rodrigues Torres Filho, São Paulo, Brasiliense, 1987, Coleção Obras Escolhidas, v. II), p. 45.

[87] *The Culture of Time and Space: 1880-1918* (Harvard, Harvard University Press, 1983/2003), cap. 11.

[88] Voltaremos ao tópico. Para um primeiro e útil comentário, ver David Harvey, *Condição pós-moderna*, cit., p. 241-53.

[89] Anthony Giddens, *Mundo em descontrole*, cit.

fundo no coração mesmo da ideologia *stricto sensu*. Ou melhor, do peculiar fetichismo que, segundo Moishe Postone, envolve o que há de historicamente específico na dinâmica temporal do capitalismo, a saber: não obstante se tratar de uma temporalidade direcional, este movimento ascensional não conduz a um futuro qualitativamente diferente, quer dizer, embora reais e exponencialmente aceleradas, as transformações orientadas para o futuro, na condição de armadura abstrata de todo o processo, na verdade reforçam a necessidade do presente; como se trata de uma compulsão estrutural, a de empurrar o presente para a frente, essa *forma de dominação através da dinâmica temporal que vem a ser o capitalismo* tende paradoxalmente a se tornar cada vez mais "presentista"[90]. É essa a antinomia com a qual estamos lidando desde o início. Ainda Postone: "Não é que a história da humanidade desde sempre tenha uma dinâmica, pelo contrário, a existência mesmo de algo como uma dinâmica histórica é uma característica histórica própria e exclusiva do capitalismo". Com o seu cortejo de alienações. Nelas se enreda Giddens. O cálculo do risco assumido que distingue as sociedades orientadas para o futuro de fato aprisiona o futuro, mesmo se aventurando por águas não cartografadas. Pois é essa mesma antinomia que denuncia o logro deste misto de slogan e diagnóstico de época denominado Sociedade do Risco – nos termos anteriormente evocados. Ao contrário do que o nome indica, embora descreva com precisão o fim de linha contemporâneo, trata-se, na verdade, de uma sociedade, não por acaso girando em volta do princípio de precaução, em que o risco se tornou intolerável e por isso mesmo precisa ser passado adiante, isto é, socialmente transferido[91]. Daí a espiral paranoica dos

---

[90] Moishe Postone, *Tempo, trabalho e dominação social*, cit. Mais recentemente, Postone retomou este esquema – a dialética capitalista de "transformação" e "reconstituição" como expressão do entrelaçamento do tempo abstrato e do tempo histórico, *ambos* formas de dominação – para oferecer uma explicação original do Holocausto em "The Holocaust and the Trajectory of the Twentieth Century", em Moishe Postone e Eric Santner (orgs.), *Catastrophe and Meaning* (Chicago, University of Chicago Press, 2003).

[91] É o caso da guerra contemporânea e sua estratégia de transferência de risco (militares, políticos, eleitorais, midiáticos etc.) para terceiros indefesos, a título de efeito colateral incontornável na procura da taxa zero de "baixas" – alcançada enfim na Guerra do Kosovo, o que só a assimetria absoluta permite. Cf. Martin Shaw, *The New Western Way of War: Risk-Transfer War and its Crisis in Iraq* (Cambridge, Polity Press, 2005). Obviamente, o limite desse "estilo" foi atingido no desastre iraquiano. Em todo caso, trata-se de um "*way of war*" exclusivamente pós-histórico, para voltar à antiga termi-

cálculos e avaliações de risco a que politicamente se resumem hoje as análises de conjuntura. Nesse sentido hiperbólico, são de fato sociedades totalmente orientadas para o futuro, devidamente apropriado, patenteado etc.[92]

Encerremos o rodeio com uma derradeira variação em torno do tema da navegação, cuja cartografia perspectivista inaugurou "horizontes", o de Galileu inclusive, como se viu[93]. Quem fala, no caso, é um penalista, não

---

nologia de Fukuyama. Já as sociedades históricas, mobilizáveis pelo "ressentimento" da invisibilidade mundial, sendo ainda "nacionais" e ainda militares – enquanto o núcleo orgânico já se tornou pós-militar –, dispõem de ampla margem demográfica massacrável. Nesta circunstância de prevalência da guerra pós-heroica – na expressão consagrada por Edward Luttwak, "Toward Post-Heroic Warfare", em *Council on Foreign Relations*, v. 74, n. 3, maio-jun. 1995 – e progressivamente "civilianizada" como um outro e mais amplo mercado de violência, cf. Morten Ender, *American Soldiers in Iraq: McSoldiers or Innovative Professionals?* (Londres, Routledge, 2009), devemos entender a nova guerra como um poderoso foco de desertificação social das "expectativas", na acepção metateórica que se está conferindo ao termo. Guerras sem horizonte são "guerras instantâneas", como as denominou apropriadamente Manuel Castells, no auge da miragem propiciada pelo novo paradigma tecnológico de compressão máxima do tempo. Cf. *A sociedade em rede*, cit., p. 481-6.

[92] O Capital está agora consumindo o futuro, como observa Laymert Garcia dos Santos: "O que importa é a sua apropriação antecipada [...]. A lógica que preside a conduta da tecnociência e do capital em relação aos seres vivos, agora transformados em recursos genéticos, é a mesma que se explicita em toda parte. Trata-se de privilegiar o virtual, de fazer o futuro chegar em condições que permitam a sua apropriação, trata-se de um saque do futuro e no futuro, como bem mostram essas novas operações com derivativos" (*Politizar as novas tecnologias: o impacto sócio-técnico da informação digital e genética*, São Paulo, Editora 34, 2003, p. 128).

[93] A Grande Espera de um século, ao encontro da qual se dirige a Ciência Nova de Galileu, algo que por certo tem a ver com a vindoura utopia científico-moral, nos termos em que a reconstituiu a revisão heterodoxa de Koselleck: crítica indireta – quer dizer, antipolítica – da soberania absolutista. Toda a peça de Brecht, aliás, como já foi dito, transborda de confiança iluminista no poder liberador da ciência anti-aristotélica. A boa matemática destrona completamente estrelas fixas, reis e papas, como se o desvio político fosse ocupado pela matéria bruta da comédia. Por conta de Brecht, é claro, um Iluminismo extraprograma, uma ilustração popular, em que o prazer de pensar começa no corpo, invertendo a ascese sociológica de um Simmel, por exemplo, segundo o qual pensar dói. Para desaguar num enorme Carnaval – ainda na peça. Carnaval que é sempre uma subversão, sobretudo sua estilização antecipadora. O "estado de exceção" dos despossuídos, segundo um escrito ficcional de Walter Benjamin dos anos 1920, recentemente relembrado por Michael Löwy, *Avertissement d'incendie: une lecture des thèses "Sur le concept d'histoire"* (Paris, PUF, 2001), p. 70. Ilustração popular também nos estaleiros de Veneza, no saber ainda não inteiramente expropriado dos mestres

tão esdrúxulo assim o encaixe, pois o Direito Penal está cada vez mais voltado para a gestão de emergência do risco criminal:

> Na sociedade da pós-industrialização se constata com clareza uma tendência ao retrocesso da incidência da figura do risco permitido. Dessa maneira, se há um século o estado de coisas predominante no pensamento europeu "desenvolvimentista" podia aproximar-se da máxima "*navigare necesse, vivere non est necesse*", neste momento – em que poucos "navegam", isto é, apostam decididamente no desenvolvimento – debatemo-nos em torno da prioridade de "viver" e, por extensão, a redução das fronteiras do risco permitido.[94]

Mas aqui, com o risco permitido, o horizonte encurtou drasticamente. Como se tornou negativa a expectativa de uma sociedade basicamente

---

de ofício, com os quais "praticava" o Galileu brechtiano. Tudo somado, essa visão carnavalizada do cosmos de ponta-cabeça – como o riso rabelaisiano que Bakhtin procurou desatar sob o céu de chumbo stalinista – é a rigor uma visão telescópica diante da qual se vê de perto um horizonte ainda não perceptível. Salta aos olhos então o verdadeiro curto-circuito se a essa "perspectiva" juntamos a trajetória dos mapas renascentistas que culmina no programa iluminista de controle de um *futuro recém-descoberto* (Ultramar incluído, de resto em crise). Para uma história desse outro "perspectivismo", inaugurado pelo ponto de vista fixo, "elevado e distante", da projeção mapográfica às técnicas de levantamento cadastral, passando enfim pela reinvenção da "flecha do tempo" pela difusão do cronômetro, ver o capítulo 15 de David Harvey, *Condição pós-moderna*, cit. O cálculo político da conjuntura é decorrência dessas regras fundamentais da "perspectiva", ela mesma implicada no "individualismo possessivo" (Macpherson), cujo centro de gravidade se encontra numa outra "expectativa", a do retorno de um determinado estoque de capital no tempo.

[94] Jesús-María Silva Sánchez, *A expansão do direito penal: aspectos da política criminal nas sociedades pós-industriais* (trad. Luiz Otávio de Oliveira Rocha, São Paulo, Revista dos Tribunais, 2002), p. 43. No âmbito da dogmática jurídico-penal, quase dois séculos de industrialização contribuíram para a aceitação – justamente nessas sociedades orientadas para o futuro, como diria Giddens e demais teóricos da chamada modernidade reflexiva – do conceito de *risco permitido*, "como limite doutrinário na incriminação de condutas [...]. A ideia era a seguinte: a coletividade há de pagar o preço do desenvolvimento [...] do contrário não se poderá obter o benefício que permita a acumulação de capital necessária para a reinversão no crescimento etc." (idem). Considerações de outra era... Mas só no jargão politicamente incorreto, pois riscos continuam exponenciados e sendo transferidos na mesma medida, sem falar na predação da acumulação interminável, agora revestida pela salvaguarda retórica do sustentável. Desconversa à parte, no horizonte encolhido de agora desponta o intento, sistematizado por um novo Direito Penal do Risco, de não se tolerar mais qualquer sacrifício do bem jurídico "vida" em nome do Progresso (ibidem, p. 43, n. 55). Políticas da "vida", diria novamente Giddens. Para Foucault, simplesmente Biopolítica e seu cortejo de "expectativas" zeradas por um outro cálculo de governamentalidade.

constituída por *classes passivas* – conforme se exprime o jurista que acabamos de citar acerca da maioria eleitoral de algum modo beneficiária de transferências de uma parcela considerável do excedente, welferizada, enfim, como dizem os thatcherianos, na qual sobressai a dimensão encolhida do sujeito paciente de algum efeito nocivo, do tabagismo ao terrorismo –, assim sociedades de risco totalmente orientadas para o futuro passam a exigir um presente securitário máximo. À medida, portanto, que o globo encolhe e os horizontes temporais se reduzem a um ponto em que só existe o presente[95], o *horizonte do desejo*[96] tende a zero, pelo menos na base da pirâmide – no mínimo um paradoxo contraintuitivo, pois até segunda ordem a sociedade ainda é plenamente de consumo, sobretudo imaginário. Mas desta paisagem terminal precisamos regressar, novamente, ao princípio do ciclo das Grandes Esperas e, um pouco antes, ao "tempo estático" do futuro prognosticável.

Como se há de recordar, estávamos – na rota traçada por Koselleck, porém no rumo da identificação do que poderia ainda ser a política da experiência da história numa era de expectativas rebaixadas – à procura do advento do não-experimentável como limiar cuja ultrapassagem definiria o tempo histórico específico de uma economia-mundo capitalista em expansão. Em suma, queremos saber quando e como nos instalamos historicamente num horizonte de expectativa divorciado do espaço prévio de experiência. Portanto, quando o Progresso – bem como a Felicidade, segundo Saint-Just – se tornou de fato uma ideia nova na Europa e sua periferia no Novo Mundo.

Recomeçando: "Qual é o horizonte histórico temporal em meio ao qual se pôde desenvolver este refinamento da política absolutista?"[97] Koselleck está se referindo ao jogo flexível das grandes e pequenas manobras de gabinete diante de um número quase infinito de possibilidades distintas de um futuro contemplável, não obstante limitado às forças políticas existentes no âmbito acanhado do teatro europeu do Antigo Regime. "Em um tal

---

[95] Costurando expressões de David Harvey acerca do processo de compressão do tempo e do espaço induzido pelo Projeto Iluminista (*Condição pós-moderna*, cit., p. 219, 221).

[96] Emprego livremente o título de um estudo de Wanderley Guilherme dos Santos sobre instabilidade, fracasso coletivo e inércia social no Brasil contemporâneo. Cf. *Horizonte do desejo* (Rio de Janeiro, FGV, 2006).

[97] Salvo indicação em contrário, as citações a seguir são extraídas deste primeiro capítulo de *Futuro passado*, "O futuro passado dos tempos modernos", cit., p. 21-39.

horizonte, a história tinha ainda um caráter comparativamente estático [...] nada de essencialmente novo poderia em princípio ocorrer". O horizonte do tempo histórico era ainda natural e humano, como o demonstra o fato de que as maiores guerras dos séculos XVII e XVIII tenham sido travadas como guerras de sucessão. Restrita a soberania a tais personagens tão mundanamente tangíveis, os Estados dinásticos, tais como as Cidades italianas que os precederam, ainda compreendiam sua própria história como um desenvolvimento natural. Costuma-se celebrar o Maquiavel desbravador do realismo político, juntando o cálculo neutro da correlação bruta de forças à vontade em princípio democrática de não se deixar subjugar, mas ao preço de se omitir o Maquiavel adepto do antigo modelo circular de explicação histórica. O cálculo maquiavélico estava baseado na capacidade de repetição, de sorte que o realismo político reuniu novamente ao passado o futuro prognosticável. Assim como a Igreja consolidara um tempo estático percebido como tradição, o prognóstico político dos gabinetes absolutistas também projetava um tempo igualmente estabilizado, afinal era isso mesmo que se buscava, sendo então "a existência política do Estado, tributário de uma estrutura temporal que pode ser entendida como uma capacidade estática de movimentação". A Revolução subverteu todo esse quadro.

Para ser um pouco mais exato, a ideia nova que se desenha no cenário de crise que se delinea na medida em que, a partir de um limiar crítico, "o Estado e seus prognósticos não eram capazes de satisfazer a exigência soteriológica [previsões de caráter salvacionista, incongruentes com o curso normal dos acontecimentos, seria o caso de acrescentar, remetendo por certo à memória das guerras camponesas que sacudiram a Alemanha de Thomas Müntzer, P. A.], e sua motivação é forte o suficiente para chegar a um estado que, em sua existência, dependia da eliminação das profecias apocalípticas", uma tal ideia ou visão, ou o que seja capaz de induzir movimentos – letrados e tecnológicos, inclusive, como na demonstração conjunta dos enciclopedistas –, precisa ser algo capaz de descobrir um futuro em condições de "ultrapassar o espaço do tempo e da experiência tradicional, natural e prognosticável, o qual, por força de sua dinâmica, provoca por sua vez novos prognósticos, transnaturais e de longo prazo". A esse vetor, como se viu, Koselleck chama de Progresso, por sua vez amparado por duas linhas de força, a *aceleração* e o *desconhecido*:

> Pois o tempo que se acelera em si mesmo, isto é, a nossa própria história, abrevia os campos da experiência, rouba-lhes sua continuidade, pondo

repetidamente em cena mais material desconhecido, de modo que mesmo o presente, frente à complexidade desse conteúdo desconhecido, escapa em direção ao não-experimentável. Essa situação começa a se delinear já mesmo antes da Revolução Francesa.

Em suma: seja na forma de "um prognóstico histórico que ultrapasse os prognósticos racionais dos políticos", seja, portanto, na forma de um "futuro desejado, mas que se subtrai totalmente à experiência presente", *com a Revolução*, para a qual convergem todas as esperanças utópicas, na origem, de resto, do crescente entusiasmo dos anos que se seguiram a 1789, *inaugura-se um novo horizonte de expectativa*. "A Revolução, com certeza, não mais conduz de volta a situações anteriores; a partir de 1789, ela conduz a *um futuro a tal ponto desconhecido, que conhecê-lo e dominá-lo tornou-se uma contínua tarefa da política*."[98] Pois é em torno desse eixo que Wallerstein fará girar toda a geocultura do capitalismo histórico. O tempo braudeliano do mundo, enfim – pelo menos durante dois séculos, ao longo dos quais se parecia ter consciência de sua direção. A expressão Novo Tempo do Mundo, que vem a ser um *estado de perpétua emergência*, quer dizer também que o seu prazo de validade se encerrou, mas, de modo algum, que aquele horizonte de expectativa tenha desaparecido do cenário, pelo contrário: anulando a distância histórica que o separava da experiência retida – não custa insistir –, o futuro inexperimentável, irreconhecível como tal, infiltrou-se inteiramente no presente, prolongando-o indefinidamente como uma necessidade tão mais necessária por coincidir com um futuro que em princípio já chegou.

O longo século XIX

Até onde sei, a expressão "longo século XIX" é de Wallerstein, bem como a periodização heterodoxa que a acompanha, pois afinal se trataria de um século quase bicentenário, a julgar pela idade geocultural dos paradigmas oitocentistas, a começar, é claro, podemos voltar a insistir, pela experiência da história como um processo dotado de um dinamismo cuja marca mais saliente vinha a ser justamente a consciência de uma temporalidade de tipo novo, direcional e ascendente. Pois esse século desmesurado nasceu e se criou entre a Revolução Francesa e as Guerras Napoleônicas, agonizando entre a Grande Recusa de 1968 e a Queda do Muro, arremate da derrocada da

---

[98] Reinhart Koselleck, "Critérios históricos do conceito moderno de revolução", em *Futuro passado*, cit., p. 68-9. Grifo meu.

Velha Esquerda, por seu turno, precipitada pelos grandes tumultos mundiais daquele mesmo miraculoso 1968. Sempre na formulação fora de esquadro do mesmo Wallerstein, para o qual, como se pode depreender, o século XX, "curto" ou não, é mero decurso cronológico no âmbito do longo ciclo geocultural do capitalismo histórico, cuja curva de progresso legitimador nosso autor não hesita em assimilar aos desdobramentos do que, a seu ver, seria o Projeto do Iluminismo – cujo presumido inacabamento, como se há de lembrar, alimentou as derradeiras *Great Expectations* de um Habermas acerca da sobrevida da modernidade[99]. A Revolução Francesa reuniu, assim, um conjunto de promessas num grande cenário de progresso, algo como a institucionalização social do referido repertório iluminista justificador de uma economia-mundo funcionando há três séculos. Neste repertório, Wallerstein destaca sobretudo um certo número de "instituições" que não estamos habituados a encontrar sob a rubrica cognitiva do Iluminismo: "ideologias" – três exatamente: Conservadorismo, Liberalismo e Socialismo –; tecnologias de esclarecimento do poder social: as chamadas ciências sociais ou humanas; e os "movimentos", originalmente antissistêmicos, como os das novas classes perigosas e laboriosas, ou os de emancipação "nacional".

---

[99] A respeito, porém no âmbito mais restrito, embora originário, do debate em torno do esgotamento histórico da Arquitetura Moderna enquanto Causa, Estilo e Plano, ver Otilia Beatriz Fiori Arantes e Paulo Eduardo Arantes, *Um ponto cego no projeto moderno de Jürgen Habermas: arquitetura e dimensão estética depois das vanguardas* (São Paulo, Brasiliense, 1992). A propósito, *Modernity* e *Expectations* formam uma rima de nascença: uma não vai sem a outra, são intercambiáveis, quando não sinônimas, como se pode depreender dos argumentos reunidos até aqui. Quando chegar a hora do inevitável capítulo sobre Habermas, veremos que à fantasmagórica sobrevida da Modernidade corresponderá, mediante uma conveniente mudança de paradigmas – substituição da centralidade da *produção*, decorrente da primazia da noção metafísica de sujeito, pela figura da *ação comunicativa* descentralizadora –, uma equivalente ressurreição das *Great Expectations* de outrora, em cujo Horizonte fulgura uma outra Expectativa, declinada agora na gramática das situações ideais de fala. Angelismo à parte, para ficarmos na trilha das objeções correntes, não custa admitir, e tirar outras consequências, que tal remontagem é plenamente congruente com a genealogia categorial levantada até agora. Contraprova em chave derrisória: num estudo de caso sobre a emergência e a desconexão de um território econômico africano – na Zâmbia, para ser exato –, o antropólogo James Ferguson não titubeou quanto ao título, menos óbvio do que parece, por ser um veredicto histórico num tribunal em que passavam em julgado as promessas emblemáticas do próprio enunciado: *Expectations of Modernity: Myths and Meanings of Urban Life on the Zambian Copperbelt* (Berkeley, University of California Press, 1999, Perspectives on Southern Africa, v. 57).

De sorte que, entre os grandes distúrbios revolucionários franceses – para não falar do Grande Medo diante de massas igualmente enfurecidas e raciocinantes – e a vitória antifascista de 1945, que encerra uma guerra civil inicialmente europeia, deflagrada em 1914 e intensificada em 1917, nosso autor identifica antes de tudo uma era de "esperança e luta" em torno daquele mesmo repertório de promessas antiteticamente legitimadoras. Com a vitória sobre a Contrarrevolução, de 1945 a 1989 estende-se o ciclo virtuoso das esperanças iluministas realizadas – da força de trabalho socialmente protegida (em termos, é claro) à descolonização. Depois é o que sabe, ou julgamos saber: o "período negro" em que a história subitamente deixou de "andar ao nosso lado". Pois houve um tempo no mundo, no mundo da economia-mundo como *World-System*, é claro, em que, "por mais terrível que fosse o presente – como, por exemplo, quando a Alemanha nazista parecia estar no auge –, os crentes [numa teoria da história vista como um processo ascendente linear, P. A.] encontravam consolo no conhecimento que afirmávamos ter de que *a história estava do nosso lado*"[100]. Período negro este de "caos sistêmico", em que no cenário geocultural não haverá mais um discurso comum predominante – tal como aquele que irradiava do foco inaugurado pela Revolução Francesa e ampliado pela Revolução Russa –, situação caótica, enfim, em que todo mundo "estará agindo um pouco às cegas".

> Duas palavras sobre a circunstância mais do que eloquente referida por Wallerstein, segundo o qual nem o auge do apocalipse nazista conseguiu abalar a crença no *happy ending* de um tempo histórico evoluindo com a paciência inexorável das Grandes Esperanças. Nunca será demais assinalar que o exemplo escolhido não pode ter ocorrido fortuitamente, pois ainda não terminamos de testemunhar as idas e vindas de um debate decisivo em torno de um mesmo ponto cego: teria ou não o Holocausto colocado um ponto final na história posta em movimento pela *Aufklärung*; os projetos de emancipação humana

---

[100] Immanuel Wallerstein, "A esquerda: teoria e prática mais uma vez", em *O declínio do poder americano* (trad. Elsa T. S. Vieira, Rio de Janeiro, Contraponto, 2004), p. 227-8. Grifo meu. Para o quadro anterior de periodização da era geocultural do projeto iluminista, entre outros, ver o artigo de Wallerstein, "As agonias do liberalismo: que esperança tem o progresso?", em *Após o liberalismo*, cit. Igualmente, do mesmo autor, ver "A Revolução Francesa como acontecimento histórico-mundial", cit.

teriam ou não chegado ao fim com Auschwitz? Para melhor desarmar os termos desse falso dilema que atormentou os "progressistas" – a partir de quando, exatamente, é o que está em discussão, pois Wallerstein acaba de afirmar que nem sempre foi assim, tal a confiança no poder regenerador do tempo histórico, "*le temps qui guérit*", como dizia Sartre em plena Ocupação[101] –, Moishe Postone, no estudo já mencionado – "The Holocaust and the Trajectory of the Twentieth Century" –, observa um padrão recorrente quando se procura periodizar o discurso do Holocausto, cujo andamento parece acompanhar o modo pelo qual Wallerstein, por sua vez, escande as Grandes Esperanças dos Tempos Modernos, realizadas entre 1945 e 1989, eclipsadas no período subsequente de obscurecimento de uma guerra social travada às cegas, o período do Desmoronamento, na tripartição de Hobsbawm. A saber: durante a Idade de Ouro do quase pleno emprego, *Welfare*, Desenvolvimentismo etc., o discurso do Holocausto andou relativamente marginalizado, para só voltar ao centro da cena que ocupa desde então com o *pathos* que se conhece no momento em que o *long downturn* do sistema mundial começa a corroer as "conquistas" do ciclo anterior, portanto reversíveis, como muitos temiam, mesmo com a história a nosso favor... Diante dessas simetrias e correspondências, alguns autores chegam a associar a trajetória invasiva do discurso público sobre o Holocausto a uma colossal mudança de maré na experiência da história, que, girando sobre seu próprio eixo, deixou para trás a "orientação para a frente" que caracteriza as primeiras décadas do pós-guerra, a "capacidade de fundar instituições coletivas alicerçadas em aspirações voltadas para o futuro".

Não é bem assim, argumentará Postone. Primeiro, como já vimos, porque é falso o senso comum contemporâneo acerca da brecha intransponível entre passado e futuro, na qual teria afinal se precipitado o alegado Presentismo das sociedades subjugadas pela autonomização dos mercados globalizados. É o que se verá, não custa insistir. Segundo, e nisso reside o nervo espantosamente exposto de toda a argumentação

---

[101] Ver a respeito a tese de Cristina Diniz Mendonça sobre o Mito da Resistência na origem da transformação sartriana da filosofia francesa, *O Mito da Resistência: experiência histórica e forma filosófica em Sartre (uma interpretação de L'Être et le Néant)* (Tese de Doutorado em Filosofia, São Paulo, FFLCH/USP, 2001).

de Postone, porque o exterminismo antissemita nazi é ele mesmo um sinistro divisor de águas na compreensão daquela mesma experiência da história estilizada pelos iluministas, porém experimentada como uma danação. Tudo se passa como se o equivocado projeto moral iluminista de planejar a história como se domina a natureza, sua tentativa antipolítica de negar a facticidade da história mediante o recalque do político por uma filosofia da história – nos termos em que vimos Koselleck argumentar:

> O mal-entendido de que a história seja planificável é favorecido por um estado tecnicista, incapaz de fazer-se compreender por seus súditos como uma construção política. O cidadão, desprovido de poder político, súdito do senhor soberano, entendia-se de um ponto de vista moral e, na medida em que sentia que a autoridade estabelecida abusava do poder, condenava-a como imoral [...]. A moral, que não pode integrar a política, precisa fazer da necessidade uma virtude, pois encontra-se no vazio. Alheia à realidade, vislumbra no domínio da política uma determinação heterônoma, nada além de um estorvo à sua autonomia. Por conseguinte, essa moral acha que, atingindo as alturas de sua própria determinação, poderia varrer do mundo a aporia política.[102]

Tudo se passa, portanto, como se o processo que a moral iluminista se empenhou em mover contra a história retornasse na forma sinistra de "uma revolta contra a história tal como o capitalismo a constituiu", por sua vez reconstituída como uma fantasmagórica conspiração judaica, como Postone entende a fusão entre nazismo e antissemitismo moderno, uma *forma fetichizada de anticapitalismo* que emergiu na transição traumática do capitalismo liberal em colapso para o capitalismo administrado de entreguerras. No entanto, o ponto de partida da interpretação é clássico, por assim dizer. Uma variante ainda mais virulenta do desconhecimento fetichista da particular combinação de formas sociais abstratas e suas personificações concretas no modo pelo qual a acumulação de valor como um fim em si mesmo afeta a reprodução da sociedade. Notadamente na forma das três mercadorias fictícias sobre as quais se apoia, segundo Polanyi, a utopia destrutiva de um mercado autorregulado: Trabalho, Terra e Moeda. Aliás, ao analisar a explosão da crise nos anos 1930, Polanyi interpreta o fascismo

---

[102] Reinhart Koselleck, *Crítica e crise*, cit., p. 16.

como a culminância bárbara de um contramovimento de "proteção da sociedade" diante da escalada daquelas mercadorias fictícias, daí o desrecalque selvagem de um "concreto" inteiramente biologizado[103]. À hipóstase do concreto existente soma-se, portanto, o ódio do abstrato, configurando um certo mal-estar no capitalismo que deixa o poder do capital intacto na exata medida em que se encarniça na erradicação das supostas manifestações expiatórias de suas formas sociais. Nessa lógica ensandecida pelo fetiche, sendo o concreto, no capitalismo, o portador necessário do abstrato, libertar o mundo da tirania do abstrato implicava liberar-se a si mesmo da própria humanidade, por isso Auschwitz, e não a conquista nazi do poder em 1933, foi a verdadeira "Revolução Alemã", muito mais do que a mera supressão da ordem política, a extirpação de toda a formação social existente, nada mais, nada menos. Daí a surpreendente reviravolta na tradição crítica que costuma associar Holocausto e Modernidade:

> O campo de extermínio nazista *não* representa uma versão terrível da fábrica capitalista [um lugar em que o processo de valorização toma a forma de um processo de trabalho produtor de valores de uso, P. A.], um exemplo extremo de modernidade, mas, muito pelo contrário, precisa ser visto como a sua grotesca *negação* "anticapitalista". Auschwitz era uma fábrica de "destruir valor", isto é, uma fábrica para destruir as personificações do abstrato. Sua organização era a de um terrível e cruel processo industrial, porém invertido, cujo objetivo era "liberar" o concreto do abstrato. O primeiro estágio consistia em desumanizar e revelar a verdadeira natureza dos judeus – cifras, abstrações numeradas. O segundo estágio consistia então em erradicar tal condição abstrata, procurando no mesmo passo arrancar fora os derradeiros remanescentes do "valor de uso" material: roupas, ouro, cabelo.[104]

Revoluções conservadoras são assim mesmo. Salvo engano, regidas por essa verdadeira Dialética do Anti-Iluminismo. Esta ocorreu no auge do tempo ascensional do capitalismo histórico, verdade que num momento em que a oscilação pendular do "duplo movimento" de Polanyi atingira uma amplitude propriamente cataclísmica.

---

[103] Karl Polanyi, *A grande transformação: as origens da nossa época* (trad. Fanny Wrobel, Rio de Janeiro, Campus, 1980).

[104] Moishe Postone, "The Holocaust and the Trajectory of the Twentieth Century", cit., p. 95.

Agora que o limiar de um novo colapso foi ultrapassado, e um outro *horizonte negativo de ameaças* paira sobre um processo de valorização de novo inteiramente autonomizado, é o caso de se esperar uma segunda onda de violência desencadeada por novas formas fetichistas de anticapitalismo. Aliás, ela já se instalou faz algum tempo, pelo menos desde as guerras de desintegração da Iugoslávia, onde não por acaso os "campos" voltaram a proliferar. Mas principalmente: se Moishe Postone está certo, seu esquema é a única maneira materialista de tornar historicamente plausível e politicamente esclarecedor o slogan "neoconservador" *islamofascismo*, em conjunto, é claro, com os seus símiles na fortaleza atlântica da riqueza global. Assim sendo, os capítulos do coletivo Retort, onde se entrelaçam Islã, Modernidade e Terror, ganhariam outra perspectiva se relidos por esse prisma[105]. Por último. Revolta contra a história, entendida esta última como retorno infernal do Mesmo, é um tema familiar a todo leitor de Walter Benjamin.

De volta uma última vez ao argumento de Postone, quer dizer, a percepção iluminista da história como uma ameaça (a dimensão obscena do poder político) a ser debelada e metida nos trilhos do planejamento moral do futuro, torna-se mais compreensível agora a periodização do discurso do Holocausto. Entendido o antissemitismo nazi como uma tentativa paranoica de ultrapassar violentamente a história percebida como uma perene ameaça de descontrole e degenerescência, e ultrapassá-la por meio do Terror, o Holocausto passa para um discreto segundo plano, e o Nazismo, por sua vez, entra na conta das aberrações regressivas da via prussiana, no momento em que, ao longo dos trinta anos dourados do pós-guerra, a chave para o controle político da história parecia ter sido encontrada. E, no entanto, podemos acrescentar, o Terror Nuclear era de fato a chave mestra do consenso em torno do caráter benigno do rumo tomado pelo desenvolvimento histórico. Durou o que dura uma trégua, ou melhor, foi a Trégua. O Moinho Satânico voltou a gastar gente, natureza e dinheiro. Novamente ameaçadora, a dinâmica histórica do capitalismo redescobre o discurso do Holocausto como um *dever de memória* – um novo

---

[105] Retort (Iain Boal, T. J. Clark, Joseph Matthews e Michael Watts), *Afflicted Powers: Capital and Spectacle in a New Age of War* (Nova York/Londres, Verso, 2005).

> imperativo categórico para uma era outra vez se desenrolando sob o signo da catástrofe. O horizonte da economia-mundo capitalista voltou a encurtar – para voltarmos às categorias de partida. E desta vez parece mesmo que não temos mais a história do nosso lado, mas nem por isso ela se encerrou, relembraria Postone a propósito da miragem que alternadamente direciona o curso capitalista do mundo ora para o Mesmo, ora para o Outro, porque ao mesmo tempo transforma e reconstitui. Não será demais relembrar: a expressão Sociedade do Risco é menos uma teoria social do que uma palavra de ordem sistêmica acerca dessa mesma configuração da "mudança" social fora de controle e da história como ameaça.

Mas o que se desmanchou, afinal? Ou "desmoronou", como diria Hobsbawm, a respeito do fim da Idade de Ouro, ela sim inteiramente *unexpected* depois da Catástrofe que se abateu sobre o mundo a partir de 1914.

> Como estamos lidando desde o início com *expectations* – nada a ver, inútil alertar, espero, com a redundância, convertida em teoria, nas assim chamadas "expectativas racionais", no fundo um derradeiro avatar do cálculo político segundo o qual operava a Razão de Estado no auge do Absolutismo e depois, até a grande surpresa da crise de julho de 1914, a cujo desarranjo temporal Stephen Kern dedicou um capítulo definitivo[106] – ou melhor, como estamos lidando com alguns *capítulos de uma história política e intelectual de sucessivos horizontes de expectativas*, interessa saber por que Hobsbawm se defrontou em sua narrativa com uma *unexpected* Idade de Ouro, verdadeiramente excepcional no decurso traumático do capitalismo, todavia não menos anômala por transcorrer inteiramente durante a Guerra Fria, que lhe sobreviveu por mais de uma década, se considerarmos que o Desmoronamento principiou em meados dos anos 1970. No limite, há dois "horizontes" inteiramente conflitantes, em princípio incompatíveis: de um lado, a convicção (infundada? Ilusão retrospectiva?) de que *tout va bien*, nunca fomos tão felizes etc., contraposta à não menos implausível (na recapitulação de Hobsbawm, é claro) suposição de que a instabilidade do planeta era de tal ordem que uma guerra nuclear mundial

---

[106] Stephen Kern, *The Culture of Time and Space*, cit., cap. 10.

podia explodir a qualquer momento: "Não aconteceu, mas por cerca de quarenta anos pareceu uma possibilidade diária".

Uma explicação estrutural para esse diagnóstico de época espontâneo e bifronte encontra-se na versão marcuseana do capitalismo tardio como sociedade unidimensional. Trata-se de uma sociedade de *mobilização total*, na qual se combinam produtivamente o bem-estar social com a prontidão militar de uma sociedade de guerra, cujo estado de alerta permanente está acoplado à presença do Inimigo, tanto mais ameaçador quanto suas manifestações não se restringem aos períodos de crise aberta, mas se confundem com a normalidade acelerada dos tempos de paz. Em suma, a produção pacífica de armas de destruição em massa também demonstrava diariamente que a manutenção de um perigo mortal torna a vida numa sociedade altamente industrializada cada vez mais próspera e confortável[107]. Pois é a intensificação dessa mobilização de dois gumes que se refrata na superposição daqueles dois "horizontes" antagônicos. Porém, é preciso ainda lembrar, antes de prosseguir, que o emprego por Marcuse do termo de cunho militar "mobilização", e além do mais, "total", para caracterizar uma sociedade sem oposição – ou, se preferirmos, sem "transcendência" – se deu com inteiro conhecimento de causa. Nele ainda ressoa a estilização transfiguradora da inédita dimensão cataclísmica da Primeira Guerra Mundial devida a um Ernst Jünger, a ideia de uma "mobilização total" da sociedade, por uma guerra não menos total, que pela mesma época começava a ser teorizada, e pregada, por um Ludendorff, entre outros, ideia que unificava num só bloco a imagem de um "gigantesco processo de trabalho", entendido como uma operação conjunta de um "exército do trabalho em geral", ele mesmo subdividido em vários exércitos – além do propriamente dito, "o do transporte, o da alimentação, o da indústria armamentista" etc. –, de sorte que uma tal "captação absoluta da energia potencial", que transformou os Estados beligerantes em "vulcânicas oficinas siderúrgicas", anuncia do modo mais evidente que de fato a Era do Trabalho despontava, aliás exibindo duas vertentes constitutivas: uma, a inversão drástica do teorema de Clausewitz, concebendo-se a política como a continuação

---

[107] Herbert Marcuse, *L'homme unidimensionnel* (Paris, Seuil, 1968).

da guerra, e não o contrário, conforme Ludendorff estava enunciando nas sucessivas versões de sua *Totale Krieg**, publicada finalmente em 1936; a outra, a admissão de que o Estado de Exceção, declarado no início das hostilidades, passaria a ser permanente[108].

Pois foi exatamente da experiência histórica traumática das trincheiras da guerra de 1914 a 1918 que Eugène Minkowski extraiu, logo após o armistício, as grandes linhas de sua teoria do *tempo vivido* (que por sua vez ilumina a experimentação filosófica dos contemporâneos Bergson e Husserl), principiando – mero acaso à vista do material recolhido? – por uma investigação do modo pelo qual "vivemos o futuro", muito diverso do modo pelo qual julgamos conhecer antecipadamente alguma coisa do que vem pela frente. Nela distinguia duas formas de se experimentar o futuro imediato (no que segue, acompanho o comentário de Stephen Kern, que abre o quarto capítulo do já mencionado *The Culture of Time and Space*): "atividade" e "expectativa". A principal diferença entre ambas reside na orientação do sujeito no tempo. Enquanto no modo da "atividade" o indivíduo se dirige para o futuro, manobrando em meio às suas circunstâncias de modo a obter algum controle sobre os acontecimentos, na forma da "expectativa", pelo contrário, é o futuro que vem de encontro ao sujeito, que se contrai, se recolhe, contrapondo-se a um ambiente a princípio hostil e todo-poderoso.

(Sempre se poderá argumentar que um medo imemorial acompanha a imaginação do futuro, pelo simples fato de ele representar o desconhecido e, como tal, ser uma fonte perene de insegurança. A filosofia política dos modernos nasceu sob o imperativo de encontrar um estatuto para esse medo coletivo, no caso, mediante a invenção de um laço social um tanto mítico, o Contrato, seja de sujeição a um poder soberano fora desse mesmo contrato, seja de confiança mútua entre os indivíduos associados com vista à garantia futura de algo mais do que a simples sobrevida ao estado de natureza prévio, sinônimo de guerra generalizada. Numa palavra, a "*expectation*" configurava o medo hobbesiano fundador, enquanto a "atividade" do indivíduo liberal, desenhado

---

*   Ed. bras.: *A guerra total* (Rio de Janeiro, Inquérito, 1941). (N. E.)

[108] Ernst Jünger, "A mobilização total", tradução e notas de Vicente de Arruda Sampaio, *Natureza Humana*, v. 4, n. 1, jan.-jun. 2002.

por Locke e consortes, moldava um futuro positivo entreaberto pela propriedade reassegurada.)[109]

O que vale para a engenharia política dos modernos vale para os indivíduos que constituem sua engrenagem. Minkowski, sempre no apanhado de Stephen Kern, observará que todo indivíduo é uma combinação dessas duas orientações em relação ao futuro vivido, pois somente dessa imbricação maleável retira o sujeito a energia que lhe permite agir no mundo sem abrir mão de sua identidade, submetida à barragem contínua de forças externas ameaçadoras. (Novamente, difícil não emendar no conteúdo de experiência do período anterior, está claro que depois de cartografado por Benjamin seguindo a trilha deixada pela experiência do choque na lírica baudelairiana e, nela, todo um universo de novos horizontes de expectativa de luta para ressuscitar a memória soterrada de uma guerra social recorrente.) A guerra imperialista decretou o fim dessa aliança, ou pelo menos acentuou quase até o divórcio o contraste entre aquelas duas orientações do "tempo vivido nas dimensões do mundo", como diria Braudel. A vida nas trincheiras, ao limitar drasticamente o senso de controle dos combatentes sobre o futuro, converteu-se em pura e agoniada *expectation*. Do nosso ângulo, trata-se de uma virada histórica, desde que vimos a noção de horizonte, associada à expectativa, ser politizada, depois de devidamente intelectualizada como metáfora para a ampliação iluminista da faculdade de julgar (ainda veremos como), tudo isso com uma óbvia conotação eminentemente positiva. Aqui – ou melhor, na guerra de posições congeladas em que a grande estratégia clausewitziana naufragou logo nas primeiras semanas do conflito –, onde o horizonte foi de fato arrasado pela terra de ninguém, pelo arame farpado e pela vida entocada, o futuro "esperado" foi assumindo a fisionomia do imutável, do contravapor incontornável como um destino. Sem falar no desengano quanto ao retorno da normalidade, uma vez encerrado o período de "exceção" de quatro anos de devastações jamais vistas. A rigor, deu-se o contrário.

---

[109] Ver a respeito a reconstituição da passagem do Estado-Providência à sociedade de risco, interpretada pelo jurista François Ost no registro da atual "*remise en question des promesses*", que através da Lei e do Direito garantia o futuro de uma sociedade que se reproduzia na forma ambígua de um contrato de segurança mútua. Cf. *Le temps du droit* (Paris, Odile Jacob, 1999), cap. 4.

Tudo se passou como se as expectativas de aniquilação – agora tecnologicamente exponenciadas – acumuladas durante a guerra, em vez de desanuviarem o horizonte, tivessem de algum modo contaminado o regime ativo das antecipações graças às quais o futuro é vivido. Tanto foi assim que o horizonte do período subsequente de paz foi preenchido por uma profusão de visões... da próxima guerra[110]. Seja como for, a guerra como *horizon d'attente* intransponível se instalou de vez – como veremos Paul Virilio sugerir num breve relance.

De volta à *unexpected* Idade de Ouro de Hobsbawm, reencontraremos uma nova implicação mútua das duas dimensões dessa cultura da antecipação, quer se entenda a distinção entre ambas no sentido de Minkowski, quer no de Koselleck, desde que se observe que a ideia de um futuro vivido tanto no modo da orientação ativa quanto no modo da crise, assinalada por uma espécie de *barômetro da atualidade*[111], não deixa de ser uma variante do diagnóstico koselleckiano do Novo Tempo como ponto de inflexão em que as expectativas passam a se distanciar cada vez mais das experiências feitas até então; mas não foi isso justamente o que ocorreu em dimensões catastróficas nas duas guerras totais e consecutivas no século XX? A tese famosa de Benjamin acerca do empobrecimento da experiência não diz outra coisa. Não foi só a *Erwartung* que a guerra de trincheiras elevou a níveis esmagadores, foi também a cotação da experiência que baixou ao seu grau zero. Nunca uma geração tornou-se tão rápida e intensamente moderna como aquela que testemunhou tamanha desmoralização da experiência, comunicável e, portanto, carregada de sentido direcional: "Uma geração que ainda fora à escola de bonde puxado por cavalos viu-se desabrigada numa paisagem onde tudo, exceto as nuvens,

---

[110] A ponto de se poder empreender uma "história do futuro" centrada no registro dessas antecipações coletivas impregnadas, no caso da França dos anos 1920 e 1930, estudado por Roxanne Panchasi, por uma espécie de expectativa precocemente nostálgica das "coisas que ainda não desapareceram" – decididamente, a exuberância futurista do pré-guerra sofrera um golpe mortal. Ou não? Veremos. Cf. *Future Tense: The Culture of Anticipation in France between the Wars* (Ithaca, Cornell University Press, 2009).

[111] Por enquanto estou apenas citando livremente o título de um livro de Vincent Descombes, no qual o autor se pergunta como pode – se é que pode – o discurso filosófico dos modernos lidar com o presente, saber afinal de que lado o vento sopra – *prever o tempo*, enfim. *The Barometer of Modern Reason: On the Philosophies of Current Events* (Oxford, Oxford University Press, 1993, Série Odeon).

havia mudado, e em cujo centro, num campo de forças de explosões e correntes destruidoras, estava o minúsculo e frágil corpo humano"[112].

Por que, afinal, a "divina surpresa" dos trinta anos gloriosos, no fundo a reabertura do horizonte de expectativa no qual acenderia a estrela guia do Desenvolvimento? Segundo Hobsbawm, uma crença retrospectivamente absurda assombrara os primeiros anos dos vencedores ocidentais da Segunda Guerra Mundial, a convicção de que "a Era da Catástrofe não chegara de modo algum ao fim; e que o futuro do capitalismo mundial e da sociedade liberal não estava de modo algum assegurado"[113]. A seu ver, a Guerra Fria baseou-se antes de tudo nessa crença. Se assim foi, surpreende menos que a saída de emergência do *welfare State* tenha sido utilizada, enquanto serviu, num regime de parede-meia com um verdadeiro *warfare State*. Vai exatamente nessa direção o diagnóstico de Marcuse há pouco evocado, nos termos em que acabamos de redescrever nossa narrativa da ascensão e compressão do Tempo do Mundo, num mesmo horizonte de espera, em que contracenam "atividade" e "expectativa".

Essa circunstância explica uma outra reviravolta não menos paradoxal, pelo menos no que concerne a uma inflexão crucial em nosso argumento acerca da implosão na origem do rebaixamento do horizonte contemporâneo do mundo. Refiro-me ainda ao fim da Guerra Fria. Contra todas as "expectativas", sem cataclismo nuclear nem *panache*, como alguém seria tentado a observar, morbidamente decepcionado por tamanho *pétard mouillé*. Não obstante, um muro que caiu logo se revestiu enfaticamente de conotações bíblicas, sobretudo e não menos surpreendentemente nos círculos da esquerda ocidental, que há pelo menos uma geração vinha fazendo o trabalho do luto do socialismo real. E, no entanto, a derrocada do sistema soviético foi vivida como uma verdadeira expulsão do paraíso, mal dissimulada pelas declarações de alívio com o fim do pesadelo burocrático. Um sintoma eloquente desse recalque é a profusão até hoje dos títulos e juízos a respeito daquele megaevento negativo, os quais giram ansiosamente em torno da ideia

---

[112] Walter Benjamin, "Experiência e pobreza", em Willi Bolle (org.), *Documentos de cultura, documentos de barbárie* (trad. Mariza Miranda, São Paulo, Cultrix/Edusp, 1986), p. 195.

[113] Eric Hobsbawm, *Era dos extremos: o breve século XX, 1914-1991* (trad. Marcos Santarrita, São Paulo, Companhia das Letras, 1995), p. 228.

de Queda: o que fazer *after the fall*[114]. Vindo por outro caminho, Zaki Laïdi depara-se a certa altura com esse cenário de desencontro e lhe ocorre então definir a Guerra Fria como um *sistema trágico*, porém na acepção peculiar que emprestou da longa meditação de George Steiner acerca da sagração da *Antígona* pelos modernos, como condensação insuperável de toda uma era, cuja data de nascimento não é difícil, mais uma vez, adivinhar: assim como a sensibilidade barroca do Absolutismo concentrou o milagre grego na mistura homérica de guerra e vida doméstica senhorial, a Revolução Francesa redescobriu o trágico na política, mais precisamente, no conflito que culmina com uma *queda* de dimensões propriamente teológicas. É assim que, a seu ver, a partir da Revolução Francesa, todos os grandes sistemas filosóficos metaforizam esse "postulado da queda" e por isso, no fundo, são todos trágicos[115]. No intrigante e sugestivo esquema de Laïdi, justamente como um sistema trágico baseado no postulado da Queda, a Guerra Fria foi um tremendo reservatório de sentido – de "sentido" atribuível ao menor incidente diplomático ou conflito de interesse local, imediatamente alçado às altas paragens de uma mega-história se desenrolando por entre as barras de toda aquela armadura geopolítica. Aqui outra analogia emprestada do mesmo George Steiner, ainda em torno do *novum* que se insinuou no curso do mundo pela brecha da Revolução Francesa: mais uma vez, o Tempo Novo e, com ele, a brutal irrupção da política na esfera privada, como se poderia então comprovar – esse o fio do argumento – pela atualidade da *Antígona*, acolhida como uma evidência.

> O Tempo efetivamente mudara. As temporalidades interiores, o ordenamento das lembranças, e mesmo do instante presente, mas sobretudo do tempo futuro, em virtude do qual nosso Eu se deixa então apreender – tudo isso foi alterado. De que dá testemunho Goethe, observando essa formidável descontinuidade por ocasião da batalha de Valmy, ou então o registro literário das relações metamórficas estreitas entre a Revolução e as novas densidades do tempo pessoal no *Prelúdio* de Wordsworth.[116]

---

[114] Por exemplo, Robin Blackburn, *After the Fall: The Failure of Communism and the Future of Socialism* (Londres, Verso, 1991).

[115] George Steiner, *Les Antigones* (Paris, Gallimard, 1986), p. 2, citado em Zaki Laïdi, *Un monde privé de sens*, cit., p. 38-9.

[116] George Steiner, *Les Antigones*, cit., p. 11-2.

Pois, assim como a Grande Revolução indissociará indivíduo e história, a Guerra Fria, enquanto virtualidade de uma queda trágica, revestirá de "sentido" até a *ultima irratio* das armas nucleares. Tanto é assim que a sobrevida, tão exterminista quanto antes, do arsenal nuclear parece menos ameaçadora justamente por não fazer mais sentido, "como se a arma absoluta carecesse de uma verdade absoluta": tudo se passa, enfim, como se, desprovido de finalidade, tal arsenal não pudesse mais ser encarado como um verdadeiro instrumento de poder[117]. Ora, esgotadas essas reservas de sentido depois de uma Queda cuja confirmação esvaziou a Tragédia anunciada – admitido, é claro, o postulado teleológico-estratégico de fundo de toda essa hipótese –, uma Grande Espera por certo sai de cena, mas com ela todo um horizonte de expectativa paradoxalmente se encolhe até desaparecer. É que, na interpretação desconcertante de Zaki Laïdi, a Guerra Fria foi o último horizonte de expectativa dos tempos modernos – assim mesmo, formulada na mais estrita fidelidade literal aos conceitos de Koselleck. Que, no entanto, desdobra na seguinte direção, se é que esse novo tempo do mundo, "esse espaço que chamamos de *temps mondial*", inteiramente dominado pela lógica planetária da instantaneidade, tem alguma. Pois então: nesse tempo global, acionado pelo fim do *horizon d'attente* da Guerra Fria, não se procura mais percorrer a distância que separa a experiência da expectativa, outra maneira de anunciar a substituição da política pela gestão dos "destroços do presente". Ou melhor, ainda nas palavras de nosso autor, a política só parece ter chegado a um fim porque no seu âmago se instalou a "urgência como categoria central"... da política. O que também estamos chamando de *conjuntura perene*. Como não há mais distância entre o que se faz e aquilo a que se aspira – para voltar ao ângulo de nosso autor –, todos "os atores em cena se projetam no futuro, não para defender um projeto, mas para prevenir sua exclusão de um jogo *sans visage*"[118]. O primeiro ato foi o que logo se viu na desintegração da Iugoslávia.

---

[117] Zaki Laïdi, *Un monde privé de sens*, cit., p. 36-40.
[118] Ibidem, p. 24, 29.

Simplesmente se desmanchou o tempo braudeliano do mundo, tal como o vimos constituir-se até aqui. Quer dizer, o seu marco zero, a maturação cultural que os eventos de 1789 a 1815 consumaram na esteira de um vendaval político até então desconhecido no mundo moderno, a cristalização inaugural de um sistema de valores avalizador da compulsão capitalista à acumulação interminável. Segundo Wallerstein, os estratos capitalistas das classes dirigentes ao redor do mundo extraíram duas lições dos distúrbios revolucionários franceses. "Uma delas foi uma sensação de grande ameaça, não daquilo que poderiam fazer os Robespierres do mundo, mas do que poderiam fazer os plebeus, que pareciam estar pela primeira vez contemplando de modo consequente a conquista do poder estatal."[119] Os escravos de São Domingos, sem falar nos camponeses europeus e nos *sans-culottes*, para referir um exemplo extremo, estavam mostrando como uma luta mundial entre os acumuladores de capital pela acumulação de capital – posteriormente estilizada como triunfo de uma burguesia progressista contra os estratos reacionários do Antigo Regime feudal – poderia provocar um descontrole do mundo tal que as rebeliões atlânticas, assim como as continentais, acabaram sendo perseguidas como um risco inédito, configurando as primeiras revoltas verdadeiramente antissistêmicas do mundo moderno, portadoras de uma ameaça real às polarizações estruturais do sistema-mundo capitalista. A segunda inferência, mera decorrência desse Grande Medo de que uma avalanche democrática desierarquizante comprometesse de vez a mola secreta da acumulação interminável, vem a ser, enfim, a invenção geocultural de algo como uma tecnologia de gestão dos riscos de descarrilamento do sistema por *excesso de expectativas*, mediante uma astuciosa *normalização da mudança social*. Trinta anos de grandes tumultos acabaram convencendo as classes vitoriosas de que:

> Não havia como manter o mito histórico usado pelos sistemas-mundo precedentes e até pela economia-mundo capitalista até aquele ponto, mito segundo o qual a mudança política era excepcional, com frequência de curto fôlego, normalmente indesejável. Só mediante a aceitação da normalidade da mudança pode a burguesia mundial ter a oportunidade de contê-la e de reduzir seu ritmo. Essa ampla aceitação da normalidade da mudança representou uma transformação cultural fundamental da economia-mundo capitalista. Seu sentido foi o de reconhecimento público, quer dizer, expres-

---
[119] Immanuel Wallerstein, "A Revolução Francesa como acontecimento histórico-mundial", cit., p. 23-4.

sivo, das realidades estruturais que já prevaleciam de fato há vários séculos: o reconhecimento de que o sistema-mundo era um sistema capitalista, de que a divisão do trabalho da economia-mundo era restringida e enquadrada por um sistema interestatal composto por Estados hipoteticamente soberanos.[120]

Estava assim orientado o eixo do novo tempo, o longo século XIX estendendo-se como uma não menos longa promessa iluminista de *reformas racionalmente planejadas* e *medo social disciplinado e apaziguador*: decantado o consenso, basicamente liberal, ou melhor, hegemonicamente liberal[121], acerca da normalidade da mudança, devidamente calibrada para não anular nos condenados da terra *"a esperança e a expectativa* de mudanças mais fundamentais no futuro"[122]. Consolidou-se, em suma, *o novo horizonte temporal do mundo*, cujo ponto de fuga vem a ser uma *expectability*, muito diversa dos prognósticos característicos do cálculo absolutista de poder, de evolução contínua dos mecanismos políticos de condução do sistema[123].

Juntando o par assimétrico de conceitos que levou Koselleck a redefinir a originalidade do tempo novo e a aceleração capitalista do progresso, seria então o caso de dizer que a geocultura de legitimação do capitalismo histórico tornou visível, na escala crescente do planeta e ao longo de duzentos anos, a economia-mundo capitalista como um imenso *campo de expectativas*, antagônicas porém unificadas por um mesmo futuro, como se disse, "a tal ponto desconhecido que conhecê-lo e dominá-lo tornou-se uma contínua tarefa da política". Pois foi esse campo que começou a ser minado conforme se acirrava a luta de classes a partir dos anos 70 para os 80 do século passado, desmanchando primeiro o consenso liberal-keynesiano que comandara a

---

[120] Ibidem, p. 24-5.

[121] "O liberalismo oferecia-se como solução imediata às dificuldades políticas da direita conservadora e da esquerda socialista. À direita ele aconselhava concessões; à esquerda, ele recomendava organização política. E a ambas aconselhava paciência: no longo prazo, todos ganhariam mais buscando o meio-termo" (idem, *Após o liberalismo*, cit., p. 257). A partir de então a *paciência* tornou-se um recurso estratégico característico de quem conta com o tempo jogando a seu favor. Não surpreende que – por um outro caminho, é claro – Gérard Lebrun tenha descoberto a Paciência no âmago discursivo da Dialética hegeliana. Cf. *La patience du concept: essai sur le discours hégélien* (Paris, Gallimard, 1972).

[122] "[...] *hope and expectation* of more fundamental changes later" (Immanuel Wallerstein, *After Liberalism*, cit., p. 256). Grifo meu.

[123] Idem, *Geopolitics and Geoculture*, cit., p. 9.

trégua do imediato pós-guerra para afinal revelar, paradoxalmente, aliás, com o fim da Guerra Fria, que o horizonte do mundo encolhera vertiginosamente e uma *era triunfante de expectativas decrescentes* principiara com uma Queda espetacular, a seu modo também uma queda – pois apesar de todos os pesares a linha do horizonte era bem alta – no *tempo intemporal da urgência perpétua*: este o Novo Tempo do Mundo. Como sugerido, o Discurso da pós-história que o acompanha, sendo ele igualmente um Novo Discurso da Guerra Permanente, não encerra o ciclo das Grandes Esperas. Se Paul Virilio tem razão, como trataremos de verificar no seu devido momento, desde que o Projeto do Iluminismo entrou em cena no grande teatro do mundo três tipos de *horizon d'attente* – sempre segundo Koselleck, cuja matriz omite porém interpreta livremente – se sucedem e imbricam ao longo desse campo capitalista de expectativas que acabamos de identificar: o horizonte de espera da Revolução, o horizonte de espera da Guerra e, finalmente, a expectativa do Grande Acidente[124].

> Como assinalado mais de uma vez, é esse o impensável histórico da ideia de sociedade de risco como diagnóstico de época. Para ser mais exato – e justo, com o lapso de Virilio, ao negligenciar o contexto em que Koselleck elaborou a noção metacrítica de Horizonte de Expectativa –, Virilio incluiu no horizonte da Espera uma antiga formulação original sua acerca da noção de Acidente, não sem antes refinar uma percepção clássica dos ideólogos americanos do complexo industrial militar como fonte do progresso técnico civil e, consequentemente, da acumulação capitalista e seu vetor preponderante – isto é, uma visão, como ele mesmo admite, da tendência negativa da tecnologia, entendida esta última como uma decorrência direta da guerra. Num livro anterior, *Vitesse et politique*[125], já mostrara como a questão da guerra, por sua vez, era, em última instância, um problema de velocidade, e esta, numa palavra, de violência. Por certo não faltam ideias precursoras da concepção geral de Virilio. Fiquemos com a mais notável e sintética: "*L'automobile c'est la guerre*", exclamou Léon Daudet, depois de uma visita ao Salão do Automóvel. Numa resenha de uma coletânea organizada por Ernst

---

[124] Paul Virilio, *L'accident originel* (Paris, Galilée, 2005), p. 69-81.
[125] Idem, *Vitesse et politique* (Paris, Galilée, 1977).

Jünger, *Guerra e guerreiros* (1930), Walter Benjamin recolheu o achado e desenvolveu-o nos seguintes termos:

> O que estava na base dessa surpreendente associação de ideias era a concepção de uma aceleração dos recursos técnicos, dos tempos, das fontes de energia etc., os quais em nossa vida particular não encontram um aproveitamento pleno adequado e no entanto insistem em se justificar. Na medida em que renunciam à interação harmônica, justificam-se na guerra.[126]

É desse pano de fundo que se destaca sua teoria altamente sugestiva do Acidente, enquanto enigma resolvido da tecnologia, ela mesma surpreendida na intersecção da guerra e da velocidade-violência. (Em nota anterior, já ficara subentendida a cegueira do Futurismo ao celebrar a velocidade: esta só libera para uma nova dominação, sobre os lentos, os retardatários, enfim, todos os que colocam chumbo nas asas do Progresso.) "Na filosofia clássica aristotélica", podemos ler, na sua conversação com Sylvère Lotringer em torno da militarização do cotidiano,

> A substância é necessária e o acidente é relativo e contingente. No momento ocorre uma inversão: o acidente está se tornando necessário e a substância, relativa e contingente. Cada tecnologia produz, provoca, programa um acidente específico. Por exemplo: quando inventaram a estrada de ferro, o que foi que inventaram? Um objeto que permitia que se fosse mais depressa, que permitia progredir – uma visão *à la* Júlio Verne, positivismo, evolucionismo. Ao mesmo tempo, porém, inventaram a catástrofe ferroviária.[127]

E assim por diante: navio/naufrágio, automóvel/colisão, avião/desastre etc. Só faltava acrescentar a História entendida como velocidade para conceber o acidente extremo como o horizonte de sua substância, cujo motor tecnológico seria então a Guerra. Daí o Grande Acidente, por assim dizer, comprimir o horizonte contemporâneo do mundo. Sem o *pathos* característico dos Manifestos de Virilio, reencontramos essa mesma modificação no horizonte de espera bloqueada pela perspectiva do risco futuro crescente na exposição de Helga Nowotny, que passo a resumir,

---

[126] Walter Benjamin, "Teorias do fascismo alemão", em Willi Bolle (org.), *Documentos de cultura, documentos de barbárie*, cit., p. 130.

[127] Paul Virilio e Sylvère Lotringer, *Guerra pura: a militarização do cotidiano* (trad. Elza Mine e Laymert Garcia dos Santos, São Paulo, Brasiliense, 1989), p. 40.

quando mais não seja para provar que não nos afastamos nem um pouco de nossa trilha, *o novo tempo do mundo*, que uma fórmula da autora resume à perfeição: "A categoria temporal do futuro foi simplesmente suprimida e substituída por uma outra, a do presente prolongado"[128]. Assim, depois de recapitular brevemente o jogo de categorias estabelecido por Koselleck, nossa autora constata que, longe de sustentar sua promessa enquanto vetor de uma disponibilidade permanente de ascensão radiosa, o horizonte do mundo não cessa de se obscurecer; carregado de nuvens ameaçadoras de catástrofes socialmente manufaturadas, "o horizonte permanece raso e incapaz de evoluir, como se a dinâmica da profundidade do campo estivesse francamente perdida". *O progresso envelheceu*, em suma. Tanto na biosfera quanto na geosfera estamos às voltas com reversões súbitas dos equilíbrios naturais que tornam pateticamente obsoletas as visões da flecha do tempo continuamente orientada para o futuro. Não se trata de um cenário melodramático anunciando o fim dos tempos – nem de requentar profecias regressivas –, mas de constatar que, tecnicamente, pelo menos, ingressamos num regime de urgência: linearmente desenhado, o futuro se aproxima do presente explosivamente carregado de negações. Não basta anunciar que o futuro não é mais o mesmo, que ele perdeu seu caráter de evidência progressista. Foi-se o horizonte do não experimentado. Com isso o próprio campo de ação vai se encolhendo, e isso porque "já dispomos no presente de uma parte do futuro". Digamos, não custa insistir, que cada vez mais *a conjuntura tende a se perenizar*. A inovação clássica do futuro, em nome da qual se legitimou a iniciativa política nos tempos modernos, não só perdeu sua força como deve ser rebatida sobre o presente. É isso, resumido de relance[129]. Resta o dilema: se os efeitos indesejados devem ser calculados e tender a zero, como, para além do slogan desmoralizado "escolher o futuro", manter o horizonte de tal modo descomprimido que o "não imaginado possa continuar imaginável"? Mas e se esse futuro inteiramente outro – sob pena de apressar o desastre – que deve ser criado já é efetivo desde agora, "se decide no presente prolongado"? Nesse redemoinho gira o apocalipse dos integrados: gestão do presente, em suma, mas de um presente no qual o futuro já chegou.

---

[128] Helga Nowotny, *Le temps à soi*, cit., p. 49.
[129] Ibidem, p. 46-9.

É esse o horizonte negativo de um outro regime de urgência, lembrando que, a seu modo igualmente moderno, revolução e guerra nunca deixaram de configurar a emergência suprema, expectativas de exceção, portanto. Se Walter Benjamin pudesse incluir postumamente um parágrafo na entrada "Alarme de incêndio" de sua *Rua de mão única* – entrada na qual redefinia a luta de classes, não como correlação de forças sopesadas numa gangorra sem fim, mas como urgência de apagar o incêndio geral que de qualquer modo os dominantes já atearam –, é bem provável que reconhecesse nesse aparente eterno retorno de uma conjuntura em que campo de experiência e horizonte de expectativa voltaram a se sobrepor, depois de seu longo divórcio progressista, a fisionomia mesma da Revolução, o Acidente original, em suma.

2

SALE BOULOT

Uma janela sobre o mais colossal trabalho sujo da história
(uma visão no laboratório francês do sofrimento social)

1

O visionário em questão é Christophe Dejours, estimulado por sua vez, nesta visão dissonante, por um estudo pioneiro de Joseph Torrente, também psiquiatra, que na época estava concluindo uma tese sobre o sofrimento no trabalho. Relendo hoje o ensaio de Dejours sobre a incrível atenuação das reações de indignação, cólera e mobilização coletiva em favor de justiça e solidariedade social – ainda não se extinguiu a memória da luta de classes no país que a inventou –, ao passo que se aprofundavam não menos escandalosamente as manifestações de franca indiferença diante da descomunal desgraça semeada por uma nova máquina de guerra econômica, impressiona sobretudo um inusitado lance de audácia no coração do argumento, que na época passou despercebido e até hoje, salvo engano, continua na sombra[1]. Ou, por outra, onde havia um tremendo achado de percepção histórica, enxergou-se apenas o despropósito de uma assimilação obviamente disparatada, a saber: do Neoliberalismo vencedor (maiúscula para a novidade do fenômeno, verdadeira ruptura de época e não mera restauração que além do mais a crise de 2008 teria abortado) ao antigo sistema nazi de violência, nada mais, nada menos. Tomada ao pé da letra, uma analogia sem pé nem cabeça, por mais calamitoso que seja o horror econômico do nosso tempo. É bem verdade que esse amálgama irrefletido costumava ser disparado a três por dois: fora tão acachapante a rendição, tamanha a perplexidade de se passar a viver numa sociedade sem oposição nem futuro alternativo visível (o *novum*

---

[1] Christophe Dejours, *Souffrance en France: la banalisation de l'injustice sociale* (Paris, Seuil, 1998).

chinês reside na mistura macabra de dois velhos ingredientes, capitalismo e ditadura burocrática) que parecia mesmo pairar no ar algo de terrivelmente "totalitário", embora ninguém estivesse de acordo nem mesmo quanto à real natureza dos "totalitarismos" históricos, para não falar no próprio conceito, que o condomínio da Guerra Fria desmoralizara até o osso.

Também é verdade que Dejours não economizou provocações sugerindo tamanha enormidade. A mais acintosa delas: revolver, sem maiores considerandos, uma ferida nacional que até hoje não cicatrizou, a Colaboração com o ocupante nazi, ela mesma desdobramento de uma estranha derrota, como dizia no seu tempo Marc Bloch. Quem tolera o intolerável – por assim dizer tricotando enquanto se assiste ao desfile da *charrette* dos condenados ao aterro sanitário social, como nos tempos em que se vivia sem maiores *états d'âme* à sombra da guilhotina –, sob a alegação meio sonsa de que a nova e intratável aflição econômica é menos uma flagrante violência social do que mero efeito colateral de uma dominação sem sujeito, não apenas consente mas colabora, mas agora na acepção infamante com que se designavam os cúmplices do inominável, pouco importa se por rasteiro oportunismo ou por vileza política. A sugestão historicamente descabida de cumplicidade não se refere, portanto, à conivência trivial num malfeito, nos termos da responsabilização individual segundo o direito comum. A colaboração propriamente dita (anacronismo incluído, por certo *cum grano salis*), ontem e hoje, só ocorre (mais uma volta no parafuso da ênfase máxima) quando o Mal – seja lá o que isso queira dizer, por enquanto – se erige em sistema, convertendo-se em norma de todo ato civil. Para ir direto ao ponto de nosso autor, o "mal" se reapresentaria hoje como um sistema de gestão, como um princípio organizacional: das empresas, dos governos, de todas as instituições e atividades, em suma, que, organizadas segundo esse mesmo princípio, foram se convertendo em centros difusores de uma nova violência e incubadoras de seus agentes, os ditos colaboradores do nosso tempo. Na definição adotada por Dejours, e que não vem ao caso esmiuçar agora, *faire le mal* é infligir a alguém um sofrimento indevido, aliás um ato de mão dupla, pois essa mesma aflição respinga em seus perpetradores, posições patológicas à parte. Reconhecidamente uma variante da ideia platônica acerca do sofrimento moral que causa a injustiça naquele que a comete de caso pensado, sabendo que se trata de uma injustiça inseparável da consciência do malfeito. Daí o caráter epidêmico do sintoma. Sob a pressão da concorrência interiorizada em seu nível histórico máximo, de um jeito ou de outro todos acabam arregimentados para o serviço da "colaboração", que não funciona se não insensibilizar seus agentes através de mil expedientes e armadilhas defensivas. Comparado a esse grandioso sistema de colaboração *stricto sensu*, o ciclo fordista-taylorista anterior poderia ser revisto como um regime de alienação em tempo parcial.

Voltando ao trilho das comparações insensatas, colaboração por colaboração, Dejours e seu colega Torrente repassaram o suficiente da melhor historiografia do Terceiro Reich, em particular sobre o Holocausto, especialmente na sua vertente mais sóbria, dita "funcionalista", por oposição à gesticulação melodramática dos "intencionalistas", adeptos da lógica motivacional de uma causa eliminacionista única do genocídio. De acordo com a revisão estruturalista da Shoah, "Hitler estabeleceu o objetivo do nazismo: livrar-se dos judeus e, acima de tudo, tornar o território do Reich *judenfrei*, isto é, livre de judeus, mas sem especificar como isso seria alcançado"[2]. A princípio no intuito de recortar a novidade da colaboração de hoje sobre o

---

[2] Michael R. Marrus, *The Holocaust in History*, citado em Zygmunt Bauman, *Modernidade e Holocausto* (trad. Marcus Penchel, Rio de Janeiro, Jorge Zahar, 1998), p. 41, que também remete ao estudo inovador de Karl Schleunes, de 1970, *The Twisted Road to Auschwitz: Nazi Policy toward German Jews, 1933-1939*. Um ano depois, Raul Hilberg publicava sua monumental *The Destruction of the European Jews* (3. ed. rev. ampl., New Haven, Yale University Press, 2003), que consultei na última edição francesa, *La destruction des juifs d'Europe* (Paris, Gallimard, 2006, Série Folio histoire, v. I-III). Não por acaso, Christopher Browning dedicaria a Hilberg seu notável *Ordinary Men: Reserve Police Battalion 101 and the Final Solution in Poland* (Nova York, HarperPerennial, 1992), que também li na tradução francesa prefaciada por Vidal-Naquet, *Des hommes ordinaires: le 101ᵉ bataillon de réserve de la police allemande et la solution finale en Pologne* (Paris, Tallandier, 2007). Como se verá, Hilberg e Browning deram régua e compasso para a "visão" de Torrente desenvolvida por Dejours, como ele próprio assinala em nota à página 176 do livro que estamos relendo por este ângulo específico. Não tive acesso à tese de doutorado de Torrente, *La souffrance au travail: entre servitude et soumission* (Paris, CNAM, 1999). Em compensação, pude ler seu estudo "Travail et banalité du mal", *Revue d'histoire de la Shoah*, Paris, n. 175, 2002, no qual ele desenvolve o conceito de "trabalho do mal", cuja origem faz remontar ao ponto de vista adotado por Hilberg em sua espantosa reconstituição, ao considerar "o fenômeno massivo da destruição dos judeus como um *trabalho* cuja meta era o genocídio": é precisamente este trabalho que denominará *trabalho do mal*. No presente artigo, entretanto, acompanho o roteiro traçado por Dejours, notadamente no que se refere ao termo de comparação "neoliberal", até o momento em que cruza o caminho mais específico de Torrente, compondo então um só argumento.

pano de fundo histórico de uma constatação elementar: a estrada sinuosa que conduziu à exterminação física dos judeus na Europa, traçada ao sabor de "radicalizações cumulativas" (nas palavras de um outro "estruturalista", Hans Mommsen), "não foi concebida na visão singular de um monstro alucinado nem foi uma opção ponderada de líderes ideologicamente motivados", ainda na recapitulação de Bauman, ou no resumo desta mesma historiografia por Robert Paxton, a saber, que as fantasias assassinas de um punhado de hierarcas nazis teriam permanecido apenas fantasias não fosse o empenho dos "milhares de subordinados cuja participação nas ações cada vez mais violentas contra os judeus da Europa fez com que o mecanismo funcionasse"[3].

Como assinalado, uma das pedras angulares dessa nova tradição historiográfica foi lançada por Raul Hilberg, que, ao elencar todas as providências organizacionais que culminaram na passagem ao ato da Solução Final – definição fatal de uma entidade apartada do "indivíduo-judeu": a seguir "marcado" pela estrela amarela; ato contínuo, expropriado; mais adiante, emparedado num gueto; deportado e enfim assassinado –, de fato demonstrou que a máquina nazista de extermínio não seria nada sem essa terrível capacidade de agenciar milhões de seres humanos e extrair deles, como notaram por sua vez Dejours e Torrente, uma paradoxal coordenação e cooperação de inteligências e subjetividades singulares. Sem a qual, diga-se de passagem, tampouco Hannah Arendt, que se escora amplamente nas observações luminosas e estarrecedoras do relato de Hilberg, teria chegado a encarar como se sabe a famigerada banalidade do mal, mostrando do que é capaz um cidadão respeitador das leis como Eichmann, em cuja cabeça, povoada de frases feitas, a seu ver funcionava, entre outras engrenagens diligentemente lubrificadas, um gigantesco entroncamento ferroviário, afinal fora aquele pequeno personagem que pusera nos trilhos a questão judaica. Restaria saber o que pensava a combativa categoria dos ferroviários que operavam diretamente a malha daquela logística infernal, além do mais em plena guerra e raramente falhando na entrega. Não faltam historiadores que incluiriam sem hesitar nossos *cheminots* – para continuarmos no exemplo, em francês só para lembrar que a Ocupação não passou sem sabotagens no setor, que depois renderam filmes catárticos – entre os beneficiários de

---

[3] Robert Paxton, *A anatomia do fascismo* (trad. Patrícia Zimbres e Paula Zimbres, São Paulo, Paz e Terra, 2007), p. 260.

Hitler, notando que um peculiar *welfare* de exceção comprou o consentimento do povo alemão. Alguns chegam até a sustentar que, ao contrário do lugar-comum segundo o qual a ralé hitlerista nada mais seria que a guarda pretoriana do grande capital monopolista, o sistema nazi transferiu riqueza e renda dos possuidores de alguma coisa para os sem-nada; considerando que 4/5 dos alemães, até a capitulação, não pagavam impostos de guerra diretos, está claro que o conjunto da obra era alimentado pela aniquilação econômica das sub-raças que parasitavam o povo-nação. Esse mesmo bom povo popular de uniforme, mal começada a guerra, saqueou a Europa anexada e sangrada. Numa palavra, a colaboração da gente comum no genocídio resultou de uma gigantesca barganha em termos de benefícios materiais – comprava-se diariamente sua satisfação[4]. Todavia, algum ingrediente mais específico deveria ser procurado nessa operação de compra e venda; não se tratava de mero consentimento na dominação, mas de cooperação num massacre moralmente repugnante. Como resume o próprio Hilberg, "a máquina de destruição não era estruturalmente diferente da sociedade alemã organizada como um todo. A máquina de destruição *era* a comunidade organizada num dos seus papéis especiais"[5].

A chave de todo esse enigma nossos dois autores irão buscar no *modus operandi* dessa participação sinistramente empenhada. Aqui o salto mortal: guardadas todas as proporções, tudo se passa como se estivéssemos interessados em identificar o equivalente contemporâneo daquela *zona cinzenta* à qual Primo Levi consagrou um dos seus mais impressionantes capítulos. Um lembrete para ajudar a memória:

> É ingênuo, absurdo e historicamente falso julgar que um sistema infernal, como o nazismo, santifique suas vítimas: ao contrário, ele as degrada, assimila-as a si, e isto tanto mais quanto elas sejam disponíveis, ingênuas, carentes de uma estrutura política ou moral. Muitos sinais indicam que parece ter chegado o tempo de explorar o espaço que separa (não só nos *Lager* nazistas!) as vítimas dos opressores, e de fazê-lo com a mão mais ágil

---

[4] John Connelly, "It Never Occurred to Them", *London Review of Books*, v. 31, n. 16, 27 ago. 2009. Resenha do livro de Götz Aly, *Hitler's Beneficiaries: How the Nazis Bought the German People* (Londres, Verso, 2007). Ver ainda Robert Gellately, *Backing Hitler: Consent and Coercion in Nazi Germany* (Oxford, Oxford University Press, 2001) [ed. bras.: *Apoiando Hitler: consentimento e coerção na Alemanha nazista*, trad. Vítor Paolozzi, Rio de Janeiro, Record, 2011].

[5] Citado em Zygmunt Bauman, *Modernidade e Holocausto*, cit., p. 27.

e o espírito menos turvo do que se fez, por exemplo, em alguns filmes. Só uma retórica esquemática pode sustentar que aquele espaço seja vazio: jamais o é, está coalhado de figuras torpes ou patéticas (às vezes possuem as duas qualidades ao mesmo tempo) que é indispensável conhecer se quisermos conhecer a espécie humana.[6]

Essa "zona cinzenta, com contornos mal definidos, que ao mesmo tempo separa e une o campo dos senhores e dos escravos", é o espaço mesmo da colaboração que estamos procurando redescrever – quer dizer, nossos dois autores. Como sabido, é naquele capítulo espantoso que Primo Levi estudará a classe híbrida dos prisioneiros-funcionários que a rigor tocavam os campos da morte, detendo-se de modo particular nos *Sonderkommandos* – "ter concebido e organizado esses esquadrões especiais foi o delito mais demoníaco do nazismo", um "abismo de maldade" no coração da zona cinzenta.

Pois, novamente guardadas todas as proporções, são tais "abismos de maldade" que Dejours está convencido de ter redescoberto no atual ciclo de intensificação do sofrimento social no e pelo trabalho. E como se isso não bastasse, a seu ver é a surpreendente centralidade negativa do trabalho hoje que lança uma nova luz sobre o funcionamento daquela zona cinzenta sem a qual o nazismo não teria chegado à Solução Final. Como quem diz: agora que o *tournant* neoliberal revirou pelo avesso a sociedade contemporânea, repovoando com novas combinações aqueles espaços supostamente vazios separando opressores e explorados, poderemos enfim atinar com a mola secreta do poder nazi. Foi, portanto, ao encarar por um outro ângulo – o dos mecanismos subjetivos da dominação – a loucura contemporânea do trabalho, logo no início do presente período, que Dejours pôde perceber o que escapara à Hannah Arendt: que a fonte da banalização do mal é menos o vazio do pensamento, tão temido pelos gregos, do que o trabalho – que pode inclusive esvaziar o dito pensamento, cuja desnecessidade torna enfim a humanidade igualmente dispensável.

Mas de que *trabalho* se trata, afinal? Não só o trabalho não desapareceu, como, ao ser reorganizado pela nova racionalidade neoliberal, a percepção de sua proliferação destrutiva permitiu reencontrá-lo a todo vapor empurrando a *mobilização total* que culminou nos massacres administrativos nazistas. O vento novo que ainda sopra no livro de Dejours é que sua redefinição

---

[6] Primo Levi, *Os afogados e os sobreviventes* (trad. Luiz Sérgio Henriques, Rio de Janeiro, Paz e Terra, 1990), p. 19-20.

do processo de trabalho – entre tantas variantes, vamos reter apenas uma, ainda enigmática: *o trabalho é o zelo* – ilumina as duas épocas históricas sem amalgamá-las. Visto pelo ângulo da predação contemporânea do trabalho vivo, o que se observa no assim chamado mundo do trabalho é a operação de um tremendo laboratório de violência social, no qual se aprende a fazer experimentos extremos com a injustiça e a iniquidade. E vice-versa, por esse mesmo prisma podemos considerar que se não fosse pelo *zelo*, as fábricas nazistas da morte não poderiam operar.

Mas, ao se deparar com a deixa de que precisava para redescrever a paisagem da zona cinzenta de um ponto de vista armado pela experiência do sofrimento social contemporâneo – depois de anunciar que chegou o tempo de explorar aquela "infame zona de irresponsabilidade", como a denomina Agamben[7], se é verdade que ainda desejamos defender nossa alma quando uma provação análoga se apresentar novamente, Primo Levi acrescenta, mais simplesmente, ou se quisermos somente "nos dar conta daquilo que ocorre num grande estabelecimento industrial" –, Dejours não se limitará, por isso mesmo, à analogia incontestável entre as entranhas monstruosas de Auschwitz e uma não menos descomunal planta industrial fordista, ou mesmo um corpo gigantesco de escritórios, devassado seja à maneira mítica de Kafka, seja ao modo hollywoodiano não menos sinistro dos filmes sobre o homem-organização americano da trégua keynesiana do pós-guerra. Assim, um ensaio como o de Bauman não deixa de pagar tributo a essa dimensão irrecusável ao sugerir não que a cultura burocrática da razão instrumental, como pode ser resumida a fusão entre capitalismo industrial e burocracia racional weberiana, tenha tornado o Holocausto uma fatalidade, mas sim que as regras de tal racionalidade indiferente aos fins são singularmente incapazes de evitar tais hecatombes, na medida mesma em que a sociedade é vista como um objeto de administração e, portanto, como algo a ser controlado, melhorado, refeito etc., numa palavra, "a atitude do jardineiro que divide as plantas entre aquelas cultiváveis, de que se deve cuidar, e as ervas daninhas a serem exterminadas"[8]. É inegável que o Holocausto só

---

[7] Giorgio Agamben, *O que resta de Auschwitz* (trad. Selvino J. Assmann, São Paulo, Boitempo, 2008, Coleção Estado de Sítio), p. 31. Fica para outra ocasião a discussão do que vem a ser esse domínio, nas palavras do autor, "refratário a qualquer identificação de responsabilidade". E seu equivalente atual, é claro.

[8] Zygmunt Bauman, *Modernidade e Holocausto*, cit., p. 37.

poderia ser concebido numa atmosfera como essa, bem como a teoria crítica de Bauman continua devedora dessa mesma era da engenharia social do horror – "e também sugiro", continua com razão Bauman, "que foi o espírito da racionalidade instrumental e sua forma moderna, burocrática, de institucionalização que tornaram as soluções tipo Holocausto não apenas possíveis mas eminentemente 'razoáveis', e aumentaram sua probabilidade de opção" –, que no entanto mudou, dispensando totalmente sua carapaça burocrática (não à toa desmoronou o sistema soviético de dominação junto com seu homólogo capitalista), mas não a ponto de perder sua característica crucial, pelo contrário, essa continua escalando exponencialmente, a saber, a capacidade de "coordenar a ação de grande número de indivíduos morais na busca de quaisquer finalidades, também imorais".

Não se trata de projeção retrospectiva, mas o fato é que Dejours e Torrente reconsideram aquele processo de banalização do mal uma vez ultrapassado o limiar de uma outra grande transformação que Polanyi não havia previsto. Na máquina de extermínio industrializado já não viram mais apenas o funcionamento burocrático, mas justamente o que permitiu que ela funcionasse de uma maneira tão pavorosamente eficaz, apesar da burocracia, de cuja racionalidade formal, segundo Weber, a acumulação capitalista não podia mais prescindir. Soubesse ou não defini-lo em termos conceituais, Primo Levi estava revelando na colaboração entre operadores num campo da morte a existência de um outro trabalho que não o fornecido por um sistema concentracionário de extração de mais-valor absoluto. Tratava-se com certeza de uma outra economia política. Depois de citar Eugen Kogon – "grande parte do trabalho imposto nos campos de concentração era inútil; ou era supérfluo ou era tão mal planejado que tinha de ser feito duas ou três vezes" –, e no intuito de sublinhar a atmosfera de loucura e irrealidade criada pela aparência desconcertante de ausência de propósitos que ofuscava o reconhecimento da realidade dos campos, Hannah Arendt foi das primeiras a notar, ainda no imediato pós-guerra de trauma e poeira nos olhos, que a incredulidade dos horrores estava intimamente associada à sua inutilidade econômica, ou de franca antiutilidade, aliás o único escândalo aos olhos de um mundo estritamente utilitário[9]. Não era menos verdade, todavia, como ainda relembraria mais tarde a mesma Hannah Arendt, que "a cooperação

---

[9] Hannah Arendt, *Origens do totalitarismo: antissemitismo, imperialismo, totalitarismo* (5. reimp., trad. Roberto Raposo, São Paulo, Companhia das Letras, 2004), p. 495.

entre a SS e os empresários era excelente, mas, quanto às condições nas fábricas, a ideia era, claramente, matar por meio do trabalho"[10]. Pois o trabalho que está nos interessando – não custa antecipar, ou reparar – é justamente o da organização da morte atroz pelo trabalho. Para ser mais exato, como dirá Joseph Torrente, referindo-se, como veremos extensamente, à invenção nazi da produção em massa do crime como um trabalho, trata-se, nada mais, nada menos, da "exploração ilimitada dos recursos da submissão defensiva"[11]. Mas aqui já estamos com um pé em nosso tempo.

Voltando à tentativa de identificação desse "trabalho" (e assim retirar-lhe as aspas), lembrando mais uma vez que ele só seria plenamente reconhecido à medida que se cristalizava a percepção de que o novo mundo do trabalho moldado pela racionalidade neoliberal dominante[12] se transformara num imenso campo de experimentação e difusão da crueldade social, descontada, é claro, toda a cosmética *clean* da acumulação dita flexível – por David Harvey, entre outros, como se sabe. Não é que não houvesse alienação e violência no período anterior do trabalho repetitivo coagido pelos cronômetros. Os estragos afetivos e cognitivos produzidos pelo fordismo não deixavam de favorecer, na mesma escala gigantesca das velhas plantas, a emergência, defensiva e ofensiva, da compulsividade da violência. A coisa toda muda nos contextos organizacionais que desarticulam a linha de montagem fordista: com as condutas iníquas que então se generalizavam, o problema da alienação se reformula

---

[10] Idem, *Eichmann em Jerusalém: um relato sobre a banalidade do mal* (trad. José Rubens Siqueira, São Paulo, Companhia das Letras, 1999), p. 93.

[11] Joseph Torrente, "Travail et banalité du mal", cit., p. 175.

[12] Como é a segunda ocorrência dessa expressão, seria o caso de desbanalizá-la desde já, esclarecendo a acepção precisa em que está sendo empregada pelos seus formuladores originais, é claro, Pierre Dardot e Christian Laval, justamente interessados em problematizar a novidade do Neoliberalismo, menos um receituário ideológico rudimentar ou uma política macroeconômica (o que também é, porém, subsidiariamente) do que fundamentalmente uma *racionalidade* que tende a estruturar e organizar não somente a ação dos governos mas também, ou sobretudo, a conduta dos governados. Cf. Pierre Dardot e Christian Laval, *La nouvelle raison du monde: essai sur la société néolibérale* (Paris, La Découverte, 2010). A novidade do neoliberalismo enquanto atividade de "governo" das condutas (não confundir com a instituição estatal) é que ele não se define nem contra nem a despeito da liberdade, mas através da liberdade de cada um, no sentido de que todos se conformem por si mesmos a certas normas. Sem precisar forçar a mão, não é muito difícil reconhecer neste arcabouço os traços contemporâneos de uma livre submissão defensiva, nos termos da nota anterior, quer dizer, a pista por onde escorrerá toda a sujeira do trabalho.

por inteiro, adotando inclusive a altamente enfática e ambígua semântica do mal – adormecida desde o escândalo político e moral provocado pelo caso Eichmann segundo Hannah Arendt, e ressuscitada como névoa de guerra social a partir dos anos 1970[13], de tal sorte que é o próprio trabalho gerador de infelicidade, alienação e doença mental que fornece a chave explicativa das estratégias de defesa entranhadas nos "comportamentos de aceitação do mal, para se adaptar ao sofrimento acarretado pelo medo", medo esse, sabidamente, o principal combustível das tecnologias neoliberais de poder. Pois é justamente a experiência (clínica, no caso) do mal como injustiça infligida aos outros como forma "banalizada" da gestão neoliberal do trabalho que não só permite mas obriga politicamente a reinterpretar o flagelo nazi como uma mobilização para o massacre que seria, agora sim, impensável, sem essa *mise au travail* de todo um povo: só o trabalho tornou possível organizar essa conduta de massa em proveito do horror. Primo Levi teria revelado uma zona cinzenta ainda mais recôndita em que o trabalho e o mal seriam coextensivos, quando mais não seja porque é através da relação do trabalho enquanto relação social de desigualdade que nos confrontamos primordialmente com a dominação e a experiência da injustiça. *Em nome do trabalho*, sempre se poderá *valorizar uma desgraça*. Este o segredo de toda "colaboração".

2

A certa altura de sua argumentação – como explicar que "pessoas de bem" se deixem arregimentar para o exercício do mal como princípio organizacional, como princípio sistêmico de gestão de empresas e governos regidos

---

[13] Numa palavra, o espantalho catastrófico do mal, de tanto ser agitado preventivamente, acabou sofrendo uma segunda e mais prosaica banalização. Já o "mal" que comparece no discurso da psicodinâmica das situações de trabalho – como é o caso da "visão" que nossos dois autores tiveram ao abrir uma outra janela sobre a Shoah – está enraizado na realidade vivida (e descrita) do sofrimento ligado à dominação, à violência e à injustiça, ancorado portanto numa dimensão da centralidade política do trabalho até então desconhecida. Cf. Emmanuel Renault, *Souffrances sociales: philosophie, psychologie et politique* (Paris, La Découvert, 2008), e Patrick Coupechoux, *La déprime des opprimés: enquête sur la souffrance psychique en France* (Paris, Seuil, 2009). Não por acaso, toda a última grande onda contestatória no outono de 2010 na França pode e deve ser lida também nesta chave. Cf. Danièle Linhart, "Métro, boulot, tombeau", *Le Monde Diplomatique*, n. 680, nov. 2010; Pierre Dardot e Christian Laval, "Le retour de la guerre sociale", *Carré Rouge*, 15 dez. 2010.

pela mesma racionalidade que anima os novos controles capitalistas? —, Dejours, temendo o intrincado cipoal envolvendo a simples menção do "mal" como conceito manejável com a ênfase metafísica que se sabe desde que os campos de extermínio tornaram possível o impossível e o mal absoluto um fato histórico, e sem desconhecer, portanto, a circunstância fatal de que está falando no rastro de Auschwitz, propõe uma surpreendente equivalência, que, sem ser conceitual, não é meramente vocabular: a rigor, o mal com o qual estamos voltando a nos defrontar, e que se distingue pela capacidade de mobilizar vontades, em princípio refratárias, nada mais é do que aquilo que em linguagem coloquial se chamaria banalmente de *trabalho sujo*. No limite, a clínica do trabalho é de fato uma clínica do *sale boulot* – um inventário analítico das estratégias defensivas que asseguram a sobrevivência psíquica de quem, no sistema contemporâneo de empresas, vai fundo no "trabalho sujo", sem no entanto abrir mão da recompensa moral pelo dever cumprido. Aliás, complicando ainda mais as coisas, a simples sobrecarga semântica da expressão *sale boulot* sugeriria a existência de uma dimensão oculta do próprio trabalho ao longo da qual se teceria essa aliança tenebrosa com o mal.

Não penso estar me enganando demais se disser que essa genealogia do *sale boulot*, a conexão fatal entre trabalho sujo e banalização do mal, tenha ocorrido a Dejours relendo o capítulo de Primo Levi sobre a "zona cinzenta". Ela está povoada de "colaboradores", cuja atividade sinistra é espontaneamente descrita no registro do "trabalho", invariavelmente qualificado de "sujo", por razões óbvias, mas por outro lado não tão óbvias assim. Algumas oposições são imediatas: aos Trawniki (lúmpens recrutados nas regiões fronteiriças da União Soviética), por exemplo, sempre se confiam "as tarefas mais sujas" nos momentos da carnificina direta de judeus e comissários comunistas, sem que jamais sejam empregados em combate. Além da oposição combatentes regulares/massacradores, mais ou menos emporcalhados pelos respingos, uma outra distinção não menos evidente se refere à "sujeira" – figurada e literal – de vítimas impuras e poluídas, cujo manuseio, antes, durante e depois do "serviço", só poderia ser nauseante e repulsivo. Referindo-se à fauna pitoresca dos prisioneiros "sem graduação", chama-os de "funcionários de escalão inferior", executando "funções terciárias", acrescentando que em pouco tempo desenvolviam uma mentalidade tipicamente corporativa que os levava a defender com energia seu "posto de trabalho". Executado por pobres-diabos como os demais, seu concurso para o crime foi mínimo enquanto pesava sobre eles o máximo de coerção: trabalho inócuo, no geral inventado do nada por um pouco de sopa a mais, não era propriamente sujo, embora o fosse. Havia, portanto, gradações. O grau máximo cabe por certo aos *Sonderkommandos*, cujo "ofício" Primo Levi descreveu como um "trabalho", ou melhor, como a parte do trabalho "justamente a mais suja", que os SS delegavam às próprias vítimas, a "tarefa atroz" do massacre cotidiano: a triagem sinistra posterior e a gestão dos fornos crematórios. O mais impressionante é que os próprios integrantes dos Esquadrões Especiais foram os primeiros a definir sua queda naquele abismo de maldade como trabalho: conforme um sobrevivente declarou e Primo Levi transcreveu, "ao fazer este trabalho, ou se enlouquece no primeiro dia, ou então se acostuma". E transcreveu justamente na linguagem do trabalho. Se Dejours e Torrente estão certos, dá para imaginar de que modo o simples fato de encarar "aquilo" como trabalho contribuiu decisivamente para acionar nossa "perigosa capacidade de acostumar-se às coisas", na fórmula empregada por Hans Adler ao descrever os processos de aprendizado adaptador nos campos de Theresienstadt[14]. Um outro testemunho não menos estarrecedor, recolhido pelo mesmo Primo Levi, evoca uma

> partida de futebol entre SS e *Sonderkommando*, entre uma representação dos SS de guarda no forno crematório e uma representação do Esquadrão Especial. À partida assistem outros SS e o resto do esquadrão, torcendo, apostando, aplaudindo os jogadores, como se a partida se desenrolasse não diante das portas do inferno, mas num campo de aldeia.[15]

O comentário de Agamben – no qual se entrelaçam os motivos benjaminianos bem conhecidos da exceção e da norma, cuja fusão infernal exige desde sempre uma parada de emergência – vale a transcrição em mais de um ponto. Ateremos-nos ao nosso:

> Essa partida poderá parecer a alguém como se fosse uma breve pausa de humanidade em meio a um horror infinito. Aos meus olhos, porém, como aos das testemunhas, tal partida, tal momento de normalidade, é o verdadeiro horror do campo. [...] aquela partida nunca terminou, é como se continuasse ainda, ininterruptamente. Ela é o emblema perfeito e externo da "zona cinzenta" que não conhece tempo e está em todos os lugares. [...] dela também provém a nossa vergonha, de nós que não conhecemos os campos e que, mesmo assim, assistimos, não se sabe como, àquela partida

---

[14] Citado em Barrington Moore Jr., *Injustiça: as bases sociais da obediência e da revolta* (trad. João Roberto Martins Filho, São Paulo, Brasiliense, 1987), p. 107.

[15] Primo Levi, *Os afogados e os sobreviventes*, cit., p. 29.

que se repete em cada partida dos nossos estádios, em cada transmissão televisiva, em cada normalidade cotidiana. Se não conseguirmos entender aquela partida, acabar com ela, nunca mais haverá esperança.[16]

Com aspas, é claro. Não menos revelador do eixo sobre o qual gira todo o grotesco da cena de colegas "unidos pelo vínculo imundo da cumplicidade imposta" é o fato de Primo Levi apresentar aquele intervalo de normalidade grotesca como "uma pausa de trabalho", do trabalho sujo evidentemente, como o "tempo livre" depois de uma jornada estafante se desincumbindo de algum *sale boulot*.

Numa palavra – curiosamente proferida por um inocente sociólogo americano, embora eminente em sua profissão, num longínquo artigo de 1962: contra o povo judeu, mas não só, a Alemanha Nazista "operou o mais colossal *trabalho sujo* da história"[17]. O duplo achado dessa fórmula fulminante se deve a Zygmunt Bauman, que no entanto não sabe bem o que fazer com ela, salvo ilustrar o pouco que a sociologia conseguiu dizer sobre o Holocausto – de fato um certificado de falência[18]. Relendo-se a íntegra do artigo em questão, verifica-se que de fato o professor Hughes – sinceramente escandalizado com o que viu e ouviu numa viagem à Alemanha em 1948 – está à procura da melhor tecnologia de planejamento social para inibir a conjunção de circunstâncias que levaram uma imensa maioria de boas pessoas, que efetivamente não sujaram as mãos, a consentir no horror, por sua vez perpetrado por outros incontáveis homens comuns, igualmente civilizados. Seja como for, não é fácil atinar com as razões que levaram a tamanho acerto. Afinal, o que teria inspirado aquele incrível golpe de vista em nosso remoto sociólogo ao juntar sem essa mais aquela a presumida personificação do Mal Absoluto, impunível e imperdoável, como já se disse, e um reles, embora ciclópico, "trabalho sujo"? O instinto da língua, quem sabe, acrescido da familiaridade infusa com a fórmula americana do filme *noir*. Quando se fala em *dirty work*, a referência imediata é a um serviço em geral penoso, ou simplesmente à margem da legalidade ordinária, que alguém presta a um terceiro, via de regra em posição de comando ou pelo menos revestido da autoridade suficiente para proclamar sua nenhuma disposição de se desincumbir da tarefa,

---

[16] Giorgio Agamben, *O que resta de Auschwitz*, cit., p. 35.
[17] Everett C. Hughes, "Good People and Dirty Work", *Social Problems*, v. 10, n. 1, 1962, p. 3-10.
[18] Zygmunt Bauman, *Modernidade e Holocausto*, cit., p. 21.

relegada assim à dúbia categoria em questão, a da "sujeira", de qualquer modo necessária ao andamento geral das coisas. Por certo o instinto da linguagem dos filmes B, mas também uma peculiar percepção de época. A edição que pude consultar reapresentava o artigo acompanhado de um preâmbulo de atualização não assinado e datado possivelmente do fim dos anos 1960. No ar, um outro motivo de escândalo, o fato de que os "trabalhadores sociais" – de educadores a assistentes sociais atuando em zonas de relegação em que a poeira da agitação por direitos civis ainda não havia assentado, passando curiosamente por agentes penitenciários – estavam sendo empurrados para a área de sombra, ao que parece reservada ao dito trabalho sujo, ou seja, profissões concebidas para ajudar ou cuidar estavam sendo redesenhadas para vigiar ou punir, pior, esses "*dirty workers*", que volta e meia se ressentiam da missão duplamente degradante, se viam apanhados e comprimidos entre seu alvo recalcitrante e uma classe média comanditária que não só lhes ordenava o trabalho como exigia que o fizessem em silêncio – entre outros serviços: "*Keep the colored out of our way*".

Agora, pensando bem e divagando um pouco em voz alta, porém sempre no encalço do vínculo genealógico revelado uma primeira vez pelos massacres administrativos do Terceiro Reich e, uma segunda vez, pela gestão do trabalho no novo capitalismo, um nexo não convencional entre o trabalho portanto dito sujo e tudo aquilo que o mal pode fazer, como simplesmente fazer mal, não seria o caso de estarmos nos defrontando com uma derradeira e original figuração de algo como um "arcaico ato de despotismo", que na antiga visão de Adorno e Horkheimer encerrou o ciclo originário do nomadismo através da violência de uma usurpação que institui o privilégio de um grupo social se fazer substituir permanentemente por outros membros da sociedade na execução de tarefas desde então socialmente distribuídas? A dominação se mediria então por esse poder, proprietário e sedentário, de pôr alguém para trabalhar no seu lugar[19]. Basta imaginar um pouco o gênero do trabalho a que estão condenados os intocáveis em uma sociedade de castas para entender tal privilégio (que pode ser igualmente o de uma camarilha com poder de polícia em uma sociedade burocrática) como a capacidade de impor, ou simplesmente passar para a frente, o fardo do trabalho sujo. Tudo se passa

---

[19] A citação e o comentário, com os quais obviamente tomo algumas liberdades, encontram-se em Axel Honneth, *The Critique of Power: Reflective Stages in a Critical Social Theory* (Cambridge, The MIT Press, 1993), p. 49-50.

como se aquele ato despótico originário houvesse simplesmente instituído o trabalho como trabalho sujo. Num certo sentido, variando um outro tema dos mesmos teóricos, também se poderia vislumbrar no esforço de autoconservação no seu estágio histórico de fim em si mesmo a matriz do trabalho sujo por excelência. Na medida, é claro, em que o fascismo finalmente se apresentou, na fase pós-liberal do capitalismo, como a chave conclusiva de toda a história como história da dominação. Mas a esta altura de nossa digressão seria preciso lembrar que só poderíamos sustentar a nota enfiando o trabalho, sujo ou não, na camisa de força da exclusiva ação instrumental. Segundo o roteiro delineado pela clínica do trabalho, há uma restrição fatal: simplesmente não poderíamos compreender por que só o trabalho teve o condão de transformar homens comuns em "corvos de forno crematório".

Por contraste, seria o caso de voltar ao capítulo conclusivo de Zygmunt Bauman, que vai justamente na direção oposta, embora no âmbito da mesma Teoria Crítica. O que há de chocante no documentário de Lanzmann sobre a Shoah? Qual é a terrível e humilhante verdade que desfila na interminável agonia das muitas horas de projeção do filme?

> Quão poucos homens armados foram necessários para matar milhões. Espantoso como estavam amedrontados aqueles homens armados, a que ponto conscientes da fragilidade de seu domínio sobre o gado humano. Seu poder assentava-se sobre condenados que viviam num mundo de faz de conta [...]. Nesse mundo, a obediência era racional, a racionalidade era a obediência [...]. Mas para fundar sua ordem apenas no medo a SS precisaria de mais horas, braços e dinheiro. A racionalidade era mais eficiente, mais fácil de obter e mais barata. E assim, para destruí-las, os SS cultivavam cuidadosamente a racionalidade das vítimas.[20]

Conversão mútua entre racionalidade e obediência – sempre se poderia acrescentar, na linha da imbricação entre razão e autoconservação –, devidamente instituída no momento em que entra em cena a dependência mediada pelo trabalho, entendido como a atividade daqueles que perderam a liberdade ou que de algum modo foram subjugados[21]. O que resta do

---

[20] Zygmunt Bauman, *Modernidade e Holocausto*, cit., p. 231-2.
[21] "Em *Shoah*, Lanzmann mostra um sobrevivente que conseguiu fugir de Treblinka e se lembra que, quando o gás diminuía nos alimentadores das câmaras, membros do *Sonderkommando* tinham suas rações de comida suspensas e, não sendo mais úteis, eram ameaçados de extermínio. Suas perspectivas de sobrevivência renasciam quando novos grupos judaicos eram recolhidos e carregados nas trevas para Treblinka" (ibidem, p. 230).

Holocausto é, assim, a revelação, menos da banalidade do mal do que de sua racionalidade, entendida como adequação formal e meramente subjetiva entre meios e fins. Por isso o mal não precisa de seguidores entusiasmados, basta o cálculo pulsional da autopreservação. Apostando na prevalência mortal desse princípio num sistema concentracionário, o caminho está aberto para que "o mal possa fazer então o trabalho sujo", na formulação agora de Bauman[22]. Hannah Arendt diria que esse caminho estava aberto precisamente porque:

> No Terceiro Reich, o Mal perdera a qualidade pela qual a maior parte das pessoas o reconhece – a qualidade da tentação. Muitos alemães e muitos nazistas, provavelmente a esmagadora maioria deles, deve ter sido tentada a *não* matar, a *não* roubar, a *não* deixar seus vizinhos partirem para a destruição (pois eles sabiam que os judeus estavam sendo transportados para a destruição, é claro, embora muitos possam não ter sabido dos detalhes terríveis), e *não* se tornarem cúmplices de todos esses crimes tirando proveito deles, mas Deus sabe como eles tinham aprendido a resistir à tentação.[23]

Estamos começando a ver que um tal aprendizado – por assim dizer, resistir à tentação do bem – não teria sido possível sem a multiplicação exponencial dos pequenos e grandes laboratórios de experimentação do trabalho sujo como efetivamente trabalho, *sans phrase*. O "trabalho do diabo", enfim, como o chamou certa vez Hitler, referindo-se à necessária "inteligência e dureza de nosso trabalho de limpeza"[24]. Resta a dúvida por onde começamos: no final das contas, por que o trabalho, com ou sem aspas, está sempre presente no coração da mais tenebrosa zona cinzenta da história?

3

Uma coisa, porém, é o trabalho sujo repassado para agentes coagidos ou voluntários da "colaboração" – como os bons europeus de hoje reservam a sujeira do trabalho à mão de obra imigrada, assim como um sexto sentido histórico de classe deve ter orientado as primeiras terceirizações para os serviços de faxina e limpeza –, outra coisa quando esse mesmo "trabalho

---

[22] Ibidem, p. 235.

[23] Hannah Arendt, *Eichmann em Jerusalém*, cit., p. 167.

[24] Citado em Ian Kershaw, *Hitler* (trad. Pedro Maia Soares, São Paulo, Companhia das Letras, 2010), p. 555.

direto" é literalmente executado por uma autonomeada elite racial incumbida de purificar a espécie. Aliás, "trabalho direto", como por vezes se exprime Hannah Arendt, a propósito, por exemplo, do "fato bem conhecido de que o trabalho direto dos centros de extermínio ficava usualmente nas mãos de comandos judeus"[25]. A seu ver, isso "era simplesmente horrível, não um problema moral". Que, não tão obviamente assim, só começa a sê-lo quando tal "incumbência" retorna às mãos dos verdadeiros carrascos. Mais uma vez: fardo moral impiedoso porque se trata de um "trabalho" exercido no começo por, digamos, futuros ex-amadores.

O que antes cheirava a coisa imunda e manuseada por seres execráveis e massacráveis é puxado agora do lodaçal para a altura sublime do ato heroico. Assim reabilitado, o trabalho sujo – que nos períodos por assim dizer normais da guerra social retorna ao seu aparente leito natural, o submundo do crime, da política e dos negócios – se revestirá de autêntica e inatingível grandeza histórica, graças à monstruosa proeza nazi, ao chamar para si a responsabilidade obscena de fazer desaparecer todo um povo da face da terra. Nosso sociólogo de há pouco, Everett C. Hughes, ao se referir com surpreendente precisão ao Holocausto como o mais colossal trabalho sujo da história, não tinha por certo a menor ideia do quanto esse anátema correspondia ao mais arraigado senso de missão – sempre entendida como uma atrocidade que de tão abominável chega a transfigurar o algoz – de um Heinrich Himmler, que em 4 de outubro de 1943, num discurso aos hierarcas SS reunidos na Prefeitura de Posen, apresentou a Solução Final em andamento como "a mais gloriosa página de nossa história, uma página que jamais foi escrita e jamais poderá ser escrita" – justamente por se tratar do mais colossal trabalho sujo da história, um segredo de polichinelo, porém sujo. Essa arenga blasfema, retomada dois dias depois no mesmo local, desta vez se dirigindo aos maiorais do partido, é muito citada pela historiografia, em geral na forma de trechos escolhidos, de sorte que até agora não encontrei nada que corresponda ao que desconfio seja uma paráfrase, aliás, exata, de Žižek, que atribui a Himmler um improvável enunciado como o seguinte, atribuição duvidosa menos pelo teor de brutalidade do que pela estranhável consistência, digamos, conceitual: "É fácil fazer algo nobre por seu país, até mesmo dar a vida por ele; o verdadeiro heroísmo, todavia, consiste em fazer o trabalho sujo necessário: matar e torturar por seu país, assumir o fardo

---

[25] Hannah Arendt, *Eichmann em Jerusalém*, cit., p. 139.

do mal"²⁶. Seja como for, apócrifo ou não, nele se exprime a máxima de todas as guerras ditas sujas, ou assim chamadas pelos seus perpetradores, seu realismo comercial de segunda ("o preço a pagar"), o apelo à verdade das situações-limite etc. Aliás, o comentário de Žižek, embora o repudie (era só o que faltava), não deixa de trair as afinidades vanguardistas dessa nobilitação do trabalho sujo: "Esta é a atração secreta e sedutora do cinismo: viver na verdade e na bondade é entediante; o único desafio autêntico é o do Mal, ou seja, o único espaço para feitos extraordinários se encontra em idiossincrasias transgressoras". Armação filosófica a menos, o que de fato se expressa nesse apelo redentor ao fardo do trabalho sujo é o supremo desprezo do miliciano de tropa de choque fascista pelo liberal de coração mole que lhe encomendou o serviço²⁷.

Aqui o núcleo duro de todo o enigma, do qual Hannah Arendt também se aproximou, sem atinar porém com o verdadeiro nome da coisa, se for permitida a impertinência. Depois de uma antologia de bolso das famigeradas tiradas de Himmler diante dos comandantes de *Einsatzgruppen* (Unidades Móveis de Assassinato, na sugestiva tradução de José Rubens Siqueira), sublinhando o teor ideológico praticamente nulo delas ao justificar o injustificável, Arendt também assinala que a única ideia que afetava a cabeça daquela gente, aliás muito bem coroada por uma grande variedade de diplomas universitários, que tinha se transformado num bando de assassinos em série, era a de "estar envolvidos em algo histórico, grandioso, único, e que, portanto, deve ser difícil de aguentar". E, assim sendo – "difícil de aguentar", visto que não se tratava de sádicos ou delinquentes profissionais, pois sempre houve, aliás, um esforço sistemático para afastar todos aqueles que sentiam prazer físico no que faziam –, o problema do comando "era como superar não tanto a sua consciência, mas sim a piedade animal que afeta todo homem normal em presença do sofrimento físico". O artifício usado por Himmler vai direto ao ponto dos nossos clínicos do trabalho sujo. Na formulação precisa de Hannah Arendt, o truque era muito simples e provavelmente muito eficiente:

> Consistia em inverter a direção desses instintos, fazendo com que apontassem para o próprio indivíduo. Assim, em vez de dizer "que coisas horríveis eu

---

[26] Slavoj Žižek, *Às portas da revolução* (trad. Luiz Bernardo Pericás, Fabricio Rigout e Daniela Jinkings, São Paulo, Boitempo, 2005), p. 197.

[27] Idem, *Bem-vindo ao deserto do Real!* (trad. Paulo Cezar Castanheira, São Paulo, Boitempo, 2003, Coleção Estado de Sítio), p. 41.

fiz com as pessoas!", os assassinos poderiam dizer "que coisas horríveis eu tive de ver na execução dos meus deveres, como essa tarefa pesa sobre meus ombros!".[28]

Novamente, o fardo do trabalho sujo em pessoa. Quando o peso se torna insuportável, os que fraquejam invocam com razão alguma repugnância meramente física, jamais qualquer aversão moral ou política – como não se cansará de observar Browning, investigando a paulatina profissionalização e dissociação caracterial dos massacradores do 101º batalhão.

Voltando. Como se viu, trabalho sujo atende a uma demanda de terceiros (até mesmo na forma de uma expectativa imaginária), que além do mais desfrutavam do privilégio de se fazer substituir – no fundo, o fascismo nada mais fez do que apresentar a conta à burguesia europeia, e no entanto "o mais colossal trabalho sujo da história" foi encarado por aqueles que o realizaram não como uma estratégia subordinada a um objetivo ulterior, mas a bem dizer como um fim em si mesmo, como um empreendimento autossuficiente[29]. Nada a ver com as trevas impenetráveis do Mal Absoluto. O massacre não se organizou no vazio, continua Hilberg, acrescentando que tamanha hecatombe só pôde acontecer porque ela tinha uma clara significação para os agentes que a perpetraram: tratava-se de uma peripécia percebida como uma realidade vivida de ponta a ponta por todos os seus protagonistas, da redação rotineira de um memorando ao abrir e fechar as portas de uma câmara de gás. Como sugerido desde o início, a chave do enigma está no trabalho, na organização do trabalho. Eis como Hilberg apresenta essa espantosa engrenagem "trabalhando". Por definição, não importa a hierarquia; empregados, civis ou militares, quando muito, apenas tocam o serviço, caprichando somente na embalagem das formalidades burocráticas. Deu-se então o verdadeiramente impensável: submetido à mais insana das provações – "jamais uma máquina administrativa precisou suportar o peso de uma tarefa tão implacável" –, o aparelho encarregado de encontrar uma solução final para a questão judaica na Europa não só resolveu o problema como se superou diante de obstáculos em princípio intransponíveis – neles incluídos os famigerados escrúpulos morais, afinal "nenhuma burocracia ocidental enfrentara um tal abismo entre os preceitos milenares da moral e a mais

---

[28] Hannah Arendt, *Eichmann em Jerusalém*, cit., p. 121-2.
[29] Raul Hilberg, *La destruction des juifs d'Europe*, cit., v. III, p. 1.826.

corriqueira ação administrativa". Simplesmente, todo um corpo administrativo canalizou rios de engenho e competência na direção exclusiva e obstinada da destruição dos judeus.

> A cada fase do processo, seus agentes exibiram, na ausência de diretrizes, espantosos talentos de pioneiros, uma incrível coerência em suas atividades quando de fato não havia sequer um enquadramento jurisdicional apropriado, demonstrando uma compreensão fundamental da tarefa da qual estavam incumbidos, quando também não havia de fato nenhuma comunicação explícita [...]. Visto retrospectivamente em conjunto, o projeto aparece como um mosaico de fragmentos mornos e banais. Ora, essa sucessão de atividades ordinárias, essas notas, relatórios, telegramas, arraigados no hábito, na rotina, na tradição, se transformaram em um processo de destruição em massa. Indivíduos perfeitamente ordinários iriam realizar um trabalho que não tinha nada de ordinário. Uma falange de funcionários, nas repartições do Estado e nas empresas privadas, operava no sentido do objetivo final.[30]

A cada momento da escalada, dificuldades de toda ordem se intensificavam, e nem por isso o extermínio foi interrompido. À medida que avança em sua reconstituição, o que realmente deixa nosso autor estupefato é a continuidade ininterrupta de todo o processo: no limiar da fase do morticínio direto, a torrente das medidas administrativas ainda mais se avolumava, "a marcha forçada sem precedentes de homens, mulheres e crianças para as câmaras de gás havia começado. Como se produziu tal façanha?".

Está na hora de esmiuçar a resposta de Dejours: graças à capacidade de mobilizar o trabalho coordenado de uma enorme máquina de moer gente, graças ao esforço diligente de que se nutre todo o trabalho, a começar pelo sujo. A propósito: Zygmunt Bauman também leu Hilberg, entre tantos outros autores "não intencionalistas", mas seria incorreto apoiar-se em sua reconstituição para sustentar a tese de que o Holocausto só se explica à luz da racionalidade burocrática, a ponto de afirmar que a própria ideia de Solução Final foi um produto da cultura burocrática. Isso dito, não resta dúvida de que o extermínio em massa em uma escala sem precedentes

> dependeu da disponibilidade de especializações bem desenvolvidas e firmemente arraigadas, e de hábitos de meticulosa e precisa divisão do trabalho, da manutenção de um fluxo contínuo de comando e informação ou de uma coordenação impessoal e bem sincronizada de ações autônomas embora

---

[30] Ibidem, p. 1.827.

complementares: daquelas habilidades, em suma, que melhor se desenvolvem e medram na atmosfera do escritório.[31]

Sem dúvida, a luz lançada pelo Holocausto sobre nosso conhecimento da racionalidade burocrática é estonteante, ainda mais se coarmos tal luz pelo filtro profético de Kafka e Weber. No entanto, ainda mais esclarecedora é a verificação do salto "laborioso" que foi necessário dar para tornar efetivos comandos administrativos remotos. O que Raul Hilberg conseguiu mostrar – salvo engano de interpretação de nossos dois clínicos do trabalho – é que só podemos compreender o fenômeno abominável da destruição em massa dos judeus como um *trabalho*, trabalho genocida, sem dúvida, mas de qualquer modo um trabalho, e como tal uma atividade que não se cumpre sem a contribuição autônoma de quem a executa, para além justamente dos automatismos burocráticos. Pelo menos é assim na leitura mais específica de Joseph Torrente: seu ponto nevrálgico é a compreensão do metafórico "trabalho do mal" como "trabalho atroz". Pois foi exatamente em torno da apologia de uma descomunal "coragem" transgressora exigida pelo mais sujo dos trabalhos atrozes que girou a sinistra oratória de Himmler naquele mês de outubro de 1943: só vocês sabem o que são cem cadáveres alinhados um ao lado do outro, ou quinhentos, ou até mesmo mil; e, não obstante, aguentar firme – salvo raros casos de hesitação por compreensível fraqueza humana –, como se espera de homens de bem, foi isso que forjou nossa têmpera inquebrantável e com ela se escreveu a página mais gloriosa de nossa história etc. etc.[32] É isso aí: só o trabalho de fato "liberta". Está claro que num outro sentido muito mais terrível e verdadeiro que o mero escárnio da citação blasfema no frontispício de Auschwitz.

4

Passemos então ao trabalho direto do mal, a maneira pela qual uma tarefa atroz é laboriosamente executada de modo a envolver seus agentes no halo de uma estranha virtude, sem a menor relação com a ação homicida que está sendo empreendida em uma escala inconcebível. Quer dizer, a

---

[31] Zygmunt Bauman, *Modernidade e Holocausto*, cit., p. 34.
[32] Citado em Raul Hilberg, *La destruction des juifs d'Europe*, cit., p. 1.868. Estou estilizando, é claro, mas é isso mesmo: chacinar e enfileirar.

lição extraída por nossos dois autores, Dejours e Torrente, das reflexões de Christopher Browning sobre um massacre – o primeiro deles, o batismo de fogo, como se dizia no antigo regime da guerra –, quando ao amanhecer de um certo dia 13 de julho de 1942, o 101º batalhão de reserva da polícia alemã entra na aldeia polonesa de Józefów. De tarde, já haviam aprisionado 1.800 judeus: 300 são considerados aptos para o trabalho escravo, os demais, incluídos mulheres, crianças e velhos, são abatidos à queima-roupa no bosque vizinho. Os 500 e poucos membros do batalhão não eram nem nazistas nem racistas fanáticos, eram alemães comuns provenientes da pequena burguesia de Hamburgo, muitos até de origem operária, homens maduros que haviam deixado atrás de si famílias bem estruturadas, como se diz. Antes do massacre, porém, deu-se um fato extraordinário: tendo reunido aqueles "homens comuns", o comandante anunciou-lhes, ele mesmo, visivelmente abalado, a tarefa espantosamente "desagradável" que os aguardava, propondo-lhes ato contínuo uma saída inusitada: se alguém não se sentisse com forças suficientes para se desincumbir de tal missão estaria dispensado – por assim dizer no chão da fábrica, o *script* mesmo de Himmler, cinismo heroico a menos, acrescido da cláusula de escape, tanto mais vexatória por não implicar represálias. A imensa maioria, no entanto, preferiu obedecer, fazendo em um ano e quatro meses mais de 83 mil vítimas, sempre abatidas pelo mesmo método do matadouro *ad hoc* – literalmente sujo, emporcalhado etc. Como diria o lamentável sobrevivente citado por Primo Levi, quem não enlouqueceu naquela primeira jornada de iniciação logo se acostumou, tornando-se inclusive um exterminador minucioso e cumpridor. Como lembrado, é este um dos pontos de nossos dois autores, repassando a lição magistral de Browning: os poucos refratários que se abstiveram para não enlouquecer contribuíram com essa fraqueza circunstancial para a banalização do crime que de modo algum estavam condenando, pelo contrário, esterilizavam o horror ao realçar assim a firmeza dos algozes que abatiam suas vítimas cara a cara.

Pelo menos na tradução francesa, volta e meia alguém menciona o *sale boulot* com o qual tinha de se defrontar, a começar pelo compassivo comandante Trapp. Naquela primeira hora, pouquíssimos se desviaram, e pelas razões tortas que se viu. Interessa muito mais as razões dos que aguentaram firme: todas elas convergem na transfiguração daquela "sujeira" toda em "trabalho", e trabalho de um coletivo no qual eficácia e qualidade são senhas de reconhecimento e pertencimento, como se diria no jargão contemporâneo.

Atrocidade em nome do trabalho comum – assim como ninguém gostaria de se desmoralizar perante colegas, tampouco seria valorizado quem assassinasse por interesse pessoal perverso. O mais colossal trabalho sujo da história foi igualmente a mais espantosa operação de "lavagem", no caso, a sublimação dos massacres sucessivos de inocentes graças à sua conformidade aos imperativos práticos de um trabalho benfeito. Ocorre que este não existe sem um mínimo, quem diria, de astúcia – isso mesmo, aquele gênero de inteligência ardilosa que pode ser encontrada tanto em um herói homérico quanto na razão hegeliana agenciando o curso do mundo, como agora na experiência nazi no trabalho atroz que a tornou possível. Da seguinte maneira. O que de fato nos mostrou Christopher Browning? Que os policiais enviados para a limpeza na Polônia, não experimentando nenhuma satisfação especial, pelo contrário, naquela função macabra de executar durante horas e horas, um dia depois do outro, inocentes indefesos, aprenderam no ato os segredos do "trabalho de extermínio", concentrando suas preocupações exclusivamente nas operações exigidas pelo trabalho, cujos "macetes" foram descobrindo ou inventando aos poucos. Como se tratava de matar no menor tempo o maior número possível, a execução logo se converteu num processo de apuração e aprimoramento das mais variadas técnicas e procedimentos: camadas sucessivas de vítimas deitando-se de bruços sobre os corpos ainda quentes da leva precedente exterminada; técnica da pontaria à queima-roupa usando a ponta da baioneta como alça de mira, visando a nuca – nem muito baixo, pois aí o tiro pode não ser fatal, nem muito alto, pois nesse caso o crânio estilhaçado pela bala pode projetar-se sobre as botas, calças e túnica do matador, que deverá repetir a operação algumas dezenas de vezes, uma mistura lamacenta de sangue, miolos e fragmentos de osso, aí sim comprometendo a qualidade do serviço, além de pôr em risco o sistema de defesas morais e psicológicas, na ausência das quais o "sujeito" fatalmente sucumbiria, no caso, na vala comum das bestas-feras ou dos doentes mentais, como observou certa vez o chefe supremo das SS na Rússia Central[33]. À vista da dimensão estratégica dessa concentração de toda a atenção dos agentes da matança nos "desafios"

---

[33] Segui passo a passo comentário de Christophe Dejours, *Souffrance en France*, cit., p. 123-4. A referência ao olho clínico de Von dem Bach encontra-se em Raul Hilberg, *La destruction des juifs d'Europe*, cit., v. III, p. 1.862. Como o processo de destruição era um empreendimento organizado onde só podia haver lugar para outras tantas tarefas organizadas, seus "gestores" tinham plena consciência dos riscos que comportavam a pilhagem, a tortura, as orgias e demais barbaridades. Cf. ibidem, p. 1.863.

(novamente o jargão contemporâneo se impõe com naturalidade), a execução propriamente dita, Dejours não hesita, pois a seu ver não há anacronismo nessa visão retrospectiva: como a mola nada secreta dessa "atividade" não é manifestamente uma perversão – jamais se viu uma ação tão deserotizada, muito menos o absurdo da violência como sublimação – nem a mera passagem ao ato de uma pulsão eliminacionista (para chegar ao extremo dos carrascos voluntários de um Daniel Goldhagen), tampouco efeito colateral de uma burocracia remota e despótica como no *Castelo* kafkiano[34], ela deve ser procurada "na gestão a mais racional possível da relação entre tarefa e atividade, numa palavra, entre organização prescrita e organização real do trabalho". Penetramos assim no âmago da bizarra alquimia que transforma abominação em sublimação – prossegue Dejours. O segredo dessa transfiguração não se encontra na violência exterminadora enquanto tal, nem como explosão furiosa, nem como fria crueldade premeditada, num caso, circunstância atenuante, no outro, agravante: o processo da violência enquanto injustiça de um sofrimento imposto só é canalizado com eficiência na direção sublimadora do bem se ela mesma, violência, for inserida no quadro de coerção própria do trabalho, que é ele mesmo sofrimento por enfrentar um real que resiste.

A certa altura do seu tratado sobre a violência, agora elevada à condição de novo Mal do século, Michel Wieviorka se depara com a hipótese de uma violência desprovida de sentido, nem déficit nem excesso, uma pura e simples ausência de sentido, hipótese a seu ver equivocada que data do início dos anos 1960 por ocasião do julgamento de Eichmann e da polêmica da tese de Hannah Arendt, cuja "intuição" (nas palavras da própria autora) da "banalidade do mal" Wieviorka por sua vez dilui numa pretensa cultura da obediência e da indiferença desdramatizadora: de fato, uma intuição insuportável, pois ela dissocia o ator de seus atos, abrindo um fosso entre concepção e execução, moral e juridicamente injustificável, portanto. (Mas é no preenchimento desse intervalo capital que tudo se joga.) É esse o caminho enviesado que o conduz até o livro de Browning, à barbárie dos homens comuns, ao proble-

---

[34] É bem verdade, como escreveu Hilberg, que "quando o primeiro servidor público escreveu numa norma do funcionalismo a primeira definição de 'não ariano', nos primeiros dias de 1933, a sorte dos judeus estava selada" (citado em Zygmunt Bauman, *Modernidade e Holocausto*, cit., p. 47). Todavia, não custa reparar: a passagem da norma ao fato escabroso induzido pela norma requer todo um processo de agenciamento e mobilização que só a diligência laboriosa dos operadores cumulativamente educados pelo trabalho atroz tornou possível.

ma da transformação de um grupo de alemães "normais" em matadores em série, metamorfose que passou longe de uma conversão automática, como já sabemos, pois precisou se debater e conviver com resistências de ordem moral e reações rudimentares de asco, sem prejuízo da rotinização subsequente da brutalidade sádica, entremeada pelas providências burocráticas de sempre – de todos os modos, um cabal desmentido da hipótese da violência/mal absoluto se desencadeando no mais atordoante vazio de sentido. Seja como for, no esforço de reintroduzir algum sentido na conduta dos matadores – e por aí descartar a tese da banalidade do mal, tomada como variante das condutas de autoconservação por meio da fria submissão instrumental ao comando de uma autoridade absoluta –, Wieviorka tangencia o argumento dos teóricos clínicos da nova centralidade do trabalho ao considerar o jogo das três lógicas que moldam a experiência dos *ordinary men* de Browning. A primeira seria a própria lógica burocrática e seus portadores submissos e impermeáveis aos sentidos de seus atos; com a qual se chocaria a lógica do excesso, a da crueldade sádica que perverteria a fria indiferença da primeira; comprimida entre elas, uma lógica moral que reluta diante da chacina direta, seja por sentimento de horror ou simples repugnância física[35]. Mas para que o embotamento da sensibilidade seja total e se complete o processo de *formação* da atrocidade como prática do assassinato político em massa num ambiente de guerra total, como era o caso na frente oriental, era preciso que ocorresse mais que uma convergência de ocasião entre frieza burocrática na logística da limpeza e gozo sádico: justamente a *Bildung* parodicamente perversa mencionada antes (e cuja chave conhecemos: sim, aqui o trabalho também *forma*, mas para o Mal), nas palavras de Wieviorka, que no entanto não atina com sua lógica específica, a "experiência organizada da matança prática". Faltou apenas chamar esse *savoir faire* pelo nome. Mas para tanto seria preciso desviar a atenção do foco exclusivo no escândalo da violência como paradigma dos novos tempos – e sua correlata miopia para a mola secreta empilhando catástrofes no século passado. Reparando que a violência que de fato se alastra e impulsiona em proporções inéditas todo sofrimento social contemporâneo continua a brotar de uma zona central de *conflito*, do epicentro de uma terceira onda de intensificação "atroz" do trabalho[36].

---

[35] Michel Wieviorka, *La violence* (Paris, Hachette, 2006), p. 250-2.
[36] Sobre essa terceira onda de intensificação do trabalho no capitalismo, ver Sadi Dal Rosso, *Mais trabalho!* (São Paulo, Boitempo, 2008, Coleção Mundo do Trabalho).

5

Tocamos o fundo, o "real do trabalho", que se oferece ao sujeito que o confronta como a *decalagem* (além do galicismo obrigatório, estou citando) irresistível entre a organização prescrita do trabalho e a organização real do trabalho. Com efeito: "Quaisquer que sejam as qualidades da organização do trabalho e da concepção", continua Dejours,

> é impossível, nas situações ordinárias do trabalho, alcançar os objetivos da tarefa se respeitarmos escrupulosamente as prescrições, os ordenamentos e os procedimentos [...]. Se nos ativéssemos a uma execução estrita, depararíamos com a situação bem conhecida chamada *"greve do zelo"*. O zelo é precisamente tudo o que os operadores acrescentam à organização prescrita para torná-la eficiente; tudo o que eles colocam em marcha individualmente e coletivamente e que não decorre da *"execução"*. A gestão concreta da decalagem entre o prescrito e o real depende, de fato, da mobilização dos mecanismos afetivos e cognitivos da inteligência.[37]

No limite, portanto, *o trabalho é o trabalho vivo do zelo*: definitivamente, insiste Dejours, "o trabalho não é inteiramente inteligível, formalizável e automatizável". Não se trata obviamente do trivial esmero de quem quer agradar o comprador de seu saber-fazer, mas de outra coisa – quem de fato trabalha sempre "faz outra coisa", por mais que pareça seguir escrupulosamente um *script* –, que ao cessar pode acarretar a pane de todo um sistema técnico produtivo. Não se trata de uma qualidade contingente do trabalhador, o zelo é não só central, mas decisivo, insiste Dejours. O assim chamado trabalho de execução é uma quimera. Nenhuma empresa, instituição, serviço, oficina etc. funcionaria se os trabalhadores não acrescentassem à prescrição um sem-número de bricolagens, macetes, gambiarras, truques, sem que de resto lhes seja solicitado, longe disso: tais provas de inteligência e cooperação no trabalho coletivo são praticamente mobilizadas num estado de semiclandestinidade. Como resume Dejours numa entrevista, "de certa maneira, trabalhar é trapacear"[38].

Até chegarmos à centralidade do zelo no trabalho não são, portanto, poucos os mitos contemporâneos a serem postos à prova e demolidos, a

---

[37] Christophe Dejours, *Souffrance en France*, cit., p. 30-1.

[38] Entrevista dada a Jean-Michel Carré para o seu filme *J'ai (très) mal au travail* (Paris, Éditions Montparnasse, 2009), comentado por Patrick Coupechoux, *La déprime des opprimés*, cit., p. 245.

começar pelo conto da erosão da própria centralidade do trabalho, a saber: que o trabalho passou dessa para melhor e o que sobrevive é um artigo escasso que atende pelo codinome "emprego", em vias de desaparição, por motivo de progresso tecnocientífico, automatização, robotização etc. Totalmente reprodutível e substituível por equivalentes maquínicos, o trabalho se resumiria quando muito à mera execução, de sorte que os únicos problemas residuais numa empresa residiriam na concepção e na gestão. E por aí vamos, até o epílogo conhecido acerca da implosão da sociedade do trabalho: procura-se um substituto para o dito cujo em condições de fazer as vezes de mediador da subjetividade, da identidade e do sentido[39].

Não seria o caso agora de revirar pelo avesso todo esse quadro de clichês e meias-verdades, reexpondo, por exemplo, a simples título de contraprova acachapante, a verdadeira carnificina em que se converteu esse famigerado mundo do trabalho, presumidamente em extinção, devastado pela denegação extorquida do sofrimento, do gesto amputado, da ação impedida, pelas armadilhas do medo instituído, pela culpabilização e vergonha política de tornar público tais estragos etc. Todavia, a evidente exaustão dessa lenga-lenga sobre o fim do trabalho e seus derivados não significa em absoluto que continuamos na mesma. Pelo contrário, há mais de trinta anos testemunhamos a imposição traumática de uma grande mutação. Como lembrado no início, o Neoliberalismo não é uma simples restauração que teria fechado o breve parêntese do Estado Social, nem mesmo consequência de uma expansão imanente da lógica capitalista de valorização e anexação de novos territórios para acumulação[40]. Reviravolta responsável inclusive por toda essa recentralização negativa do trabalho na origem da atual explosão de um novo sofrimento nas empresas e sociedades – e da qual, não por acaso, a análise psicodinâmica das situações do trabalho é contemporânea, como também sugerido de início.

Se assim é, seria o caso, quem sabe, de "datar" a redefinição do trabalho pelo prisma do *zelo* – sem a qual, de resto, seria impossível redescobrir todo o horror frio do "zelo" com que Eichmann se desincumbia do trabalho prescrito da destruição, ou melhor, subentendido por um cipoal de micro-

---

[39] Christophe Dejours, *Souffrance en France*, cit., p. 47-8.
[40] Para uma rápida desmontagem dessa narrativa compensatória, ver Pierre Dardot e Christian Laval, "Néoliberalisme et subjectivation capitaliste", *Cités*, Paris, PUF, n. 41, 2010.

comandos –, interpretando-a como uma resposta ao engodo de massa presente no âmago daquela grande mutação que teria vindo justamente, entre tantas outras "liberações" anunciadas para uma sociedade salarial, então em pé de guerra ao longo de toda a década de 1970, para libertar o "trabalho efetivo" do "trabalho prescrito", sob o jugo do qual penavam os servidores da loucura racional taylorista-fordista[41]: afinal, a agenda libertária de Maio de 1968 não fora declinada também segundo o léxico antiprodutivista e antiautoritário da autonomia, impossível de predeterminar, programar, prescrever etc.? Pois no calor da luta de classes (visível na desimplicação no trabalho, na resistência passiva dos assalariados, nas ocupações, nas sabotagens de toda ordem, no sequestro de gerentes etc.), a reorganização dita "flexível" do trabalho recapturou toda essa energia em movimento, reinventando-se algo como uma "mobilização por decreto". Ou, como prefere Yves Clot, procurando entender os paradoxos atuais de "uma mobilização subjetiva a um só tempo exigida e recusada como foi o gesto no período taylorista", no fundo, paradoxo da autonomia, pois as mudanças na direção de uma maior autonomia não equivalem a um progresso, visto que a real "desprescrição operatória" encaminhada por um lado é anulada pelo outro, pela pressão temporal exercida pela tirania do curto prazo. Sendo no limite o controle externo substituído pelo autocontrole, entramos no domínio de uma violenta "autoprescrição", cujos efeitos sobre o sujeito significam devastação física e mental[42].

Tudo se passa, portanto, como se o zelo, sem o qual o trabalho não se realiza, tivesse sido redescoberto e reconduzido ao seu lugar de origem de desbravador do caminho que conduz ao "real", através de sua paródia gestionária: sendo por definição algo imprevisível, reapresentou-se como uma conduta governável pelo incitamento bipolar tanto à transgressão das rotinas

---

[41] Ainda vale a pena ler, e como, o livro de Bernard Doray, *Le taylorisme, une folie rationnelle?* (Paris, Dunod, 1981).

[42] Yves Clot, "Le sujet au travail", em Jacques Kergoat et al., *Le monde du travail* (Paris, La Découverte, 1998). Para um resumo do itinerário de reconversão da embriaguez de 1968 na ressaca gestionária que deu uma segunda vida sistêmica ao *sale boulot*, ver Patrick Coupechoux, *La déprime des opprimés*, cit., p. 215-21. A suma a respeito dessa transfiguração ainda é o *pavê* de Luc Boltanski e Ève Chiapello, *Le nouvel esprit du capitalisme* (Paris, Gallimard, 1999). E o capítulo pioneiro a respeito da matriz meia-oito do novo discurso da autenticidade *managerial* está em Jean-Pierre Le Goff, *Le mythe de l'entreprise* (Paris, La Découverte, 1992).

administrativas burocratizantes e apassivadoras quanto à autovigilância implicável movida pelo medo de ser mal avaliado. Que é apenas o primeiro capítulo, a porta de entrada da exploração pelo sofrimento, ou melhor, *do sofrimento*, do qual nos livramos erguendo barreiras de proteção que uma vez convertidas em defesas de adaptação já se tornaram defesas exploradas. Os mecanismos de defesa gerados pelo medo do sofrimento (ou o sofrimento do medo) são assim o cavalo de Troia da exploração do trabalho – afinal se trata de "um sistema funcional que torna possível a submissão às tarefas através do 'equilíbrio' dos sujeitos, mesmo ao preço de estabilidades mórbidas"[43]. Para surpresa das certezas clássicas acerca da motivação no trabalho, assentadas na convicção de que só a livre vontade dos trabalhadores mobiliza inteligência e engenho, o novo *management* revelou que o zelo passou a responder à pressão do medo, que em vez de paralisar a inteligência pode desovar "tesouros de inventividade para melhorar a produção e constranger os vizinhos". Mas, ao contrário da elasticidade indefinida da mobilização da inteligência pelo reconhecimento do trabalho benfeito, a escalada da gestão pela ameaça tem limites, para além dos quais a inteligência congela e a moral do coletivo quebra, mesmo nas situações extremas, como a guerra[44].

Duas palavras mais. O "real" aqui é justamente o que oferece resistência à *maîtrise*, o que resiste ao procedimento prescrito e que portanto surpreende. Onde há resistência, há malogro e persistência, por isso o trabalho é uma experiência igualmente afetiva. Há, portanto, sofrimento no trabalho, porém sofrimento que orienta a inteligência. E se há frustração, o prazer está sempre no horizonte. Noutras palavras, Dejours encaixa o trabalho numa estrutura triádica, entre a ação e o sofrimento. Só para lembrar – na contramão da dissociação fatal ação instrumental/interação social – que trabalhar não significa apenas se entregar a uma atividade, e que não se pode agir sem que algum trabalho seja produzido. Pois é justamente essa imbricação entre ação e trabalho que explica o consentimento e a colaboração de massa no exercício do mal. Dito de outro modo: ação e trabalho não são conceitualmente solúveis um no outro, mas eventualmente, a depender da situação, podem sofrer um processo de redução mútua – sempre segundo Dejours. Foi o que

---

[43] Nas palavras de Yves Clot, *Le travail sens l'homme? Pour une psychologie des milieux de travail et de vie* (Paris, La Découverte, 1995), p. 244, comentando a primeira figura da psicopatologia do trabalho segundo Dejours.

[44] Ainda Christophe Dejours, *Souffrance en France*, cit., p. 68-9.

se viu na situação extrema descrita por Christopher Browning. Os sujeitos daquela ação – seja dito sem humor negro, além do mais deslocado – só puderam aguentar firme, afrouxando a relação consciente com o sentido de uma ação de tal modo pavorosa, ao se deixarem ocupar inteiramente pelas exigências específicas de um "trabalho" encarado como atividade meramente instrumental. E como também se viu: a redução da ação à atividade não resulta apenas do esgotamento mental, de embrutecimento físico, mas igualmente de uma estratégia defensiva em face do sofrimento causado pela própria natureza da ação em andamento – reduz-se assim voluntariamente o campo da consciência à esfera restrita da atividade. O espectro dessas atividades de trabalho em situação de choque é amplo – e Dejours pesquisou uma gama reveladora delas, dos matadouros às Forças Armadas, passando por necrotérios e institutos médico-legais[45]. Em resumo, o zelo reúne aquelas duas dimensões da inteligência no trabalho: enfrentar o imprevisto, o inédito, nem conhecido nem rotinizado, mobiliza a dimensão cognitiva dessa faculdade; já as características afetivas estão implicadas na inteligência que arrisca contornar a norma, porém sem alarde, e discretamente quebrar a disciplina[46].

6

Dessa redescoberta do zelo como mola secreta do trabalho vivo se depreende que o *sale boulot* requer um zelo redobrado. De volta ao auge nazista do trabalho sujo, só o zelo explica a eficiência daquela máquina exterminadora. Os quadros do sistema não eram simples peças de uma engrenagem maléfica que os ultrapassava. A obstinação com que consumaram a Solução Final não se devia apenas à óbvia disciplina, mas à sua superação pelo zelo: "Se o sistema nazi de produção e administração funcionou, é porque, em massa, os trabalhadores e o povo inteiro contribuíram com sua inteligência e seu engenho"[47]. Numa palavra, colaboraram zelosamente. Resta, é claro, o enigma Eichmann, a um tempo obtuso, ou melhor, uma enciclopédia de ideias feitas sobre Deus e sua época, e um campeão no zelo do trabalho do

---

[45] Christophe Dejours, *Le corps entre biologie et psychanalyse* (Paris, Payot, 1987), citado e comentado no capítulo de Yves Clot sobre a psicopatologia do trabalho, em *Le travail sans l'homme?*, cit.

[46] Christophe Dejours, *Souffrance en France*, cit., p. 67.

[47] Idem.

mal. De sorte que a banalidade desse último pouco tem a ver – não custa insistir – com uma outra falsa evidência assustadora, ela mesmo devedora de uma imagem burocrática da burocracia, a constatação de que

> o mais terrível dos males de que se tinha memória [...] não foi obra de uma turba ruidosa e descontrolada, mas de homens uniformizados, obedientes e disciplinados, cumpridores das normas e meticulosos no espírito e na letra de suas instruções.[48]

Veja-se como resvalamos no estereótipo, por exemplo, na leitura do seguinte panorama descortinado por Hilberg, se preguiçosamente orientada pelo presumido tipo ideal da burocracia prussiana: ao contrário dos países aliados ou satélites, o pessoal da burocracia alemã

> não se deixava desencorajar pelos problemas, não recorria jamais ao faz de conta, como os italianos, nem a medidas simbólicas, como os húngaros, nem aos perpétuos diversionismos dos búlgaros. Os administradores alemães davam o melhor de si. Diferentemente de seus colaboradores estrangeiros, os alemães não se contentavam jamais com o mínimo: eles faziam sempre o máximo.

O trecho é citado por Joseph Torrente, que relembra a propósito que o trabalho jamais se cumpre sem o aporte autônomo da parte executante, a parte oculta do *iceberg* da produção, em suma, que a destruição dos judeus europeus foi

> o produto de uma atividade gigantesca da parte de trabalhadores zelosos, geralmente empregados em tempo parcial, sobrecarregados de demandas por satisfazer nos diferentes *fronts* da guerra e que no entanto encontraram o tempo e a astúcia necessários para levar esse processo até o fim.[49]

Entre a letra e o espírito, portanto, devemos agora acrescentar o zelo pessoal se quisermos entender de vez "como se elabora a capacidade coletiva de tornar o ato de matar um trabalho", na fórmula conclusiva de Torrente, depois de resumir a impressionante demonstração de Hilberg nos seguintes termos, justamente nos termos do trabalho fornecido pelo zelo, de modo a rever a Shoah não como uma catástrofe ética irrepresentável, mas como o fruto do *trabalho dos homens*:

> De sua visão de conjunto da Shoah decorre uma ideia mais precisa do processo assassino: iniciativa, zelo, tenacidade, firmeza nas tomadas de decisão,

---

[48] Zygmunt Bauman, *Modernidade e Holocausto*, cit., p. 178.
[49] Joseph Torrente, "Travail et banalité du mal", cit., p. 136-7.

obstinação no cumprimento de uma tarefa homicida. O encarniçamento, o *esprit de suite* dos alemães que participaram de todo o processo mostra muito mais do que um comportamento dócil. Foi preciso refletir, motivar-se, remover os obstáculos administrativos, econômicos, militares, não se deixar extraviar em meio a dossiês numerosos e enredados, enfim, mobilizar-se totalmente, intelectualmente e afetivamente, dar prova de uma grande e constante implicação.[50]

"Mobilização", "implicação" etc.: novamente o léxico das novas estratégias de organização e subordinação do trabalho não figuram aí por acaso, nem destoam, caso seu emprego decorresse de anacronismo deliberado, para fins de desmoralização recíproca dos períodos históricos justapostos, além do mais reunidos, passado fascista e presente neoliberal, pela ideia de mobilização total, ideia de Estado-maior que Ernst Jünger, no entreguerras, elevou à condição de conceito histórico-filosófico, como se há de recordar e noutra ocasião trataremos de reexaminar – pois, afinal, no Terceiro Reich o que houve foi também uma *mobilização total do trabalho sujo*. Que não se move sem zelo, seja o trabalho do mal direto ou executado à distância. Ainda Hilberg, desta vez citado por Zygmunt Bauman, a propósito do trabalho sujo à distância, distanciamento propiciado pela divisão burocrática das especializações:

> Deve-se ter em mente que a maioria dos participantes do genocídio não atirou em crianças nem despejou gás em câmaras de gás [...]. A maioria dos burocratas compôs memorandos, redigiu planos, falou ao telefone e participou de conferências. Podiam destruir todo um povo sentados em suas escrivaninhas.[51]

Proeza infernal que jamais se consumaria sem o zelo no trabalho de uma legião de colaboradores, como estamos vendo a todo momento.

O zelo redobrado exigido pelo trabalho sujo carece da mesma maneira de um corpo de funcionários e operadores diretos dotado de um "espírito de iniciativa" servido igualmente em dose dupla: afinal, a decalagem entre o prescrito e o efetivamente realizado, nesse caso, era simplesmente monstruosa. Um exército de assalariados, mas na sua maioria funcionários públicos, confrontados com uma prescrição simplesmente horrenda. Isso por um lado. De outro, revestem com a rotina anódina de decretos e leis um

---

[50] Ibidem, p. 161, 139-40.
[51] Zygmunt Bauman, *Modernidade e Holocausto*, cit., p. 44.

processo sem precedentes, a bagatela de um massacre em escala continental. Do que resulta, continua Torrente, sempre na esteira de Hilberg, o fenômeno surpreendente de todo um corpo administrativo formado à sombra da rotina meticulosa que se sabe, impulsionado por um esforço inaudito de zelo, livrar-se aos poucos – até a mais completa autonomia – de toda uma carapaça legal, jurídica e administrativa. Pensando bem, o zelo nunca é de fato excessivo, embora sempre o seja. No dicionário de Flaubert, se o zelo por acaso comparecesse, com certeza estaria acompanhado de um inevitável "sempre excessivo" – ou ainda, por outra, ele o é na sua justa medida, sendo o que de fato é, como se viu: uma permanente derrogação em ato do prescrito, um rodeio constante para melhor trapacear a norma. Talvez caiba ao zelo o que já se disse da polícia: um golpe de estado permanente[52]. Aliás, a polícia é o lugar natural do trabalho sujo, a esfera por excelência em que o trabalho sujo é a regra, uma greve do zelo na polícia seria o colapso total de todos os serviços. De algum modo, diante das portas do inferno, *zelo e estado de exceção permanente se reforçavam mutuamente.* A "sujeira" paradoxalmente produzida pela paranoia eugenista do Terceiro Reich algo tem a ver com o avesso obsceno da exceção soberana – de um ponto de vista constitucional, um estado de sítio que durou doze anos, ou uma guerra civil legal autorizando a eliminação de categorias inteiras de cidadãos. Vistas então as coisas por esse ângulo, não surpreende que Torrente encontre nos "funcionários zelosos do genocídio" descritos por Hilberg a pertinácia de um *esprit de suite* todo ele voltado não só para uma incessante transgressão da lei – afinal o Guardião da Constituição era o próprio *führer* –, mas sobretudo para um sistemático e inventivo *détournement* das regras administrativas, tanto mais revelador do zelo transgressor requerido para a realização concreta do massacre quanto se sabe que o paradigma de governo pela exceção é a proliferação de regulamentos e decretos em detrimento da lei em sua acepção moderna – o que se pode compreender, aliás, sendo a vontade do *führer* a única fonte da lei e suas ordens a única lei válida, de sorte que a lei pode entravar a vontade se ela é muito escrupulosamente respeitada. Justamente uma tal proliferação (que não à toa lembra muito o governo colonial por decreto, na caracterização do Imperialismo oitocentista

---

[52] Michel Foucault, sobre a instituição da polícia nos primórdios da modernidade, *Sécurité, territoire, population: cours au Collège de France, 1977-1978* (Paris, Gallimard/Seuil, 2004), p. 347.

que Hannah Arendt reconstitui como o elo mais forte na genealogia do fascismo) é um instrumento maior do golpe de Estado diário que define a polícia moderna segundo Foucault, uma instituição (do trabalho sujo) que opera muito mais com regulamentos do que com leis: estamos assim "num mundo do regulamento indefinido, do regulamento permanente, do regulamento perpetuamente renovado, do regulamento cada vez mais detalhado"[53]. Para além da evocação imediata de Kafka (de fato, a espera perpétua nunca se deu diante da Lei, mas diante do Regulamento, de tal modo, este último, desjuridicizado, informalizado, a ponto de seu caráter *ad hoc* se afunilar numa única exceção individual), esse quadro recobre imediatamente a experiência devastadora da ausência de normas que regia a vida nos campos de concentração, como observa muito bem Jeanne Marie Gagnebin ao apresentar *O que resta de Auschwitz*, de Giorgio Agamben:

> a *administração* nazista estabelece uma "ordem" tão rígida quanto aleatória, os presos são entregues a um arbítrio implacável. [...] Essa ausência de normas comuns [podia acontecer que uma determinada regra fosse aplicada para logo ser descumprida no momento seguinte, revogada por outra cuja existência se ignorava, porque acabava de ser editada, P. A.] explica também por que os novos detentos foram geralmente derrubados já nos primeiros dias de sua estada no campo. Perdiam tempo e energia em tentar *compreender* aquilo que lhes acontecia, em querer entender o sistema que regia o campo.[54]

Claro que havia método naquela volubilidade despótica, uma autotransgressão por capricho no zelo do trabalho do mal. Ainda Hilberg: "Em última análise, as leis ou os decretos não eram considerados como uma fonte última de poder, mas simplesmente como expressão de uma vontade"[55]. O zelo dos agentes do trabalho sujo consistia, portanto, no supremo engenho de decifrar a vontade do comando na ordem, em geral vagamente de caso pensado. De novo Hilberg: "Os velhos princípios dos procedimentos legais, com todas as suas exigências, eram percebidos como obstáculos. Sentindo a necessidade de agir sem restrições criaram um clima que lhes permitisse afastar progressivamente o *modus operandi* do formalismo escrito". Por excesso de zelo (agora nos entendemos) algumas instruções podiam simplesmente não ser levadas em conta. E prossegue Torrente, que acabei de citar parcialmente:

---

[53] Ibidem, p. 348.

[54] Giorgio Agamben, *O que resta de Auschwitz*, cit., p. 12-3.

[55] Citado em Joseph Torrente, "Travail et banalité du mal", cit., p. 138.

Certas instruções podiam ser simplesmente desconsideradas. O burocrata alemão se permitia transmitir um certo número de ordens sem que houvesse nem lei nem decreto de aplicação. Com frequência, no que concernia a ordens de grande importância para a realização do processo, as instruções verbais substituíam as diretrizes escritas. E nem por isso deixavam de ser compreendidas e seguidas.

Por fim, mais uma vez Hilberg:

> Assim, existia de fato uma atrofia das leis e uma multiplicação correspondente de medidas, com respeito às quais as fontes de autoridade adotavam uma atitude cada vez mais evanescente. Abriam-se as válvulas para que a decisão passasse. [...] Um burocrata médio, tanto quanto seu superior hierárquico, situado no mais alto escalão, tomava consciência desses fluxos e das possibilidades, tanto nos detalhes quanto no contexto mais geral, ele sabia reconhecer o que estava maduro num dado período. E, frequentemente, senão sempre, era ele que desencadeava a ação.[56]

Essa a engrenagem de exceção permanente polida pelo zelo no trabalho coletivo dos massacres administrativos[57].

7

Como lembrado, já no emprego corriqueiro da expressão "trabalho sujo" encontra-se subentendida a encomenda de um terceiro cuja posição envolve uma supremacia qualquer, que autoriza e sanciona, para todos os efeitos "lavando a sujeira". (Noutra escala, como acabamos de sugerir, normalizando a exceção. Ou ainda, banalizando o mal, por exemplo, quando um empregado das ferrovias tarifava para as SS um deportado por quilômetro rodado, cobrando escrupulosamente apenas a ida.) No Terceiro Reich não

---

[56] Ibidem, p. 139.

[57] Sobre a avalanche de decretos de emergência, a indistinção decorrente entre lei e regulação administrativa, a desformalização do direito e o alucinado decisionismo que caracteriza o sistema nazi de soberanias avulsas e independentes, o conjunto desse ordenamento errático e no entanto incrivelmente bem ajustado à exploração econômica de uma Europa convertida numa monstruosa *sweatshop*, ver o capítulo de William E. Scheuerman sobre a interpretação do Terceiro Reich no *Behemoth* de Franz Neumann, *Between the Norm and the Exception: The Frankfurt School and the Rule of Law* (Cambridge, The MIT Press, 1994). Além, é claro, das páginas clássicas do original, lido porém na tradução francesa, *Béhémoth: structure et pratique du national-socialisme (1933-1944)* (Paris, Payot, 1987), p. 413-28.

havia a menor dúvida sobre a identidade daquele para quem se fazia o trabalho sujo. Ora literalmente, ora metaforicamente, trabalhavam todos para o *führer*. Quando deu meia-noite no século passado, a expressão "trabalhar para Hitler" condensava efetivamente em uma só fórmula encantatória todo o complexo andamento do "mais colossal trabalho sujo da história", para voltar mais uma vez ao achado do professor Hughes. Até onde sei, foi Ian Kershaw quem atinou com o verdadeiro abre-te-sésamo cifrado nesta palavra mágica ao dar com ela num discurso rotineiro de um funcionário de segundo escalão – um secretário de Estado no Ministério da Agricultura prussiano –, mal completado um ano de regime: não havia dúvida, nela se encontrava a chave para a compreensão do funcionamento do Terceiro Reich[58]. A fala do secretário, arengando seus homólogos dos demais *Länder*, vale a citação: depois de lembrar que o *führer* não podia cuidar de tudo, quer dizer, "tudo o que pretende realizar mais cedo ou mais tarde", conclui que, até agora, "cada um trabalhou melhor na nova Alemanha se, por assim dizer, trabalhou para o *führer*", para logo adiante trocar em miúdos esse "por assim dizer": a saber, que não se deve "esperar por comandos e ordens", mas, ao contrário, é dever de cada um

> tentar, no espírito do *führer*, trabalhar para ele. Quem cometer erros vai notar isso logo. Mas aquele que trabalha corretamente para o *führer*, conforme suas diretrizes e voltado para seus objetivos, terá no futuro, como anteriormente, a melhor recompensa de um dia alcançar subitamente a confirmação legal de seu trabalho.

Impossível um recado mais espontaneamente inequívoco. Está tudo ali, do acobertamento legalista do inominável à confiança de que as iniciativas contariam com o respaldo superior, em suma, da exceção como paradigma de governo ao mais selvagem carreirismo, era tudo uma questão de prever, mas sobretudo antecipar a vontade do *führer*, cuja decifração levava inexoravelmente ao conflito endêmico entre todos os escalões do zelo que irrigavam as províncias soberanas e beligerantes do Partido, da administração estatal, das Forças Armadas e dos monopólios privados. Para os perpetradores oficiais, "trabalhar para o *führer*" tinha um significado literalmente óbvio – aliás, não tão óbvio assim, até atinarmos com o real significado histórico do "trabalho" àquela altura. Mas também "trabalhavam para o *führer*", num sentido muito concreto para ser apenas figurado e indireto, não só os cidadãos comuns

---

[58] Ian Kershaw, *Hitler*, cit., p. 352s.

em pleno exercício do *sale boulot* ao denunciar seus vizinhos à Gestapo, seja por ressentimento pessoal ou para tirar vantagem com a calúnia política, mas igualmente, prossegue Kershaw, "os empresários felizes para explorar a legislação antissemita para se livrar dos concorrentes", sem falar na legião de "formas diárias de pequena cooperação", todos irmanados no zelo graças ao qual "tomavam-se iniciativas, criavam-se pressões, instigavam-se leis, tudo de um modo alinhado com o que se supunha serem os objetivos de Hitler e sem que o ditador tivesse necessariamente que os ditar"[59].

Por temperamento pessoal, Hitler não agia jamais como um burocrata, observa Kershaw, diante de um fenômeno a seu ver extraordinário: "Um Estado altamente moderno e avançado, sem órgão central de coordenação e com um chefe de governo em larga medida desconectado da máquina governamental", como exigia o distanciamento mítico necessário ao exercício de seu papel de *führer*. No fundo, continuava um diletante, mas agora redefinido na acepção de Weber, na boa lembrança de Bauman: "O 'líder político' encontra-se na posição do 'diletante' que se opõe ao 'especialista', enfrentando funcionários experimentados que se acham dentro da administração do governo"[60]. Porém com uma inflexão que Weber não previra: em vez da resistência inercial de uma burocracia racional frente ao diletantismo de um paranoico, tem-se o "esforço diligente" de uma multidão descentralizada "trabalhando para Hitler" e demonstrando grau surpreendente de liberdade de manobra e de variações administrativas locais; assim, e quem relembra agora é Robert Paxton, nos Estados Bálticos ocupados e na Polônia Oriental, já em agosto-setembro de 1941, alguns administradores haviam cruzado por conta própria a linha que separava matar por razões de "segurança" da matança maciça de populações inteiras, sem dúvida ações de iniciativa local que entretanto confiavam na aprovação de Berlim[61]. Um sistema de livre iniciativa verdadeiramente elástico até o limite da exceção permanente. Assim, voltando à síntese de Paxton, "na selva que era a administração nazista dos territórios orientais ocupados", o *führer* para o qual se trabalhava – como observado, situado acima e além do Estado – era visto como uma instância totêmica suprema voltada para a recompensa das iniciativas precursoras, por assim dizer radicais, na sua liberdade de inventar, uma vez que no fragmentado sistema nazista de administração

---

[59] Ibidem, p. 354.
[60] Zygmunt Bauman, *Modernidade e Holocausto*, cit., p. 35.
[61] Robert Paxton, *A anatomia do fascismo*, cit., p. 264.

"não se exigia prestação de contas" dos excessos no zelo, como já sabemos até demais. Paxton, porém, parece restringir esse regime selvagem de livre iniciativa premiada aos territórios ocupados enquanto espacialização plena do vazio jurídico da exceção consumada em seu grau máximo. Não por acaso, campos e massacres à queima-roupa se multiplicaram naquele outro lado da linha. Por assim dizer, Paxton adota literalmente, ou melhor, espacialmente, a tese clássica de Ernst Fraenkel (exposta pela primeira vez ainda nos anos 1930) acerca do caráter dual do regime jurídico no Terceiro Reich: prevalência incontrastável de um "Estado prerrogativa", centrado na exceção soberana, sobre o Estado baseado em normas, ainda exigido pelas relações capitalistas liberais remanescentes no Reich – como vimos, no capítulo já referido de Scheuerman, o panorama reconstituído por Franz Neumann poucos anos depois vai na direção contrária: a intensificação monopolista do capitalismo contemporâneo exigia cada vez mais comandos administrativos de exceção, dispensando de vez o estorvo liberal do *rule of law*. Paxton ainda justapõe espacialmente essa coexistência hierárquica dos dois regimes – não por acaso à imagem e semelhança da relação metrópole/colônia à época da expansão ultramarina da burguesia oitocentista, só que agora concentrada na Europa ocupada e anexada.

> Nas áreas capturadas da Polônia e da União Soviética, organizações paralelas como a agência do partido que confiscava terras para redistribuí-las entre os camponeses alemães tinham mais liberdade que no Reich. A SS montou seu próprio império militar econômico nos locais onde o estado normativo praticamente não atuava. Nessa terra de ninguém, tanto a normalidade burocrática quanto os princípios morais eram fáceis de serem deixados de lado [...]. Naquele não-Estado sem nome, nazistas fanáticos tinham total liberdade para realizar suas fantasias mais loucas de purificação racial, sem a interferência de um Estado normativo distante.[62]

De qualquer modo é inegável que foi justamente naquelas terras de ninguém de um não-Estado sem nome que os primeiros massacradores face a face foram treinados na escola do trabalho sujo que o zelo da iniciativa pessoal tornava maleável, inclusive para fins de equilíbrio psíquico suportável, como se viu.

Trabalhar para o *führer*, portanto, era tudo menos uma exortação banal. O mais espantoso naquela configuração era que ela podia inclusive se dar ao

---

[62] Ibidem, p. 268-9.

luxo de mimetizar o funcionamento da Razão Prática kantiana – justamente sobre um imperativo moral, cujo núcleo intratável de asséptica rigidez sempre levantou a suspeição de pureza por omissão, apanágio de uma bela alma imaculada, mas antes por falta de mãos para eventualmente sujá-las no jogo bruto do mundo, recaía agora a atribuição espúria de fundamentar o zelo no trabalho sujo que valia como um dever-ser ajustado a um período de crime legalizado pelo Estado. Como a certa altura de seu julgamento Eichmann escandalizara o tribunal alegando ter agido sempre segundo a definição kantiana do dever, Hannah Arendt lembrou que tal blasfêmia não era escárnio cínico porém decorrência lógica do obsceno "imperativo categórico do Terceiro Reich", formulado alguns anos antes pelo governador geral da Polônia Ocupada, Hans Frank, nos seguintes termos: "Aja de tal modo que o *führer*, se souber de sua atitude, a aprove"[63]. Sem tirar nem pôr, uma ética do trabalho sujo em sintonia com o espírito do capitalismo, seja ela calvinista ou nazista. Eichmann podia ser banal, mas não era estúpido ao ajustar para si o que ele mesmo batizou de versão da moral kantiana do dever para uso doméstico do homem comum, mas homem comum trabalhando para o *führer*; "nesse uso doméstico", prossegue Hannah Arendt,

> tudo o que resta do espírito de Kant é a exigência de que o homem faça mais do que obedecer a lei, que vá além do mero chamado da obediência e identifique sua própria vontade com o princípio que está por trás da fonte de onde brotou a lei. Na filosofia de Kant, essa fonte é a razão prática; no uso doméstico que Eichmann faz dela, seria a vontade do *führer*.[64]

De volta ao coração do zelo no trabalho de um funcionário do mal. Ficaremos aquém da horripilante enormidade do caso se observarmos que o seu "minucioso empenho na execução da Solução Final" não era nada mais do que se devia esperar de um perfeito burocrata. A convicção de que "é preciso ir além do chamado do dever" só ocorreria a quem estivesse trabalhando para o *führer*, na acepção escabrosa que se viu quando a ênfase recai sobre o trabalho.

***

---

[63] Hannah Arendt, *Eichmann em Jerusalém*, cit., p. 153.
[64] Ibidem, p. 154.

Como ficamos? Com certeza na obrigação de passarmos à janela geminada desta "visão" francesa da sujeira no trabalho, que nossos dois autores não tiveram tempo de abrir. Revendo pelo prisma nazi do *genocídio como trabalho* o capítulo stalinista do *extermínio pelo trabalho*, não sem surpresa verificaríamos que a Era dos Extremos de Hobsbawm foi antes de tudo o Século do Trabalho Sujo. Restaria saber o que veio depois, se é verdade que o *sale boulot* do século XXI começou com a grande transformação neoliberal.

ZONAS DE ESPERA

Uma digressão sobre o tempo morto da
onda punitiva contemporânea

1

A certa altura de seu impressionante painel da onda punitiva que varre o capitalismo contemporâneo – seria uma impropriedade sociológica deixar-se levar pela inércia da frase feita e acrescentar "de alto a baixo", além de erro político crasso: a sociedade punitiva não alcança o topo da pirâmide, nem mesmo seus estratos médios, sua varrição ocorre nas *zonas liminares* do subproletariado mundial –, Loïc Wacquant, pouco antes de nos guiar numa visita à joia da coroa prisional americana, a Twin Towers Correctional Facility, de Los Angeles, passa a palavra ao xerife Apaio, que, para variar, se gaba de tornar a vida de seus hóspedes cada vez mais dura, em conformidade, está claro, com o princípio utilitarista segundo o qual "a condição do detento mais bem tratado deve ser inferior à do assalariado em piores condições do lado de fora". Segue-se um elenco de mesquinharias e retaliações em escala crescente, até onde a imaginação pode chegar, aliás sem muito esforço, tendo-se em mente que a atual era do confinamento converteu a prisão em aspirador social e máquina de moer. Até aí nada de mais, por assim dizer, pois é voz corrente na população americana encarcerada que viver nas prisões de Los Angeles é como viver no inferno, descontado por certo o que se passa ao sul do Rio Grande, onde realmente se encontra o último círculo. O que faz mesmo pensar é a sem-cerimônia com que arremata sua arenga, de resto um discurso padrão e sempre esperado em campanhas eleitorais, acerca das providências de endurecimento do regime de detenção: "Quero que eles sofram"[1]. Simples

---

[1] Loïc Wacquant, *Punir os pobres: a nova gestão da miséria nos Estados Unidos* (3. ed., Rio de Janeiro, Revan, 2007, Coleção Pensamento Criminológico, v. 6), p. 311.

assim, sem maiores *états d'âme*, a repressão judiciária se intensificou a ponto de banalizar o próprio ato de infligir uma dose suplementar de aflições, sempre calibradas para cima, numa criatura já estigmatizada e em estado de privação máxima. Moderação e proporcionalidade? Foi-se o tempo desse conto de Natal dos primeiros reformadores históricos, fraseologia definitivamente arquivada assim que se declarou, na abertura do atual período de acumulação na base do trabalho dessocializado, um estado de emergência no *front* penal e social, ao qual não corresponde, como explica extensamente Wacquant, nenhuma ruptura na evolução do crime e da delinquência, inaugurando, pelo contrário, um novo paradigma de governo da insegurança social, alimentada pela turbulenta ansiedade gerada pela normalidade do trabalho desclassificado, de resto imposto como uma danação precursora do que virá pela frente em caso de recalcitrância e contumácia.

Como essa onda punitiva é longa e de fundo, arrastando consigo outras tantas viradas históricas na mesma direção do paradigma punitivo de contenção e governo, seria o caso de ir adiantando que, não só em matéria de moderação e proporcionalidade – como também se dizia desde os tempos em que o conflito armado entre Estados foi por assim dizer juridicamente domesticado, até a implosão da guerra total –, a forma predominante de *intervenção* em nome da ordem que a guerra contemporânea assumiu é igualmente tributária dessa mesmíssima virada punitiva onde a desmedida reina, da estratégia de Choque e Pavor (o fiasco na Guerra do Iraque apenas desmoralizou a letra, conservando o espírito, aliás afinado com o *shock incarceration*, analisado por Wacquant) ao desenho do arsenal cirúrgico concebido para gravar a memória perene da dor na mente de seus alvos preferenciais, novamente disseminados pelas populações liminares do mundo-fronteira contemporâneo, entendendo-se por fronteira toda sorte de barreira por cuja terra de ninguém (social, econômica, simbólica etc.) campeia o peso morto do poder punitivo despertado de sua sonolência "social" pelos novos Estados do *Workfare*.

Pois então é assim: queremos que *eles* sofram tanto nas cadeias do condado de Los Angeles como na Faixa de Gaza, mas também tanto na triagem dos postos de assistência em que se encaminham os condenados ao subemprego quanto nas zonas francas da vida – e a enumeração dos focos epidêmicos do sofrimento social não teria mais fim, bem como a constatação, passo a passo, de que todos os seus agentes, e pacientes, "trabalham", o xerife e seu pessoal carcerário, os operadores assistenciais do *workfare* e os militares profissionais, que não obstante continuam acionando a quinquilharia dos flagelos *high tech* etc.[2]

2

Uma explicação necessária: no que concerne à atrofia do Estado Social, embalada pelo mantra da responsabilidade pessoal e do trabalho, que culminou na transformação do *Welfare* americano – este último, a rigor, mais uma alegação do que propriamente um fato – numa engrenagem baseada na obrigação humilhante do trabalho sub-remunerado, no que de fato consiste o *workfare* propriamente dito, "conversão de ajuda social em trampolim para o emprego precário", Wacquant se apoia com frequência na reconstituição devida sobretudo a Jamie Peck[3], da gênese e economia política desse termo guarda-chuva para todo tipo de iniciativa de recondução da assistência social ao submundo do trabalho degradado. Na fórmula de Jamie Peck, aos McJobs veio se juntar o complemento dos McWelfare. Por isso a tradução sem mais de *workfare* por "trabalho social" confunde, pois tanto na França como no Brasil a expressão costuma remeter à atividade dos agentes incumbidos de tocar o serviço do setor social. No caso, a mão esquerda do Estado, na conhecida distinção de Bourdieu entre os dois polos do campo burocrático, desigualmente repartido entre a mão leve feminina das funções de amparo e proteção, por definição uma mão aberta encarregada dos gastos e desperdícios, e a mão direita masculina, a mão dura da nova disciplina econômica. Agentes estes que mesmo encarados como os trabalhadores que de fato são, e trabalhadores sob risco de enrijecimento moral pelo trato continuado com o desamparo, não se confundem com as pessoas consumidas pela aflição do outro lado do balcão. No Brasil do último período, essa distinção trivializou-se no senso comum da distribuição aleatória de "bondades" e "maldades" conforme os altos e baixos da conjuntura.

Pois o livro de Wacquant[4] tratará de redesenhar o modelo de Bourdieu, ao incluir "a polícia, os tribunais e a prisão entre os elementos centrais da

---

[2] Sobre a virada punitiva da guerra contemporânea, ver Paulo Eduardo Arantes, "Notícias de uma guerra cosmopolita", em *Extinção* (São Paulo, Boitempo, 2007, Coleção Estado de Sítio).

[3] *Workfare States* (Nova York, Guilford Press, 2001).

[4] Como relembrado pelo autor no capítulo teórico que fecha a edição americana de *Punir os pobres*, "A Sketch of the Neoliberal State", em *Punishing the Poor: The*

'mão direita' do Estado, juntamente com os ministérios da área econômica e orçamentária". Dessa troca de mãos, ou melhor, superposição, pois a rigor se trata da "colonização do setor social pela lógica punitiva e panóptica, característica da burocracia penal pós-reabilitação", resulta uma crescente "remasculinização do Estado" e "reafirmação marcial de sua capacidade de controlar os pobres problemáticos, tanto os beneficiários do *workfare* quanto os que resvalaram para o mundo do crime". De sorte que, desse embaralhamento de gênero das duas mãos do Estado – aliás, Wacquant sugere que a escalada patriarcalista do Estado, remasculinizado depois de sua presumida feminização keynesiana, pode ser entendida como uma reação às profundas modificações provocadas no campo político pelo movimento das mulheres –, seus agentes, todos os setores confundidos, moles ou duros, podem então desempenhar, com a desenvoltura que se sabe, o novo papel de "protetores viris da sociedade contra seus membros rebeldes".

Nesse sentido, todo o engenhoso trabalho, no qual se esmeram o xerife Apaio e seus colegas, de produzir um excedente de sofrimento em seus detentos é rigorosamente um *travail du mâle*, para empregar com a mão trocada o jogo exato de palavras a que recorre Christophe Dejours para explicar a emergência de condutas iníquas e práticas organizacionais destinadas a infligir, sem fraquejar, injustiça sobre terceiros no novo mundo do trabalho flexível, perguntando se afinal esse "trabalho do mal" não seria igualmente o "trabalho do macho". Sendo este o caso, não seria então a virilidade exibida no trabalho de governo da insegurança social a mola secreta de toda a onda punitiva que se alastra pelo sistema, virada punitiva que por sua vez não arregimentaria seus operadores no teatro cívico da coragem viril se não se apresentasse com a energia mobilizadora de um "trabalho"[5]? O que permitiria de quebra encarar todo o aparato do *workfare* por um outro prisma, o de uma outra onda, a da *intensificação do trabalho*.

Há, todavia, uma ocorrência do "trabalho social" em que este é mobilizado em sua acepção propriamente europeia, ou pelo menos numa de suas

---

Neoliberal Government of Social Insecurity (Durham/Londres, Duke University Press, 2009), p. 287-314.

[5] Christophe Dejours, *Souffrance en France: la banalisation de l'injustice sociale* (Paris, Seuil, 1998), p. 123. Tentei noutro lugar explorar o alcance histórico do quadro conceitual da psicodinâmica das situações de trabalho, notadamente na zona cinzenta dos campos da morte no Terceiro Reich, como de resto sugerido pelo próprio Dejours. Cf. Paulo Eduardo Arantes, "*Sale boulot*", publicado neste volume.

variantes, enquanto modo de governo de populações inteiras em situações de risco emergencial e turbulência próxima da insurgência endêmica. Acepção corriqueira, porém não sua incorporação recente, pelo menos no discurso do "*new american way of war*" – e por extensão da matriz, ocidental. É que agora o "trabalho social" passou igualmente a pavimentar o caminho americano para a guerra permanente: "*social work with guns*", na fórmula de Andrew Bacevich[6], quem primeiro destacou estas fantasias de governança militar em que a guerra está se instalando para ficar de vez. Guardadas as devidas proporções, qualquer semelhança com as Minustahs da vida e as Unidades de Polícia Pacificadora (UPPs) cariocas não é casual, pois se trata igualmente de um outro *continuum* punitivo, como ressalta o mesmo Wacquant, ao emendar, por exemplo, o *workfare* no *prisonfare*. Estamos apenas lembrando que o Estado social-penal "remasculinizado" é igualmente um *warfare State*. A virada punitiva da guerra, ao ressuscitar a velha estratégia da contrainsurgência dos anos 1960, arrastou consigo, como garantia de que se trata mesmo de uma contrainsurgência sem fim, o foco na "pacificação" através da boa governança econômica, da provisão social e securitária etc.[7]

3

Antes de iniciar nossa visita guiada ao complexo prisional das Torres Gêmeas de Los Angeles, voltemos ao preâmbulo conceitual, que uma expressão muito em voga entre as profissões de segurança prisional resume sem deixar resto, isto é, nenhuma dúvida acerca de por que ainda se trancafiam pessoas no século XXI, coisa que no fundo ninguém mais sabe responder, e por isso mesmo a pergunta parece tão obviamente sem propósito: é preciso fazer com que os presos cheirem a presos, *make prisoners smell like prisoners*. Para tanto, basta saber armazená-los em "zonas de estocagem" apropriadas, graças sobretudo à recondução das antigas e sempre alegadas funções reabilitadoras do encarceramento à dimensão primitiva de castigo e mera neutralização, e com isso reentronizar a centralidade do sofrimento, agora em nova chave, pois os tempos são outros. A humilhação de cheirar como um detento – a aura mesma da danação – resulta assim de um novo metabolismo carce-

---

[6] "Social Work with Guns", *London Review of Books*, v. 31, n. 24, 17 dez. 2009, p. 7-8.
[7] Para uma exposição completa, ver ainda Andrew Bacevich, *Washington Rules: America's Path to Permanent War* (Nova York, Metropolitan Books, 2010), cap. 5.

rário movido a "retribuição automática". Numa palavra, sempre segundo Wacquant: quando o encarceramento voltou finalmente a ser aquilo que nunca deveria ter deixado de ser desde a origem, nada mais do que um sofrimento, mas agora, num regime institucional de mero processamento de pessoas, sem outro fim que não a contenção pura e simples, quer dizer que no limite se encarcera "para fazer mal", "pune-se para punir", numa indistinção deliberada de meios e fins[8].

Volto a sugerir, sem poder seguir em frente, que os sofrimentos do encarceramento são infligidos por um "trabalho do mal" a ser pesquisado na linha referida anteriormente, isto é, que só "se encarcera para fazer mal" se tal tratamento de choque for encarado, e sublimado na sua própria violência específica, como um "trabalho" do "zelo" na contenção da insegurança social e seus transbordamentos. Relembro que do ângulo mencionado, o da psicodinâmica das situações de trabalho, *a realidade do trabalho é o zelo*, com o qual suas prescrições são contornadas. Assim, quando Wacquant assinala como uma exceção o fato de "certos carcereiros considerarem ser sua incumbência fazer reinar no interior de seus estabelecimentos um rigor penal superior ao estipulado pelo regulamento"[9], é do trabalho carcerário propriamente dito que está falando, e, por tabela, do zelo característico do "trabalho do mal" na terceira onda de intensificação capitalista do trabalho[10]. Vistas as coisas por este prisma, todavia, seria indispensável ressaltar igualmente o outro extremo de toda a cadeia punitiva, a pressão da burocracia penitenciária exercida sobre o trabalho de contenção exigido dos "agentes correcionais". Como se pode verificar, por exemplo, num estudo encomendado ao Instituto de Psicodinâmica do Trabalho do Québec pela administração de uma *supermax* [presídio de segurança máxima] local, desafiada pelo grau elevado de aflições psíquicas e morais, envenenando o serviço de seu pessoal na linha

---

[8] Para o cheiro de cadeia como um fim em si mesmo, ver Loïc Wacquant, *Punir os pobres*, cit., p. 296. Para o teatro do sofrimento penal, onde se pune apenas para punir, ver a entrevista do mesmo Wacquant no fecho da primeira edição de *Punir os pobres: a nova gestão da miséria nos Estados Unidos* (Rio de Janeiro, Revan, 2000, Coleção Pensamento Criminológico, v. 6), p. 144.

[9] Idem, *Punir os pobres*, 3. ed., cit., p. 252.

[10] A respeito desta outra onda, gêmea da punitiva, como sugerido, ver Sadi Dal Rosso, *Mais trabalho!* (São Paulo, Boitempo, 2008, Coleção Mundo do Trabalho).

de frente, uma espécie de muro de arrimo humano mais decisivo do que as barras inertes de uma cela[11].

Pois bem, a crer no que li, tudo se passa como se o poder burocrático prisional, funcionando obviamente como um real poder punitivo, também operasse de modo a fazê-lo cair igualmente sobre as costas quentes de seus assalariados, de resto já confrontados no seu dia a dia, obrigatoriamente relacional, com uma situação de violência sempre no limite da explosão. Quando esta finalmente ocorre nos momentos de crise – mas não só nessas ocasiões extremas, pois é amplo o espectro do trabalho verdadeiramente atroz de vigiar e punir, e *zelosamente*, ainda por cima, pois até nesse último círculo há ainda quem preze o trabalho benfeito e reconhecido como tal –, o trabalho desses funcionários da sombra adquire então visibilidade máxima, mas justamente como *trabalho sujo*. Pois o trabalho de vigilância, sem o qual a contenção é mera força bruta, trabalho dos olhos, dos ouvidos e do cérebro, em extenuante estado de prontidão, é por definição invisível, e como tal, desprezado na sua insignificância, salvo na hora do mal necessário. Acresce que o trabalho real de conter e vigiar – como ocorre de resto com o real do trabalho, qualquer que ele seja – é uma atividade arriscada também pela iminência constante do excesso ao contornar o formalismo dos protocolos do trabalho prescrito. Noutras palavras: o trabalho sujo delegado tacitamente aos subalternos, uma vez encerrado, vira "incidente", para o qual se procura então um "culpado" entre os suspeitos de sempre, o elo mais fraco na organização do trabalho no interior do aparelho penitenciário, funcionando nesses momentos tal qual um sistema judiciário, nesse caso, uma gestão por inquéritos disciplinares distribuídos a torto e a direito. Assim, ao forte sentimento de medo que vulnerabiliza de partida os trabalhadores do sistema vêm se juntar muita raiva e rancor, não sendo pequena a dose diária de injustiça e humilhação reservada a essa outra metade da ralé prisional. A virada punitiva não poderia ser mais completa.

4

Passemos então ao dispositivo de confinamento e estocagem: 142 mil metros quadrados alinhados em 4 hectares, em pleno coração da cidade – "o maior estabelecimento de detenção do mundo", como gostam de se

---

[11] "L'agent correctionnel ou le surveillant surveillé", cuja consulta me foi sugerida pelo pesquisador Luciano Pereira.

vangloriar seus responsáveis –, compreendendo um quartel de alta segurança, um centro de recepção e seleção de novos detentos etc. Com 2.400 funcionários, Wacquant compara o conjunto a uma fábrica gigantesca, "cuja matéria-prima e cujo produto manufaturado seriam os corpos dos detentos". Mas a analogia fordista fica por aí. Embora se trate ainda de uma instituição completa e austera, ela é tudo menos uma fábrica de trabalho disciplinado dos velhos tempos, pois o trabalho penal, quando existe, não desempenha nenhuma missão econômica positiva de recrutamento e disciplinamento de uma mão de obra ativa, embora seja crescente a pressão financeira (reduzir a fatura carcerária) e ideológica para reintroduzir o assalariamento desqualificado de massa em empresas privadas que operam no interior das prisões, permitindo, além do mais, "estender aos presos pobres a obrigação do *workfare*, hoje imposto aos pobres livres como norma de cidadania"[12]. Prevalece, todavia, a escalada punitiva da mera estocagem de toda uma "categoria sacrificial" da população – pois os detentos "são o grupo pária entre os párias" –, que pode ser "vilipendiada e humilhada impunemente"[13]. E a essa massa "exalando o odor repugnante da derrota, da vida fracassada e do atraso"[14], precisa ser administrado – inclusive no sentido imperativo de ingestão de um fármaco maléfico – o cheiro social específico da cadeia, cuja impregnação se deve ao funcionamento peculiar de uma outra usina contemporânea, especializada no tratamento de detritos sociais[15], pois nessas usinas de "remoção do refugo humano"[16] até a tarefa diária de "acolher", criar e colocar em circulação – em princípio, o mais rapidamente possível – todo esse entulho subproletário assume uma inédita dimensão punitiva, altamente reveladora do atual curso do mundo em regime de urgência permanente, e justamente no teor intransitivo que estamos vendo: punir por punir e nada mais, simplesmente para fazer mal, e quanto mais, melhor.

---

[12] Loïc Wacquant, *Punir os pobres*, 3. ed., cit., p. 349. Para a descrição do funcionamento das Twin Towers, a seguir, ver p. 313-20.

[13] Ibidem, p. 312.

[14] Nas palavras de Zygmunt Bauman, a cuja voz no capítulo logo voltaremos, *Globalização: as consequências humanas* (trad. Marcus Penchel, Rio de Janeiro, Jorge Zahar, 1999), p. 129.

[15] Loïc Wacquant, *Punir os pobres*, 3. ed., cit., p. 250.

[16] Outra vez Bauman, *Vidas desperdiçadas* (trad. Carlos Alberto Medeiros, Rio de Janeiro, Jorge Zahar, 2005).

Por falar em circulação, Wacquant assinala a existência de um viaduto com duzentos metros de extensão que

> liga o centro de seleção à estação rodoviária encravada nas entranhas do edifício, onde detentos chegam continuamente de ônibus que descarregam sua carga de "pescado" noite e dia. A Los Angeles County Jail possui o maior parque público para ônibus de todos os Estados Unidos, indispensável ao transporte dessas dezenas de milhares de internos. Um interminável labirinto de corredores cegos, de paredes nuas, conecta as diferentes partes do complexo.[17]

O processo punitivo principia pela *peregrinação* expiatória através dessa malha inextricável para atingir seu primeiro auge num centro ciclópico de recepção e triagem, 14 mil metros quadrados distribuídos por dois andares, mais de duas dezenas de guichês, dotados cada um de uma sala de espera com capacidade para cerca de 50 pessoas. O que se faz circular no coração desse labirinto é um imenso coágulo particularmente cruel, o resumo exato do *tempo morto* destilado por uma virada punitiva sem outro fim que o agravamento do torniquete, a interminável volta de um único parafuso, o da *espera*, e não se trata apenas da imemorial e interminável contagem dos dias passados atrás das grades de uma prisão. Sendo no entanto a mesma, agora a espera é outra e tão disseminada quanto a onda punitiva que lhe redefiniu o caráter, por assim dizer um compasso de espera mundial.

> Sentados em um pequeno tamborete metálico, os acusados declamam seu *horsepower* (identidade, altura, peso, sinais particulares, endereço, apelidos e antecedentes judiciários e penitenciários) num microfone que os liga à funcionária do registro, sentada pouco acima deles e por trás de uma vidraça blindada. *E eles esperam e esperam: três horas aqui, seis acolá, mais quatro nessa outra etapa, não menos de duas horas... Na realidade vão passar de doze a vinte e quatro horas, muitas vezes mais* [...] *enquanto esperam, dormem no chão ou nos bancos de metal das salas de espera, sob o neon e a luz gritante das televisões que funcionam o tempo todo para "pacificar" o "cardume" em trânsito.*[18]

O grifo obviamente é meu, tamanho o inusitado da situação, ou sua estranha familiaridade, daí passar despercebida essa cifra temporal definidora do hiperencarceramento como armazenagem por simples empilhamento do que se pesca nas ruas. Por contraste, um relato pitoresco talvez nos ponha

---

[17] Loïc Wacquant, *Punir os pobres*, 3. ed., cit., p. 319-20.
[18] Ibidem, p. 315.

na pista. Estudando a gênese e expansão dessa inflação penitenciária, Nils Christie conta que, na pequena Noruega dos anos 1980 para os 1990, as prisões começaram a sofrer uma superlotação tão inusitada que as autoridades resolveram, para espanto geral, enfileirar os excedentes numa lista de espera: isso mesmo, condenados a uma pena de prisão, os sentenciados esperavam a vez, geralmente em casa, por falta de vaga. Não se trata em absoluto de uma pena alternativa, mas literalmente de uma fila de espera. Mais uma, de resto duplamente disciplinar. Se todo mundo hoje em dia se arrasta em uma fila de espera, por que não especialmente os destinados a mofar em uma cela? Dupla descoberta, propiciada por um engarrafamento, da onda punitiva que se aproximava daquela pacata província, aliás não tão pacata assim se pensarmos em Ibsen e nos abismos da colaboração nos tempos do Terceiro Reich. Por um lado, primeira dissonância, a percepção de que os futuros sequestrados eram pessoas comuns e não selvagens perigosos ou monstros; por outro, contrabalançando aquela efêmera quebra de estereótipo, alguém numa fila de espera, antes mesmo de ser enjaulado, já não tinha mais futuro, e mais, fazia, ainda do lado de fora, a experiência do que significa esperar por um outro tempo de espera[19]. No fim da década de 1990, esse expediente estava quase inteiramente desativado, mas não a revelação num breve relance (durante a releitura de uma passagem aparentemente anódina do livro de Wacquant) de que *fazer esperar e punir* não só rimam no universo das disciplinas redescobertas por Foucault, mas sobretudo que *fazer esperar já é punir*, na exata medida que não se pune mais para corrigir um desvio, mas para agravar um estado indefinido de expiação e contenção. No limite, contenção do próprio tempo: é sabido que a "ausência de tempo", que corrói o transcorrer de uma vida em reclusão carcerária, mina e destrói o sistema imunológico, além de gerar transtornos neurológicos e psíquicos imprevisíveis[20]. Mas já pelo efeito destrutivo desse dano colateral se pode vislumbrar o papel central da *microfísica da espera* na virada punitiva: podendo

---

[19] Nils Christie, *Crime Control as Industry: Towards Gulags, Western Style* (3. ed., Londres, Routledge, 2000), p. 44-5.

[20] Como lembrado meio que de passagem por Lola Aniyar de Castro, junto com outros efeitos patogênicos do espaço e do tempo suspensos pela vida em reclusão, efeitos que constituem a essência do próprio confinamento – pois o foco do artigo é sobretudo o extermínio intracarcerário nas "instituições de sequestro" em nosso continente. Ver a contribuição da autora no capítulo "Matar com a prisão, o paraíso legal e o inferno carcerário: os estabelecimentos 'concordes, seguros e capazes'", em

ser letal, o tempo morto é mais do que uma metáfora, é o tempo próprio da epidemia punitiva que contamina todos os cantos escuros do mundo, e os não tão escuros assim, que estão sendo remodelados pelo novo governo do capital. Escuros e subalternos, pois a imposição da espera nos labirintos do sistema penal afeta a base e não o topo da pirâmide social. Numa palavra, o tempo morto da espera punitiva é uma questão de classe. De tal limiar subterrâneo onde vivem em estado de latência os hóspedes dessas ratoeiras prisionais de Los Angeles, irradia para as zonas de luz e opulência das classes confortáveis, onde a simples espera é então de fato ressentida como um castigo imerecido. Logo veremos por que.

Por enquanto uma outra amostra da *matriz punitiva da espera como disciplina social*. Tratando da penalização da assistência pública redirecionada pelo *workfare* para a imposição coordenada do subemprego – assim como se pune para punir, o dever do trabalho pelo trabalho é uma evidência que tampouco se discute, muito menos a acumulação pela acumulação, como todas as demais tautologias constitutivas de uma engrenagem cega como o capitalismo –, Wacquant observa como as agências de assistência reformadas pelas abordagens do *workfare* tomaram emprestadas as técnicas de gestão de pessoal usadas na instituição correcional: monitoramento cerrado, determinação de um local preciso de trabalho, registro detalhado das rotinas e especificação de tarefas, rígido sistema de sanções graduais etc.[21] O processo de penalização convergente entre os dois braços do Estado é tal que a semelhança física do posto de assistência pós-reforma com as instalações prisionais é chocante:

> Não se trata apenas dos portões, dos guardas, dos sinais de advertência ou mesmo das cadeiras de plástico, cor de laranja, das salas de espera, ou dos pisos de linóleo de um cinza-sujo institucional, trata-se também das condições de superlotação, dos sinais de comando, a voz do sistema de som interno [...] o posto de atendimento tem ainda algo de prisão provocado pela sucessão de portas fechadas, aparentemente sem fim, cada uma delas com seu próprio número etc.[22]

Pedro Abramovay e Vera Malaguti Batista (orgs.), *Depois do grande encarceramento* (Rio de Janeiro, Revan, 2010), p. 99.

[21] Loïc Wacquant, *Punir os pobres*, 3. ed., cit., p. 182-3.

[22] Nesse passo, nosso autor está transcrevendo observações de Sharon Hays, *Flat Broke with Children*. Ibidem, p. 183.

Como a nova lei que generalizou o *workfare* eliminou garantias legais, maximizou a autoridade e severidade dos funcionários, prossegue Wacquant, a atmosfera de prisão se intensificou num posto de assistência saturado de desconfiança, confusão e medo. Tudo somado, impregnando todo o repertório de gestos e espaços desqualificados, a mesma experiência opressiva de uma *grande espera por coisa nenhuma*, uma outra zona de suspensão do tempo, algo como uma sala de espera absoluta com o aviso-comando "Espere Aqui" clinhotando indefinidamente como um falso alarme. Alertados por um sexto sentido de classe, compreende-se o calafrio que estremece os de cima quando lhes pedem para esperar um pouquinho além da conta, como se uma voz ousasse lhes ordenar: ponha-se no seu lugar e limite-se a esperar, coisa que obviamente cheira a casa de detenção.

5

Nos tempos que correm (sem trocadilho), a espera tornou-se uma punição porque *imobiliza*. E pelas mesmas razões – a saber, aceleração social máxima, conforme o aumento exponencial da velocidade de rotação do capital intensifica a exploração do trabalho, que por sua vez se fragmenta e dessocializa – a mobilidade, na boa observação de Zygmunt Bauman, secundando a análise clássica de David Harvey acerca da compressão espaço-temporal que a assim chamada acumulação flexível teria levado ao ponto extremo de anulação de uma e outra dimensão, "tornou-se o fator de estratificação mais poderoso e mais cobiçado, a matéria de que são feitas e refeitas diariamente as novas hierarquias sociais, políticas, econômicas e culturais"[23]. A prova de que a velocidade é antes de tudo um fenômeno político – como mostrou o estudo pioneiro de Paul Virilio[24] – pode ser encontrada na polarização social que ela produz, reinventando verdadeiras "aristocracias da velocidade" cuja "lógica da corrida", que no fundo é a lógica mesma da guerra, através da qual a dominação se exerce por meio do controle do movimento, da supremacia do não lugar sobre o lugar[25],

---

[23] Zygmunt Bauman, *Globalização*, cit., p. 16.
[24] Paul Virilio, *Velocidade e política* (trad. Celso Mauro Paciornik, pref. Laymert Garcia dos Santos, São Paulo, Estação Liberdade, 1996).
[25] Ver a respeito o esclarecedor prefácio de Laymert Garcia dos Santos, num tempo em que os argumentos visionários de Virilio ainda passavam em brancas nuvens. Ibidem, p. 9-15.

prosseguirá por outros meios no tempo instantâneo em que se desloca o capital fictício autonomizado. O poder foi assim se tornando imponderável, e suas elites, móveis, elites da mobilidade, acrescenta Bauman[26]. A entronização social do "instantâneo" corre por esse trilho. Contornando o tempo congelado da rotina fordista – "congelado", visto pelo ângulo do capital, que não podia então evitar o cara a cara com a força de trabalho plantada no chão da fábrica –, agora detém os controles do mando quem se move e age com maior rapidez, quem mais "se aproxima do momentâneo do movimento", ainda na formulação de Bauman: e, no lado oposto da equação contemporânea, estão

> as pessoas que não podem se mover tão rápido – e, de modo ainda mais claro, a categoria das pessoas que não podem deixar seu lugar quando quiserem, as que obedecem. A dominação consiste em nossa própria capacidade de escapar, de nos desengajarmos, de estar "em outro lugar", e no direito de decidir sobre a velocidade com que isso será feito – e ao mesmo tempo de destituir os que estão do lado dominado de sua capacidade de parar, ou de limitar seus movimentos ou ainda torná-los mais lentos.[27]

---

[26] Também denominadas "elites cinéticas". Ao que parece a expressão foi pescada pelo arquiteto Rem Koolhaas nas águas turvas do filósofo Peter Sloterdijk, especulando acerca do estatuto ontológico dos atores da hiperesfera plasmada pela globalização, uma hiperesfera conectada de terminais aéreos e ferroviários por onde trafega por acessos exclusivos uma "classe de excelência", é claro que tudo isso enunciado na dicção do desprezo nietzschiano pelo Último Homem. Cf., p. ex., Peter Sloterdijk, *No mesmo barco: ensaio sobre a hiperpolítica* (trad. Claudia Cavalcanti, São Paulo, Estação Liberdade, 1999), p. 60-1. O que importa mesmo destacar são as formas arcaicas de dominação e desigualdade que retornam por meio das tecnologias de informação e comunicação e da correspondente segmentação privatizante das infraestruturas em rede, cujo futuro de privilégios encapsulados em todo tipo de enclaves elas tornaram rapidamente uma realidade por assim dizer utópica, só que, no caso, da instantaneidade. Ver a propósito – uma tradução, para o plano das infraestruturas urbanas em rede, da tese já mencionada de David Harvey, segundo a qual a mobilidade se tornou a principal arena em que se trava a luta por controle e poder – Stephen Graham e Simon Marvin, *Splintering Urbanism: Networked Infrastructures, Technological Mobilities and the Urban Condition* (Londres, Routledge, 2001). No que concerne às "elites cinéticas", ver p. 364.

[27] Zygmunt Bauman, *Modernidade líquida* (trad. Plínio Dentzien, Rio de Janeiro, Jorge Zahar, 2001), p. 139.

6

Sendo esse o ponto nevrálgico do conflito, deve necessariamente soar como sarcasmo involuntário a vasta literatura – da autoajuda ao estudo sociológico padrão – dirigida aos afortunados que ainda podem se dar ao luxo de viver em câmara lenta, reduzir a marcha e oferecer-se impunemente o refinado prazer de uma temporada com o relógio na gaveta, geralmente numa residência secundária, especialmente planejada para tal fim, o teatro privado do tempo lento de volta ao comando. Daí a forte impressão de *gentrification* nas versões institucionais dessa mesma regalia do tempo desacelerado, como no caso da rede Cittaslow – mesmo se inspirando na percepção correta de que a cidade enquanto "máquina de mobilidade" é um aparato dualizador por excelência, condenando os retardatários, como veremos, ao sofrimento de um verdadeiro *êxodo*, impulsionados pela força coercitiva da mobilidade dos ganhadores[28]. Vão na mesma direção os apelos edificantes da Unesco em favor da reabilitação do tempo longo, ofuscado pela miopia temporal de nossa época[29].

Refletindo sobre o futuro do luxo, até mesmo a perspicácia de um Enzensberger resvala nesta armadilha dos *happy few*, a aristocracia da velocidade há pouco mencionada[30]. É verdade que o luxo hoje abandonou o excesso e aspira ao necessário, como observa Hans Magnus. Mas não é menos verdade que o excesso hoje recai sobre as massas (bem ou mal) trabalhadoras e consumidoras (idem), de sorte que vive no luxo quem pode desviar para os outros uma tal sobrecarga, conduzindo com sucesso uma outra estratégia de "evitação". De novo, "minimalismo e renúncia" entram em cena, desta vez como marcas da *distinção* envolvidas no acesso a bens escassos. Numa virada histórica de aceleração máxima, não espanta que o tempo, assim como os demais pré-requisitos elementares da vida, como espaço, sossego, atenção etc., redescobertos ao término de seu périplo, tenha se tornado o mais importante

---

[28] Max Rousseau, "Le mouvement des immobiles", *Le Monde Diplomatique*, n. 688, jul. 2011. Para um retrato expressivo do modo pelo qual este frenesi de mobilidade afeta as populações saturadas pelos fluxos que no limite as imobilizam, ver Vincent Doumayrou, "Veut-on singapouriser la Flandre?", *Le Monde Diplomatique*, n. 673, abr. 2010, p. 20-1.

[29] Jérôme Bindé, "Pour une éthique du futur", *Les Cahiers du MURS*, n. 35, abr. 1998.

[30] Hans Magnus Enzensberger, "Luxo: passado, presente, futuro", em *Ziguezague* (trad. Marcos José da Cunha, Rio de Janeiro, Imago, 2003).

dos ativos de luxo. Todavia, não é preciso quebrar a cabeça para atinar com a origem social dos seus consumidores exclusivos, por mais que aleguem ser os que menos podem dispor do seu próprio tempo, pois afinal são os maiores prisioneiros de suas agendas, que se estendem até por alguns anos no futuro – como ressalta e sublinha o próprio Enzensberger, comentando o alcance de seu achado: para concluir, no caso do espaço, por exemplo – outro recurso natural engarrafado pelo excesso de gente e bugigangas –, por uma *boutade* minimalista que cheira a guia de elegância e decoração de interiores: "Hoje, um aposento parece luxuoso quando está vazio".

O elogio da lentidão não é necessariamente um gênero apologético – nele incluído tanto a redenção pela bicicleta como o *temps d'arrêt* de uma sessão de psicanálise –, embora cultivado num terreno escorregadio. Num momento de desatenção, até mesmo alguém tão insuspeito quanto Robert Kurz cede à tentação e reativa o anacronismo social em que esbarram as considerações de Enzensberger sobre quem pode ou não se dar ao luxo de se livrar da agenda na economia contemporânea do tempo, quem afinal pode se dar ao luxo de não ter pressa – como o fumante inveterado de Oscar Wilde, que não se importava em morrer aos poucos, pois não tinha pressa. Por isso bate na mesma tecla do "uso luxuoso do tempo", coisa que "nenhum executivo moderno poderia permitir-se, mesmo ganhando milhões por ano e dirigindo o carro mais rápido", remetendo ao célebre relato do escritor Johann Gottfried Seume (1802) sobre seu passeio a pé da Saxônia até a Sicília, um manifesto ambulante contra a aceleração permanente de todos os processos da vida, num momento em que a mobilidade tecnológica ainda nem chegara ao patamar da locomotiva a vapor. O exemplo sem dúvida é esplêndido, como também a conclusão a que chegara Thoreau diante dos novos meios de locomoção e transporte, a saber, que anda mais rápido quem anda a pé[31]. O curioso nisso tudo é que Marx também sucumbiu à ideologia da aceleração ao comparar as revoluções modernas à locomotiva da história. Sempre à caça da estupidez progressista, Flaubert não sossegou até botar um Cristo socialista dirigindo uma locomotiva numa cena de *A educação sentimental**. Todavia, mesmo enredado no imaginário do século burguês, Marx estava dizendo o mesmo que Thoreau: que a humanidade sairia mais rápido da pré-história (e nisso

---

[31] Robert Kurz, "Sinal verde para o caos da crise", em *Os últimos combates* (Petrópolis, Vozes, 1997, Coleção Zero à Esquerda), p. 346-8.

* São Paulo, Nova Alexandria, 2009. (N. E.)

toda pressa era pouca) andando a pé com a classe operária (agora a revolução é que é um bichinho cavador e paciente). Seria preciso então acrescentar que o problema não é o luxo de se pôr na contramão de uma superabundância que sufoca, mas de saber a hora em que a *urgência* muda de sentido, e com ela todo o sentido da *espera*. Afinal, *quando é urgente esperar*[32]? A "filosofia crítica do andar" preconizada por Seume, cujo *Passeio a Siracusa* obviamente não li, era por certo mais do que contemporânea das meditações de Hegel sobre a História, a qual podia sim se dar ao supremo luxo de andar a pé, pois a Razão, e uma razão astuciosa, que a conduzia dispunha de uma paciência infinita. Não é mais o caso nem de Kurz/Enzensberger nem do executivo engolido pela agenda consumida por eventos bestamente inadiáveis.

7

Cada vez mais lentos, até a imobilidade total nas zonas de espera que são as prisões submersas pela maré punitiva. A grande espera de hoje é assim a da imobilidade forçada, necessariamente punitiva, pois estar proibido de mover-se é uma fonte inesgotável de dor, incapacidade e impotência[33]. Por isso, o que fazem os internos de uma supermax como a prisão de Pelican Bay em suas celas simplesmente não importa: como ela já não foi mais projetada como laboratório de reabilitação por meio do trabalho deliberadamente redundante, o que importa, continua Bauman, é que "fiquem ali"[34] – e esperem, indefinidamente. Quando o xerife Apaio declara – e denuncia a natureza de seu "trabalho" – "Quero que eles sofram", sabe do que fala: quero vê-los imobilizados por uma espera sem fim nem propósito. E sabe em nome de quem fala:

> A imobilização é o destino que as pessoas perseguidas pelo medo da própria imobilização desejam naturalmente e exigem para aqueles que elas temem e julgam merecedores de uma dura e cruel punição. Outras formas de dissuasão e retribuição parecem, comparativamente, de uma clemência lamentável, inadequada e ineficaz – isto é, indolor.[35]

---

[32] Mais adiante, veremos de perto como Jean-François Bayart responde a essa pergunta, em *Le gouvernement du monde: une critique politique de la globalisation* (Paris, Fayard, 2004).

[33] Como lembra ainda o mesmo Bauman, *Globalização*, cit., p. 130.

[34] Ibidem, p. 121.

[35] Ibidem, p. 130.

Punir os pobres com a pena cruel dessa espera imobilizadora – tanto nas salas de espera social em que se encontram confinados os beneficiários humilhados e explorados do *workfare* quanto a ralé proletária aspirada pelo sorvedouro prisional, para não mencionar ainda a legião dos condenados a mofar nas demais zonas liminares de espera coercitiva que o emparedamento global vai multiplicando – é, portanto, também um impulso de retaliação automática ditado por camadas sociais a tal ponto enroscadas nas malhas do privilégio instantaneísta do rentismo e do presentismo que não concebem suplício maior – para elas, inteiramente simbólico: por mais que padeçam nas mãos das ideologias desenhadas para poupar tempo, pois não conseguem, por assim dizer, gastá-lo[36] no "presente prolongado"[37] em que circulam – do que a até ontem corriqueira experiência da espera. Embora não seja por certo a mesma experiência de classe, sem nem mesmo reparar – suprema distração *grand seigneur* – que as classes puníveis com a pena da espera indefinida não têm problemas de *agenda*[38], em função dos quais costumam acontecer os engarrafamentos e as explosões de impaciência de nossas "sociedades da satisfação imediata"[39]. É bem verdade que os encastelados nas fortalezas oligárquicas sempre poderão alegar a simetria da apropriação direta no desatino de se matar por um tênis ou coisa que o valha[40].

Se ainda houvesse dúvida a respeito da matriz prática de toda a atual tecnologia de contração do tempo no enquadramento dos indivíduos pela lógica do *delay* zero – as novas estratégias de gestão e subordinação do trabalho pela mobilização total dos implicados dentro e fora de seu mundo –, bastaria

---

[36] Thomas Hylland Eriksen, *Tyranny of the Moment: Fast and Slow Time in the Information Age* (Londres, Pluto, 2001).

[37] Na fórmula sugerida por Helga Nowotny em *Le temps à soi: genèse et structuration d'un sentiment du temps* (Paris, Maison des Sciences de l'Homme, 1992), cujo argumento examino em "O novo tempo do mundo", publicado na p. 27-97 deste volume.

[38] Jean-Pierre Boutinet, *Vers une société des agendas: une mutation de temporalités* (Paris, PUF, 2004, Sociologie d'Aujourd'Hui).

[39] Zaki Laïdi, *Le sacre du présent* (Paris, Flammarion, 2000).

[40] Assim irmanados no mesmo estereótipo oligarcas bem pensantes e "esquerda punitiva", aos quais posso apenas recomendar o artigo de Cecília Coimbra, "Modalidades de aprisionamento: processos de subjetivação contemporâneos e poder punitivo", no mencionado volume coletivo, Pedro Vieira e Vera Malaguti Batista (orgs.), *Depois do grande encarceramento*, cit.

consultar o amplo inventário de Nicole Aubert[41]. Mais uma vez: a virada punitiva que acompanha um novo regime de acumulação, cuja associação com a regulação coercitiva do trabalho dos pobres Wacquant foi o primeiro a ressaltar com o vigor que se sabe, tem a ver com esse desígnio de recentrar o governo de populações supostamente lentas no rumo de uma outra celeridade, diversa das cadências do antigo regime fordista. A pressão temporal permanente agora é outra – por isso se pune exemplarmente quando se impõe o sem sentido da pura perda de tempo aos perdedores aprisionados, uma vez que o fantasma dos ativos é a impossibilidade absoluta de perder tempo.

Duas palavras sobre a expressão "sociedade da satisfação imediata". Ela se deve ao sociólogo alemão Gerhard Schulze, ao identificar na matriz contemporânea da sociedade atual, num estudo publicado em 1992, o que chamou de *Erlebnisgesellschaft*, na qual justamente a supremacia da experiência vivida, ou melhor, "vivência", que, a rigor, de "experiência" não tem nada, provoca uma desarticulação explosiva da noção social de "limite". No comentário de Zaki Laïdi, trata-se de um aumento exponencial de tal ordem das opções de vida e escolha disponíveis que enreda o indivíduo

> numa lógica de escolhas incessantes a serem feitas ato contínuo num mar de possibilidades que o submerge. Ocorre que essas possibilidades já se encontram num regime de livre acesso: elas simplesmente estão aí. E, portanto, elas não têm mais nada a ver com um *horizonte*.[42]

O grifo é meu, só para lembrar que essa noção de horizonte – sobretudo quando associada à ideia de *espera*, na formulação hoje paradigmática de Reinhart Koselleck[43] – nos levaria longe, precisamente por estar no coração de nosso argumento, porém com o sinal trocado, pois as zonas de espera que estamos começando a analisar – e começando pelo grande encarceramento segundo Wacquant – se definem justamente por esse apagamento do horizonte. Trocado em miúdos nos seguintes termos, ainda pelo mesmo teórico do *presentismo* contemporâneo, variando por sua vez o esquema básico de Koselleck, segundo o qual a espera, ou a expectativa (*Erwartung*), é antes de

---

[41] Com a colaboração de Christophe Roux-Dufort, *Le culte de l'urgence: la société malade du temps* (Paris, Flammarion, 2003).

[42] Zaki Laïdi, *Le sacre du présent*, cit., p. 115.

[43] Por exemplo, em *Futuro passado: contribuição à semântica dos tempos históricos* (trad. Wilma Patrícia Mass e Carlos Almeida Pereira, Rio de Janeiro, Contraponto/PUC, 2006).

tudo um horizonte, e como tal se afasta à medida que avançamos e assim se situa muito além de toda a experiência, articulada em contraponto como um campo presente do qual aquele horizonte projetivo se distancia à medida que a história ela mesma se temporaliza, conforme se cristaliza por sua vez o sentimento moderno por excelência de que o tempo "vai para algum lugar" e por isso, desde então, a humanidade sempre espera por alguma coisa – para falar como o Galileu de Brecht – muito além do real disponível na vivência imediata. Por onde se vê que o *atualismo* de hoje seria, portanto, mais bem caracterizado como uma desarticulação tal dessas duas dimensões que o presente passa a concentrar toda a sobrecarga de expectativa dirigida noutras épocas ao futuro, de sorte que todo chamado à ação responde a uma injunção imediata do instante, responde a uma *urgência* qualquer, que por sua vez torna *dramática* toda conjuntura[44]: por mais frívolo que possa parecer o apelo presentista atual, seu protagonista é um personagem submerso por obrigações temporais exigíveis à queima-roupa[45].

Pois relembrados os termos nos quais Koselleck redefiniu nossa compreensão corrente da espera, e com ela a noção básica de experiência da história, cuja mutação radical é justamente a cifra do descontrole contemporâneo, voltemos ao modelo da sociedade da "satisfação imediata", retraduzida por Zaki Laïdi. Quer dizer, ao eclipse do horizonte de expectativa à medida que se comprime até seu grau zero a distância simbólica entre a espera e o vivido: nesse momento, quando ancoramos nossas esperas num campo de experiência restrito à proximidade de vida, o mundo desaparece como perspectiva e o "Eu deixa de ser horizonte para se converter no núcleo duro das condições de possibilidade da experiência". Fórmula encantatória kantiana à parte, estamos falando do mesmo Eu narcisista e sitiado diagnosticado por Christopher Lasch, ao término dos assim chamados trinta anos gloriosos do pós-guerra[46]. E, como logo nos confrontaremos com a figura correlata da *impaciência*, não vejo melhor ilustração do exposto acerca do afunilamento temporal característico de uma sociedade centrada na vivência do que o retrato do adolescente prestes a cair em depressão – "uma crise

---

[44] François Ost, *Le temps du droit* (Paris, Odile Jacob, 1999), p. 277.
[45] Zaki Laïdi, *Le sacre du présent*, cit., p. 8.
[46] Christopher Lasch, *O mínimo Eu: sobrevivência psíquica em tempos difíceis* (trad. João Roberto Martins Filho, São Paulo, Brasiliense, 1986), p. 83.

inconveniente a ser medicada com urgência para que o garoto, ou a garota, volte a participar da festa dos incluídos" – esboçado por Maria Rita Kehl:

> A adolescência do terceiro milênio não se parece mais com a travessia do terreno desconhecido que o sujeito empreende para se reencontrar – como o jovem Sidarta, personagem do livro de cabeceira de trinta anos atrás. A adolescência contemporânea não é uma passagem, é uma chegada abrupta, talvez precoce, em um lugar privilegiado que os meninos e as meninas não tiveram que conquistar.[47]

A "festa dos incluídos" é uma outra zona de espera. Só que positivada, pois afinal se trata de "incluídos", e assim sendo, nessa outra zona, o horizonte de espera se dissipou de uma vez por todas num presente absoluto. Na festa dos incluídos – um dos grandes laboratórios da "euforia perpétua" –, a rigor, nada acontece, nela não existem atos, apenas cenas, no juízo fulminante de Gay Talese, apenas inaugurada a Era da Festa nos Estados Unidos[48]. Num estudo sobre o transe festivo em que transcorre o tempo infinito da conjunção noturna de química, música e computador, Tales Ab'Sáber fecha o argumento – uma geração depois do consumo de mercadorias orgiásticas, num momento de auge do que se poderia chamar de boêmia a favor, desde que ela se industrializou e digitalizou –, mostrando que, com efeito, "festeja-se o fato de não haver nada a festejar"[49]. O alívio enfim de uma liberação verdadeiramente distópica. Assim, tudo se passa, ao se celebrar a dimensão radicalmente antiutópica de sua cultura – aliás, fabricada *sur place* como numa esteira *fast-food* –, como se o músico *techno* e seu povo da noite estivessem por sua vez trocando em miúdos bem palpáveis o axioma filosófico básico do presentismo contemporâneo: a grande mutação histórica de nosso tempo é a experiência nova e paradoxal, ela mesma histórica, da anulação da expectativa de qualquer mudança[50]. Se avançarmos um pouco mais na companhia de Tales, depararemos com o que se poderia chamar enfim de

---

[47] Maria Rita Kehl, "Depressão e imagem do novo mundo", em Adauto Novaes (org.), *Mutações: ensaios sobre as novas configurações do mundo* (Rio de Janeiro/São Paulo, Agir/SESC, 2008), p. 301.

[48] Gay Talese, "A festa acabou", em *Fama e anonimato* (trad. Luciano Vieira Machado, São Paulo, Companhia das Letras, 2004), p. 435-7.

[49] Tales Ab'Sáber, *A música do tempo infinito* (São Paulo, Cosac Naify, 2012).

[50] Veja-se o comentário de Franklin Leopoldo e Silva, "Descontrole do tempo histórico e banalização da experiência", em Adauto Novaes (org.), *Mutações*, cit.

zona cinzenta da onda punitiva contemporânea, no caso a *suspensão do tempo* nessas zonas liberadas por uma noite sem fim, reunindo em torno de desejos hipergratificados "*clubbers*, empresários, viajantes, *hippies*, criminosos e músicos", na enumeração caótica de um ideólogo da cultura *ecstasy*, ela mesma um ramo do juvenilismo que desbancou regras em nome de opções. Estou me referindo a sua menção e seu comentário de um artigo em que Žižek aproxima as patéticas manifestações literárias de um *condottiere* de limpezas étnicas como o líder nacionalista sérvio Radovan Karadžić – nas quais incita seus súditos a "se jogarem" fundo nas bebidas fortes e na "inclemência" – do universo infrapolítico radical no filme de Kusturica, *Underground: mentiras de guerra*, compondo ambos uma constelação precisa de transe destrutivo permanente e apelos à brutalidade obscena de um superego inimigo de todas as proibições: a encenação fantasmática da crueldade expiatória nas guerras de desintegração da ex-Iugoslávia. Tal é a "profunda política da maldade" nesse mundo noturno da festa infinita: nele, em suma, "não se deve esperar nada"[51]. Nessa zona de espera singular, o "medo de parar" que nela impera não se deve, portanto, exclusivamente ao efeito alucinatório da vida sob drogadição.

Tudo isso dito, nunca será demais relembrar que toda essa configuração de velocidade, aceleração e satisfação imediata, exponenciada pela intensificação presentista da experiência vivida, deita raízes na pré-história fordista do nosso mundo, como atesta a associação de automóvel e *fast-food* no capitalismo do imediato pós-guerra, estudada por Isleide Fontenelle na primeira parte de seu livro enciclopédico sobre o valor da marca – McDonald's, no caso. Naqueles anos, recorda um historiador oficial do McDonald's, o país já estava "mais rápido, mais móvel e mais orientado para a conveniência e a gratificação imediatas"[52]. O velho superego punitivo já começava a soltar as amarras e levantar voo. Num país "com pressa de construir o futuro", na alusão sarcástica de Don DeLillo, citado em epígrafe, era de se esperar, mais cedo ou mais tarde, que os vencedores nessa corrida principiassem a organizar a punição dos retardatários, imobilizando de vez os que já perdiam velocidade.

---

[51] Tales Ab'Sáber, *A música do tempo infinito*, cit., p. 26.
[52] John Love, *McDonald's: a verdadeira história do sucesso* (trad. Davi Soares e Aurea Weissemberg, 5. ed., Rio de Janeiro, Bertrand Brasil, 1996), citado em Isleide Arruda Fontenelle, *O nome da marca: McDonald's, fetichismo e cultura descartável* (São Paulo, Boitempo, 2002), p. 60.

Seja como for, o fato é que uma tremenda mutação temporal virou de ponta-cabeça o mundo que o capitalismo vencedor está reorganizando e governando. Mutação cuja fratura exposta se encontra justamente na virada punitiva operada pelo estado bifurcado estudado por Wacquant. Daí as *duas esperas*, uma disciplinadora da insegurança social alimentada pela inquietação do trabalho desqualificado; outra envenenando a "euforia perpétua"[53] das novas classes confortáveis que o capital costuma acariciar com uma mão e infernizar com a outra.

8

Sendo assim a aceleração social do tempo uma evidência que se alastra pelo conjunto de sociedades cada vez mais antagônicas, embora governadas pela fabricação de consensos, a maré punitiva que a acompanha se abate necessariamente sob a forma de imobilizações, daí o real sentimento de tempo morto que essa onda de choque dissemina em sua passagem. Literalmente, um contratempo. Que se traduz, como estamos vendo, por uma inédita e massiva experiência negativa da espera. Na verdade duas esperas, como se disse: uma experimentada no polo dominante como um estorvo cuja eliminação também se compra e outra na base comprimida da pirâmide, que não obstante a sustenta, como um *surplus* de sofrimento que faz toda a diferença. E no entanto não é menos evidente o paradoxo de que ambos os polos são afetados por uma mesma anulação de expectativas, como também ficou sugerido.

Retomemos o argumento pela exasperação dos de cima, a favor dos quais sopra o vento punitivo. E recomecemos para variar pelo mais característico dispositivo da atual contração espaço-temporal, o aeroporto, e particularmente na condição de encruzilhada internacional, pois o elenco de obstáculos e barreiras que estamos assinalando, ao fim e ao cabo, é antes de tudo da ordem da fronteira, seja ela política, social, jurídica etc. É que, por mais insólito que pareça, cada vez mais avião rima com espera. Pois foi de tanto fazer fila em aeroporto, até o ponto de ebulição, que o africanista (mas não só) Jean-François Bayart chegou à conclusão, também ela paradoxal, de que

---

[53] Para citar novamente o título, mas apenas ele, de Pascal Bruckner, *A euforia perpétua: ensaio sobre o dever de felicidade* (trad. Rejane Janowitzer, São Paulo, Difel, 2002).

num mundo globalizado pelo capital *a única urgência é a espera*[54]. Porém uma espera muito específica do momento atual da mundialização: enquanto o capital flui, a força de trabalho das populações em peregrinação perpétua é compartimentada e comprimida por uma gama variada de coerções. A mais sutil e onipresente de todas elas, a espera, quer dizer, o *disciplinamento pela espera*. Ela rege inclusive toda uma técnica do corpo numa hora histórica em que outra vez as pessoas são imobilizadas em "colunas por um", postas em seu lugar, em suma. Daí a novidade tremenda do "dispositivo" McDonald's estudado por Isleide Fontenelle[55]: fazer fila para conseguir comida (digamos assim) numa lanchonete banal deixa de sê-lo quando nos damos conta de que isso só ocorria em prisões, situações de guerra ou indigência econômica extrema, como na Grande Depressão – no fim dos anos 1940, quando os dois irmãos McDonald deram a largada no seu novo negócio, estes cenários emergenciais ainda estavam bem vivos na memória dos consumidores e no entanto logo seriam apagados pela aceleração da motorização individual. Como relembra Isleide, juntando carro e restauração rápida, ambos padronizados e massificados, na produção e no consumo, o *fast-food* veio responder à "pressa urbana", de sorte que a rapidez motorizada acabou impondo a anomalia civilizada do paladar homogeneizado. Há quem veja nesse fim de linha o produto da guerra, encontrando os precursores do *fast-food* nos "racionamentos do tempo de guerra e nas técnicas de alimentação que forneciam 'rações' para milhões de tropas na Europa". Pelo sim, pelo não, Isleide aproveita a deixa para pôr na roda uma outra questão – a nossa, no momento –, algo que hoje parece a coisa mais natural do mundo no ato de comer em restaurantes (sic) *fast-food*, e que não deixa de ser intrigante, para dizer o menos: a *fila*. Segue então a observação que está nos interessando. Soldando num bloco só a nova "pressa urbana" e a fila que a modula, ora acelerando, ora retardando, dosando a ansiedade dos que esperam, dóceis embora impacientes, certamente dessa *mise au rang* generalizada – a expressão francesa empregada por Bayart é muito mais drástica – decorrerão processos inéditos de subjetivação, que aliás Isleide começou a repertoriar no último capítulo, a começar pelo tipo de "sujeito" moldado pela cultura do descartável que o *fast-food*, se não inventou, entronizou de vez.

---

[54] Jean-François Bayart, *Le gouvernement du monde*, cit.
[55] Isleide Arruda Fontenelle, *O nome da marca*, cit., p. 85.

Do mesmo modo, as companhias aéreas, que também servem sanduíches de fantasia e prometem sensações de leveza e entretenimento a bordo, são antes de tudo instituições disciplinares. E não só por "canalizarem" seus passageiros confrontados por filas intermináveis, cancelamentos arbitrários, explicações de fachada etc., mas por exercerem igualmente funções de vigilância, das mais anódinas triagens às efetivamente policiais, da simples verificação de vistos à alimentação de fichários e cadastros com os dados desse fluxo perene. Com tanto controle e vigilância, não surpreende que a inflação das múltiplas esperas seja ressentida como uma orquestração punitiva. Por certo nada literal, é claro, mas as explosões de cólera – sobretudo nas ocasiões em que a pane generalizada parece se instalar na imensa sala de espera esparramada por todos os recantos de um terminal aéreo – correspondem a um sentimento absurdo de prejuízo desmesurado: como a demanda se reveste de urgência crescente, toda espera é sofrida como um escândalo intolerável, menos pelo dano real do atraso do que pela afronta lógica causada pelo espetáculo da imobilização no interior de uma máquina de compressão e aceleração do tempo – parodiando, além do mais, as famigeradas filas para tudo do socialismo real. Enquanto esperam e ruminam a frustração, alguns filosofam acerca da degradação da espera, rebaixada à condição de mero atraso, porém elevada à condição de absurdo ontológico: de um lado, a impaciência ferve ao ponto da passagem ao ato, de outro, a nova disciplina metafísica glosa essa derradeira ironia da condição pós-moderna, e por aí vamos[56]. Outros, no entanto, escapam pelo mercado do *bypass*, coroamento de toda essa engrenagem comercial-existencial. Instituída a disciplina, trata-se de redistribuí-la remodelando a escala das superioridades sociais. Como lembrado, o canto de sereia capitalista dirigido ao outro lado do Muro era a bem-aventurança de um mundo sem filas. Porém, assim que a vitória do capital reunificou o mundo em um mercado só, seguiu-se um colossal amestramento das populações concernidas, em particular assujeitamentos pela espera, entre outras tantas tecnologias de exercício privilegiado do poder. Ora, "que não se sujeitar às filas fosse se transformar em mercadoria, nem mesmo o mais arguto crítico do capitalismo foi capaz de prever", como observa Luiz Carlos Azenha acerca do mercado americano de compra e

---

[56] Para um breve apanhado dessas distinções – espera prosaica numa fila; espera pura, quando, por exemplo, "aquilo que deve acontecer está fora de alcance [*hors de toute attente*]" –, ver Jean-Pierre Boutinet, *Vers une société des agendas*, cit., p. 212-3.

venda de tempo economizado[57]. Numa palavra, dos terminais aeroviários e ferroviários à internet, "faixas exclusivas para quem puder pagar mais. Para os demais, fila". No entanto, quem compra a fuga da disciplina da espera paga o governo com uma mercadoria valiosa, como assinalado, informações pessoais fornecidas a uma agência encarregada de zelar pela segurança do transporte, por sua vez ligada ao onipresente Departamento de Segurança Interna, na hora de validar o *chip* abre-te-sésamo – escapa-se do castigo da fila ao preço de uma malha de vigilância ainda mais fina[58].

Filosofando um pouco, digamos que a espera hoje se encontra no coração de uma ontologia muito especial do presente. Por contrariar e frear as novas temporalidades do imediato e da urgência, a espera tornou--se algo que "excede" os indivíduos – qualquer que seja a origem social da pressão que os comprime –, impondo-lhes uma provação justamente excessiva: "Uma espera multiforme e de insólita conformação nos oprime: nada poder fazer num momento, quando se tem tanta coisa para fazer ou, inversamente, não saber o que fazer quando não se tem mais nada a fazer: o absurdo em pessoa, e vivido"[59]. Essa vaga mistura de senso comum e existencialismo requentado não deve todavia nos confundir. Bem ou mal descrita, o fato é que a orientação espaço-temporal do capitalismo mudou de rumo e ingressou noutra dimensão da experiência da história, ou num novo *regime de historicidade*, como preferem dizer alguns historiadores, que não por acaso se identificam como historiadores do presente, sendo que esse novo regime da experiência social do tempo se caracteriza por essa inédita, se é que se pode falar assim, *onipresença do presente*[60], que todos estão chamando genericamente de Presentismo, deslizando de todo modo ao longo do eixo da aceleração e da urgência. Contra as quais se

---

[57] Luiz Carlos Azenha, "A era do privilégio: pistas exclusivas nas estradas, filas rápidas nas alfândegas, internet superveloz. Serviço público também virou mercadoria", *CartaCapital*, n. 496, 21 maio 2008, p. 40.

[58] Nas páginas em que se analisa a expansão do *bypassing system* nas cidades cabeadas, e dualizadas, no já citado *Splintering Urbanism*, Graham e Marvin relembram a origem militar do método, empregado originalmente em lugares estratégicos submetidos a mecanismos de alta vigilância.

[59] Traduzindo livremente, Jean-Pierre Boutinet, *Vers une société des agendas*, cit., p. 31-2.

[60] François Hartog, *Régimes d'historicité: présentisme et expériences du temps* (Paris, Seuil, 2003); François Dosse, *Renaissance de l'événement: un défi pour l'historien: entre sphinx et phénix* (Paris, PUF, 2010, Le Noeud Gordien).

choca frontalmente o contratempo imobilizador da espera, como estamos vendo a todo momento. E não se trata de um resíduo do antigo regime, no caso, a experiência moderna da temporalização da história: a espera também mudou, deixou basicamente de ser um horizonte. Tornou-se, ao contrário, uma disciplina, além do mais inculcada massivamente, como começou notando Jean-François Bayart, ao analisar, como quem não quer nada, não mais do que um *fait divers*, a expansão do poder disciplinador das incontornáveis filas de espera, para então concluir que uma tal *disciplina da espera* seria inerente ao regime de historicidade que caracteriza o momento atual da acumulação mundializada. A onda de choque na esteira da reativação contemporânea do poder punitivo ganhará assim em compreensão ao ser incluída no âmbito desse novo regime. Se o propósito (ou a falta de) é intensificar o sofrimento social disciplinador, nada melhor (ou pior) do que a espera sem horizonte. No imediato pós-guerra, o olho clínico de um Samuel Beckett permitiu-lhe fechar o diagnóstico, ao ver que essa seria a cifra do novo curso do mundo. Mas se tratava de teatro e não de juízo político categórico, nunca é demais lembrar.

9

A certa altura, Bayart se dá conta de que Mohammed Atta também precisou fazer fila para comprar seus *cutters* e subir no avião que se espatifaria numa das torres do World Trade Center. Seria o caso de observar que, enquanto esperava na fila, a impaciência de Mohammed deveria ser bem outra, embora igualmente explosiva, como se veria minutos depois, assim como inteiramente outro o regime temporal sob o qual transcorria sua espera. Não é fácil atinar com a natureza deste último, tampouco medir a distância separando, digamos, o teor de sua experiência da assim chamada Modernidade (que aliás conhecia muito bem como urbanista vivendo na Alemanha, onde se formara) do horizonte de expectativa que nortearia sua espera – tarefa tanto mais complicada e indispensável por recobrir o ponto cego de nosso tempo, que obviamente ninguém quer encarar. Dizer que a ascese jihadista distenderia ao máximo aquela distância até o *acting out* final, além de nada explicar, voltaria a abrir a porteira dos clichês por quilo acerca do déficit de modernização e secularização. T. J. Clark arriscou uma hipótese que nos interessa de perto, ao situar o mal-estar absoluto na civilização contemporânea, que a seu ver acabou se apossando do e conformando o islamismo radical, na crescente incapacidade dessa mesma civilização de oferecer aos seus filhos "maneiras de viver no presente e aceitar o fluxo contingente do tempo"[61]. Noutras palavras, redescrito em negativo, o Presentismo no qual nos instalamos há uma geração e que estamos abordando pelo ângulo punitivo de uma espera cujo horizonte se encontra rebaixado até o grau zero, repassado agora pelo filtro das novas tecnologias digitais de aceleração, reprodução e armazenagem de informações em tempo real:

> Nos últimos tempos, construiu-se um extraordinário aparato para permitir às pessoas imaginar, arquivar, digitalizar, objetivar e se apossar do momento. Parece que o aqui e agora não é tolerável (ou, no mínimo, não inteiramente real) a não ser que seja narrado ou mostrado, imediata ou continuamente, para os outros – ou para nós mesmos. O telefone celular, o *digital replay*, a troca instantânea de mensagens por computador, a conexão em tempo real, o *video loop*. Longe de mim dizer que dar forma visual a uma experiência significa não vivê-la. Depende, é claro, de que e para que serve a construção da imagem. Existe, no entanto, uma espécie de visualização, que todo mundo percebe por intuição, que consiste em sua essência de um mecanismo de defesa – um modo de deliberadamente isolar um momento, distanciando-se do *não-vivido*, do *não-significativo*.

(Além de ativista e membro de um coletivo "conselhista", sediado na região da Baía de São Francisco, Timothy Clark é historiador e crítico de arte: seria o caso de evocar, a propósito, o uso muito disseminado hoje em dia do vídeo no teatro, reapresentando em tempo real a imagem do que está sendo "vivido" em cena: contraveneno, desarmou-se um mecanismo de defesa? Ou simplesmente se mimetiza o que todo mundo faz por não saber viver num presente não obstante onipresente?) É esta a mola propulsora absolutamente contemporânea da alucinação que acometeu a franja "vanguardista" do Islã radical: superar essa brecha que impede de viver o presente numa *era de expectativas decrescentes*, aliás declinantes na medida mesma da inflação presentista.

O que Timothy Clark descreveu em escala micro e privada – muito embora envolva tecnologias massivas de reprodução – corresponde exatamente ao que se está chamando de "historicização imediata do presente" enquanto traço definidor de nossa época[62], e, na sua esteira, de reconhecimento do

---

[61] T. J. Clark, "O Estado do espetáculo", em Sônia Salzstein (org.), *Modernismos* (trad. Vera Pereira, São Paulo, Cosac Naify, 2007, Coleção Outros Critérios), p. 321-2.
[62] François Hartog, *Régimes d'historicité*, cit.; Zaki Laïdi, *Le sacre du présent*, cit., p. 107.

"acontecimento como *o* horizonte de expectativa do indivíduo hoje"[63]. Nos dois casos, nos havemos com a produção e reprodução de uma nebulosa de acontecimentos de toda ordem. Assim, à constatação corrente de que a economia midiática do presente não cessa de produzir e consumir acontecimentos é preciso acrescentar uma particularidade que faz toda a diferença:

> O presente, no próprio momento em que se faz, deseja se ver como já histórico, como algo já passado. Ele se volta de algum modo sobre si mesmo para antecipar o olhar que se dirigirá a ele, quando terá passado completamente, será passado, como se quisesse "prever" o passado, se fazer passado antes mesmo de ter advindo plenamente como presente; mas esse olhar é o seu olhar, o olhar do presente.[64]

O círculo presentista se fechará com suprema ironia, aliás nada involuntária, se observarmos que essa lógica do acontecimento contemporâneo – que se fazendo ver enquanto se produz vai se historicizando na mesma medida em que já traz consigo sua própria comemoração, no geral sob o olho das câmeras – é levada ao seu limite pelo 11 de Setembro[65]. E se de fato o acontecimento é mesmo o horizonte de expectativa do indivíduo hoje, Mohammed Atta, enquanto fazia fila disciplinadamente, não podia esperar menos do que um acontecimento extremo absoluto, nisso finalmente nosso contemporâneo, agora em tempo integral, sem resíduos defasados de outro fuso histórico, transformando em profecia realizada o diagnóstico de Paul Virilio, segundo o qual[66], no campo de forças e expectativas do capitalismo histórico, aberto em 1789 e semicerrado com a Queda do Muro, sucederam-se Três Grandes Esperas, primeiro o horizonte de expectativa da Revolução, seguido pela espera da Guerra e, finalmente, a do Acidente Absoluto, sem prejuízo de que possam um dia confluir e se indiscernir[67].

Por mais extravagante – ou plausível – que à primeira vista possa parecer tal periodização, o fato é que na grande sala de espera presentista na qual

---

[63] François Dosse, *Renaissance de l'événement*, cit., p. 243. Grifo meu.
[64] François Hartog, *Régimes d'historicité*, cit., p. 127.
[65] Ibidem, p. 116.
[66] Se o compreendi bem, nos termos do estudo "O novo tempo do mundo", publicado neste volume.
[67] Paul Virilio, *L'accident originel* (Paris, Galilée, 2005).

se converteu a Idade Contemporânea[68] presidem dois novos princípios que não dão margem à dúvida quanto à "crise do futuro", como se diz[69]: o da Responsabilidade[70] e o da Precaução, duas balizas assinalando que o horizonte contemporâneo do mundo encolheu, e mais, como "os sinais enviados pelo futuro não são nada claros", a futurologia que ambos alimentam, como o nome indica, não é mais do que uma tecnologia dos sinais de alarme, que de qualquer modo não anunciariam o surpreendente, pois por mais ampla que seja a varredura virtual do futuro, sempre se tratará de um presente apenas dilatado. Por onde se vê que *presentismo e estado permanente de alerta são coextensivos*. E se assim é, "responsabilização"[71] e "precaução" anunciavam a próxima maré alta de contenção que se aproximava. Com efeito: a hipótese comunista, segundo consta, foi arquivada faz tempo, e a Guerra Fria, igualmente desativada, e no entanto as sociedades que se autodenominam pós-históricas continuam a se emparedar conforme vão se multiplicando os novos inimigos, só que agora assombrando por dentro dos muros. A prevenção agora é outra. Quando o horizonte é o próprio presente, regido pela contenção responsabilizadora do que vem pela frente, essa onda do futuro (na contramão) só pode ser punitiva.

É aqui que devemos encaixar o diagnóstico de época de Loïc Wacquant. Ao princípio presentista de precaução, e endurecimento da responsabilização penal, deve forçosamente corresponder um outro paradigma reaglutinador do poder punitivo, bem como um outro estado igualmente ajustado a essa nova "estática da contenção" – parafraseando a caracterização do Direito Penal do Inimigo, segundo Zaffaroni[72]. Assim, ao horizonte liberal do pro-

---

[68] Relembro que Günther Anders, em *Le temps de la fin* (Paris, L'Herne, 2007), não falava mais em Idade, porém, definitivamente, em Prazo.

[69] Pelo menos desde o artigo precursor de Krzysztof Pomian, "La crise de l'avenir", *Le Débat*, n. 7, dez. 1980.

[70] Formulado originalmente, como se sabe, por Hans Jonas, mas hoje fraseologia de domínio público.

[71] Como Klaus Günther, por exemplo, reinterpreta, à luz do mesmo princípio enunciado por Hans Jonas, a idade social que atravessamos. Cf. Klaus Günther, "Responsabilização na sociedade civil", *Novos Estudos*, São Paulo, Cebrap, n. 63, jul. 2002.

[72] Eugenio Raúl Zaffaroni, *O inimigo no Direito Penal* (trad. Sérgio Lamarão, Rio de Janeiro, Revan, 2007, Coleção Pensamento Criminológico, v. 14), cap. 5. Não por acaso, na proposta original de seu autor, o penalista alemão Günther Jakobs, a doutrina do direito penal do inimigo contempla igualmente uma clivagem análoga

gressismo burguês, a gestão das expectativas pelo Estado no que concernia às incertezas de uma sociedade recém-orientada para o futuro, respondia o governo guarda-noturno (afinal o espectro comunista rondava pelas vizinhanças) mais a previdência pessoal das classes proprietárias; no Estado Social que emergiu da Grande Depressão do século passado espelhava-se, por sua vez, o consenso dito keynesiano já meramente defensivo, o imperativo, emergencial no fim das contas, do Nunca Mais, no caso, tamanho descontrole do mundo, seguro social, sim, porém domesticado sob o horizonte cada vez mais raso de um apocalipse nuclear; finalmente, sitiado pela espera do acidente absoluto, o Estado-precaução de agora[73], à cuja compreensível virada punitiva fomos apresentados por Wacquant, pois a paranoia securitária decorrente do *continuum* precaução-prevenção-responsabilização precisa empurrar constantemente para as margens, e nelas imobilizar, a turbulência das populações recalcitrantes, por meio das quais, aliás, eventos extremos podem chegar ao mundo, cuja ordem carece por isso mesmo de proteção permanente.

Note-se – mas apenas para anotar e seguir adiante – que este panorama sumário poderia ser igualmente refeito pelo prisma da história capitalista da guerra, a cada horizonte de expectativa, uma forma conjugada de guerra e de Estado: clausewitziana para o primeiro período, em que a política estava no comando; ao longo dos improváveis "anos dourados", a guerra e a paz à maneira do flagelo *à la* Tolstói foram substituídas pela impossibilidade estratégica encarnada pela ameaça assegurada da destruição mútua, uma "guerra imaginária", portanto[74], voltada sobretudo para o controle das respectivas populações mobilizadas para a produção em massa; finalmente, onde chegamos, guerra preventiva, e por isso permanente, já que o estado de alerta securitário não tolera descontinuidade. Do mesmo modo, outra sequência análoga de expectativas poderia ser reconhecida na evolução

---

ao Estado bifurcado de Wacquant: ao lado de um direito penal operando como puro impedimento físico, de preferência preventivo, continua em vigor o direito penal dito do *cidadão* (estabelecido que o inimigo imobilizado e neutralizado pertence a todas as categorizações *infra*), com a pena cumprindo ainda sua função de reafirmação da vigência da norma.

[73] A expressão é de François Ewald, mas o espírito obviamente é outro. Cf. François Hartog, *Régimes d'historicité*, cit., p. 214.

[74] Como a batizou Mary Kaldor, *The Imaginary War: Understanding the East-West Conflict* (Oxford, Blackwell, 1990).

da forma-prisão: primeiro, a emergência do arquipélago carceral e seu envoltório iluminista de reforma moral pela disciplina; ao seu modo uma temporalidade ascendente que, antes de começar a declinar, conheceu um período de congelamento na reconstrução do pós-guerra, quando o sistema penitenciário da idade clássica pareceu querer refluir, para em seguida assistir ao recomeço do grande encarceramento de hoje. A curva é descendente e, como se disse, de expectativas decrescentes: e à medida que elas encurtam, o poder punitivo recrudesce. Descendo até o subsolo da civilização material, uma análoga periodização das idas e vindas da centralidade do trabalho – e das grandes esperas que alimentou – poderia recontar a mesma história dessas sucessivas subjetivações. A rigor, escorados na ideia-perspectiva de horizonte, não estamos falando de outra coisa senão desta matriz originária.

10

Fast track para as "elites cinéticas", filas de espera para o comum dos mortais? Na verdade, mais mortais do que comuns, pois nesta escala ainda não descemos até o fundo do poço. Mas lá embaixo a disciplina se transmuda em outra coisa: o vazio jurídico que envolve o "campo" em que a fila dos desesperados se desmanchou – a *zona de espera* propriamente dita. A mais temida delas – e por isso mesmo uma referência até para as autoridades americanas – se encontra no aeroporto Roissy Charles de Gaulle e atende pelo nome de ZAPI: *zone d'attente pour personnes en instance*. O emprego da última palavra diz tudo acerca da real natureza desses verdadeiros *centros de retenção*. O verniz jurídico-administrativo de que se reveste a expressão em si mesma arrevesada "em instância" sugere de saída o caráter suspensivo característico do estado de espera que se abate sobre os indivíduos sugados por aquela verdadeira área de sequestro, da qual ninguém sabe nada, sequer onde fica. Subtraídos da visão pública, estagnados no tempo lento, privados antes de tudo de direitos, que não por acaso se encontram justamente "em instância", sabe-se lá aos cuidados de que órgão processador de papéis, que tais pessoas-em-instância geralmente não possuem, e quando é o caso, são sempre duvidosos. Recém- -desembarcados, antes mesmo de enfrentar os controles de praxe, esses indivíduos, prontamente assinalados por detalhes que um olho de longa memória colonial identifica de imediato, são desviados da fila, digamos, *mainstream* para as veredas da *underclass*, onde a espera transcorrerá indefinidamente "na incerteza, na sujeira e no mau cheiro"[75]. Breve relato de uma incursão nesses *huis-clos* de Roissy: num, o estado de espera "em instância" já se estendia por inacreditáveis duas semanas; noutro, uma dúzia de pessoas pacientavam há seis dias, pregadas em banquetas diante de um posto policial; na melhor das hipóteses eram alimentadas pelo pessoal do serviço de limpeza, quando a coisa apertava recorria-se às lixeiras de uma lanchonete próxima; quanto aos funcionários, a resposta-padrão invariavelmente dizia que era preciso esperar[76]. Numa palavra, no caso, do autor da matéria, *pessoas que esperam simplesmente não existem*. Essas em particular, de cujo futuro trabalho (previamente treinado para a flexibilização total, como se está vendo), intermitente ou francamente clandestino, depende toda a infraestrutura da mundialização. Uma tal espera portanto não é extrínseca, por assim dizer, resumo da condição do estrangeiro que nunca acaba de chegar, pelo contrário, nada mais intrínseco a esse avesso punitivo da globalização do que essa *mise en attente* coercitiva. Embora culmine com frequência numa expulsão, enquanto dura a espera, distendida ou abreviada por mero arbítrio administrativo, ela de fato promove uma inclusão perversa, como se diz desastradamente na língua franca dos programas sociais. Compreende-se que transcorra num espaço a meio caminho entre a prisão e o campo – este último, num extremo histórico, de concentração, no outro, de refugiado, em que termos logo se indicará.

Uma pessoa "em instância" espera num limbo jurídico. Como bate à porta pedindo passagem, e justamente à porta da lei, encontra-se com efeito fora da lei. A rigor, a zona de espera funciona à margem do direito. Exatamente como a prisão segundo Wacquant: "A prisão, que supostamente deveria fazer respeitar a lei, é de fato, por sua própria organização, uma instituição fora da lei" – pensando na arbitrariedade administrativa, na indiferença geral, no despotismo burocrático que vigora nas instituições penitenciárias, "no 'tribunal-interno' da prisão, onde a administração joga com vidas humanas sem controle nem recurso, tendo como única preocupação a administração da ordem interna"[77]. Quanto ao campo – nossa outra demasia comparativa, embora exata, o excesso sendo a regra em toda

---

[75] Jean-François Bayart, *Le gouvernement du monde*, cit., p. 412.
[76] Matéria do jornal *Libération*, citada por ibidem, p. 411.
[77] Loïc Wacquant, "A prisão é uma instituição fora da lei", em *Punir os pobres*, 1. ed., cit., p. 142.

essa configuração contemporânea, a começar pelo retorno do punitivismo, bem entendido –, a superposição entre o campo e a zona de espera se deve a Giorgio Agamben, cujo foco, entretanto, sintomaticamente passa longe da "espera", tamanha a incongruência entre a concentração do campo e algo como um horizonte de expectativa, pois nele o tempo em suspensão está de fato morto. E no entanto não deveria ser assim, pois foi nada mais, nada menos do que a memória daquele horror – ou sua antevisão igualmente apavorante – que precipitou o pressentimento de que talvez o mundo e seu horizonte de espera tenham mesmo se eclipsado para valer, como atestam duas evidências artísticas, de cuja força de convencimento é muito difícil escapar sem esvaziar de vez a cabeça.

Refiro-me, por certo, ao fato de que a notória antipatia de Kafka pelo tempo fluente – inseparável, por sua vez, esse tempo paralisado pelo pânico, de uma alucinante automatização da punição, em detrimento da "culpa", que invariavelmente a segue, e não o contrário, conforme uma das tantas inversões operadas pelas fábulas realistas kafkianas – alcança sua visibilidade mais desconcertante na situação recorrente de um interminável "esperar-na--antessala" em que aprisiona seus personagens, aliás justamente pelo lado de fora. Tudo isso assinalado no estudo notável de Günther Anders[78]. Não vou obviamente enveredar por uma enésima interpretação da parábola "Diante da Lei". Muito menos seria o caso de dizer sem mais que os barrados nessas zonas de anomia selvagem se encontram mofando Diante da Lei. A menos que a Lei de Kafka seja diretamente interpretada como emanação do poder arcaico de funcionários obscuros. O que tampouco seria o caso, embora as pessoas que ali se encontram, em bom francês, *en souffrance*, procurem por todos os meios se ajustar, como o agrimensor, para enfim ser admitidas no Castelo, não por acaso chamado hoje em dia de Fortaleza Europa. De qualquer modo é plausível lembrar – e deixar a imaginação histórica correr por conta – que o Guardião, ao impedir a entrada do homem do campo, limita-se a deixá-lo do lado de fora, mandando-o por assim dizer aguardar na fila – à pergunta se então poderá entrar mais tarde, o porteiro responde que é possível, mas não agora. Só que uma fila propriamente mítica, já que de um só, a própria exceção de uma lei talhada para um único indivíduo, impondo-lhe uma espera de vida inteira, imobilidade que no entanto não

---

[78] *Kafka: pró e contra* (trad. Modesto Carone, São Paulo, Perspectiva, 1969; Cosac Naify, 2007).

ousou quebrar, como ficará sabendo na hora da morte. Todavia expulso o demônio da analogia por uma porta, ele volta pela outra. Note-se, por exemplo, o inusitado ar de família kafkiano deste trecho de prosa:

> O sistema de petição é uma herança da China dinástica e existe há pelo menos mil anos. Os que conseguiram vencer as distâncias e chegar à capital tinham o privilégio de expor seus casos ao Imperador, que instruía os representantes locais sobre como proceder para resolver o problema.

Para quem se lembra das histórias de Kafka em torno da fabulosa construção da Muralha da China, sabe que "vencer distâncias" tão incomensuráveis quanto o tempo consumido em percorrê-las, sobretudo quando se era portador de uma mensagem do Imperador, não é bem o caso. A China contemporânea se encarregará de provar que o caminho inverso da petição, sim, é um pesadelo kafkiano tomado ao pé da letra – outra especialidade de Kafka, tomar tudo ao pé da letra. O trecho de prosa em questão é jornalístico, extraído de uma matéria da correspondente do *Estado de S. Paulo* em Pequim, Cláudia Trevisan[79]. A sequência fala por si só:

> Todos os dias, a partir das 7h40, centenas de pessoas fazem fila para apresentar petições ao Departamento de Cartas e Visitas [sic] de Pequim, na esperança de que o Governo intervenha para sanar as injustiças de que se julgam vítimas em suas cidades e vilas de origem. Suas histórias são quase sempre trágicas e envolvem abuso de poder, violência, tortura, perdas de casas, terras, salários, saúde ou liberdade. Muitos viajam milhares de quilômetros até a capital, onde se instalam à espera de uma decisão, que quase nunca é proferida. Alguns aguardam há mais de uma década e, a cada três meses, reapresentam seus pedidos no mesmo escritório, que fica no Portão da Eterna Estabilidade [sic], cinco quilômetros ao sul da Cidade Proibida.

Milhões de chineses Diante da Lei. Um Guardião só. É verdade que as disciplinas da espera evoluíram, acompanhando a virada punitiva do capitalismo global:

> Enganados com promessas de recompensa financeira ou solução de seus problemas, alguns são despachados imediatamente. Outros ficam confinados em prisões ilegais, nas quais passam semanas ou meses em condições sub-humanas. Existem ainda os que terminam em hospitais psiquiátricos, de onde nem sempre são resgatados.

---

[79] "Na China, petição vira última esperança", *O Estado de S. Paulo*, 24 abr. 2011, p. A14.

Consumada a visão profética de Kafka, na esteira imediata da hecatombe que se sabe, por isso mesmo jamais convocada, jamais em cena por assim dizer de corpo presente, Beckett, por sua vez, se concentrará na figura sem ênfase de dois pobres-diabos, entre *clochard* e *clown*, que simplesmente *esperam*, e mais nada. Só que esse suplemento de imobilização total é ele mesmo cifra de uma inversão tal que muda o sentido dessa nova espera depois que o inenarrável afinal sobreveio como um acidente histórico absoluto, espalhando à sua volta estilhaços de acontecimentos e cacos de conversas sem eira nem beira. Pois ao contrário do *pathos* declamatório que anima o gesto dos desesperados clássicos, Vladimir e Estragon não saem de cena, não vão embora porque não esperam mais nada, mas ficam, tanto faz se por teimosia, preguiça ou apatia, já que vão ficando sem sair do lugar: então esperam. Mais uma vez estou me apoiando noutro artigo implacável de Günther Anders[80]. Trata-se obviamente de uma interpretação do *Godot* em chave deliberadamente antiteológico-metafísica, como aliás no caso do ensaio sobre Kafka, a começar pelo título paródico "Ser sem Tempo". Pois nessa imensa zona de espera em que o mundo, depois do Campo e da Bomba, se converteu, Vladimir e Estragon não cessam de parodiar uma "atividade" que nos acostumamos a chamar de "trabalho" e que nesse meio tempo (qual exatamente?) perdeu seu sentido. Mas fiquemos por aqui. Salvo por uma menção mais do que significativa: no parágrafo de abertura de um pequeno estudo didático sobre a peça de Beckett, Bernard Lalande afirma que, até onde sabe, apenas um, e um só público, deixou-se "levar" unânime e espontaneamente por uma representação de *Esperando Godot* sem nenhuma explicação prévia: os quatrocentos condenados da penitenciária de San Quentin (Califórnia), numa noite de novembro de 1957[81]. A circunstância fala por si mesma. A data também diz alguma coisa por si mesma. Apenas quatro anos depois da estreia mundial da peça, a visão do antiespetáculo dos dois pobres-diabos imobilizados no tempo morto de uma espera indefinida ainda podia comover até a medula um público barra-pesada que havia comparecido tão somente na "expectativa"

---

[80] Publicado em 1954 numa revista suíça e depois recolhido no livro de 1956, *L'obsolescence de l'homme* (Paris, Ivréa, 2001), p. 243-60 (no original, *Die antiquiertheit des Menschen*).

[81] Bernard Lalande, *En attendant Godot: Beckett* (Paris, Hatier, 1970, Profil d'Une Œuvre, v. 16).

(*ansioso*, como todo público que se apresenta à entrada de um teatro) de mexer com as atrizes, que certamente estariam à disposição para o que desse e viesse, e que, no entanto, emudeceu desde as primeiras réplicas, sem arredar pé até o fim. Não basta observar que, desde Homero, o estado de um ser humano que espera arrasta consigo seus semelhantes. Hoje é preciso saber quando essa gravitação conjunta começou a deixar de ser o caso e *banalizou-se* a ponto de toda espera virar um contratempo irritante, por contrariar uma demanda urgente, como se viu. O argumento sugerido até aqui gira em torno desse momentoso encolhimento do horizonte do mundo – não custa repetir e insistir de novo que esta é a data histórica da virada punitiva assinalada por Wacquant. Além de fugir na primeira ocasião, nunca saberemos ao certo o que esperavam os prisioneiros de San Quentin enquanto acompanhavam a Grande Espera de Vladimir e Estragon. Seja como for, o fato é que poucos anos depois, no início dos anos 1960, a população prisional americana começou a diminuir regularmente a uma taxa de 1% ao ano, a ponto de alguns "penalogistas" passarem a levar em consideração a hipótese arriscada de um eventual desencarceramento a caminho – como recorda Wacquant[82]. O motim de Attica em 1973, quando 43 prisioneiros e reféns foram massacrados no assalto da tropa de choque, explodiu justamente – continua nosso autor – no ano em que a população carcerária nos Estados Unidos atingiu seu nível mais baixo no pós-guerra. Naquele mesmo ano, uma comissão recomendou ao presidente Nixon o fechamento dos centros para jovens detentos e a paralisação da construção de penitenciárias durante uma década – enquanto, por seu turno, "a historiografia revisionista da questão penal anunciava o declínio irreversível da prisão: depois de ter ocupado um lugar central no dispositivo disciplinar do capitalismo industrial, estava destinada a desempenhar um papel menor nas sociedades avançadas", diagnóstico canonizado pela obra-prima de Foucault dois anos depois. Nesta dimensão bem específica, seria o caso de dizer que promessas e perspectivas como essas elevavam o horizonte de uma outra espera – de San Quentin a Attica. O resto conhecemos bem: na mesma década subsequente, de estagnação e recuo da criminalidade, operou-se a reviravolta espantosa da demografia carcerária estadunidense, que dobrou em dez anos e quadruplicou em vinte. Quando a Guerra Fria terminou, pareceu a mais de um observador

---

[82] Loïc Wacquant, *Punir os pobres*, 3. ed., cit., p. 206.

que o *gulag* havia mudado de lado. Não, é claro, que os escombros pós-stalinistas acumulados não subissem aos céus[83].

Mesmo depois do arquipélago de campos da morte, as tábuas do palco continuam representando o mundo, como nos tempos de Schiller, só que o mundo agora é uma imensa zona de espera, ou melhor, um dispositivo de governo tal que em seu domínio zonas de espera proliferam na forma de "campos". Por isso surpreende que Agamben, depois de identificar no campo a matriz oculta da política onde ainda vivemos – desde o momento da virada histórica em que, a uma ordem jurídica sem localização, o estado de exceção, em que a lei é suspensa, corresponde, desde então, uma localização sem ordem, o campo, como espaço permanente de exceção, e que devemos reconhecer através de todas as suas metamorfoses contemporâneas, justamente, mas não só, as zonas de espera, de nossos aeroportos a certas periferias de nossas cidades[84] –, tenha deixado escapar o detalhe capital de que em tais zonas é a disciplina da espera que funciona como alavanca de todo o aparato suspensivo daqueles territórios da exceção. Aliás, na sua própria redescrição,

> um lugar aparentemente anódino delimita, na realidade, um espaço onde a ordem jurídica normal se encontra de fato suspensa e onde perpetrar ou não atrocidades não depende do direito mas tão somente do grau de civilidade e do senso moral da polícia que age provisoriamente como poder soberano.

Sobreviver ali é antes de tudo *aprender a esperar*, mas não esperar sem mais, porém numa zona de não-direito onde cresce o poder punitivo, cuja microfísica, como estamos vendo, irradia por toda a parte onde flutuam essas populações transitando por fronteiras críticas, terras de ninguém onde a vida se arrasta no meio viscoso de uma perspectiva por assim dizer sem horizonte.

Estudando a nova ordem espacial – formas de vida protegidas e conectadas, encapsuladas em arquipélagos defensivos, precisamente contra os desconectados e indefesos –, o arquiteto e urbanista italiano Alessandro Petti[85] chega a registrar mais de 250 centros europeus de retenção e triagem de imigrantes, enclaves no interior do arquipélago Europa, verdadeiros

---

[83] A expressão "escombros acumulados" circula num jovem círculo radical do Rio de Janeiro. Entre destroços do Presente, acrescentaria Manuel Bandeira, maiúscula a menos.

[84] Giorgio Agamben, *Homo sacer: le pouvoir souverain et la vie nue* (Paris, Seuil, 1997), p. 188-9.

[85] Alessandro Petti, *Arcipelaghi e enclave: architettura dell'ordinamento spaziale contemporaneo* (Milão, Bruno Mondadori, 2007), p. 164-70.

territórios de exceção que não por acaso denomina precisamente "espaço de suspensão", lugares confinados e situados fora do ordenamento espacial e jurídico, ao qual, de qualquer modo, pertencem. Na sua reconstituição, a doutrina instituidora dessas zonas suspensivas – obviamente por motivo de urgência e emergência – foi introduzida pela Dinamarca (a mesma Dinamarca que, em 2011, inaugurou a primeira quebra do Acordo de Schengen sobre a livre circulação de pessoas no interior da União Europeia), em meados dos anos 1980, recomendando que se transferissem os requerentes de asilo para "portos seguros", mais tarde rebatizados de *protection zone*. Pelo fim dos anos 1990, a Itália, por sua vez, diretamente afetada pela imigração mediterrânea – sem falar no colapso da Albânia e em acordos prévios de contingenciamentos e confinamentos com o governo líbio... –, criou, em caráter de urgência, o seu próprio espaço suspensivo, denominado Centro de Permanência Temporária e Assistência (CPTA). Pertencem à mesma família as ilhas gregas transformadas em campos de prisioneiros, as zonas-tampão nas fronteiras europeias de Malta, Lampedusa etc. Digamos que o *approach* francês se destacaria por sublinhar o termo exato para a fusão escarninha entre o permanente e o temporário, como se expressa no eufemismo italiano, para não falar no fato de que a palavra *attente* também não deixa de abusar de um afeto fundamental da espécie. Registrado, aliás, em termos espaciais correspondentes pelo olho do arquiteto: hoje já não se domina mais pelo ancestral *divide et impera*; a nova estratégia, segundo nosso autor, é ditada por um outro princípio, "encastelar-se e suspender", observando porém que onde reinam a separação e o isolamento – tanto para os fechados por fora quanto para os encerrados por dentro – "o horizonte desaparece e a visão perde o foco".

11

Chegados a esse ponto, a passagem por Guantánamo é obrigatória. Sobre o Camp Delta tudo e mais alguma coisa já foi dito. Duas palavras bastam sobre aquele pesadelo a rigor sem parâmetros históricos, ou melhor, somatório de todas as anomalias normalizadas ao longo de um período em que o paradigma da urgência converteu-se num sistema de governo das populações. Em primeiro lugar, que se trata também de uma zona de espera, uma espera tão indefinida quanto o real estatuto daqueles *detainees* submetidos a uma soberania *offshore* igualmente indeterminada. Todavia, vale para os engolidos por aquele buraco negro jurídico o mesmo privilégio de encarnarem o mal absoluto que Wacquant identificou na população carcerária colhida pelo arrastão punitivo de hoje: pária entre os párias, como já foi dito, uma categoria sacrificial que pode ser vilipendiada e humilhada impunemente. E desde a declaração da Guerra ao Terror (tão imaginária quanto era a Guerra Fria), também torturada, aliás oficialmente, como se sabe. Podemos então concluir – segunda observação – que a disciplina da espera alcançou assim sua dimensão corporal originária, própria de todas as disciplinas, pois a danação do tempo estagnado precisa ser de preferência extorquida através da privação das sensações elementares que balizam a experiência temporal (tato, audição etc.): afinal, mais do que tudo, queremos igualmente que eles sofram, sendo a Guerra ao Terror uma operação exemplar do poder punitivo, por isso mesmo sem o menor valor militar estratégico. Por último, um lapso de humor negro que Jean-François Bayart deixou escapar, observando que os detentos do Camp Delta também são punidos com uma fila de espera para os interrogatórios, porém poupados de uma outra fila, no Downtown do campo, a do único McDonald's de Cuba.

As zonas de espera que multiplicam tempo morto pelo mundo, imobilizando toda sorte de pessoas (a rigor, ex-pessoas) "em instância" pelos espaços liminares do planeta, são assim verdadeiros *paraísos punitivos*, como denomina Bayart certas "zonas francas da educação" disseminadas por algumas ilhas do Caribe, referindo-se à deslocalização para essa região de instituições socioeducativas especializadas em programas de "modificação comportamental" de jovens americanos. Não é preciso muita imaginação para adivinhar o que se passa nessas escolas onde certamente se ensina a esperar. Do mesmo modo, a associação similar francesa Vagabondage organizava "estágios de ruptura" na Zâmbia. Vai pelo mesmo caminho a escalada das novas disciplinas industriais nas zonas francas que povoam essas beiradas do mundo, por isso mesmo cada vez mais enterradas em seu próprio espaço interno, na medida em que, conforme se alastra a atual maré punitiva, mais se rebaixa o nível a partir do qual se torna natural e aceitável punir, como anunciara Foucault. E recorda agora Martin Mongin, observando o funcionamento dos serviços de segurança nesses espaços ambivalentes – espaços abertos ao público porém geridos por empresas, privadas ou estatais –, onde aos poucos seus agentes acabam atuando no duplo registro da Lei e da Regra, de sorte que "indesejáveis" barrados ou expulsos em virtude da aplicação de um regulamento administrativo são a rigor tratados como se fossem transgressores da lei, de tal forma a autoridade informal anestesiou a percepção pública de tanto "transformar o menor lapso em infração, o menor sobressalto, o menor evento, em um ato de delinquência"[86]. Não é difícil notar que uma zona especial onde se aplica, entre outras disciplinas extralegais, a disciplina da espera é um espaço funcional como esses, açambarcados pela ambígua onipresença de vigilantes. E, como advertiu Foucault – prossegue o argumento acerca dessa contaminação específica do campo social pela lógica punitiva do mundo carceral –, esse amálgama entre o regime da lei e o regime da regra – outro modo de prenunciar a Exceção a caminho –, a crescente legitimidade pelo poder punitivo[87], tende a apagar o que pode haver de exorbitante no poder de punir e, no limite, fazer sofrer exemplarmente.

12

É o que se passa nos territórios da Cisjordânia ocupada, para irmos direto ao mais hiperbólico paraíso punitivo contemporâneo, embora velho de quase meio século, ou mais, dependendo da periodização das sucessivas ondas punitivas que congelaram o tempo naquela descomunal zona de espera. A bem dizer, o povo da Palestina só chegou a constituir-se como povo-nação graças a um conflito que ao longo do tempo converteu-o numa *comunidade de expectativa*. Que o outro lado se empenha metodicamente em frustrar, muito embora seja igualmente comandado por uma mesma lógica, cujo horizonte, no entanto, é de um projeto verdadeiramente apocalíptico, no juízo surpreendente de Benny Morris[88]. Mas essa Grande Espera – que atravessou mais de uma idade histórica, da Era dos Impérios à Guerra Fria, na qual há quem reconheça o último Horizonte de Expectativa de nosso tempo[89] – é o pano de fundo por trás da degradação, do qual devemos

---

[86] Martin Mongin, "Quem nos protegerá de quem nos protege?", *Le Monde Diplomatique Brasil*, n. 6, 15 out. 2009, p. 35.

[87] Com o perdão da redundância, pois há sempre uma usurpação na origem do poder punitivo. Sobre a sua natureza confiscatória, ver Eugenio Raúl Zaffaroni, *O inimigo no Direito Penal*, cit., p. 30.

[88] Benny Morris, "On Ethnic Cleansing" (entrevista a Ari Shavit), *New Left Review*, Londres, n. 26, mar.-abr. 2006, p. 50.

[89] Na opinião nem tão desconcertante assim de Zaki Laïdi, embora, até onde sei, ele seja o único a expressá-la nas categorias consagradas por Koselleck. Cf. Zaki Laïdi, *Un monde privé de sens* (Paris, Hachette/Fayard, 2001/1994), caps. I-II. Procuro

recortar os incontáveis fios de uma outra malha, tecida pelo tormento das pequenas esperas intermináveis num labirinto de filas e controles. Refiro-me à danação em vida que são os *checkpoints* estrategicamente distribuídos pelos territórios ocupados. Numa escala inimaginável de requinte punitivo – em que se faz sofrer para humilhar, e vice-versa –, trata-se de uma inacreditável espacialização de todas as variações possíveis da disciplina da espera, uma quota de tempo morto extraída como um *surplus* de expropriação do tempo de vida de cada um dos "nativos".

Nos territórios ocupados da Palestina, o *checkpoint* tornou-se um verdadeiro sistema de governo das populações de fato cativas – durante os três primeiros anos da Intifada, 85% do povo da Margem Ocidental simplesmente não conseguia sair de suas aldeias em razão do emaranhado de toques de recolher e barreiras de toda sorte. Nas palavras do escritor e ativista Azmi Bishara, "o *checkpoint* confisca tudo o que um homem possui de mais valioso, todos os seus esforços, todo o seu tempo [...] o *checkpoint* é o caos e a ordem, está dentro e fora da lei, opera racionalmente e arbitrariamente, através da ordem e da desordem", até a completa exaustão moral e psíquica dos condenados a transitar por esse labirinto em que a principal arma para entranhar nos derrotados o sentimento da própria humilhação é a espera, e uma espera que não poupa doentes, idosos ou crianças, que pode ser indefinidamente alongada ou subitamente abreviada, segundo comandos cujos critérios precisam permanecer insondáveis – em suma, também aqui queremos que eles sofram, quando mais não seja pelo medo com que nos obrigam a viver[90]. Uma outra amostragem exemplar dessa fusão entre Estado (ocupante) do *Checkpoint* e Zona (ocupada) de Espera, em que o mais corriqueiro deslocamento é sinônimo de espera e imobilização sob um sol infernal, estando o ar-condicionado acintosamente reservado aos estrangeiros, oficiais ou de passagem, encontra-se no já citado livro do arquiteto Alessandro Petti, narrando sua travessia com mulher e filha palestinas naquele pesadelo de ratoeiras interligadas no mesmo propósito de infernizar a vida das pessoas que não poucas vezes se dão conta de estarem andando em círculo. A um certo momento, o autor, sem embargo de sua condição de

---

aclimatar esses juízos acerca da Guerra Fria no estudo "O novo tempo do mundo", publicado neste volume.

[90] Eyal Weizman, *Hollow Land: Israel's Architecture of Occupation* (Londres, Verso, 2007), p. 147-8.

europeu, depois de bloqueado pela enésima vez, confessa ignorar o motivo e muito menos saber exatamente do que está à espera. Uma viagem cujas preocupações óbvias são multiplicadas por uma incerteza estrategicamente planejada: não saber quais são as regras e quem as dita, conclui, é de fato uma forma de governo, cujo conteúdo é precisamente esse vazio que é o tempo de espera. Por outro lado, quando se demora quatro horas para ultrapassar uma faixa de poucos metros, não se pode deixar de pensar que, para além do controle e da segurança, nos defrontamos com o suplemento indispensável, o inconfundível desenho de uma arquitetura punitiva[91]. A Ocupação como peça didática, em cena desde 1967 e cujo refrão é menos o *acordo* extorquido do que a paródia sinistra de uma outra lição: *o importante é aprender a esperar*. Não perdem por esperar, com efeito: possivelmente também era isso o que um especialista no problema dos refugiados palestinos como Benny Morris queria dizer. Problema? Talvez não seja a palavra mais apropriada. Diante da Questão Palestina, não falta quem tenha se dado conta de que o prazo de validade do teorema marxista – a humanidade só se defronta com os problemas que pode resolver – esteja vencido.

13

Segundo o Alto Comissariado das Nações Unidas para os Refugiados, o número de vítimas de deslocamentos forçados beira hoje os 45 milhões, o maior nos últimos quinze anos, alastrando ainda mais uma "crise que se arrasta sem perspectiva de saída próxima"[92]. Imobilizadas na sua grande maioria nos campos da desgraça humanitária, onde realmente se aprende a esperar – e se aprende obviamente sofrendo no vácuo jurídico dessas outras zonas de espera em que a situação de exílio pode se prolongar às vezes por vinte anos. Mas, antes de chegar à estagnação dos campos, a danação da espera acompanha o condenado desde os primeiros passos da imigração, de um modo ou de outro, sempre forçada e, no limite, canalizadora de todas as demais disciplinas constitutivas de mais esta situação liminar em que *flutuam*[93]

---

[91] Alessandro Petti, *Arcipelaghi e enclave*, cit., p. 1-13.

[92] Alexander Betts, especialista na questão dos refugiados, "Viagem sem fim" (entrevista a Carolina Rossetti), *O Estado de S. Paulo*, 26 jun. 2011.

[93] A expressão "populações flutuantes" remonta ao repertório da administração colonial francesa, como relembra Jean-François Bayart, *Le gouvernement du monde*, cit., p. 410,

as populações aprisionadas pelo regime punitivo da *station*[94]. (A expressão francesa empregada por Bayart é mais certeira ao procurar seu alvo, alguém de pé, aguentando até desabar, e o seu conceito, a cuja temporalidade disciplinar estaria sendo submetido, pois não é mais alguém de castigo no canto da sala. Encapuzado e o equilíbrio por um fio, elétrico, já vimos a foto – uma outra extensão do mesmo *continuum* punitivo.) Da aflição mais comezinha de alguém literalmente estacionado diante de um guichê que não abre nunca, ou aleatoriamente, segundo o bel-prazer de um remoto encarregado, até o estado de prontidão permanente à espera de um "passador" ou "coiote", um barco, um emprego, documentos, uma expulsão ou até mesmo um retorno. Com a palavra, um veterano clandestino do Mediterrâneo, o tunisiano Fawzi Mellah:

> Não tínhamos outro jeito senão esperar. Esperar. Um clandestino passa mais da metade de seu tempo (da sua vida?) esperando. A resposta de um passador. A chegada num porto improvisado ou desconhecido. A boa vontade de um contato. O encontro de um amigo. A boa vontade de um empregador *au noir*. Uma anistia. Uma eleição presidencial. A chegada de uma esquerda qualquer no poder. A remoção dessa mesma esquerda do poder. Uma manifestação de intelectuais. Uma ocupação de uma igreja. A

---

quando então se governava por decretos administrativos. Como se há de recordar, segundo Hannah Arendt, esse é um dos laboratórios do cataclismo que se abaterá sobre a Europa de entreguerras, pavimentando o caminho para o horror, a saber, a inclusão também dos bons europeus – este o escândalo, o mais não vem ao caso –, que já "flutuavam", desde o fim da Primeira Guerra e o desmembramento dos impérios continentais, naquela parte da humanidade que seria em breve considerada supérflua e nessa condição pura e simplesmente aniquilada. "Flutuar" voltou a ser prenúncio de naufrágio próximo, não só literalmente na travessia do Mediterrâneo, mas sobretudo de encalhe nos campos europeus de retenção, onde apodrecem as primeiras ondas de imigração empurradas pela Primavera Árabe dos primeiros meses de 2011, por exemplo na terra de ninguém entre a Itália e a França. Assim, o enviado de *O Estado de S. Paulo* à Ventimiglia encontrou muitos jovens que foram às ruas derrubar o regime de Ben Ali na Tunísia e descobrem que na Europa não são nada, além de indesejados e sem direitos, punidos duas vezes por não terem trabalho. Cf. Jamil Chade, "Imigrantes enfrentam fim do sonho europeu", *O Estado de S. Paulo*, 1º maio 2011, p. A18. Vivendo ao deus-dará, depois de arrancados à força dos trens por policiais armados, submergem por fim no terrível aprendizado da espera num limiar: dormindo há 43 dias na estação, um desses desmobilizados da revolta árabe disse ao repórter que estava contando o tempo de espera, para no futuro ser indenizado. Seja como for, um passo à frente se comparado ao camponês kafkiano envelhecendo diante da Lei sem ao menos contar os anos parados.

[94] Jean-François Bayart, *Le gouvernement du monde*, cit., p. 418.

expulsão... Em suma, dizia há pouco que não se pode falar de futuro com pessoas que vivem uma temporalidade feita de pequenos futuros imediatos; preciso acrescentar agora que muito menos se trata de futuro para pessoas que empregam o essencial do seu tempo esperando que alguma coisa ocorra.[95]

Ou ainda, agora alguém *estacionado* no Marrocos: "Em Tânger, vivemos com o celular na mão à espera do anúncio de que um depósito bancário foi feito, permitindo a travessia". A mesma coerção – que expropria, explora ou desemprega e por fim expulsa – conjuga imigração e espera clandestina, tornadas consubstanciais pela ação de um poder a um tempo gerencial e punitivo, que se manifestará em sua plenitude nessas zonas liminares de imobilização e espera que estamos percorrendo, do cárcere ao campo humanitário, passando pelo filtro da imigração forçada[96].

---

[95] Ibidem, p. 413.

[96] Devemos deixar para outra ocasião o estudo da condição liminar das grandes periferias urbanas do mundo, e seu encadeamento, no coração do argumento de Wacquant, ao longo do *continuum* prisão-gueto. É que a disciplina da espera num cárcere a céu aberto, como costumam ser descritas aquelas áreas de contenção permanente, particularmente em países, digamos, intermediários, cujo novo "regime de historicidade" ainda não se configurou por extenso, não pode deixar de ser modulada por uma outra temporalidade disciplinar, mais abrangente, no caso, que se poderia denominar propriamente "nacional". As aspas para sugerir que as nações, sobretudo se têm a mesma idade do capitalismo moderno – como é, por exemplo, o nosso caso, o que restou na praia no refluxo de uma expansão econômica ultramarina inédita –, são as primeiras sociedades orientadas para o futuro, além do mais aquecido por um antagonismo social, por assim dizer, de raiz, colonial, no caso. Afinando o esquema famoso de Benedict Anderson, ganham ao ser redefinidas como *comunidades imaginadas de expectativas* – como evocado páginas atrás. Por esse prisma, desbanaliza-se o estereótipo do país do futuro, além de se deixar aparecer o teor distópico da percepção de que o futuro finalmente chegou por entre os destroços do presente. Também se destriviliza a percepção bipolar de que o horizonte (nacional? de classe? no centro? na periferia?) ora se encolhe, ora se dilata. Expectativas são frustradas diferencialmente, bem como as explosões de impaciência. Para não falar das sucessivas ondas punitivas em países em que governar sempre foi antes de tudo mandar prender. Não dá para dizer que nos guetos-cárceres periféricos a disciplina da espera se ensina e se aprende do mesmo jeito. E por aí iremos decerto até nos depararmos, por exemplo, com as medidas socioeducativas em meio aberto destinadas precisamente a imobilizar grupos sociais inteiros ditos de risco ou em situação de vulnerabilidade, como no caso do projeto Promenino, da Fundação Telefônica, analisado por Acácio Augusto, "Para além da prisão-prédio: as periferias como campos de concentração a céu aberto", em Pedro Vieira e Vera Malaguti Batista (orgs.), *Depois do grande encarceramento*, cit., p. 178-9. Em todo caso, resta que são punidos pela espera que justamente os aparta,

Por fim, a paralisia dos campos de refugiados, onde a liminaridade é maldita, nas palavras do antropólogo Michel Agier[97], que passamos a acompanhar nessa última vaga da maré punitiva global, o tempo morto da anulação total das expectativas[98]. No epicentro das levas sucessivas de refugiados, invariavelmente um ato de violência. Volto a lembrar que as guerras hoje são *intervenções restauradoras da ordem*, o que explica seu viés punitivo recorrente. A coerção permanente depois faz o resto; e como poderia ser de outro modo, pois se trata de confinar? E comprimir uma humanidade

---

pela condição liminar em que estão encerrados, de uma outra Grande Espera ainda por definir. Vão na mesma direção as observações de Thiago Rodrigues sobre São Paulo, "cidade sem horizonte, em que os olhos se perdem em periferia", quer dizer, metáfora, aliás exata, à parte: "A periferia deve ficar onde está e as pessoas que nela vivem também [...] [Entenda-se] são milhões que não devem ser eliminados, mas retidos, observados, docilizados". Em suma, governados. Modulando-se coerção e cuidado, também se encaminham expectativas onde não há horizonte. Seja como for, uma proeza gestionária, inclusive por sedentarizar uma população que é puro movimento, em todos os sentidos. Cf. Thiago Rodrigues, "Tráfico e campos de concentração", *Sexta-Feira*, São Paulo, Editora 34, n. 8, nov. 2006, p. 132-8.

[97] Michel Agier, *Aux bords du monde, les réfugiés* (Paris, Flammarion, 2002), cap. 17. "Os deslocados se instalam nas bordas das cidades. É a liminaridade que une todas as situações de êxodo, nas periferias urbanas dos países pobres como nos campos. Ela é ao mesmo tempo o fundamento do campo enquanto ato de deixar à espera e afastado da sociedade e o próprio lugar dos removidos e refugiados autoinstalados, no sentido em que permanecem em zonas periféricas de ocupação provisória ou ilegal. Nada pode se consumar totalmente nesses contextos, o inacabamento dos processos de integração lhes é consubstancial, a quarentena é o seu horizonte. [...] Os campos se encontram fora dos lugares e das temporalidades do mundo comum, ordinário e previsível. Eles vivem num regime de exceção normalmente reservado a uma margem, a uma borda do mundo, mantido bem à distância" (ibidem, p. 66).

[98] Quem assim se exprime é o já citado estudioso das situações de imigrações forçadas, Alexander Betts, ao ouvir de um refugiado somali, enclausurado por uma situação de dependência total das "instâncias" humanitárias e congêneres desde 1989 num campo de Djibuti: "Pessoas não podem viver só de comida e água. Esperança é o que nos mantêm vivos". Um artigo de luxo não previsto por Enzensberger, embora para tais náufragos do tempo liminar se trate de um gênero de primeira necessidade e não de uma trivialidade servida em sermão dominical. De resto, a ambição daquele refugiado era bem precisa: debaixo da sua lona preta – uma outra situação liminar há mais de vinte anos na frente da nossa porta –, desde que assumira o papel informal de professor com duas lousas improvisadas, apenas desejava para os seus alunos que tivessem a esperança, que ele nunca teve, "de um dia ser outra coisa na vida que não somente um refugiado". Cf. Carolina Rossetti, "Viagem sem fim", *O Estado de S. Paulo*, cit. *Fosse um campo livre que se abrisse, certamente se ouviria a esplêndida batida na porta.*

residual que estorva. Uma vez passada a urgência, que é o tempo humanitário real, segue-se a gestão do estado de insegurança permanente em que passam a viver os indivíduos assistidos, em torno dos quais o deserto social cresce, fora da lei ordinária dos humanos. Ato de violência, portanto, essa entrada brutal num estado de flutuação liminar, como Agier denomina a condição do refugiado, este ser à deriva e à espera que nada mais possui a não ser a crueza elementar de sua própria vida biológica. Que certamente Agamben poderia então chamar de *vida nua,* e Agier confirma que é disso mesmo que se trata. Como refugiado, em princípio está sempre aguardando alguma coisa. Temporariamente abrigado naquelas remotas salas de espera nas beiradas do mundo, não pode sequer procurar algum trabalho na região em volta, para, afinal, quem sabe, "ganhar" a vida, vida que de resto lhe é "dada" pelo dispositivo humanitário operando no local. Mas a vida que lhe é dado viver é exatamente essa "vida nua" revelada pelo descompasso entre a existência social e política anulada pelo confinamento compulsório e os mínimos vitais que lhes são contudo dispensados – proteção, alimentação, saúde. Enquanto espera imobilizado num campo, o refugiado por certo "vive", mas não "existe" mais. Tampouco seus guardiães (por volta de 500 mil na ativa hoje em dia), que trabalham para assegurar a disciplina da espera, ou melhor, que só estão naqueles confins porque se trata precisamente de um trabalho, *o trabalho da intervenção humanitária,* aliás rigorosamente contemporâneo da correspondente profissionalização da guerra. Mas urgência é urgência: todo esse trabalho é precário por definição, uma chance ocasional sem amanhã, salvo a renovação dessa emergência perpétua, numa palavra, tanto para os operadores dos campos quanto para a massa dos seus habitantes, mais uma vez, *a espera é a única urgência,* na fórmula de Bayart.

A expressão de Marc Agier, "náufragos da liminaridade", caracteriza a condição em que foram lançados todos esses indivíduos enxotados pela desgraça social – sem Estado, sem lugar, sem função, fora não dessa ou daquela lei, desse ou daquele país, mas da lei como tal, são proscritos e fora da lei de um novo tipo. São produtos – conclui Bauman, que estava começando a citar – do que ele mesmo, Bauman, denominou *global frontierland,* algo como uma terra de ninguém que vai se expandindo à medida que se desmancha a Era do Espaço que acompanhou a formação da economia-mundo do capitalismo histórico, uma erosão sobretudo interna, e não apenas confinada aos territórios exteriores submetidos ao flagelo das novas guerras, sejam elas de intervenção dos Estados hegemônicos ou de apropriação direta por milícias interpostas[99]. Pois é nessa terra de fronteira que caracteriza o espaço do novo tempo do mundo, sem jamais se saber ao certo se tal condição é transitória ou permanente, que se encontram atolados esses foras da lei de um novo tipo, sendo além do mais da natureza dessa nova fronteira impor àqueles que transitam por essas margens internas uma espera também nunca vista desde que se erguem barreiras para subjugar os que caíram em desgraça, inculcando-lhes de quebra uma *impaciência apassivadora*, que corrompe sem fermentar. Debaixo da lona, uma espécie de peregrinação que é pura "estação": "Mesmo que fiquem parados num lugar por algum tempo, estão numa jornada que nunca chega ao fim, já que seu destino (de chegada ou de retorno) permanece eternamente inacessível"[100]. Voltaremos ao ponto. Não escapou igualmente a Bayart o paradoxo dessa espera em movimento – a espera no limiar do globo não é apenas estagnação, mas também movimento, e integração subordinada antes que exclusão ou marginalidade –, mas agora incluindo nessa condição liminar, que produz igualmente relações sociais, ainda que temporárias e hierárquicas, no deslocamento permanente dessas populações flutuantes e transitivas da *frontier*, o nomadismo dos contrabandistas e demais contraventores fiscais[101]. Por onde se vê mais uma vez – continua o nosso autor – que, independentemente do que se espere, e tal é também o caso do trabalhador imigrante clandestino, todo movimento de espera em situação liminar encontra-se intimamente imbricado no e com o Estado. Vem daí o viés punitivo onipresente. E o rosário de violências que se sabe. Sobre o limiar em que se vê lançada a vida nua desses homens e mulheres lentos, embora se deslocando de ceca em meca, inclusive pelos recantos mais inóspitos de assentamentos que valem por uma conurbação, paira uma nova e espessa invisibilidade, acrescenta nosso autor, recobrindo toda sorte de punições arbitrárias, injúrias, pancadas, nudez, privação de alimento, abstinência sexual etc. Definitivamente não se inventou nada de novo em Abu Ghraib, apenas um outro centro mais espetacular de retenção numa *global frontierland*. Lá não se punia por petróleo, mas para fazer sofrer e... aprender a se pôr no seu lugar.

---

[99] Zygmunt Bauman, *Society under Siege* (Cambridge, Polity, 2002), cap. 3, e, do mesmo autor, *Vidas desperdiçadas*, cit., p. 95-6.

[100] Ibidem, p. 96.

[101] Jean-François Bayart, *Le gouvernement du monde*, cit., p. 424.

É claro que a fórmula "náufragos da liminaridade" não se aplicaria sem despropósito aos agentes encarregados de resgatar sobreviventes e afogados, mas não deve ser implausível a suposição de que padeçam, igualmente submersos naquele oceano de vítimas, do mesmo mal que os corrói, algo como o trabalho atroz do inumanitário, se for possível falar assim[102]. Comprimidos entre a urgência e a espera, estão de fato envolvidos no trabalho execrável de gestão, por certo humanitária, de populações sem caminho de volta, as mais indesejáveis do planeta – impossível desconhecer que a rejeição delas é irreversível. Acresce que integram o poder constituído do campo. A boa marcha dessa quarentena infinita requer assim, além de um dispositivo alimentar e sanitário, a presença de um poder de polícia. Toda urgência institui um novo poder de polícia. Como todo universo de confinamento segregador, um assentamento precário de milhares de "internos", onde vigora além do mais um regime suspensivo inerente àquela situação de exceção alimentada pela emergência, encontra-se às voltas com todo tipo de turbulências, que demandam um serviço permanente de ordem e, por assim dizer, "lei", ou melhor, "regra". Um princípio securitário de ordem, assegurado por uma polícia encarregada antes de tudo de sustentar o poder imediato das organizações internacionais sobre a vida dos "viventes" reagrupados no campo. Senso comum, mas nem tanto. Em princípio um campo de refugiados situa-se no extremo oposto de um campo de prisioneiros, ou pior, de concentração. E no entanto, observa Agier, vê-se a mesma contingência de instituir como naqueles um quadro igualmente rígido de comando – no limite, rapidamente alcançado no instante mesmo em que a urgência explode –; chega-se à conclusão de que o socorro humanitário só é eficaz se implicar, sem maiores mediações, uma ordem policial. Um elo afinal na grande segregação planetária, a guetoização avançando pelos dois extremos, a voluntária, em que se imobilizam as elites cinéticas, a coercitiva-punitiva, em que a ralé mundial vai aprendendo a esperar, em movimentos erráticos ou em filas estacionárias.

---

[102] Amalgamando os respectivos raciocínios de Joseph Torrente, "Travail et banalité du mal", *Revue d'histoire de la Shoah*, Paris, n. 175, 2002, amplamente comentado no estudo "*Sale boulot*" (publicado neste volume) e em Bernard Doray, *Le taylorisme, une folie rationnelle?* (Paris, Dunod, 1981).

14

O tempo morto que a onda punitiva contemporânea arrasta consigo, sendo antes de tudo um tempo de espera em ponto morto, um tempo de expectativas decrescentes – como de resto seu duplo "em tempo real" –, um contratempo perene chumbando nos espaços liminares uma população idem, sendo portanto um tempo de todas as exceções, é no limite um tempo essencialmente administrativo, próprio de um Estado, ao seu modo peculiar, Social e colonizado pelo seu braço penal – como vimos Wacquant demonstrar em toda sua extensão. Como se trata de punir pela espera – literalmente um *choque*, por isso mesmo embalado pela frase feita da estupidez governante, "choque de gestão", mais do que um rótulo roído até o osso, uma ameaça que lá embaixo todos entendem –, Jean-François Bayart também pode afirmar que, em larga medida,

[a] espera constitutiva da experiência liminar é fruto da ação burocrática: a fila diante dos guichês de cadastramento ou dos controles da polícia; a esperança de que o cargueiro enferrujado engane ou se arranje com a vigilância da guarda costeira; a espera na fila do direito de asilo que os funcionários recusam durante meses ou anos; ainda a fila, à hora das refeições, diante do caldeirão de sopa da administração humanitária dos campos ou num abrigo de resgatados do mar.[103]

Novamente o sopro profético da grande espera kafkiana não deixa de enregelar, não obstante o abismo histórico entre uma e outra espera. Aura metafísica despistadora a menos, o mesmo cerne jurídico-administrativo--punitivo, encardido pela latente onipresença de forasteiros espezinhados batendo à porta e cuja vida é "um chegar a vida toda", como mostrou Günther Anders, que não poderia definir melhor o universo liminar cuja travessia infindável também se apresenta como a soma de esforços inúteis para chegar a um Além (outra vez Anders), que "não é o futuro nem o mundo de amanhã, mas o mundo *existente*". Não é preciso ir até o *Castelo*, ou se emaranhar no labirinto processual da exceção jurídica acintosa; basta lembrar do destinatário da Mensagem Imperial, "o súdito lastimável, a minúscula sombra refugiada na mais remota distância diante do sol imperial"[104], e também de como "são vãos os esforços" do portador daquele mítico bilhete de ingresso:

---

[103] Jean-François Bayart, *Le gouvernement du monde*, cit., p. 426.

[104] Franz Kafka, *Um médico rural* (trad. Modesto Carone, São Paulo, Brasiliense, 1990), p. 39.

Continua sempre forçando a passagem pelos aposentos do palácio mais interno; nunca irá ultrapassá-los; e se o conseguisse nada estaria ganho: teria que percorrer os pátios de ponta a ponta e depois dos pátios o segundo palácio que os circunda; e outra vez escadas e pátios; e novamente um palácio; e assim por diante, durante milênios.

O tempo morto – que vai se depositando no centro imóvel do redemoinho contemporâneo – é um ricochete gerado pelo abrir e fechar das comportas de controle estatal (ou agências terceirizadas a que se delegou poder coercitivo) dos fluxos perniciosos, a aluvião tóxica de encarceráveis, refugiados, imigrantes, guetoizados, clandestinos do trabalho etc., basicamente efeito do controle desses fluxos que geram insegurança. Recapitulemos por outro ângulo nosso motivo de fundo, a saber, que a onda punitiva sobre cuja crista se dá a ascensão do Estado Penal/Social é uma resposta ao crescimento da insegurança social.

15

Com efeito, a disciplina da espera que pune pela imobilização a irregularidade das populações liminares – sendo o admirável mundo novo do trabalho redisciplinado o maior sorvedouro dessa liminaridade a ser regulada – integra um dispositivo de governo, seja na acepção de Bourdieu/Wacquant que se viu, seja na redescrição de Foucault, o Estado governamentalizado, assentado sobre o tripé população, economia política e segurança, no interior do qual se desenrola toda a nova economia da violência que dá régua e compasso à virada punitiva de agora. E se é verdade que se governa conduzindo condutas, se procurarmos certamente iremos encontrar incontáveis zonas de espera na intersecção de contato entre o governo dos outros e o governo de si – com a diferença de que não se cuida mais de si quando historicamente a espera deixa de ser um horizonte, e o seu aprendizado, sofrido como um suplício. Ou melhor, quando o horizonte contemporâneo tornou-se nada mais, nada menos do que a *securização* de um risco permanente e incontornável, contra o qual toda *precaução* é pouca, como também se viu. A contenção punitiva, e seu arsenal disciplinar, é o espasmo contínuo acionado por todo um sistema de alertas pelo qual se deixa reconhecer a "governamentalidade securitária" na qual ingressamos e cuja razão de ser, na boa explicação de Frédéric Gros, é o controle, a redução ou a eliminação de todos os riscos de agressão incorridos não por sujeitos de direito, mas por indivíduos considerados na sua exclusiva dimensão de seres vivos, onde direitos e deveres contam menos que os pontos de vulnerabilidade a proteger por medidas de precaução, ou pontos de defesa vital a serem otimizados[105]. Governa-se, continua nosso autor, fundamentalmente uma única comunidade de viventes integrados por uma série de continuidades, a começar pelo *continuum* punitivo-securitário privilegiado por Wacquant, estendendo-se do policial-carcerário ao militar; o das ameaças, do risco alimentar ao risco terrorista; o da violência, da catástrofe natural à guerra civil; o da intervenção, da agressão armada contra um Estado pária ao socorro humanitário; enfim, o *continuum* das vítimas, do refugiado em estado de choque ao menor abusado. A insegurança a que se responde recobre assim o inteiro mundo dos organismos biossociais semoventes, do vírus ao atentado, da sexualidade ao meio ambiente. A resposta punitiva à insegurança social justamente insere a população liminar, sobre a qual incide preferencialmente, nesse grande quadro do governo segundo a lógica da intervenção ativa guiada pela racionalidade sumária do risco, que engloba num só alvo, por exemplo, delinquência, doença e subemprego. Não será exagero, portanto, assinalar o viés de contenção punitiva na neblina que está baralhando todas as distinções clássicas, como na confluência militar--humanitária ou penal-social com as quais já nos deparamos ao longo dessa digressão. "A polícia e o exército, a diplomacia e as empresas privadas de segurança, mas também a medicina e as agências humanitárias, os centros de saúde pública e os laboratórios privados, todos conspiram num mesmo esforço de securização do indivíduo."[106]

E o fazem por meio de um número crescente de intervenções – e precisamente a punitiva é a mais espetacular delas –, invariavelmente orientadas pelo onipresente princípio de precaução, à sombra do qual se multiplicam, em nome da missão protetora de um Estado cada vez mais preventivo, responsabilizações individualizadas de toda sorte, cujo ponto culminante é a vigilância exercida pelo próprio indivíduo sobre si mesmo, que assim se autogoverna. "O sistema geral de vigilância é assim assumido por um estado de vigília individual, uma tensão permanente, que cada um tome suas precauções, contribuindo para a segurança de todos pela generalização desse

---

[105] Frédéric Gros, *États de violence: essai sur la fin de la guerre* (Paris, Gallimard, 2006), p. 215-43. Ver ainda do mesmo autor, "Le management sécuritaire", *Le Monde*, 20 nov. 2010, p. 16.

[106] Idem, *États de violence*, cit., p. 236.

estado de alerta permanente."[107] Qualquer desvio será "punido" e corrigido por uma intervenção restauradora: antepondo-se a perigos, *intervenções não criam nem instituem nada*, seus agentes devem portanto acionar "dispositivos de ameaças ativas que permitam afastar de maneira contínua perturbações potenciais", e afastá-las em última instância de pessoas tomadas em sua exclusiva condição de seres vivos. Todos estão, assim, em permanente estado de alerta, intervindo: policiais, militares, psiquiatras, humanitários etc. Das populações à informação, tudo é fluxo a ser controlado, tudo é objeto de segurança: alimentar, sanitária, energética etc. Assim sendo, a resposta penal maximizadora da insegurança social é uma intervenção entre outras, estratégica sem dúvida, mas é bom não esquecer que o fluxo de populações liminares que ela regula comporta todas as demais ramificações, da sanitária à humanitária. Mas também não é menos evidente a percepção de que a onda punitiva, tanto a concentrada quanto a difusa, só se impõe como uma reviravolta histórica a partir do momento em que o vínculo político, a legitimidade da autoridade estatal, é apagado pelo nexo da vigilância que integra o indivíduo vivente a todo um sistema de segurança.

Tudo isso dito e resumido porque, segundo nosso autor, a guerra tal como a conhecemos – como conflito armado, público e justo, na definição clássica de Alberico Gentili – está se apagando lentamente, suplantada pelos estados de violência que desde então se abriram diante de nós, regulados por processos securitários que apenas prometem diminuir os riscos e perigos de uma interminável cadeia de violência que dos vírus e micróbios remonta até a proliferação nuclear, passando pelos maus fluxos das populações irregulares, por isso mesmo direcionadas para as zonas de espera da vida, margens asseguradas pelo mesmíssimo sistema securitário onde os estados de violência podem então escalar livremente. A segurança como sistema onipresente de proteção se reproduz em cada um dos assegurados centrais como *ethos* da precaução, e nos demais, flutuando nos espaços liminares, se traduz como a disciplina da espera que imobiliza os portadores daqueles riscos e perigos que se trata de expelir. A onda punitiva que nos ocupou até aqui é assim coextensiva a esse estado de violência regulado pelo novo *management* securitário. O tempo morto da onda punitiva é o tempo ora morno, ora vertiginoso do estado de alerta indefinido que veio substituir o tempo descontínuo do perigo de guerra que antes mobilizava a nação –

---

[107] Ibidem, p. 235.

adaptando ao nosso argumento as distinções preciosas de Frédéric Gros –, em seguida, o tempo continuamente ameaçador da destruição mútua assegurada pela guerra nuclear absoluta. Perigo, ameaça e risco: outros três horizontes de expectativas, em escala histórica decrescente, cada um dotado de um regime de espera específico. No antigo regime da espera, a guerra podia ser um sinal da virada: nas intervenções militares de hoje são outros tantos sinais da virada punitiva em curso.

16

O *sinal da virada*, com efeito. Deve ter havido um tempo em que:

Saltávamos como crianças, nem sempre de susto, assim que a campainha soava. Seu som rasga a sala silenciosa e oca, especialmente ao anoitecer. Talvez agora tenha chegado aquilo que obscuramente se tenha em mente, aquilo que procuramos e que, por sua vez, procura a nós. Sua dádiva transforma e melhora tudo, traz novo tempo. O som dessa campainha permanece em cada ouvido, associa-se com todo chamado agradável vindo de fora.

Se houve, de fato faz muito tempo mesmo. Um contemporâneo – não necessariamente cínico – se perguntaria de que estrela já extinta estaria chegando essa mensagem incompreensível, mesmo se sua expectativa ao toque do interfone não se limite ao entregador da farmácia. Quando Ernst Bloch escreveu essas linhas[108], a campainha podia muito bem anunciar uma visita da Gestapo e no entanto, por maior que fosse a escuridão do momento presente – nada garantia que o novo tempo não fosse o princípio do tempo do fim –, seu teorema de abertura poderia ser tudo menos uma receita para se vender esperança em lata. Só a cegueira terminal de hoje acredita já ter visto e ouvido tudo[109]. Mas não a dupla surpresa – quem sabe, se o torpor não for absoluto – ocasionada por uma frase, que, na mais completa

---

[108] Ernst Bloch, *O princípio esperança* (trad. Nélio Schneider, Rio de Janeiro, Contraponto, 2005), v. 1, p. 48.

[109] Os mesmos cuja afetação chega por vezes ao extremo de evocar, certamente em vão, o nome de Proust, sem no entanto jamais alcançar distinguir no som da campainha de Bloch, que rasga a sala silenciosa e oca ao anoitecer, anunciando o "grande despertar" que está vindo, o mesmo "tilintar álacre, ferruginoso, interminável, agudo e claro da sineta", do jardim de Combray, que repercute no Narrador como um outro sinal da virada, a redescoberta do tempo que chegara a julgar irremediavelmente perdido. Ver Marcel Proust, *Tempo redescoberto* (Rio de Janeiro, Globo, 2012, selo Biblioteca Azul).

contramão de tudo o que se disse até agora, recomenda o contrário com as mesmas palavras de sua antípoda. *O que importa é aprender a esperar*, afirmava Bloch em 1938, quando a rigor ninguém esperava mais nada, salvo o pior. A essa altura não vou, é claro, reapresentar a política do sonhar-para-a-frente preconizada por Bloch, porém sonhar acordado, lembrando que o sonho diurno não pede interpretação, mas reclama secretamente a transformação do mundo; tampouco sua lógica não menos onírica, "A ainda não é A"; muito menos sua antropologia utópica, em que um ser nascido prematuro é caracterizado por um afeto de expectativa na origem de uma consciência antes de tudo antecipatória; ou ainda sua filosofia da experiência da história, na qual desaba a compartimentação entre futuro e passado, no qual, por sua vez, o futuro que ainda não veio a ser torna-se visível, enquanto o passado, vingado e herdado, mediado e plenificado, torna-se visível no futuro etc.[110] Basta lembrar – mais para constar, pois é duvidosa sequer sua compreensão verbal da parte dos nativos do presentismo contemporâneo – que, para esse filósofo de uma outra Era, o ato de esperar não paralisa nem resigna, muito menos é fonte banal de ressentimento pelo atraso intolerável etc. Agora seria o anacrônico Bloch, encalhado no tempo em que o afeto na espera ampliava as pessoas, em vez de estreitá-las, que não entenderia mais nada.

17

Para agravar e melhor ilustrar esse notável curto-circuito em torno da inversão de sinal da espera como disciplina e aprendizado, seria o caso de convocar uma outra circunstância histórica de positivação da *necessidade de esperar*, reconstituída por Zygmunt Bauman numa breve digressão sobre o sentido moderno da "procrastinação"[111]. Remontando à raiz latina da palavra – o *cras* quer dizer "amanhã", porém um amanhã suficientemente elástico para incluir o "mais tarde" do futuro, o *crastinus*, por sua vez, é o que pertence ao amanhã –, relembra que "*pro*-crastinar" é "pôr alguma coisa entre as coisas que pertencem ao amanhã". Em resumo, procrastinar "é manipular

---

[110] Fora do círculo cada vez mais restrito de especialistas, para quem está ouvindo falar de Bloch pela primeira vez no atual deserto de tudo, recomendo o pequeno livro de iniciação de Suzana Albornoz, *O enigma da esperança: Ernst Bloch e as margens da história do espírito* (Petrópolis, Vozes, 1999).

[111] Zygmunt Bauman, *Modernidade líquida*, cit., p. 178-81.

as possibilidades da *presença* de uma coisa, deixando, atrasando e adiando seu estar presente, mantendo-a à distância e transferindo sua imediatez".

Mal começamos a reconhecer o terreno familiar, outra inversão de sinal: "Contra uma impressão que se tornou comum na era moderna, a procrastinação não é uma questão de displicência, indolência ou lassidão; é uma posição *ativa*", prossegue Bauman. Nova viragem, igualmente positivadora, desta vez apontando para um processo de subjetivação incipiente que, ao se completar, já na forma de uma prática cultural, assinala a entrada em cena dos tempos modernos, entendamos, um novo significado do tempo, do tempo que tem história, que é história, um tempo que em princípio está "viajando", no caso, em direção a outro presente distinto, e mais desejável, do que o presente vivido agora.

Voltamos a respirar uma atmosfera familiar, pois a procrastinação assim entendida "deriva seu sentido moderno do tempo vivido como uma *peregrinação*". Obviamente grifo meu. Uma idade histórica à frente, os espaços liminares que se viu foram percorridos como uma peregrinação-expiação, não como um movimento que se aproxima de um porto seguro, mas como um horizonte sem fim, que mais se afasta quanto mais nos aproximamos. Em ambas as circunstâncias, separadas no entanto pela mutação que se sabe, "viver a vida como uma peregrinação" transcorre em direções opostas, ou melhor, na sua segunda idade, já não há mais nenhuma progressão. Ao passo que no tempo vivido como uma peregrinação – uma *jornada*, para todos os efeitos –,

cada presente é avaliado por alguma coisa que vem depois. Qualquer valor que este presente aqui e agora possa ter não passará de um sinal premonitório de um valor maior por vir [...] a tarefa do presente é levarmos mais para perto desse valor mais alto [...] o sentido do presente está adiante; o que está à mão ganha sentido e é avaliado pelo *noch-nicht-geworden*, pelo que ainda não existe.

Viver a vida como peregrinação está longe, portanto, de ser uma via de mão única. "Obriga cada presente a servir a alguma coisa que ainda-não-é, e a servi-la diminuindo a distância, trabalhando para a proximidade. Mas se a distância desaparecesse e o objetivo fosse alcançado, o presente perderia tudo o que o fazia significativo e valioso." Pensando melhor, se assim for, a imagem gasta do horizonte que se afasta quanto mais nos aproximamos dele torna-se pertinente sob nova luz. É a ideia mesma de Horizonte de Expectativa, formulada por Reinhart Koselleck, nos termos que se viu, e tanto mais palpável como parâmetro do que se deve compreender como regime histórico moderno quanto mais se afasta do Espaço de Experiência, porém sem ruptura total, sob pena de desorientação ou delírio voluntarista.

Sem prejulgar em favor das alternativas em disputa, não é difícil perceber que um século atrás o falso dilema Reforma ou Revolução – para ficar no campo socialista – girava em torno desses polos conceituais: ou o Movimento é tudo, ou só o desfecho conclusivo é o enigma resolvido de toda a jornada da humanidade, sua travessia do reino da necessidade rumo à liberdade.

Retornando à reconstituição de Bauman, sobressai a racionalidade específica privilegiada pela vida do peregrino – nem instrumentalmente rasa, colada à duração presente, nem absoluta, brilhando apenas ao termo apoteótico da jornada –, a saber: essa racionalidade híbrida, da qual decerto não teremos mais notícia, leva o peregrino

> à busca dos meios que podem realizar o estranho feito de manter o fim dos esforços sempre à vista sem nunca chegar lá, de trazer o fim cada vez mais para perto, mas impedindo ao mesmo tempo que a distância caia para zero. A vida do peregrino é uma viagem em direção à realização, mas a "realização" nesta vida é equivalente à perda de sentido.

Só que esse sentido não pode sobreviver à chegada ao destino. Foi quando o futuro basculou de um só golpe no deserto do presentismo atual, arrastado pela Queda do Muro – passando agora para o campo do capitalismo vitorioso: o teor de verdade do livro de Fukuyama, que afinal renegou por falta de fibra para sustentar a nota, reside na visão de que algo de substantivo na experiência da história desmoronou junto, arrastado pela queda, daí a figuração do "último homem" se debatendo no formalismo de um domingo sem dias úteis, pois no mundo do trabalho dominado só há festa na exceção. Seja como for, aquela avalanche não soterrou pouca coisa – sobretudo, a real matriz prática de todo esse redesenho do regime temporal da modernidade capitalista, no limite *a acumulação interminável como procrastinação*, e seu duplo antagônico, o socialismo como movimento antissistêmico igualmente ambivalente até a medula, a saber, a jornada *do* trabalho, não só contraída até sua menor célula fabril, mas distendida até o extremo limite de uma metáfora de época.

Aqui a escola onde realmente se aprendia a necessidade de esperar. A radiografia padrão do desarranjo radical dessa unidade básica do capitalismo moderno – a jornada de trabalho – encontra-se, como sabido, no livro de Richard Sennett sobre as consequências pessoais do trabalho no novo capitalismo[112]. Unidade de medida de tempo, basicamente: um tempo ativo e cumulativo, do qual obviamente não se tem mais notícia, para não falar em experiência, a começar pela do longo prazo e todo seu cortejo de vínculos impensáveis numa "sociedade impaciente". Embora aprisionada pela alienação – ou justamente por isso –, uma vida de trabalho era a seu modo uma peregrinação, em todos os sentidos, seminal. A disciplina do fluxo a curto prazo – a violência mesma do tempo da urgência – acabou impondo a uma vida de trabalho narrável uma segunda alienação, se é que se pode falar assim, o desconjuntamento de uma deriva (*drift*), um mosaico de mudanças sem antes nem depois. Talvez seja mais do que uma ironia crucial o destino compartilhado pelo homem do trabalho flexível retratado por Sennett, à deriva num mar de insignificâncias, e o barco literalmente na mesma condição de navegação a esmo dos novos peregrinos perdidos no mar. Ironia suplementar, a observação de Sennett acerca da "acumulação de tempo" no antigo capitalismo, escorado por sindicatos e previdência própria: quando então o tempo era o único recurso que os que estavam no fundo da sociedade tinham de graça. Qualquer que seja, no entanto, o fio por onde se puxem essas vidas vividas como peregrinação, resta que a jornada (entre tempos, lugares, classes sociais etc.) é uma experiência crucial geradora de significação – e que foi essa forma histórica que se desmanchou com a grande mutação presentista de nossa época. Entre parênteses: só para que se possa avaliar a magnitude dessa matriz, hoje avariada, basta lembrar, toda jornada exigindo uma "explicação", que não são poucos nem desimportantes os antropólogos que situam o enigma da jornada do nascimento à morte na origem das religiões[113].

---

[112] Cf. *A corrosão do caráter* (trad. Marcos Santarrita, 15. ed., Rio de Janeiro, Record, 2010). Na edição original, *The Corrosion of Character: The Personal Consequences of Work in the New Capitalism* (Nova York/Londres, Norton, 1998). Significativamente, a tradução brasileira encontra-se na 15ª edição. Sua recepção tornou-se ela mesma um sintoma.

[113] Ver a respeito Benedict Anderson, *Nação e consciência nacional* (trad. Lólio Lourenço de Oliveira, São Paulo, Ática, 1989), para as "jornadas da imaginação" na genealogia da ideia moderna de nação. À qual se poderia acrescentar outra jornada não menos evidente em sua dimensão épica, o *romance*, que o século XIX reinventou e deságua na peregrinação de toda uma vida num só dia na Dublin de Joyce. Como dizia Lukács, no hoje longínquo *A teoria do romance*, "tudo isso tem de vir de algum lugar e ir para algum lugar" (trad. José Marcos Mariani de Macedo, São Paulo, Duas Cidades/Editora 34, 2000, p. 130). Não custa lembrar também – sempre

Como ficamos? Pelo menos em condições de rever por este ângulo o paradoxal movimento imobilizador das populações liminares através das zonas de espera do capitalismo global, a saber, como *peregrinações nas quais se está de fato reaprendendo a esperar* – seja qual for o teor ocasional de cada expectativa em particular. De um modo ou de outro, será sempre oportuno relembrar – de novo na esteira de Jean-François Bayart – a circunstância de que, historicamente, toda experiência liminar é indutora de processos de subjetivação. Foi assim, para dar um exemplo maior, com os primeiros "portadores" de uma escolha de conduta de vida "cristã" entre escravos, libertos e fugitivos na Roma antiga. Sem falar, para apenas mencionar um segundo caso de primeira grandeza, na gênese subterrânea, nas zonas de espera na nascente sociedade industrial, de uma outra conduta de difícil "governo", a vida operária. Sem com isso querer dizer que o renascimento do horizonte do mundo – se ocorrer – se dará antes de tudo pelas veias abertas em suas zonas de retenção.

---

a título de comparação com o que ficou para trás, e de tão remoto se torna outra vez contemporâneo – que em *A Montanha Mágica*, de Thomas Mann, uma outra Grande Espera transcorre num tempo de fato incomensurável, até sua consumação pelo despertar ensurdecedor da Grande Guerra de 1914.

ALARME DE INCÊNDIO NO GUETO FRANCÊS

"Ninguém se deu conta de que isso podia acontecer", declarou um perplexo ministro francês da Coesão Social (sic) diante do outono de motins de 2005. Pode ser. Há muito tempo não se via uma camada dirigente tão pateticamente divorciada do conjunto da sociedade como a atual casta política francesa; sem tirar nem pôr, um caso de alienação social clinicamente puro. Quanto à elite econômica propriamente dita, faz tempo que também emigrou para o mundo *offshore* dos milionários nômades[1]. Até aí nada de mais. Não é de hoje que a apropriação do excedente se dá preferencialmente arbitrando a concorrência entre as várias jurisdições nacionais, não fosse o obsceno contraste de fachada com a onda do momento, o patriotismo econômico alardeado pelos governos à cata de um campeão nacional para esfregar nos olhos do distinto público complexado pela pregação sob medida dos "declinólogos" – colunistas especializados em demonstrar que a França continuará "caindo" enquanto providências drásticas não forem tomadas, não sendo difícil adivinhar quais, tal a monotonia da receita para combater o crescimento anêmico e o desemprego de massa, anomalia francesa num mundo em que a criação de riqueza e de emprego explode...[2] Com efeito,

---

[1] Ronen Palan, *The Offshore World: Sovereign Markets, Virtual Places, and Nomad Millionaires* (Ithaca, Cornell University Press, 2003).

[2] Para um breve apanhado da *declinologia* francesa – um novo dandismo ultraliberal, que prospera alimentando um sentimento de cataclisma nacional protagonizado por franceses que se odeiam etc. –, ver Agnès Poirier, "After the Protest, the Deluge", *The Guardian*, 7-13 abr. 2006, p. 15. No horizonte de expectativas, um diagnóstico único: a França estaria onde estava a Inglaterra no fim dos anos 1970 – esperando uma ou um Thatcher francês. Ou Tony Blair. O mal-estar sem dúvida é real, mas não seria assim tão facilmente colonizado pelos *déclinologues* não fosse o deserto de ideias

desde que se acrescentasse que as multinacionais francesas continuam batendo recordes mundiais na distribuição de dividendos para seus acionistas.

Algum pressentimento desse estado de coisa não se pode negar aos *sauvageons* dos subúrbios, de resto tão distantes dos centros irradiadores da afluência que se chegou a falar em *quartiers d'exil* [3] – não querendo insinuar com isso que tenha sido esse o foco exclusivo dos incêndios nas *banlieues* sublevadas, sem poder deixar de lembrar no entanto que o famigerado CPE (Contrato de Primeiro Emprego), na origem dos protestos de março de 2006, foi concebido, ou melhor, tramado, para atender com um suplemento de precarização legal os deserdados das periferias sinistradas: deu no que deu, erraram o alvo acertando num outro enclave do gueto francês[4], os estudantes universitários, já banidos das Grandes Escolas (outro arquipélago de *bunkers* hereditários), que se reconheceram com todas as letras na falsa equação supracitada (estagnamos e não empregamos por excesso de proteção social), cifra condenatória do destino de uma geração da força de trabalho atrelada ao baixo custo da precariedade perpétua[5].

Recapitulando. Votada sem consulta aos interessados depois dos levantes de novembro de 2005, a nova lei converteu os jovens desempregados dos conjuntos habitacionais (*"cités"*, na terminologia urbanística francesa) no elo mais fraco de um novo ataque ao que ainda resta de proteções salariais. Não foi a primeira investida nem será a última. Em 1993-1994, ainda sob a presidência de Mitterrand, um dispositivo legal instituía um salário mínimo rebaixado em 20% para jovens titulares de diplomas ainda mais desvalorizados pelo mandarinato educacional do país. Um milhão de manifestantes, numa jornada envolvendo 130 cidades, arrastou consigo uma camada até então invisível da juventude francesa, os alunos do "superior curto" – seções técnicas, institutos universitários de tecnologia etc. –, aos quais se juntou a futura "ralé" das periferias, os sem-diploma ou, o que dá no mesmo, os

---

semeado pela esquerda estabelecida francesa desde os primeiros anos Mitterrand, dos quais aliás se costuma datar o declínio, não sem paradoxo.

[3] François Dubet e Didier Lapeyronnie, *Les quartiers d'exil* (Paris, Seuil, 1992).

[4] A fórmula é de Éric Maurin, *Le ghetto français: enquête sur le séparatisme social* (Paris, Seuil, 2004, La République des Idées), um estudo original do muito bem dissimulado "separatismo social" francês, talvez a derradeira pá de cal sobre o confortável mito da "fratura social" e sua correlata fraseologia da "inclusão social".

[5] "Génération *low cost*", matéria de capa do *Courrier International*, n. 798, 16-22 fev. 2006.

portadores dos CAPs (*Certificat d'Aptitude Professionnelle* – Certificado de Aptidão Profissional) e BEPs (*Brevet d'Études Professionnelles* – Certificado de Ensino Técnico) da vida. Por um momento, de manifestação em manifestação, a fronteira entre essas duas nações pareceu se apagar, aproximando os relegados da "galera" suburbana dos que acabavam de se reconhecer sob a ameaça de uma proletarização máxima. Ontem como hoje, desnecessário recordar que brilhavam pela ausência os "verdadeiros" estudantes, os alunos das classes preparatórias, a nova classe média das "*facs*" e as dinastias das *Grandes Écoles*. Em março de 2006, todavia, o fosso se reapresentou de modo ainda mais dramático: de um lado, os "bons manifestantes", de outro, sem surpresa, os "*mauvais casseurs*", sobre o fundo da segregação espacial entre os bairros frequentáveis (mas não, é claro, pelos naturais dos "*beaux quartiers*") e as *zonas de não-direito*, nas quais só a polícia entra[6].

Pois entre a temporada arrasa-quarteirão de fogueiras e a revolta vitoriosa contra o emprego a preço vil e demissão idem (nem mesmo o luxo barato de duas palavras de explicação, legitimando assim o arbítrio patronal, na mesma medida em que incita à docilidade os jovens assalariados gratos pelo *sursis* concedido), deu-se um episódio farsesco do mencionado patriotismo econômico, que interessa relatar por ilustrar – mas não só por isso – o referido encasulamento da oligarquia francesa num outro gueto – este sim estratégico – onde opera o novo capitalismo de redes ocultas, negocismo e manobras políticas. Trata-se do veto governamental ao grupo italiano Enel, prestes a lançar um *raid* de aquisição hostil ao conglomerado franco-belga Suez, expedição ofensiva estimulada, aliás, por um alto executivo francês frequentador do palácio presidencial, como de resto pelos demais comparsas do negócio abortado na penúltima hora por motivo de brios nacionais feridos: Suez seria absorvido, mas pela Gaz de France (GDF), cujo controle estatal (70%) continuava assegurado por lei aprovada dois anos antes; na prática, uma privatização branca, além de predadora da GDF, integrada por esse atalho numa galáxia acionária controlada por Suez, que a ultrapassa em proporções tais que a participação do governo cairia para menos de 40%, não obstante a cláusula pétrea da lei promulgada pelo chiraquismo, regime que se caracteriza por descumprir ato contínuo leis por ele mesmo edita-

---

[6] Frédéric Lebaron e Gérard Mauger, "Révoltes contre l'emploi au rabais", *Le Monde Diplomatique*, n. 625, abr. 2006, p. 3. Logo estaremos de volta a essas zonas de não--direito, que o artigo citado não chega a mencionar nesses termos precisos e cruciais.

das, nas palavras do articulista que batizou o fenômeno de "capitalismo de conivência" – exposto inclusive na desenvoltura desses senhores "*ayant tous leurs entrées au 'château'*" [que possuem todas as entradas do "castelo"][7]. Não se trata por certo de uma invenção francesa, mas de uma variante local de *capitalismo de compadres* – "*crony capitalism*" – para o qual vem resvalando o mundo americano dos negócios, do Texas ao Iraque, fortemente impulsionado pelo estilo dinástico de acumulação patrocinado pela família Bush e adjacências[8]. O autor da matéria da *Economist* sobre a crise francesa de março, para melhor carregar na dose dos sarcasmos previsíveis, convenientemente deixou na sombra a matriz anglo-americana do comportamento autista dos governantes franceses, do qual aliás padece em escala grotesca o sistema vigente do outro lado do Canal – é bom não esquecer que o absurdo arranjo constitucional britânico garantiu uma "convincente maioria" a Tony Blair nas eleições de 2005 com apenas 21,8% dos votos: na opinião de Tom Nairn, o Reino Unido deixou de ser uma democracia em qualquer acepção aceitável do termo, convertendo-se afinal em uma autocracia "*by ill-concealed stealth*" [furtivamente mal disfarçada][9].

Completando o panorama do conflagrado separatismo social francês, seria preciso salientar a dimensão por assim dizer popular do capitalismo francês de conivência. Mal anunciada a venda de ações da não menos "estatal" Electricité de France (EDF), 5 milhões de franceses se precipitaram sobre a chance de alcançar igualmente o status de *shareholders*, quer dizer, abocanhar um naco do real poder capitalista hoje: as cifras de fato impressionantes (7 bilhões de euros) foram anunciadas com pompa e circunstância no dia 18 de novembro de 2005, exatos dez dias depois de decretado o Estado de Urgência, na gradação francesa da legislação de exceção, para lidar com a insurreição selvagem dos incendiários suburbanos. Não me parece trivial observar que

---

[7] Laurent Mauduit, "Le capitalisme de connivence", *Le Monde*, 11 mar. 2006.

[8] Explico-me menos rapidamente no capítulo "A viagem redonda do capitalismo de acesso", publicado no livro *Extinção* (São Paulo, Boitempo, 2007, Coleção Estado de Sítio). Numa palavra, sumária, sem dúvida, o atual ciclo de privatizações e zonas francas de subemprego rima com Acumulação Primitiva rediviva, tanto na periferia como no centro, sendo que o "acesso" dos compadres associados se refere não só a territórios econômicos franqueados, mas sobretudo à moeda corrente da troca política no tráfico oligárquico.

[9] Tom Nairn, "The New Furies", *New Left Review*, Londres, n. 37, jan.-fev. 2006, p. 131. O artigo de *The Economist*, "A Tale of Two Frances", é do n. 8.471, 1º abr. 2006.

os dois presumidos jovens contraventores de Clichy-sous-Bois perseguidos pela polícia tenham encontrado a morte acidental eletrocutados justamente numa subestação da resgatada EDF, provocando assim o curto-circuito entre os vários fios desencapados do gueto francês[10]. Nem um pouco trivial, além do mais, notar desde já a rotinização da promíscua convivência entre espasmos punitivos alarmistas e euforia compensatória da corrida às compras – para ficarmos no padrão consagrado nas primeiras horas do 11 de Setembro. Como se há de recordar, despertando a custo do estado catatônico em que o mergulhou a primeira onda de choque, no mesmo passo em que anunciava a situação de emergência suprema em que se encontrava a nação – "estamos em guerra" –, Bush incluía no pacote de medidas excepcionais deflagradas ato contínuo uma não menos paradoxal injunção à normalidade: "*Go shopping*". Embora não se trate obviamente de uma explosão de mesma escala – não obstante a carga metafórica análoga, sem excluir dessa sobrecarga de sentido algo como um horizonte pós-colonial assombrando com ou sem razão todas as imaginações –, nas fronteiras internas da França pós-convulsão já não foi mais preciso nem sequer renovar o apelo à fibra comercial do patriotismo econômico, tal a cristalização do novo padrão na emergência contemporânea. Segundo o *Wall Street Journal*, a recente sublevação da ralé não afetou em nada a indústria francesa do turismo: a Torre Eiffel continuou como antes recebendo seus 10 a 15 mil visitantes diários; Notre-Dame idem; o museu d'Orsay chegou ao desplante de aumentar em 28% a venda de ingressos; quanto à hotelaria, verificando que as reservas se mantinham no mesmo nível, desenganou com lucro os novos hóspedes que acorreram confiando num desconto por motivo de "risco" social[11].

Erraram de paradigma. Os prêmios de risco são outros em tempos de emergência crônica, no entanto paradoxalmente rotineira – "governa-se" atualmente a sociedade americana por um código multicolorido de alertas abrangendo uma ampla gama de "riscos", dos meteorológicos aos humanitários, passando é claro pelo terrorismo, oscilando o registro desse último entre o dado de natureza e a patologia religiosa. Sendo igualmente um tempo de vazio político absoluto – vistas as coisas pelo prisma do vácuo gravitacional produzido pelo enorme girar em falso do Estado Gerencial, que de

---

[10] Como lembrado por Kees van der Pijl, "A Lockean Europe?", *New Left Review*, Londres, n. 37, jan.-fev. 2006, p. 10.
[11] *Courrier International*, n. 785, 17 nov. 2005.

fato aparelhou as menores sobras das finadas alternativas políticas, como se dizia no tempo em que elas pareciam reais –, não deixa de ter a sua graça involuntária e sinistra o "alarmismo" como regra de governo, até mesmo pela impossibilidade física de se ouvir um sinal de alarme nessas condições de silêncio lunar. Excluída a hipótese de ouvir vozes como Joana d'Arc, o que teria "ouvido" Bush nos intermináveis minutos da histórica pasmaceira com que reagiu – ou melhor, não reagiu – à notícia dos atentados?

Daí o compreensível desconcerto do ministro francês, para não falar do enredo de *vaudeville* que lhe atribuiu um surrealista ministério da Coesão Social. Pois estamos falando de "gestão": em princípio, como na Lógica para Wittgenstein, nela, "gestão", também não há lugar para surpresas. Não só do infeliz ministro mas de todo o governo francês. Na opinião de um sociólogo britânico – à qual voltaremos –, "a resposta do regime de George W. Bush à inundação de Nova Orleans parece quase enérgica se comparada ao clima de paralisia e confusão que parece ter tomado os meios oficiais franceses"[12]. Com efeito, foram necessárias dez noites de motim nas *banlieues* para que Jacques Chirac finalmente desse o ar de sua graça, morna, aliás, não fosse o prenúncio, na sonolenta parolagem "republicana" de sempre, das medidas tomadas dois dias depois na linha do novo senso comum governamental: toque de recolher e genéricos planos sociais de reabilitação econômica. Comentando a "verdadeira cacofonia governamental" – o jogo palaciano das rivalidades eleitorais sobre o fundo do crescimento exponencial das violências urbanas –, uma colunista do jornal *Le Monde* arriscou uma comparação mais do que reveladora do atual curso "alarmante" do mundo: vai ver que, "assim como com as ondas de calor, os sinais de alarme visivelmente também não funcionaram"[13]. Relembro que nas semanas de julho a agosto de 2003, um verão calamitosamente quente para os padrões europeus castigou severamente milhares de idosos franceses – falou-se à época em 10 mil mortos. Acusado de negligência criminosa – muito embora um sem-número de famílias veranistas tenha deixado para trás os seus idosos de "risco" –, o governo de fato admitiu falhas de previdência, em suma, não decifrou em tempo os alertas que porventura seus serviços lhe fizeram chegar. No en-

---

[12] Frank Furedi, "Todos devíamos aprender com a França", *Folha de S.Paulo*, 13 nov. 2005, p. A34. Artigo originalmente publicado na revista inglesa *Spiked*.

[13] Béatrice Gurrey, "Jacques Chirac réagit dix jours après le début de la crise", *Le Monde*, 8 nov. 2006.

tanto, é possível duvidar e voltar a indagar: quem sabe não estamos mesmo ingressando numa idade em que os sinais de alarme não se deixam mais se ouvir, literalmente ou não? Seja como for, os Estados raramente hesitam quanto à máxima da razão governamental a seguir, ao encontro inclusive da demanda das populações geridas a golpes de alertas furta-cor, a rigor retrospectivos: uma vez a porta arrombada, reforça-se ainda mais o sistema de segurança. Simples assim, esse o ponto cego securitário da ordem emergencial contemporânea: qualquer policial antimotim bem treinado sabe muito bem que o governo não espera dele "ordem", mas simplesmente que "organize a desordem". No jargão gestionário das novas tecnologias de poder, espera-se de qualquer agente da ordem que contribua para a "governança dos novos riscos"[14]. Faz algum tempo que Giorgio Agamben não vem dizendo outra coisa – está claro que no registro de uma Teoria Crítica ainda por inventar. Não custa já ir adiantando o expediente: assim, depois de referir a opinião supracitada do *poliziotto* de Berlusconi, sugere o seguinte roteiro:

> O ponto é que as pessoas não se dão conta do equívoco completo que circunda o conceito de segurança. Os cidadãos pensam que significa prevenção da desordem, das catástrofes, a vida mais organizada e mais segura. Não é absolutamente assim [...] Analisando as chamadas medidas de segurança, vê-se que não são destinadas a prevenir os eventos. O importante é ter condições, no momento em que algo ocorre – e diríamos que algumas vezes os governos colaboram para que essa alguma coisa aconteça –, de tirar partido [...]. Os cidadãos não se dão conta de viver em um Estado que não faz nada para prevenir as catástrofes, mas constrói um aparato para intervir quando a catástrofe se produz.[15]

---

[14] Olivier Godard et al., *Traité des nouveaux risques* (Paris, Gallimard, 2002).

[15] Giorgio Agamben, "O estado de exceção" (entrevista a Elisa Byington), *CartaCapital*, 31 mar. 2004. Noutra entrevista, a Vladimir Safatle ("A política da profanação", *Folha de S.Paulo*, 18 set. 2005, *Mais!*), nosso autor revê sob o mesmo prisma o atual esparramo mundial do poder americano: "A segurança como paradigma de governo não nasce para instaurar a ordem, mas para governar a desordem. [Nunca será demais insistir, P. A.:] É nesse sentido que a segurança, juntamente com o estado de exceção, é o paradigma fundamental da política mundial [...]. Parece-me evidente que este é o princípio que guia, particularmente, a política exterior norte-americana, mas não apenas ela. Trata-se de criar zonas de desordem permanente ('*zones of turmoil*', como dizem os estrategistas) que permitam intervenções constantes orientadas na direção que se julgar útil. Ou seja, os Estados Unidos são hoje uma gigantesca máquina de produção e gestão da desordem". Não nos afastaremos nem um pouco do nosso ponto, referindo uma observação análoga, mas

Seria necessário acrescentar, todavia, que é precisamente nesse momento pós-desastre que o autoengano dos cidadãos-consumidores-de-segurança alcança o grau máximo, imprescindível ao exercício pleno do governo propriamente dito, a gestão da desordem nos termos redefinidos de agora, por isso raramente os governos se defendem com a ênfase esperada da chuva de acusações de negligência que lhe cai sobre os ombros cúmplices, pois afinal a caça às bruxas, de praxe nessas circunstâncias, reforça ainda mais sua legitimidade de provedor em última instância de toda sorte de proteção – menos a única que interessa, os sistemas não por acaso ditos "tradicionais" de proteção social num momento de demolição conjunta da sociedade salarial e da antiga ordem "*assurancielle*".

Assim, para voltar à fornalha francesa de 2003, e à suposta falha no sistema público de alarme, para o qual sabemos agora não fazer muito sentido o fato de ser ouvido ou não, tanto os cidadãos vitimados e ameaçados quanto o Estado estavam no fundo de acordo que a precarização crescente dos serviços de saúde não vinha sequer ao caso, ao contrário da escandalosa desproteção das populações diante dos rigores inabituais de um verão obviamente muito mais "quente" do que o outono social de 2005 – para todos os efeitos, uma reviravolta não menos autista do que o atual comportamento "retardado"

---

dessa vez da parte de um expert em estratégia internacional, Alain Joxe, observando o paradoxo "imperial" que caracteriza o desempenho heterodoxo do mesmo poder americano: ao contrário do "antigo" poder soberano moderno, cuja função básica era oferecer ao seu povo e aos aliados "proteção" contra a guerra – Charles Tilly, meditando sobre as origens do Estado, acrescentaria que mesmo o crime organizado, baseado na extração violenta de excedente em troca justamente de proteção, contra a ameaça que ele mesmo representa, não tem como escapar dessa lógica de governo, *et pour cause* –, o poder americano se recusa a assumir qualquer função protetora, nem mesmo procura assumir qualquer responsabilidade em relação às sociedades subjugadas: não se trata propriamente de conquista, mas de "regular a desordem", tanto através de providências financeiras normativas quanto através de expedições militares punitivas. Cf. Alain Joxe, *L'empire du chaos* (Paris, La Découverte, 2002), p. 10. Paira, no entanto, no lastro imaginário que alimenta hoje as variações de toda sorte em torno da noção de Império ou de Governança Mundial, um curioso resíduo arcaico assim identificado nas escavações arqueológicas de Agamben: "É curioso como tudo isso se encontra em um dos paradigmas teológicos que tenho trabalhado: esse que diz respeito à doutrina da Providência. Os conceitos de ordem e segurança foram elaborados como paradigmas de governo, pela primeira vez, no interior dessa doutrina [...]. A teoria da Providência não é outra coisa que a teoria do governo divino do mundo, ou seja, do melhor governo possível" (Vladimir Safatle, "A política da profanação", cit.).

da classe política francesa, culminando na naturalização de uma violência social acompanhada da politização securitária da chuva e do bom tempo. Na boa observação de Jacques Rancière acerca dessa clivagem fetichista, graças à qual até o calor de verão constitui uma ameaça na qual ainda não se prestara a devida atenção, as falhas de informação-proteção que os governos reconhecem de bom grado produzem justamente o efeito paradoxal que estamos tratando de identificar, na sua forma fenomenal invertida de um ministro atropelado pelos fatos cuja implosão deveria prevenir, ou de governantes cujo encasulamento torna redundantes os sinais de advertência enviados pelos acontecimentos:

> Ao não nos protegerem bem, os governos provam que estão aí mais do que nunca para fazê-lo, e que devemos mais do que nunca nos abrigar em torno deles [...]. Prevenir os perigos é uma coisa, administrar o sentimento de insegurança é outra, na qual o Estado será sempre mais perito porque é esse, talvez, o princípio mesmo de seu poder.[16]

Ao contrário do outono quente nos subúrbios (uma vítima fatal a lamentar), a mortandade daquele verão devastador apresentou-se não obstante na figura já codificada pelos experts de uma "crise sem inimigo"[17]: toque de recolher e outras medidas de exceção no primeiro caso, apenas alarme humanitário no segundo, todavia um caso de "urgência" clássico de saúde pública. Tivesse escrito seu artigo dois anos mais tarde, Rancière teria sem dúvida antevisto a convergência, que na época deixou passar, entre o Estado Gerencial movido pelo automatismo dos intermináveis ajustes de mercado e o Estado "policial" cimentado pelo consenso ótimo de uma sociedade reagrupada pelo medo – em suma, a fusão[18] nos termos do próprio Rancière, o recobrimento da ordem da dominação, que vem a ser a gestão infrapolítica

---

[16] Jacques Rancière, "O princípio de insegurança", *Folha de S.Paulo*, 21 set. 2003, *Mais!*, p. 3.

[17] Claude Gilbert, *Le pouvoir en situation extrême: catastrophes et politique* (Paris, L'Harmattan, 1992, Logiques Politiques). Reencontraremos o conceito mais à frente, precisamente no coração do nosso argumento, à medida que for ficando cada vez mais claro – como aliás sugerido pelo próprio autor – que as crises pós--acidentais do nosso tempo engendram elas mesmas formas de poder soberano para sua "gestão".

[18] Fusão que não é de hoje, na origem do atual paradigma de governo, o Estado de Exceção, como quer Giorgio Agamben em seu *Estado de exceção* (trad. Iraci D. Poleti, São Paulo, Boitempo, 2004, Coleção Estado de Sítio).

dos interesses estabelecidos, pela desordem da ultrapolítica, a guerra, numa palavra, aliás a última[19].

Resta – para voltarmos ao ponto do qual partimos, o inacreditável desligamento das atuais castas dirigentes mundiais, e logo se verá por que ajustamos nosso foco pela variedade francesa dessas dinastias encasteladas numa intrincada rede de conivências e rivalidades próprias de um mundo cujo nervo é o culto do *"entre-soi"*[20] – que esse modo de gestão da vida coletiva pelo sentimento de insegurança, administrado por sua vez por uma calibragem da incerteza gerada por alarmes reais ou imaginários, porém aos quais, via de regra, se custa a reagir, se apresenta mais uma vez paradoxalmente na forma do alheamento que se está vendo, algo como uma estranha "estratégia evasiva", como a denomina o sociólogo britânico Frank Furedi, citado páginas atrás. A seu ver, estratégia própria de "elites desconectadas", numa acepção aliás muito peculiar; para além da mera incompetência no exercício do ofício de dominação e direção e da relutância em enfrentar

---

[19] Jacques Rancière, *O desentendimento: política e filosofia* (trad. Ângela Leite Lopes, São Paulo, Editora 34, 1996). Como estamos observando convergências variadas em torno do mesmo foco, seria preciso acrescentar que também a opinião de Rancière sobre a Guerra do Iraque – contrariando o senso comum geopolítico – está em linha com o argumento ilustrado há pouco por Agamben (e não só por esse autor, é claro) acerca da produção e gestão de zonas de desordem permanente enquanto princípio das Novas Guerras pós-clausewitzianas – guerras de transferência de risco, segundo Martin Shaw, como a seu tempo se verá, pois afinal se trata da mãe de todas as emergências numa sociedade do risco. Cf. Martin Shaw, *The New Western Way of War: Risk-Transfer War and its Crisis in Iraq* (Cambridge, Polity, 2005). Enfim, uma questão de "governo" da insegurança: "É pouco provável que os dirigentes americanos e ingleses tenham realmente acreditado no pretexto dessa ameaça [a posse de Armas de Destruição em Massa, P. A.] que eles agitaram para provocar a adesão de seus concidadãos à guerra. Resta saber por que precisavam dessa guerra contra um perigo que sabiam inexistente. Se não nos satisfizermos com a explicação economista tradicional, que vê por trás de todo conflito de nosso tempo a questão do petróleo, é preciso talvez inverter os termos do problema. Se a guerra é necessária, não é para responder a uma situação, real ou imaginária, de insegurança. É para manter esse sentimento de insegurança necessário ao bom funcionamento dos Estados" (Jacques Rancière, "O princípio de insegurança", cit.).

[20] Na fórmula de Michel Pinçon e Monique Pinçon-Charlot, *Sociologie de la bourgeoisie* (Paris, La Découverte, 2000, Repères), que estudam de preferência a sociedade francesa do ângulo da *"ghettoïsation par le haut"*, como prefere falar Éric Maurin, *Le ghetto français*, cit., cujo primeiro capítulo, de resto, apresenta a França inteira como uma aferrolhada *"société de l'entre-soi"*.

responsabilidades ou coisa que o valha, a desconexão em pauta se refere antes de tudo a elites que já deixaram de "acreditar na legitimidade de sua própria autoridade e de seu próprio modo de vida", e como se essa sensação de deriva não bastasse, não se trata nem mais de uma crise clássica de legitimidade, nenhuma onda contra-hegemônica vinda dos andares inferiores do edifício social lhe contesta a autoridade, mas sim de um processo de desintegração interna no topo da cadeia de comando[21].

Difícil evitar a tentação do comentário diante desse curioso modo de ver da parte de um intelectual europeu apanhado no redemoinho do caos sistêmico contemporâneo; afinal, decepção com elites absenteístas, omissas ou desviantes, raramente ou quase nunca à altura das tarefas do seu tempo, é quase coisa de latino-americano progressista amargando capitulações históricas na periferia do sistema, cujo ressentimento só encontra paralelo na crença atávica na capacidade das elites *criollas* se reencontrarem um dia antes do Juízo Final. Acrescentando à sua posição idiossincrática outra dimensão inesperada, pois se trata afinal de um britânico, e isso pesa, é preciso ressaltar que o nosso autor se encontra inteiramente na contramão da sabedoria anglo-saxônica convencional acerca da esclerose que paralisa as sociedades europeias continentais, como demonstram os impasses eleitorais na Alemanha e na Itália, ou a recente capitulação do governo Chirac diante da grita dos movimentos de rua (aliás, um padrão desde a greve geral de 1995-1996) – uma amostra no *Guardian* de 14-20 de abril de 2006: a propósito do "triste colapso nervoso francês", anuncia-se que levas de jovens desempregados franceses cruzam o Canal fugindo de um país em que dois terços da população gostariam de ser funcionários públicos. Pois nosso autor insiste que a patologia das elites desconectadas afeta gregos e troianos. O cinismo com que contribuem para a desmoralização de suas próprias instituições é o sintoma mórbido de uma "exaustão política" generalizada: ao contrário dos seus antepassados dos momentos decisivos da Era da *Nation-Building*, as elites mundiais não têm mais pela frente o mais ligeiro senso de missão histórica a cumprir... quem diria. A rigor, desde o fim da Guerra Fria encontram-se politicamente exauridas – quem sabe uma outra interpretação para o mal compreendido mote triunfalista do "fim da história".

---

[21] Frank Furedi, "Todos devíamos aprender com a França", *Folha de S.Paulo*, cit. Além desse artigo, ver, do mesmo autor, *Politics of Fear: Beyond Left and Right* (Londres, Continuum, 2005).

Seja como for, o que "os acontecimentos na França demonstram é que poder sem meta ou objetivo significa muito pouco. E quanto mais essa impotência é exposta, mais isso encoraja as pessoas marginalizadas a se expressarem à sua maneira". O processo de exaustão política que se abateu sobre a vida pública do Ocidente explica por fim a sua colonização pelo automatismo de linha de montagem do *management-speak*: assim, não surpreende que um não menos apático eleitorado tenha rejeitado o "projeto gerencial elitista" da Constituição Europeia. Não menos curiosamente, tampouco escapou ao olhar idiossincrático do nosso autor a relação interna – ou pelo menos o paralelo histórico – entre o declínio da coerência no interior da elite francesa e a desintegração em curso do mundo do trabalho, porque explica inclusive o caráter exemplar do impasse francês no cenário europeu[22]. Por certo, o elo mais forte da desconexão – com o qual logo adiante nos confrontaremos.

---

[22] "Ao longo dos tempos modernos, a França viveu uma forma intensa e sofisticada de política de classes. O conflito entre esquerda e direita exerceu impacto poderoso sobre todas as dimensões da cultura francesa. Entretanto, com a desintegração da política de classes na década de 1980, as distinções tradicionais na vida pública perderam sentido. Essas mudanças cobraram um preço especialmente caro dos movimentos de esquerda e da classe trabalhadora. Hoje a política de classes existe apenas em forma populista caricaturada. Ela já deixou de funcionar como foco de unidade das massas [...]. O declínio do movimento sindical contribuiu para uma situação na qual as diferenças étnicas, culturais e raciais se consolidaram" (idem, "Todos devíamos aprender com a França", cit.). Não me ocorreria citar o trecho por extenso caso não fosse igualmente e a seu modo um outro sinal de alarme a antecipação de idêntico balanço histórico – só que num registro marcado pelas sobras da memória marxista na França – no raciocínio de Jacques Rancière sobre as virtudes do *dissenso* – com a ressalva de que argumentar a seu favor não implica celebrar sem mais as "formas heroicas do combate político e social de ontem" –, que à sua maneira, graças às instituições do modelo social francês, alternadamente edificado e calibrado pelo peso específico dos parceiros sociais relevantes (Estado, centrais sindicais e patronais), "pacificaram um certo número de pulsões de angústia, de ódio e de morte", perturbações enfim que hoje "agitam indivíduos e grupos a partir do sentimento da identidade ameaçada e da alteridade ameaçadora". Numa palavra, foi-se definitivamente o tempo evocado antes pelo teórico britânico da nova cultura do medo, a era da regulação fordista do crescimento e do pleno emprego: "O retorno atual de fenômenos massivos de desligamento e de exclusão sociais, de racismo e de guerra étnica nos assinala isto: as formas do conflito político e da luta de classes foram formas civilizadoras e integradoras. Elas fizeram recuar as alteridades irredutíveis, misturaram populações heterogêneas, integraram em comunidades nacionais indivíduos e grupos vindos de diversos lados" (Jacques Rancière, "O dissenso", em Adauto Novaes (org.), *A crise da razão*) Brasília/São Paulo, MinC-Funarte/

Por último, tampouco posso deixar de mencionar uma derradeira excentricidade do argumento acerca do *desengajamento* (na acepção peculiar que lhe dá Furedi) das oligarquias políticas europeias associadas aos negócios do capitalismo de conivência entre cupinchas, para falar em bom português. A exaustão política de que toda essa patologia é sintoma também pode e deve ser entendida como exaustão da imaginação política... "nacional". Não por acaso veio à baila linhas atrás um certo senso de missão histórica de que carecem pateticamente essas cliques e suas respectivas clientelas, afinal quem se limita a administrar "agendas" não pode mais saber do que se trata quando se fala em *"purpose"* – o ponto cego do poder sem meta ou como fim em si mesmo. Em tempo: não estou nem de longe subscrevendo qualquer tese ou vindicação assemelhada acerca de elites nacionais mais enfaticamente assertivas, apenas reparando, com a devida surpresa, no horizonte nacional retrospectivo que comanda o diagnóstico da alienação recíproca, das elites e do restante das populações entregues à erosão das várias precarizações – e na base, é claro, as várias gerações de "nacionais" saídos da imigração, como se diz, e cujos surtos de violência insurrecional nosso britânico excêntrico atribui ao mais corrosivo desses desmoronamentos pós-nacionais, a "ausência de uma teia comum de sentido", em função da qual mesmo pequenas diferenças podem se transformar em conflitos explosivos[23]. Pode parecer irrelevante

---

Companhia das Letras, 1996, p. 382). Em suma – e com o perdão da impertinência –, uma sociedade bem resolvida, enfim, uma sociedade "nacional", e só os maoistas não sabiam. Fica, no entanto, a dúvida – que, desconfio, é partilhada pelo próprio Rancière; só mesmo a má vontade explicaria a implicância com o "trabalho social" dos especialistas em "inclusão", admitida a linha de continuidade supletiva entre o esforço integrador de agora e a luta civilizadora de classes de antigamente. E se a guerra social de hoje – como de resto todas as novas guerras de controle da ordem mundial – se explica por uma implosão pulsional autodestrutiva, não haveria muito a objetar à gestão por assim dizer clínico-policial dessa síndrome coletiva, salvo o fato de não poder entregar e manter a paz que todos indistintamente prometem. Dito isso, seria injusto deixar de observar ser esse o quadro de incongruências em que nos encontramos todos enredados numa hora histórica em que as crises pós--desastre (como dizem os experts) se sucedem umas às outras compondo o cenário geral da emergência permanente em que o mundo vem se enterrando, ora com a mão direita, ora com a mão esquerda.

[23] Quando se fala em condição pós-nacional, com ou sem aspas, nunca se sabe o tamanho do mal-entendido. Não custa prevenir, no caso, evocando uma enormidade com sinal trocado. Por exemplo, Alain Finkielkraut se exprimindo na desastrosa entrevista de 18 de novembro de 2005 no *Haaretz* a propósito da revolta nas *banlieues*, a seu ver uma

ou sobretudo atrasado face ao glamour cosmopolita, mas ninguém mais, trivialidades identitárias à parte, está conseguindo se "imaginar" francês ou britânico – e essa falência múltipla das "comunidades políticas imaginadas" pode matar[24]. Agora que o famigerado modelo social francês foi desmoralizado pela explosão dos guetos, vai ficando cada vez mais difícil estancar o "efeito cumulativo dessa perda de sentido", do qual o mais saliente – insiste nosso autor – é a desautorização das elites, cujas disputas são tão desprovidas de eixo político quanto a atitude dos jovens que ateiam fogo em carros e escolas[25]. A essa altura, Jacques Rancière poderia acrescentar que

insurreição de caráter étnico-religioso, cuja violência estaria longe de exprimir uma resposta ao abandono de "territórios perdidos" – se assim fosse, não haveria nem ônibus, nem creches, nem escolas para queimar... –, antes refletiria exatamente a referida condição: "Nós vivemos de fato numa sociedade pós-nacional na qual para todo mundo o Estado é apenas uma questão de interesse, uma grande companhia de seguros – trata-se de uma evolução muito grave". O conjunto dos *propos* recolhidos é de fato execrável, mas nem tudo afina com o Front National, como pretenderam seus adversários escandalizados de esquerda. Seja como for, e ainda que involuntariamente, a ideia de uma sociedade pós-nacional implica numa reclassificação atuarial de seus membros, e admite tanto uma versão sinistra quanto um começo de compreensão "materialista" do que está em curso.

[24] Frank Furedi, *Politics of Fear*, cit., cap. 1. A voz de comando "não há alternativa" exprime menos, ou não só, uma restrição objetiva inapelável do que uma real atrofia da faculdade mesma de pensar e "imaginar" uma alternativa. Atrofia paralisante provocada pelo medo, é claro. Mais exatamente, o medo de que qualquer mudança social só poderá ocorrer para pior (ibidem, p. 15). Noutro lugar, comentando a definição de Nação como "comunidade política imaginada", de Benedict Anderson, procurei salientar o vínculo entre o tipo de senso de realidade comum despertado por essa forma moderna por excelência e essa outra regulação interior silenciosa que chamamos pensamento – e quando esse último se eclipsa ou se torna dispensável, invariavelmente entra em cena uma nova onda de crueldade social. Cf. Paulo Eduardo Arantes, "Nação e reflexão", em *Zero à esquerda* (São Paulo, Conrad, 2004).

[25] Posso ter dado quem sabe a impressão, mas o raciocínio de Frank Furedi não está assim tão fora de tom. Numa entrevista a *O Estado de S. Paulo* – repercutindo, como se diz, um artigo no *Le Monde* de 9 de novembro de 2005, acerca da explosão dos subúrbios franceses e do equivalente mal-estar inglês nas comunidades de imigração, à beira de um novo colapso depois dos atentados de julho –, Tariq Ramadan bate igualmente na tecla do estranhamento nacional de uma geração saída da imigração tão perfeitamente integrada quanto distanciada por toneladas de discriminações sociais de todo tipo, a ponto de não se sentir mais em casa em seu próprio país, que por sua vez perdeu a noção de sua própria existência: "O fato é que hoje estamos diante de duas sociedades desenvolvidas, a inglesa e a francesa, que se perguntam: quem somos nós?" (Laura Greenhalgh, "A inflamada linguagem da destruição", *O Estado*

é disso mesmo que se trata: agrupadas sob a proteção do Estado gestor do sentimento de insegurança, as outrora comunidades políticas imaginadas são hoje cada vez mais "comunidades do medo"[26]. Por certo uma sociedade nacional de segunda mão, mas sobretudo uma grande novidade: uma anatomia do atual surto "nacional" americano, o único que realmente conta, como modelo e ameaça, poderia quem sabe revelar a célula-tronco de uma sociedade nacional de última geração que se deveria reconhecer como verdadeira *comunidade de emergência*. Assim sendo, voltemos ao gueto francês, às suas palavras e aos seus sinais.

***

---

de *S. Paulo*, 13 nov. 2005, p. J5). Não se trata, é claro, de um "nós" identitário, mas de classe, mais exatamente, de *underclass* – essa é a questão, como se viu. E, como se sabe, uma *underclass* que mesmo brutalmente enxotada e tripudiada incorporou todas as transgressões características do capitalismo de conivência de suas elites: "desengajamento" e "delinquência" no topo e na base. De resto, um dos tópicos de um manifesto de intelectuais no *Libération* de 16 de novembro de 2005, "Où va la République?", de Daniel Hemery et al., ao qual voltaremos. Por fim, posso apenas assinalar, para retomar o ponto mais à frente, a propósito do capítulo inglês da Emergência, que também ocorreu a Tom Nairn (no comentário já citado ao livro de Tariq Ali sobre a sequência do colapso britânico: *Rough Music: Blair/Bombs/Baghdad/London/Terror*, Nova York, Verso, 2005) associar a uma demanda de sentido tais ataques compensatórios de fúria, a seu ver algo como "*the rage of a denied 'imagined community' (in Benedict Anderson's sense)*" [a raiva de uma "comunidade imaginária" (no sentido de Benedict Anderson) rejeitada] (Tom Nairn, "The New Furies", cit., p. 136).

[26] Jacques Rancière, "O princípio de insegurança", cit. Não custa acrescentar que Tariq Ramadan puxa igualmente pelo fio da "ideologia do medo" – como tantos outros –, não sem antes ressaltar, e sem ser o único também, que o mais assustador hoje é a *normalização do discurso da extrema direita*, que circula com a desenvoltura invisível que se sabe entre direita estabelecida e esquerda idem: ganhar votos alimentando o medo dos cidadãos graças à transformação da diferença em ameaça sempre foi uma especialidade da casa. Hoje é também uma especialidade acadêmica – como antídoto, por certo. A propósito, pequena amostra da insensatez da elite europeia, francesa, no nosso caso. Como lembrado lá atrás, os ideólogos da Queda da França são anti-Chirac por razões sarkozyanas, por isso não se cansam de invectivar a estupidez eleitoral da populaça francesa, que na eleição presidencial de maio de 2002, quando Le Pen provocou um terremoto chegando ao segundo turno, a pretexto de evitar um *fachô*, plebiscitou um escroque assumido (o então presidente em estado de caquexia avançada). Acontece que de lá para cá não ocorreu a nenhum dos porta-vozes da Declinologia advertir o distinto público que 11 das 24 propostas de governo do Front National em matéria de legislação penal e policial foram adotadas pelas sucessivas administrações "normais".

Sem dúvida dessa vez a extensão dos motins pegou todo mundo de surpresa. Mas não se poderia dizer, a rigor, que pegou todo mundo desprevenido. Nunca um fenômeno como esse foi tão "prevenido" e antevisto nos últimos 25 anos – costuma-se datar o primeiro alerta do "verão quente" nas Minguettes em 1981[27]. Além do mais, não é muito verossímil numa *comunidade*

---

[27] A inocente autocongratulação sociológica de Stéphane Beaud e Michel Pialoux a esse respeito não é, portanto, uma manifestação isolada: "Tendo publicado em 2003 o livro *Violences urbaines, violence sociale* [Paris, Fayard], cujo ponto de partida foi uma 'rebelião urbana' em Montbeliard, esses acontecimentos não poderiam ser uma surpresa para nós. As últimas frases do livro evocam a amplitude das discriminações sofridas pelos jovens franceses filhos de imigrados e se interrogavam sobre as consequências do acesso impossível, para a maioria deles, a um emprego estável. E o livro terminava com estas palavras: 'Quantas bombas de efeito retardado'. Não era preciso ser adivinho para antecipar o futuro, pois a recorrência de rebeliões urbanas na França nos últimos quinze anos está inscrita em uma 'ordem das coisas' que remete a fenômenos culturais"; ver, dos citados autores, "Rebeliões urbanas e a desestruturação das classes populares – França, 2005", *Tempo Social*, v. 18, n. 1, jun. 2006, p. 37. Não é menos verdade, todavia, que ninguém estava preparado para enfrentar a novidade da escala. Pela primeira vez a violência dos amotinados, antes confinada a um foco exclusivo e efêmero, se espraiara pelo conjunto do território nacional. Isso sem falar numa espécie de perplexidade residual na percepção do fenômeno: lá no fundo da imaginação sociológica de cada um, persiste a lembrança da índole arcaizante desses processos violentos, reminiscências dos levantes e tumultos do Antigo Regime e, por isso, desdenhosamente qualificados de pré-políticos, fadados ao desaparecimento tão logo a brecha pacificadora da cidadania se ampliasse – daí o ligeiro estupor diante desse aparente retorno do reprimido, o que dá bem a medida da "erosão atual do campo político", nas palavras de Angelina Peralva, cuja análise desse "retorno das *émeutes*" principia justamente por essa evocação histórica, o surpreendente ressurgimento de um fenômeno que os modernos consideravam definitivamente erradicado pelo aprofundamento da paz civil; cf. "Levantes urbanos na França", *Tempo Social*, v. 18, n. 1, jun. 2006, p. 82. Segundo a autora, o argumento da "paz civil", desafiada por uma irrupção popular de cunho à primeira vista tradicional e cujo esgotamento era dado como uma evidência histórica, consta justamente de um relatório encomendado pelo Parlamento britânico a propósito do levante de Brixton, de abril de 1981, o primeiro do gênero a renascer em pleno século XX europeu, uma hipótese explicativa sob medida, sobretudo por fazer vibrar mais uma vez, porém a propósito, a barateada corda republicana francesa, hoje roída até o osso, da maneira que se sabe por uma direita e uma esquerda, curiosa e igualmente desdentadas. Pouco importa, pois trata-se de um tópico clássico, cuja evocação ritual, no entanto, presta um serviço contrário ao desejado, pois ressalta ainda mais a linha involutiva em curso. A saber, o modelo republicano que se impôs entre o colapso do Império Bonapartista (1870) e a rendição da Terceira República ao Terceiro Reich (1940) consta como princípio indutor de uma providencial pacificação social num país periodicamente

de emergência alegar ignorância a respeito. Trata-se exatamente do contrário, sobram informação e políticas escoradas em novos saberes e tecnologias. Para se ter uma ideia, a administração reconhece a existência no país de 752 zonas urbanas sensíveis (ZUS), nas quais se empilham aproximadamente 5 milhões de pessoas, na sua grande maioria franceses de origem árabe e africana, a um só tempo cadastrados nos mais diversos programas sociais compensatórios e alvo das formas mais vexatórias de vigilância e controle. Uma população, portanto, em estado permanente de sobressalto. Campo fértil para todo tipo de provocação. Um terço dos 341 motins oficialmente recenseados entre

---

à beira de uma ruptura insurrecional, desde as Jornadas de Junho de 1848 ao terremoto *communard* de 1871. O compromisso republicano, ao descriminalizar as classes laboriosas, regulando o conflito que as tornava perigosas, relativamente domesticado pela reinvenção de uma "cidadania" que o império da lei conseguia acomodar à mais profunda desigualdade social, permitiu enfim a formação de uma sociedade verdadeiramente *nacional* – oferecendo de quebra um conteúdo tangível para esta fórmula até hoje encantatória, *sociedade nacional*, de resolução coerente de incongruências abissais. Nesse sentido, o retorno do recalcado, na forma das violências ditas urbanas – das incivilidades de todos os gêneros aos guetos amotinados, tanto faz (por assim dizer) se vindas do alto ou de baixo da pirâmide social –, longe de ser uma reminiscência regressiva, exprime uma deriva ultramoderna, rigorosamente *pós--nacional*. Novamente, conferindo acepção plausível a outra expressão abre-te-sésamo. Não deixa de ter sua graça verificar mais uma vez que certo desconsolo sociológico ante a incapacitação das instituições pacificadoras do Estado vem acompanhado de um não menos ambivalente luto pelo "debilitamento do conflito de classes" (ibidem, p. 83) – para ser mais exato, recrudescimento exponencial, inclusive quanto à real natureza do novo individualismo de massa, por desfiliação negativa e pós-nacional no caso, em cujo âmbito prosperam as novas violências.

Sem chegar a falar em exaustão política de elites desconectadas – que por isso investem a torto e a direito em expedientes carismáticos e populistas –, o raciocínio afina com o desalento do britânico Furedi de há pouco, como se viu, o paradoxo de uma luta de classes pacificadora, cuja desregulação arrasta desgovernados blocos dominantes a uma espécie de provocação política rotineira. Não por acaso, a maioria absoluta dos motins nas periferias urbanas francesas deflagrou-se em resposta à morte de um jovem "nativo" em confronto com forças da ordem cada vez mais militarizadas. São "levantes da morte", na boa fórmula de Angelina Peralva, em referência ao sentimento de injustiça que alimenta as primeiras ondas de protesto violento se explica em larga medida pela recusa em simplesmente aceitar "a banalização da morte". Involuntário ou não, o acerto da observação não é pequeno, como a seu tempo se verá. Loïc Wacquant chega a falar em Estado Incendiário, a propósito da guerra social relançada com auxílio deste combustível a um tempo oficial e autodestrutivo, um Estado-*casseur*, em suma; cf. "L'État incendiaire face aux banlieues en feu", *Combat Face au Sida*, n. 42, dez. 2005-jan. 2006.

1991 e 2000 foi deflagrado por excessos policiais. Para calibrá-los melhor, o próprio serviço de inteligência do Estado, mais exatamente os Renseignements Généraux (RG), estabeleceu uma escala da gravidade dos atos de 1 a 8, começando pelos simples ato de vandalismo, solitário ou em bando, até o motim aberto. Essa classificação foi oficializada três anos depois – ao que consta – do primeiro relatório dos RG, em 1990, inaugurando uma nova seção, denominada justamente "violências urbanas", rebatizada a seguir de "*villes et banlieues*". Não se sabe ao certo quem primeiro consagrou o termo "violência urbana", se a mídia, a polícia ou os institutos universitários de pesquisa. O fato é que, na virada dos anos 1980 para 1990, a categoria "violências urbanas" havia adquirido vida própria, sendo a inspiração securitária predominante e consensual a percepção de que a verdadeira ameaça

---

Duas palavras ainda sobre o campo de atuação desse peculiar agente provocador de última geração, graças ao qual explode a raiva armazenada nesses confins da relegação social. Não é simples nem direto chegar à percepção da delinquência como um ato de resistência legítimo. Encarada a equação do ângulo da política de controle das populações, é preciso uma escalada bem calibrada de toda sorte de *humilhações*. Denis Duclos é de opinião que o Estado francês administra o confronto através de um sistema sofisticado de "desrespeito institucional", mantendo inclusive o nível da provocação num limiar que ainda não ousaram transpor, um ponto do qual não há retorno caso os "mais velhos" entrem em cena, não sendo irrelevante o estoque de armas que circulam nas periferias; ver Denis Duclos, "Retour sur la grande révolte des banlieues françaises", *Le Monde Diplomatique*, ago. 2006. Desrespeito, portanto, que culmina na mencionada banalização da morte enquanto evento detonador, praticado de preferência por agentes do Estado, autorizados a se conduzirem como administradores de populações sob controle por representarem, estas últimas, um risco em virtude de sua própria desqualificação social. E assim vão se multiplicando as situações de humilhações e seu cortejo de explosões urbanas. Como artefato preferencial da provocação – e artefato explosivo –, a humilhação social parece desenhada sob medida, pois se trata de fato de uma bomba política de efeito retardado, na observação preciosa do psicólogo José Moura Gonçalves Filho, lastreada por anos de militância nas periferias pobres de São Paulo. A seu ver, a humilhação social é antes de tudo um sofrimento político capaz de marcar a personalidade através de mensagens de rebaixamento – as mensagens inquietantes da dominação –, que desarrumam tudo: percepção, fantasia, memória, linguagem, sonho e sono. "A humilhação é golpe, ou é frequentemente sentida como um golpe iminente [...] o sentimento de uma pancada torna-se compulsivo: vira pressentimento." E quando é crônica, quebra o sentimento de se ter direitos. Assim, ocorrendo o milagre de um emprego qualquer, melhor trabalhar sem levantar os olhos. Numa palavra, a humilhação é o mais radical dos sofrimentos proletários (José Moura Gonçalves Filho, "Humilhação: um problema político em psicologia", *Psicologia USP*, v. 9, n. 12, 1998).

às instituições – das drogas ao terrorismo integrista – provinha dessa nova vitrine urbana da violência. Novos personagens entram em cena, o policial intelectual e o expert em violência urbana, ambos voltados prioritariamente para a gestão das crises nos bairros sensíveis. Desnecessário salientar a inspiração americana e gerencial – por exemplo, com a introdução do "conceito" de produtividade policial medida segundo padrões microeconômicos – de toda essa ambiência em que prospera a nova *cultura do controle*, como começou a ser denominada na literatura americana. Assim, por esse tempo a França ficou sabendo que as suas periferias também estavam produzindo a granel "grupos de risco". Nesses *"quartiers de tous les dangers"* [bairros de todos os perigos], populações socialmente vulneráveis correm de fato o risco de se tornarem delinquentes, sendo portanto recomendável neutralizá-las antes

---

Esse é o suplemento de violência social para que não paire nenhuma dúvida sobre o sentido da dominação e, sobretudo, acerca do lugar de banimento reservado à ralé proletária "depois da classe operária" – variando um pouco a fórmula de Stéphane Beaud e Michel Pialoux acerca do destino de invisibilidade social dos trabalhadores sem o suporte material e simbólico da "classe". E, sem a "classe" – que precisa *acontecer* politicamente –, desarmada inclusive pelo adeus da militância, à mercê da guerra social travada nas empresas, transformados em simples variáveis de ajuste, os operários foram deixando pouco a pouco de serem temidos. Daí o desmando de elites desorientadas pelo sinal verde dado à predação. Do outro lado da barreira, a raiva autodestrutiva, alimentada pelo sentimento igualmente autodepreciativo de se pertencer a um mundo desvalorizado, o do trabalho. Em suma – sempre segundo esses dois autores, na contramão do senso comum sociológico francês acerca das sucessivas ondas de choque de incivilidades antirrepublicanas, cujo epicentro residiria nos sonhos represados de consumo selvagem de uma *underclass* movida a pulsão de morte –, "para compreender as rebeliões urbanas de novembro de 2005, é preciso medir e sentir o quanto é decisiva a experiência vivida, cada vez mais cedo, da desesperança social nos meios populares. É preciso, portanto, não restringir a análise apenas aos locais de moradia, em particular nos conjuntos habitacionais, e inscrever tais acontecimentos no quadro mais amplo da desestruturação das classes populares francesas: é preciso tentar entender o que vem a ser a condição operária 'após a classe operária'" (Stéphane Beaud e Michel Pialoux, "Rebeliões urbanas e a desestruturação das classes populares – França, 2005", cit., p. 43-4). Num ambiente apodrecido, uma condição desde então associada à iniquidade, respondem os autores. A verdadeira novidade desta vez, continuam, é o tamanho da contaminação dos jovens provenientes dos meios populares, por assim dizer pacatos e sem ficha judiciária, pelo movimento incendiário das periferias, contrariando a tese conservadora da ação exclusiva de uma ralé de arruaceiros. Tal a abrangência do arco de humilhações, antes concentradas nas camadas mais expostas à violência social das relegações multiformes cujo ponto de saturação afinal se alcançou, à espera do próximo *round*.

que passem às vias de fato. É quando os amálgamas estratégicos começam a despontar, pouco importa a procedência das "categorizações", já que a luta contra a insegurança se generalizou: uma zona urbana sensível pode repentinamente se revelar uma zona de não-direito (Numa e noutra direção jurídica), e logo uma zona de segurança, regida por uma lógica de guerra conforme vai ficando patente no modo como se militariza o vocabulário e as providências de experts e agentes da ordem[28]. Dessa normalidade punitiva não

---

A polícia, que não costuma brincar em serviço – hoje concentrado na administração da insegurança, como lembrado – e à qual a sociologia do novo paradigma da violência – nunca é demais o enunciado por extenso – atribui a correspondente função de pacificar a sociedade e resolver conflitos, verdade que no calor da hora, porém, nos marcos estritos do Estado democrático de direito, como se diz, ao fazer um balanço dos 21 dias de motins nas *banlieues*, um pouco para atemorizar o eleitorado, como é do seu ofício, a venda de serviços de proteção, um pouco para antecipar o próximo cenário, qualificou a escalada da violência em três momentos: pequenos atos de "guerrilha urbana" passando a uma real "insurreição urbana", para afinal culminar num verdadeiro "movimento de revolta popular"; ver *Le Monde*, 7 dez. 2005, citado em Angelina Peralva, "Levantes urbanos na França", cit., p. 97. É esperar para ver. Para Gérard Mauger, em "O outono dos motins", *Folha de S.Paulo*, 20 nov. 2006, p. A30, não se trata de mera hipérbole policial: é revolta mesmo, só que "protopolítica". Pode-se dizer que alinhada à natureza política do sofrimento humilhante da desqualificação social generalizada na origem da explosão. E também popular, ainda que mutilada pelo desamparo de classe, evocado anteriormente. Nem delinquência segundo padrões de anomia pós-moderna, nem retomada de uma longa tradição anarquista de ilegalismo proletário. Voltando ao artigo de Mauger, o repertório das ações violentas, segundo o autor, "se deve mais a uma lógica das classes perigosas do que a uma lógica das classes trabalhadoras". Perigosas porque trabalhadoras, antes da pacificação republicana do século XIX, quando crime e violência política eram quase inseparáveis, como lembra muito a propósito Angelina Peralva no artigo citado desde o início. Continua, assim, e será permitido presumir quanto ao déficit de regulação institucional da equação trabalho/cidadania, o poder ameaçado pela via da ruptura revolucionária por uma massa popular sem eira nem beira, se encontraria confrontado por uma violência cujo conteúdo só pode ser literalmente protopolítico; cf. ibidem, p. 85. Ao qual poderemos estar – por que não? – devolvidos ao século XIX pela via da *despacificação*, hoje em curso acelerado no mundo. Faz todo o sentido, portanto, e histórico inclusive, qualificar de protopolíticas e numa acepção não pejorativa os levantes da morte nas *banlieues* francesas. Como também se compreende que este retorno fantasmático das classes perigosas tenha reativado igualmente outra relíquia da guerra social do XIX, o estado de sítio do tempo das barricadas de junho, numa hora, porém, em que a emergência é outra: exatamente, pós-política.

[28] Laurent Bonelli, "L'oeil des renseignements généraux" e "Profils de 'sauvageons'", *Manière de voir*, n. 56, mar.-abr. 2001; Pierre Rimbert, "Ces entrepreneurs en sé-

se poderia mesmo esperar qualquer surpresa. É fácil "desligar-se" na gestão de uma "agenda" em que o padrão de normalidade em qualquer escala é justamente queimar automóvel todo santo dia, por um sim ou por um não. Na primeira nota sobre os motins de outono, para variar esfregando no nariz da política assimilacionista dita republicana francesa o não menos falso sucesso da política comunitária multicultural britânica, o jornal *The Economist* de 3 de novembro de 2005 não deixou escapar a bizarria do registro: ao que parece, nessas "*sensitive urban zones*" [zonas urbanas sensíveis], como se diz eufemisticamente do outro lado do Canal, "*vehicle-burning has become the suburban crime of choice*" [a queima de veículos tornou-se o crime da vez nos subúrbios][29]. Voltando com um dossiê alguns dias depois, o jornal novamente não resistiu diante da anomalia peculiar, o *car-burning*, algo como um "*ritual gesture of criminal defiance in the suburbs*" [gesto ritual de desafio criminoso nos subúrbios][30]. No princípio – no fim dos anos 1970, início dos 1980 –, essas práticas se difundiram sob o nome de "rodeio": carros de luxo roubados, usados pelo tempo de um "racha" na periferia e depois ritualmente incendiados. Em suma, esportes sem fins lucrativos, salvo o prazer autodestrutivo de um bem de consumo tão desejado quanto inacessível – pelo menos era assim que se "lia" esse item seminal do novo repertório da "violência urbana" nos seus primórdios, raiva e ódio na "galera" se formando no rastro pós-político da era industrial agonizante[31]. Superada a etapa luxo-roubo-racha, restou o momento da destruição espetacular – e cada vez mais endógena; queimava-se a lata-velha do bairro mesmo –, multiplicado pelo efeito especular de exposição na mídia. O grande teatro é a noite de São Silvestre. No Réveillon de 2005, a polícia comemorou uma cifra de 333 carros queimados, um número considerado estável – ainda na linha do deboche da imprensa britânica. Em 2003,

---

curité", *Manière de voir*, n. 56, mar.-abr. 2001; Laurent Bonelli, "Les raisons d'une colère", *Le Monde Diplomatique*, n. 621, dez. 2005; Dominique Vidal, "Casser l'apartheid à la française", *Le Monde Diplomatique*, n. 621, dez. 2005.

[29] "Car-burning in the suburbs", *The Economist*, 3 nov. 2005.

[30] "An underclass rebellion", *The Economist*, 14 nov. 2005.

[31] Na opinião da sociologia bem-pensante cristalizada à sombra dos primeiros diagnósticos securitários do fenômeno. Obviamente, antirreducionista: a violência "*émeutière*" não se resume nem ao puro vandalismo nem é uma conduta exclusiva dos pobres. Enfim, começou-se a rodar a manivela do realejo exclusão/inclusão. Entre tantos outros, a primeira súmula mais reveladora é a de Michel Wieviorka, *Violence en France* (Paris, Seuil, 1999). Em particular, sobre os "*rodéos*", p. 29-30.

foram incendiados nos subúrbios franceses 21.500 carros, 60 em média por noite; antes das revoltas do outono de 2005, as cifras anunciavam 28 mil, média diária de 90. Com a explosão dos motins, o pico foi atingido na noite do domingo para segunda, 7 de novembro: 1.408 veículos. Era a 11ª noite de tumulto. A partir daí a curva começou a baixar, chegando enfim a 271 na 18ª noite. Quem fornece as cifras e raciocina nesses termos de altos e baixos de uma curva malsã de temperatura é um observador francês menos cínico do que sugere sua conclusão publicada quando os números da noite anterior já permitiam respirar: "Estamos enfim nos aproximando aos poucos da média estatística de 90 veículos sacrificados todas as noites às chamas nos quatro cantos da França"[32]. O pior de todos, sem dúvida, mas enfim não mais do que um acesso de febre. Mas a volta à média estatística significa apenas que menos carros serão queimados: "Sentimos o fim próximo, mas não é o fim. De resto, não haverá verdadeiramente um fim". Esse é o ponto, aliás, retomado por Dietmar Dath no *Frankfurter Allgemeine Zeitung* (*FAZ*)[33], por assim dizer na sua razão inversa: acalmia sem fim de brasa dormida? De fato, a sabedoria vigente convencionou que na atual *gangland* planetária os amotinados que barbarizam as periferias do mundo "não aspiram a outras repúblicas, mas a algo diferente que no entanto é a mesma coisa" – anomia quanto aos meios porém a serviço do conformismo dos mesmos fins, se poderia acrescentar[34].

---

[32] Laurent Greilsamer, "Une fièvre de novembre", *Le Monde*, 15 nov. 2005. Era de se prever que Baudrillard não deixaria escapar as possibilidades metafóricas do tipo de "normalidade" revelada pelo acesso de febre de novembro: 1.500 carros tiveram de ser queimados numa só noite para que – numa curva descendente, novecentos, quinhentos, duzentos, sendo a "norma" diária novamente alcançada – as pessoas se dessem conta de que em média noventa carros são incendiados todas as noites em nossa doce França. Uma espécie de chama eterna, como a existência no Arco do Triunfo, queimando em honra do Imigrante Desconhecido. E que agora se deu a conhecer, segundo Jean Baudrillard, "The Pyres of Autumn", *New Left Review*, Londres, n. 37, jan.-fev. 2006, p. 5.

[33] E transcrito no *Courrier International*, n. 785, 17 nov. 2005.

[34] Não há quem não resvale nessa grande meia verdade da hora. As novas classes perigosas estão arrombando a ferro e fogo as portas da inclusão, que se abrem para o não menos cobiçado hemisfério (Norte) da ordem e da afluência. Não deixa de ter sua graça que essa redefinição do conceito clássico de anomia – muito mais negativo, se é que se pode falar assim, na teoria original de Durkheim – como hiperconformismo desviante tenha ocorrido a Robert Merton observando o comportamento dos jovens ladrões de automóveis nos Estados Unidos – graça maior ainda ao reencontrá-la no livro de Angelina Peralva prefaciado por Alain Touraine, *Violência e democracia: o*

Mas quando se enfia tudo nesse mesmo saco do eterno retorno – nos cinturões urbanos da miséria, a um ciclo de revoltas se segue outro de torpor e apatia; "as pessoas se inflamam, nada muda e as coisas se acalmam, e depois

paradoxo brasileiro (São Paulo, Paz e Terra, 2000). Tudo se passa como se o paradoxo Merton – hiperconformismo quanto aos fins, desvio quanto aos meios – ganhasse uma nova e ampliada juventude, dos "*rodéos*" de *banlieues* ao filme *Le Couperet*, de Costa-Gavras, em que um executivo desesperado por emprego elimina rivais pelo método expeditivo de qualquer dono de boca de fumo, e com o tempo se confundisse com a dessocialização suicida identificada por Durkheim, a qual todo mundo se apressou em reconhecer no repertório das ações de violência autodestrutivas a que se entregaram os amotinados do outono de 2005. Nos seus próprios termos, a opinião de esquerda – reagindo ao calor da hora – também não deixa de prestar o seu tributo ao estereótipo da corrida selvagem ao guichê do Capital: "Por que os jovens revoltosos destroem os carros que representam um símbolo do consumo inalcançável? Por que incendeiam escolas e ginásios de esportes, que são lugares de educação coletiva? Por que queimam as cabines telefônicas? E por que não arrebentam os seus telefones celulares, símbolos da privatização da comunicação? Como são consumistas natos, atacam a coisa pública que para eles, enquanto tal, não pode ter nenhum valor" (Daniel Hemery et al., "Où va la République?", cit.). "*Sauvageons*" em suma, na definição "republicana" do antigo ministro Jean-Pierre Chevènement em 1998 (noutro pico de incivilidades provenientes das "zonas sensíveis"), ainda que com a ressalva de que o capitalismo interiorizado por seus portadores mutilados reencontrou sua selvageria de nascimento. Como se disse, meia verdade – que voltou a todo vapor assim que o acesso de febre de novembro de 2005 deu passagem às manifestações estudantis (e depois unitárias) de março de 2006 contra a desregulação de mais um setor do mercado de trabalho –; desta vez era o "Maio de 1968 dos pobres" que migrava da periferia para o centro, igualmente sem o "charme" de quase meio século atrás, ou o "romantismo", o "sonho", a "utopia" etc., conforme o preconceito do colunista de plantão. Para variar, o membro do Parlamento Europeu Daniel Cohn-Bendit deu logo o tom em entrevista ao correspondente do *Financial Times* em Paris (cf. Martin Arnold, "Ex-líder nega comparação com 68", *Folha de S.Paulo*, 23 mar. 2006, p. A14): nós tínhamos uma visão positiva do mundo, enquanto as manifestações atuais apenas refletem um profundo mal-estar na sociedade francesa; nossa época era ofensiva, visava-se uma ampliação das liberdades, e agora 1 milhão de pessoas foi às ruas numa atitude meramente defensiva, animada por uma juventude que tem medo das mudanças, dos desafios da globalização etc., como aliás se viu na vitória do Não à Constituição Europeia. Quando mais não fosse, a amostra nos dispensa de repassar mesmo pela rama a ampla literatura crítica não só sobre a reconversão da geração 1968 – o que seria banal –, mas sobretudo acerca das raízes meia-oito do novo espírito gerencial-solidário do capitalismo dito de acumulação flexível ou o que seja. Não é menos verdade, todavia, que uma coisa era a camisa de força do pleno emprego durante os trinta anos ditos gloriosos do pós-guerra, outra a briga inglória pelo direito paradoxal de ser explorado nos termos de um contrato que não novamente se inflamam e por aí vai"³⁵, afinal numa sociedade altamente industrializada cuja única forma de coesão social continua sendo o trabalho assalariado é assim mesmo que as coisas funcionam, ou não? Sobra a pergunta quase de senso comum: o que fazer com os excedentes depois do último carro carbonizado? Não será preciso esperar para saber. Na abertura do artigo do *FAZ* que estou glosando, o autor relembra que, pouco depois

---

seja de mera compra e venda de uma mercadoria descartável à discrição. Lutar por trabalho só desmoraliza quem nunca precisou dele. Mesmo assim o carimbo pegou – "rebeldes brigando pelo *status quo*"; como se disse, uma meia verdade, cuja outra metade nunca mencionada vem a ser o deserto de despossessão a que se resume esse mesmíssimo *status quo* que não é abrigo de mais nada, o fundo no qual tocou a geração *low cost*. Não se vê mais a praia imaginada sob as pedras do calçamento empilhadas nas barricadas de 1968, mas apenas mais pedras, a "realidade", em suma, no dizer de um jovem manifestante de março, recolhido pela correspondente do *Guardian* em Paris (7-13 abr. 2006), Angelique Chrisafis, que registrou outros depoimentos na linha ambígua do clichê que estamos revendo, do tipo: o que estamos fazendo é sério, não há nada de romântico, não aguentamos mais uma sociedade tocada por uma elite que não está nem aí para o destino das pessoas, ao contrário do que se diz não queremos romper com a sociedade econômica, justamente não queremos que a geração vindoura seja uma geração despossuída como a nossa. – Sirva de contraponto o estereótipo esquerdista simétrico, a outra meia verdade complementar. Para uma amostragem extrema, Baudrillard, mais uma vez: ele não está nada convencido de que as renovadas promessas de sempre acerca de integração (como poderia uma sociedade que se desmancha a olhos vistos integrar os "seus" imigrantes?), emprego e proteção social comovam os amotinados; pode até ser que o *"French way of life"* já lhes seja tão indiferente que nem sequer alimentem mais o desejo secreto que lhes está sendo atribuído de dirigir os carros nos quais estão ateando fogo. Cf. Jean Baudrillard, "The Pyres of Autumn", cit., p. 7. Vá saber. Seja como for, conforme prossegue a escalada da argumentação, a seu ver é toda a cultura ocidental no que tem de mais atraente para oferecer (carros, shoppings, escolas bem desenhadas etc.) que está perdendo vertiginosamente seu poder de sedução, daí a queima geral, por mais que a elite esclarecida se refira a tais explosões como acidentes num horizonte de turbulência normal, sobre um fundo consensual de reconciliação baseada sabe-se lá em que "valores". – Pelo sim, pelo não, *The Economist* (novamente se divertindo às custas do pretenso medo francês do capitalismo moderno) prefere a hipótese de uma simpática esquizofrenia: menos anticapitalista do que imaginam ser, os franceses condenam o capitalismo no horário comercial, porém consomem de bom grado a sua quinquilharia depois do expediente, como o demonstra o fato de que o enorme lucro europeu do McDonald's no ano de 2005 se deva ao seu espantoso sucesso na França, sem falar na preferência dos *casseurs* infiltrados nas manifestações de março pelos últimos modelos de celulares Samsung ou Nokia (cf. "A Tale of Two Frances", cit.).

³⁵ "Inflamar", com efeito – mas como fogo de palha. Outro lugar-comum do gênero examinado na nota anterior. A normalidade incendiária, por assim dizer, é apenas

dos seis dias de motins em Los Angeles em 1992, o governador do Estado do Novo México, às voltas com uma onda de tumultos e quebra-quebras nas cidades da fronteira com o México, teria declarado que se pudesse arrasaria tudo: não foi necessário chegar a tanto, contentou-se em decretar estado de

a expressão mais enfática do sentimento padrão de que não só não há mais como distinguir ordem de desordem (pela média estatística dos carros incendiados?), mas de que a intensificação mesma das manifestações é diretamente proporcional à convicção de que no fundo o protesto se rotinizou tanto quanto a inércia do descalabro ao qual apenas reage. Outra meia verdade? De qualquer modo, o mesmo Frank Furedi arrumou para ela (ou sua outra metade verdadeira) uma denominação não menos paradoxal do que os demais fenômenos inventariados até aqui: "protesto desengajado". É preciso convir que o seu principal exemplo dá o que pensar. No dia 15 de fevereiro de 2003, mais de 1 milhão de pessoas se manifestaram nas ruas da Grã-Bretanha (sem falar nos outros milhões no resto do mundo) contra a guerra a caminho do Iraque. Desde os tempos da Guerra do Vietnã não se via coisa parecida, e mesmo assim nada tão massivamente impressionante. E, no entanto, tal como veio se foi, sem deixar rastros. (E, é claro, a guerra aconteceu tal como planejado e Tony Blair foi reeleito a despeito da vontade da maioria absoluta e da carnificina no Iraque.) Ou por outra, anunciou em centenas de milhares de cartazes sua razão de ser uma comoção efêmera, nos quais se podia ler uma das mais difundidas palavras de ordem daqueles *"one-off mass events"*, além do indefectível *"No Blood for Oil"*: *"Not in My Name"* – quer dizer, não me envolva, não tenho nada a ver com o temporal que se está armando, uma cláusula *opt-out*. Tudo se passa como se o ato de protestar tenha se tornado um assunto de ordem pessoal e por isso mesmo realizado da maneira mais chamativa possível – numa palavra, conforme a terminologia do autor, um "protesto desconectado", ele também. Cf. Frank Furedi, *Politics of Fear*, cit., p. 43-4. Seria o caso de acrescentar, em linha com toda a argumentação anterior acerca do "princípio da insegurança" como paradigma de governo, que se trata de um *"Not in My Name"* por medo, desta vez não de chuva radioativa, como nos tempos das campanhas de desarmamento, mas de chuva terrorista. Que afinal acabou ocorrendo mesmo, primeiro em Madri, depois em Londres. Só que dessa vez, a despeito de toda a pomposa discurseira patriótica da mídia em torno do *"standing unite"* como nos tempos heroicos em que a cidade aguentou firme as bombas de Hitler, Londres simplesmente sumiu, escondeu-se em casa, com medo não do Islã, mas dos seus próprios compatriotas. Essas e outras enormidades se encontram em um artigo de Charles Glass, "The Last of England", *Harper's Magazine*, nov. 2005, citado por Tom Nairn, "The New Furies", cit., com a seguinte explicação: "Em 1940, os ingleses de Londres acreditavam que construiriam um mundo mais justo e melhor depois da guerra, ao passo que em 2005 ninguém acredita que o mundo será melhor do que antes da guerra contra o terror ter começado". É isso aí. E se assim é, tornou-se ainda mais grotesco o sermão pregado aos franceses com medo do futuro que o turbocapitalismo lhes promete, quando estão apenas reagindo ao modo de gerir um desastre que em todo caso já ocorreu, também.

emergência na zona fronteiriça sob sua jurisdição. Para variar, no meio do redemoinho o refugo imigratório. Nas fronteiras sociais francesas de agora o parafuso das medidas de exceção deu no entanto mais uma volta na gestão da desordem: como não se trata de esperar pela última fogueira – mesmo porque o processo é da ordem do acesso de febre recorrente –, o governo não só se antecipou, o que até seria trivial, mas inovou num ponto absolutamente crucial, sobrepondo duas aparentes incongruências. Primeira aberração: num momento em que as autoridades policiais e a mídia se congratulavam com a estabilização da situação na média de duzentos carros queimados, quem sabe redefinindo os parâmetros de algo como uma outra normalidade, por assim dizer, crônica, a maleita supracitada, o reencontro consigo mesmo do país estável de todos os dias, deu-se a segunda aberração: decreta-se o estado de emergência na hora mesma da sensação de alívio policial-midiático, quer dizer, por motivo de normalidade em vias de se restabelecer, a normalidade da emergência, é claro, e como se isso não bastasse, tendo a febre baixado ainda um pouco mais, o governo se apressou em prolongar as medidas de exceção por mais três meses – na mesma noite de 18 de novembro em que o Senado votava a prorrogação do Estado de Urgência, a rede pública de televisão France 2 anunciava: "*La situation est redevenue normale partout en France*" [A situação voltou ao normal em toda a França][36]. Simples assim,

---

[36] "*D'autant plus choquant*": assim reagia um jurista diante do disparate da prorrogação de uma lei de emergência para estancar uma hemorragia considerada normal pela própria mídia oficial. É que uma elite desconectada é movida a cinismo em cena aberta, ninguém mais se dá ao trabalho de se levar a sério – sendo o desrespeito ao princípio de não-contradição a primeira e mais elementar providência tomada. Ao anunciar na véspera que o governo autorizaria os "prefeitos" (na França, representantes do poder central nos Departamentos, unidades político-administrativas básicas da República) a aplicar o toque de recolher – uma das medidas previstas no estado de urgência a ser declarado no dia seguinte –, o primeiro-ministro Dominique de Villepin se absteve prudentemente de pronunciar a palavra "urgência": interpelado em *off*, um membro de seu *entourage* respondeu que mencioná-la poderia alarmar seus parceiros europeus, dando a entender que a França "*était à feu et à sang*". Pois se não era o caso, então a que vinha? Enquanto isso, no gabinete ao lado, seu rival na corrida presidencial, o próprio ministro do Interior, Sarkozy, que a bem dizer ateara fogo nos guetos prometendo livrar o país daquela "ralé" com jatos de um produto químico no geral destinado a "branquear" fachadas encardidas, deixava vazar para a mídia que julgava desproporcional uma tal terapia de choque, que no entanto aplicaria com o zelo que se sabe, e o fez disparar nas pesquisas. Enfim, todos incompreendidos em seus lances de coragem reformadora.

puro *nonsense*. E no entanto faz todo o sentido do mundo, o mundo onde vigora, banalizada, "*la perenne emergenza*" [a emergência perene], como dizem alguns juristas italianos, razoavelmente alarmados[37].

***

Como se respirava na época (2003) e atualmente uma pesada atmosfera de 18 de brumário, vale ainda a metáfora velha demais de 150 anos: outro raio num céu azul, portanto? (Assim se referia Marx à indignada estupefação de Victor Hugo, que simplesmente não entendera nada do processo que permitira a um personagem medíocre e grotesco como Luís Bonaparte, no dia 2 de dezembro de 1851, dar um golpe de Estado que finalmente aliviaria a burguesia do fardo de governar a nova ordem capitalista por sua própria conta e risco, mesmo tendo massacrado seu inimigo de classe poucos anos antes.) De modo algum – mesmo quando se avalia o bom tempo pela média diária dos sessenta carros queimados. É que o pacote de restrições às liberdades públicas – verdade que embrulhado por uma lei velha de meio século e praticamente caída em desuso: aqui sim um surpreendente anacronismo, ancorado todavia numa continuidade de fundo, que nos interessará estudar de perto mais adiante – anunciado no dia 8 de novembro de 2005, sob o paradoxal pretexto de estado de urgência por

---

[37] Por exemplo, Sergio Moccia, *La perenne emergenza: tendenze autoritarie nel sistema penale* (Nápoles, Edizioni Scientifiche Italiane, 1997). Citado por Fauzi Hassan Choukr, *Processo penal de emergência* (Rio de Janeiro, Lumen Juris, 2002). Como a referência ao Direito Penal compareceu nos dois títulos, seria bom esclarecer que o segundo autor adverte de partida contra a confusão usual entre as duas acepções de "emergência" no mundo do direito. Um primeiro conceito se apresenta vinculado às exceções do estado de direito constitucionalmente previstas, à exceção constitucional propriamente dita, cuja origem remonta à figura do *dictator* romano, uma instituição legal justificadora da derrogação de direitos; outra coisa é a "emergência repressiva", sobre a qual se legisla no campo jurídico penal, gerando uma legislação de exceção sujeita, porém, às mutações legais segundo as leis do jogo constitucional. Acresce que a emergência constitucional tem limites temporais e geográficos, sem falar nos limites intrínsecos que por assim dizer regram a exceção. Ocorre que no campo penal a emergência não tem limites nem temporais nem geográficos, de sorte que a emergência repressiva tende assim a extravasar suas fronteiras específicas, infiltrando-se na cultura da normalidade. Feita a distinção, resta ver a que ponto está chegando a contaminação da esfera jurídica superior pela expansão degradada da inferior – se é que se pode falar assim, admitida por mera hipótese a ficção necessária da inocência coercitiva da emergência constitucional.

motivo de volta gradual à normalidade, simplesmente dá sequência a um longo processo de erosão dos direitos fundamentais que se arrastam com uma inédita coerência há pelo menos vinte anos e ganhou novo ímpeto sob o guarda-chuva punitivo que se abriu na esteira do 11 de Setembro sobre uma sociedade decididamente controlada[38]. Repercutindo o Patriot Act americano, a Lei Vaillant de 5 de novembro de 2001, por exemplo, sobre a "segurança cotidiana", não foi a primeira nem a última pedra do edifício securitário em construção. Só o alarme disparado pelo famigerado espectro terrorista gerou oito diplomas legais (sic) nos últimos dez anos.

Seria fastidioso repertoriar em detalhes todo esse arsenal jurídico-repressivo, cujos dispositivos tendem no geral a sancionar cada vez mais severamente uma irreversível intenção, e não apenas o fato de se cometer os atos, digamos, "explosivos" propriamente ditos: trata-se sempre de contornar os constrangimentos legais que só autorizam certos procedimentos extremos de vigilância e controle diante de fatos e não de riscos. São textos invariavelmente orientados para o reforço dos poderes de polícia em detrimento do seu controle pelo Judiciário. Ao longo dos anos, um sem-número de práticas atuariais das autoridades de Estado foram se tornando "legais", do controle de identidade não importa em que circunstância até a figura kafkiana (vale cada vez mais o clichê) da possibilidade do anonimato das testemunhas. Não se dirá, por certo, que denunciar a proclamação do estado de urgência como uma manobra diversionista clássica (mais uma), uma mascarada destinada a desviar a atenção da falência múltipla da sociedade salarial e seu correspondente modelo social para a penalização dos pobres e o medo da pequena delinquência forçosamente de "origem" magrebina é arrombar uma porta aberta (tal a cegueira social que conforta as políticas de "tolerância zero") – mais decisivo, no entanto, é salientar a coerência estrutural de todo esse reordenamento que uma circular do Ministério do Interior denominou de "cadeia penal", reconhecendo com isso a existência de uma só corrente repressiva, da qual polícia e Judiciário seriam os dois elos principais. Elos assimétricos, como se viu, em que o poder de polícia corroendo a autoridade dos magistrados está na verdade reafirmando a

---

[38] No que se segue, apoio-me na breve reconstituição histórica de Nuri Albala (advogado) e Evelyne Sire-Marin (magistrada), "Dépeçage des libertés publiques", *Le Monde Diplomatique*, n. 621, dez. 2005, e Patrick Roger, "La France durcit pour la huitième fois en dix ans son arsenal antiterroriste", *Le Monde*, 22 dez. 2005.

ascendência crescente dos poderes conferidos à *administração*. É esse o ponto cego, o centro de gravidade do verdadeiro sistema de exceção que a proclamação intempestiva do estado de urgência revela e consagra à luz do dia. Para todos os efeitos, o artigo da Constituição que confere à autoridade judiciária o papel de guardiã das liberdades individuais vem se tornando a rigor letra morta. Nas palavras de um desalentado parlamentar (isso existe ainda), durante o processo de votação e aprovação em dezembro de 2005 de mais uma lei desse arquipélago da exceção: estaremos passo a passo renunciando ao Estado de Direito toda vez que, como agora, novamente, transferimos às *autoridades administrativas* prerrogativas das instâncias judiciárias constituídas. Pois no fundo é disso que se trata, enfim. O decisivo é que a proclamação do estado de urgência no dia 8 de novembro de 2005, com base numa "anacrônica" lei de 1955, conferisse às autoridades puramente administrativas do Ministério do Interior e seus "prefeitos" poderes especiais suplementares em matéria de liberdades públicas. Um verdadeiro "direito de exceção", em suma. O relator do projeto de lei aprovado em dezembro de 2005 apreendeu na sua exata medida a "filosofia", como disse, do novo marco regulatório da emergência (para falar deliberadamente em termos jurídicos impróprios), no caso, algo como o núcleo essencialmente "administrativo" dessa nova filosofia do direito. Trata-se, numa palavra, de instituir uma "legislação derrogatória permanente a fim de evitar o dever de adotar medidas de exceção pressionado pela urgência". É isso aí. De quebra, uma variante do novo *paradigma gestionário da exceção*. Rotinizando-se as situações de urgência, que se multiplicam graças ao fator de aceleração que vem a ser a "subjetivação" do direito recentrado nas intenções de confronto com a ordem do mundo, "administrar" é fazer economia, no atacado, da derrogação automatizada no varejo das pequenas exceções.

    Uma circunstância histórica talvez ilumine por outro ângulo esse ponto nevrálgico da ruptura de época que estamos presenciando. Resumindo o capítulo italiano de sua brevíssima história do estado de exceção, Giorgio Agamben salienta a originalidade da invenção italiana da figura moderna do "decreto-lei", os decretos governamentais de urgência, um "instrumento derrogatório e excepcional de produção normativa" que com o tempo foi se transformando em "fonte ordinária de produção do direito" – uma evolução que principia na segunda metade do século XIX, conhece um auge óbvio no fascismo e não foi abolida pela República do pós-guerra, longe disso: desde então, a prática segundo a qual o poder Executivo podia adotar medidas provisórias com força de lei tornou-se a regra na Itália – novo auge durante as turbulências dos anos 1970, em que novamente se contornou com a desenvoltura que se sabe o princípio constitucional de que os direitos dos cidadãos não podem ser limitados senão por meio de leis. Como o Parlamento – sobretudo a partir daquela década dramática em que a Itália funcionou como uma verdadeira antecâmara e laboratório político-jurídico do rebaixamento europeu do fim de século pós-fordista – desde então a bem dizer se limita a ratificar os decretos emanados do poder Executivo, a República não é mais uma democracia parlamentar, mas sim *governamental* [39]. Palavra grifada com a ênfase mais do que necessária ao seu dramático confronto com a democracia, cujo grau zero se aproxima à medida que se expande o reino da *gestão derrogatória permanente* que se viu – o espírito mesmo da lei francesa adotada em 22 de dezembro de 2005. Quer dizer, o domínio das medidas administrativas com força de lei. Por exemplo: as atuais políticas europeias de imigração desembocaram na criação de campos ou "centros fechados" onde são depositados os estrangeiros em situação irregular, rigorosamente pessoas submetidas a um "direito de exceção de ordem puramente administrativa"[40]. Sem tirar nem pôr, o mundo do *Castelo* kafkiano, pelo menos assim se apresenta a sociedade "totalmente administrada" de hoje aos olhos de Agamben: "O verdadeiro ponto misterioso da política ocidental não é o Estado, não é a Constituição, não é a Soberania, mas o Governo. Não o Governo, mas o Ministro. Não o Legislador, mas o Funcionário"[41]. (Entendamos. Não estamos falando dos grandes corpos burocráticos que se foram junto com o fordismo, a nomenklatura soviética e seus correlatos mundo afora, *mas dos reais operadores de uma relíquia bárbara, a Razão de Estado, pedindo nova identificação em plena Era da Emergência*. Também no seu devido momento trataremos de reconhecer essa mesma matriz em que se entrelaçam "direito de exceção" e autoridade administrativa

---

[39] Giorgio Agamben, *Estado de exceção*, cit., p. 30-3.
[40] Jean-Claude Paye, *La fin de l'État de Droit: la lutte antiterroriste de l'état d'exception à la dictature* (Paris, La Dispute, 2004), p. 186.
[41] Giorgio Agamben, "A política da profanação", cit. *N.B.*: É mais do que tempo de se rever no memorável ensaio de Günther Anders a engrenagem de uma sociedade que anda em círculos movida a decretos impenetráveis, a legalismos automatizados, um mundo enfim em que as "leis" são apenas entulho. Cf. Günther Anders, *Kafka: pró e contra* (trad. Modesto Carone, São Paulo, Perspectiva, 1969).

governando por decretos emergenciais, porém atuando no seu terreno de origem, a violência despótica da "governança" corporativa em tempos de precarização generalizada e sua exportação para o vasto mundo das relações internacionais, não por acaso submetidas à mesma mitologia da "boa governança", exercida tanto nas zonas de ordem quanto nas de desordem e não-direito.)

Voltemos ao foco do incêndio, ao sinal de alarme que estamos ouvindo novamente. Pois bem: na falta de uma legislação derrogatória permanente, para variar providência adotada só depois da porta arrombada, e adotada igualmente *"dans l'urgence"* no dia 8 de novembro de 2005, como lembrado, o governo se viu na contingência de ressuscitar uma lei dos tempos da Guerra da Argélia, a lei de 3 de abril de 1955, que instituiu o "estado de urgência" – a ser declarado em caso de perigo iminente resultante de graves atentados à ordem pública. Na sua formulação original, tal estado de urgência comporta dois níveis: o grau mais simples de "urgência" autoriza uma extensão automática dos poderes de polícia, da interdição de zonas de circulação e segurança à prisão domiciliar de suspeitos; num segundo momento, o decreto pode instituir uma espécie de estado de urgência agravado, conferindo novos e maiores poderes às autoridades administrativas, da censura às buscas e apreensões domiciliares a qualquer hora do dia, ou melhor, da noite. Com duração limitada a no máximo doze dias, foi no entanto prorrogado por mais seis meses, em lei de 7 de agosto do mesmo ano. A "urgência" obviamente vinha a ser o recrudescimento da insurreição argelina, um ano depois do desastre colonial na Indochina, arrematado pela rendição de Dien Bien Phu em maio de 1954. De fato, a insurreição era brasa dormida desde o massacre na região da Cabília em 8 de maio de 1945 – decididamente, à liberação da metrópole da ocupação nazi e seu cortejo assustador de colaboracionistas não corresponderia nada de equivalente no espaço colonial próximo, embora território igualmente sob ocupação desde 1830. O levante organizado e aberto declarou-se afinal em novembro de 1954. Promulgada a lei meses depois, o estado de urgência tomou seu rumo colonial ostensivo, sendo imediatamente aplicado nas zonas insurgentes. Todavia, a *urgência* propriamente dita seguiu seu curso, a crise de todo um regime, cujo apodrecimento a revelação da prática da tortura como política de Estado durante a batalha de Argel em 1957 não só acelerou como anunciou o que viria pela frente no próximo ciclo ao longo do qual se deslocaria o *front* da guerra cujo fim a sabedoria convencional costuma datar de 1945[42]. Em maio de 1958, o governo finalmente entra em pane. Um pouco da cronologia dessa outra "urgência" não será demais. No dia 15, o comandante militar da Argélia, o general Raoul Salan, diante de uma multidão de colonos reunidos na frente do Fórum de Argel gritando as enormidades que se pode imaginar a favor da perenidade da Argélia Francesa, convoca um outro general, De Gaulle, no caso, que retomou seu papel de salvador nacional naquele momento de soberania metropolitana periclitante – na verdade sitiada por duas insurgências, a da Frente de Libertação Nacional (FLN) e a não menos subterrânea e virulenta do colonato enquadrado por oficiais na beira da clandestinidade. Menos de duas semanas depois, o quarto governo dos últimos onze meses renuncia, De Gaulle é chamado e a Assembleia Nacional em menos de 24 horas lhe confere "plenos poderes": tendo como pano de fundo as emergências político-militares de praxe – guerra civil, insurreição e resistência –, estava assim reinaugurado um dos cenários clássicos da "exceção"[43]. Em setembro, um *referendum*

---

[42] "Não existe essa história de 'pós-guerra'. Os tolos chamam de 'paz' o simples distanciamento do *front*" (Wu Ming, *54*, trad. Romana Ghirotti Prado, São Paulo, Conrad, 2005). Não faltará ocasião de verificar o acerto dessa tirada visionária.

[43] Pelo sim, pelo não, não custa relembrar que estamos fazendo um uso deliberadamente amplo do termo "exceção", porém não impreciso, jurídico ou politicamente, em linha com o argumento geral desenvolvido por Giorgio Agamben na forma de um diagnóstico de época, formulado em meados dos anos 1990 – *Homo sacer*, sua primeira reflexão sistemática sobre a lógica contemporânea da soberania e seu correspondente poder suspensivo da própria ordem jurídica, foi publicado em 1995 (Einaudi) –, segundo o qual o "estado de exceção" – usual na doutrina alemã (*Ausnahmezustand*, bem como *Notstand*, estado de necessidade), mas estranho, por exemplo, às doutrinas francesa e italiana, que preferem falar em *état de siège* ou decretos de urgência, e anglo-saxônica, na qual prevalecem os equivalentes *emergency powers* ou *martial law* – "tende cada vez mais a se apresentar como paradigma de governo dominante na política contemporânea" (cf. Giorgio Agamben, *Estado de exceção*, cit., p. 13-5). Este o ponto nevrálgico de todo o argumento: qual ruptura de época – ou continuidade bárbara – estaria convertendo uma medida provisória e excepcional, deslocando-a de seu território jurídico original, na verdade uma terra de ninguém na intersecção do jurídico com o político, numa técnica permanente de governo, a tal ponto preponderante esse deslocamento surpreendente que já provocou uma transformação radical na estrutura e no sentido da distinção tradicional entre os diversos tipos de constituição. Não por acaso, uma caudalosa literatura jurídica, a favor ou contra, mas no geral perplexa, afiança a certidão de nascimento tanto de um novo "ideal constitucional" quanto de um novo sistema de justiça, dito emergencial, na verdade expressão duradoura de uma outra normalidade. Para Agamben o termo

calça os plenos poderes de De Gaulle com 80% dos votos, instituindo no processo uma Nova República, a Quinta, cuja Constituição, no artigo 16, concentra na figura exclusiva do Presidente a prerrogativa de suspender "o direito comum das liberdades" em caso de ameaça institucional grave e imediata, no limite é claro do exercício das missões dos poderes públicos e do controle do Conselho. Um outro artigo da mesma Constituição de 1958, o de número 36, consagrava a tradição nacional do "estado de sítio" constitucional – que remonta aos tempos da Revolução Francesa, como nem sempre é lembrado –, quando, sob as mesmas alegações de gravidade mas na dependência de uma resolução adotada em conselho de ministros, a autoridade militar se substitui à autoridade civil no que diz respeito à manutenção da ordem, em princípio ameaçada. Entre a convocatória de Salan e o *referendum* consagrador da nova ordem, há um primeiro interregno, informal, é claro, à sombra da exceção – isso quanto à metrópole, pois na periferia colonial prosseguiam os altos e baixos de uma situação de urgência

---

técnico "estado de exceção" abrange assim um conjunto variado porém coerente de fenômenos jurídicos. E como toda escolha terminológica não é nem um pouco neutra, não só lhe interessa ressaltar a contiguidade essencial entre estado de exceção e poder soberano – redescoberta por um raciocínio radical na hora em que o século XX se aproximava da meia-noite: os bem-pensantes se indignaram com o prontuário do mensageiro, Carl Schmitt, mal ouvindo o sinal de alarme da mensagem, que hoje voltou a soar para variar entre duas catástrofes: a primeira julgamos erroneamente conhecer, enquanto a segunda já foi devidamente banalizada e rebaixada à condição de um (ansiosamente) esperado "*second strike*" –, mas não deixar passar em branco dessa vez a circunstância sinistra de que o Terceiro Reich pode ser considerado, do ponto de vista jurídico, como um "estado de exceção" que durou doze anos: a mais avançada Constituição do seu tempo, a Constituição de Weimar, continuava em vigor, porém em suspenso no que dizia respeito às liberdades fundamentais, em virtude da aplicação do artigo 48, base legal dos plenos poderes autorizada pelo decreto de 28 de fevereiro de 1933 dito de "proteção do povo e do Estado", decreto que obviamente nunca mais foi revogado. É esse o marco histórico na origem da escolha terminológica do autor, a expressão consagrada pela doutrina alemã a respeito, se for permitido se referir assim em termos anódinos ao abismo que se abriu por meio do estado de exceção previsto, de uma maneira ou de outra, por extenso ou com o pressuposto tácito, nas constituições liberais-sociais do tempo: nas circunstâncias de *choque e pavor* que se sabe, por meio do constitucional estado de exceção instaurou-se uma "guerra civil legal que permite a eliminação física não só dos adversários políticos mas também de categorias inteiras de cidadãos [...]. Desde então, a criação voluntária de um estado de emergência permanente (ainda que eventualmente não declarado no sentido técnico) tornou-se uma das práticas essenciais dos Estados contemporâneos, inclusive dos chamados democráticos" (ibidem, p. 13).

que podia se dar ao luxo de dispensar proclamações para as quais de resto contava com o amparo da lei de três anos antes. A escalada final culminou no golpe de força que todos aguardavam, o malogrado *putsch* militar de abril de 1961 e na sua esteira a onda de atentados da recém-formada OAS (Organisation de l'Armée Secrète). Embora o funcionamento regular dos poderes públicos constitucionais não estivesse interrompido, como exigia o texto, De Gaulle recorreu ao artigo 16[44], que desde então nunca mais foi evocado. Nem seria mais o caso: foi um auge clássico, como lembrado, derradeiro lance de exercício da exceção soberana numa atmosfera um tanto envelhecida de *grand opera*.

Do outro lado do Atlântico, constitucionalistas liberais duplamente aflitos por se encontrarem laminados entre a realidade assustadora das novas ameaças do amplo espectro dito terrorista e os não menos sinistros memorandos da lavra de uma nova legião de assessores jurídicos a serviço de todo tipo de excessos e desmandos da administração Bush[45], à procura de uma

---

[44] Sobre o artigo 16 da Constituição Francesa de 1958, Gilberto Bercovici – cujo argumento central acerca da periodização do Discurso da Exceção logo evocaremos – recomenda o estudo de Paul Leroy, *L'organisation constitutionnelle et les crises* (Paris, Librairie Générale de Droit et de Jurisprudence, 1966).

[45] Veja-se o comentário revelador de Anthony Lewis, no caso, particularmente revelador das afinidades eletivas entre o atual ciclo de capitalismo de compadres – o já mencionado "*crony capitalism*", sobre o qual, seja lembrado de passagem, o economista Paul Krugman dedicou um punhado de artigos em sua coluna no *New York Times* como se nada tivesse a ver com o assunto, justamente um entusiasta e ex-integrante do *board* da Enron Corporation, uma das estrelas desse capitalismo entre amigos, sendo que os amigos dos amigos são sempre uma conexão política de primeira grandeza, cf. Paul Krugman, *A desintegração americana* (Rio de Janeiro, Record, 2006), cap. 4 – e a cultura do *racketeering*, que para muitos observadores seria uma boa descrição da retomada fraudulenta da hegemonia americana, responsável pela enganadora feição "imperial" do poder americano (por exemplo, Chalmers Johnson, *The Sorrows of Empire: Militarism, Secrecy, and the End of the Republic*, Londres, Verso, 2004; Giovanni Arrighi, "Hegemony Unravelling – 2", *New Left Review*, Londres, n. 33, maio-jun. 2005): "Ler os memorandos redigidos pelos advogados da administração Bush sobre como podem ser tratados os prisioneiros da guerra contra o terror é uma experiência inquietante. Os memorandos lidos se assemelham aos conselhos de um advogado da Máfia dados a algum Dom a respeito dos modos de contornar a lei e evitar a cadeia. Um dos temas abordados nesses memorandos é justamente o que fazer para evitar ser processado nas cortes de justiça" (cf. Anthony Lewis, "Making Torture Legal", *The New York Review of Books*, 15 jul. 2004, p. 4). No fundo, advogados de porta de cadeia, como se diz, nem por isso tais consultores deixam de se elevar às altas paragens

solução de compromisso constitucional para o dilema legal da segurança, repassaram nesse espírito de urgência os principais textos constitucionais do Ocidente. É o caso mais recente do jurista de Yale, Bruce Ackerman, cuja extemporânea rejeição do modelo gaullista de plenos poderes – sem mencionar sua total ignorância do aparato jurídico-securitário francês em expansão nas duas últimas décadas – não deixa de ser um contraponto instrutivo no que concerne à periodização do regime de exceção que está nos interessando identificar, para começar, na sua variante francesa à luz do alarme de incêndio do qual partimos, como se há de recordar[46]. Não deixa de ser no mínimo curioso – tais entrecruzamentos inesperados entre os vários expedientes induzidos pela falta de imaginação diante da provocação da emergência num mundo em descontrole[47] – que a engenharia constitucional de Bruce Ackerman também ande atrás de uma pedra filosofal jurídica que alivie as autoridades dos riscos (de mão dupla) de adotar um rosário de medidas de exceção sob a pressão da "urgência" do momento: a última lei francesa, como se viu, justamente cogitou uma "legislação derrogatória permanente", enquanto nosso autor, por sua vez, está propondo por sua conta e a título ideológico privado uma "*emergency constitution*", cujos mecanismos um

---

em que os paradigmas se revolucionam, segundo o padrão estabelecido pelo sóbrio epistemólogo Thomas Kuhn; assim, um desses redatores de memorando, o futuro ministro da Justiça no segundo mandato Bush, Alberto Gonzales, em memorando ao presidente de 25 de janeiro de 2002, ao afiançar mais uma vez que os poderes presidenciais não estão limitados pela lei, sustenta que a natureza da nova guerra (contra o terror, mas quem sabe, mais amplamente, contra a nova natureza – "humanitária", entre outras adjetivações "cosmopolitas" – da guerra) representa "uma tal mudança de paradigma que torna obsoletas as convenções de Genebra". Ver ainda sobre outro grande ideólogo do novo direito constitucional, e também redator daqueles memorandos considerados "sórdidos" por Anthony Lewis, John Yoo, a resenha de David Cole (professor de direito em Georgetown), "What Bush Wants to Hear", *The New York Review of Books*, 17 nov. 2005 – a obra em questão vem a ser *The Powers of War and Peace: The Constitution and Foreign Affairs after 9/11* (Chicago, University of Chicago Press, 2005).

[46] Bruce Ackerman, *Before the Next Attack: Preserving Civil Liberties in an Age of Terrorism* (New Haven/Londres, Yale University Press, 2006), p. 67-9.

[47] *Mundo em descontrole: o que a globalização está fazendo de nós* é a versão brasileira para o original *Runaway World* (1999), de Anthony Giddens (trad. Maria Luiza X. de A. Borges, Rio de Janeiro, Record, 2002). Trata-se de um breve ensaio apologético sobre os sempre "instigantes desafios" (sic) da sociedade de risco, não obstante o calafrio alarmista do título, ou por isso mesmo.

tanto bizarros não vem ao caso examinar. Basta pensar no propósito, aliás, de contenção do gatilho presidencial americano, regularmente puxado na forma de uma escalada de leis repressivas a cada ataque terrorista. Como esses vieram para ficar, melhor pensar duas vezes, pois a sua lógica é a do interminável tempo de espera do "*second strike*"[48], e para preveni-los seria então o caso de atribuir ao governo o poder de tomar medidas extraordinárias no curto prazo, freando com isso a derrocada das garantias constitucionais no longo prazo – sabe-se lá por que mágica política, pois afinal é disso que se trata. Deve-se contar a seu favor a argumentação contra a fantasia paranoica da "guerra ao terror" vendida às populações governadas, como se relembrou, precisamente pela gestão da insegurança. Não se trata de "guerra" nem própria nem impropriamente dita – deixemos a discussão de fundo para outro

---

[48] Provavelmente a metáfora estava no ar. Em todo caso, Art Spiegelman – o cartunista de *Maus*, já que não parece haver outra maneira de identificá-lo – terá sido o primeiro a elevar aquele informe pressentimento coletivo, se espraiando a partir do falso marco zero do 11 de Setembro – o verdadeiro marco zero, se é que se pode falar assim, foi retratado no mundo animal da galáxia Auschwitz em *Maus* –, na forma de uma prancha em grande escala, à altura da Nova Normalidade, como o próprio artista batizou o período de anomalias e aberrações recém-inaugurado – figurado na faixa superior do *cartoon* por uma tira em que a família americana diante da TV aparece sucessivamente aterrorizada pela Al-Qaeda e pelo seu próprio governo. Pois Art Spiegelman foi buscar a fonte que explicaria a metáfora do século XXI – uma outra espera, ainda não se sabe se da mesma linhagem das que balizaram os desastres do século passado, dos bárbaros de Kaváfis, premonitoriamente situados no início do século, ao par de *clowns* esperando por Godot – numa tira inocente do fim do século XIX, do tipo *sketch* de *vaudeville*, ilustrando um dito popular qualquer, no caso a sentença "jogando o outro sapato". Sem poder resumir a *gag*, vai o arremate, a prefiguração do horizonte rebaixado pela expectativa unidimensional do *second strike*: "Jogue a outra p... de sapato pra gente poder dormir!!" (cf. Art Spiegelman, *À sombra das torres ausentes*, trad. Antonio de Macedo Soares, São Paulo, Companhia das Letras, 2004). Difícil não voltar a reconhecer, na impaciência em retomar o sono interrompido pelo primeiro sapato lançado ao chão no silêncio da madrugada, o que já foi noutra circunstância diagnosticado como mal contida aspiração à catástrofe. Ou como o sono profundo de um falso despertar: "Quando se ouve hoje o slogan de que terminou o sonho liberal da década de 1990, que, com os ataques ao WTC, fomos violentamente atirados de volta ao mundo real, que acabaram os tranquilos jogos intelectuais, devemos nos lembrar que esse chamado ao enfrentamento da dura realidade é ideologia em estado puro. O slogan de hoje, 'Americanos, acordem!', é uma lembrança distante do grito de Hitler, '*Deutschland, erwache!*', que, como Adorno escreveu há muito tempo, significa exatamente o contrário" (Slavoj Žižek, *Bem-vindo ao deserto do Real!*, trad. Paulo Cezar Castanheira, São Paulo, Boitempo, 2003, p. 14).

capítulo –, tampouco de "crime", mas do fato novo, a "emergência", por motivo de brecha ameaçadora na "soberania efetiva" provocada por toda sorte de variantes do novo repertório terrorista[49].

Ninguém em sã consciência, não importa de que lado do espectro político americano convencional – prossegue o argumento –, jamais considerou que a existência do Estado Americano estivesse seriamente ameaçada no 11 de Setembro e sua eventual proliferação, como nos tempos da mútua

---

[49] O dilema garantias individuais/segurança é de fato um tormento para os liberais, a rigor o buraco negro do constitucionalismo, por onde se infiltram os demônios da exceção. Assim, o ponto cego da emergência a ser "constitucionalizado" empurra nosso autor de novo para o lado da "guerra" toda vez que argumenta contra os tradicionalistas, que consideram o terrorismo um "crime", devendo em consequência ser tratado como tal. É que – sempre no intervalo dramático entre o primeiro e o segundo *strike* – o Estado precisa rapidamente provar que o seu poder soberano efetivo perdura, não obstante a desmoralização entrevista no breve relance do ataque; ocorre – continua argumentando nosso constitucionalista aflito – que a operação normal do direito criminal pressupõe essa mesma "efetividade" da soberania estatal, justamente o alvo do ataque terrorista, jamais o de um criminoso comum, de sorte que, por tratar unicamente de casos individuais, o direito criminal só pode operar uma vez resolvida a questão mais ampla e precisamente emergencial da soberania que está chamando de "efetiva". Mas é exatamente isso o que diz o *discurso da guerra*. Mas se insistirmos em chamar de guerra a prevenção sistêmica do segundo strike, estaremos por certo diante de uma guerra sem fim, como também estarão *off-limits* os poderes do Executivo em tempos de guerra, e sobre ela, a guerra, todo um edifício jurídico cedo ou tarde se erguerá, no centro do qual nos depararemos com um completo sistema alternativo de justiça criminal: isso já ocorre no âmbito militar e não tardará a transbordar as fronteiras do direito comum. De volta, portanto, ao ponto dos tradicionalistas, e deste ao outro extremo do mesmo conservadorismo – aliás, indefinidamente, tal qual a natureza da nova emergência, ela mesma de curto prazo porém recorrente. Na opinião de outro constitucionalista igualmente reticente, David Cole – citado em nota anterior, a propósito dos memorandos da Casa Branca –, se antes o dilema clássico se resumia a sacrificar nossas liberdades em nome de nossa segurança, agora a administração está propondo uma fórmula, digamos, mais ousada, como é característico das transgressões de estilo neocon: "Vamos sacrificar a liberdade de qualquer um em nome de nossa segurança" (citado em Corine Lesnes, "Guerra ao terror atropela Constituição", *Folha de S.Paulo*, 17 maio 2006; do *Le Monde*, Washington). Faltou precisar que o termo "nossa" só pode se referir à segurança dos governantes, no comando sim de uma guerra, porém particular, como todos os negócios que gravitam em torno dos atuais arrendatários do poder americano de agora, a um tempo capitalista e territorialista. Explico-me a respeito dessas e de outras características do Novo Imperialismo em "Último *round*", *Margem Esquerda*, São Paulo, Boitempo, n. 5, 2005.

destruição nuclear assegurada. Dizem os experts que, ao ser derrubado o quarto avião naquela onda de ataques, a aeronave civil suicida já deixara de ser em questão de minutos uma alternativa tática, para não falar estratégica. O que realmente estava em jogo – voltando ao argumento a favor de uma distinta provisão constitucional de emergências na antevéspera de um segundo golpe – naquele lance dramático, a demonstração espetacular da incapacidade do Estado em defender suas fronteiras, era a desestabilização da relação fundacional entre os cidadãos e o Estado moderno, a expectativa da proteção garantida por uma "soberania efetiva", quer dizer, manter o controle sobre uma situação básica de segurança. Diga-se de passagem, uma desestabilização que nunca interessou ao submundo do crime, cujos negócios carecem dos arranjos discretos à sombra da normalidade, tanto quanto a fachada desta última é indispensável às grandes contravenções sistêmicas dos negócios legais. Mas prossigamos. Nessas circunstâncias inéditas, a gestão convencional do risco à maneira de uma companhia de seguros mostra-se inteiramente inadequada: depois de um ataque terrorista, o mundo de incerteza totalmente desconhecido no qual nos vemos lançados pela explosão não comporta mais nenhum tipo de risco calculável; ninguém tem a menor ideia do que pode ou vai ocorrer no próximo lance. Uma Constituição de emergência confrontaria esse cenário de ansiedade máxima mobilizando um novo princípio, "*the reassurance principle*", cuja reasserção se impõe com a redundância de uma garantia circular: assegurar ao público algo como a quadratura do círculo: que as autoridades estão se movendo "agressivamente" para abortar o segundo ataque sem no entanto dar carta branca ao Executivo, pois tal providência contribuiria por seu lado para alargar ainda mais o sentimento de insegurança diante do desconhecido que se quer precisamente debelar. E por aí se vai, na zona ambígua que vem a ser a terra de ninguém da exceção, a de agora, bem entendido[50].

---

[50] Para que a menção à tentativa de Bruce Ackerman – e outras tantas a caminho, a julgar pela polêmica em curso acerca da existência ou não de uma provisão emergencial explícita ou apenas pressuposta nos textos constitucionais – não fique suspensa no ar, viria ao caso observar desde já que ela pertence a uma linhagem de especulações americanas acerca da defesa da sociedade que se poderia fazer remontar a um clássico no gênero – digamos assim –, o estudo-programa de Clinton Rossiter sobre o governo em tempos de crise nas democracias modernas, *Constitutional Dictatorship* (Princeton, Princeton University Press, 1948). Um livro escrito não por acaso no limiar da Guerra Fria, no qual se procede a um exaustivo inventário dos poderes

Seja como for, gregos e troianos apresentam a mesma síndrome do *second strike*, daí o círculo vicioso que acabamos de evocar – e isso no melhor dos casos, porque houve tentativa de identificar a nova emergência. Na fraseologia da hora, o desafio diferente criado pelo terror, o oportuno interregno de fantasias apocalípticas alimentadas paradoxalmente pelos integrados, gerido a conta-gotas antes que o segundo ataque seja lançado – como evocado linhas atrás. Seja dito também de passagem – antes de retomarmos o fio da exceção que grassa no gueto francês – que não ocupa um lugar menor nessa constelação da emergência, longe disso, a inversão dos papéis entre integrados e apocalípticos, uma reversão que nem mesmo a ficção *kitsch* de Umberto Eco poderia prever: como a seu tempo veremos, toda a Sociologia do Risco exprime essa conversão, não menos confortável, dos integrados ao espantalho do apocalipse. Digamos, enfim, para encerrar toda essa digressão, que uma Constituição de emergência, não importa o propósito na sua origem, já se rendeu (e está celebrando a janela histórica; ou então se congratulando com o mal menor) ao mencionado desafio diferente do terrorismo, diferente por tornar obrigatória toda a nova constelação do "pensamento preventivo" – como definiu o mesmo David Cole de há pouco o substrato mental do conjunto de "ações preventivas" desencadeadas pela

---

emergenciais mobilizados pelos principais governos do núcleo orgânico do capitalismo – Inglaterra, França, Estados Unidos e a Alemanha de Weimar –, no intuito de demonstrar factualmente que de modo recorrente, de crise em crise, da Guerra Civil Americana à Grande Depressão de entreguerras, sem falar, é claro, nas duas guerras mundiais, nenhuma democracia pode sobreviver excluindo a hipótese da ditadura emergencial. Daí o esboço de uma ditadura constitucional por assim dizer preventiva, embora permanente, em princípio uma salvaguarda mais do que arriscada contra a degenerescência autoritária pura e simplesmente ditatorial sob pretexto de salvação nacional. Desnecessário lembrar que voltaremos a esse tratado inocentemente clarividente e profético: a Segunda Guerra mal terminada, a besta imunda do Terceiro Reich extirpada, e no entanto o apreensivo e escaldado constitucionalista americano anunciava que os novos tempos de paz na verdade se instalariam num regime de exceção permanente, daí a urgência em encerrá-la em uma jaula constitucional como um antídoto de mesma extração. Não espanta que, meio século depois, Bruce Ackerman emendasse na mesma providência. Também não surpreende que, reeditado agora (Princeton, Transaction, 2002), seja precedido por uma introdução em que o autor (William Quirk) reassegura a atualidade da ideia de ditadura constitucional – um outro nome para o estado de exceção da doutrina alemã –, perguntando-se de saída: como deveremos ser governados durante a Guerra contra o Terrorismo? Decididamente não como no passado – quando exatamente não foi assim? Uma pergunta cuja razão de ser talvez apareça num próximo capítulo.

administração Bush, da "guerra preventiva" da Doutrina propriamente dita aos seus correlatos punitivos, dos interrogatórios às transferências de suspeitos ao exterior[51]. Seria o caso de já ir antecipando – ou recapitulando, depende – que a matriz por assim dizer institucional desse pensamento preventivo (se é que se pode falar assim, em pensamento) – e tudo que daí se segue em matéria de *jus puniendi* e *jus persequendi*, entre outras crescentes restrições secundárias – vem a ser a progressiva metamorfose do velho Estado Constitucional, acossado pela enxurrada dos novos (e não tão novos assim) riscos, e quanto mais inespecíficos mais ameaçadores, em Estado Preventivo – na denominação do veterano constitucionalista alemão Erhard Denninger[52] –, não só ancorado numa bizarra porém óbvia reinvenção da "segurança", mas sobretudo numa contumaz *quebra de padrões* (por sua vez cada vez mais indiscerníveis) pautada por algo como um princípio do *excesso*, em ruptura, por exemplo, com a ideia constitucional obsoleta de "proporcionalidade" entre o dano causado e a resposta penal, para não falar na letalidade exterminista da parafernália tecnológica das novas guerras preventivas. Basta lembrar – para voltar ao nosso foco de origem – da observação cínica do ministro francês do Interior acerca da eventual desproporção entre os motins decrescentes nas *banlieues* e a intempestiva ressurreição de uma lei de exceção dos tempos da Guerra da Argélia. Tudo a ver, no entanto, cinismo e excesso incluídos.

Tudo isso dito, está claro que, ao propor uma Constituição de Emergência que só poderia ser a de um Estado Preventivo nos moldes evocados, Bruce Ackerman, investindo contra um moinho de vento, o anacrônico artigo 16 do não menos caduco modelo francês de emergência – não obstante nisso contemporâneo das medidas de exceção, tomadas com uma desenvoltura de fazer inveja a todos os bonapartistas continentais por Lincoln durante a Guerra Civil e Roosevelt no *continuum* do New

---

[51] Citado em Corine Lesnes, "Guerra ao terror atropela Constituição", cit.
[52] Erhard Denninger, "Freedom *versus* Security", set. 2004. Para a sua primeira intervenção mais sistemática acerca dessa momentosa mudança de paradigma constitucional, em particular no âmbito da Lei Fundamental alemã, ver "'Security, Diversity, Solidarity' Instead of 'Freedom, Equality, Fraternity'", *Constellations*, Oxford, Blackwell, v. VII, n. 4, dez. 2000. Ver o útil comentário de todo o quadro por Thiago Bottino do Amaral, "A segurança como princípio fundamental e seus reflexos no sistema punitivo", *Jus Navigandi*, n. 799, 10 set. 2005.

Deal à Segunda Guerra[53] –, embora atinando com a dita obsolescência – nenhum governo do *core* capitalista se desintegrará em virtude de um ataque terrorista, dependendo é claro do que se entenda por "desintegração" –, decididamente nem mesmo se deu conta de que sua razoável barreira de contenção do pânico[54] vem a ser ela mesma um dos elos na

---

[53] Em tempo, para posterior retomada: é bom não esquecer que, sem exagero algum, na pioneira demonstração de Domenico Losurdo, a Constituição Americana foi pensada desde a origem tendo como horizonte o estado de exceção; lembrando também que o Napoleão do 18 de brumário era um fervoroso admirador do poder "Executivo enérgico" concebido por Hamilton e instaurado por George Washington. Cf. Domenico Losurdo, *Democrazia o bonapartismo: trionfo e decadenza del suffragio universale* (Turim, Bollati Boringhieri, 1993) [ed. bras.: *Democracia ou bonapartismo: triunfo e decadência do sufrágio universal*, trad. Luís Sérgio Henriques, Rio de Janeiro/São Paulo, Editora UFRJ/Editora Unesp, 2004]. Noutras palavras, os juristas do presidente Bush não inventaram nem forçaram nada.

[54] Um dos artigos de estreia de Bruce Ackerman nessa senda do alarme e da exceção pós-11 de Setembro se intitula precisamente "Don't Panic", *London Review of Books*, 7 fev. 2002. Quatro meses depois de redigida esta nota, nosso bravo Bruce Ackerman entrou de fato em pânico. Não sem antes uma brevíssima e eufórica temporada de aparente reencontro da letra do Direito Constitucional norte-americano com seu espírito libertário – a rigor em grande parte uma mitologia retrospectiva, esse legendário impulso originário de fundação. É que finalmente no início de julho de 2006, a Suprema Corte entrou na guerra jurídica contra o terror, ou melhor, contra o aparato antijurídico dos memorandos produzidos pelo Executivo para justificar as medidas de exceção que se sabe. Os ideólogos da nova ordem de coisas espernearam antes do tempo – celebração precipitada também do lado de seus rivais tradicionalistas: estão reprimindo "ideias criativas", enfraquecendo a capacidade do país de "lidar com o perigo", usurpando judicialmente os poderes do presidente etc. O mais em evidência de todos eles, o notório e já mencionado John Yoo, logo percebeu, no entanto, que a batata quente estava de fato sendo passada para o Congresso, sob pena de parecer leniente ou, pior, propenso ao *appeasement* (verdadeiro tabu na política norte-americana de confronto), notando que, ao votar, alguns juízes haviam deixado uma porta aberta, sugerindo que "a decisão não é tanto um ataque judicial ao poder Executivo, mas uma insistência em que o Congresso, e não um pequeno grupo de advogados do governo, assuma um papel proeminente na formulação da resposta ao terror" (cf. Adam Liptak, "Com estridência, o Supremo entra na guerra", *New York Times*, transcrito em *O Estado de S. Paulo*, 8 jul. 2006). O recado estava dado. E compreendido, sem muita pressão, tal a deriva norte-americana. No dia 28 de setembro, aprovando um projeto de lei sobre tribunais militares e "combatentes inimigos ilegais", o Congresso norte-americano deu enfim "respaldo legislativo e normas amplas a detenção, interrogatório, acusação e julgamento de suspeitos de terrorismo muito diferentes das familiares no sistema de justiça criminal do país" (Jeffrey Smith, em matéria para o *Washington Post* traduzida em *O Estado*

atual escalada da exceção rumo à normalidade de governo. Sem falar na completa ignorância da contrapartida europeia dessa mesma escalada global, no caso, a francesa em particular, como se ainda estivéssemos às voltas com as sedições que presidiram o nascimento da Quinta República. Há, portanto, toda uma periodização dos renovados ciclos de exceção e seus respectivos fusos históricos a ser devidamente posta em perspectiva. Entre outras razões, porque a partir de um certo momento, nos países originários do capitalismo histórico, a declaração do estado de exceção começou a ser progressivamente substituída por uma generalização sem precedentes do paradigma da segurança como técnica de governo – nunca é demais repisar, e, para variar, nos termos de Agamben já conhecidos. Mas quando exatamente? E por quê?

Reabrindo, portanto, o capítulo dos anacronismos, ressurreições intempestivas, excessos e desproporções históricas etc. Assim como Bruce Ackerman e consortes consideram a reativação dos plenos poderes emergenciais de um Executivo "enérgico" e ampliado uma velharia sem antes nem depois dos tempos idos e justificados de "crise existencial" do estado mortalmente ameaçado em sua integridade, tampouco o ex-diretor do jornal *Le Monde* – que já conheceu dias melhores –, Jean-Marie Colombani, em editorial reagindo à proclamação fora de hora do estado de urgência, atinou com aquela superposição de tempos históricos incompatíveis, sem falar na gafe imperdoável, o retorno do recalque colonial num momento de desatenção, aliás duplamente imperdoável pois meses antes um texto de lei em votação

---

de *S.Paulo*, 30 set. 2006). Nem *habeas corpus*, nem direito de autorrepresentação por meio de advogado próprio, entre outras amenidades. Nas palavras do reitor da Escola de Direito de Yale – cuja reação perplexa era previsível –, o que restou foi a imagem de um Congresso se apressando em confiscar jurisdição dos tribunais, em nome de uma "emergência política criada". No dia seguinte, a oração fúnebre de Bruce Ackerman podia ser lida no *Los Angeles Time* (traduzida em *O Estado de S.Paulo*, 1º out. 2006), prevendo as futuras detenções em massa que deixarão todos "assombrados na manhã seguinte ao próximo atentado". Quando os ânimos voltarem a se inflamar no rescaldo do fantasmagórico *second strike*, não estando nada claro que a Suprema Corte vá proteger o Bill of Rights, a experiência do que significa estar à mercê da suspeita do soberano será refeita um patamar acima na escalada das emergências. A ironia de sempre reside na alegação oficial de que o governo carece de poderes especiais para enfrentar uma *ameaça incomum* – afinal, como sustenta o próprio professor Ackerman, especulando acerca da hora e vez de uma Constituição de Emergência, o terrorismo não é crime nem ato de guerra entre Estados, falando a mesma *langue de bois* das relações internacionais.

tinha deixado escapar uma disposição normativa na intenção dos manuais escolares um tanto relapsos ou excessivamente cautelosos nas ressalvas positivas quanto à dimensão civilizadora da colonização francesa: a exumação de uma legislação de 1955, na época da Guerra da Argélia, afinal "um dos piores momentos da nossa vida republicana", junta aos motins em curso um desastre suplementar, ao "enviar assim aos jovens dos subúrbios uma mensagem de uma brutalidade incomensurável: cinquenta anos depois, a França os quer tratar como tratou seus avós". Com efeito. Assim sendo, a que vem essa restauração de "uma legislação dos tempos da emergência"[55]?

---

[55] É sempre mais interessante o desconcerto de um entusiasta da "lei republicana" diante do "destempero marcial" dos seus guardiães do que a adesão redundante do eterno porta-voz do Partido da Ordem, como é o caso do jornal *Le Figaro*. Em todo caso, aí vai como contraponto: a decretação do estado de emergência "deu a entender que o governo compreendeu a gravidade da situação [...]. Depois de alguns dias em que o poder, bem como a sociedade francesa, pareceu como que tomado de perplexidade pela irrupção da violência, essa reafirmação do princípio da autoridade vem em boa hora [...]. O Estado não se contentará em esperar que o fim de uma violência 'inaceitável e indesculpável' venha da fadiga dos revoltosos, da boa vontade dos chefes do tráfico de drogas, ou da leniência dos imãs". Contraponto convergente, seria melhor dizer. O que o *Le Monde* pensa com os seus botões e diz entre dentes, o *Figaro* diz em voz alta, não só enche a boca com a Lei da República como o colega, e como este denuncia pela enésima vez a onda de ódio e ressentimento que ameaça corroer os valores da civilização, mas sobretudo faz questão de ressaltar que as medidas de exceção vieram ao encontro da demanda de "todos" os prefeitos, da direita e da esquerda – e por esquerda se deve entender esquerda de governo, como se diz no jargão francês, quer dizer, a sua outra metade encabulada e invertebrada. Os dois editoriais foram parcialmente publicados pela *Folha de S.Paulo*, "*Le Figaro*: situação grave leva governo a atender apelos" e "*Le Monde*: Villepin mostra não ter fibra de estadista", 9 nov. 2005, Mundo. Não me ocorreria citá-los nesta extensão se no momento em que escrevo (sexta-feira, 19 de maio de 2006) uma enxurrada de editoriais e de colunas, sem falar no maremoto de opiniões de todo tipo de especialista, não estivesse ainda "repercutindo", como se diz, a paralisação da cidade de São Paulo pelo medo-pânico semeado pelas ações espetaculares de violência atribuídas a uma voz de comando dada por uma organização de presidiários. Como a demasiada retórica em situações de confronto e exaltação patriótica não tem o menor senso de ridículo, falou-se do nosso 11 de Setembro a propósito daquela segunda-feira, 15 de maio de 2006. Pensando bem, guardadas todas as proporções, foi muito pior quando se pensa no que vem pela frente. Afinal, o Planeta Favela – cf. Mike Davis, *Planet of Slums* (Londres, Verso, 2006) [ed. bras.: *Planeta Favela*, trad. Beatriz Medina, São Paulo, Boitempo, 2006] – se mexeu, seu desenvolvimento também é desigual e nós somos um dos elos mais fracos malgrado sua calmaria aparente, alimentada por um sem-número de "guerras

Não se trata a rigor de uma restauração *stricto sensu*; nem mesmo em 1814, por exemplo, a Restauração da Monarquia depois da Revolução Francesa logrou ser literal no que tange às instituições do Antigo Regime malgrado toda a força mobilizada pela Reação, tanto é que precisou engolir até uma Carta Constitucional na qual se reatava inclusive – para retomar a linha evolutiva que está nos interessando retraçar –, notadamente no artigo 14,

---

particulares" cotidianas entre as forças das duas ordens. Comparações estatísticas com os números de Bagdá naqueles dias não faltaram: novamente despropósitos sobre um fundo falso de razão. Maio de 1968 do lúmpen – como se falou de Maio de 1968 dos pobres acerca dos amotinados das *banlieues* – é questão de tempo, os "acontecimentos" ainda não completaram uma semana de idade. Não é que não se tenha falado a torto e a direito, em terminologia mais ou menos arrevesada, ora espumante, ora bacharelesca, mas o discurso da exceção, seja ele propriamente penal ou apenas de maior ênfase oratória em torno da urgência do momento, chega a ser redundante quando enunciado na periferia da economia-mundo, já que nascemos sob o seu manto, como veremos na sua hora e vez, embora a de hoje, tendo atravessado a industrialização de outros tempos e hoje abortada, já não seja a mesma exceção colonial. No que concerne ao capítulo contemporâneo dessa exceção colonial congênita – à qual estamos apenas aludindo de passagem, ponto final mais ou menos previsível desse estudo –, o Grande Medo de 15 de maio de 2006 será sempre lembrado por uma reviravolta até então impensável e por isso mesmo possível embrião de um quadro conceitual revirado pelo avesso: tudo se passou naquele dia como se o Partido do Crime, tendo instituído por algumas horas um poder soberano anômalo sobre um território urbano de complexidade e extensão inéditas – até então inacessível em toda a sua abrangência à "hegemonia" do referido Partido –, decretasse ato contínuo que a cidade de São Paulo se encontrava sob estado de sítio, nada mais, nada menos. Num lance arrebatador de fervor jurídico ultrajado, foi esse mesmo o vislumbre de uma procuradora do Estado de São Paulo: estava instituída a barbárie naquele dia em que "a ordem restou acuada pela decretação de um estado de sítio ditado pelo império do crime organizado" (Flávia Piovesan, "Combate ao crime exige ações articuladas", *Folha de S.Paulo*, 19 maio 2006, p. C10). Proclamação de estado de sítio às avessas, prontamente acatado pela população: disparando um "autotoque de recolher, foram todos se trancar em casa" (Wálter Maierovitch, "O Estado prisioneiro", *CartaCapital*, n. 394, 24 maio 2006, p. 17). Numa palavra, o cidadão pleno do centro metropolitano teve enfim o seu "dia de periferia" – durante as poucas horas em que, tangidos todos pela mesma política do medo, a simetria no sofrimento foi restabelecida. Mesmo fictício ou político, o estado de sítio algo preserva de sua dimensão espacial originária, quando cidades inteiras ou porções do seu território eram declaradas "fora da Constituição" – como se dizia na nomenclatura francesa que concebeu aquela situação-limite de vazio jurídico. Ora, alguns milhões de paulistanos vivem nesses enclaves fora da Constituição, submetidos ao duplo despotismo das organizações criminosas e dos códigos tirânicos das polícias não menos violentas e corruptas.

por mais paradoxal que possa parecer, com o ciclo emergencial do período "revolucionário" anterior – estancado no entanto, como se há de recordar, pelo ponto final bonapartista, por sua vez consagrado pela declaração memorável no preâmbulo da nova Constituição, aprovada no plebiscito de 7 de fevereiro de 1799: "A revolução acabou" –, a continuação assegurada da latência do estado de exceção, quer dizer, a indistinção entre o exercício da soberania juridicamente ordenado, e portanto limitado, e a substância

Naquele dia 15 de maio, um toque de recolher induzido por contágio e pressentimento do eclipse do Estado, por assim dizer, precipitou a coalescência dos mais distintos e heterogêneos espaços urbanos num único território regido por duas soberanias concorrentes, cada uma delas decidindo sobre a sua própria exceção – sobrepondo-se uma à outra numa guerra privada de extermínio. Os termos Despotismo e Tirania, empregados anteriormente de um modo um tanto inespecífico, foram introduzidos com maior precisão no debate sobre a nova violência urbana, para caracterizar o controle territorial dos barões locais do tráfico, por Luiz Eduardo Soares (cf., por exemplo, *Meu casaco de general: quinhentos dias no front da segurança pública do Rio de Janeiro*, São Paulo, Companhia das Letras, 2000, cap. 8). E introduzidos com conhecimento de causa enquanto expressões oriundas do pensamento político do Antigo Regime: é que, a seu ver – encarada toda essa patologia da nova criminalidade organizada da perspectiva histórica do processo civilizatório reconstituído por Norbert Elias em termos de uma progressiva concentração da força num Estado pacificador pelo monopólio da violência legítima, a ponto de provocar uma verdadeira mutação antropológica do vínculo social –, se trata de uma involução catastrófica, pois assistimos nessas zonas de pobreza urbana subtraídas ao domínio da Lei à proliferação de um arquipélago de áreas independentes regidas por uma "espécie de baronato feudal clandestino". É essa a reviravolta entrevista há pouco na decretação às avessas do estado de sítio por uma soberania marginal – não que a sua rival não o seja menos na situação extrema para a qual tende inexoravelmente: são outras as zonas de anomia "governamental" –, revista agora como uma reversão histórica típica dos fins de linha. Nas favelas do Rio e nas periferias de São Paulo, para ficarmos no eixo estruturante desse outro vínculo social, "o início do século XXI coincide com o predomínio regressivo dos valores da guerra feudalizada" (ibidem, p. 269, 271). Todavia, essa regressão não é toda a verdade, se considerarmos a vazia modernidade pós-política dos espaços conflagrados "fora da Constituição". (Uma outra analogia francesa não desprezível: naquelas jornadas fatídicas em que a população corria de um canto para o outro entre dois fogos, as mesmas *elites desconectadas* entregavam-se, como se de fato gesticulassem num outro planeta, à mesma instrumentalização eleitoral da desgraça dos seus públicos cativos pelo medo.) Voltando então ao cenário paulistano de todas as derivas, há mais. Tal como a seguir veremos com detalhe em sua contraparte francesa – como era de se prever, novamente nos deparamos com a mesma escalada na emulação retórico-propositiva entre as medidas de exceção e seu avesso antagônico porém complementar, as políticas sociais, indistintamente públicas e privadas, investidas da mesma urgência da responsabilidade social em tempos emergenciais.

da onipotência estatal, ilimitada por princípio. O recurso politicamente desastrado ao artigo 14 das ordenanças de Carlos X provocou, no entanto, a Revolução de Julho de 1830.

Não teria evocado essa remota transição histórica não fosse pela oportunidade de contextualizar a observação de Carl Schmitt acerca da condição de permanente latência que cerca a irrupção extrema da exceção soberana[56]. Sobre um fundo de latência com a idade histórica do princípio moderno da soberania, diferentes tempos de emergência concentram a memória de todos os demais no mesmo ponto de acumulação recorrente: logo veremos, o estado de urgência instituído pela lei de 1955 desliza na linha do tempo "colonial" até o estado de sítio da Paris sublevada de junho de 1848, que por sua vez remonta à superfície na sublevação incendiária dos "beduínos" das *banlieues*. O mesmo raciocínio deve, portanto, valer com ênfase ainda maior para a mais espetacular dessas ressurreições – como nesses velhos teoremas dialéticos que prometiam para o desfecho de um processo a revelação da verdade desde sempre alojada numa dobra da sua mais remota origem –, no caso, a exumação de uma relíquia bárbara do Antigo Regime, nada mais, nada menos do que a famigerada *raison d'État*. Para variar, na esteira dessa tremenda janela de oportunidade, o 11 de Setembro. E se essas recorrências fazem realmente sentido, não se trata de mero oportunismo, por mais que se instrumentalize a desgraça, como é do ofício das elites delinquenciais de hoje. Logo que se abriram as portas para as detenções indefinidas e secretas, para a quebra da relação entre advogado e cliente, para os tribunais militares atropelando o devido processo legal etc. – e isso para início de conversa, pois se estava no começo da avalanche provocada pelo Patriot Act –, William Scheuerman foi dos primeiros a observar – *et pour cause,* pois se trata de um historiador desses processos ditos de emergência, além do mais autor de mais de um estudo sobre Carl Schmitt e a Constituição de Weimar – que não

---

[56] Carl Schmitt, *La dictadura: desde los comienzos del pensamiento moderno de la soberanía hasta la lucha de clases proletaria* (1921) (trad. José Díaz Garciá, Madri, Revista de Occidente, 1968), p. 246-9. Com isso não se quer dizer de modo algum que Carl Schmitt olhou toda a ordem legal "apenas como uma latente e intermitente ditadura", como se pode ler no prólogo. No comentário de Agamben, "Do ponto de vista schmittiano, o funcionamento da ordem jurídica baseia-se, em última instância, em um dispositivo – o estado de exceção – que visa a tornar a norma aplicável suspendendo, provisoriamente, sua eficácia. Quando a exceção se torna a regra, a máquina não pode mais funcionar" (*Estado de exceção,* cit., p. 90-1).

obstante as alegações do governo americano acerca da novidade histórica do ataque, exigindo portanto resposta igualmente inédita à altura de tamanha reviravolta, uma tal resposta nada tinha de original, ou por outra, sua originalidade constituía justamente, nessa reativação intempestiva, o violento desrecalque de um instrumento legal remontando à era pré-liberal, cuja textura política básica era totalmente dominada pelas prerrogativas de um monarca absoluto, pelas quais se exprimia uma inapelável "*reason of State*"[57].

Alguém sempre poderá observar que tamanho escândalo se deva talvez ao foco jurídico exclusivo de nosso autor. Fosse outra a linhagem considerada e a surpresa cederia o passo à constatação de um outro encadeamento, não menos tenebroso. Com efeito, desde que Friedrich Meinecke, no início

---

[57] William E. Scheuerman, "Rethinking Crisis Government", *Constellations*, Oxford, Blackwell, v. IX, n. 4, 2002, p. 492. Uma recaída tanto mais espantosa para a sensibilidade liberal americana – não obstante, ou por isso mesmo, a mal contida demanda por uma Constituição de emergência cercada por todas as precauções ordenadas pela má consciência a respeito de poderes excepcionais, qualquer que seja a sua data de validade –, porquanto contraria a mais arraigada convicção da Ideologia Americana, o mito alimentado pelos Pais Fundadores e mais de um século de apologética constitucionalista, segundo o qual o nascimento daquela nação ocorreu sob o signo de uma ruptura histórica com a bárbara política de poder do Sistema de Estados Europeus, regulado pela guerra entre exércitos permanentes, diplomacia secreta, política de gabinete, indivisão de poderes etc. Em suma, todo o maléfico aparelho da Soberania. Sabemos que se trata exatamente disso, um mito, porém dotado de uma sobrevida tal a ponto de teóricos dissidentes como os autores de *Império*, Toni Negri e Michael Hardt (trad. Berilo Vargas, 8. ed., Rio de Janeiro, Record, 2006), ainda virem no caráter "aberto" da Constituição Americana a principal alavanca jurídica e política a serviço da luta da Multidão contra a nova Soberania Imperial. Não é preciso remontar à Interpretação Econômica da Constituição Americana de Charles Beard (1913). Páginas atrás remetemos ao estudo de Domenico Losurdo sobre o bonapartismo *avant la lettre* da Constituição de Filadélfia, fruto de um "golpe" contra a Declaração da Independência, do qual decorreu, entre outros dispositivos derrogatórios, a instituição da Presidência Imperial. Cf. *Democrazia o bonapartismo*, cit. Voltaremos ao ponto noutro capítulo, mas não posso deixar de ressaltar o longo fôlego dessa mitologia, nos mais inesperados argumentos de combate ao *ethos* exterminista do poder americano. Por exemplo, em seu ensaio notável sobre o vínculo entre ciência e terror na política americana, Dominick Jenkins, estudando a "zona cinza" de confluência entre Estado, Negócios da Indústria Química e Forças Armadas, na corrida de preparação da futura guerra com a Alemanha ao longo dos anos 20 do século passado, só então "admite" que naquele subterrâneo do poder se processava um "retorno dissimulado do princípio de soberania", que tanto a Declaração quanto a Constituição haviam ostensivamente repudiado. Cf. *The Final Frontier: America, Science, and Terror* (Londres, Verso, 2002), cap. IV.

dos anos 1920, publicou a sua enciclopédica *Die Idee der Staatsräson in der neueren Geschichte* [A ideia de razão de Estado na história moderna], toda ela centrada na invenção maquiaveliana de uma "racionalidade" política autonomizada, deu-se por estabelecida desde então algo como uma doutrina alemã do poder de Estado, um grande arco se erguendo dos clássicos do século XIX, passando pelos doutrinários da fundação bismarckiana do Reich, para desaguar enfim, depois de incontáveis peripécias – entre elas os vinte anos de crise do entreguerras, cuja dinâmica E. H. Carr, como se há de lembrar, soube elevar ao plano dos conceitos de um novo, digamos, saber, o das relações políticas internacionais se desenrolando numa arena muito diferente da miragem liberal oitocentista de um espaço econômico politicamente neutro –, nada mais, nada menos do que na escola realista americana, de Morgenthau ao criminoso de guerra e admirador de Metternich, Henry Kissinger[58]. Mas não se trata obviamente dessa Razão de Estado, personagem bastante trivializado pelos livros-texto, embora continue fazendo estrago, tanto na vida dos povos quanto nas cabeças ocas de chancelarias. A pedra de todo o escândalo se encontra no avesso por assim dizer obsceno dessa mesma violência arcaica canalizada por uma tecnologia, ela sim moderna, de domesticação das guerras europeias dos séculos XVI e XVII – tecnologia fabricada e operada, diga-se de passagem, por uma legião de funcionários e comissários a serviço das monarquias em formação, para importância dos quais Carl Schmitt (novamente) foi dos primeiros a chamar a atenção, lendo os tratados de Bodin, no que concerne à cristalização da nova soberania, e isso em 1921, nos dois primeiros capítulos do livro sobre a Ditadura. (Estávamos a caminho de uma outra ressurreição.) Numa palavra, de Yves Charles Zarka, nesse sentido, a Razão de Estado "é a parte obscura, secreta, inconfessável do exercício do poder: o resíduo irredutível de não-direito que acompanha a arte de governar, quando a necessidade o exige"[59]. Poder de derrogação do direito estabelecido, comum ou positivo: em suma, a exceção soberana entrando em cena com todo o seu cortejo dramático de violência, segredo, razão incomensurável à compreensão ordinária dos governados, mas sobretudo, em função de uma necessidade

---

[58] Se Sergio Pistone tem razão ao sugerir tal filiação. Cf. "Razão de Estado", em Norberto Bobbio et al., *Dicionário de política* (Brasília, UnB, 1991), v. II, p. 1.066.

[59] Yves Charles Zarka, "Raison d'État", em Philippe Raynaud e Stéphane Rials (orgs.), *Dictionnaire de philosophie politique* (Paris, PUF, 1996), p. 531.

política maior – a salvação mesma do Estado –, a transgressão da forma jurídica por força de uma urgência extrema, uma necessidade de exceção, enfim, uma conjuntura de emergência que requer do poder de Estado uma intervenção extraordinária, fora dos princípios do direito comum. E por aí vai, numa trilha que já conhecemos. Ou melhor, nem tanto. Salvo engano, não era assim tão óbvio – com exceção de algum excêntrico e precoce, além de despreconcebido, leitor de Carl Schmitt, mas onde estava o personagem nos anos 1970? E logo explico a data – vincular tão estreitamente as alegações da Razão de Estado na condução dos governos emancipados das tutelas medievais à exorbitância própria das medidas de exceção.

Desconfio que a semente foi plantada ao longo dos cursos de Michel Foucault no Collège de France na segunda metade dos anos 1970, na esteira da conceptualização de noções até então abstrusas como Biopoder ou Governamentalidade, ou ainda de redefinições não menos desconcertantes do Liberalismo – para não mencionar ainda sua intuição da mutação radical em curso, o advento disruptivo do Neoliberalismo, cujo neo estava em franca ruptura com o seu antecessor nada óbvio –, menos uma teoria econômica ou jurídica do que uma prática consciente de governo, tomado este último numa acepção igualmente desviante do uso corrente. Era o momento da virada anti-*welfare State*, para a qual ainda não se tinha nome e por isso se falava em liberais-neoconservadores empenhados em desmontar o consenso keynesiano que os sociais-democratas eram os últimos a sustentar, aliás com decrescente convicção. O assunto de Foucault naquele momento nem de longe era o Estado de Exceção e sua genealogia próxima ou remota, mas a crítica de uma Razão Governamental cuja atualidade parecia escapar a todos – como sempre sua matéria era o tempo presente travestido, com toda a minúcia requerida pela desconversa, nas roupagens da Idade Clássica – até o epílogo no "governo de si" dos Antigos. Pouco importa: não vejo outra data – na acepção por assim dizer materialista do termo – para o nascimento da visão de que o mundo, submetido a uma nova contraofensiva do poder capitalista turbinado por uma inédita reestruturação produtiva e organizacional, aos poucos se instalava numa situação permanente de exceção como paradigma de governo – para voltar à forma de Giorgio Agamben. Com o perdão do curto-circuito: durante as três décadas de crescimento e pleno emprego cuja moldura jurídica estava lastreada pelas instituições de uma sociedade salarial, havia governo exatamente para corrigir as brutais disfunções do mercado; no momento neoliberal que madrugava, o governo passava a existir justamente pela razão inversa, para que houvesse uma sociedade de mercado: dadas as circunstâncias, só mesmo com a normalização de medidas de exceção, o todo encimado pela emergência econômica permanente – em suma, gestão da necessidade nua e crua[60]. Pois então: descrevendo a passagem do regime pastoral de governo no outono da Idade Média para a delimitação dos novos territórios do Estado e sua peculiar forma de Razão, e mais particularmente, passando em revista os tratadistas do século XVII teorizando acerca dessa coisa bizarra chamada Golpe de Estado, Foucault leva sua análise da Razão de Estado até o instante dramático e violento em que ela se confunde com o próprio Golpe de Estado: essa suspensão, essa "*mise en congé*" das leis e da legalidade, essa ação extraordinária contra o direito comum – aliás, fórmula retomada, entre outras, por Yves Zarka, como se viu linhas atrás –, esse "excesso" que não observa nenhuma ordem nem forma de justiça; enfim, em nome de sua própria salvação, a Razão de Estado não pode mais recorrer às suas leis, os acontecimentos pressionando pela urgência, obrigando o Estado a agir rapidamente, sem regra, impelido por uma necessidade superior à lei[61]. Estamos em plena Exceção, ou melhor, juntamente com a Razão de Estado e o Golpe que a sanciona, ela acaba de

---

[60] Veremos – com sorte. Com relação a Foucault, ver os cursos *Sécurité, territoire, population (1977-1978)* e *Naissance de la biopolitique (1978-1979)*, publicados ambos em 2004 pela Gallimard. Não deixa de ser um interessante paradoxo – à luz do que se preparava e se pressentia quanto ao desmoronamento do mundo soviético, àquela altura sob a última pá de cal lançada pela publicação de *Arquipélago gulag*, de Alexandre Soljenitsin (São Paulo, Círculo do Livro, 1976), somado ao ciclo neoterrorista na Itália e na Alemanha, sem falar no que ninguém podia prever, as Novas Guerras reintensificadas depois do Golfo – notar, como faz o editor em um dos volumes, Michel Senellart, que Foucault naquele momento estava se despedindo do modelo anterior da "batalha" e dos "ilegalismos" populares, sem falar no ajuste de contas com os pressupostos históricos da matriz Discurso da Guerra (cf. *Il faut défendre la société*, curso de 1975-1976), para inaugurar a problemática inusitada da Governamentalidade e seu paradigma biopolítico, o conjunto atravessado pelas novas lutas que o "direito dos governados" desencadeia nessas "*sociétés de sécurité*", regidas por um "*pacte de sécurité*" entre o Estado e as populações. Pois segundo Senellart, no momento em que Foucault desenvolvia sua meditação sobre a "racionalidade governamental", a "segunda esquerda" entrava no ar conforme a palavra de ordem lançada por Michel Rocard em 1977. Entrecruzamentos no mínimo desconcertantes, em função do que vinha pela frente. Ver ainda Michel Senellart, "Michel Foucault: 'gouvernementalité' et raison d'État", *La Pensée Politique*, Paris, Gallimard, n. 1, 1993, e "A crítica da razão governamental em Michel Foucault", *Tempo Social*, São Paulo, v. 7, n. 1-2, 1995.

[61] Michel Foucault, *Sécurité, territoire, population*, cit., p. 267-71.

ser inventada. Anos depois, estudando a versão maquiaveliana da Razão de Estado, o mesmo Senellart retoma o argumento no ponto em que o havia deixado Foucault: ela é esse imperativo ditado pela necessidade superior de se autopreservar em nome do qual o poder se considera autorizado a transgredir o direito[62].

Tudo isso dito, tem lá sua graça que Foucault, uma vez feita a faxina da Razão de Estado, trivial e anacronicamente entendida como mera infração aos princípios do direito, da equidade ou da humanidade por interesse exclusivo do Estado, tenha passado adiante, por entender a persistência de tal princípio de governo do Estado como um bloqueio arcaizante à modernidade *disciplinar* dos novos mecanismos de poder à margem da lei, sem suspeitar é claro que um tal fóssil do Antigo Regime – de resto, sepultado com todo o seu revestimento jurídico-monárquico da Idade da Pedra – voltaria com força total enquanto princípio da transgressão normativa permanente cravado no coração de uma nova Era da Emergência. Mesmo assim, é preciso ressaltar que Foucault tomou o cuidado de alertar seus leitores ativistas a não pensar em termos de substituição linear, uma sociedade de soberania substituída por uma ordem disciplinar e esta por um sistema gestionário das populações ou sociedades de governo, mas a ter em mente uma estrutura triangular no comando do processo de governamentalização do Estado, um triângulo composto por soberania-disciplina-gestão governamental, tendo na população o seu alvo principal e nos dispositivos de segurança seus mecanismos essenciais[63]. Como lembrado, entrevista essa matriz nos anos 1970, escavando no solo das grandes mutações ocorridas na primeira hora arqueológica do nosso tempo, num momento portanto em que deveria estar no auge a sensibilidade para a violência social da crise que estava parindo o novo poder capitalista global: em cuja casa de máquinas justamente reconhecemos funcionando a pleno vapor aquele dispositivo triangular, ponto histórico de acumulação se reapresentando sob a roupagem conjugada da Razão de Estado enquanto Golpe Permanente e dos poderes de exceção – secretos, violentos e fora da lei – dos comissários dessa mesma razão governamental que se costuma equivocadamente escamotear sob o

---

[62] Michel Senellart, *Machiavélisme et raison d'État* (Paris, PUF, 1989), p. 5.
[63] Michel Foucault, "A governamentalidade: curso do Collège de France, 1 de fevereiro de 1978", em *Microfísica do Poder* (org. e introd. Roberto Machado, Rio de Janeiro, Graal, 1979).

nome um tanto inócuo e barateado de neoliberalismo, como uma variante macroeconômica entre outras[64].

Voltando, para encerrar essa falsa digressão foucaultiana. Compreende-se o desconcerto de um liberal de esquerda como William Scheuerman diante da bárbara irrupção da Razão de Estado no frouxo e aveludado ambiente jurídico pós-moderno, e com ela o renovado poder discricionário dos aparelhos administrativos fora de controle. Já a esquerda cultural americana – impregnada pelo efeito Foucault por razões de ofício, sendo inclusive responsável pela invenção precoce de uma nova linhagem de estudos acadêmicos, os estudos de governamentalidade –, não obstante todas as precauções recomendadas, aliás sem muita convicção, pelo próprio Foucault ao deixar ele também cair no esquecimento das práticas do poder o enraizamento originário da Razão Governamental no buraco negro da Exceção, tampouco escapou da sensação de anacronismo diante daquela surpreendente ressurreição. É o caso de Judith Butler, por exemplo, diante do efeito Guantánamo, a detenção indefinida de indivíduos sem estatuto jurídico definido, nem prisioneiros de guerra enquadrados pela Convenção de Genebra, nem acusados perante as leis americanas. (Como, aliás, queria demonstrar um Bruce Ackerman: nem "guerra", nem "crime", justamente uma situação de "emergência": ora, o campo de Guantánamo e seus replicantes mundo afora partem exatamente dessa premissa na base da Constituição de Emergência, o que implica justamente a produção de espaços fora da lei e de qualquer controle judiciário, povoados por seres "juridicamente inomináveis e inclassificáveis". Daí a má consciência insone dos corretos constitucionalistas americanos.) Quase mistério também para Judith Butler, conquanto chame as coisas pelo nome e disponha do quadro categorial adequado, muito embora esse mesmo quadro tenha contribuído para distinguir, no tempo e no

---

[64] Como lembrado, a tese original de Foucault acerca do neoliberalismo enquanto tecnologia de poder própria de uma sociedade de mercado inédita nos anais do capitalismo remonta aos últimos anos da década de 1970. Por enquanto posso apenas assinalar, para voltar ao tema quando abrirmos o capítulo da Era da Emergência, que a economista Leda Paulani chegou por conta própria às mesmas conclusões – por assim dizer – algumas décadas depois quanto à natureza meramente operacional do receituário neoliberal num ambiente de emergência econômica decretado em permanência. Cf. Leda Paulani, *Modernidade e discurso econômico* (São Paulo, Boitempo, 2005). Ver em especial os capítulos sobre Hayek e os ideólogos do *linguistic turn* da ciência econômica.

espaço, o exercício da soberania estatal mediante a suspensão emergencial da lei, do "governo" por meio de agências que administram mediante "leis" entendidas como meros arranjos táticos *ad hoc* – e, no escândalo jurídico em pauta, são funcionários que não só procedem à triagem dos futuros detentos, como também lhes cabe a última palavra sobre quem ficará detido indefinidamente ou não, sem falar no quase direito de vida e morte exercido por tribunais, na sombra nos tormentos inquisitoriais etc. Daí a perplexidade.

Não só tudo se passa como se estivéssemos de volta aos tempos ultrapassados em que o Executivo assumia as funções do Judiciário e investia a figura do Presidente com o poder unilateral e inapelável de decidir quando, onde e se um julgamento militar ocorrerá, de volta à pré-modernidade da indivisão dos poderes, portanto, mas ainda com a agravante não menos regressiva de que essa prerrogativa arcaizante se tornou rotineiramente uma atribuição administrativa de simples comissários e gerentes de aparelhos de segurança, configurando algo como um poder paralelo de decisão, um arremedo enfim de soberania, pois nenhum tipo de legitimidade está sequer em debate. Resta a hipótese de um rebaixamento generalizado, um fim de linha para o qual ainda faltariam conceitos. Em tais circunstâncias, prossegue Judith Butler, cujos dilemas e distinções estou glosando,

> multiplicam-se as soberanias mesquinhas, reinando num ambiente de instituições burocráticas militarizadas e mobilizadas por objetivos e táticas de poder que elas nem sequer instauram ou controlam inteiramente. Mesmo assim tais personagens são delegados com o poder de tomar decisões unilaterais sem nenhuma autoridade legítima nem obrigação de prestar contas diante de qualquer instância judiciária. Assim, essa soberania ressuscitada não é a soberania de um poder unificado sob as condições costumeiras de legitimidade, a forma de poder que assegura o estatuto representativo das instituições políticas. Trata-se muito mais de um poder discricionário e sem lei, um poder bandido [*rogue*] por excelência.[65]

Como ficamos? Qualquer que seja o ângulo considerado, o enigma persiste – essa estranha e *"fully disturbing"*, essa fantasmagórica e "agressiva nostalgia de um mundo sem Lei porém submerso sob um entulho de regulamentos, de tribunais que não são tribunais, de processos que não são processos" – na adjetivação da autora diante do quadro por ela mesma qualificado, como era de se prever, de pesadelo kafkiano, em cuja paisagem espectral "uma prisão da

---

[65] Judith Butler, *Precarious Life: The Powers of Mourning and Violence* (Londres, Verso, 2004), p. 56.

Nova Guerra", o poder soberano apócrifo, reemerge ora como poder gerencial de meros funcionários, ora como poder Executivo de perfil absolutista. A rigor um enigma filosófico. Como pode um autoanulamento da lei sob a circunstância do estado de emergência não só revitalizar um anacrônico "poder soberano", mas também revigorar (é o termo) populações sujeitas ao jugo manipulador de um poder gestionário? Mais exatamente, um enigma de filosofia da história. É que simplesmente, por assim dizer, um tempo histórico de fato ultrapassado retorna à ativa reestruturando o campo contemporâneo com um vigor tal a ponto de desmentir as mais arraigadas convicções acerca da história como um *continuum* inteligível no seu processo cumulativo. Seria então o caso de sair à procura da constelação que nosso próprio tempo estaria formando com um nó histórico não desatado em outros tempos de uma longa onda nos anais da dominação social[66]?

Postscriptum
Uma filosofia da história reencontrada na rua

Principiar um estudo sobre a Era da Emergência na qual o mundo vem se instalando – desde quando exatamente é uma outra questão, se não for toda a questão – por uma interpretação da revolta dos subúrbios franceses no outono de 2005 pede sem dúvida mais do que uma nota de esclarecimento. No fundo todo um diagnóstico de época, como se diria nos tempos em que o gênero Filosofia da História ainda não era um anacronismo. Pois, naqueles tempos idos em que a história dramaticamente não só fazia sentido, como poderia ser narrada em grande formato, esse ponto de acumulação de todas as fraturas francesas seria por certo considerado, mais do que um sobressalto rotineiro, ainda que explosivo, um acontecimento histórico-filosófico, muito embora negativo em sua evidente carga de entropia. Aliás, seria até o caso de acrescentar que a partir do momento em que a "emergência" se torna estrutural, todo acontecimento, em sua acepção enfática, só pode ser negativo. Não se trata de dizer trivialmente que numa "era do vazio"[67] como a que atravessamos, por definição, não se passa mais nada, ou que ingres-

---

[66] Desnecessário ressaltar a inspiração benjaminiana, aliás explícita, da sonda lançada por Judith Butler. Mais adiante, todavia, não se arrisca.

[67] Na fórmula de Gilles Lipovetsky, *L'ère du vide: essais sur l'individualisme contemporain* (Paris, Gallimard, 1983).

samos de vez no reino terminal do não acontecimento. O argumento a ser desenvolvido ao longo destas páginas vai exatamente na direção contrária, a ênfase não está na pasmaceira dos vencedores, mas antes na sua ansiedade – se é que se pode falar assim de elites cada vez mais desconectadas[68], *et pour cause* – face à avalanche desses acontecimentos negativos num mundo em crescente descontrole[69]. Para ainda não falar no desespero dos de baixo.

Deu-se então a certa altura daqueles motins de puro rancor social algo como um curto-circuito de semântica histórica que talvez nos ponha na pista de toda uma arqueologia da emergência contemporânea, essa ruptura de época cuja certidão de nascença pode perfeitamente ter sido lavrada em termos tais que renovem nossa compreensão da espantosa megapolarização entre ricos e pobres que hoje paralisa a imaginação política de qualquer real alternativa para além dos expedientes tópicos da coerção e contenção do desastre em curso.

***

No dia 8 de setembro de 2005, depois de quase duas semanas de carros carbonizados, equipamentos urbanos revirados e confrontos violentos com as forças da ordem em dezenas e dezenas de *banlieues* ditas "sensíveis" na nomenclatura oficial, o governo francês decretou formalmente *estado de urgência*, com seu cortejo clássico de medidas derrogatórias de garantias constitucionais não menos clássicas. E ao mesmo tempo, no outro extremo do mesmo porrete baixou um enésimo pacote de recuperação social daqueles territórios de relegação e frustrações de toda espécie. Seria preciso esclarecer de saída – fazendo economia das nuances entre os vários dispositivos similares – que *urgence*, juntamente com um mais drástico *état de siège*, sem falar no draconiano artigo 16 da Constituição, é a denominação francesa literal para a manifestação mais branda – digamos – da mesma exceção soberana ou dos plenos poderes, enquanto prerrogativa do Estado de suspender o núcleo básico do ordenamento jurídico, ou mesmo declarar algum território da nação "fora da Constituição", que na terminologia anglo-americana se apresenta como *emergency power* ou *martial law*, na alemã, *Ausnahmezustand* (estado de exceção) ou *Notstand* (estado de necessidade), e na italiana toma

---

[68] A propósito desta desconexão, ver Frank Furedi, *Politics of Fear*, cit.

[69] Como foi traduzido o *Runaway World*, de Anthony Giddens, cit.

forma de governo por meio de "decretos-leis". Portanto, a urgência nossa de todos os dias... excepcionais, quando a normalidade sai dos trilhos e pede conserto imediato, reaparece na mesma palavra em que uma violação é cometida por razões de segurança do Estado – para ser breve. Além dessa superposição propícia a todas as confusões do senso político de orientação, mais decisivo ainda seria observar que um tal "estado de urgência" não precisou ser tecnicamente declarado em nenhum momento nos últimos vinte anos para se cristalizar como regra geral. Com efeito, ao longo desse último período, que não por acaso recobre o metódico desmonte do Estado Social francês, alegadamente por motivo de necessidade econômica incontornável, um longo processo de erosão de direitos fundamentais se arrasta com uma inédita coerência na construção de um impressionante dispositivo securitário, abrigando um sem-número de práticas abusivas das autoridades, desde então tornadas "legais", apoiadas em textos duvidosos invariavelmente orientados para o reforço dos poderes de polícia em detrimento do controle judiciário.

Nessas circunstâncias, não surpreende que dois dias depois, encabeçando uma enorme manifestação unitária de protesto, se pudesse ler numa faixa de bom tamanho um enfático NÃO AO REGIME DE EXCEÇÃO, ficando bem entendido – se pode presumir sem muito erro – que aquela proclamação solene do Estado de Urgência mal encobria não só a sua rotinização, como lembrado há pouco, mas vinha para desviar a atenção da real involução da sociedade salarial francesa e da correspondente implosão de seu modelo social voltando-a para o perverso imperativo de criminalizar e punir os pobres[70] e demais excedentes do sistema, além é claro de incrementar o medo administrado da pequena delinquência, para variar, proveniente dos bairros difíceis, e por isso mesmo sinistrados, em que se deposita a borra das populações imigradas, cujos descendentes formam hoje a maioria das massas encarceradas nas prisões francesas. Isso não é tudo. Seria preciso acrescentar que para essas camadas claramente guetoizáveis, o regime de exceção sob o qual são tangidas, e hoje se generaliza para o conjunto de uma sociedade cada vez mais controlada e ameaçada por novos riscos e medos, sempre foi a regra, inclusive de um ponto de vista histórico pouco estudado, e que de nossa parte trataremos de reconstruir noutra ocasião: pois foi nada mais,

---

[70] Loïc Wacquant, *Punir os pobres: a nova gestão da miséria nos Estados Unidos* (Rio de Janeiro, Freitas Bastos, 2001).

nada menos durante o processo de conquista e colonização da Argélia nos anos 1830 e 1840 que se instituiu o estado de exceção como paradigma de governo, a ponto de se poder afirmar que o laboratório do exercício do poder soberano de exceção, em seu capítulo moderno constitucional-liberal, foi o vazio jurídico constituído pelo espaço colonial. Daí a gafe certeira cometida pelos governantes franceses ao proclamarem o estado de urgência para conter os franceses rebelados "saídos da imigração", indo buscar no fundo do baú uma lei votada justamente na primeira hora da Guerra da Argélia.

Voltando à cabeça do cortejo, se a faixa contra o regime de exceção – que já sabemos ser a regra para a *underclass* pós-colonial, mas se estendendo como novo padrão de *gestão* para o conjunto dos cidadãos – faz todo o sentido do mundo, com o qual nem por isso é menos difícil atinar, a segunda faixa não menos enfática que a acompanha é tudo menos inequívoca, embora seja rigorosamente a expressão de um novo senso comum da esquerda, tanto a esquerda de governo quanto a extraparlamentar, ou talvez por isso mesmo. Na sequência bem encadeada, portanto, ao NÃO AO REGIME DE EXCEÇÃO se contrapunha uma palavra de ordem de igual ou maior força, POR UM ESTADO DE URGÊNCIA SOCIAL. Só faltou uma versão abreviada da mesma ideia, e logo me explico: POR UM *VERDADEIRO* ESTADO DE URGÊNCIA. Como se vê, Urgência dos dois lados, ambas com maiúscula, estando enredados no mesmo círculo vicioso da urgência – não há futuro numa situação de urgência, salvo prevenir o pior, daí a perenização do precário e vice-versa – tanto o Estado, cada vez mais "preventivo" à medida que a cultura administrativa emergencial foi se tornando a norma de governo, quanto uma população *gerida* pelo *princípio da insegurança*[71] e composta por categorias cada vez mais ansiosas. Enfim – esse o grande disparate –, tanto a direita quanto a esquerda. Essa a ironia objetiva – não se trata de um mal-entendido ideológico – que talvez ajude a definir a Era da Emergência.

∗∗∗

Penso que se pode encarar essa convergência paradoxal sob dois ângulos. Vista pelo primeiro prisma, a Idade da Urgência e seu Estado correlato – a um tempo governo de populações dilaceradas por uma espécie de guerra social jamais vista entre *insiders* e *outsiders* e situação extrema pautada pelo

---

[71] Jacques Rancière, "O princípio de insegurança", cit.

paradigma destrutivo da realização imediata, seja de um ativo financeiro ou de uma expedição militar punitiva – teriam aproximadamente a idade da reestruturação produtiva e organizacional do novo capitalismo pós-fordista e todo seu cortejo de subjetivações anômalas, para passar ao polo oposto, sendo a mais notória dessas configurações o "mínimo Eu" da personalidade narcisista[72], um sujeito de fato em estado de sítio, dos espaços urbanos bunkerizados à economia primária das pulsões.

Dentre essas anomalias, uma surpreendente reviravolta, sintoma dos mais desconcertantes da convergência inusitada entre esquerda e direita diante dos apelos contraditórios da emergência onipresente e da correspondente demanda não menos contraditória por segurança e proteção social, uma e outra cada vez mais escassas e seletivas. É que nesse meio tempo, exaurido o breve momento de apoteose mental gerada pela vitoriosa revanche do Capital, o famigerado "fim da história" – como tantos outros "fins", o da Ideologia, o da Política, o da Utopia, o da Modernidade etc. – logo provou ser de fato um *estado permanente de gestão de riscos*, desta vez estritamente endógenos – do desastre tecnológico maior ao crescente poder de dano das populações descartadas pelo colapso do pleno emprego. Pois foi nesse cenário e mais ou menos em torno da data indicada para a inauguração da Era da Emergência – como sugerido, o que vem *depois do fim da História*, tomadas todas as precauções quanto à acepção literal dos termos envolvidos nesta caracterização da ruptura de época ocorrida – que se deu a reviravolta em questão. Sem tirar nem pôr, os *integrados* se tornaram *apocalípticos* – derradeira homenagem à velha dicotomia que Umberto Eco forjou para convencer uma esquerda recalcitrante acerca do futuro promissor que aguardava a cultura de massa. Refiro-me sobretudo aos teóricos da sociedade de risco[73], cuja oscilação entre a euforia modernista tardia e a exortação sinistra dirigida às cobaias da insegurança social e tecnológica para que assumissem o risco passando a viver perigosamente na condição de "empreendedores", sempre na forma do excesso, do seu próprio "capital humano" acabou descambando para visões

---

[72] Christopher Lasch, O *mínimo Eu: sobrevivência psíquica em tempos difíceis* (trad. João Roberto Martins Filho, São Paulo, Brasiliense, 1986).

[73] Ulrich Beck, *Risk Society: Towards a New Modernity* (Londres, Sage, 1992); Jane Franklin (org.), *The Politics of Risk Society* (Cambridge, Polity Press, 1998); Barbara Adam, Ulrich Beck e Joost Van Loon (orgs.), *The Risk Society and Beyond: Critical Issues for Social Theory* (Londres, Sage, 2000).

apocalípticas do grande Acidente a caminho[74] – tanto faz se mais clássico, como o apocalipse nuclear, ou pós-moderno, como os desastres imprevisíveis da transgenia e seus derivados. Embora redundante, não seria supérfluo lembrar que a cultura da guerra preventiva, ou mais precisamente, a guerra das coalizões de países capitalistas centrais entendida hoje como uma "*risk--transfer war*", na definição recente de um teórico[75], é um dos pilares dessa modernidade virulenta, na fórmula de outro especialista da derradeira variante dessa sociologia para depois do fim da História, por ele mesmo nomeada Sociologia da Virulência[76]. Muito mais crucial salientar, todavia, no âmago dessa virada, em cujo foco acabamos de reencontrar a matriz da atual banalização da guerra sem fim, a compreensão da parte de seus próprios doutrinários de que numa sociedade de risco o estado de urgência tende a se tornar o estado normal – Ulrich Beck *dixit*. Sendo uma sociedade por definição balizada pela perspectiva da catástrofe maior – mesmo quando servida em prestações –, a mesma lógica do perigo sempre à espreita nas menores engrenagens de sua reprodução técnica converte em norma uma tal situação de exceção rotinizada. Onde o perigo se torna uma ameaça corrente, faz sentido que ele acabe assumindo uma forma institucional, conforme vá se cristalizando e adensando a "política" intervencionista exigida pelo estado de emergência a que se resume uma gestão dos riscos que por sua vez se revela como incubadora ela mesma de novos riscos desconhecidos. A literatura especializada costuma se referir a essas catástrofes maiores que rondam as infraestruturas críticas como *crises sem inimigo*[77], mas que nem por isso deixam de ser socialmente desestabilizadoras e sobretudo responsáveis pela ressurreição recorrente, porém sob roupagem administrativa neutra, do poder soberano como poder de definir o estado de exceção – seria o caso de interpelar a miragem liberal a respeito: mas quando mesmo ele esteve em recesso total? Um exemplo trivial, se não fosse sombrio, sobretudo pelo grau de insensibilização que revela: vista da

---

[74] Por exemplo, a visão cataclísmica do astrofísico inglês Martin Rees, *Our Final Hour: A Scientist's Warning* (Nova York, Basic Books, 2003).

[75] Martin Shaw, *The New Western Way of War* cit.

[76] Joost Van Loon, *Risk and Technological Culture: Towards a Sociology of Virulence* (Londres, Routledge, 2002).

[77] Patrick Lagadec, *États d'urgence: défaillances technologiques et déstabilisation sociale* (Paris, Seuil, 1988); Claude Gilbert, *Le pouvoir en situation extrême: catastrophes et politique* (Paris, L'Harmattan, 1992); Olivier Godard et al., *Traité des nouveaux risques*, cit.

perspectiva da falha cataclísmica inerente à sua lógica específica de segurança, uma economia cuja matriz energética seja essencialmente nuclear pede, sem maiores considerandos, um governo com plenos poderes ao alcance do botão mais próximo. O exemplo, no entanto, não favorece a primeira parte do argumento, pois faz recuar em algumas décadas a instalação da Era da Emergência e da humanidade descartável por exigência de segurança máxima. Seja como for, o fato é que a conversão apocalíptica dos integrados acabou revelando o nexo interno entre a geoeconomia da desproteção social, o capitalismo turbinado pela tecnociência e a banalização da geração endógena de riscos na forma do governo da emergência como exceção perene – tudo isso ao longo do quarto de século final.

Nesse mesmo período, depois de tanto empilhar as derrotas que se sabe, a esquerda também entrou por sua vez no túnel das urgências, fornecendo a prova que faltava de que a Idade da Emergência era mesmo um fato consumado de época em torno do qual gravitam apocalípticos e integrados, só que agora politicamente indiscerníveis. Daí o paralogismo ambulante das faixas, a segunda exigindo o mesmo Estado de Urgência repudiado pela primeira. O mesmo? Obviamente não, mas essa incompatibilidade chega a ser trivial a partir do momento em que a mesma categoria histórico-filosófica da "urgência" contempla algo como uma ansiedade consensual entre os dois extremos do espectro, eliminando com isso a antiga polarização de fundo: alternando-se ou em coabitação, uns e outros governam sob o signo da emergência a atender, sejam elas sociais, econômicas ou ambientais – por definição a lista não pode ter fim e o ciclo se fechar.

É bem possível que entre os manifestantes de novembro de 2005 se encontrasse a autora de um artigo publicado em março do ano anterior, cujo título e conteúdo se reencontravam ali na forma de palavra de ordem: "*état d'urgence sociale*"[78]. Como sugerido linhas atrás, está claro que o "social" – uma outra invenção recente – figura para qualificar o "verdadeiro" estado de urgência que atravessamos, situação calamitosa exigindo, nas palavras da autora, de tal modo se encontra a esquerda igualmente impregnada pela cultura emergencial, que se "acione o freio" – só em caso de emergência, se pode ler nos trens e metrôs – capaz de deter essas "destruições aceleradas" de garantias e direitos elementares e no mesmo impulso relançar um elenco de "reformas radicais" à altura do "estado de urgência em que se encontra

---

[78] Martine Bulard, "État d'urgence sociale", *Le Monde Diplomatique*, n. 600, mar. 2004.

a França". Noutros tempos mais condizentes com a lição dos clássicos, o verdadeiro estado de urgência deveria estar precipitando uma ruptura revolucionária. De acordo com o novo senso comum, a Revolução saiu de cena, mas em seu lugar ficou a Emergência, por assim dizer intransitiva e paradoxalmente com uma energia disruptiva redobrada. Daí a necessidade igualmente urgente de ser administrada por um verdadeiro "falso" estado de exceção, que pode incluir num mesmo pacote de gestão discricionária medidas focalizadas de "inclusão social" – outra invenção característica da Idade da Urgência – e políticas atuariais de encarceramento em massa. Não vindo ao caso a cor "ideológica" do governo de turno: sobre um fundo comum de ortodoxia econômica intocável – pois não é certo que passamos a viver numa economia de risco permanente? – o poder soberano de gestão da crise que se pereniza se apresenta na forma simbiótica de um Estado Penal porque ainda social e vice-versa[79]; a nova onda punitiva não deixa de exprimir uma forma extrema de "inclusão" e não há mais programa de "inclusão social" que não represente uma espécie de *sursis* punitivo.

Nem por isso deixa de ser uma realidade o diagnóstico da esquerda: a "normalidade" da sociedade salarial francesa institucionalizada pelo Estado--Providência saiu dos trilhos; o estado em que vivemos é mesmo de total urgência. Mas se assim é, *a sociedade hoje decididamente é uma outra sociedade*, encalhada num tempo histórico congelado, por mais que a aceleração das urgências da hora diga o contrário, ou por isso mesmo[80]. Veja-se o movimento social vitorioso da primavera de 2006 contra o projeto governamental dito Contrato de Primeiro Emprego (CPE), sinal verde para a precarização generalizada dos jovens nas salas de espera do impenetrável mundo do trabalho por contrato por tempo indeterminado. Uma vitória negativa, como é da natureza de uma sociedade securitária do risco: nela não lutamos mais para que o futuro seja melhor, simplesmente para que não seja pior[81]. A esquerda sufoca assim sob o peso paradoxal do estado calamitoso do mundo

---

[79] Na síntese de Loïc Wacquant: "Desaparecimento do Estado Econômico, diminuição do Estado Social, reforço e glorificação do Estado Penal". Ver ainda do mesmo autor, *Les prisons de la misère* (Paris, Raisons d'Agir, 1999).

[80] Apoio-me no artigo de Zaki Laïdi, "L'urgence ou la dévalorisation culturelle de l'avenir", *Esprit*, n. 240, fev. 1998.

[81] Ver todo o comentário de François Ost sobre a noção de urgência na sociedade securitária de risco em *Le temps du droit*, (Paris, Odile Jacob, 1999), cap. IV. Em particular, p. 268.

desde que as forças autonomizadas do mercado reassumiram o comando. A urgência que dá a medida temporal do desastre pede intervenção imediata, algo como um militantismo frenético, e no entanto essa mesma aflição da urgência extrema comporta uma dimensão autojustificadora desse mesmo transe que não passa, na medida em que "a dramatização da conjuntura compensa a ausência de perspectiva transformadora", nas palavras de um observador atento[82] desse processo que culminou na entronização da urgência como paradigma político de uma esquerda que no fundo desconfia, contrariando o prognóstico clássico, que a decomposição da sociedade capitalista a rigor não anuncia mais nada[83]. Em boa lógica, a mesma que subjugou a esquerda de governo, e não só esta, pois também para a esquerda de esquerda a urgência da Revolução é tanto mais intensa quanto evidente seu eclipse: "Não é a urgência dos problemas que impede a elaboração de projetos alternativos de ruptura, mas antes a ausência de tais projetos que nos submete à tirania da urgência"[84]. Noutras palavras, numa sociedade de risco, *mudar* a sociedade simplesmente tornou-se o risco supremo. Não é das menores ironias que o adeus às armas tenha ocorrido sob o signo convocatório de uma sirene de alarme.

Aqui uma derradeira observação, confirmando pela esquerda – quer dizer, pela integração dos apocalípticos – a data de instauração da Era da Emergência, em nossa primeira hipótese da convergência dos antigos polos ideológicos em torno da escalada estrutural dos novos riscos. A sirene há pouco mencionada é de ambulância mesmo, pelo menos o fato gerador da metáfora. Médica, no caso. Mais de um estudioso da aceleração emergencial do curso do mundo[85] – da turbulenta dinâmica financeira da acumulação aos processos judiciais derrogatórios – tem salientado a matriz originária da situação excepcional designada pelo termo emergência: bem prosaicamente, os serviços de urgência própria do mundo hospitalar. Ao se impor

---

[82] Ibidem, p. 277.
[83] Na frase de Jean-Pierre Le Goff, *Mai 68: l'héritage impossible* (Paris, La Découverte, 1998), p. 449.
[84] Jérome Bindé, "Ethique du futur. Pourquoi faut-il retrouver le temps perdu?", *Futuribles*, dez. 1997, p. 21, citado em François Ost, *Le temps du droit*, cit., p. 277.
[85] Além dos já citados Zaki Laïdi, François Ost e Jean-Pierre Le Goff, sobretudo Bernard Hours, *L'idéologie humanitaire ou le spectacle de l'altérité perdue* (Paris, L'Harmattan, 1998). Ver ainda Pierre de Senarclens, *L'humanitaire en catastrophe* (Paris, Presses de Sciences Po, 1999).

como categoria histórico-filosófica suprema, a urgência focalizou as sociedades – digamos pós-históricas, tomando ao pé da letra seus ideólogos – pelo prisma não tão inverossímil assim de um grande hospital convertido num único e gigantesco serviço de urgência submergido por um afluxo excepcional de feridos graves – não por acaso, mais uma vez, um hospital de campanha em plena batalha. Através do emprego recorrente de uma analogia médica para assinalar a visão do mundo como um descomunal teatro de patologias emergenciais, um termo todavia específico das situações de crise, esse novo discurso da exceção – o descalabro social que corre paralelo aos efeitos colaterais da modernização tecnocientífica converteu afinal a instituição do pronto-socorro em sucedâneo do Estado Social, por sua vez em processo de desmanche traumático – confessa, admite e reclama que ela, exceção, é agora a regra, mas em termos tais, como se viu, que o enunciado orwelliano da guerra – a emergência suprema – como paz não só se verifica sob o signo samaritano do pronto-atendimento em permanência, mas afinal diz o que sempre quis dizer: sendo indiscernível da paz, o estado de guerra se tornou permanente, e com ele seu cortejo de novas disciplinas e controles.

Pois foi nessa "política da ambulância"[86] que a esquerda escaldada pelo fiasco de Maio de 1968 e pelo subsequente paroxismo da revelação do *gulag* embarcou na virada dos anos 1970 para os 1980. Por outro caminho – o dos riscos da modernização em sua fase reflexiva –, Ulrich Beck havia chegado à mesma conclusão: "A sociedade do risco não é portanto uma sociedade revolucionária, mais do que isso, é uma sociedade catastrófica"[87], quer dizer, mesma conclusão que a esquerda "na muda" tirou, substituindo o pavor muito real das derrapagens fatais da Revolução pelo estado de choque à distância das catástrofes humanitárias que se propagam desde então – além do mais, devidamente exponenciadas pela mídia – com uma virulência propriamente epidemiológica. Nessas condições, o paradigma da política só pode ser a medicina de urgência, às voltas com uma sociedade permanentemente traumatizada. E o primeiro modelo do novo militante, tão ocasional quanto dramaticamente intenso e indignado com a atonia geral, é o médico sem fronteira, cujo *pathos* humanitário se abriga cada vez

---

[86] A fórmula é de Bernard Hours, *L'idéologie humanitaire*, cit.
[87] Ulrich Beck, *Risk Society*, cit., p. 78-9.

mais à sombra devastadora das guerras ditas justas novamente[88] – tal como o Estado Social de Emergência em simbiose com o Estado Penal. Esse o recado do amálgama contraditório das duas faixas correndo pelo mesmo trilho da urgência como estado de exceção, decidido por um novo poder soberano, e urgência também socialmente ambivalente, tanto pronto-socorro humanitário quanto o desmonte violento de instituições herdadas do tempo em que a luta de classe civilizava o Capital. Olhando mais de perto este curto-circuito semântico, podemos no entanto verificar que de fato corremos por duas pistas classicamente uma à direita, outra à esquerda, e que só se embaralham porque os tempos são mesmo de Urgência. A primeira tem a ver com a cultura emergencial que redefiniu a natureza do poder requerido pela administração de sociedades irreversivelmente diaceradas e portanto vulneráveis inclusive por deslegitimação. A segunda, ao reclamar a declaração de um verdadeiro estado de urgência – pronunciando o outro como falso e expressão da dominação *sans phrase* –, ainda sonha com a ruptura revolucionária – a seu modo uma exceção quando a exploração é a norma –, mas, na ausência de um antagonista em condições de medir forças com a nova soberania do Capital, troca em miúdos defensivos a real urgência do tempo histórico descarrilado. O "acidente" enfim teria mesmo se dado nos últimos 25 anos, como alegam os seus novos *compagnons de route*.

***

Na segunda hipótese explicativa do imbróglio expresso pela justaposição das duas palavras de ordem, o colapso de hoje de fato tem a idade que lhe foi atribuída, desde que o tomemos como a retomada ou reabertura de uma crise maior e de outra magnitude, aparentemente remota – depois de uma "trégua" também conhecida como os trinta anos dourados do capitalismo, transcorridos com crescimento, pleno emprego, urbanização, Estado Social etc., entre o imediato pós-guerra e os primeiros abalos da Pax Americana na segunda metade dos anos 70 do século passado –, crise maior que eclodiu em agosto de 1914 na forma de uma guerra imperialista e se estendeu como guerra civil mundial até o desfecho exterminista de Hiroshima, também em agosto, 31 anos depois, ao longo dos quais uma parte da humanidade, nas palavras de Primo Levi, "tocou o fundo". *Trégua*, aliás, é

---

[88] Fabrice Weissman (org.), *In the Shadow of "Just Wars"*: *Violence, Politics and Humanitarian Action* (Ithaca, Cornell University Press, 2004).

o título de um livro do mesmo Primo Levi, e o seu emprego entre aspas, linhas antes, sugere, entre tantas outras discrepâncias de periodização, uma retificação drástica do "sanduíche histórico" proposto por Hobsbawm[89], uma era dourada de capitalismo com lei e cidadania, paradoxalmente comprimida entre uma "catástrofe" e um "desmoronamento". Como alguém já disse, a miragem benfazeja do Estado de Bem-Estar foi a "ilusão da revolução sem que esta tenha ocorrido"[90]. Tamanho autoengano está claro que Hobsbawm jamais cometeu. Porém, definitivamente não se trata de um parêntese de bem-aventurança, que políticas econômicas ousadas e lastreadas por novas coalizões sociais poderiam reabrir nalgum momento de oportunidade estratégica em que as cartas do grande jogo geopolítico estejam sendo redistribuídas. Essa janela pode estar se abrindo agora, mas para uma outra paisagem – na periodização retrospectiva de agora, uma *nova* era da *mesma* "emergência", cujo sinal de alarme soou exatamente quando era então "meia-noite no século", na frase famosa de Victor Serge.

Voltando à "trégua", seria bom já ir lembrando, por exemplo, que o célebre relatório Beveridge sobre *Social Insurance* – inspirador de todos os planos de seguridade social do pós-guerra europeu – foi apresentado em 1942 no quadro de um amplo rol de "serviços" projetados pelos "aliados". A guerra total que se encerraria dali a três anos continuaria na forma de uma "paz total", no achado de formulação de Paul Virilio[91] – muito mais reveladora que a consagrada Guerra Fria, anulada em sua virulência terminológica justamente por ter servido de guarda-chuva para o milagre redistributivo da afluência capitalista. Num curso de 1979, Michel Foucault[92], por sua vez, também voltaria à novidade histórica, ao caráter emblemático do plano

---

[89] Eric Hobsbawm, *Era dos extremos: o breve século XX, 1914-1991* (trad. Marcos Santarrita, São Paulo, Companhia das Letras, 1995).

[90] Marildo Menegat, *Depois do fim do mundo: a crise da modernidade e a barbárie* (Rio de Janeiro, Relume Dumará, 2003), p. 170. Devo, aliás, ao mesmo autor a redescoberta do lugar de *A trégua*, de Primo Levi (trad. Marco Lucchesi, São Paulo, Companhia das Letras, 1997), numa possível reconstrução da Teoria Crítica.

[91] Paul Virilio, "L'État suicidaire", em *L'insécurité du territoire* (Paris, Galilée, 1976).

[92] Michel Foucault, *Naissance de la biopolitique*, cit. Ver ainda de Michel Foucault, "The Political Technology of Individuals", citado e comentado por Maria Célia Paoli, "O mundo do indistinto: sobre gestão, violência e política", em Francisco de Oliveira e Cibele Saliba Rizek (orgs.), *A era da indeterminação* (São Paulo, Boitempo, 2007, Coleção Estado de Sítio).

Beveridge, a seu ver um pacto de guerra inédito, vinculando um seguro de vida a um mandato de morte, políticas sociais a massacres de massa: pela primeira vez celebrava-se uma espécie de pacto social em que se prometia, justamente a quem se estava enviando ao matadouro, uma organização econômico-social em que estaria garantido um certo número de sistemas de segurança, no emprego, na saúde, na habitação etc., mas como quem diz: vá ser massacrado e nós te asseguramos uma vida longa e bem protegida. Esse o miolo do período de "trégua" ou "paz total", que Virilio, no trecho mencionado, não hesita em descrever como uma estratégia de sobrevida ajustada para liberar tecnicamente um processo material análogo à ilimitação do consumo destrutivo da guerra total, mas sobretudo não hesita em referir tal dispositivo à indistinção entre os poderes civil e militar, como precisamente se configuram os governos de exceção. Nessa linha, todavia, mais interessante ainda é a interpretação das políticas sociais geradas pelos pactos de guerra da paz total como políticas moldadas por uma cesta de leis especiais concebidas em função de "situações de exceção", de sorte que a figura do indivíduo focalizado pelo programa Beveridge se assemelharia demais às que povoam os "grandes campos de batalha, os asilos, as prisões e os campos de internamento"; é que o alvo da ação social do governo é, a bem dizer, um objetivo "sanitário", um "organismo anônimo" em situação limite – uma vez que a lei assegura apenas mínimos de reprodução –, a rigor um "homem nu": "Sem cultura, sem sociedade e sem memória, essa figura não tem precedente histórico", já não é mais nem mesmo um "cidadão", apenas um "assistido", condenado à morte caso essa assistência de mera sobrevida lhe seja retirada. Os especialistas em história do poder militar não terão dificuldades em recuar a montagem desse sistema de vasos comunicantes entre a vida massacrável e a vida assistida enquanto sobrevida à primeira fase da guerra total em 1914-1918[93]. O decisivo, porém, é notar que desde então – vistas as coisas por um prisma histórico-filosófico, o que não significa igualar as conjunturas –, quando o processo civilizatório capitalista passou a girar em falso, a matriz da emergência jamais foi desarmada, o próprio transcurso do período que batizamos de Trégua, como se acabou de sugerir, apenas demonstra que esse processo emergencial que

---

[93] Por exemplo, William H. McNeill, *The Pursuit of Power* (Chicago, University of Chicago Press, 1982), cap. IX; Charles Tilly, *Coerção, capital e estados europeus* (trad. Geraldo Gerson de Souza, São Paulo, Edusp, 1996), cap. IV.

pareceu por um momento suspenso de fato nunca se interrompeu, tanto do lado que se apresenta como governo na forma meramente administrativa (subversão corriqueira da hierarquia entre lei e regulamento) de contenção de crises e ameaças quanto do lado da vida subjugada e desamparada que tangenciou a extinção nos vários tipos de campo em que cedo ou tarde se concentram as situações de exceção normalizadas pela generalização do princípio de insegurança, do qual, aliás, só para fechar o argumento, o plano Beveridge foi uma amostra pelo avesso, como lembrado, política social em troca de massacres de massa. Não seria incorreto dizer: o pacto de guerra tácito numa sociedade securitária do risco conjuga aterro sanitário social, força do trabalho *"disposable"* e guerra deseroicizada permanente, cada elemento desse tripé terceirizado em maior ou menor grau conforme a lógica de transferência de risco.

Pode-se afirmar, assim, que o buraco negro que tragou a civilização liberal-burguesa do Ocidente em agosto de 1914 ao mesmo tempo trouxe, por assim dizer no processo de ruminar e regurgitar os seus vestígios arqueológicos, da margem para o centro uma das provisões estratégicas do constitucionalismo do século XIX, a restauração burguesa, cuidadosamente emoldurada pelo ideário garantista do poder soberano dos tempos absolutistas da Razão de Estado, relíquia bárbara ajustada à nova Era do Capital na forma do estado de exceção – ou emergência, ou estado de sítio etc. –, graças ao qual o Estado se autoriza a si mesmo a transgredir o direito e sua lei fundamental no interesse da sua própria segurança[94], mesmo que para isso deva portanto se comportar como um "fora da lei". Ou declarar "fora da lei" – mais exatamente, fora da proteção da lei – seus "inimigos", internos, no caso. Não é difícil identificá-los, basta acompanhar os altos e baixos da luta de classes ao longo do século XIX. Caso de figura supremo: Paris em junho de 1848, posta sob estado de sítio por motivo de barricadas operárias enquanto a Assembleia Nacional votava a Constituição devidamente guarnecida pelo novo instituto suspensivo, calibrado para identificar o "inimigo" – outra prerrogativa do poder soberano – nos tumultos sediciosos das novas classes laboriosas, e vistas a tal ponto como perigosas que a soldadesca enfurecida durante os trabalhos

---

[94] Para uma periodização inovadora do Discurso Constitucional da Exceção, ver Gilberto Bercovici, *Soberania e Constituição: para uma crítica do constitucionalismo* (São Paulo, Quartier Latin, 2008).

de repressão de junho chamava aqueles novos irredutíveis urbanos de... "beduínos" – como lembrado, o terreno de experimentação do estado de sítio como sistema de governo havia sido previamente montado na Argélia. No ano seguinte, as mesmas conclusões de defesa da Constituição eram tiradas na Prússia, e assim por diante, na ressaca europeia da Primavera dos Povos. Pois foram esses surtos de decretos emergenciais que se tornaram a regra a partir do colapso imperialista de 1914. Uma guerra total também pelo fato de abrir um *front* interno regido pelo estado de sítio, ampliando sistematicamente os poderes governamentais ao longo de todo o conflito e, sobretudo, muito além dele, durante a crise social e econômica no entreguerras – hiperinflação, depressão econômica, revoluções sociais e, finalmente, fascismo –, o estado de exceção enfim permanente. No resumo de Giorgio Agamben, recapitulando a literatura que já no início dos anos 1930, "diante do desmoronamento das democracias europeias", debatia a sangue-frio a normalização do colapso na forma alternativa de uma "ditadura constitucional", conforme o título do clássico de Clinton Rossiter, publicado em 1948[95], quando o Capital já havia recuperado suas forças na forma do apocalipse nuclear a qualquer momento que a emergência se declarasse. Pois então:

> A Primeira Guerra Mundial – e os anos seguintes – aparece, nessa perspectiva, como o laboratório em que se experimentam e se aperfeiçoam os mecanismos e dispositivos funcionais do estado de exceção como paradigma de governo. Uma das características do estado de exceção – a abolição provisória da distinção entre poder Legislativo, Executivo e Judiciário – mostra, aqui, sua tendência a transformar-se em prática duradoura de governo.[96]

Para a estabilização desse paradigma de gestão do colapso normalizado durante os anos ditos de entreguerras – e o paradigma dos paradigmas é o regime que se instala em 1933 na Alemanha mediante a simples aplicação do artigo 48 da Constituição de Weimar, que não foi abolida, simplesmente deixou de ser aplicada segundo um dispositivo interno de implosão cataclísmica –, a contribuição decisiva veio justamente da nova emergência crítica, além da guerra e da sedição social, a crise econômica que se instala para ficar

---

[95] Clinton Rossiter, *Constitutional Dictatorship: Crisis Government in the Modern Democracies* (New Brunswick, Transaction, 2002) (edição original: Princeton, Princeton University Press, 1948).

[96] Giorgio Agamben, *Estado de exceção*, cit., p. 19.

antes e depois de 1929, e a rigor encarada desde então como a principal urgência, de sorte que, pela primeira vez, as economias nacionais encalacradas passam a ser comandadas por decretos com força de lei, revelando-se na circunstância ser o soberano quem decide sobre o estado de emergência econômica[97]. Mercado havia se tornado uma maneira de dizer. A própria "revolução" keynesiana nada mais é do que um modelo de governo econômico de emergência – justamente o eixo em torno do qual girará o consenso dos anos dourados da Trégua, até que a verdade neoliberal se impôs, não como política econômica antagônica, como acredita a sabedoria convencional, mas como governo de emergência econômica permanente, por medidas administrativas com força de lei, é claro. "Desmoronamento" – embora um fato e uma outra conjuntura – só para quem tomou ao pé da letra aquela Idade de Ouro, simplesmente o segundo capítulo da Era da Emergência, se não for demais insistir na periodização que está nos interessando ancorar num outro quadro categorial.

Antes de passar adiante, penso não ser trivial, pelo contrário, em linha com o argumento desenvolvido até aqui, a alusão ao caráter "imperialista" da guerra total iniciada em 1914. Ajuda inclusive a entender a confluência entre o esforço de guerra, como se diz no jargão patriótico da carnificina, e o estado de sítio. Desde que se entenda o Imperialismo menos como o último estágio do capitalismo – o que também é e onde estamos novamente às claras, uma vez removido o véu mitológico da globalização convergente – e mais como o primeiro estágio do domínio político da burguesia, na visão original de Hannah Arendt[98]. Burguesia que afinal se emancipou politicamente através do imperialismo enquanto expansão do poder político sem a necessidade de criação de um corpo político. Sem poder me explicar por extenso: a reinvenção sem intermediários da exceção soberana, primeiro na administração por decreto nos territórios de destino da exportação de dinheiro e violência, segundo na interiorização metropolitana desse mesmo desregramento baseado numa sorte de privatismo absoluto, acabou, nas

---

[97] Para um balanço do tema "emergência econômica" no período, ver Gilberto Bercovici, *Soberania e constituição*, cit., cap. VI. Em particular, o artigo de William E. Scheuerman, "The Economic State of Emergency", *Cardozo Law Review*, v. XXI, n. 5-6, maio 2000, p. 1.869-94.

[98] Hannah Arendt, *Imperialismo: a expansão do poder* (Rio de Janeiro, Documentário, 1976).

palavras de Hannah Arendt, por "imperializar" toda a nação matriz. Como se vê, mais uma vez, o neoliberalismo não precisou inventar nada. Nessa mesma direção nunca é demais relembrar que os bons europeus só não perdoavam um traço característico da expansão europeia do Terceiro Reich, o fato abominável de serem ocupados, confinados, aniquilados etc. como se fossem nativos de suas respectivas províncias de ultramar.

***

Pois foi no ponto culminante dessa escalada de normalização do estado de exceção como paradigma de governo, entendido como gestão de emergências que poderiam demandar ora um campo, ora um "decreto de economia", ora a militarização do trabalho, ora a aplicação de políticas sociais por meio de pactos de guerra, que Walter Benjamin redigiu sua oitava Tese sobre o Conceito de História. Antes de explicar a intromissão, melhor transcrevê-la por extenso:

> A tradição dos oprimidos nos ensina que o "estado de exceção" [*Ausnahmezustand* no original; *state of emergency* na tradução inglesa, P. A.] no qual vivemos é a regra. Precisamos chegar a um conceito de história que dê conta disso. Então surgirá diante de nós nossa tarefa, a de instaurar o real estado de exceção; e graças a isso, nossa posição na luta contra o fascismo tornar-se-á melhor. A chance deste consiste, não por último, em que seus adversários o afrontem em nome do progresso como se este fosse uma norma histórica. – O espanto em constatar que os acontecimentos que vivemos "ainda" sejam possíveis no século XX não é *nenhum* espanto filosófico. Ele não está no início de um conhecimento, a menos que seja o de mostrar que a representação da história donde provém aquele espanto é insustentável.[99]

Não cabe por certo no âmbito restrito desta Nota Introdutória sequer esboçar uma enésima glosa dessa tese cuja atualidade parece não ter fim e colar em todas as conjunturas. Muito embora seja precisamente esse o caso do exposto até aqui. Salvo engano, essa tese vem a ser a primeira célula temática de um diagnóstico histórico-filosófico da Era da Emergência que acabava de se abater sobre o mundo e que hoje, de "tréguas" em "desmoronamentos", se encontraria, até onde a vista alcance, num terceiro fim de

---

[99] Walter Benjamin, "Tese VIII", em Michael Löwy, *Walter Benjamin: aviso de incêndio – Uma leitura das teses "Sobre o conceito de história"* (trad. Wanda Nogueira Caldeira Brant, Jeanne Marie Gagnebin e Marcos Lutz Müller, São Paulo, Boitempo, 2005, Coleção Marxismo e Literatura), p. 83.

linha da emancipação que não se deu e continua a não se dar. Uma filosofia da história – concentrada no relance vertiginoso de um enunciado – reescrita do ângulo da exceção, nos antípodas do gênero filosófico inventado pela crítica iluminista no século XVIII e cujo utopismo moral obscurecia a crise, que ao mesmo tempo se agravava e pedia uma decisão política, que por isso mesmo, oculta pelas imagens histórico-filosóficas do futuro, tomou um rumo inesperado, o destino desastroso de um estado de crise permanente – a guerra civil, sob cuja lei vivemos até hoje, no argumento notável de Koselleck sobre a gênese burguesa da filosofia da história na abertura dos tempos modernos, na qual dissimulação e agravamento da crise são um único e mesmo processo[100]. Ao moralizar a política, a modo de garantia da utopia para a qual a história correria, o militante burguês afinal não viu a revolução que se avizinhava como uma guerra civil, mas como o cumprimento de postulados morais, em nome dos quais finalmente refugiou-se na violência pura. (Como Hegel estreou na vida filosófica demolindo a visão moral do mundo e do progresso, embora tenha levado o gênero Filosofia da História à sua culminância niilista – por onde passa, o Espírito não deixa pedra sobre pedra –, não se deixou ofuscar, levantando o véu das afinidades eletivas entre Virtude e Terror.) Antes de se tornar uma fórmula batida (por excesso de incompreensão facilitadora nos anos 1970 da primeira epidemia benjaminiana), a exortação teórico-prática para que se reescrevesse a história a contrapelo enquanto ainda era tempo deveria ter bem presente essa constelação fatídica – agora em sua versão marxista--produtivista – e poderia assim ser entendida como uma Filosofia Política da Emergência, por isso não surpreende que forme um mosaico de sinais de alarme a serem decifrados, à espreita do "sinal da virada"[101].

Ungaretti definiu certa vez o fragmento poético moderno como um sinal de alarme soando entre duas catástrofes. Não vejo melhor símile para se aproximar da estranheza – para os anestesiados pela "normalidade", como não deixa de ser o caso hoje da conversão recíproca de apocalípticos

---

[100] Reinhart Koselleck, *Crítica e crise: uma contribuição à patogênese do mundo burguês* (trad. Luciana Villas-Boas Castelo-Branco, Rio de Janeiro, Eduerj/Contraponto, 1999).

[101] Expressão de Ernst Bloch, outro decifrador de sinais (esperançosos) de alarme, entre 1938 e 1947, período da primeira redação do *Princípio esperança* (trad. Nélio Schneider, Rio de Janeiro, Contraponto, 2005), v. I, p. 47.

e integrados – dessa filosofia do estado de exceção como regra, ou melhor, dessa redefinição da filosofia como expressão do ponto de vista disruptivo da exceção[102] – foi assim com Kafka, mas também com um certo Brecht, sendo por outro lado desnecessário advertir que no seu devido momento também reabriremos todo o contencioso com Carl Schmitt. O quadro categorial mobilizado pela Tese VIII é um desses alarmes soando quando era meia-noite no século, é sempre bom insistir, cujo conceito, digamos assim, havia sido formulado nos anos 1920 numa das entradas da *Rua de mão única*, tão notável e a propósito do que virá a seguir que não será descabido citá-la quase por inteiro, afinal também forneceu o mote do capítulo que estamos apresentando:

> *Alarme de incêndio.* A representação da luta de classes pode induzir em erro. Não se trata nela de uma prova de força, em que seria decidida a questão: quem vence, quem é vencido? Não se trata de um combate após cujo desfecho as coisas irão bem para o vencedor, mal para o vencido. [...] A história nada sabe da má infinitude na imagem dos dois combatentes eternamente lutando. [...] Se a eliminação da burguesia não estiver efetivada até um momento quase calculável do desenvolvimento econômico e técnico (a inflação e a guerra química o assinalam), tudo estará perdido. Antes que a centelha chegue à dinamite, é preciso que o pavio que queima seja cortado.[103]

Isso escrito durante a resistível ascensão de Adolf Hitler, na qual a estupidez progressista dos inteligentes enxergava apenas uma anomalia, uma aberração que não deveria existir, ou ainda, um resto arcaico de violência pura que se poderia pôr a serviço da dominação esclarecida das elites no comando, aquela camada cuja usurpação milenar lhe propiciou desde sempre os meios de pôr a massa despossuída para trabalhar enquanto engaja a ralé para o serviço sujo da dominação. Uma outra maneira menos transcendente de se redescrever a Soberania, acrescentando ser essa a regra da opressão que reemergiu em tempos de normalidade liberal-burguesa póstuma como estado de exceção, na acepção que se sabe. Quanto ao "verdadeiro estado de exceção", sempre se poderá especular conforme o andamento da exposição

---

[102] Modificando uma definição original de Giorgio Agamben, *Quel che resta di Auschwitz: l'archivio e il testimone* (Turim, Bollati Boringhieri, 1998) [ed. bras.: *O que resta de Auschwitz*, trad. Selvino J. Assmann, São Paulo, Boitempo, 2008, Coleção Estado de Sítio].

[103] Walter Benjamin, *Rua de mão única* (trad. Rubens Rodrigues Torres Filho, São Paulo, Brasiliense, 1987, Coleção Obras Escolhidas), v. II, p. 45.

adiante, mas por certo sua interpretação não poderá deixar de oscilar entre dois extremos: a própria ruptura revolucionária do *continuum* infernal da opressão – tanto em sua versão leninista quanto em sua versão libertária ou outra, messiânica, talvez – e a reviravolta prefigurada pelas situações excepcionais em que a pirâmide das servidões se apresenta de ponta-cabeça, das festas arcaicas até os momentos em que as próprias revoluções no interior da ordem capitalista ameaçam sair dos trilhos, como na franja radical da Revolução Inglesa estudada por Christopher Hill[104]. Seja como for, a Revolução, uma vez acionado o alarme de incêndio que a máquina infernal do capitalismo não deixa de trazer instalado no seu sistema de válvulas de escape, é a única Saída de Emergência, e por mais assombroso que pareça, pela porta estreita e altamente ambivalente da Exceção. Há razões para essa bifurcação trágica, e elas não são banais nem filosoficamente neutras, como a seu tempo veremos. Pois a Exceção – ou por outra, a mesma palavra – tanto anuncia a redenção quanto o fundo que uma parcela da humanidade tocou. Assim, não está excluído que a saída abra para o abismo. Ou para o círculo vicioso do colapso sem fim: basta imaginar o mundo como um único campo de refugiados de catástrofes humanitárias, ou a famigerada sociedade global finalmente alcançando seu ideal, isto é, exclusivamente composta de médicos socorristas e vítimas, sendo o *capitalismo do desastre* enfim apenas a última palavra nos negócios da fronteira[105]. Seja dito isso para saltar de volta ao nosso ponto de partida.

---

[104] Christopher Hill, *O mundo de ponta-cabeça: ideias radicais durante a Revolução Inglesa de 1640* (trad. Renato Janine Ribeiro, São Paulo, Companhia das Letras, 1987).

[105] Apenas relembro que originalmente a expressão "capitalismo do desastre" costuma ser atribuída a um artigo de Naomi Klein, publicado em 2 de maio de 2005 no *The Nation*, em resposta a um desolado *e-mail* do principal dirigente do Movimento Nacional de Solidariedade aos Pescadores do Sri Lanka, cujo litoral sudeste fora devastado pelo *tsunami* de 26 de dezembro de 2004. Simplesmente uma segunda onda de empreendedores-humanitários não só havia sugado os recursos internacionais destinados à "reconstrução" como estava grilando terras balneárias, confiscando pesqueiros, confinando as populações sinistradas em campos sem data para serem fechados etc. – em suma, uma limpeza em regra do terreno, sobre o qual a indústria de luxo do turismo e da pesca reabriria uma nova janela de oportunidades. *Mutatis mutandis*, uma tradicional remoção de favelas e seu cortejo de empreiteiras e ONGs. No vasto mundo-fronteira da atual reterritorialização do capitalismo, as guerras preventivas em regiões de soberania limitada cumprem a mesma função de conversão da emergência em plataforma de acumulação. Segundo a socióloga indiana Shalmali Guttal, ativista do Focus on the Global South, entrevistada por Eduardo Graça na

Pode parecer uma ilusão de óptica histórica, mas não penso que seja implausível reconhecer nos dizeres daquelas duas faixas a um tempo dissonantes e integradas em torno da dupla urgência que comanda hoje o sofrimento social na França mais do que um eco fortuito e bem menos, por certo, do que uma citação, os dois enunciados igualmente encadeados pela mesma homonímia dramática que se encontra na Tese VIII de Walter Benjamin acerca da exceção e da regra na história da dominação. De qualquer modo – e creio ter argumentado até aqui nesse sentido –, trata-se de uma paráfrase involuntária porém objetiva, separada do original por mais de setenta anos, entremeados por um número assustador de alarmes de incêndio, atestando pela igual superposição daquelas mesmas palavras sinalizadoras, cujo lastro histórico por outro lado não se pode negar, a coerência interna de todo o ciclo que estamos chamando de Era da Emergência. Ainda que tudo não passasse de uma ilusão retrospectiva – ou mais exatamente, um movimento retroverso do verdadeiro, para falar como Bergson –, não se pode negar que, sendo a Urgência aquilo que se sugeriu e encravada no coração da paralisia contemporânea, e admitindo pelo menos uma genealogia comprovável, estamos diante, mirando-se a cabeça do cortejo e sua circunstância, de um *objet trouvé* filosófico – afinal se trata de todo um diagnóstico de época como crise pedindo decisão. Numa primeira aproximação, é a seu modo uma tese sobre o conceito de Urgência, de resto com um enorme fundo falso visível a olho nu, e, numa segunda aproximação, corresponde a nada menos que uma *filosofia da história redescoberta na rua*, quando todos os bem pensantes, sobretudo à esquerda, davam o gênero por morto.

***

Este último ponto não me parece irrelevante – e com isso encerro este prólogo. Não creio ser improvável o parentesco entre a conversão apocalíptica dos integrados, sem por isso deixarem de continuar integrados até o

---

CartaCapital de 3 de agosto de 2005, seria o caso de se falar de um novo colonialismo, a propósito dessas remodelagens sob comando externo – em geral corporativo e coordenação política militarizada também por controle remoto – de sociedades, economias e governos virados de ponta-cabeça, o conjunto regulado por novas "leis nacionais", recriadas *ad hoc*. Na outra ponta do lucro dos desastres, os "nativos" se debatendo de novo com a fome, o desemprego e a insegurança, quer dizer, outra vez vulneráveis na medida exata para que o girar em falso da urgência recomece.

âmago, da qual partimos para caracterizar a "tirania da urgência"[106] em nossa época, e uma outra reviravolta menos alarmista e aparatosa, mas nem por isso menos notável como manifestação da mesma síndrome da emergência, a saber, a adesão da direita – para dar um nome clássico aos fundamentos do *establishment* global – a um gênero por ela mesma execrado, ora como não científico, ora como doutrinação fanática, a Filosofia da História. Para ser mais exato, algo aparentado, um sucedâneo pelo menos talhado sob medida para ocupar o lugar abandonado pelas Grandes Narrativas de Emancipação, deserdadas pela esquerda deslumbrada com a sua recém-conquistada condição pós-moderna. Uma troca de posições rigorosamente simétrica à observada de início nos apóstolos de um novo catastrofismo, "esclarecido" ou não, como Jean-Pierre Dupuy prefere denominar a sua versão[107]. Foi-se, portanto, o tempo em que um Karl Popper descarregava na conta do historicismo as atrocidades cometidas pelos inimigos da sociedade aberta. Se dissermos que o gênero foi reativado e é cultivado pelos vencedores da nova ordem mundial, seria preciso acrescentar que seus tradicionais adversários na inteligência de esquerda – não necessariamente marxista ou comunista, longe disso – já se encontravam intelectualmente, e portanto politicamente, derrotados de véspera. Pensemos na vaga pós-estruturalista dos anos 1970 e 1980, cujo triunfo no espaço confinado das universidades americanas mascarou a derrocada europeia, sobretudo no seu empenho em erradicar qualquer vestígio dito metafísico dos discursos de intervenção, por vício de ainda julgarem comensuráveis entidades fantasmagóricas como consciência e história.

Mas não é esse fio partido que nos interessa, só lembrado porque assinala com precisão a data do nocaute da esquerda no calendário que para nós vem ao caso agora. Ao embarcar na política da ambulância e adotar a moral da emergência, os novos doutrinários do eterno retorno das intervenções humanitárias até o fim dos tempos – que, aliás, era aquilo mesmo que se via – já estavam devidamente imunizados contra qualquer recaída nas teorias críticas do passado, consideradas aliás patogênicas, como demonstravam seus desdobramentos genocidas, prova suplementar

---

[106] Aspas para relembrar que a expressão é de Zaki Laïdi, *La tyrannie de l'urgence* (Montreal, Fides, 1999).

[107] Jean-Pierre Dupuy, *Pour un catastrophisme éclairé: quand l'impossible est certain* (Paris, Seuil, 2002).

de que as ideias podiam ser muito perigosas e que qualquer iniciativa de transformação social mais drástica perigava acelerar o curso catastrófico do mundo. Deu-se então o grande disparate, a ressurreição em grande estilo à direita das meditações de sobrevoo acerca dos rumos da história e do destino da humanidade. O sistema soviético mal terminara de desmoronar quando surgiu o marco zero dessa linhagem, *O fim da história e o último homem*, de Francis Fukuyama[108]. Só os tolos creditaram ao autor a tolice de decretar literalmente o "fim da história". É mérito de Perry Anderson[109] ter chamado a atenção para o fato de que o discurso do fim da história, além de não ter nada de amalucado, era uma espécie nobre do gênero filosofia da história, e que Fukuyama havia se apoiado nas especulações esquecidas de Alexandre Kojève e na teoria hegeliana da luta pelo reconhecimento com plena consciência metodológica. Não vem ao caso o miolo temático do livro, que pode ser oco sem prejudicar meu argumento. Em poucas palavras: o livro descreve de fato, com categorias pouco usuais, uma clivagem no processo de modernização capitalista, a formação de uma *fronteira* entre sociedades ressentidas porque perdedoras – ainda "nacionais" e "históricas" – e o mundo luminoso da riqueza capitalista obviamente pós-tudo. Ocorre que essa fronteira partindo em dois a história é uma zona de guerra permanente. Trata-se de uma terra de ninguém cujo vácuo jurídico vaza por todos os lados. Além do mais, a matriz energética da referida riqueza encontra-se do outro lado da fronteira – e mais uma vez vale lembrar que o modo de exploração econômico da energia fóssil costuma gerar entropia social. É também uma fronteira impermeável às grandes imigrações, tão ameaçadoras quanto a captura em sentido inverso da propriedade intelectual de um patrimônio socialmente produzido e no entanto trancado a sete chaves. Uma zona de sombra que tende a se alastrar se não for patrulhada por novas tecnologias da violência organizada. Em suma, a nova filosofia da história – ou do "fim da história" bem entendido – é antes de tudo, na forma das grandes narrativas passadas – e também agora plenas de som e fúria, e... sentido –, um Discurso da Guerra. Temendo que isso não tivesse ficado suficientemente claro

---

[108] Francis Fukuyama, *O fim da história e o último homem* (trad. Aulyde S. Rodrigues, Rio de Janeiro, Rocco, 1992).

[109] Perry Anderson, *O fim da história: de Hegel a Fukuyama* (trad. Álvaro Cabral, Rio de Janeiro, Jorge Zahar, 1992).

naquele livro contemporâneo da Guerra do Golfo, Huntington escreveu *O choque de civilizações*[110].

Não é nada irrelevante ou simplificador ressaltar a condição de Fukuyama como funcionário do Pentágono na época em que redigiu seu livro. Huntington, por sua vez, entre tantas outras "missões", foi consultor "sociológico" durante a Guerra do Vietnã. Um dos últimos produtores desses tijolos filosofantes, *O escudo de Aquiles*, Philip Bobbitt[111], além de neto de Lyndon Johnson, passou com frequência pelos comitês assessores dos vários conselhos de segurança da administração federal. Não surpreende que o tema do livro seja mais a guerra do que a paz, que a suspende provisoriamente, dos principados dos tempos de Maquiavel aos cenários de conflito, para variar catastróficos, portanto demandando energia redobrada do poder de vigiar e punir do Soberano de turno – com os quais se defrontará a derradeira metamorfose das Constituições armadas, o Estado-mercado. Costuma-se dizer que tendo a Inglaterra criado a Economia Política, a França e a Alemanha, a Sociologia, coube aos Estados Unidos a exclusividade da invenção, a patente e o monopólio da Teoria das Relações Internacionais – uma espécie de *supplément d'âme* do século americano. Nem todos são operadores no ramo, nem é necessário. Estamos às voltas agora com uma espécie de coroamento histórico-filosófico do gênero. Diretamente envolvidos ou não, pode-se dizer que se trata de uma criação coletiva de intelectuais da comunidade de segurança, uma outra idiossincrasia nacional cuja origem se pode fazer remontar aos primeiros *think tanks* do imediato pós-guerra, mais exatamente à inauguração explosiva da Era Nuclear. A Trégua na guerra civil mundial, nos termos em que procuramos redefini-la.

Passemos um momento para o outro lado, nesta mesma linha genealógica do Discurso da Guerra como Filosofia da História "depois do fim da história". A tese de Walter Benjamin acerca do estado de exceção, que ao culminar no fascismo como verdade do presente prova ser a verdade milenar do jugo que sempre garroteou os expropriados e esfolados – e, como sugerido, a célula geradora do ponto de vista a partir do qual julgar a "normalidade" capitalista vindoura –, pois aquela tese discrepante de todas as linhagens conhecidas e

---

[110] Samuel P. Huntington, *O choque de civilizações e a recomposição da ordem mundial* (trad. M. H. C. Cortês, Rio de Janeiro, Objetiva, 1997).

[111] Philip Bobbitt, *The Shield of Achilles: War, Peace, and the Course of History* (Nova York, Alfred A. Knopf, 2002).

vindouras de meditação filosófica sobre a história foi redigida em 1940. Ora, exatos oito anos depois, nada mais, nada menos, na conclusão do já citado *Ditadura constitucional*, à vista da recapitulação feita dos vários governos de exceção a partir de 1914, Clinton Rossiter entreviu a perpetuação de tal condição agora que a Bomba do Juízo Final entrara em cena: "Na era atômica em que o mundo agora entra, é provável que o uso dos poderes de emergência constitucional se torne a regra, e não a exceção"[112]. Menos de dez anos depois, refletindo sobre a elite do poder americano, Wright Mills[113] sustentou ser este exatamente o caso, e cada vez mais: um "estado de emergência sem fim", alimentado por um aparato estatal que institucionalizara algo como uma perene prontidão disciplinadora de uma sociedade semimobilizada – para o consumo e para a guerra, acrescentaria Marcuse no início dos anos 1960[114].

Tal como na implosão de abertura de todo o longo ciclo da emergência pós-catástrofe, observamos durante a Trégua o mesmo processo de normalização da exceção como paradigma de governo. O mesmo padrão cumulativo de institucionalização capilar do regime de plenos poderes prosseguiu no mundo depois da Queda, ao holocausto nuclear juntando-se o cortejo de ameaças catastróficas que definem a virulência de uma sociedade de risco total[115]. Seria o caso de dizer, e de certo modo já foi dito no início da Era da Trégua: trata-se de uma *avalanche* ininterrupta, e que parece fazer pouco caso da derrota factual do fascismo[116]. Não se pode negar que a ressurreição da Filosofia da História – filosofia popular se se quiser, como outrora a *Decadência do Ocidente** de Spengler, que entre uma demasia filosofante e outra anteviu o desfecho fascista daquela lógica da desintegração – como Discurso da Guerra, além do mais enunciada no coração do *establishment*, é ao seu modo, e da primeira hora, também uma filosofia da emergência do mundo.

Mas não só aí, também nas suas adjacências e províncias recém-anexadas. Comprovando a abrangência do gênero, basta uma única referência, a mais

---

[112] Clinton Rossiter, *Constitutional Dictatorship*, cit., p. 297.

[113] Wright Mills, *The Power Elite* (Oxford, Oxford University Press, 1959), p. 184.

[114] Herbert Marcuse, *One-Dimensional Man* (Boston, Beacon, 1964).

[115] Ver Ulrich Beck, *Sociedade de risco* (trad. Sebastião Nascimento, São Paulo, Editora 34, 2010).

[116] Theodor Adorno e Max Horkheimer, *Dialética do esclarecimento* (trad. Guido Antonio de Almeida, Rio de Janeiro, Jorge Zahar, 1985), p. 205-6.

* São Paulo, Forense, 2013. (N. E.)

eminente que se pode encontrar na atual deriva ideológica generalizada. Duas palavras, portanto, sobre Habermas, sumárias porém não injustas. Como se há de recordar, seu projeto de reconstrução do materialismo histórico segundo o paradigma comunicacional, removendo o entrave do modelo produtivista, destinava-se a livrar de vez a Teoria Crítica *new look* da praga da filosofia da história, uma forma necessariamente centrada nos impasses intransponíveis da noção de sujeito-em-processo-de-emancipação. Quis, no entanto, a força contraditória do novo protagonismo da Sociedade Civil que a Ética Discursiva também embarcasse em um outro paradigma que não havia sido previsto no enredo original, o da medicina de urgência. Do direito de ingerência em nome, digamos, da emergência cosmopolita à guerra invocando a Humanidade[117] bastava um passo. Ao dá-lo, Habermas veio juntar-se ao novo Discurso da Guerra – sempre haverá um antropólogo, e não necessariamente cínico, para assegurar que a guerra não deixa de ser também uma ação comunicativa, provavelmente a matriz geradora de todas as demais, podendo recorrer inclusive, ou sobretudo, a Hegel. Argumentando noutra direção, Perry Anderson reuniu Habermas a uma mesma família, na qual incluiu Norberto Bobbio e John Rawls, chamando-os de "*military philosophers*"[118].

Resta a esquerda, digamos, de raiz, fechando o diagnóstico. Assim como "emergência" se diz em dois sentidos, ora antagônicos, ora convergentes, enroscando hoje direita e esquerda no mesmo círculo vicioso, o mesmo vale para o discurso do "fim da história". Novamente apenas um caso, igualmente emblemático. Refiro-me ao livro *Império*, de Toni Negri e Michael Hardt[119]. Verdade que com propósitos sediciosos, também se trata de um discurso do "fim da história", esgotada e suspensa pelo advento da nova Soberania, imperial, no caso, pois não há mercado por geração espontânea, quer dizer, sem a mão visível do poder político. Sendo uma *potestas* antes de tudo ético-jurídica, não surpreendem o renascimento e a proliferação de toda sorte de especulação acerca da "paz perpétua", pois a Pax da nova soberania pós-história é a expressão de uma "ordem permanente, eterna e necessária".

---

[117] Danilo Zolo, *Invoking Humanity: War, Law and Global Order* (Londres, Continuum, 2002).

[118] Perry Anderson, "The Military Philosophers", *New Left Review*, Londres, n. 31, jan.-fev. 2005.

[119] Antonio Negri e Michael Hardt, *Império*, cit.

Uma ordem na verdade tão anárquica – de Roma ao Império do Capital, o momento de geração da autoridade imperial se confunde com a hora da sua "corrupção", na acepção aristotélica do termo – quanto a paz perpétua mal se distingue de um rosário ininterrupto de "guerras justas" – outro resíduo bárbaro reposto em circulação –, sendo que a nova prevalência da alegação ética por sua vez exponencia uma banalização da guerra jamais vista. Faz todo o sentido do mundo – outra prova de que, por mais prolixa e fantasiosa que possa ser a construção de Toni Negri e seus amigos, seu lastro contemporâneo é indubitável e formulado de modo imanente nos seus próprios termos –, observando-se que a nova ordem da paz imperial é fruto de uma demanda constante de "intervenções" num oceano de descontroles e turbulências, também concluir com razão que a forma jurídica da soberania imperial, a lei administrativa que governa a sociedade dita cosmopolita, só pode ser um "estado de exceção permanente".

2006

3

1964

1

Tudo somado, o que resta afinal da Ditadura? Na resposta francamente atravessada do psicanalista Tales Ab'Sáber, simplesmente tudo. Tudo menos a Ditadura, é claro[1]. Demasia retórica? Erro crasso de visão histórica? Poderia até ser, tudo isso e muito mais. Porém, nem tanto. Pelo menos a julgar pelo último lapso, ou melhor, tropeço deliberado, mal disfarçado recado a quem interessar possa: refiro-me ao editorial da *Folha de S.Paulo* de 17 de fevereiro de 2009, o tal da "ditabranda". Não é tão simples assim atinar com as razões daquele escorregão com cara de pronunciamento preventivo, sobretudo por ser mais do que previsível que o incidente despertaria a curiosidade pelo passado colaboracionista do jornal, tão incontroversamente documentado que as pessoas esqueceram até mesmo da composição *civil e militar* daquele bloco histórico da crueldade social que se abateu sobre o país em 1964. E como atesta o indigitado editorial, *aunque el diablo esté dormido, a lo mejor se despierta*. Quanto à descarada alegação de brandura: só nos primeiros meses de comedimento foram 50 mil presos[2]. Em julho de 1964, "os cárceres já gritavam"[3].

---

[1] Tales Ab'Sáber, "Brasil, a ausência significante política", em Edson Teles e Vladimir Safatle (orgs.), *O que resta da ditadura: a exceção brasileira* (São Paulo, Boitempo, 2010, Coleção Estado de Sítio).

[2] No levantamento de Maria Helena Moreira Alves, *Estado e oposição no Brasil (1964--1984)* (Petrópolis, Vozes, 1985). Ver ainda Martha Huggins, *Polícia e política: relações Estados Unidos/América Latina* (São Paulo, Cortez, 1998) (ed. inglesa de 1988), e Janaína de Almeida Teles, *Os herdeiros da memória: a luta dos familiares de mortos e desaparecidos políticos no Brasil* (Dissertação de Mestrado, São Paulo, FFLCH/USP, 2005).

[3] Ver o capítulo de Elio Gaspari, "O mito do fragor da hora", em *A ditadura envergonhada* (São Paulo, Companhia das Letras, 2002). Segundo o autor, desde

O fato é que ainda não acusamos suficientemente o Golpe. Pelo menos não o acusamos na sua medida certa, a presença continuada de uma ruptura irreversível de época. Acabamos de evocar a brasa dormida de um passo histórico, os vasos comunicantes que se instalam desde a primeira hora entre o mundo dos negócios e os subterrâneos da repressão. Quando o então ministro Delfim Netto organiza um almoço de banqueiros no palacete do São Paulo Clube, antiga residência de dona Veridiana Prado, durante o qual o dono do Banco Mercantil passou o chapéu, recebendo em média 110 mil dólares *per capita* para reforçar o caixa da Operação Bandeirante (Oban), não se trata de uma vaquinha, por assim dizer, lógica, inerente aos trâmites da acumulação em um momento de transe nacional, em que os operadores de turno puxam pela corda patriótica de empresários que, por sua vez, estão pedindo para se deixar amedrontar[4]. Esperteza ou não – afinal, a Ditadura detinha todas as chaves do cofre –, o fato é que se transpôs um limiar ao se trazer assim, pelas mãos de um ministro de Estado, os donos do dinheiro para o reino clandestino da sala de tortura: esse o passo histórico que uma vez dado não admite mais retorno, assim como não se pode desinventar as armas nucleares que tornaram a humanidade potencialmente redundante. Ruptura ou consequência? Questão menor, diante da metástase do poder punitivo que principiara a moldar a Exceção Brasileira que então madrugava.

Francisco Campos costumava dizer que governar é mandar prender. Para encurtar, digamos que, a partir de 1935, com a intensificação da caça aos comunistas e demais desviantes, essa escola de governo incorporou o alicate do dr. Filinto Müller e seus derivados. Já a deportação de Olga Benário discrepa do período anterior – no qual predominava a figura do anarquista expatriado –, antecipando os sequestros da Operação Condor. Todavia, trata-se de um caso ainda muito especial, como se sabe. Até mesmo as cadeias em que se apodrecia até a morte – como a colônia

---

o começo do governo Castello Branco a tortura já era "o molho dos inquéritos". Martha Huggins também identifica nos primeiros arrastões puxados pelo Golpe a evidente metamorfose da "polícia política". Cf. Martha Huggins, *Polícia e política*, cit., cap. 7.

[4] Ver Elio Gaspari, *A ditadura escancarada* (São Paulo, Companhia das Letras, 2002), p. 62-4. Para um estudo da normalização da patologia empresarial do período, ver o documentadíssimo filme de Chaim Litewski, *Cidadão Boilesen*, apresentado em março de 2009 na mostra É Tudo Verdade.

correcional de Ilha Grande, que foi apresentada a um Graciliano Ramos atônito como um lugar no qual se ingressa não para ser corrigido, mas para morrer – tampouco anunciam uma Casa da Morte, como a de Petrópolis e similares espalhadas pelo país e pelo Cone Sul. Basta o enunciado macabro das analogias para se ter a visão histórica direta da abissal diferença de época[5]. O calafrio de Graciliano, ao se deparar com um espaço onde "não há direito, nenhum direito" – como é solenemente informado por seu carcereiro –, ainda é o de um preso político ocasional ao se defrontar (em pé de igualdade?) com o limbo jurídico em que vegetam apagados seus colegas "de direito comum". Como se sabe, aquela situação se reapresentaria menos de quarenta anos depois. Como a Ditadura precisava ocultar a existência de presos políticos, os sobreviventes eram formalmente condenados como assaltantes de banco e, como tal, submetidos ao mesmo vácuo jurídico da ralé carcerária, exilada nesses lugares por assim dizer fora da Constituição. Mas já não se tratava mais do mesmo encontro de classe face ao "nenhum direito", ou de um desencontro histórico, como sugere o filme de Lúcia Murat, *Quase dois irmãos*.

O corte de 1964 mudaria de vez a lógica da exceção, tanto no hemisfério da ordem política quanto no dos ilegalismos do povo miúdo e descartável. O Golpe avançara o derradeiro sinal com a entrada em cena de uma nova "fúria" – para nos atermos ao mais espantoso de tudo, embora não se possa graduar a escala do horror: a entrada em cena do "poder desaparecedor", na fórmula não sei se original de Pilar Calveiro[6]. Depois de mandar prender, mandar desaparecer como política de Estado, e tudo que isso exigia: esquadrões, casas e voos da morte. Essa nova figura – o desaparecimento forçado de pessoas – desnorteou os primeiros observadores. A rigor, até hoje. Ainda no início dos anos 1980, um Paul Virilio perplexo se referia às ditaduras do Cone Sul como o laboratório de um novo tipo de sociedade,

---

[5] Episódio das *Memórias do cárcere*, de Graciliano Ramos, recentemente evocado por Fábio Konder Comparato no prefácio à segunda edição do *Dossiê ditadura: mortos e desaparecidos políticos no Brasil, 1964-1985* (São Paulo, IEVE/Imprensa Oficial, 2009).

[6] *Poder e desaparecimento: os campos de concentração na Argentina* (São Paulo, Boitempo, 2013). Sua autora, Pilar Calveiro, "ficou desaparecida" – a expressão é essa mesma – durante um ano e meio em vários campos da morte na Argentina. Para um breve comentário, ver Beatriz Sarlo, *Tempo passado: cultura da memória e guinada subjetiva* (São Paulo, Companhia das Letras, 2007), p. 80-9.

a "sociedade do desaparecimento", onde os corpos agora, além do mais – e sabemos tudo o que este "mais" significa –, precisam desaparecer, quem sabe, o efeito paradoxal do estado de hiperexposição em que se passava a viver[7]. Digamos que, ao torná-lo permanente, exercendo-o durante vinte anos, nem mesmo os principais operadores do regime se deram conta de que o velho estado de sítio concebido pela ansiedade ditatorial dos liberais ao fim e ao cabo já não era mais o mesmo. Aliás, desde o início, a exceção se instalara noutra dimensão, verdadeiramente inédita e moderna, a partir do momento em que "o corpo passa a ser algo fundamental para a ação do regime" e a câmara de tortura se configura "como a exceção política originária na qual a vida exposta ao terrorismo de Estado vem a ser incluída no ordenamento social e político", na redescrição dos vínculos nada triviais entre ditadura e exceção retomada ultimamente por Edson Teles, confrontado com o acintoso recrudescimento do poder punitivo na democracia parida, ou abortada, pela Ditadura[8]. A seu ver, a Ditadura por assim dizer localizou o topos indecidível da exceção, a um tempo dentro e fora do ordenamento jurídico, tanto na sala de tortura quanto no desaparecimento forçado, marcado também, este último, por uma espécie de não lugar absoluto. Esses os dois pilares de uma sociedade do desaparecimento. A Era da Impunidade que irrompeu desde então pode ser uma evidência de que essa tecnologia de poder e governo também não pode mais ser desinventada. Seja como for, algo se rompeu para sempre quando a brutalidade rotineira da dominação, pontuada pela compulsão da caserna, foi repentinamente substituída pelo Terror de um Estado delinquente de proporções inauditas. A tal ponto que até Hobsbawm parece não saber direito em qual dos extremos do seu breve século XX incluir esse último círculo latino-americano de carnificinas políticas, no qual não hesitou em reconhecer a "era mais sombria de tortura e contraterror da história do Ocidente"[9].

Outro disparate? Dessa vez cometido pela velha esquerda em pessoa? Não seja por isso. À luz dos seus próprios critérios civilizacionais, um padrão

---

[7] Paul Virilio e Sylvère Lotringer, *Guerra pura: a militarização do cotidiano* (trad. Elza Mine e Laymert Garcia dos Santos, São Paulo, Brasiliense, 1984), p. 85-7.

[8] Edson Luis de Almeida Teles, *Brasil e África do Sul: os paradoxos da democracia* (Tese de Doutorado em Filosofia, São Paulo, FFLCH/USP, 2007), cap. 2.

[9] Eric Hobsbawm, *Era dos extremos: o breve século XX, 1914-1991* (trad. Marcos Santarrita, São Paulo, Companhia das Letras, 1995), p. 433.

evolutivo foi irrecuperavelmente quebrado pelas elites condominiadas em 1964. Mesmo para padrões brasileiros de civilização, pode-se dizer que a Ditadura abriu as portas para uma reversão na qual Norbert Elias poderia quem sabe identificar o que chamou por vezes de verdadeiro processo *descivilizador*. Segundo o historiador Luiz Felipe de Alencastro, um tal padrão, herdado do despotismo esclarecido pombalino, pressupunha algo como o espraiamento, prudentemente progressivo, dos melhoramentos e franquias da vida moderna, a princípio reservados à burocracia estatal e às oligarquias concernidas, ao conjunto das populações inorgânicas a serem assim "civilizadas" pela sua elite. Pois até esse processo civilizador não previsto por Norbert Elias – o monopólio da violência pacificadora são outros quinhentos nessas paragens – deu marcha a ré, ou, se preferirmos, engendrou "um monstrengo nunca visto"[10]. Pensando bem, menos reversão do que consumação desse mesmo processo de difusão das Luzes, como vaticina a profecia maligna de Porfirio Díaz, no final de *Terra em transe*: "Aprenderão, aprenderão, hei de fazer deste lugar uma Civilização, pela força, pelo amor da força, pela harmonia universal dos infernos". Segundo o mesmo Luiz Felipe, havia paradoxalmente algo de "revolucionário" naquela ultrapassagem bárbara de si mesmo. À vista, portanto, não só daquele lapso editorial e de uma dúzia de outros pronunciamentos de mesmo quilate, pode-se dizer que os objetivos de guerra da Ditadura foram plenamente alcançados, diante do que entrou em recesso. A Abertura foi na verdade uma contenção continuada. Acresce que, além de abrandada, a Ditadura começou também a encolher. Pelas novas lentes revisionistas, a dita cuja só teria sido deflagrada para valer em dezembro de 1968, com o Ato Institucional n. 5 (AI-5) – retardada, ao que parece, por motivo de "efervescência" cultural tolerada –, e encerrada precocemente em agosto de 1979, graças à autoabsolvição dos implicados em toda a cadeia de comando da matança[11]. O que vem por aí? Negacionis-

---

[10] Luiz Felipe de Alencastro, "1964: por quem dobram os sinos?", publicado originalmente na *Folha de S.Paulo*, 20 maio 1994, incluído no livro organizado por Janaína de Almeida Teles, *Mortos e desaparecidos políticos: reparação ou impunidade?* (2. ed., São Paulo, Humanitas, 2001). Para o argumento original, do mesmo autor, ver "O fardo dos bacharéis", *Novos Estudos*, São Paulo, Cebrap, n. 19, dez. 1987.

[11] Marco Antonio Villa, "Ditadura à brasileira", *Folha de S.Paulo*, 5 mar. 2009, p. A3. Sem dúvida, a história é o inventário das diferenças, como queria Paul Veyne, porém na mesma medida em que souber reconhecer o Mesmo no Outro. Sem o que nem sequer saberemos quem somos ao despertar. Mas talvez seja esse mesmo o Desejo

mo à brasileira? Quem sabe alguma variante local do esquema tortuoso de Ernst Nolte, que desencadeou o debate dos historiadores alemães nos anos 1980 acerca dos Campos da Morte. Por essa via, a paranoia exterminista da Ditadura ainda será reinterpretada como o efeito do pânico preventivo disparado pela marcha apavorante de um *gulag* vindo em nossa direção. Não é elocubração ociosa: a doutrina argentina dos "dois demônios", por exemplo, que se consolidou no período Alfonsín, passou por perto[12].

Nessas condições, pode-se até entender o juízo aparentemente descalibrado de Tales Ab'Sáber como uma espécie de contraveneno premonitório, e que tenha, assim, estendido até onde a vista alcança a fratura histórica na origem do novo tempo brasileiro, cuja unidade de medida viria a ser 1964, o verdadeiro ano que de fato não terminou. Um tempo morto, esse em que a Ditadura não acaba nunca de passar. É assim que Tales interpreta a agonia do poeta, jornalista e conselheiro político Paulo Martins, que emenda o fecho na abertura de *Terra em transe*: uma "queda infinita do personagem no branco e no vazio final que nunca acaba". O mundo começou a cair no Brasil em 1964 e continuou "caindo para sempre", salvo para quem se iludiu enquanto despencava[13]. Será preciso alertar logo de saída? Como

---

do qual os lacanianos insistem que uma sociedade derrotada como a nossa cedeu. A sintaxe pode ser arrevesada, mas o juízo não. Cf., por exemplo, Maria Rita Kehl, *O tempo e o cão: a atualidade das depressões* (São Paulo, Boitempo, 2009).

[12] Ver a respeito Luis Roniger e Mario Sznajder, *O legado de violações dos direitos humanos no Cone Sul* (São Paulo, Perspectiva, 2004), p. 278-81.

[13] A verdadeira *desordem no tempo brasileiro* provocada pelo buraco negro de 1964 me parece constituir o nervo das reflexões de Ismail Xavier acerca da constelação formada por Cinema Novo, Tropicalismo e Cinema Marginal. Cf., por exemplo, *Alegorias do subdesenvolvimento* (São Paulo, Brasiliense, 1993). Com sorte, espero rever essa mesma desordem brasileira do tempo pelo prisma da Exceção. Por enquanto, apenas uma introdução. Um outro ponto cego decorrente dessa mesma matriz me parece contaminar a expectativa de que a Ditadura terminará enfim de passar quando o último carrasco for julgado. Fica também para um outro passo esse pressentimento gêmeo acerca das ciladas do imperativo Nunca Mais que a Ditadura nos impôs. Para um sinal de que não estou inventando um falso problema, vejam-se as observações de Jeanne Marie Gagnebin acerca da famosa reformulação adorniana do imperativo categórico – direcionar agir e pensar de tal forma que Auschwitz não se repita. Curioso imperativo moral, nascido da violência histórica e não de uma escolha livre. Cf. "O que significa elaborar o passado?", em *Lembrar escrever esquecer* (São Paulo, Editora 34, 2006), p. 99-100. Pensando numa lista longa que continua se alongando, de Srebrenica a Jenin, arremata Jeanne Marie, fica difícil evitar o sentimento de que

nunca se sabe até onde a cegueira chegou, não custa repetir: está claro que tudo já passou, que nossa terra não está mais em "transe", por mais estranha (quase na acepção freudiana do termo) que pareça a normalidade de hoje. Ainda segundo Tales, tão estranha quanto a fantasia neurotizante que nos governa, a saber: ora é fato que a guerra acabou, como assegura a lei celerada da anistia, ora não acabou nem nunca acabará, pois é preciso derrotar de novo e sempre o ressentimento histórico dos vencidos, para não mencionar ainda as demais figurações do inimigo, no limite, a própria nação, que precisa ser protegida contra si mesma[14]. A guerra acabou, a guerra não acabou: tanto faz, como no caso da chaleira de Freud, de qualquer modo devolvida com o enorme buraco que a referida fantasia nem mesmo cuida de encobrir. O que importa é que um polo remeta ao outro, configurando o que se poderia chamar de limiar permanente, sobre o qual pairam tutela e ameaça intercambiáveis.

Minha reconstituição da paradoxal certeza histórica de um psicanalista talvez pareça menos arbitrária recorrendo ao raciocínio do historiador Paulo Cunha acerca do contraponto entre Moderação e Aniquilamento, que percorre a formação da nacionalidade desde os seus primórdios[15]. A guerra acabou, quer dizer (deve entrar de uma vez na cabeça dos recalcitrantes): violações zeradas (na lei ou na marra), reconciliação consolidada (novamente consentida ou extorquida). Mas a guerra não acabou, de novo que se entenda: é preciso anular a vontade do inimigo de continuar na guerra, e anular até o seu colapso. Clausewitz *dixit*. Pois bem: historicamente, Moderação é a senha de admissão ao círculo do poder real, cujo conservadorismo de nascença – progresso, modernização etc. são melhoramentos inerentes, porém intermitentes, ao núcleo material do mando proprietário – exige provas irretorquíveis de confiabilidade absoluta dos que batem à sua porta. Assim, sempre que as elites de turno se reconciliam, uma lei não escrita espera

---

o novo imperativo categórico não foi cumprido, enquanto "as ruínas continuam crescendo até o céu".

[14] Conforme advertência recente do general Luiz Cesário da Silveira Filho, despedindo--se do Comando Militar do Leste com um discurso exaltando o golpe, ao qual se referiu como "memorável acontecimento". Com efeito, Raphael Gomide, "General deixa posto no Rio com elogios ao golpe militar de 1964", *Folha de S.Paulo*, 12 mar. 2009, p. A9.

[15] Paulo Ribeiro da Cunha, "Militares e anistia no Brasil: um dueto desarmônico", em Edson Teles e Vladimir Safatle (orgs.), *O que resta da ditadura*, cit.

dos pactários – na acepção política rosiana do termo¹⁶ – demonstrações inequívocas de convicções moderadas. Para que não haja dúvida do alcance desse pacto fundador, basta um olhar de relance para as patéticas contorções dos dois últimos presidentes do país. Em suma, refratários de qualquer procedência serão recusados. Novamente, para que não haja dúvidas: aos eventuais sobreviventes de tendências contrárias à Moderação/Conciliação/Consolidação das Instituições etc., acena-se com o espectro do supracitado Aniquilamento, cuja eventualidade estratégica sempre paira no ar, que o digam a Guerra de Canudos e a Guerrilha do Araguaia. Também por esse prisma não se pode dizer sem mais que a fantasia de Tales não seja exata.

2

Mas, pensando bem, a enormidade do que diz nosso psicanalista é quase uma evidência. Como a bem dizer está na cara, ninguém vê. Basta, no entanto, olhar para o Estado e sua Constituição, por ela mesma definido em 1988 como sendo Democrático e de Direito. O que poderia então restar da Ditadura? Nada, absolutamente nada, respondem em coro, entre tantas outras massas corais de contentamento, nossos cientistas políticos: depois do período épico de remoção do chamado entulho autoritário, passamos com sucesso ainda maior à consolidação de nossas instituições democráticas – entre elas a grande propriedade da terra e dos meios de comunicação de massa: quem jamais se atreveria a sequer tocar no escândalo dessa última instituição? –, que de tão fortalecidas estão cada vez mais parecidas com um *bunker*. Na intenção dos mais jovens e desmemoriados em geral, um trecho bem raso de crônica: o bloco civil-militar operante desde 1964 arrematou o conjunto da obra inaugurando a Nova República com um golpe de veludo, afastando Ulysses Guimarães da linha sucessória de Tancredo, o qual, por sua vez, havia negociado com os militares sua homologação pelo Colégio Eleitoral, de resto legitimado pela dramaturgia cívica das Diretas. Nesse passo chegamos à próxima anomalia institucional, um Congresso ordinário

---

¹⁶ Da perspectiva em que Willi Bolle estudou o *Grande sertão: veredas* – as metamorfoses do sistema jagunço como um regime de exceção permanente –, as Constituições do país sempre foram, antes de tudo, um Pacto, não sendo muito difícil adivinhar quem leva a parte do diabo. Cf. Willi Bolle, *grandesertão.br* (São Paulo, Duas Cidades/Editora 34, 2004).

com poderes constituintes. Assim sendo, poderemos ser mais específicos na pergunta de fundo: o que resta da ditadura na inovadora Constituição dita Cidadã de 1988? Na opinião de um especialista em instituições coercitivas, Jorge Zaverucha, pelo menos no que se refere às cláusulas relacionadas com as Forças Armadas, Polícias Militares e Segurança Pública – convenhamos que não é pouca coisa –, a Carta outorgada pela Ditadura em 1967, bem como sua emenda de 1969, simplesmente continua em vigor. Simples assim[17].

Porém, suas conclusões não são menos dissonantes do que as repertoriadas até agora. A começar pela mais chocante de todas (se é que esse efeito político ainda existe), a constitucionalização do golpe de estado, desde que liderado pelas Forças Armadas, que passaram a deter o poder soberano de se colocar legalmente fora da lei. Passado o transe da verdadeira transição para o novo tempo que foi o regime de 1964, este saiu de cena, convertendo sua exceção em norma. Tampouco o poder de polícia conferido às Forças Armadas precisou esperar por um decreto sancionador de FHC em 2001. Desde 1988 estava consagrada a militarização da Segurança Pública. A Constituição já foi emendada mais de sessenta vezes. Em suma, trivializou-se. Acresce que esse furor legislativo e constituinte emana de um Executivo ampliado e com fronteiras nebulosas, governando rotineiramente com medidas provisórias com força de lei. Como, além do mais, o artigo 142 entregou às Forças Armadas a garantia da Lei e da Ordem, compreende-se o diagnóstico fechado por nosso autor: sem dúvida, "há no Brasil lei (*rule by law*), mas não um Estado de Direito (*rule of law*)". Num artigo escrito no auge da desconstitucionalização selvagem patrocinada pelo governo FHC, o jurista Dalmo Dallari assegurava que, na melhor das hipóteses, estaríamos vivendo num Estado de mera Legalidade Formal e, na pior, retomando o rumo das Ditaduras constitucionais[18].

A esta altura já não será demais recordar que a expressão Ditadura Constitucional – revista do ângulo da longa duração do governo capitalista do

---

[17] Ver Jorge Zaverucha, *FHC, Forças Armadas e polícia: entre o autoritarismo e a democracia (1999-2002)* (Rio de Janeiro, Record, 2005). E, mais particularmente, "Relações civil-militares: o legado autoritário na Constituição brasileira de 1988", em Edson Teles e Vladimir Safatle (orgs.), *O que resta da ditadura*, cit. No que segue, acompanho de perto o seu modelo explicativo, extrapolando um pouco na maneira de conceituar os resultados de suas análises.

[18] Dalmo de Abreu Dallari, "O Estado de Direito segundo Fernando Henrique Cardoso", *Praga*, São Paulo, Hucitec, n. 3, 1997.

mundo – foi empregada pela primeira vez por juristas alemães para assinalar os poderes excepcionais concedidos ao presidente do Reich pelo artigo 48 da Constituição de Weimar[19]. Desde então, a favor ou contra, tornou-se uma senha jurídica abrindo passagem para o que se poderia chamar de Era da Exceção, que se inaugurava na Europa como paradigma de governo diante do desmoronamento das democracias liberais, desidratadas pela virada fascista das burguesias nacionais que lhes sustentavam a fachada. Resta saber se uma tal Era da Exceção se encerrou com a derrota militar do fascismo. Ocorre que três anos depois de 1945, mal deflagrada a Guerra Fria, já se especulava, a propósito da emergência nuclear no horizonte do conflito – para muitos um novo capítulo da Guerra Civil Mundial, iniciada em 1917 –, se não seria o caso de administrar, formal e legalmente, como se acabou de dizer, um tal estado de emergência permanente mediante uma Ditadura Constitucional. Na recomendação patética de Clinton Rossiter, um capítulo clássico na matéria: "Nenhum sacrifício pela nossa democracia é demasiado grande, menos ainda o sacrifício temporário da própria democracia"[20]. Como a Bomba não veio ao mundo a passeio nem para uma curta temporada, sendo além do mais puro *nonsense* a ideia de um controle democrático de sua estocagem e de seu emprego, sem falar na metástase da proliferação nuclear, não haverá demasia em sustentar a ideia de que sociedades disciplinadas pelo temor de um tal acidente absoluto passaram a viver de fato em estado de sítio, não importa qual emergência o poder soberano de turno decida ser o caso.

Voltando à linha evolutiva traçada por Agamben: aquele deslocamento de uma medida provisória e excepcional para uma técnica de governo, baseado na indistinção crescente entre Legislativo, Judiciário e Executivo, transpôs afinal um patamar de indeterminação entre democracia e soberania absoluta – o que no trecho anterior se queria dizer evocando a terra de ninguém em que ingressamos entre Legalidade Formal e Estado de Direito. Não surpreende então que, à vista do destino das instituições coercitivas descritas há pouco e do histórico de violações que vêm acumulando no período de normalização pós-ditatorial, alguns observadores da cena latino-americana

---

[19] Sigo em parte a recapitulação de Giorgio Agamben, *Estado de exceção* (trad. Iraci D. Poleti, São Paulo, Boitempo, 2004, Coleção Estado de Sítio).

[20] Clinton Rossiter, *Constitutional Dictatorship: Crisis Government in the Modern Democracies* (Princeton, Princeton University Press, 1948), citado em Giorgio Agamben, *Estado de exceção*, cit., p. 18.

falem abertamente da vigência de um não-Estado de Direito numa região justamente reconstitucionalizada, notando que a anomalia ainda é mais acintosa por ser esse o regime sob o qual se vira – é bem esse o termo – a massa majoritária dos chamados *underprivileged*[21]. Não-direito igualmente para o topo oligárquico? No limite, a formulação não faz muito sentido: como Franz Neumann demonstrou em sua análise da economia política do Terceiro Reich, o grande capital pode dispensar inteiramente as formalidades da racionalidade jurídica idealizada por Max Weber[22]. Olhando, todavia, a um só tempo para a base e o vértice da pirâmide, seria mais apropriado

---

[21] Cf., por exemplo, Juan Méndez, Guillermo O'Donnell e Paulo Sérgio Pinheiro (orgs.), *Democracia, violência e injustiça: o não-Estado de Direito na América Latina* (trad. Ana Luiza Pinheiro, São Paulo, Paz e Terra, 2000). Há um tanto de inocência nesta caracterização. A começar pelo lapso tremendo – quando se pensa na consolidação da impunidade dos torturadores e "desaparecedores" – que consiste em expressar sincera frustração causada pela quebra da expectativa de que "a proteção dos direitos humanos obtida para os dissidentes políticos no final do regime autoritário seria estendida a todos os cidadãos". De sorte que, sob a democracia, ainda prevalece um sistema de práticas autoritárias herdadas, seja por legado histórico de longa duração ou por sobrevivência socialmente implantada no período anterior, e não elimináveis por mera vontade política. Resta a dúvida: o que vem a ser um processo de consolidação democrática "dualizado" pela enésima vez em dois campos, um "positivo", outro "negativo"? O autor, cuja deixa aproveitamos, diria que a persistência da aliança com as instituições coercitivas assegura aos integrantes do campo positivo um *hedge* face aos riscos futuros implicados numa tal assimetria entre os "direitos" dos primeiros e o "destino" desafortunado dos que circulam entre os campos negativos. Dúvida que também acossa os autores da referida obra coletiva: até quando haverá democracias sem cidadania plena para a massa pulverizada das não-elites? O que vem a ser "um Estado de Direito que pune preferencialmente os pobres e os marginalizados"? Na gramática dos Direitos Humanos, como se costuma dizer, só pode ser erro de sintaxe.

[22] Franz Neumann, *Béhémoth: structure et pratique du national-socialisme (1933-1944)* (Paris, Payot, 1987). Ver a respeito o excelente capítulo de William E. Scheuerman, *Between the Norm and the Exception: The Frankfurt School and the Rule of Law* (Cambridge, The MIT Press, 1994), cap. 5. Embora reveladora, não se trata de uma circunstância trivialmente excepcional, como voltou a sugerir o mesmo William Scheuerman, agora a propósito da dinâmica mundializada da acumulação: a cultuada afinidade eletiva entre o capitalismo moderno e *the rule of law*, que Weber enunciara como uma cláusula pétrea, talvez tenha sido não mais que um efêmero entrecruzamento histórico. Cf. William E. Scheuerman, *Liberal Democracy and the Social Acceleration of Time* (Baltimore, Johns Hopkins University Press, 2004), p. 151-8.

registrar a cristalização de um Estado Oligárquico de Direito[23], porém assim especificado: um regime jurídico-político caracterizado pela ampla latitude liberal-constitucional em que se movem as classes confortáveis, por um lado, enquanto sua face voltada para a ralé que o recuo da maré ditatorial deixou na praia da ordem econômica que ela destravou de vez se distingue pela intensificação de um tratamento paternalista-punitivo[24]. Se fôssemos

---

[23] Estou empregando abusivamente – *et pour cause* – uma expressão original, até onde sei, de Jacques Rancière, *La haine de la démocratie* (Paris, La Fabrique, 2005). Não posso me estender a respeito, mas desconfio que o argumento geral do livro nos incluiria no pelotão dos inconformados com o presumido escândalo libertário da Democracia. E por isso mesmo teimaríamos na absurda convicção de que "o conteúdo real de nossa democracia reside no 'estado de exceção'" (ibidem, p. 23). Daí a necessária correção de tamanho disparate: não vivemos em campos de concentração submetidos às leis de exceção de um governo biopolítico; pelo contrário, vivemos num Estado de Direito, só que "oligárquico". Quer dizer, num Estado em que a pressão das oligarquias – de resto, como sabemos desde Robert Michels, a oligarquização é uma tendência inerente a toda forma de poder organizado – vem a ser justamente limitada pelo duplo reconhecimento da soberania popular e das liberdades individuais (ibidem, p. 81). Nos dias que correm, é impossível discordar de um tal programa garantista. E no entanto, para início de conversa, as derrogações emergenciais do Direito, que vão configurando a exceção jurídica contemporânea, são cada vez mais a regra. A bem dizer, toda norma, mesmo constitucional, contém algo como uma cláusula suspensiva. Numa palavra, mesmo nesse exemplar Estado europeu de Direito, porém oligárquico, o Direito está perdendo o monopólio da regulação. Cf. François Ost, *Le temps du droit* (Paris, Odile Jacob, 1999), cap. IV. Como me pareceria um igual e simétrico disparate suspeitar desse jurista, aliás belga, de ódio enrustido e ressentido da democracia, observo que o indigitado Agamben não está dizendo coisa muito diferente desse diagnóstico do "estado de urgência" em que ingressamos com a absorção do direito pelo imperativo gestionário. E o curioso é que Rancière também não o faz, quando reflete sobre as patologias da democracia consensual. Pois então: a "exceção" normalizada de agora se confunde, desde seu renascimento histórico, com a ampliação dos poderes governamentais desencadeada durante a Primeira Guerra Mundial, mesmo entre os não beligerantes, como a Suíça, com a quebra da "hierarquia entre lei e regulamento, que é a base das constituições democráticas, delegando ao governo um poder Legislativo que deveria ser competência exclusiva do Parlamento", Giorgio Agamben, *Estado de exceção*, cit., p. 19.

[24] Para esta caracterização do novo Estado "dual", ver, por exemplo, entre tantos outros, Loïc Wacquant, *Punir os pobres: a nova gestão da miséria nos Estados Unidos* (Rio de Janeiro, Freitas Bastos, 2001). Um Estado de Direito tão punitivo quanto o regime que o precedeu, ou engendrou, funciona como uma polícia de fronteira, no caso, a fronteira mesma do direito, que deixa de sê-lo quando atravessado por uma divisória apartando amigos e inimigos. Para um estudo recente do funcionamento desse Estado "bifurcado" na periferia da cidade de São Paulo, ver Gabriel de Santis Feltran, "A

rastrear esse arranjo social-punitivo, não seria muito custoso atinar com sua matriz. Aliás, custoso até seria, tal o fascínio que ainda exerce o invólucro desenvolvimentista no qual se embrulhou a Ditadura. De volta ao foco no bloco civil-militar de 1964 que não se desfez – menos por uma compulsão atávica das corporações militares do que por inépcia das elites civis na gestão da fratura nacional, consolidada por uma transição infindável, sem periodicamente entrar em pânico diante de qualquer manifestação mais assertiva de desobediência civil, como uma greve de petroleiros ou de controladores de voo –, a democracia meramente eleitoral em que resvalamos, continua Zaverucha, se perpetua girando em falso, círculo vicioso alimentado pela ansiedade das camadas proprietárias, pois ainda não estão plenamente convencidas, como nunca estarão, de que o tratamento de choque da Ditadura apagou até a memória de que um dia houve inconformismo de verdade no país.

3

Ao inaugurar seu primeiro mandato anunciando que encerraria de vez a Era Vargas, o professor Fernando Henrique Cardoso deveria saber pelo menos que estava arrombando uma porta aberta. Pois foi exatamente essa a missão histórica que a Ditadura se impôs, inclusive na acepção propriamente militar do termo "missão". Erraram o alvo em agosto de 1954; reincidiram em novembro de 1955; deram outro bote em 1961, para finalmente embocar em 1964, arrematando o que a ciência social dos colegas do futuro presidente batizaria de "colapso do populismo".

> Aliás, foi este – dar o troco ao getulismo – o mandato tácito e premonitório que a endinheirada oligarquia paulista delegara à Universidade de São Paulo, por ocasião da sua fundação, em 1934. No que concerne à Faculdade de Filosofia, entretanto, a encomenda não vingou. Pelo contrário, muito à revelia, nela prosperou uma visão do país decididamente antioligárquica, desviante da Moderação Conservadora, e que Antonio Candido chamaria de "radical", redefinida como um

---

fronteira do direito: política e violência na periferia de São Paulo", artigo posteriormente incorporado em sua tese de doutoramento, *Fronteiras de tensão* (Campinas, IFCH/Unicamp, 2008).

certo inconformismo de classe média, nascido do flanco esquerdo da Revolução de 1930 para se reapresentar encorpado, depois da vitória da aliança antifascista na Segunda Grande Guerra, na forma de uma "consciência dramática do subdesenvolvimento" a ser superado com ou sem ruptura, conforme as variações da conjuntura e das convicções predominantes, ora de classe ou mais largamente nacionais, e cujo ímpeto transformador foi precisamente o que se tratou de esmagar e erradicar em 1964. Quiseram, no entanto, as reviravoltas do destino que aquele antigo voto piedoso fosse enviesadamente atendido, quem diria, pelo que havia de mais avançado na sociologia de corte uspiano, que passou a atribuir o sucesso acachapante do Golpe à inconsistência de uma entidade fantasmagórica chamada Populismo. Só recentemente esse mito começou a ser desmontado, e redescoberto um passado de grande mobilização social das "pessoas comuns", trabalhadores surpreendentemente sem cabresto à frente[25]. É bom insistir: foi justamente a capacidade política de organização daquelas "pessoas comuns" o alvo primordial do arrastão aterrorizante que recobriu o país a partir de 1964. E o continente. Num estudo notável, Greg Grandin recuou essa data para 1954, marcando-a com a deposição de Jacobo Arbenz na Guatemala, estendendo a ação dissolvente do Terror Branco, desencadeado desde então, no tempo e espaço latino-americano, até os derradeiros genocídios na América Central insurgente dos anos 1980. A seu ver, ao longo de mais de três décadas de Contrarrevolução – é este o nome – no continente, perseguiu-se de fato um só objetivo: extinguir "o poder formativo da política enquanto dimensão primordial do encaminhamento das expectativas humanas". A Guerra Fria latino-americana (se fizermos questão de manter a nomenclatura consagrada) girou basicamente em torno desse eixo emancipador[26].

---

[25] Jorge Ferreira (org.), *O populismo e sua história: debate e crítica* (Rio de Janeiro, Civilização Brasileira, 2001), em particular Daniel Aarão Reis Filho, "O colapso do colapso do populismo". E ainda do mesmo Jorge Ferreira, *O imaginário trabalhista: getulismo, PTB e cultura política popular (1945-1964)* (Rio de Janeiro, Civilização Brasileira, 2005).

[26] Greg Grandin, *The Last Colonial Massacre: Latin America in the Cold War* (Chicago, University of Chicago Press, 2004).

Como falei em Contrarrevolução, é preciso sustentar a nota. Começo por uma evocação. Até onde sei, uma das raras vozes na massa pragmático-progressista na ciência social uspiana a não se conformar com o fato consumado na transição pactuada com os vencedores, mas sobretudo a contrariar a ficção da democracia consolidada, foi a de Florestan Fernandes. Trinta anos depois do golpe, ainda teimava em dizer que a Ditadura, como constelação mais abrangente do bloco civil--militar que a sustentara, definitivamente não se dissolvera no Brasil. O que se pode constatar ainda relendo sua derradeira reflexão a respeito, enviada ao seminário organizado por Caio Navarro de Toledo[27]. Não estou desenterrando essa opinião dissonante apenas para registrar a dissidência ilustre que nos precedeu na resposta à pergunta "o que resta da Ditadura?". É que sua visão daquela novíssima figura da exceção – nos termos de nossa problematização de agora –, segundo o paradigma da Contrarrevolução Preventiva (aliás, quanto à terminologia mais adequada, é bom lembrar que os próprios generais golpistas nunca se enganaram a respeito), entronca numa respeitável, porém soterrada pelo esquecimento, tradição explicativa da guerra social no século passado, que uma hora próxima interessará ressuscitar, quanto mais não seja por vincular a normalidade de agora à brasa dormida do Terror Branco que varreu a América Latina por três décadas, como se acabou de sugerir. Refiro-me – apenas para registrar – ao estudo pioneiro de Arno Mayer, *Dinâmica da contrarrevolução na Europa (1870-1956)*[28]. Relembro, a propósito, que um ano depois, em 1972, Marcuse publicava um livro com o título *Contrarrevolução e revolta*[29], cujas páginas de abertura, escritas no rescaldo repressivo na virada dos anos 1960 para os 1970, principiam evocando a nova centralidade da tortura na América Latina (Pinochet e a Junta Argentina ainda não haviam entrado em cena...), as novas leis de exceção na Itália e na Alemanha, para assinalar então o paradoxo de uma contrarrevolução se desenrolando a todo vapor na ausência de qualquer revolução recente ou em perspectiva. Enigma logo

---

[27] Caio Navarro de Toledo (org.), *1964: visões críticas do golpe* (Campinas, Editora Unicamp, 1997).
[28] Rio de Janeiro, Paz e Terra, 1977. Edição norte-americana de 1971.
[29] Rio de Janeiro, Jorge Zahar, 1981. Tradução francesa de 1973 pela editora Seuil.

explicado quando começaram a pipocar as revoluções, em Portugal, no Irã, na Nicarágua etc. Está claro que Marcuse sonhava alto: sendo largamente preventiva, a contrarrevolução em curso antecipava a ameaça de uma ruptura histórica cuja precondição dependia da interrupção do *continuum* repressivo que irmanava, na concorrência, o socialismo real ao progressismo capitalista, já que só assim a esquerda poderia se desvencilhar do fetichismo das forças produtivas.

Retomando o fio. Arno Mayer estava sobretudo interessado em descartar o conceito encobridor de Totalitarismo, bem como o que chamava de eufemismo da "Guerra Fria", cuja função era escamotear o verdadeiro conflito em curso no mundo desde que as "Potências" vitoriosas na Primeira Guerra Mundial formaram uma outra Santa Aliança sob liderança americana para esmagar a revolução europeia iniciada em 1917 e que nos anos 1920 já assumira as proporções de uma Guerra Civil Mundial em que se confrontavam Revolução e Contrarrevolução, para além da mera rivalidade de sistemas em disputa por uma supremacia imaginária[30]. Pois bem: a tese inovadora de Greg Grandin mencionada antes está ancorada nessa visão, cujos possíveis limites não são por certo os do estereótipo. Sobretudo o clichê que costuma colocar na vasta conta da Guerra Fria e seu efeito colateral mistificador dito "guerra suja" o complexo social-punitivo que se consolidou com a generalização do estado de exceção contemporâneo na segunda metade do século XX latino-americano[31]. Concedendo o que deve ser concedido a essa fantasia de contenção ou concorrência letal entre capitalismo e comunismo, a Longa Guerra social latino-americana, como seria mais correto dizer, em lugar de afirmar que a Guerra Fria fez isto ou aquilo neste ou naquele país, foi sim uma fase mais ampla e intensificada daquela Guerra Civil Mundial, devendo portanto ser entendida como Revolução e Contrarrevolução. Sabemos quem venceu e como. A pálida sombra de democracia que hoje passa por tal em nosso continente, segundo Grandin, é o real legado do

---

[30] Para a genealogia da expressão Guerra Civil Europeia e, depois, Mundial, ver Luciano Canfora, *A democracia: história de uma ideologia* (Lisboa, Edições 70, 2007), cap. XII.

[31] O constructo Guerra Fria já foi desmontado, por exemplo, entre outros, por Mary Kaldor, *The Imaginary War: Understanding the East-West Conflict* (Oxford, Blackwell, 1990), e Noam Chomsky, *Contendo a democracia* (trad. Vera Ribeiro, Rio de Janeiro, Record, 2003).

Terror contrarrevolucionário. E, como Greg Grandin escrevia no auge do Projeto para um Novo Século Americano, não pôde deixar de observar: a definição de democracia que hoje se vende mundo afora como a melhor arma na Guerra contra o Terror é ela mesma um produto do Terror. Estudando os casos do Chile e da Nicarágua, William Robinson chega a uma conclusão análoga quanto à "baixa intensidade" dessas democracias pós-terror contrarrevolucionário[32]. No capítulo argentino de seu livro *O Estado militar na América Latina*[33], Alain Rouquié, por sua vez, esbarra na mesma perplexidade a que aludimos várias vezes ao longo do presente inventário de violações e patologias positivadas: a violência sem precedentes históricos – e estamos falando da Argentina – desencadeada pelo golpe de março de 1976, que o aproxima de uma verdadeira ruptura contrarrevolucionária. Mesmo assim, como entender a persistência desse verdadeiro Golpe de Estado Permanente cuja máquina de matar continua a todo vapor mesmo depois da guerrilha ter sido militarmente anulada? Ainda mais espantoso, prossegue Rouquié, é menos a dimensão terrorista contrarrevolucionária dessa última metamorfose da violência policial-militar do que a convivência sem maiores *états d'âme* da classe política tradicional com a demência assassina do aparelho repressivo.

Portanto, tem lá sua graça meio sinistra que os ideólogos do regime dito trivialmente neoliberal acenassem com o espantalho do populismo econômico dos... militares para implantar reformas desenhadas nada mais, nada menos do que pela engenharia anti-Vargas do estado de exceção fabricado nos laboratórios do Plano de Ação Econômica do Governo (Paeg), por Roberto Campos e Octávio Gouvêa de Bulhões (1964-1967). Assim, começando pelo fim, ao contrário da opinião corrente tanto à direita quanto à esquerda (esquerda biograficamente falando), a celebrada Lei de Responsabilidade Fiscal – criminalizante para os entes subnacionais, "excepcionando", porém, a União no que tange principalmente ao serviço da dívida pública –, longe de iniciar uma nova fase das finanças públicas

---

[32] William Robinson, *Promoting Polyarchy: Globalization, US Intervention, and Hegemony* (Cambridge, Cambridge University Press, 1996).
[33] Trad. Leda Rita Cintra Ferraz, São Paulo, Alfa-Omega, 1984, p. 325-6.

brasileiras, simplesmente arremata um processo iniciado pela ditadura nos anos 1970, como se demonstra no breve e fulminante estudo de Gilberto Bercovici sobre a persistência do direito administrativo gerado pela tábua rasa do Golpe[34]. Do Banco Central ao Código Tributário, passando pela Reforma Administrativa de 1967, a Constituição de 1988 incorporou todo o aparelho estatal estruturado sob a Ditadura. É preciso voltar a lembrar também que o discurso da Ditadura era o da ortodoxia econômica, que o mesmo Estado delinquente, cujos agentes executavam uma política de matança seletiva, se declarava, nas constituições outorgadas, meramente subsidiário da iniciativa privada, e que assim sendo as estatais deveriam operar não só com a eficiência das empresas privadas mas também com total autonomia em relação ao governo "oficial", mas não em relação ao sorvedouro dos negócios privados. Vem da Ditadura a consagração da lógica empresarial como prática administrativa do setor público. A única inovação da celebrada Reforma Gerencial do Estado foi "trazer como novidade o que já estava previsto na legislação brasileira desde 1967". Até as agências reguladoras – cuja captura é perseguida por todo tipo de formações econômicas totalmente fora da lei, numa hora de flexibilização jurídico-administrativa totalmente *ad hoc*, o que vem a ser a lógica mesma da exceção – podem ser surpreendidas em seu nascedouro, o Decreto-Lei 200/1967, editado com base nos poderes excepcionais conferidos pelo Ato Institucional n. 4.

-Restauração "neoliberal" do governo de exceção por decretos administrativos? Seria trocar uma mistificação ideológica – o presumido verdadeiro fim da Era Vargas – por um equívoco conceitual: como não houve interrupção, da Lei de Anistia ao contragolpe preventivo Collor/Mídia, passando pelo engodo de massas das Diretas, a ideia de uma Restauração não se aplica. "Neoliberal", além de ser uma denominação oca para a reconfiguração mundial do capitalismo, dá a entender coisa pior, que a Ditadura, tudo somado, teria sido "desenvolvimentista". Acrescentando assim à vitória da Contrarrevolução uma capitulação ainda mais insidiosa: do primeiro golpe, afinal, nos refizemos, à medida que a carapaça autoritária foi se tornando um estorvo

---

[34] Gilberto Bercovici, "'O direito constitucional passa, o direito administrativo permanece': a persistência da estrutura administrativa de 1967", em Edson Teles e Vladimir Safatle (orgs.), *O que resta da ditadura*, cit. Ver ainda Gilberto Bercovici e Luís Fernando Massonetto, "A constituição dirigente invertida: a blindagem da constituição financeira e a agonia da constituição econômica", *Boletim de Ciências Econômicas*, Coimbra, Universidade de Coimbra, v. XLIX, 2006.

até para o *big business*; quando nos preparávamos para o reencontro – democrático, é claro, apesar de todas as pactuações – com o nosso destino de desenvolvimento e *catching up*, veio um segundo golpe, se possível mais letal, pois neoliberalismo e "desmanche" são equivalentes, já que, em contraste, a Ditadura não deixou de "institucionalizar"... É bom esfregar os olhos, pois a mesma narrativa prossegue: também nos recuperamos do golpe neoliberal, cuja substância terminou de derreter sob o sol da última crise; tudo somado novamente, reatamos com a normalidade dos nossos índices históricos de crescimento. O que foi contrabandeado nesse rodeio todo – percorrido no sentido anti-horário da esquerda, digamos, histórica – é que no fundo a Ditadura foi um ato de violência contornável e cuja brutalidade se devia muito mais ao cenário de histeria da Guerra Fria. Com ou sem golpe, a modernização desenvolvimentista cedo ou tarde entraria em colapso, de sorte que, a rigor, o regime militar nada mais foi do que o derradeiro espasmo autoritário de um ciclo histórico que se encerraria de qualquer modo mais adiante, e não o tratamento de choque que partiu ao meio o tempo social brasileiro, contaminando pela raiz o que viria depois. Seria o caso de observar que o giro argumentativo evocado antes é ele mesmo um flagrante sintoma da sociedade "bloqueada" que a Grande Violência do século XX brasileiro nos legou: no referido reconto, refeito ora com a mão esquerda, ora com a mão direita, o *trauma econômico* simplesmente desapareceu, ele também[35]. E quando aflora, assume invariavelmente a forma brutal da idiotia política costumeira. Por exemplo, toda vez que um sábio levanta a voz para dizer que o país carece urgentemente de um "choque de capitalismo" – e logo numa ex-colônia que nasceu sob o jugo absoluto de um nexo econômico exclusivo.

---

[35] A ideia de uma sociedade assombrada por um grande "bloqueio", reforçado pelos mais diversos mecanismos de denegação e banalização dos conflitos, pode ser rastreada nos escritos recentes de Maria Rita Kehl e Vladimir Safatle. É deste último a fórmula e o argumento de que a monstruosa profecia nazi da violência sem trauma acabou se cumprindo neste quarto de século de normalidade brasileira restaurada. Cf. "A profecia da violência sem traumas", *O Estado de S. Paulo*, 6 jul. 2008, p. D6, a propósito do filme *Corpo*, de Rossana Foglia e Rubens Rewald, que a seu ver desenterraram a "metáfora exata desse bloqueio".

4

Há, todavia, um grão de verdade na percepção de época de um descompasso entre o golpe encomendado e o regime de exceção realmente entregue. Conservadores e simplesmente reacionários tinham como horizonte retrospectivo a decretação de um amplo estado de sítio nos moldes do constitucionalismo liberal, com suspensão de garantias em defesa da ordem jurídica de mercado, contra o tumulto das "classes perigosas" e sua crescente indisciplina quanto à subordinação do trabalho ao capital[36].

---

[36] No argumento histórico amplamente desenvolvido por Gilberto Bercovici, o Constitucionalismo não veio propriamente para "liberalizar" o Absolutismo, substituindo o discurso da Razão de Estado pelo discurso iluminista das garantias e proteções, mas para conter o poder constituinte de um novo ator político que entrou em cena com as Revoluções Atlânticas do século XVIII, e um século antes, durante a Grande Rebelião Inglesa: "o povo, incontrolável e ameaçador". Como a revolução permanente não é possível, a construção positiva que a sucede, ao reduzir a legitimidade à legalidade, carece de uma forma institucional que normalize tal redução tornando legal a "exceção" encarnada outrora pela Razão de Estado, quando o poder soberano era exercido como um poder transgressor do direito em nome da salvaguarda do Estado: com o constitucionalismo liberal, a provisão de poderes excepcionais destina-se à salvaguarda do mercado "constitucionalizado" contra o eventual ressurgimento do poder constituinte do povo. Entre marchas e contramarchas da luta de classe ao longo da Guerra Civil Europeia da primeira metade do século XX, o poder constituinte popular vai aos poucos arrancando dos partidos da ordem constituições sociais de compromisso, até o ponto em que uma nova geração de direitos limite seriamente a ordem constitucional na sua capacidade de garantir o mercado. A exceção é então reciclada, não mais para garantir o Estado ou o Mercado, mas o próprio capitalismo enquanto norma social pétrea. Foi a ponta do *iceberg* que emergiu em Weimar e ameaçou consolidar-se para sempre no apocalipse do Terceiro Reich. Cf. Gilberto Bercovici, *Soberania e Constituição: para uma crítica do constitucionalismo* (São Paulo, Quartier Latin, 2008). Para o debate constitucional na República de Weimar, ver, do mesmo autor, *Constituição e estado de exceção permanente: atualidade de Weimar* (Rio de Janeiro, Azougue, 2004). Depois é o que se sabe, brevemente evocado a propósito do paradigma das "ditaduras constitucionais" e seus derivados, tal como aparece na citada obra de Clinton Rossiter. Na maré baixa de hoje, o dito *iceberg* está banalmente visível de corpo inteiro: último modelo, as sucessivas arremetidas da Comissão Europeia de Bruxelas para impingir uma Constituição sem poder constituinte popular e desvinculada do Estado, mera convenção garantidora da norma capitalista enquanto tal. Outra convenção de mesma ordem abortada na undécima hora é o Acordo Multilateral de Investimentos (MAI). Ou a nossa "constituição dirigente invertida", na formulação de Bercovici e Massonetto citada e à qual voltaremos logo mais: nela, direitos sociais e econômicos estão garantidos, porém suspensos no ar de uma excepcionalidade permanente. No rumo desse *iceberg*, o Titanic de hoje é o

Receberam uma outra pancada, um pacote de reformas (administrativa, fiscal, financeira, monetária etc.) – cuja surpreendente persistência acabamos de sinalizar –, mudanças institucionais discricionariamente impostas destinadas a "modernizar" a engrenagem da acumulação no país: decididamente um outro regime de exceção, muito diverso do finado estado de sítio, aplicado a torto e a direito pelos liberal-conservadores da velha ordem republicana. Mas o que de fato estamos querendo saber agora é no que deram aqueles vinte anos de violência contrarrevolucionária inaugurada no continente pelo golpe brasileiro e para a qual não dispúnhamos de conceito, mesmo, ou sobretudo, no âmbito das salvaguardas da ordem mediante poderes excepcionais de emergência desencadeados em nome da defesa da sociedade. Numa palavra, legados estruturais à parte, a exceção brasileira de hoje não só não é mero decalque da anterior, mas a excede em esferas inéditas de tutela, embora sua genealogia remonte àquela matriz do novo

---

próprio Estado de Direito, para o qual não há alternativa à vista, ou talvez por isso mesmo, cada vez mais anulado em sua capacidade reguladora por força de crescente inefetividade normativa, no interior da qual vão se multiplicando áreas de autonomia reguladora *ultra legem*, quando não descaradamente *contra legem*. Cf. Danilo Zolo, "Teoria e Crítica do Estado de Direito", em Pietro Costa e Danilo Zolo (orgs.), *O Estado de Direito: história, teoria, crítica* (São Paulo, Martins Fontes, 2006). Como espero voltar ao ponto, fica o registro sumário: a mesma escalada das metamorfoses do estado de exceção, do Iluminismo ao último capítulo da Contrarrevolução deflagrada no início dos anos 1970 com a assim chamada retomada da hegemonia do dólar, culminando no "bloqueio" (Bercovici e Massonetto) das cláusulas sociais das constituições, pode ser observada na atual involução do Direito Penal – o domínio da exceção por excelência. Pois o horizonte cada vez mais rebaixado deste último aponta para o Direito Penal do Inimigo, no qual o que conta é justamente a reafirmação da vigência da norma, e, em plano subsidiário, a tutela dos bens jurídicos fundamentais, sendo que o Inimigo no caso é uma sorte de não-pessoa, por definição alguém intrinsecamente refratário ao Direito, não oferecendo nenhuma garantia de que vai continuar fiel à norma. Relembro que Danilo Zolo identificava o "bloqueio" do Estado de Direito na "tendência da legislação estatal de perder o requisito da generalidade e abstração e se aproximar sempre mais, na substância, das medidas administrativas" (ibidem, p. 73). Sobre o Direito Penal do Inimigo, ver Eugenio Raúl Zaffaroni, *O inimigo no Direito Penal* (trad. Sérgio Lamarão, Rio de Janeiro, Revan, 2007, Coleção Pensamento Criminológico, v. 14), cap. V; Jesús-María Silva Sánchez, *A expansão do direito penal: aspectos da política criminal nas sociedades pós-industriais* (trad. Luiz Otávio de Oliveira Rocha, São Paulo, Revista dos Tribunais, 2002), cap. VII; e, ainda, o artigo de Luiz Flávio Gomes, "Direito penal do inimigo (ou inimigos do direito penal)", *Revista Jurídica Eletrônica Unicoc*, n. 2, out. 2005.

tempo brasileiro. Um capítulo inédito, portanto, das afinidades eletivas entre Capitalismo e Exceção.

O trauma econômico varrido para debaixo do tapete encontra-se, por certo, no elenco de violações legado pela Ditadura, junto com os demais choques da nova exceção que perdura e que queremos identificar. Por agora, na faixa da desgraça econômica fundamental. Arrisquemos uma fórmula na qual inscrever a mutação que nos interessa verificar: também seria o caso de se dizer que, a partir da Ditadura, a criação voluntária de um estado de emergência permanente tornou-se uma das práticas essenciais do Estado que dela emergiu, ainda que eventualmente, não declarado no sentido técnico – para completar a paráfrase de um enunciado de Giorgio Agamben. "Criação voluntária" não tem nada a ver com conspiração ou coisa que o valha: simplesmente decorre do teor existencialmente decisionista do ato declaratório da emergência, mediante o qual o poder soberano se reafirma em sua força suspensiva derivada da mera violência, algo como um ato despótico originário de subordinação direta. O imperativo gestionário da segurança abriga hoje uma tipologia indefinidamente elástica de urgências pedindo intervenções ditas "cirúrgicas" regidas pela lógica do excesso – na base de tais providências encontraremos sempre alguma desproporção da ordem do incomensurável. (Mas não é preciso, ainda, referir o ponto extremo a que chegamos, ou por outra, do qual não cessamos de partir, pois se trata do marco zero do novo tempo do mundo, o estado de exceção permanente em vigor há 42 anos nos territórios ocupados da Cisjordânia.)

Recapitulamos mais uma vez, sempre na intenção de atinar com o que resta do trauma econômico que se estendeu pelos primeiros vinte anos do "choque capitalista" de nossa era, digamos, pós-nacional. A mancha de óleo se alastrando desde a origem – da insurreição de Paris de junho de 1848 até a Comuna, não por acaso desencadeada pela capitulação burguesa na guerra franco-prussiana – é a da contenção, pela imposição da ficção jurídica do estado de sítio, da turbulência ameaçadora dos não cidadãos enquadrados pelo recente sistema de fábricas. Quando eclode a Primeira Guerra Mundial e, ato contínuo, os governos beligerantes não só acrescentam ao estado de guerra declarado a decretação do estado de sítio interno em caráter permanente enquanto perdurarem as hostilidades, mas estendem ao período de paz subsequente a prática da legislação excepcional por meio de decretos, não poderia mais haver dúvida de que a guerra social havia se convertido em uma Guerra Civil Europeia, como ficaria claro depois de 1917, não custa repetir[37]. A esse primeiro amálgama entre a emergência suprema que vem a ser a guerra e o estado de sítio político de salvaguarda da ordem constitucional do mercado ante os assaltos recorrentes da luta de classe veio juntar-se uma terceira dimensão da emergência: a emergência econômica, quer dizer, o derradeiro patamar do estado de exceção como garantia do capitalismo, como se viu no roteiro histórico do constitucionalismo segundo Bercovici. Numa palavra, os primórdios da era da exceção econômica permanente[38]. A Grande Depressão fundira num só

---

[37] Duas amostras eloquentes. "No dia 2 de agosto de 1914, o presidente Poincaré emitiu um decreto que colocava o país inteiro em estado de sítio e que, dois dias depois, foi transformado em lei pelo Parlamento. O estado de sítio teve vigência até 12 de outubro de 1919" (Giorgio Agamben, *Estado de exceção*, cit., p. 25-6). "Após a Primeira Guerra Mundial, o Gabinete Lloyd George defende a ideia de instituir uma legislação permanente na Inglaterra para lidar com as circunstâncias excepcionais, inspirada na legislação de guerra. O motivo dessa preocupação teve origem nos choques entre a indústria de mineração e os sindicatos. Com a aprovação do *Emergency Powers Act*, em 29 de outubro de 1920, foi autorizado ao governo proclamar o estado de emergência dentro de determinadas condições geradas a partir de tumultos internos e greves" (Gilberto Bercovici, *Soberania e Constituição*, cit., p. 308).

[38] De volta à França: em março de 1924, o gabinete Poincaré gozava novamente de plenos poderes "para a reestruturação financeira da França, para a possibilidade de instituir uma reforma administrativa, a restrição fiscal, a redução do déficit público e a reforma financeira por causa da queda do franco no mercado internacional. Os decretos foram utilizados por Poincaré (*décrets d'économie*) até 1926, como medidas excepcionais para salvar o franco e sair da crise econômica. Com o agravamento da crise econômica e da crise política no final da década de 1930, a utilização dos poderes de emergência será contínua, com a França sendo governada praticamente por decreto entre 1938 e 1940, durante o governo de Édouard Daladier" (ibidem, p. 309). Outro cenário de atualidade familiar, no pano de fundo o espantalho da hiperinflação: no início dos anos 1920 foi estabelecida na Áustria uma legislação de plenos poderes "em direta conexão com uma ação internacional para o saneamento das finanças deste país [...] a convenção internacional exigia que o governo austríaco solicitasse uma lei de plenos poderes para tomar as medidas necessárias sem intervenção parlamentar" (idem). No mesmo ano, Mussolini também recorria a uma lei de plenos poderes para solucionar a crise econômica e financeira que assolou todo o entreguerras europeu – lembrando sempre que fascismo e nazismo eram ditaduras constitucionais, ou, se se preferir, guerras civis legais. A propósito dessas e outras circunstâncias é que Agamben costuma chamar atenção para o fato de que é justamente através dos dispositivos de exceção que as Constituições democráticas se transformam no seu oposto, sem que os cidadãos se deem conta. Dispositivos de exceção exponenciados hoje pelo horizonte biopolítico da segurança: para as consequências paradoxais da noção de *segurança humana* levada ao seu limite, como a banalização da privação de direitos em favor de garantias totais contra a vulnerabilização do indivíduo considerado mera função

bloco emergencial guerra, comoção interna e crise econômica. Logo depois da proliferação nuclear, cujo epicentro foi a identificação do Capital com a sua carapaça protetora exterminista, a Bomba, estabilizará esse quadro emergencial como tecnologia de governo, sob cujo guarda-chuva, como já foi dito, se abrigarão a epidemia de riscos extremos gerados por um sistema autodestrutivo, para ficarmos nesse mínimo lógico. Por essa mesma lógica, toda declaração de guerra, tanto literal como metafórica, qualquer que seja seu alvo oficial, tende a perpetuar o Inimigo – droga, crime, pandemias, chuva radioativa, derretimento financeiro, desemprego, hiperinflação etc. –, suscitando necessidade de plenos poderes renovados, os quais, evidentemente, não vivem de brisa nem produzem excedentes de qualquer espécie, ou por outra, detendo o monopólio da tributação, organizam o território de modo que o excedente gerado na sua base econômica real corra atrás das taxas de proteção securitárias estipuladas pelas organizações coercitivas de turno – se está correta a hipótese geral de Charles Tilly acerca das afinidades históricas entre Estado e Crime Organizado[39].

---

vital, ver a conclusão do livro de Frédéric Gros, *États de violence: essai sur la fin de la guerre* (Paris, Gallimard, 2006). Voltando ao argumento de Agamben: "Não é compreensível como pôde ocorrer o nazismo sem observar que, nos anos que precederam a ascensão de Hitler ao poder, a Alemanha vivia um estado de exceção. A República de Weimar se estendeu no tempo e, quando Hitler tomou o poder, o Parlamento alemão não se reunia havia dois anos. Quero dizer: não se entende a história contemporânea, como são possíveis as imprevistas transformações da democracia em ditadura, sem levar em conta a influência dos dispositivos de exceção. Eles não podem conviver longamente com uma constituição democrática. Este risco hoje vem à tona no uso que se faz do paradigma de segurança: palavra de ordem dos Estados chamados democráticos" (O Estado de Exceção", entrevista a Elisa Byington, *CartaCapital*, 31 mar. 2004, p. 76). Retomando o fio pela ponta simétrica, não custa lembrar que o New Deal foi a consagração definitiva, dado o amplo espectro do consenso, da ideia de emergência econômica. Para um apanhado geral da consolidação dessa ideia, ver ainda o quarto capítulo do livro de William E. Scheuerman, *Liberal Democracy and the Social Acceleration of Time*, cit. Para um resumo, ver seu artigo na *Cardozo Law Review*, "The Economic State of Emergency", v. 21, n. 5-6, maio 2000. Arrematando toda uma era – o New Deal numa ponta, sua paródia na outra –, convém não deixar de pelo menos registrar que a máquina de sugar fundos públicos, montada pelo Governo Bush depois do 15 de setembro de 2008 e aperfeiçoada por seu sucessor, atende justamente pelo nome de Ato Emergencial de Estabilização Econômica.

[39] Charles Tilly, "War Making and State Making as Organized Crime", em Peter Evans, Dietrich Rueschemeyer e Theda Skocpol (orgs.), *Bringing the State Back In* (Cambridge, Cambridge University Press, 1985).

De volta ao Brasil, veremos nossa pergunta admitir então uma nova resposta, em linha com o argumento desenvolvido até aqui, a saber: o que resta da Ditadura não são patologias residuais, contas a pagar, em suma; mesmo o acerto com a impunidade é ele mesmo um imperativo barrado por um bloco histórico com dinâmica própria porém em estrita continuidade com tudo aquilo que, até então impensável, uma era de plenos poderes tornou possível e afinal realizou quando o capitalismo tomou o rumo predador financeirizado que se sabe. O encadeamento de choques é ele mesmo uma primeira evidência desse sistema de afinidades históricas. O choque exterminista como política de Estado estava no seu auge quando o poder americano quebrou o padrão dólar-ouro, expondo de um só golpe o novo patamar de violência do dinheiro mundial: o choque dos juros e a crise da dívida eram uma questão de tempo, de permeio dois choques do petróleo e, no fim do túnel, o flagelo punitivo da inflação. Numa palavra, o tratamento de choque prosseguia por outros meios. A mesma tecnologia de poder – o governo pelo medo, inaugurado pelo Golpe – transfere-se para a gestão da desordem irradiada pelo encilhamento financeiro crescente ao longo dos anos 1970. Por assim dizer, a Doutrina da Segurança Nacional – hoje no estágio da segurança urbana e seus inimigos fantasmáticos – estendeu-se até a Segurança Econômica, regida todavia pela mesma lógica do estado de sítio político: salvaguardados os mecanismos básicos da acumulação, todos os riscos do negócio recaem sobre uma população econômica vulnerabilizada e agora, consumado o aprendizado do medo, desmobilizável ao menor aviso de que a economia nacional se encontra à beira do precipício, do qual certamente despencaria não fosse a prontidão de um salvador de última instância, munido, é claro, de plenos poderes. Normalizada a violência política – graças sobretudo à impunidade assegurada pela Lei de Anistia –, a Ditadura redescobrira seu destino: o estado de emergência econômico permanente. Tudo somado, uma reminiscência de guerra.

Não creio estar forçando a nota se afirmasse ser esta a resposta da economista Leda Paulani à pergunta "o que resta da Ditadura?"[40]. Com alguns

---

[40] Leda Paulani, *Brasil delivery: servidão financeira e estado de emergência econômico* (São Paulo, Boitempo, 2008, Coleção Estado de Sítio). Ver ainda da autora o artigo "Capitalismo financeiro e estado de emergência econômico no Brasil: abandonando a perspectiva do desenvolvimento", em I Colóquio da Sociedade Latino-Americana de Economia Política e Pensamento Crítico, Santiago, 2006.

retoques, é claro, que aliás espero não ter borrado realçando a imunidade histórica do arcabouço da Ditadura. A obsolescência do AI-5 é um fato, não um argumento. Se não me engano, o que Leda talvez esteja dizendo, por exemplo, é que a revogação das leis de exceção pela própria Ditadura gerou uma bizarra normalidade jurídica, tão "normal" que passou a exigir um inédito estado de emergência econômico permanente. Num artigo ousado, que a bem dizer traça todo um programa de pesquisa e intervenção, escrito em conjunto com Christy Pato[41], é retomada a vertente da tradição crítica brasileira inaugurada pelo capítulo fundador de Caio Prado Jr., "O sentido da colonização" – nascemos como um negócio, como se há de recordar, porém não um negócio qualquer, mas o elo mais violento e rentável da cadeia produtiva da Acumulação Primitiva. E isso, paradoxalmente, numa hora letárgica de esgotamento daquela mesma tradição, não por falta de inspiração, mas por falta do principal, o combustível político – no caso, o horizonte entreaberto pela expectativa de superação da condição colonial de puro território-mercadoria, horizonte que encurtou, se é que não se fechou de vez, justamente no momento em que, na visão contraintuitiva dos autores, se cumpriu o sentido da nossa industrialização. A saber: com um século de "atraso", medido pela Segunda Revolução Industrial, tornamo-nos uma economia industrial plena na hora exata em que a Ditadura estava encerrando sua operação-limpeza. Com um porém monumental, no entanto: como no antigo sentido economicamente extrovertido e heteronômico da colonização, industrializamos-nos para nos reprimarizar, reciclados agora na função de primário-exportadores de ativos financeiros de alta rentabilidade, ao lado da monocultura extensiva, da mineração, das *commodities* energéticas. Seria demais acrescentar que afinal também foi esse o Sentido da Ditadura? Do qual, é claro, ela sequer teve notícia, enquanto a "bagunça" corria solta.

> Essa bagunça entre aspas vale uma digressão – porém ainda no coração de nosso assunto, se não for presumir demais. Pelo que se viu até agora, em matéria de juízos extravagantes não tenho muita autoridade para estranhar os alheios. Parece-me ser o caso da narrativa de Elio Gaspari, segundo a qual Geisel e Golbery "fizeram a ditadura e acaba-

---

[41] Leda Paulani e Christy G. Pato, "Investimentos e servidão financeira: o Brasil do último quarto de século", em Leda Paulani, *Brasil delivery*, cit.

ram com ela"[42]. A ideia dessa provocação de arquivista é impedir que se veja racionalidade onde não houve, ideologia em lugar da brutalização direta da política. Aliás, uma visão mais do que plausível quando se trata de uma dominação *sans phrase*, voz de comando em vez de discurso – tirante, é claro, a preponderância exclusiva dos estratagemas daqueles dois personagens. De algum modo, todavia, a imaginação desperta quando chegamos aos motivos que levaram os dois demiurgos a desmontarem sua criatura: "porque o regime militar, outorgando-se o monopólio da ordem, *era uma grande bagunça*"[43]. Foi o que ocorreu com a imaginação sociológica de Chico de Oliveira. Não sei mais se em resenha ou conversa, Chico achou que seria o caso, tomadas todas as preocupações de praxe nestas analogias em curto-circuito, de converter em conceito aquela "grande bagunça" sanguinária à luz dos esquemas do *Behemoth* de Franz Neumann, já evocado a propósito da relativização do dogma weberiano acerca do espírito racional-jurídico entranhado no capitalismo. A seu ver, Neumann também demonstrara, a contrapelo do lugar-comum sobre o monolitismo totalitário, que o horror do Terceiro Reich havia sido igualmente uma "grande bagunça", guardadas as devidas desproporções entre desordem à brasileira e caos alemão, ambos, de resto, letais. Num caso, uma desordem com um pé colonial na Acumulação Primitiva, no outro, o cipoal de regimes de decretos administrativos exercidos sobre uma Nova Ordem Europeia – nome oficial da expansão territorial de Hitler no continente europeu, que no final de 1941 se estendia do oceano Ártico à orla do Atlântico, um imperialismo continental mais do que tardio e por isso mesmo desprovido da alavanca colonial que sustentara a institucionalização liberal de seus concorrentes. A anomalia selvagem do Terceiro Reich ocupante consistiu em tratar como povos coloniais os ocupados europeus. Daí a desordem "colonial" da Europa nazificada, governada por um enxame de sátrapas, clientes e colaboracionistas envolvidos por uma teia administrativa costurada por toda sorte de arbitrariedades e negócios paralelos[44].

---

[42] Elio Gaspari, *A ditadura envergonhada*, cit., p. 20.

[43] Ibidem, p. 41. Grifo meu.

[44] Mark Mazower, *Continente sombrio: a Europa no século XX* (trad. Hildegard Feist, São Paulo, Companhia das Letras, 2001).

Franz Neumann simplesmente reportou esse quadro à sua matriz geradora "metropolitana". Por trás da fachada de granito do Terceiro Reich, um monstro de quatro cabeças, quatro blocos investidos de plenos poderes – com Judiciário próprio, inclusive –, desconectados e mortalmente rivais, a saber: o Partido/Movimento, a alta burocracia de Estado, o Exército e o *big business*, ditando o próprio direito, o direito de exceção, no caso, se é que isso existe. Do que resultava uma depuração essencial do estado de exceção permanente: a mais aterrorizante anomia recoberta pelo teatro alucinante de uma rigidez administrativa sem brechas. Assim, até mesmo, ou sobretudo, a mais demoníaca célula constitutiva do sistema, o Campo, se caracterizava justamente por uma "devastadora ausência de normas", como Jeanne Marie Gagnebin descreveu o cerne da administração nazista do campo: uma ordem tão rígida quanto aleatória e que enredava sua população desesperada numa trama tão arbitrária quanto incompreensível de prescrições descumpridas apenas enunciadas[45]. Aliás, comentando o mencionado livro de Pilar Calveiro, Beatriz Sarlo vai na mesma direção: àquela altura desenhava-se na Argentina uma sociedade concentracionária com suas leis e exceções, "com os espaços entregues ao impulso dos desaparecedores e os espaços regulamentados até nos detalhes mais insignificantes"[46]. Notemos que a interpretação de Franz Neumann de quebra também abalava, além do paradigma das afinidades eletivas weberianas entre capitalismo e *rule of law*, a certeza frankfurtiana (Pollock, Horkheimer etc.) do Terceiro Reich como emblema premonitório da "sociedade totalmente administrada" do futuro e gerida por um Estado Capitalista, senhor das contradições de uma ordem antagonista congelada pela dominação sem maiores mediações.

Assim sendo, como trocar em miúdos a sugestão de Chico de Oliveira de que se relesse a tirada de Elio Gaspari acerca da verdadeira "bagunça" que foi a Ditadura precisamente nessa chave do *Behemoth*, a da exceção nazi como pulsão exterminista induzida pelo caos normativo

---

[45] Cf. sua apresentação para a edição brasileira do livro de Giorgio Agamben, *O que resta de Auschwitz* (trad. Selvino J. Assmann, São Paulo, Boitempo, 2008, Coleção Estado de Sítio).

[46] Beatriz Sarlo, *Tempo passado*, cit., p. 87.

gerado pelo regime – "colonial", relembraria Hannah Arendt[47] – de decretos? Se uma tal analogia faz pensar, seria então o caso de reabrir o capítulo da economia política da Exceção Brasileira de 1964 a 1985 justamente pela página dos grandes escândalos da administração pública que pipocaram nos desvãos mais escabrosos das históricas reformas modernizantes de um Estado já nascido "degenerado" e cuja anatomia José Carlos de Assis esmiuçou em dois livros preciosos[48]. Não por acaso, desta vez em coautoria com a economista Maria da Conceição Tavares, o mesmo autor daquelas investigações desbravadoras sobre a delinquência de um Estado civil-militar a um tempo "comerciante, especulador e normalizador" publicou um estudo sobre a economia política da Ditadura, *O grande salto para o caos*[49], o conjunto de tais políticas econômicas arrematado pelo encilhamento financeiro que se sabe, ou melhor, que continuamos sabendo, com dívida securitizada e tudo. Patologia normalizada pela exceção nos passos da outra "degenerescência", esmiuçada no livro citado de Martha Huggins, é a da polícia política reconfigurada com a arregimentação paramilitar do lúmpen local à medida que a segurança norte-americana se internacionalizava e se embrutecia, por

---

[47] *Imperialismo: a expansão do poder* (Rio de Janeiro, Documentário, 1976), p. 169-70. "É verdade que todos os governos usam decretos numa emergência, mas, nesses casos, a própria emergência é uma nítida justificação e uma automática limitação. No governo burocrático, os decretos surgem em sua pureza nua, como se já não fossem obras de homens poderosos, mas encarnassem o próprio poder, sendo o administrador seu mero agente acidental." Quanto ao paradigma do *régime des décrets*, Hannah Arendt remete ao sistema colonial francês. *Et pour cause*. Num livro recente, Olivier Le Cour Grandmaison, *Coloniser, exterminer: sur la guerre et l'État colonial* (Paris, Fayard, 2005), reconstituiu a gênese concomitante do Estado Colonial e do estado de exceção: o que parecia um regime exclusivo de uma remota zona residual de anomia ultramarina foi na verdade o laboratório do qual se extraiu o modelo de colonização interna das classes então laboriosas e perigosas metropolitanas, como se viu depois dos massacres de junho de 1848.

[48] *A chave do tesouro: anatomia dos escândalos financeiros no Brasil (1974/1983)* (Rio de Janeiro, Paz e Terra, 1983) e *Os mandarins da República: anatomia dos escândalos na administração pública (1968-1984)* (Rio de Janeiro, Paz e Terra, 1984). Desnecessário lembrar que o mandarim mais gordo com sua chave mestra continua ativíssimo.

[49] José Carlos de Assis e Maria da Conceição Tavares, *O grande salto para o caos: a economia política e a política econômica do regime autoritário* (Rio de Janeiro, Jorge Zahar, 1985).

sua vez, como demonstrado pela selvageria da contrainsurgência que comandou na América Central e registrado noutro estudo do mesmo Greg Grandin, ao reparar que os neocons que traçaram a rota para o Iraque e a Ásia Central eram organizadores veteranos daqueles últimos massacres[50]. Repetindo: se um tal termo exorbitante de comparação for capaz de pelo menos atiçar a imaginação à míngua – ao que parece ainda não encaixamos o golpe, e um golpe bem-sucedido enquanto matriz abominável da fratura ultramoderna de agora –, talvez se reapresente igualmente a ocasião de reler por novo prisma o não menos inovador livro de Ernst Fraenkel, *The Dual State**, recentemente reeditado: por exemplo, como o "continuísmo ditatorial"[51] que restou da exceção de transição gerou igualmente um Estado bifronte, de "direito" para os integrados e penal-assistencial para a "ralé", na acepção estrutural que o sociólogo Jessé Souza deu ao termo[52]. Pois, segundo Fraenkel, a lógica dual que regia o direito nazi contemplava, por um lado, os *diktats* intempestivos da elite nazi com medidas facilitadoras *ad hoc*, por outro lado, os negócios correntes da esfera civil continuavam regulados por um sistema normativo, digamos, ordinário: no entanto, a frágil convivência entre essas duas esferas se dava evidentemente em favor da supremacia de um Estado-de-prerrogativas centrado na evidência politicamente violenta e violadora de uma emergência perene, sobre um anêmico Estado, regido por um tênue *rule of law*, quanto mais não seja porque a Alemanha fascista continuava, ao fim e ao cabo, capitalista[53].

Pois esse sentido da Ditadura se consumou num estado de emergência que se instalou de vez nada mais, nada menos – outra ironia objetiva – na primeira hora da democratização pós-ditadura, quando sucessivos planos

---

[50] Greg Grandin, *Empire's Workshop: Latin America, the United States, and the Rise of the New Imperialism* (Nova York, Metropolitan Books, 2006).

* Nova York, Oxford, 1941. (N. E.)

[51] Ver Flávia Piovesan, "Direito internacional dos direitos humanos e lei de anistia: o caso brasileiro", em Edson Teles e Vladimir Safatle (orgs.), *O que resta da ditadura*, cit.

[52] Cf., por exemplo, *A construção social da subcidadania: para uma sociologia política da modernidade periférica* (Belo Horizonte/Rio de Janeiro, Editora UFMG/Iuperj, 2006).

[53] William E. Scheuerman, *Between the Norm and the Exception*, cit., p. 128.

de estabilização por decreto-lei consolidaram, junto com as instituições da nova democracia, o sentimento oficial de uma economia de fato sitiada por ameaças de toda sorte: intensificações ou retorno da inflação, desequilíbrio fiscal, crise cambial, ataques especulativos contra a moeda nacional etc. Uma transição de fato estava em curso, porém de novo a "necessidade" era a fonte da "lei": a definição mesmo da exceção, decidida, no caso, por um soberano avulso, digamos, a autoridade monetária usando e abusando de expedientes administrativos com força de lei. Acresce que era uma força além do mais disciplinadora operando indiferentemente à esquerda e à direita, não surpreendendo vê-las em pouco tempo correndo indistintas pelo mesmo trilho. Assim, a um Plano Cruzado "progressista" correspondia o simétrico pró-sistêmico Plano Real; a cartilha da exceção já era a mesma, o decisivo era que, mal ou bem-sucedidos, debelada a ameaça da hora, os dispositivos de emergência se estabilizassem como norma corriqueira. Por aí se chega, por exemplo, à nova geração de escândalos da exceção econômica – cuja genealogia remonta aos ancestrais imediatos no regime militar já mencionados –, como o da Carta Circular n. 5 do Banco Central, algo como a decretação informal e "inconstitucional" (mas qual o significado disso, com ou sem aspas?) da completa liberdade de se enviar recursos ao exterior, buraco negro jurídico que até hoje não transitou em julgado. Nenhuma surpresa, afinal herdamos uma tecnologia de poder destinada agora a garantir a segurança jurídica da plataforma de valorização financeira em que nos convertemos no quadro da atual divisão internacional do trabalho da acumulação. Daí porque um aparato produtivo de segunda geração industrial foi congelado para produzir a renda real sugada por uma intrincada rede de acesso aos fundos públicos.

Um primeiro regime de violência foi assim acionado num momento crucial da guerra contra a organização política das "pessoas comuns", passando a seguir a lastrear as novas hierarquias sociais sem as quais não se reproduz o segundo regime de violência no qual ingressamos, um regime de acumulação sob dominância financeira "marcado pela discricionariedade, pelo compadrio e pelo privilégio". Nada a ver com a corrupção rotineira, como já não era o caso com os escândalos da Ditadura, os Coroa-Brastel, Tucuruí e Capemi da vida. Violência de uma acumulação por espoliação que exige a implicação mútua de um novo ambiente político de negócios, instituições coercitivas e organizações administrativas. Uma fusão cuja evolução poderia ser acompanhada de modo exemplar na metamorfose do Supremo Tribunal Federal, que, ao ser "excepcionado" pela Ditadura, foi armazenando jurisprudência até se tornar o principal órgão gestor do capitalismo brasileiro de cupinchas, em bom português, *crony capitalism*, espécie originária dos vários milagres autoritários asiáticos[54]. No resumo de Leda Paulani, a predação rentista exprime-se por "um conjunto de práticas discriminatórias e permanente açambarcamento da riqueza social por uma aristocracia capitalista privilegiada e bem postada junto ao e no Estado". Incluindo-se nessas práticas o próprio discurso da emergência, por natureza performativo, pois ele cria a situação de risco que enuncia, como sabe qualquer operador de mercados futuros.

Como vimos – isto é, se o diagnóstico de Bercovici e Massonetto procede –, as origens da ordem financeira da Constituição de 1988 remontam também à estruturação econômico-financeira da Ditadura, iniciada com o Paeg. Podemos ser mais precisos agora, acrescentando que ao estado de emergência econômico perene, cuja genealogia acabamos de evocar, responde justamente a "blindagem financeira" da Constituição, responsável, tal amarração de segurança máxima, pelo "bloqueio efetivo" dos direitos econômicos e sociais, esterilizados na condição de mera "norma programática". Isso quer dizer simplesmente que a ordem normativo-econômica social, assegurada pela Constituição, está com efeito em vigor, porém suspensa, suspensa no vácuo da mais completa inefetividade. Simples assim, a armadura do nosso Estado Oligárquico de Direito, estando em plena vigência o sublime instituto do *habeas corpus*, desde que as conexões sejam as boas. Um dos segredos reside na mudança de função do Orçamento Público, cuja matriz nossos autores rastreiam novamente até a Ditadura, que sequestrou a definição orçamentária, excluindo-a de qualquer deliberação pública. A rigor, a guinada rentista do capital encontrou a mesa posta e a casa arrumada pela "bagunça" da Ditadura. Com a supremacia do orçamento monetário sobre as despesas

---

[54] Nas "conexões" (*guanxi*, em mandarim) que formam a malha do "capitalismo de cupinchas" não dá mais para distinguir quem compra e quem se vende, o homem de negócios e o operador político. Há mesmo quem defina tal sistema pela conversão do mundo privado dos negócios num feudo da elite política. Não é difícil identificar nos célebres "anéis burocráticos", que moviam a economia política da Ditadura, o primeiro elo histórico na atual cadeia alimentar da acumulação brasileira por espoliação. Para um rápido apanhado geral do argumento e da literatura concernente, ver Paulo Eduardo Arantes, "A viagem redonda do capitalismo de acesso", em *Extinção* (São Paulo, Boitempo, 2007, Coleção Estado de Sítio).

sociais – cujo torniquete aperta ao menor sinal de alarme –, confiscaram-se os instrumentos financeiros que confirmariam o declarado (no vazio) papel dirigente da Constituição. A blindagem financeira do Orçamento Público, continuam nossos autores, é a garantia de que o Estado tem mesmo por função estabilizar o valor dos ativos das classes proprietárias. Na violência econômica que o estado de emergência sanciona graças ao aumento progressivo da capacidade normativa do poder Executivo e ao consequente eclipse da Constituição como sede primeira do Direito Financeiro, exprime-se a nova função do poder público – aliás, nova apenas se referida a uma política de pleno emprego que jamais foi consensual entre os capitalistas brasileiros[55] –,

---

[55] A propósito, um lembrete – colhido novamente no artigo de Bercovici e Massonetto sobre a constituição dirigente invertida –, pelo menos para assinalar a passagem do tempo social quando se responde à pergunta "o que resta da ditadura?". Como se há de recordar e não custa insistir, poderes econômicos de emergência entraram em cena no entreguerras antes de mais nada como uma arma voltada contra o movimento das classes trabalhadoras, sob pretexto de debelar uma urgência sistêmica. Governa-se por "decretos de economia" para regular a turbulência da força de trabalho por meio de um outro tipo de violência disciplinadora. Uma válvula emergencial de salvaguarda do sistema calibra ora a manutenção do pleno emprego (foi assim com as políticas fiscais keynesianas de emergência), ora a manutenção do desemprego, graças ao manejo, digamos, letal para a classe trabalhadora, da política monetária. Relembrando as objeções clássicas dos capitalistas ao regime de pleno emprego, nossos dois autores recordam, acompanhando o raciocínio de Michael Kalecki, que a principal delas se referia à quebra da disciplina de fábrica e ao fortalecimento da posição social dos trabalhadores diante de empregadores de mãos atadas (em termos). "Com a elevação da taxa de juros, surge uma alternativa ao investimento privado, que não mais precisa ser reinvestido necessariamente no setor produtivo e manter assim o pleno emprego." Até aqui Kalecki. Ora, a partir do momento (anos 1970, no Brasil e no mundo) em que a alta dos juros se aliou ao controle dos gastos públicos via blindagem da "constituição financeira", o capital privado encontrou finalmente uma alternativa mais rentável, santuarizando, por sua vez, a lógica destrutiva de "manutenção do desemprego". Criou-se assim um círculo virtuoso para o capital fundado no desemprego. Sem apelar para o humor negro, pode-se dizer que a Ditadura – teoricamente... – teve o mérito de remover as objeções capitalistas ao regime de pleno emprego. Um estado controlado por um cartel coercitivo-negocista não só elimina a incerteza política como endurece a disciplina da fábrica. Com o recesso do regime militar, elevou-se a busca do pleno emprego ao céu das ideias, convertida em princípio constitucional. Ato contínuo, e na mesma Constituição, a desvinculação entre constituição financeira e econômica, como se viu, reativou por outros meios aqueles pré-requisitos que inspiram os argumentos capitalistas contra o pleno emprego, excetuando-se o estado de exceção. Por isso, como assinalou Leda Paulani, a normalização em ambiência rentista exige o estado de emergência econômica, as-

a saber, a tutela jurídica da renda do capital[56]. O resto, que é simplesmente tudo, é gestão punitiva e social-compensatória de uma sociedade de mercado condenada pelo desassalariamento sistêmico a emitir sinais alarmantes de convulsão possível, o quanto basta para acionar poderes econômicos de emergência, fechando-se o círculo vicioso do controle[57]. O Golpe abriu e fechou esse círculo, que hoje continua a rodar.

2009

---

    segurador da renda mínima do capital através da criação de uma dívida pública de alta rentabilidade.

[56] Além do artigo citado, "A constituição dirigente invertida", de Bercovici e Massonetto, ver ainda a tese de Luís Fernando Massonetto, *O direito financeiro no capitalismo contemporâneo: a emergência de um novo padrão normativo* (Tese de Doutorado em Direito, São Paulo, Faculdade de Direito, USP, 2006).

[57] Maria Célia Paoli, "O mundo do indistinto: sobre gestão, violência e política", em Francisco de Oliveira e Cibele Saliba Rizek (orgs.), *A era da indeterminação* (São Paulo, Boitempo, 2007, Coleção Estado de Sítio).

TEMPOS DE EXCEÇÃO

O capitalismo alcançou um nível de produtividade capaz de resolver os problemas materiais da população do planeta, porém, esse mesmo sistema decretou o fim do emprego e transformou uma massa de homens e mulheres em "excluídos". Essa contradição é a matriz de nossa época?

De fato, as bases técnicas para a superação da pré-história da humanidade estão finalmente dadas, e no entanto esse limiar emancipatório brilha sob a luz negra de um atoleiro sem fim, o vasto aterro sanitário de homens e mulheres a um tempo descartados e "recapturados" por motivo de irrelevância econômica. Esse buraco de agulha para elefantes é a contradição terminal do nosso tempo: o reino da liberdade está enfim à vista e todavia iremos todos morrer na praia da mais crassa necessidade material, como se ainda engatinhássemos nos tempos da pedra lascada. A contradição desse último capítulo que não acaba de acabar – a liberação possível do fardo da exploração como condição do progresso tornou-se, a rigor, uma verdadeira expulsão, por assim dizer, na boca do guichê – foi, no entanto, identificada por Marx desde a origem: a compulsão do capital a eliminar do processo de valorização econômica a fonte mesma de todo o valor, o trabalho vivo. Por paradoxal que possa parecer, o capital *foge* do trabalho (como relembrou recentemente John Holloway), que por seu turno também fugiria do capital se tivesse para onde ir, o que não é mais o caso, por motivo de expropriação originária e continuada. Como o seu fim é ele mesmo, acrescido de um mais--valor, a produção material lhe parece um desvio dispensável, um estorvo a ser eliminado. Sendo, no entanto, um mecanismo cego e inconsciente (estamos na pré-história) de sucção e rejeição simultâneas, precisa condicionar o acesso à riqueza criada à posse de um bilhete de ingresso cujo valor de face tende a zero, em virtude daquela mesma contradição em processo. Hoje essa fuga assimétrica está assumindo proporções destrutivas inéditas. A sociedade do trabalho se decompõe sob o comando do capital, quando poderia estar sendo superada com os meios que esse mesmo capital agenciou ao longo de sua história cruenta.

A Grande Fuga de agora, e ao que parece, conclusiva, comporta basicamente três estratégias de ultrapassagem do trabalho vivo enquanto mal necessário. Em primeiro lugar, a dominância financeira no regime de acumulação, por meio da qual o capital tende a autonomizar-se em seu processo de valorização interminável, porém fictícia, pois de fato está escorada numa monstruosa redistribuição da renda em favor de uma variada clientela entrincheirada num aparato de procedimentos garantido em última instância pelo emissor geopolítico do dinheiro mundial. Uma segunda dimensão dessa mesma estratégia de fuga visando valorizar-se descartando o trabalho se encontra nos mecanismos renovados de Acumulação Primitiva, a apropriação direta por espoliação, como David Harvey denominou os novos surtos privatizantes amparados pela alienação financeira consentida do Estado. Na terceira dimensão, enfim, desse processo de autonomização do capital em fuga da sua fonte de valorização – na qual, aliás, seria preciso incluir as deslocalizações selvagens e a fragmentação planetária das cadeias produtivas –, os mesmos "cercamentos" expropriadores agora estão no âmbito da assim chamada economia do conhecimento, conhecimento socialmente produzido porém encerrado na camisa de força da sua apropriação monopolista. Assim, ao fetiche da forma capital-portador-de-juros, que se comporta como uma força autônoma e devastadora de valorização, veio juntar-se uma outra configuração fetichista, no juízo de um estudioso desta grande miragem de nossa época, o economista Rodrigo Teixeira: já que existem fábricas sem trabalhadores ou mesmo empresas sem fábricas, torna-se ainda mais forte a cega convicção do nosso tempo segundo a qual só capital gera valor ou, ainda, de que o conhecimento-informação tornou-se enfim a fonte do valor, e isso num grau superlativo tal a ponto de mimetizar as velhas aspirações de superação imanente, já que o capitalismo, ao fazer do conhecimento sua fonte de valorização e produção de riqueza, finalmente alcançou sua etapa superior – e com ela, não por acaso, arrematou seu giro imperialista. O argumento prossegue corrigindo o foco dessa quase alucinação. Não é que a substância do valor tenha mudado, mas, tal como na Acumulação Primitiva, estamos diante de um tipo de apropriação que permite aos proprietários das mercadorias-conhecimento açambarcarem os sobrelucros que suas mercadorias ajudam a gerar ao atuarem como capital-mercadoria. Nem por isso o autor deixa de reconhecer que estamos de fato diante da matriz histórica da contradição-limiar de nosso tempo: embora não tenha substituído o trabalho na produção do valor, como a produção de riqueza efetiva (valores de uso) depende cada vez menos do tempo de trabalho e cada vez mais do conhecimento como criação coletiva da sociedade, o aprisionamento deste último pelas relações capitalistas de produção expulsa parcelas crescentes dessa mesma sociedade dos circuitos civilizados de produção e consumo, no momento mesmo em que liberar a espécie humana da servidão do trabalho se tornou possível, como aliás anunciou Marx ao encarar a eventualidade lógica daquela "desproporção qualitativa" que subverteria a relação de valor como mediação social dominante.

Quando o estado de exceção passa a ser um modo predominante de governo?

As denominações variam conforme as respectivas tradições jurídicas nacionais e a hora política: estado de sítio, exceção, urgência, emergência, lei marcial etc. Para o diagnóstico de época que nos interessa, não é preciso recuar até a instituição romana da Ditadura – carta branca para um governante *ad hoc* salvar a República em perdição –, basta remontar à reinvenção liberal da Razão de Estado Absolutista, em nome da qual as novas soberanias que se constituíam na Europa estavam autorizadas a cometer todo tipo de transgressão do direito, da moral etc. Em meados do século XIX, a violação da Constituição tornara-se a razão de ser da própria Constituição garantidora da ordem mercantil emergente, volta e meia ameaçada pela desordem sediciosa das novas classes perigosas porque laboriosas. Produção interrompida já era sinônimo de insurreição. Segundo o historiador do direito constitucional Gilberto Bercovici, quando a luta de classes finalmente arrancou do capital as constituições sociais de compromisso, deixava de ser uma evidência que a ordem constitucional era a melhor garantia do mercado, passando o estado de exceção a ser decretado quase que em permanência, culminando no abismo fascista: tratava-se agora da salvaguarda do próprio capitalismo. A derrota militar do fascismo não cancelou esse estado de emergência, cuja trajetória ascendente passou por uma nova calibragem, como atesta o consenso subsequente em torno das políticas keynesianas de ajuste e contenção.

De resto, os poderes excepcionais acionados durante a longa guerra civil imperialista de 1914 a 1945 não foram a rigor desativados: é preciso não esquecer que a trégua social transcorria sob um guarda-chuva nuclear. Tampouco o fim da Guerra Fria desarmou aquela fusão emergencial entre afluência consumista e complexo industrial-militar. O que se viu foi o capitalismo enfim mundializado dar uma derradeira volta no parafuso do estado de urgência latente: segundo o alarmismo apologético corrente, vivemos desde então numa sociedade securitária de risco, cujo governo é a somatória de um sem-número de estratégias preventivas, nos moldes do Direito Penal do Inimigo, pelo menos como ponto de fuga "normativo". A mesma lógica parece reger algo como uma situação de perene emergência econômica, uma vez que não há mais a menor "segurança cognitiva" quanto à conduta anômica dos fluxos de capitais. Daí o novo tipo de salvaguarda jurídica: os dispositivos constitucionais se assemelham cada vez mais ao modelo europeu de uma convenção econômica cuja elaboração não emana de qualquer poder constituinte popular, tampouco requer a existência de um Estado, basta moeda e Banco Central, pois se trata apenas de assegurar a vida bruta do capital. Não é mais necessário que o Estado de Direito saia de cena, basta que no vasto espaço funcional em que se transformou o mundo do capital globalizado não seja mais possível distinguir *o regime da lei* e o *regime da regra* (para lembrar da distinção clássica de Foucault), porém de tal modo indistintos que o infrator potencial do segundo apenas confirme sua condição prévia de fora da lei, do direito ou do contrato. Ditaduras hoje são relíquias da violência liberal do tempo das chaminés. O estado de emergência permanente no Paquistão não se resume a uma contradança com advogados e Suprema Corte afrontados na sua legitimidade representativa, como também não é mais uma sobra da clientela da Guerra Fria, mas um laboratório avançado do mundo-zona franca que temos pela frente: sobre o seu território vigora o capitalismo de compadres como negócio privativo das Forças Armadas, com franquias nucleares e prestação de serviços de inteligência etc. Qualquer semelhança com o regime americano de procônsules globais não é mera coincidência.

Seria o estado de exceção permanente a forma política correspondente às novas formas de exploração econômica?

   A reinvenção liberal do estado de sítio como figura constitucional da irrupção do poder soberano de exceção é rigorosamente contemporânea do processo não menos coercitivo de conversão da força de trabalho em mercadoria. A Assembleia Constituinte da Segunda República Francesa votou os artigos que consagravam a nova exceção no exato momento em que Paris estava de fato sob estado de sítio por motivo de sublevação dos bairros operários em 1848. Contra o inimigo interno era preciso defender a sociedade, sancionando a violação da norma por ela mesma, judicializando a violência extralegal do Estado: contra uma inteira classe social fora do direito, uma lei fora da lei. Assim, aquele entrecruzamento histórico pode muito bem sugerir algo como uma evolução paralela e congênita entre os ciclos políticos da exceção e suas metamorfoses jurídicas correlatas, de um lado, e a sequência das formas de subordinação do trabalho pelo capital, de outro. O marco zero seria, portanto, o estágio manufatureiro correspondente à subsunção formal da força de trabalho ainda não integralmente expropriada em seu saber-fazer, cuja marcha recalcitrante rumo ao anulamento como apêndice do sistema de máquinas seria tangida a golpes de "exceção" disciplinadora, sem falar no acesso barrado de uma classe-mercadoria à esfera pública de direitos censitários. Do mesmo modo, o isomorfismo entre a fábrica e a prisão aparece configurado igualmente pelo vínculo da exceção penal e a proliferação dos ilegalismos proletários.

Como ficamos quando as constituições sociais mal ou bem facilitarão a simétrica fuga da força de trabalho encarcerada pela grande indústria fordista? Novamente, os caminhos da exploração econômica – no caso, a subsunção material do trabalho ao capital – e do vácuo jurídico acionado em defesa agora de um capitalismo confrontado por direitos voltam a se cruzar numa simetria reveladora. Como observou o filósofo Malcolm Bull, greve e exceção também têm afinidades estruturais e não apenas históricas, pois quando operários param as máquinas estão denunciando um contrato para retomá-lo expandido noutro patamar. Assim, como no decorrer de uma violação de garantias constitucionais, estamos ao mesmo tempo dentro e fora da lei. A rigor estamos diante de duas emergências correndo pelo mesmo trilho, porém em direções antagônicas. No limite dessa desobediência civil original, se uma exceção ao trabalho se alastra a ponto de multiplicar exponencialmente o número de foras da lei, a própria lei da mercadoria arrisca desaparecer: e se é assim, devemos concluir que o estado de exceção é decretado menos para abrir um vazio na lei do que para fechar um espaço entreaberto por uma irrupção intempestiva, como uma greve selvagem, por exemplo.

Ora, passando à matriz contraditória da crise maior de nosso tempo, a mencionada "desproporção qualitativa" entre o tempo de trabalho e o seu produto, entre o trabalho reduzido a uma pura abstração e o poder descomunal do processo de produção de riqueza efetiva que ele vigia, pois essa enorme e desestabilizadora desproporção comanda agora uma terceira modalidade de subsunção do trabalho ao capital, que se poderia chamar de total, e que um dirigente sindical brasileiro compreendeu à perfeição: "Antes o capital só queria mão de obra, hoje ele quer o cara inteiro". Seria então o caso de dizer que se passa com a lei do valor o mesmo que se passa hoje com a Lei num regime de urgência permanente: assim como o ordenamento jurídico vigora, porém suspenso num limbo jurídico de redefinições inconclusivas e *ad hoc*, a força de trabalho continua atrelada à produção de valor e mais-valor, ainda que não se possa mais medir a integralidade do resultado produzido em tempo de trabalho socialmente necessário. Numa palavra, a lei do valor continua vigorando, embora tenha perdido sua base objetiva, desajuste no qual se exprime por outro lado e não menos contraditoriamente algo como o fracasso da tentativa capitalista de eliminar o trabalho vivo do processo de produção. Por esse novo trilho da subsunção total de uma força de trabalho qualitativamente insubsumível, "o cara inteiro", a vida inteira transformada em trabalho, as reviravoltas entre a exceção e a norma não têm fim. Em suma, quando a cisão entre produção material e produção de valor se instaura de vez, sem no entanto abolir a relação de capital – o capital em fuga precisa perder o lastro do trabalho ao mesmo tempo que rifa a sobrevida dos sujeitos monetários sem trabalho –, pode-se dizer que a subsunção assumiu a forma mesma da exceção. Creio ser esse o horizonte político – pois no fundo esbarramos na matriz histórica da violência inaudita da dominação contemporânea – do argumento básico de Rodnei Nascimento ao estudar a gravitação conjunta das três formas de subsunção do trabalho ao capital: a seu ver, por esse caminho é possível mostrar que o potencial de crise inaudito que a incomensurabilidade das novas forças produtivas arrasta consigo exige uma nova forma de dominação em que a exploração econômica tornou--se diretamente política – a gaiola de ferro da exceção, enfim. O desajuste intrínseco da relação de valor converteu-a numa prisão: novamente, a base material de todo o edifício securitário da sociedade de controle. Não se trata de simples metáfora; tal como o ordenamento constitucional sem poder constituinte e socialmente inefetivo para melhor blindar a norma capitalista, o direito penal do inimigo que rege o atual encarceramento em massa e por categorias sociais inteiras também visa salvaguardar preventivamente a norma jurídica no seu todo através da mera gestão do risco criminal. Mas atenção: a fuga dessa prisão ampliada não é insurgência nos moldes clássicos, mas o paroxismo da convulsão social por falta de ponto de fuga. Daí o céu de chumbo do estado de sítio que pesa sobre o planeta. Tanto é assim que vão na mesma direção, embora por um outro raciocínio crítico acerca da sustentabilidade real da dominância financeira hoje, as observações de Emmanuel Nakamura sobre a indistinção entre anomia e normalidade da relação salarial capitalista, que por isso mesmo perde seu caráter originário de convenção-lei.

Se, historicamente, na periferia do capitalismo o estado de direito não é a norma, o que muda aqui quando todo o mundo está sob o estado de exceção?

Se a esquerda intelectual brasileira pretende mesmo algum dia despertar do coma profundo em que se encontra, creio que a primeira providência seria repassar os grandes lugares-comuns de nossa tradição crítica por um prisma teórico e político à altura da ruptura de época que estamos atravessando às cegas. A começar pelo espantoso sentido ultramoderno da colonização – de onde também acho que deriva a espécie de vertigem histórica que inspira sua pergunta, afinal o que haveria de novo nesse eterno retorno do mesmo, pois no fim o sentimento da hora, reforçado pela reprimarização da economia e a consolidação de uma inédita "ralé estrutural", é de franca reconversão colonial.

Aqui uma primeira revisão. De tempos em tempos, algum sábio entra em campo para anunciar que a reviravolta salvadora de que o país carece mesmo é um choque cavalar de capitalismo. Síndrome análoga na esquerda progressista, que ato contínuo apresenta sua candidatura para fazer a mesma coisa. Ocorre que é bem possível que a verdade esteja na contramão dessa fantasia punitiva. A desgraça nacional não decorre de uma carência originária, mas de uma demasia monstruosa; a rigor padecemos desde sempre de um excesso de capitalismo, se é que se pode falar assim. Nascemos como um negócio. Mas é preciso acrescentar que esse sentido original da colonização comporta duas dimensões essenciais. Enquanto a Europa ainda se enredava no cipoal de restrições e particularismos do Antigo Regime, despertávamos para o mundo quimicamente puro da forma-mercadoria, a um tempo periférica e hipermoderna. Fizemos a experiência extrema do que significa o vazio social no qual se reproduz um território comandado integralmente pela violência da abstração econômica. Resta agora qualificar a natureza desse vazio e o regime dessa violência. Se tudo o que disse até agora se sustenta, penso que se pode compreender o segundo sentido da colonização como um processo de espacialização do avesso por assim dizer selvagem da Soberania política que se consolidava politicamente na Europa, basicamente pelo disciplinamento da guerra entre os Estados territoriais em formação. A expansão europeia ultramarina é estruturalmente coextensiva dessa racionalização da luta pelo poder entre governantes de uma nova linhagem. Tudo se passou como se o Novo Mundo da Conquista fosse o receptáculo do "caos sistêmico" aos poucos banido do Velho Mundo. Uma externalização da anomia, em suma. Deu-se então nesse laboratório pavoroso a revelação de que a lei da mercadoria em sua pureza como que exigia a cobertura de um estado de exceção permanente. Dito de outro modo: o colono é o primeiro agente mercantil na sua plenitude escandalosa exatamente por entrar em cena no espaço "livre" e juridicamente vazio de uma *plantation*. Na verdade, um espaço liberado e demarcado pela normalização da guerra intraeuropeia e a correspondente ilimitação da mesma guerra no outro lado do mundo.

Assim, o acontecimento tremendo da Conquista não só revelava que a verdade do poder soberano é o monopólio do poder de decisão quanto à suspensão emergencial da normalidade jurídica, mas sobretudo que essa exceção soberana tende inexoravelmente a assumir a forma territorial de um domínio, bem determinado no espaço e no tempo, no qual todo direito é suspenso. A exceção também pode ser assim enunciada historicamente, pelo desenho de nossa "anomalia" congênita: por excesso de capitalismo, nascemos a um só tempo dentro e fora da lei, e fora porque dentro. A alteridade radical da colônia era imanente à metrópole. Para se ter uma ideia da atualidade dessa enormidade colonial, basta referir, ao lado do principal efeito desse ambiente total de negócios, a espantosa invenção da mercadoria-escravo, uma outra consequência aberrante – a rigor, como a supracitada anomalia, um desvio dentro da norma – dessa mesma desmedida do exclusivo capitalista, uma tremenda desclassificação social: a massa numerosa dos despossuídos de toda sorte, vivendo ao deus-dará à margem dos grandes negócios ultramarinos, uma humanidade inviável pesando inutilmente sobre a terra e sobre a qual se abatia sem dó nem piedade a força bruta da administração colonial, ela mesma emanação de um poder soberano cujo lastro é essa zona ultramarina de anomia. Um lastro a um só tempo mercantil e penal: é bom não esquecer que, no limite, toda colônia é penal. Qualquer semelhança com as populações confinadas nas neofavelas do capitalismo da subsunção total não é obviamente mera analogia histórica. Aliás, a "relação de serviço" voltou a pautar o trabalho desse descomunal proletariado informal. Tampouco é apenas uma questão de homologia o evidente encadeamento entre as situações de exceção com que o poder soberano irá refuncionalizando a pobreza dessas populações disponíveis para o que der e vier no decorrer de todo o ciclo longo que principia pelas guerras bárbaras permanentes e culmina na emergência econômica na nova dependência financeira de hoje. Retornando à genealogia da exceção contemporânea, seria o caso de rever a passagem formal da Colônia à Nação – sempiterno horizonte fantasmático de todas as "formações" – justamente pelo trilho dessas duas esferas embutidas uma na outra e no entanto demarcadas por uma não menos drástica "linha de amizade", como se dizia nos tempos em que o Direito Internacional codificado por um Grotius mal se distinguia de um verdadeiro e inédito Discurso da Guerra, não por acaso declinando-se segundo essa gramática soberana da exceção e da regra, a saber, a guerra restrita da recém-instituída normalidade europeia e a exceção da guerra total no ultramar, por sua vez, de extermínio, contra bárbaros e selvagens, e ilimitada, entre os civilizados mobilizados além-mar exclusivamente pela lei da mercadoria vigente nos territórios da exceção. O *modus operandi* da hegemonia holandesa inaugurara assim um mundo baseado numa zona europeia codificada, e o resto é uma vasta "zona residual de comportamentos alternativos", nas palavras de um historiador, que assim se explica acerca da projeção ultramarina da luta europeia pelo poder e pelos correspondentes capitais circulantes: "Enquanto a Europa fora instituída como uma zona de 'amizade' e de comportamento 'civilizado', mesmo em tempos de guerra, a área externa à Europa fora instituída como uma zona à qual nenhum padrão de civilização era aplicável e onde os rivais podiam simplesmente ser varridos do mapa"*.

Em sua inocência descritiva porém fidedigna, não se poderia enunciar melhor a não exclusão de fato dos dois hemisférios da norma civilizada e da exceção selvagem no comando da expansão original do capitalismo histórico. Com perdão do anacronismo, nascemos do outro lado da linha ou fora da linha – o que deu todo o segundo sentido da colonização pela mercadoria pura.

Do ângulo dominante do senhoriato em ruptura com o exclusivo colonial, o posterior sentido de uma eventual formação nacional só poderia ser o de cruzar de volta aquela "linha", sem prejuízo de manter a solda vantajosa

---

* Giovanni Arrighi, *O longo século XX: dinheiro, poder e as origens do nosso tempo* (trad. Vera Ribeiro, São Paulo, Contraponto/Unesp, 1996), p. 63. (N. E.)

entre os dois regimes da guerra. A subsequente hegemonia britânica se impôs então ampliando a "zona de amizade" de modo a incluir nas prerrogativas da soberania o conjunto dos ex-colonos proprietários e beneficiários diretos do tráfico negreiro, orbitando ainda em torno da mercadoria-escravo até meados do século XIX, a rigor soberania de um Estado-pirata, transpirando transgressões por todos os poros. Cruzando a linha, atenuava-se por certo a alteridade radical da colônia, por um lado, mas por outro, o antigo "viver em colônia" por assim dizer repaginava-se ingressando pela porta da frente num novo ciclo, plenamente liberal agora, da história ascendente do estado de exceção, desde então em contraponto com uma anômala normalidade local.

Na hora de retomar o fio por esta ponta – a do mundo se instalando num estado de emergência permanente pela generalização de uma condição de exceção que na origem foi rigorosamente colonial por reunir num único espaço exclusivamente relações de exploração econômica e de dominação política –, seria o caso de voltar a registrar a metamorfose dessa matriz originária da exceção soberana. Assim, apenas para mencionar o marco zero do segundo ciclo, quando o estado de sítio é enfim normalizado pelo constitucionalismo europeu do século XIX ele já estava em vigor como regime permanente das administrações coloniais. O "estado" colonial era rigorosamente um estado de exceção "normal". Nesse caso, é possível rastrear, por exemplo, a origem argelina da legislação de exceção incluída na Constituição promulgada na França em 1849. Aliás, ninguém se enganava a respeito: no ano anterior, enquanto Exército e Guarda Nacional massacravam os operários parisienses rebelados, era comum ouvir os patriotas urrarem "morte aos beduínos", contra os quais era regra travar guerras de extermínio – como eram, de resto, as *savage wars* que pontuaram a expansão territorialista do capitalismo americano no período de "formação" nacional. Culminando este ciclo, digamos, da civilização liberal – no qual Polanyi reconheceu a marcha autodestrutiva na autonomização do processo de valorização do capital baseado nas três mercadorias fictícias, trabalho, terra e moeda –, ciclo de aprofundamento da exceção soberana, algo como o desdobramento histórico de um ato despótico originário, a fundação jurídica do Terceiro Reich pela mera aplicação por tempo indefinido do artigo suspensivo 48 da Constituição de Weimar, um estado de exceção destinado a durar mil anos: quando então deu meia-noite no século, o filósofo marxista alemão Karl Korsch reparou, ele mesmo perplexo com a cegueira dos europeus acerca de sua genealogia mais entranhada, que no fundo os nazistas apenas estenderam aos civilizados europeus os métodos até então reservados aos nativos do mundo exterior. Poucos anos depois Hannah Arendt entroncava o universo concentracionário na síntese colonial herdada entre massacres e administração por decreto.

Como ficou dito, com a trégua da Guerra Fria não é que a zona de sombra da exceção tenha entrado em recesso por conta do armistício social keynesiano; ela simplesmente se tornou em última instância insuperável pela perene emergência nuclear, o eixo de uma guerra imaginária destinada a disciplinar sociedades e barrar qualquer veleidade de ruptura. Todavia, com ou sem procuração, na periferia uma guerra colonial emendou na outra, toda sorte de ditaduras por encomenda incluídas. É preciso não esquecer que, no início dos anos 1950, Coreia, Indochina e contrarrevolução na Guatemala são a bem dizer irrupções contemporâneas e que, ao se encerrar, a Guerra Fria deixara atrás de si na América Central uma década de massacres políticos: hoje dominam toda sorte de *pandillas* e sua correspondente economia subterrânea, sem falar nas zonas maquiladoras do livre-comércio.

De volta ao tempo brasileiro da crise contemporânea, reconsideremos por um outro viés o terceiro período da exceção, não sendo demais relembrar que o assim chamado ciclo nacional-desenvolvimentista anterior, que não foi autoritário apenas nos momentos ditatoriais mais agudos, se encerrou com a derrocada econômica das periferias e a inusitada superposição de uma ditadura militar da Guerra Fria regida no entanto por um aparato normativo de exceção dos tempos do velho liberalismo – daí a confusão quando se volta a centrar o diagnóstico de época na percepção de um novo estado de urgência. É preciso ainda recordar que as ditaduras exterministas do Cone Sul são catástrofes inaugurais, no caso, tratamentos de choque propiciando a necessária tábula rasa sobre a qual assentar as emergências econômicas do momento, como recordou recentemente Naomi Klein, periodizando o atual Capitalismo de Desastre. Ou como vimos, a grande fuga do capital procurando a um só tempo desgarrar de populações insolváveis e açambarcar a riqueza social não obstante paradoxalmente produzida no chão de uma nova fábrica social. A palavra de ordem meio sinistra "choque de capitalismo" é exatamente dessa época, a idade dos "pacotes" e sua violência emergencial. Pois bem: a grande mutação do nosso tempo pós-nacional ocorreu no exato momento em que nossa matriz industrial se completava; somos enfim uma economia industrial plena, porém encerrada a sete chaves na periferia da inovação tecnológica, por mais que a mídia americana exalte nossas multinacionais emergentes, *et pour cause*. Nessa viravolta, todavia, a intuição original do processo na sua inteireza faz tempo que deixou de girar em torno da ideia fixa construção-nacional interrompida, herdada do imaginário positivador da assim chamada modernização capitalista. O espólio a ser retomado funciona por certo a pleno vapor, mas na exata contramão desse mito fundacional. Por isso a pergunta crítica inovadora vai não por acaso na mesma direção do argumento inaugural de Caio Prado Jr. acerca do "sentido da colonização", relido como se viu pelo filtro da conjunção da violência pura e da desclassificação social disciplinadora. Assim, depois do "sentido da colonização", e tendo em vista essa mesma recorrência de economia autonomizada e governo por medidas de exceção, a teoria crítica de que carecemos indagará por sua vez qual é afinal o "sentido da industrialização" que realmente aconteceu – não ficamos devendo nada em nossa pretensa procissão de déficits.

Devemos esse primeiro passo pioneiro ao golpe de vista contraintuitivo de Leda Paulani e Christy Pato, cujo argumento poderia ser assim resumido: a economia brasileira afinal se industrializou, ao longo da virada crítica dos anos 1970, na condição de substrato necessário à estratégia mundial da acumulação sob dominância da valorização financeira, mais precisamente, a industrialização da periferia pode ser vista como um dos momentos estratégicos iniciais desse novo regime de acumulação. Noutras palavras, num mundo enfim aprisionado pela miragem vertiginosa da valorização do valor sem a mediação da produção, nada mais atrativo, como se diz, do que a reconversão de economias periféricas com razoável capacidade de produção de renda real, como é o caso de nossa industrialização por internacionalização do mercado interno, em prestamistas politicamente talhados para exercer a função de plataforma de valorização financeira. A dose exorbitante de violência econômica para que se cumpra o "sentido da industrialização" constitui o cerne material da derradeira metamorfose da exceção que desde a origem nos atrelou à soberania capitalista no governo do mundo. Não é para menos, quando se busca o risco zero numa sociedade rentista de segurança máxima. Não se trata, porém, de mera provisão de uma infrainstitucionalidade econômica facilitadora e asseguradora das vias de acesso à riqueza gerada no subsolo da exploração econômica. Na hipótese central do livro *Brasil delivery**, da mesma Leda Paulani, estamos diante de

---

* São Paulo, Boitempo, 2008, Coleção Estado de Sítio. (N. E.)

uma nova era de emergência econômica. Para ser exato, a transformação de uma economia industrial periférica numa plataforma de valorização financeira exige um estado de emergência econômica permanente, cuja invenção certamente não é de hoje, mas data a bem dizer da gestão da crise do entreguerras no século passado. Para abreviar, é preciso lembrar novamente que na origem do processo que nos reciclou como produtores de ativos financeiros de alta rentabilidade – e justamente possível porque nossa industrialização se completou colada a um surto de internacionalização financeira indireta de sistemas nacionais fechados – encontra-se uma terapia de choques sucessivos até a securitização plena, muito além da dívida e da inflação, securitização que por definição nunca se completa, demandando algo como uma "polícia" econômica que, tal como sua matriz absolutista, se caracteriza por um golpe administrativo diário – uma carta circular do Banco Central derruba barreiras de bilhões. Daí a centralidade máxima do Estado-guardião da renda mínima do capital e sobretudo da posse do aparelho político de acesso, gestão e açambarcamento de recursos num universo discricionário de monopólios, privilégios e compadrios. Estamos diante de uma máquina infernal de produção de hierarquias e extorsões em todos os recantos de uma sociedade congenitamente regida pelo nexo da violência econômica – agora subsunção total do trabalho ao capital. Continuamos, portanto, um negócio, e só um negócio. Celebrando a onda de novos milionários, saiu na capa da *Veja* de 23 de janeiro de 2008: o Brasil finalmente descobriu o capitalismo.

2007

4

EM CENA

Você vem acompanhando de perto o movimento de teatro de grupos de São Paulo. Quando e por que começou esse interesse?

Acho que a ficha começou a cair lá pelo fim dos anos 1990. Não foi uma iluminação espontânea. O fato de ter muitos amigos envolvidos com teatro acabou induzindo a percepção de que um fenômeno cultural novo estava em marcha naquela proliferação inusitada de grupos teatrais. Além do mais, com uma forte presença de atores, diretores e dramaturgos saídos da universidade, intelectualizados e politizados a ponto de já não se sentirem mais à vontade no seu meio de origem, com o qual entretanto nem sempre rompem, muitos continuam estudando, ensinando, pois não dá para dispensar o salário, mesmo achatado, ou a bolsa ocasional de sobrevivência. Faz sentido a transição da atual miséria acadêmica para a penúria crônica do trabalho artístico independente, hoje agravada pela escalada do teatro empresarial alavancado por incentivo fiscal. Isso quanto à via de acesso. Nem de longe estou querendo atribuir a vitalidade do movimento a um improvável impulso criativo de raiz acadêmica, quase uma contradição em termos. O interesse então me parece óbvio. Ao lado da explosão do *hip-hop*, com o qual tem muito a ver malgrado as diferenças de escala e classe, não sou por certo o único a reconhecer no atual renascimento do teatro de grupo o fato cultural público mais significativo hoje em São Paulo. Fala-se em mais de quinhentos coletivos, por assim dizer, dando combate no *front* cultural que se abriu com a ofensiva privatizante. Não são só os números que impressionam, mas também a qualidade das encenações, cuja contundência surpreende, ainda mais quando associada a uma ocupação inédita de espaços os mais inesperados da cidade, gerando pelo menos o desenho de uma mistura social que ninguém planejou, simplesmente está acontecendo como efeito colateral das segregações e hierarquias que o novo estado do mundo vai multiplicando. Uma indústria cara como o cinema não tem essa capilaridade. Por mais motivador que seja um filme da atual retomada, sua projeção não aglutina como a inserção contínua de um grupo teatral numa comunidade. Que não precisa ser necessariamente periférica. Há uma outra margem no centro.

A praça Roosevelt, por exemplo, não seria o que é hoje se as suas salas fossem de cinema, sem falar que não corre o risco de ser gentrificada e ver seus moradores e frequentadores enxotados, pois a nova classe teatral de que estamos falando é tudo menos uma isca perfumada. Decididamente, o teatro de grupo não é uma "indústria criativa", como é designado com ironia involuntária, no jargão gerencial dos agentes estatais ou corporativos, o sistema de eventos e equipamentos culturais cujo patrocínio gera uma espécie de renda da imagem, cujo fluxo, por sua vez, obviamente não reverte para os trabalhadores do setor. No dia em que os assalariados e estafados do *show business* reconhecerem os seus pares na cidade oculta dos grupos, não pouca coisa vai rolar.

Na sua palestra "O teatro e a cidade" você definiu o teatro de grupo como um movimento relevante, estética e politicamente, tendo inclusive "arrancado" uma lei. Qual a importância, e os problemas, da polêmica Lei de Fomento?

Em 1990, o Estado saiu de cena, deixando atrás de si um cenário de ruínas. Ou melhor, "nós" é que saímos de cena. Não que o *script* anterior fosse brilhante, mas o Estado estava lá porque a livre iniciativa, como diziam os nossos avós, não era assim tão livre nem estava muito disposta a tomar qualquer iniciativa mais enérgica por conta própria. O jogo se inverteu: a razão de ser do Estado é a de intervir vigorosamente para que haja cada vez mais mercado, e não menos. Por isso, caiu a fantasia da reserva cultural, espaço recolonizado como uma outra fronteira de negócios por meio da alienação de parcelas do fundo público, como nos bons velhos tempos da acumulação primitiva. Contra essa regressão, realmente bárbara, enfim reagiram os grupos teatrais de São Paulo, tomando, enfim, consciência de que constituíam de fato um movimento. Como notou Mariangela Alves de Lima [ex-crítica teatral do *Estado de S. Paulo*], pela primeira vez as artes cênicas se articularam como um setor social. Nada a ver com a mera crispação defensiva de uma categoria profissional. Como, afinal, foram à luta e arrancaram uma Lei de Fomento de governantes embrutecidos pela *lex mercatoria*, pode-se dizer que um limiar histórico foi transposto, por irrisório que seja.

Nos tempos que correm não é pouca coisa converter consciência artística em protagonismo político. Foi uma vitória conceitual também, pois além de expor o caráter obsceno das leis de incentivo, deslocou o foco do produto para o processo, obrigando a lei a reconhecer que o trabalho teatral não se reduz a uma linha de montagem de eventos e espetáculos. Nele se encontram, indissociados, invenção na sala de ensaio, pesquisa de campo e intervenção na imaginação pública. Quando essas três dimensões convergem para aglutinar uma plateia que prescinda do guichê, o teatro de grupo acontece. Mesmo quem honestamente acredita que está fazendo apenas (boa) pesquisa de linguagem, de fato está acionando toda essa dinâmica. O curioso nisso tudo, vistas as coisas do ângulo de um observador vindo de uma faculdade de outros tempos, é que o espírito da lei lembra muito o de uma agência pública de amparo à pesquisa. Reativou-se, inclusive, a ideia de residência. É bem verdade que os gestores começaram a cair em si e os editais vão se tornando cada vez mais restritivos. Corrijo-me: mais curioso, ainda, seria o caso de dizer: lembraria, caso os CNPqs da vida não transitassem na mão contrária, passando a enfatizar cada vez mais o produto e quase nada o processo de irradiação cultural próprio da pesquisa autônoma; política produtivista de eventos, em suma, é o que agora também se espera de um infeliz condenado a justificar assim sua mera existência intelectual: o ato docente se degrada e a corrosão do caráter é uma questão de tempo. Por isso, são tão animadores os sinais de vida emitidos pelos mais variados processos de pesquisa em curso nos grupos mais imbuídos desse imperativo, aliás, próprio de um gênero público como o teatro. É possível que minha visão esteja ainda contaminada pela lembrança do tempo em que a universidade pensava, mas é forte o sentimento de que a tradição crítica brasileira migrou e renasce, atualmente, na cena redesenhada por esses coletivos de pesquisa e intervenção. Um paralelo não me parece fortuito: não sei de outro lugar hoje onde se estude com tanto empenho, e por assim dizer em tempo real, Caio Prado, Celso Furtado etc. como nas escolas do MST, que, por sua vez, também aposta todas as suas fichas na formação de "pesquisadores" dessa mesma realidade que recomeçou a andar para trás. Que, por seu turno, encorpasse com substância social nova o movimento de teatro de grupo era questão de tempo e coerência, de um e de outro, aliás.

É cada vez mais comum a presença de professores em ciclos de debates promovidos pelos grupos, o que parece sinal de reencontro entre a academia e o teatro, como já ocorrera na década de 1960. Mas você chega a falar em desencontro entre a academia e o teatro. Por quê?

Que professores sejam eventualmente convocados, no âmbito de suas respectivas especialidades, é ponto a favor do ânimo investigativo dos grupos. São, no entanto, presenças simpáticas, porém avulsas. É só reparar de quem parte a iniciativa (dos grupos). A evocação dos anos 1960 é apenas isso, uma evocação para efeito de raciocínio. O desencontro de hoje não poderia ser maior. No momento em que os trabalhadores do teatro se mobilizam na forma de uma inquieta consciência coletiva em confronto com a banalização do fazer artístico, a condição intelectual na universidade beira a inconsciência: faz tempo que deixamos de ser uma categoria social com expressão política própria, e a universidade, uma instituição. Somos uma organização dotada de gerenciamento moderno, que requer, por isso mesmo, "autonomia", que, aliás, o governador violou por pura inépcia, pensando fazer caixa com a finança alheia, no caso, a alta burocracia de um sistema de fundações e linhas de financiamento personalizadas que, por inércia vocabular, ainda chamamos de universidade, mas que a grande massa estudantil encara, com razão, na condição de usuários ansiosos, pois o primeiro emprego precário está no horizonte da maioria, como mera prestadora de serviços educacionais. Como esperar desse reino animal do espírito, incapaz sequer de entender as razões dos estudantes que lhe prestaram involuntariamente o serviço de tirar do fogo a castanha da autonomia da sua conta-movimento, que tome consciência do despertar da nova vida teatral? Salvo as manifestações avulsas de que falei, me parecem dois mundos gravitando em órbitas incompatíveis.

Quais seriam essas órbitas?

À cegueira catatônica da universidade corresponde a consciência alerta e hiperativa das entidades que se autonomearam representantes de uma invenção recente, a sociedade civil. Assim, um encontro de grupos teatrais independentes pode perfeitamente ser catalisado pelo departamento de responsabilidade cultural de um banco, por exemplo. Ninguém estranha mais essa anomalia, contabilizada como um fato da vida. O desencontro que está nos ocupando é parte desse conjunto de incongruências. Mas, por incrível que pareça, tanto a ossificação da inteligência universitária, outrora princípio ativo da cultura da cidade, quanto a proliferação dos novos coletivos teatrais são respostas simétricas, a primeira, mera adaptação passiva, a segunda, inconformada, à mesma mutação histórica: o Brasil, hoje, não é mais a sociedade nacional que nunca chegou a ser, mas uma sociedade pautada pela rasa e violenta integração sistêmica do mercado, mais o poder violador de normas que lhe cabe. Não há novidade nisso, já fomos assim no princípio: dispersos num território banalizado, assentamentos humanos governados pelo nexo exclusivo da exploração econômica e da dominação política. O novo ciclo do agronegócio que o diga. A reapresentação selvagem desse marco zero me parece, aliás, ser o tema de um filme como *Baixio das bestas*, sadismo colonial incluído. Poderia enumerar um razoável número de encenações de alta voltagem artística, cujo foco é esse novo "impasse do inorgânico". Mas voltemos ao nosso termo de comparação.

Ainda nesse debate, você traçou um contraponto entre o "cenário" de atuação dos grupos da década de 1960 (palco, fábrica, universidade) e o dos grupos contemporâneos (palco e cidade). Ao fim, disse que os novos grupos estariam revelando os "componentes ativos do desmanche", o "protagonismo dos excluídos". Poderia retomar esse contraponto e dizer quais seriam esses protagonistas?

A vitalidade teatral dos anos 1960, à qual a universidade respondeu à altura, era ascensional. Por paradoxal que possa parecer, a surpreendente vitalidade de agora se deve ao poder de revelação de um desastre nacional, ao qual a universidade nesse meio tempo se ajustou, tornando o pensamento um apêndice dispensável. Numa sociedade nacional do trabalho, como a que ameaçou acontecer no Brasil meio século atrás, a política de classe lastreou um ciclo de instituições aparentadas, como as duas que estão nos interessando no momento e uma terceira que ainda não entrou em nosso enredo. Continuemos em São Paulo: a Faculdade de Filosofia e a instituição teatro moderno, se pudermos designar assim a função de atualização cultural necessária do TBC (Teatro Brasileiro de Comédia), têm a mesma idade ideológica, entre outras afinidades menos óbvias. Quando o viés antioligárquico original da faculdade se extremou, topou no seu caminho com uma dissidência análoga no Teatro de Arena, acrescida à ruptura estética a virada explícita numa outra arena, a da luta de classes: pelo menos no plano da metáfora teatral, a Fábrica entrava em cena, uma outra instituição disciplinadora decisiva nessa mesma sociedade nacional de classes. Por um momento de real esclarecimento das forças em confronto – descontada uma boa dose de fantasia política indispensável –, gente de teatro, professores e estudantes, partidos operários e ebulição sindical formaram uma mesma frente única de ruptura possível. O resto se sabe. Uma ditadura depois, seguida de uma Abertura decepcionante, um encaixe desconcertante entre direita repaginada e esquerda idem, deixou a pista livre para um novo *ethos* capitalista reduzir a pó a moldura institucional do período anterior. A Fábrica, fracionada pelas cadeias produtivas globais, saiu de cena, e com ela a consciência de classe de uma multidão de indivíduos entregues ao deus-dará de uma exploração para a qual ainda não se tem nome. A engrenagem infernal dessa ciranda da viração me parece estar na origem de uma resposta coletiva como o teatro de grupo, bem como na raiz do silêncio político da universidade. Pensando na deambulação perene desses novos condenados da terra, também me parece claro que o novo chão de fábrica seja o próprio território conflagrado da cidade, daí a relação orgânica do teatro de grupo com o espaço urbano, vivido agora em regime de urgência. Por isso, uma outra cena de rua é novamente a célula geradora de um leque expressivo das poéticas que animam esse vasto *front* cultural que vem a ser o teatro de grupo.

Todo um ciclo de intervenções do Núcleo Bartolomeu de Depoimentos transcorre justamente sob o signo dessa palavra de ordem: urgência nas ruas. Uma vitalidade de fim de linha, perto da qual a boa lembrança da anterior, se obviamente não empalidece, longe disso, se reveste daquele tom róseo com que os sociólogos amedrontados de hoje evocam a antiga luta de classes, como uma espécie de linha auxiliar do processo civilizador.

E como os grupos revelam os novos protagonistas?

Se fosse possível e desejável resumir numa única fórmula o destino e o caráter do teatro de grupo hoje, diria que é o teatro desse desmanche da sociedade nacional. Ou por outra, mais exatamente, ele é o teatro do desmanche que já ocorreu e está sendo administrado por um outro e inédito pacto de dominação. A certa altura da *Oresteia*, que foi recontada pelo pessoal do Folias, um corifeu-*clown* anuncia que sua geração não se julga mais predestinada a refazer o mundo, mas que sua tarefa maior consiste justamente em "impedir que o mundo se desfaça".

É isso aí. Numa sociedade que se reproduz segundo a lógica da desintegração, o horizonte de expectativa, que antes empurrava para a frente o tempo social, se sobrepôs hoje ao campo da experiência presente, daí o caráter dramático de uma conjuntura que não passa. Daí também a Vertigem: o grupo teatral que leva esse nome já antecipou a cena com o seu simples enunciado. E por aí vamos, numa sociedade totalmente diferente da anterior. Pouco importa se o Brasil-identidade continua inconfundível, aliás uma marca de sucesso. Uma nação póstuma, como sugere uma montagem da Companhia do Feijão, *Nonada*.

Salvo na sua dimensão cronológica trivial, uma sociedade rigorosamente sem futuro, como todas as sociedades securitárias de risco, em que a urgência se tornou a principal unidade política de medida temporal. É só olhar para a conjuntura hiperdramática do aquecimento global, uma conjuntura emergencial de um século! Ou para algumas produções arrasa-quarteirão da cinematografia brasileira recente, para perceber com que óbvia intensidade essa entronização estrutural do estado de urgência se converte em espetáculo, no caso, o espetáculo da fratura-social-brasileira-clamando-por-verdade-e--reconciliação. Pois o trabalho artístico do teatro de grupo abre caminho exatamente na contramão desse regime do espetáculo, o qual é antes de tudo um tremendo recurso de poder: o espetáculo humanitário do social, o espetáculo securitário do traficante sem rosto etc. Mas, também, a junção da viração do pobre com o espetáculo gratuito oferecido pela exposição na mídia: não por acaso esse nó que nos corta o fôlego está em cena nas intervenções de vários grupos – o espetáculo no DNA dos espoliados é a droga real.

Há grupos teatrais que acabam por contribuir para "amansar as classes perigosas" (para usar a sua expressão no livro Extinção* *com relação ao governo Lula)? O que há de semelhanças e diferenças nessa vertente, teatro de grupo, que você vem acompanhando?*

O mesmo desmanche pós-nacional que suscitou a resposta artística do teatro de grupo, ao lhe fornecer igualmente o lastro social de seus materiais, ameaça dissolver essa resposta no mar de uma indistinção fatal. Refiro-me à gestão das populações vulneráveis, cujo imenso cadastro é o inventário dos riscos que pairam sobre uma sociedade da qual ora se cuida pela válvula do famigerado social, ora se espreme pela mais crua coerção, na trilha da expansão incontrolável de um poder punitivo difuso. A escala inédita do teatro de grupo também se explica pela pressão do subsolo dessa nova sociedade a um tempo assistida e descartada. Nunca tanta gente foi devidamente estimulada a fazer algum tipo de "teatro" para não "dançar", ou vice-versa. Estão aí os coreógrafos do terceiro setor. As oficinas disto e daquilo, os programas assim e assado, e agora a última onda do modelo Bogotá/Medellín etc. Sem falar na ambígua estilização *hip-hop*. Mas é essa

---

* São Paulo, Boitempo, 2007, Coleção Estado de Sítio. (N. E.)

a fronteira, o território do conflito anestesiado pela indistinção, onde só um maluco riscaria um fósforo para, afinal, enxergar quem é quem. Como nossos amigos são antes de tudo artistas, esse nó cego vai para a sala de ensaio. Mas como o teatro ainda é um gênero público, quem sabe não ressuscita como arena política? Para isso precisa saber com quem se agrupar, identificar os protagonistas de uma emergência do contra, por assim dizer. Como assim o autoriza a natureza específica de sua linguagem, o teatro de grupo *hip-hop*, por exemplo, não se acanha de interpelar em cena aberta o seu público virtual. Redenção? Contenção?

A crise do PT está diretamente ligada ao desmanche da classe trabalhadora, já que essa era a base sobre a qual foi fundado? Evo Morales e Hugo Chávez representariam as forças do desmanche?

O ciclo político durante o qual o PT foi hegemônico na esquerda brasileira foi contemporâneo do desmonte metódico do meio século desenvolvimentista do período anterior. Porém, esse partido realmente novo nunca chegou a se dar conta da desagregação econômica e social que se desenrolava às suas costas, enquanto tocava com sucesso eleitoral crescente seu projeto original, não de uma ruptura que a rigor nunca prometeu, mas de uma incorporação da grande massa espoliada brasileira ao mundo dos direitos e da cidadania ativa – se bem-sucedida, uma tremenda reviravolta nos padrões históricos de dominação neste país. Quando esse projeto verdadeiramente radical, porém não socialista estrito senso, deveria se consumar, verificou-se que nos deparávamos com uma outra sociedade, desmanchada em seus nexos essenciais, a começar pelo mais fundamental deles, o do trabalho, e que, no entanto, os quadros petistas já vinham administrando, mais ou menos por instinto político de sobrevivência, segundo os métodos gerenciais da governança corporativa. Sem o saber, já eram os agentes passivos do desmanche em curso, enquanto a direita tucana operava do mesmo modo, e ativamente, em nome do grande capital privatizante. Acabaram se juntando no mesmo condomínio. A velocidade do processo foi, no entanto, diferente no restante da América do Sul. Chávez, depois Morales e outros reagem no calor da hora e sem nenhuma retaguarda política a um desastre sem precedentes, a começar pela derrocada criminosa de suas respectivas elites dirigentes: porém reagem com um nacionalismo fiscal de emergência e, como tal, em compasso de espera tangido de crise em crise. Já a nossa veio para se perpetuar numa espécie de desgraça de baixa intensidade.

No artigo "Bem-vindos ao deserto brasileiro do real", publicado no seu livro Extinção, *você diz que dá para desconfiar do propalado "vazio político" justamente pela quantidade ou qualidade das "lamentações" pela "despolitização" da sociedade. E diz que "estamos carecidos mesmo é da providência contrária, de uma crítica em regra da política e, em função dela, reorganizar nossa imaginação, extraviada faz tempo no mercado das responsabilidades públicas" (p. 276). Há saída, então? Dá para imaginar uma reorganização da política?*

Acho que não depende do teatro, claro, mas é como se parcela significativa do movimento teatral estivesse se preparando para uma virada política. Sabendo ou não, planejando ou não planejando, é como se estivessem numa espécie de antevéspera do que vai acontecer, mesmo com a ducha fria que foi a decepção com o Lula, que já está metabolizada, é página virada. Eu sinto que o movimento teatral é como se fosse uma espécie de arquipélago de pequenos grupos com capacidade de intervenção pública, que esperam um momento para se aglutinar caso apareça um movimento que tenha envergadura política para propor uma alternativa. Isso pode acontecer. Acho que está no limiar. Muitos ficam furiosos, dizendo "queremos fazer teatro, não somos ONG, não queremos fazer trabalho social". Mas não dá mais para dissociar. Claro, esse trabalho social está degradado, aviltado, virou *charity*, extensão filantrópica. É assim que funciona. Mas se não passar por esse canal não chega a lugar nenhum. Não dá para chegar, fincar a bandeira com a foice e o martelo e começar a politização, acabou, esse ciclo acabou. Para chegar ao Capão Redondo, é necessário negociar com dez entidades, porque o público está lá. Entidades estas que não são mafiosas; claro, existe assistencialismo, clientelismo, de tudo quanto é jeito. Mas o teatro de grupo vai encontrar ali um público já organizado. E não dá para passar por cima disso. Não se vai fazer teatro para o cara que está no *crack*, não dá para fazer *Oresteia* para eles. Teatro de qualidade já estão fazendo mesmo, e aí? Para quem? Estão no limiar político, então tem de passar por aí, pelos movimentos sociais. Por isso falei do "protagonismo", as aspas deveriam estar mais visíveis, desse desmanche. É um protagonismo tanto no sentido administrado quanto na possível intervenção política por esse canal – é por onde está indo a sociedade. As empresas e os partidos estão lá gerindo isso. Não dá para entrar com uma cunha lá dentro e encontrar o público lá na frente. E é óbvio que ninguém está fazendo *Oresteia* de graça, esse teatro precisa encontrar seu público.

2007

UM PRÓLOGO

Sentando agora para conversar novamente sobre as idas e vindas do Teatro de Grupo em São Paulo, não posso deixar de pensar na entrevista de 2007 que a Beth Néspoli, sabe-se lá como, conseguiu arrancar d'*O Estado de S. Paulo*. Mas não estou evocando o fato unicamente por razões sentimentais. É que de lá para cá se deu uma tremenda reviravolta no que se poderia chamar, na falta de melhor juízo sobre algo tão difuso, de sentimento brasileiro do mundo. Tratando-se além do mais de um país veleitário, nossa conjuntura mental mudou de sinal da noite para o dia, positivou-se de vez, todas as camadas sociais e setores confundidos, ou melhor, embaralhados. Outra miragem na costumeira procissão brasileira de milagres? Seja o que for essa fantasmagoria emergente de agora, não é menos verdade que sua matéria espectral, devidamente filtrada pela inconsciência coletiva, constitui uma fantasia social em estado bruto, cuja existência não pode ser ignorada em cena, sobretudo sendo o teatro uma arte por excelência da citação, e correspondente invenção da ordem do dia na qual ela se encaixará.

Não estou desconversando, apenas periodizando. Posso dar até algumas datas, para melhor ressaltar o contraste entre os extremos desse curtíssimo período em que nosso sentimento do mundo virou de cabeça para baixo. Como estava dizendo, quem foi dormir desalentado, por exemplo, nos idos de 2007, só para manter a conversa com Beth como data básica, acordou dois anos depois ao som de um samba rasgado, o samba do agora-vai, do Brasil de novo em vias de dar certo, agora com o vento do capitalismo global soprando a favor. Ao falar em desalento, estou obviamente citando, no caso, o sexto sentido de um jornalista (a rigor, mais de um) que recolheu manifestações avulsas de altos personagens da vida cultural e política, a seu ver convergentes, inclusive no mesmo mês de agosto de 2007, vá lá saber o porquê, na certeza de que o horizonte do país decididamente encurtara. Não sem paradoxo, pois nossos maiorais sentiam-se encolher sob um dilúvio de dólares.

Há sem dúvida algo de surreal nessa novela das expectativas decrescentes conforme os dois últimos ciclos presidenciais acionavam um novo regime de acumulação em marcha forçada. Até que tal evidência fantasmagórica se impôs. Para variar, de fora para dentro, sendo ainda mais do que nunca predominante o influxo externo. Não me refiro apenas às usuais avalanches da mídia internacional de negócios, elegendo o Brasil como eldorado econômico, mas, por exemplo, à percepção de uma ensaísta experiente e conhecedora de nossas incongruências como Beatriz Sarlo, verdade que ainda em estado de choque com o colapso argentino e, por isso, ainda mais convencida de que na cidade desconforme de São Paulo pulsa o coração do futuro, sem vislumbrar nenhuma nuvem no horizonte do Brasil em sua viagem venturosa da periferia para o centro. Isso visto e dito faz pouco, em 2009, depois de atravessarmos a crise do núcleo central do sistema sem maiores traumas, ao que se diz nos meios ganhadores. É bem verdade que a mesma Beatriz Sarlo não descarta a hipótese de essa pulsação futurista se converter num pesadelo. Nesse caso, vale o lembrete do poeta Airton Paschoa: "O horizonte sorri de longe, arreganha os dentes de perto".

Salvo engano, acho que não estou fabricando um falso problema, por isso insisto, ainda correndo pela faixa superior de nossa conjuntura mental, a meu ver matéria viva de qualquer proposta de *mise-en-scène* do tempo presente. Assim, em 2007, é geral a percepção histórica de que o horizonte do país encurtou de vez. Em 2009, o realejo oficial do "nunca antes neste país" alcança finalmente as altas paragens da ideologia brasileira, mais de um coração veterano vê a luz de sua juventude do contra se reascender: o subdesenvolvimento ficou para trás, uma revolução silenciosa está recolocando o país no rumo que a violência de 1964 abortara. Mito ou *nonsense*, o fato é que essa sensação coletiva de que o futuro já é o presente (lido em registro distópico: que o presente é o seu próprio futuro – pelo menos foi o que pressenti assistindo a *Marcha para Zenturo**) roubou o fôlego de toda uma tradição crítica. Como observou recentemente outro bom conhecedor do Brasil, Perry Anderson, cobrindo as marchas e contramarchas das últimas eleições presidenciais, é mais do que visível o declínio da energia política de

---

* Peça do Grupo XIX de Teatro e do grupo espanca!. (N. E.)

nossa vida cultural. Um senhor disparate: no momento em que o país decola na capa das revistas do circuito Elizabeth Arden da ortodoxia econômica, ideias originais a respeito do ocorrido – supondo-se que ocorreu – escasseiam miseravelmente. Um descompasso a ser pensado, pois o déficit não é só nosso e parece afetar toda a semiperiferia emergente. Basta olhar para a China, da qual arriscamos nos tornar uma outra periferia: sua ressurreição miraculosa alimenta no Ocidente uma enxurrada de interpretações de todo tipo; em compensação, no epicentro mesmo desse terremoto mundial, nem sombra de qualquer narrativa alternativa acerca do curso do mundo que estão desviando.

Não faltará quem observe que é sempre assim. Quem se integra não critica, simplesmente abre caminho distribuindo cotoveladas e mesuras a torto e a direito. Nem sempre. A tradição crítica brasileira, cuja exaustão acabamos de evocar, foi justamente um longo comentário dissonante em confronto permanente com a normalidade capitalista do núcleo orgânico, cuja riqueza oligárquica em princípio nos subalternizava. Foi assim com o estouro modernista a partir dos anos 1930, quando as cartas do jogo mundial estavam sendo redistribuídas. Foi novamente assim nos idos de 1950 e 1960, quando as turbulências da descolonização, em sentido amplo, ao impedir que progresso rimasse com acatamento, injetaram um sopro novo nas formas de se imaginar artisticamente os antagonismos do país. Hoje o cenário a um tempo oficial e infiltrado no sentimento popular parece comportar uma nota aberrante: no momento em que a história se volta para o nosso lado – entendendo-se por história pouco mais do que uma escada rolante – e o horizonte se desanuvia, intensifica-se mais do que a mera sensação de pensamento paralisado. Refiro-me, é claro, aos veneráveis restos mortais da esquerda. Pois a direita, com sangue novo circulando nas veias, vai muito bem, obrigada. Outra nota aberrante: para todos os efeitos, o governo, há oito anos e alguns meses*, é democrático-popular, pouco importa se numa versão degradada dos dois termos, e no entanto desta vez a hegemonia cultural é da direita; não, é claro, a barra pesada de sempre – ninguém conseguiria imaginar o agronegócio inspirando um ciclo memorialístico no cinema brasileiro. O jogo agora é outro, em seu nome se conjuga uma rara combinação de suprema elegância e poder.

***

---

* Este texto foi escrito alguns meses após a posse de Dilma Rousseff na Presidência, em 2010. (N. E.)

Ainda que de relance, uma boa amostra. A visão desalentada de há pouco pode ser creditada em sua formulação mais límpida ao cineasta João Moreira Salles, que, numa entrevista (2007 de novo), disparou: sim, o horizonte do Brasil encurtou, pois nossas ambições se tornaram mais medíocres*. Mas a que veio esse diagnóstico de época? Vinha a propósito do lançamento do documentário sobre as memórias do mordomo que serviu sua família durante três décadas. De fato, Santiago, o mordomo que envergava fraque para tocar Beethoven nos conformes, seria o segundo personagem no projeto original do filme. O papel principal caberia à mansão da família, uma casa abandonada no momento da primeira filmagem (1993), cujo esqueleto por certo funcionaria como alegoria de um país que parecia não fazer mais sentido – o tiro encomendado a Fernando Collor acabara de sair pela culatra, como se pode ver nas cenas inicias de *Terra Estrangeira*, do irmão também cineasta, e na imagem chapada do navio em ruínas encalhado na praia, mas a segunda chance logo despontaria na eleição do segundo Fernando. O filme evocaria, assim, o antigo esplendor da ilustre casa Moreira Salles, porém filtrado pelo delírio de um esnobe profissional, com a enumeração visual dos destroços do presente. Quais emblemas seriam escolhidos, para além do foco na casa abandonada, não saberemos, pois o filme de fato realizado submergiu a ideia original no oceano de fantasias de um personagem limítrofe, no fundo bem menos interessante do que o contraponto alegórico projetado inicialmente. Nele, o horizonte perdido certamente comportaria variações em torno de promessas não cumpridas, grandes rumos e extravios não menos desastrosos. Numa palavra, um desmanche visto do alto, e de que altura.

E o nosso, por onde andará? Mais encardido por certo, não deixa de ser um primo pobre, de qualquer modo parente próximo. É só pôr um pouquinho a mão na consciência e verificar se as duas visões não são regidas pela mesma gramática forjada em nossa famigerada tradição crítica. A interminável novela da "construção interrompida" que o diga; são incontáveis suas variantes em ambos os registros. Até ser substituída pela súbita avalanche das "retomadas" disso e daquilo, com o futuro batendo à porta, sem no entanto precisar anunciar ou prenunciar nada, pois simplesmente já começou, encontra-se instalado no presente. Aliás, como assinalado há pouco, nada mais assustadoramente distópico do que essa inundação do

---

* "As ambições do Brasil se tornaram mais medíocres", *Folha de S.Paulo*, 13 ago. 2007. (N. E.)

presente pelo futuro. De resto, paralisa tanto quanto cantar em prosa e verso o leite derramado.

E por falar em Chico Buarque, um comentário exaustivo de *Carioca*, pelo crítico Walter Garcia, revela uma derradeira figuração do homem cordial, ou melhor, o limite de sua proverbial simpatia, com a qual recobre uma degradação que apenas observa sem dela participar, experiência estética precipitada por um pregão de rua estilizado pelo horizonte zerado de que estamos falando. Um ideólogo perspicaz dessa vertente do bom-moço e do que até anteontem aparecia como desmanche, como se convencionou denominar os escombros colecionados de uma sociedade salarial que nunca existiu, não se acanhou de chamar o conjunto da obra de "nosso suave fiasco histórico em que, afinal, nada acontece". Mas, se andávamos em roda, era por conta do tamanho diminuído de medíocres ambições, fechando o círculo de um "nós" muito característico desse abraço hegemônico.

E de repente nasceu o sol, o sol absoluto de um presente que se estende igualando-se ao futuro. Não tão de repente assim, trata-se de uma percepção historicamente construída, que redunda na aceitação do tempo presente identificado com o novo mundo de amanhã e de cujas exigências é preciso urgentemente correr atrás, como mostrou a socióloga Regina Magalhães de Souza, analisando o jargão específico do assim chamado protagonismo juvenil, produzido faz algum tempo pelo braço social das grandes corporações, agências estatais de assistência, educadores etc. Quando o sol da nova conjuntura raiou já estava armada a moldura de sua recepção milenarista.

Vejam só o luxo. Pelo alto, desalento com as ambições apequenadas, enquanto, no chão da fábrica social, agitação frenética mobilizando até trabalho que não sabe que é trabalho, pois o novo regime de acumulação e governo demanda uma sociedade-civil-ativa-e-propositiva, um horizonte semovente tão rente ao solo do presente que qualquer fantasia a respeito do outro lado do espelho se apresenta como um "salto alucinatório", nas palavras do cientista político Renato Lessa.

Quanto a nós, dissociamo-nos, como vocês mesmos observaram tantas vezes. Desalento a menos (não é possível "representar" tal desalento a não ser aquecido por uma outra energia política – alguns movimentos sociais falam em "mística"), os grupos teatrais prosseguem na crônica do desmanche e seus impasses, enquanto a boa sociedade continua arrecadando os dividendos da sua gestão. Por maior que seja a miragem do céu de brigadeiro em nossa rota ascendente, não é menor a sensação de estar sendo engolido pela rotinização de nosso primeiro diagnóstico de combate. Acho que tem coisa nessa reversão extemporânea de perspectivas. Ambas fictícias, de resto, embora se trate de uma fantasia objetiva e por isso operante. Tanto no polo negativo das ambições baratas, porém desfrutáveis por um bloco dominante muito à vontade na vida, quanto no polo alterno desse pêndulo, autocongratulação pelo parto de uma "sociedade emergente", para a qual obviamente só o céu é o limite. Pois interessa, política e artisticamente, escavar no ponto cego dessa engrenagem a um tempo fantasmagórica e tangível, atinar com a força disruptiva eventualmente adormecida nessa experiência de fato inédita de que o horizonte de espera do mundo se concentrou no presente. Noutros tempos, esse mesmo horizonte de expectativa pairava muito acima e além da fronteira próxima do herdado e já sabido. Abstrato? Mas sentimos na pele do abafo diário, por exemplo na jaula da tirania da pequena política (ou alta polícia?), que se expressa numa conjuntura perene que não ata nem desata.

Posso estar muito enganado, mas acho que foi no encalço desse ponto cego, iluminando o aparente vazio homogêneo em que mergulhou o tempo brasileiro, que partiu Eduardo Coutinho ao arriscar o tudo ou nada de *Moscou* e, mais revelador ainda, confiando a missão ao livre jogo de um grupo teatral com as características do Galpão. Coutinho não sabe o que fazer? Pelo contrário, esse voo cego é indício seguro de que se acercou daquele ponto de indistinção provisória entre utopia e distopia, se não for filosofar demais, justamente o lugar onde, numa era de expectativas decrescentes, é feita a experiência bruta da história. Qualquer ambientalista coerente e radical sabe disso. Salvo o vocabulário, não estou dizendo nada de mais. Por exemplo, que por história, experimentada como tal, se pode entender, em sua acepção moderna mais enfática, que algo está ocorrendo e vindo em nossa direção, quando (para falar como um teórico alemão) o intervalo entre o espaço da experiência havida e consolidada e o horizonte de expectativa se distende ao máximo. Por isso o Galileu de Brecht não poderia ser mais preciso no seu sentimento de que um tempo novo começara ao proclamar: "Já faz cem anos que a humanidade está esperando alguma coisa". Estouro e libertação, no caso. Quando aquele intervalo evapora, como dar a réplica contemporânea à grande viagem anunciada por Galileu? Como o canto do jovem Andrea Sarti já não pode ser mais entoado sem desafinar – "Ó manhã dos inícios, ó sopro do vento que vem de terras novas!" –, e ninguém se exporia ao ridículo de personificar na fome chinesa por *commodities* a brisa transoceânica de uma nova modernidade, resta, entre tantas variantes, a travessia do navio amotinado pelos náufragos do trabalho imigrante que encerra o Êxodo segundo o Folias d'Arte. Como também faz pensar – para voltar à superposição de há pouco, ir para Moscou/voltar para Moscou – a súbita irrupção das *Três irmãs** num *intermezzo* paródico da citada *Marcha para Zenturo*.

Mas retornemos à turma do desalento, ou por outra, ao polo intelectual dominante em plena temporada de melancolia e desambição. Não se trata de mero jogo de cena; algum sexto sentido mais entranhado no mal-estar do privilégio numa sociedade de horrores talvez os deixe incompreensivelmente insensíveis ao esforço de atualização do capitalismo empreendido por seus pares operantes. De qualquer modo, um desafogo que só o triunfo permite e que decididamente nos deixou para trás comendo poeira. A hegemonia cultural da direita, mais do que um fato, é uma tremenda novidade histórica, e não estou me referindo a um presumido efeito colateral da óbvia prevalência do governo financeiro da acumulação. Enquanto não virarmos esse disco, continuaremos mordendo o pó. Voltemos então à matéria bruta ideológica que a meu ver o próximo ato do movimento teatral não pode deixar de levar em conta.

O que se quer dizer afinal quando se afirma que o horizonte do país encurtou? E não se trata de uma anomalia nacional. Na virada para os anos 1980, congelada a agitação social dos anos 1970, o discurso indireto do apagamento do futuro, sob as mais variadas denominações, também se instalou na vida mental do núcleo orgânico do sistema. Para não esquecer: a percepção de horizonte encolhido também ocorre por motivo inverso, de transfiguração do presente como pura expectativa de si mesmo. Tudo se passa desde então como se circulassem à volta do mesmo ponto o êxtase meia-oito – *jouir sans entrave, vivre sans temps mort* etc. – e sua ressaca perpétua, círculo vicioso do novo período para o qual devemos procurar uma resposta materialista, antes de passar sem mais aos diagnósticos exigidos pelas várias subjetivações em curso.

Eis então uma outra amostra da subjetivação à brasileira de todo esse falso movimento. De volta ao nosso cineasta, de fato um desbravador. Na entrevista citada, "As ambições do Brasil se tornaram mais medíocres" (quem diria, na antevéspera de uma apoteose mental coletiva, sustentar que "o país tem menos rumo do que tinha na década de 1950", que "a promessa do Brasil era maior", que "a gente podia imaginar que o país seria melhor na virada da década de 1950 do que pode imaginar hoje o que será o país

---

* Anton Tchekhov, *As três irmãs* (São Paulo, Global, 2008). (N. E.)

daqui a dez anos"), João Moreira Salles alerta a jornalista: "Sim, o horizonte encurtou, tornou-se mais medíocre, mas não estou dizendo que o Brasil é um país medíocre, essa é a frase do Fernando Henrique". Com efeito. Numa reportagem-comentário, "O andarilho", o cineasta acompanhou durante dez dias as andanças do ex-presidente, recolhendo material rotineiro para uma montagem final nada trivial, justo o contrário, um perfil devastador, no gênero *pince-sans-rire* – como estava dizendo, enquanto a esquerda liga o ventilador de clichês, o outro lado, de tão à vontade no topo do mundo, se oferece o prazer especial de entregar de bandeja seus maiorais. Valem para o narrador e seu personagem os benefícios de uma estratégia comum de "autoesculhambação", devidamente compensada por doses cavalares de *autobombo*, mas agora no caso exclusivo do retratado, que por sinal se compara a Picasso no quesito "fazer de tudo", nisso incluídos a cambalhota e, como diriam nossas avós, fazer fiu-fiu para o distinto público. Com um bom humor saltitante de quem tem uma avenida pela frente, vai fechando janelas, uma depois da outra, para um país que nem mais centro tem, é uma desintegração só, é isto mesmo que aí está, numa palavra, não há nada, tudo enfim fracassou. Resta por certo a obrigação de ser brasileiro, ofício maçante para quem se sente em casa no mundo, esse de não poder deixar de se comprometer por um país que continuará a ser medíocre. Espasmos premonitórios a menos, um verdadeiro personagem de romance russo se esparramando nalguma estação termal de luxo na Alemanha. Nunca se viu nem se verá expectativas decrescerem tão drasticamente esbanjando tamanha animação. Aliás, já vimos e a semelhança é tanto mais impressionante porque não foi buscada pelo cineasta-repórter: Brás Cubas, sem tirar nem pôr, mas o Brás Cubas enfim decifrado por Roberto Schwarz, justamente um Brás Cubas especialista em "desmanchar expectativas no nascedouro", e no qual chega a ser grandioso "o ânimo vital da mediocridade". Tempo morto e agitação vertiginosa. Para voltarmos aos termos de nossa equação: horizonte zerado e expansão indefinida.

Mas nada disso justificaria um retrato retroverso do Brasil atual, muito menos congelado num Bentinho centenário como estilizado no *Leite derramado*: o preço, o epílogo previsível de uma imensa periferia-desmanche, igualmente estilizada até o osso. Outra coisa é lembrar que Roberto Schwarz, segundo ele mesmo conta, só atinou com a atualidade desnorteante de Machado depois do golpe de 1964 e seus desdobramentos inéditos, destoante dos usuais pronunciamentos militares. Pois a Ditadura – militar apenas no que concerne ao trabalho sujo encomendado – inaugurou o novo tempo brasileiro regido por essa lógica com a qual estamos nos defrontando agora, a do sinal fechado num presente inesgotável, aliás profeticamente anunciado pela Tropicália, outra comissão de frente a nos levar às cordas. Fica a charada desse auge de um inédito grã-finismo intelectual realmente inspirador, pelo menos para quem gosta de remexer em entulho. Em seu livro sobre o carisma *pop* que os anos Lula consagraram*, o psicanalista Tales Ab'Sáber a certa altura sai à cata dos vínculos entre nossa atual condição de fronteira econômica vital para uma nova rodada do sistema global e a consequente participação imaginária no centro da experiência histórica contemporânea – somos inclusive um dos centros do mundo policêntrico da indústria cultural – e a patética redescoberta à direita da *forma ensaio* e o correspondente surto de publicações chiques a valer (como diria outra vez o saudoso Dâmaso Salcede) que "nos ensinam o quanto não sabíamos escrever como os clássicos modernos norte-americanos". Quando por sua vez Chico de Oliveira resumiu na fórmula certeira, porém de exposição incerta, o enigma da era Lula, "hegemonia às avessas", querendo dizer que o consentimento dos dominados se transformara no seu avesso – não são mais os dominados que consentem na sua própria exploração, são os capitalistas que consentem em ser politicamente conduzidos pelos dominados, desde que a "direção moral" exercida paradoxalmente por estes últimos não questione a forma da exploração capitalista –, creio que não previra a possibilidade desta variante na divisão dos trabalhos da dominação: a esquerda cuida do capital, a sociedade civil corporativa, do social, e os bancos e afins, da "direção moral" do conjunto, destacando-se pelo capricho na gestão da alta cultura**. Só que este último *volet* da hegemonia de avesso não tem nada, mais direto impossível – é que não estávamos mais acostumados, embora se trate de floração tardia nascida de nosso flanco esquerdo.

***

Não estou subestimando nada, pelo contrário. Não só representa uma enorme reviravolta a vida melhorada e menos desassistida de milhões de trabalhadores pobres brasileiros que só por escárnio foram batizados de "nova

---

* Tales Ab'Sáber, *Lulismo, carisma pop e cultura anticrítica* (São Paulo, Hedra, 2011). (N. E.)

** Francisco de Oliveira, Cibele Saliba Rizek e Ruy Braga, *Hegemonia às avessas: economia, política e cultura na era da servidão finaceira* (São Paulo, Boitempo, 2010). (N. E.)

classe média", como, no outro extremo, a novidade não menos tremenda para um esquerdista dos tempos do subdesenvolvimento, a jovem constelação de multinacionais brasileiras operando e predando na América Latina e na África. Subimperialismo subsidiado pela finança pública e legitimado pela nomenclatura sindical. Como lembrado muito a propósito por um ensaísta independente e libertário, João Bernardo, não foi muito diferente a estratégia que deu a largada ao fascismo italiano. Nunca é demais lembrar que as centrais sindicais da construção civil nos Estados Unidos fizeram ostensivamente *lobby* a favor da invasão do Iraque. Por essas e outras é que a eleição de um operário metalúrgico para a Presidência da República derruba de vez a teoria crítica brasileira, como a eleição anterior de um sociólogo desnudava a dimensão afinal afirmativa daquela mesma tradição. Como observou um jovem historiador, *cum grano salis*, um retirante presidente supera de uma vez por todas os "impasses do inorgânico" e arremata a obra-prima de Caio Prado Jr., virando com uma pá de cal sua última página: então era isso a Revolução Brasileira?

2011

5

DEPOIS DE JUNHO A PAZ SERÁ TOTAL

1

Durante alguns meses, o rescaldo de Junho parecia não ter fim na cidade do Rio de Janeiro. Como a onda "coxinha" refluíra, as ruas voltaram a ser ocupadas exclusivamente pelos manifestantes da primeira hora, cujo fôlego continuava a surpreender. Quase diários, os atos se estenderam pelo menos até setembro, e um pouco além, como o explosivo 15 de outubro (exatos dez dias depois, em São Paulo, foi a vez de um coronel da Polícia Militar sentir na pele a sensação térmica de *público-alvo*, para recorrer ao jargão no emprego do qual convergem faz tempo governantes, empresas, organizações não governamentais e veteranos de movimentos sociais históricos). Pois foi nessa atmosfera sobrecarregada por meses de lacrimogêneo, pimenta e borracha – para nos restringirmos aos ingredientes básicos do coquetel servido ao supracitado público-alvo – que foi se armando um raciocínio enviesado e não menos tóxico do que a mistura de gás e ordem que respiramos desde junho, pelo menos com intensidade e frequência inéditas para o alvo da vez. Seja como for, o argumento estava no ar quando circulou na cidade um manifesto de apoio ao AfroReggae e seu coordenador, José Junior, "Deixem o Rio em paz".

Um punhado de notáveis e celebridades puxava um arrastão de "empresários, médicos, executivos, economistas, publicitários, antropólogos, escritores, músicos, jornalistas e policiais" – na divertida e pitoresca enumeração de um apoiador entusiasta, que no entanto se esqueceu de comemorar a ausência de políticos – em solidariedade à ONG ultrapremiada cujas instalações no Complexo do Alemão sofreram vários e mal explicados atentados, e seu fundador, outras tantas ameaças de morte. O AfroReggae dispensa apresentações, bem como a personalidade carismática de seu líder. Relembro apenas que ao completar vinte anos exportando sua tecnologia social para o resto do Brasil, e do mundo que foi se periferizando, a marca AfroReggae é também o resumo conclusivo de uma trajetória de unanimidade em torno de iniciativas que surgiram na esteira da Ação da Cidadania, inaugurada por Betinho em 1993, não por acaso no mesmo ano de nascimento de uma iniciativa complementar chamada Viva Rio. E, é claro, no meio do caminho, as chacinas consecutivas da Candelária e de Vigário Geral, respectivamente em julho e agosto do mesmo 1993. Um ano depois, o jornalista Zuenir Ventura publicaria a crônica daquelas campanhas que sob o amplo guarda-chuva da Paz já costuravam no mesmo saco Fome e Segurança[1]. Creio que pela primeira vez os vestidos de branco botavam o bloco na rua. Uma virada e tanto: a bandeira branca voltava a ser uma bandeira de guerra, só que desta vez, nas palavras de um dos idealizadores da campanha – lembrando que antes de ser filantrópica, publicitária ou eleitoral, juntando movimento e efeito público de choque, e sempre planejada por um estado maior, uma "campanha" designava originalmente uma temporada coordenada de operações bélicas –, tratava-se de declarar uma "guerra ao contrário", contra a violência e pela paz. Entrava-se na violência pela porta da não violência, como também se proclamava[2]. Vinte anos depois, como nos tempos ansiosos em que pipocavam campanhas do tipo Rio Mania, Se Liga Rio, Caminhada Pela Vida e Pela Paz etc., o exorcismo da cidade dividida, a exortação de que o Rio tem de ser um só, como se dizia naquele longínquo ano de 1993, abalado pelas chacinas gêmeas, ressurgiu com força. Como a guerra sem fim contemporânea, a paz também parece não ter limites.

Por certo, não é a primeira vez que Zé Junior é ameaçado de morte. Sendo por excelência um "mediador de guerra em favela", como ele mesmo costuma se apresentar, recordando os primeiros passos de sua carreira, é natural que colecione ressentimentos de ambos os lados da linha de sombra em que sua condição anfíbia o condena a transitar[3]. Desarmar conflitos violentos, casando-os com projetos sociais, é uma operação ainda mais

---

[1] Estou me referindo, como o leitor deve ter adivinhado, a *Cidade partida* (São Paulo, Companhia das Letras, 1994). Minha edição é a nona reimpressão, do ano 2000.

[2] Como relata Zuenir Ventura (ibidem, p. 90).

[3] "O AfroReggae só atua onde ninguém quer atuar", entrevista de Eduardo Sá com Zé Junior, *Caros Amigos*, n. 186, set. 2012.

arriscada – pouco importa a garantia dos patrocínios corporativos – por uma particular escolha estratégica: "Só entramos em área não pacificada, só montamos núcleos em área de conflito". Durante muito tempo, quando subia o morro para negociar conflitos, não via nenhuma ONG ou movimento social ao seu lado; hoje, capacita policiais militares – que antes chegavam fardados e armados nas escolas e favelas – em grafite, *street dance*, circo etc. Sinal de que quando a maré virou a favor da reunião administrada das duas metades antagônicas da cidade partida, retrospectivamente realçou ainda mais a tecnologia pioneira do AfroReggae. No limite, a peregrinação a Medellín era dispensável, modelo do qual os governos locais copiaram quando muito o teleférico, mesmo assim inexequível sem os serviços de relações públicas promovidos por Zé Junior: "A obra do teleférico do Complexo do Alemão, quem mediou para traficante não destruir em 2008 fui eu. Eu sentei com o Tota, que era o todo-poderoso do Comando Vermelho, e com o Luciano Pezão (vice-governador), e não foi dado um real para traficante"[4]. Deixem o AfroReggae e seu principal animador em paz – venham de onde vierem as ameaças e os atentados, do crime ou da banda podre da polícia, os suspeitos de sempre –, quer dizer: não arranhem o simbolismo do pioneiro dispositivo pacificador montado por Zé Junior. Mexeu com ele, mexeu com o Programa de Pacificação das Favelas, do qual as UPPs, como se sabe, constituem a joia da coroa, de onde irradiam as mais variadas políticas de gestão dos territórios conquistados ou liberados, como se queira. Tirante a declaração inicial de natural solidariedade, o manifesto veio apenas relembrar com ênfase redobrada que "a Pacificação é um patrimônio do Rio de Janeiro". Mas então quem o ameaça? As facções retraídas? O aparato coercitivo que o assegura, tantos Amarildos quantos forem os efeitos colaterais necessários e inevitáveis? E morador em desacordo, eventualmente inconformado com o novo estilo das abordagens, que se saiba ainda não dá tiro.

Aqui entramos nós, quer dizer, o ar do novo tempo cristalizado na percepção arrevesada que estamos tentando identificar. Quem afinal ameaça a continuidade daquela política, à qual se costuma atribuir a onda recente de investimentos, grandes eventos, turismo, emprego abundante etc.? A

---

[4] Ibidem, p. 41-2. Para um balanço do deslumbramento dos políticos brasileiros que visitam Medellín, a reportagem de Daniela Pinheiro, "Mano Dura e obras públicas", *Piauí*, nov. 2007, p. 46-53.

máquina carioca de crescimento urbano, em princípio, não funcionaria a pleno vapor não fosse o clima de paz instaurado graças àquele cinturão de segurança. Acresce que se trata de um consenso arduamente costurado desde os tais anos fundadores que teriam revelado uma cidade fraturada e à beira do abismo, consenso solidarizando governantes e governados, todas as classes confundidas, num sentimento comum de crise emergencial pedindo salvação drástica. Fora os usuais energúmenos do contra, quem ousaria represar ou desviar esse rio de paz e prosperidade que está passando em nossas vidas? Mesmo que dê para desconfiar, a surpresa do curto-circuito não é menos dissonante. O quebra-quebra de Junho, é claro. A política do quebra-quebra que brotou das ruas sabe-se lá por que vias tortas e impenetráveis, e a escalada que ela prenuncia. Compreende-se a rejeição que se conhece, espantoso mesmo seria o contrário. O que realmente intriga – não dá para acrescentar "e assusta", pois a atual normalidade coercitiva já é por definição assustadora – é o traçado bizarro que liga os pontos, a vida serena nos territórios pacificados num extremo, o som e a fúria das ruas de Junho no outro. De onde teria surgido a ideia de que, cedo ou tarde, toda aquela energia sem eira nem beira inundaria precisamente aqueles santuários? Neste ponto, a linha de raciocínio faz um rodeio indutivo pela demanda clássica *cui bono?*. Com certeza o tráfico, beneficiário direto dos tumultos que se seguiram à revoada lírica de Junho e que já estaria salivando por conta. Então é isso: depois de Junho o tiroteio voltou, e mais, não é mero acaso que o retorno da pancadaria nas ruas do Rio coincida com uma inflexão na curva ascendente da criminalidade. Chegou-se a dizer que usuários e repassadores de drogas estavam sendo pagos para engrossar o caldo da novíssima cultura da depredação. Algum sexto sentido punitivo por certo desconfiou que tanta e inusitada energia no confronto deveria brotar de uma fonte igualmente suspeita da mesma ordem que o princípio ativo das substâncias ilícitas comercializadas no varejo asfixiado pelo clima de paz social reinante na cidade desde a inauguração do programa redentor.

É claro, o amálgama acerca dos beneficiários diretos da explosão de violência política nas ruas do Rio nas semanas que se seguiram à efêmera coreografia pacifista (lembrando que os tais manifestantes pacíficos bateram sem dó nem piedade nos vermelhos) não chega a concluir que a intenção original era essa, "acabar com o sossego dos moradores das favelas ocupadas pelas UPPs". Noutros tempos, o argumento do aliado objetivo costumava ser infalível. Como respira, tal argumento, uma inconfundível e longínqua memória política de alianças sempre sonhadas, porque no fundo impossíveis, chegou-se até mesmo a alegar que sair por aí quebrando tudo acabaria por reforçar o moral dos traficantes, os quais, uma vez "recuperado o espírito de luta" (quem diria!), tratariam de reaver o domínio territorial perdido, reascendendo a guerra com o pavio de Junho. É curioso que não tenha ainda ocorrido a fantasia, na montagem do espantalho, de que o contágio agora se propagaria na mão inversa – do morro ao asfalto –, porém nivelando por baixo, no marco zero da degradação, pois como até os especialistas teriam obrigação de saber, a crise barbariza por igual, fragmentando ainda mais os comandos da droga, cada vez mais irracionais e autodestrutivos. Deixando de "representar uma alternativa econômica, ainda que perigosa e ilegal, tendem a se tornar núcleos de pura violência"[5]. É questão de tempo, se é que o referido amálgama já não tocou esse fundo obscuro do poço. Mas continuemos com a assombração se desenhando na névoa de enxofre do dia seguinte à ruptura de Junho – é por esses e outros fantasmas que o país não voltará mais a ser o mesmo. Essa ligação à primeira vista paranoica de pontos tão díspares também está acentuando outra ameaça, e de novo o mau exemplo vem da desobediência das ruas. É raro, mas de vez em quando a mídia deixa vazar a notícia de que as comunidades pacificadas reclamam dos novos usos e costumes dos pacificadores[6]. E se a notícia se espalhar morro

---

[5] Como lembrado por Marcos Barreira no capítulo sobre o nexo entre reestruturação urbana e violência na cidade do Rio de Janeiro, "Cidade Olímpica", no livro coletivo *Até o último homem: visões cariocas da administração armada da vida social*, organizado por Felipe Brito e Pedro Rocha de Oliveira (São Paulo, Boitempo, 2013, Coleção Estado de Sítio), p. 148.

[6] Ver o comentário de Pedro Rocha de Oliveira inspirado pela afirmação de um comandante de UPP, segundo o qual os moradores precisam se acostumar com as "abordagens" nos territórios liberados. "E não perca no próximo programa: alguém morto sem motivo, ao vivo", publicado em 14 out. 2013 no Blog da Boitempo (disponível em: <http://blogdaboitempo.com.br/2013/10/14/e-nao-perca-no-proximo-programa-alguem-morto-sem-motivo-ao-vivo/>). O princípio, como sempre numa Era de Expectativas Decrescentes, é o do *mal menor*. A pressão policial é preferível à opressão do tráfico ou àquela mais organizada, das milícias. Tese, aliás, abraçada com a força proverbial dos afogados pela esquerda legalista e punitiva, desde 2003 de passagem pelo governo. Ainda a respeito dessa alternativa sem alternativas, ver a entrevista de Frédi Vasconcellos e Mariana Gomes com Marcelo Freixo, "A escolha entre UPPs ou tráfico é uma armadilha", *Caros Amigos*, maio 2013, p. 16-9. Em poucas palavras: à feição calamitosa do capitalismo contemporâneo – e cujo apodrecimento parece não anunciar mais nada – corresponde uma espécie de visão panglossiana às avessas, segun-

acima de que uma gente indócil também não está se "acostumando", muito menos se conformando, com o novo padrão de abordagem nas ruas?

> Basta uma amostra, o relato de uma jovem advogada presente no momento do conflito em que os manifestantes partiram para cima de um coronel da PM de São Paulo, na noite de 24 de outubro de 2013.
>
> Eu estava pouco antes desse momento, realmente deplorável, tentando falar com o coronel, arrogante. Ele e outro soldado estavam pegando e anotando o RG de todos os manifestantes que passavam e de quem chegava perto só para ver o que estava acontecendo ou para perguntar por que tinham detido uma menina que não estava fazendo nada: qualquer manifestante era "fichado" por eles. Apresentei-me como advogada e perguntei o motivo e finalidade desse fichamento. O coronel foi debochado e recusou-se a responder. Insisti e logo em seguida ele largou os RGs e partiu para cima de um garoto vestido de *black bloc* segurando um mastro tipo pau de bandeira. Avançou para cima do garoto e começou a bater, mas acho que não contava que todos que estavam em volta se revoltassem e partissem para cima dele para ele largar o garoto. Depois disso, não vi mais porque estourou a confusão e saí de perto [...].
>
> O militante que me passou essa ilustração da nova "abordagem" acrescentou um comentário cujo resumo poderia ser este: se me pe-

---

do a qual não viveríamos no melhor dos mundos possíveis, mas num outro mundo, não menos admirável, regido pelo princípio do menor de todos os males possíveis. A conclusão é de Eyal Weizman, refletindo sobre uma outra ocupação – a rigor, a mãe de todas a ocupações que hoje povoam o mundo –, a dos territórios da Palestina e o governo das suas populações segundo um dispositivo peculiar baseado no cálculo dos mínimos vitais compatíveis com o exercício contínuo porém calibrado da violência de qualquer forma inevitável e perene (cf. *The Least of All Possible Evils: Humanitarian Violence From Arendt to Gaza*, Londres, Verso, 2011). Teremos tempo para verificar se as novas abordagens pacificadoras são uma variante desse grande dispositivo "moderador" da violência distribuída segundo algoritmos de escolhas entre danos que de qualquer modo serão infligidos. Assim, na Faixa de Gaza sitiada rotineiramente, no exemplo de Weizman, o garrote israelense é calibrado segundo padrões de "mínimos humanitários", dosando energia elétrica, calorias e outras necessidades vitais, de modo a governar as pessoas confinando-as ao limite administrável da mera existência física. Não quero forçar nenhuma analogia chapada, apenas sugerir como promete ser amplo o espectro das abordagens que vem por aí. O espectro pode perfeitamente evoluir de espasmos paroxísticos como um espancamento de rua ou uma reintegração de posse selvagem à calibragem administrativa de níveis de pobreza.

dissem para condensar em duas palavras a real novidade de Junho, diria o seguinte: *agora há reação*. Fiquemos com a última, ou melhor, a primeira do ano de 2014, pelo menos a primeira a ser registrada e ter ampla repercussão na mídia comercial, para não falar das redes, que aliás não são menos comerciais, embora atendam pelo nome de sociais. Como esperado, os protestos de rua voltaram no dia 25 de janeiro. O primeiro manifestante baleado pela polícia caiu em São Paulo, ferido a tiros no tórax e na virilha. No momento em que escrevo, está em coma induzido na Santa Casa, para onde foi conduzido pelos próprios policiais, contrariando normas recentes de atenuação das estatísticas, pois é a caminho que se costuma completar o serviço. Para efeito de raciocínio, vamos adotar a versão da polícia. Ao ser abordado e ter a mochila revistada, Fabrício Chaves fugiu correndo com três policiais no seu encalço; sentindo que seria alcançado, voltou-se com um estilete na mão e partiu para cima de um dos policiais, que então atirou em legítima defesa, com a atenuante de que já estava no chão, empurrado pelo seu agressor. As execuções na periferia são expeditivas. Quando o alvo se desloca em velocidade, ignoro quais são os protocolos. Na região central de São Paulo, três policiais com arma de fogo interpelaram um jovem que, depois de correr em vão, os encarou com uma arma branca. Admitamos que por uma vez a polícia não tenha forjado um boletim de ocorrência. No início do segundo capítulo de Junho, ainda não temos resposta para a pergunta, quem sabe a única capaz de abrir caminho sob a tonelada de senso comum que se abateu sobre o país: por que Fabrício parou de correr? Podemos não saber ainda por que parou, mas podemos presumir sem muito erro o que sentiu enquanto corria pela rua:

> uma impressão de pavor [...] a postura da cabeça, tentando manter-se erguida, é de alguém que se afoga, o rosto tenso assemelha-se à careta de dor. Ele tem de olhar para frente, quase não consegue olhar para trás sem tropeçar, como se seu perseguidor – cuja visão deixa-o gelado de horror – já respirasse em sua nuca. Outrora corria-se de perigos demasiado terríveis para que se lhes fizesse face e, sem saber, disso ainda dá testemunha quem corre atrás do ônibus que se afasta velozmente. O regulamento de trânsito não precisa mais levar em conta os animais selvagens, mas ele não conseguiu apaziguar a ação de correr.

Também sabemos de qual animal selvagem Fabrício estava correndo:

> Ninguém deixa de sentir um frio na barriga quando é parado pela polícia. Até porque, se você está limpo, ninguém garante que a polícia esteja. Todo mundo sabe que com a polícia tudo é possível. E todo mundo sabe que para o Estado, que está por trás da polícia [...] somos todos não-pessoas [...]. E se eu for pobre, aí a situação é realmente grave [...]. Na relação com o Estado, estamos todos mortos. Não é por acaso que o fisco é o leão [...] é justamente o encontro com o leão na mata.

O primeiro trecho encontra-se nas *Minima Moralia**, de Adorno; o segundo, numa palestra do antropólogo Eduardo Viveiros de Castro, "A morte como quase acontecimento". Ambos se encontram no livro da socióloga Silvia Viana sobre os *reality shows*, *Rituais de sofrimento*[7], onde, por meu turno, os encontrei – o primeiro, havia lido e esquecido, o segundo, não conhecia. Os dois fragmentos falam por si, mas o fato de serem citados e comentados num estudo sobre a alienação contemporânea do trabalho – aqueles monstrengos televisivos não são mera patologia ilustrada, mas a exibição em tempo real de pessoas trabalhando de verdade para produzir a eliminação de outras que também estão trabalhando de verdade para o mesmo fim – lança uma luz nova sobre a fuga de Fabrício e o bafo arcaico da violência congelando-lhe a nuca enquanto corre, depois do mau encontro na selva, a quase morte vivida em plena mata de Higienópolis, a única experiência diante da qual, segundo o antropólogo, nos sentimos completamente abandonados, o que torna ainda mais misteriosa a fonte de energia que permitiu a Fabrício parar e olhar para trás sem se deixar congelar pela visão de seus perseguidores. Graças à imaginação sociológica de Silvia Viana, podemos agora reconhecer o terror que mal se esconde nas imagens hipervalorizadas hoje em dia, nas "cenas de gente apressada de um lado para o outro, para cima e para baixo, se trombando, tropeçando, atropelando na rua, na cozinha, no ateliê, na passarela". Parece simulação, mas é trabalho real, intensificado pela aceleração rumo à degola que cedo ou tarde virá, que por sua vez não deixa de ser uma simulação, pois assim ninguém consegue trabalhar de fato. Trata-se de uma correria

---

* Rio de Janeiro, Azougue, 2008. (N. E.)
[7] São Paulo, Boitempo, 2013, p. 100-1 e 159-60, respectivamente.

só, sem antes nem depois. Por essa pista, o estudante de escola técnica e estoquista (daí o estilete) Fabrício Chaves já corria há algum tempo, ao correr também da polícia. Mudou a faixa, mas a equivalência entre "correr atrás" e "aguentar a pressão" continua a mesma. Na formulação de Silvia Viana: "A premência de alcançar o que está à frente é sempre também a fuga febril de uma ameaça que se aproxima por trás". Como seu ancestral, Fabrício correu para sobreviver (até Hobbes lhe faculta esse direito), mas não só. Não correu como o prisioneiro (que praticamente já era) a quem a polícia teria dado a ordem de correr para ter um pretexto para assassiná-lo (como estava a ponto de acontecer). Até o momento em que deu meia-volta e encarou a quase morte do mau encontro, descartando a correria como único horizonte concebível. Primeiro na rua, quem sabe logo mais no trabalho. Mas não sabemos nem mesmo por que parou e se voltou.

Tudo somado, sobram analogias sumárias na origem dessa outra visão carioca, tão fora de foco que não sabemos mais onde termina a percepção alucinada e principia uma outra ameaça, esta sim bem mais tangível. Ligue os pontos e verá para onde caminham esses manifestantes que não fogem mais da polícia, inverta o raciocínio e verá que, baixada a poeira da tarifa, o tal rastro de destruição que deixam atrás de si revela um outro endereço. O secretário de Segurança Pública nunca escondeu o que de resto mostram muito bem os mapas de localização das UPPs, a saber, que os territórios pacificados formam um cinturão de segurança para os megaeventos a caminho. Ora, quem ousou sitiar arenas da Copa está de fato mandando um salve geral aos candidatos naturais a quebrar aquela grade de proteção. Pensando bem, não é para surpreender tanto assim: o que exigiam, logo nos primeiros dias em que a chapa esquentou e o trânsito parou, editorialistas, colunistas mais o pessoal da moral-e-cívica nos *talk shows*? Justamente que se reconquistasse a avenida Paulista, a Cinelândia etc. Enfim, todos os espaços tomados e conspurcados por manifestantes abusados. Na semana seguinte, a onda verde e amarela das bandeiras atestava que a missão fora cumprida, os medos urbanos reais e imaginários haviam decifrado em silêncio o ar de família que circula em comandos do gênero: faxinemos a Cinelândia com a mesma energia cívico-militar com que libertamos o Alemão. A ficha caiu antes de junho chegar ao fim, mas só foi cantada, como estamos vendo, depois de um par de meses de embates pelo domínio da rua. Na visão, é claro, de quem opera segundo a lógica de ocupação de territórios, como é o caso tanto das facções que controlam o varejo da droga quanto dos agentes armados da pacificação desses mesmos espaços de segregação e estigma[8].

Desde Junho, essa territorialização violenta se estendeu das ruas ao perímetro inviolável dos megaeventos. Contiguidade contagiosa, que por sua vez inspirou a política envenenada do argumento retardatário cujos pontos procuramos ligar. Depois de igualmente reparar que a ideia absurda de "retomada do espaço público" invadido por manifestantes predadores não difere muito da dinâmica de instauração das UPPs, a advogada voluntária e defensora dos direitos humanos Gabriela Azevedo tocou no ponto nevrálgico dessa visão de território: nela, sempre se recorta um canto "no qual se pode suspender o ordenamento, invisibilizar, incluir, excluir e matar (*lato sensu*) de várias formas ao sabor da vontade política"[9]. Espaços de exceção, em suma, onde a lei é como que desativada, zonas cinzentas nas quais os protocolos da "resistência seguida de morte" são a senha de uma autorização para matar, zonas cujo epicentro pode ser tanto um ponto de droga quanto os circuitos informais de comércio popular[10]. Pois o que o relato de Gabriela

---

[8] A "pacificação" – como lembrado, por exemplo, por Michel Misse – reiterou a lógica perversa da territorialização, daí as aspas de rigor, e, mais, com o tempo essa mesma lógica de conquista e controle estará pavimentando o caminho dos dois principais mercados ilegais: o que oferece drogas a varejo e o que oferece mercadorias políticas, "proteção", no caso. Michel Misse, "Os rearranjos de poder no Rio de Janeiro", *Le Monde Diplomatique Brasil*, jul. 2011, p. 6-7. Desnecessário lembrar que nesse mesmo julho de 2011, dando um balanço nas consequências e pressupostos históricos da maior intervenção militar em favelas na cidade do Rio de Janeiro, a ocupação do Complexo do Alemão em novembro de 2010, Vera Malaguti Batista principiou sua peculiar "desconstrução" das UPPs e o "macabro consenso" que se formou à direita e à esquerda (vá lá) em torno delas justamente por uma problematização do conceito de território e sua sinistra genealogia brasileira enquanto alvo perene de ocupações militarizadas e massacres. "O Alemão é muito mais complexo", texto apresentado no XVII Seminário de Ciências Criminais, São Paulo, 23 jul. 2011, incluído no volume coletivo *Paz armada* (Rio de Janeiro, Revan, 2012, Coleção Criminologia de Cordel).

[9] Comunicação no colóquio "Horizontes 2013/Cidades Rebeldes", Faculdade de Direito-UFPR, Curitiba, 12 nov. 2013. Cito de acordo com o texto que a autora gentilmente me pôs à disposição.

[10] Para um apanhado geral dessas "zonas de arbítrio" em que operam as práticas de extorsão dos mercados de proteção, ver Vera da Silva Teles, *A cidade nas fronteiras do*

Azevedo mostra é que esses espaços de exceção – antes restritos aos circuitos de relegação da pobreza estigmatizada – vazaram para a rua política ante a surpresa intolerável da desobediência recalcitrante e incivil; pior ainda, nesse mesmo plano do inusitado, a contaminação alcançou a greve dos professores da rede municipal carioca, entornando de vez o caldo, juntando e misturando "baderna" com uma categoria histórica de trabalhadores organizados[11]. Assim, ao *spray* de pimenta e à bala de borracha adicionou-se o Pacote da Ilegalidade, que desde então não para de crescer e multiplicar-se[12].

    legal e do ilegal (Belo Horizonte, Argumentum, 2012), em particular o capítulo 5 sobre a dimensão territorializada da gestão diferencial dos mais diversos ilegalismos em que só há, segundo o dito popular, "ou acordo, ou a morte, não a prisão".

[11] A respeito dessa fusão inaugural de métodos de luta correspondentes a tempos históricos diferentes, ver as observações de Giuseppe Cocco em entrevista a Patrícia Benvenutti, "Abrir-se para a onda", *Brasil de Fato*, 22 out. 2013, p. 4: "Quando os professores se mobilizaram, o fizeram de maneira tradicional, com passeatas, organizadas a partir do carro de som do sindicato, com uma dinâmica que não era aquela do movimento de junho, mas de repente a mobilização não encontrou nenhum espaço de negociação junto aos poderes públicos, nenhuma mediação por parte da Prefeitura e foi se radicalizando. A partir da ocupação da Câmara Municipal, passou a ser algo diferente, dialogando diretamente com o levante da multidão. É uma luta da categoria que acabou sendo uma luta da cidade. É uma movimentação da categoria, mas que se faz na brecha aberta pelo movimento de junho que, em particular no Rio de Janeiro, teve uma continuidade praticamente diária".

[12] Pacote da Ilegalidade é o apelido carioca da parte mais acintosamente visível e alardeada do estado de exceção ainda, por assim dizer, juridicamente clássico. Na enumeração de Gabriela Azevedo, "abarca desde pronunciamentos do Executivo, embasando a suspensão do ordenamento e a identificação do inimigo, passando pelo posicionamento pouco (ou muito?) ortodoxo de certos magistrados (de sentenças altamente punitivas a originais restrições impostas quando da decisão da liberdade), chegando à instauração, *por meio de decreto do executivo estadual* n. 44.302 (qualquer coincidência com uma medida de exceção...), da Comissão Especial de Investigação de Atos de Vandalismo em Manifestações Políticas (Ceiv), que apesar da vida curta deixou frutos – diversos inquéritos policiais instaurados até correm ainda sob sigilo". E por aí vamos no rol dos monstrengos, como na Lei dita das Máscaras (Lei Estadual n. 6.528, de 11 de setembro de 2013), Lei de Associações Criminosas (Lei n. 12.850, de 2 de agosto de 2013), reativação da Lei de Segurança Nacional de 1983 (n. 7.170) etc. Para um outro complemento deste etc., como a iniciativa anunciada em 31 de outubro pelo ministro da Justiça de criação de tribunais itinerantes durante as manifestações, além de outras medidas relativas à ativação de legislação de exceção, ver André Sá Caldas, Eduardo Backer e Thiago Melo, "Surge um novo inimigo interno", *Le Monde Diplomatique Brasil*, dez. 2013, p. 38. Ainda, para um elenco comentado de violações ocorridas no Rio durante e depois de junho, ver Taiguara Souza, pro-

Resumindo, ficamos assim: quem *não* se manifestou dentro da lei e da ordem, e continuou quebrando vidraças depois que a onda cívica voltou para casa, estava *objetivamente* a fim de pôr fogo no circo das UPPs, sabotar os dividendos da paz, detonando em primeiro lugar a redenção urbana, econômica e social que viria no rastro dos megaeventos. E pouco importa se a campanha de rua para barrar o aumento das tarifas no transporte público ou, na vaga sucessiva, o fogo de barragem dirigido contra as bolhas de exceção da Fifa jamais cogitaram visar e minar a paz dos pacificadores de favelas: a linha imaginária e paranoica ligando tais pontos vinha confirmar um mau sonho carioca, uma desconfiança pesada e jamais formulada de que as UPPs talvez não fossem bem a ansiada "fórmula mágica da paz" enaltecida por seus idealizadores, tampouco se reduzissem ao papel de meras facilitadoras de negócios, como querem seus detratores, sintomas enfim de uma neurose objetiva e como tal premonitória, saídas de emergência porém preventivas de uma urgência maior e não sabida, e não obstante a caminho. Dia 18 de dezembro de 2013, o Programa de Pacificação das Favelas, deflagrado pelas UPPs, fez aniversário. Sua mais remota e funda razão de ser finalmente revelou-se em Junho. Oito anos de espera depois, os bárbaros chegaram[13]. A fantasia punitiva dos pacificadores só parecia tresloucada por ser exata. É que os tempos estavam trocados, bem como a ordem de chegada dos personagens em cena. Sem falar na denominação inusual que logo se verá, há dois anos adormecida no vocabulário político da cidade.

---

fessor de direito penal e membro da Comissão de Direitos Humanos da Alerj, "Essa resposta altamente truculenta e violadora dos direitos fundamentais busca ocultar a legitimidade da reivindicação", entrevista a Viviane Tavares, *Brasil de Fato*, 31 out.-6 nov. 2013, p. 10-3. Vale ressaltar na entrevista um tópico, no capítulo das grandes continuidades em nossa transição infindável e o regime híbrido que a caracteriza desde a conclusão oficial da ditadura: a visão segundo a qual "aquele cidadão que está nos protestos populares é considerado um inimigo que deve ser combatido, a ação da polícia remonta à ideia do toque de recolher, muito característico da época da ditadura, que é retirar o manifestante da rua".

[13] Ao contrário da espera frustrada pelos bárbaros redentores no poema de Cavafis, *A espera dos bárbaros*, desta vez eles de fato chegaram: não seriam por certo a solução, mas a rima que afinal veio a confirmar os muitos anos de expectativa de um perigo eminente beirando a catástrofe, e sem a qual não se cristalizaria o "consenso macabro" que culminou nas UPPs. Não evoquei à toa o poema de Cavafis, mas para relembrar que ele fornece uma das epígrafes a *Cidade partida*, de Zuenir Ventura, cit., p. 53. A crise, cujo alarme fora soado vinte anos atrás, porém como sinal de largada para o *city marketing* da futura Cidade Olímpica, finalmente encontrara o inimigo dos seus sonhos.

2

Quem a despertou de uma latência de duas décadas, a julgar pela data de declaração da *guerra ao contrário*, com a qual sonhavam os pacificadores de 1993, foi, primeiro, o golpe de vista bem treinado de um diplomata norte-americano associado ao posto brasileiro de seu país. Segundo, graças a um dos tantos vazamentos do WikiLeaks, o não menos certeiro senso das desproporções reveladoras do pesquisador e militante Eduardo Tomazine Teixeira num artigo publicado no jornal eletrônico *Passa Palavra*, em 13 de janeiro de 2011, "A doutrina da pacificação"[14]. Pois bem. Segundo *mr.* Hearne,

> o Programa de Pacificação de Favelas compartilha algumas das características da doutrina e da estratégia de contrainsurgência dos Estados Unidos no Afeganistão e no Iraque. O sucesso do programa dependerá, em última instância [...] da percepção dos moradores da favela quanto à legitimidade do Estado [...] assim como na contrainsurgência, a população do Rio de Janeiro é o verdadeiro centro de gravidade [...] um dos principais desafios desse projeto é convencer a população favelada que os benefícios em submeter-se à autoridade estatal (segurança, propriedade legítima da terra, acesso à educação) superam os custos (taxas, contas, obediência civil).

À primeira vista, o disparate não podia ser maior. Para atenuá-lo, Tomazine foi se informar, verificando que a doutrina e a prática da contrainsurgência não são as mesmas do tempo da Guerra Fria – "deslocamentos forçados de populações, recrutamento obrigatório da população local para as forças de segurança, rígidos toques de recolher, pressão letal sobre os civis para se colocarem ao lado do governo", nas palavras de uma alta patente americana, ressaltando o anacronismo daquelas táticas da guerra irregular empregadas nas selvas do Sudeste Asiático e da América Central. Não será demais observar de passagem que as remoções forçadas estão aí de volta entre nós faz algum tempo, e tempo desenvolvimentista, para ser preciso. Mas não avancemos o sinal. Uma importante voz dissidente na comunidade intelectual norte-americana de segurança, o historiador militar Andrew Bacevich,

---

[14] Publicado em *O Globo* online, o telegrama, como se dizia antigamente, também chamou atenção de Vera Malaguti Batista, que o incorporou ao seu argumento geral acerca do laboratório carioca de gestão policial da vida ("O Alemão é muito mais complexo", cit., p. 77). Eduardo Tomazine ainda publicou uma segunda versão do artigo pioneiro, "A pacificação de favelas no Rio de Janeiro: a contrainsurgência preventiva?", *Alterinfos América Latina*, 14 mar. 2011.

recomenda inverter o raciocínio se quisermos atinar com a reviravolta que veio bater no Rio. Contrainsurgência foi o nome da moda[15] dos tempos em que se combatia no solo a guerra revolucionária de novo tipo que o exército francês descobriu na derrota na Indochina e depois reverteu a seu favor na infame batalha de Argel, travada na base da tortura e do atentado terrorista, como se há de recordar – e sua ressurreição contemporânea (a revolução armada nos trópicos foi enterrada faz tempo) demanda outra explicação. A saber: por volta de 2006, Bagdá parecia a Beirute da guerra civil em 1983, só que muito pior. A truculência *high tech* do Choque e Pavor simplesmente não funcionara – algo como a nossa estratégia doméstica "pé na porta" à enésima potência tecnológica –, de sorte que o Estado Maior da vez tirou da manga um novo Manual de Campo, o desde então venerado FM 3-24, ao qual se atribui a inflexão favorável no curso das guerras gêmeas no Iraque e no Afeganistão[16], dando continuidade por outros meios à essência da estratégia Bush, a da guerra sem fim, inclusive no que concerne a objetivos palpáveis, que não o da perpetuação da constelação de organismos e interesses que compõem o Estado de Segurança Nacional[17].

---

[15] E depois o nome do horror praticado pelos Contra na Nicarágua e El Salvador na última década da Guerra Fria. Veja-se o terceiro capítulo, "Going Primitive", do livro de Greg Grandin sobre o laboratório centro-americano da carnificina praticada na fase de descida aos infernos da Guerra do Iraque, *Empire's Workshop* (Nova York, Metropolitan Books, 2006).

[16] Venerado a ponto de merecer uma publicação pela editora da Universidade de Chicago (2007), acompanhada por uma introdução entusiasta da então diretora do Centro Carter para Direitos Humanos, de Harvard. Sigo adiante o comentário de Eyal Weizman (*The Least of All Possible Evils*, cit., p. 17-9, 119 para as notas). Saudando a colaboração sem precedentes entre um centro de direitos humanos e as Forças Armadas, a referida diretora (Sarah Sewall, para ser preciso) lembrava que, numa ação militar, baixas civis em excesso, além de um possível erro moral, são antes de tudo uma tática *self-defeating*, e que por isso o Manual acertava em cheio ao permitir que o direito humanitário e os princípios dos direitos humanos se transformassem em ferramentas indispensáveis nas mãos das forças de ocupação empenhadas em "ganhar" as populações civis e se convertessem enfim naquilo que os Direitos Humanos se tornaram, uma técnica de governo, uma vez encerrado o período épico inaugural da luta contra os poderes exterministas e desaparecedores das ditaduras plantadas na América Latina, justamente, suprema ironia, na esteira da contrainsurgência histórica.

[17] Andrew Bacevich, *Washington Rules: America's Path to Permanent War* (Nova York, Metropolitan Books, 2010), cap. 5, "Counterfeit Coin". Ainda do mesmo autor, "Social Work with Guns", *London Review of Books*, 17 dez. 2009.

Na raiz da mudança terminológica prestigiosa, uma senhora mistificação, ainda que desbravadora de um inestimável roteiro ideológico. Pensando em termos de história militar, contrainsurgência hoje, afirma Bacevich, é uma moeda falsa, uma fraude destinada a perpetuar o estado de guerra no mundo, pois a "segurança da população", por definição, é uma porta que nunca se fecha. (Ou a Segurança Humana, o nome do jogo hoje.)[18] Pois diante dos escombros da estratégia Choque e Pavor, como se disse, a inteligência militar chegou à conclusão de que a natureza da guerra contemporânea mudara inteiramente, muito menos uma decorrência do teorema – como se exprimiu um membro do Estado Maior quando as primeiras bombas começaram a cair sobre Bagdá – "velocidade é poder", e muito mais, se não tudo, quando se deseja "mudar o modo de vida *deles*", *quase uma saída para a questão social*, forçando um pouco a nota do grotesco na presente situação. Na definição mais precisa de Bacevich, um *trabalho social armado*. Numa frase, não se trata mais de "vencer batalhas, mas de *pacificar populações*"[19], por meio de "boa governança", "desenvolvimento econômico", "segurança pública" – enfim, todo o pacote em que se entrelaçam hoje *welfare* e *warfare*. O soldado protagonista de uma intervenção social armada, além de exercer o papel de trabalhador social, precisa atuar igualmente como planejador urbano, antropólogo e psicólogo[20] e, com isso tudo, inevitavelmente, como um "policial", como o redefiniu há tempos Mary Kaldor, na primeira obra de referência acerca das novas guerras pós-clausewitzianas[21]. O nome do

---

[18] Mary Kaldor, *Human Security: Reflections on Globalization and Intervention* (Cambridge, Polity Press, 2007), cap. 7. Para um comentário que nos concerne, se é verdade que hoje a Guerra não é mais guerra, mas antes de tudo Intervenção, e intervenção securitária, ver os dois livros de Frédéric Gros, *États de violence: essai sur la fin de la guerre* (Paris, Gallimard, 2006) e *Le principe securité* (Paris, Gallimard, 2012).

[19] Andrew Bacevich, *Washington Rules*, cit., p. 208. Grifo meu.

[20] Eyal Weizman, *The Least of All Possible Evils*, cit., p. 18.

[21] Mary Kaldor, *New and Old Wars: Organized Violence in a Global Era* (Stanford, Stanford University Press, 2009), p. 125-30. Sobre este tópico contemporâneo crucial – a policialização das novas guerras e a correspondente militarização das forças policiais –, procurei reunir, num argumento só, algumas referências num estudo de 2002, "Notícias de uma guerra cosmopolita", recolhido depois no volume de ensaios *Extinção* (São Paulo, Boitempo, 2007). No campo da crítica antissistêmica radical, surgiram pouco depois pelo menos duas contribuições: Robert Kurz, *Weltordnungskrieg: das Ende der Souveränitat und die Wandlungen des Imperialismus im Zeitalter der Globalizierung*, em especial os capítulos sobre a Polícia do Mundo e o

pacote, como sugerido, é *governo*, ou um conjunto de técnicas cujo objetivo é a segurança (em todo seu espectro) e o *alvo*, uma população (mal) assentada num território, cuja matriz de percepção por analogia é um ambiente urbano saturado de conflitos. Mas, com isso, processou-se uma tremenda e não prevista reviravolta, e é onde estamos: *do despropósito histórico na ressurreição do ideário operacional da contrainsurgência, chegamos a um encaixe não menos histórico, a visão do "trabalho social" como uma operação de contrainsurgência.* E esta última, quem diria, repaginada como uma *política pública*, no caso, *política de pacificação*[22]. Não surpreenderá então que o círculo dessa revira-

---

Estado de Exceção Global (Badhonnef, Horlemann, 2003); e Michael Hardt e Toni Negri, *Multitude: guerre et démocratie à l'age de l'Empire* (Paris, La Découverte, 2004), parte 1. Para uma avaliação abrangente e atual do quanto essa fusão entre militarização e policialização avançou, bem como a convergência paralela entre guerras de baixa intensidade e policiamento de alta intensidade, ambos os processos transcorrendo preferencialmente num teatro cada vez mais urbanizado, a ponto de caracterizar o que está sendo chamado de "urbanismo militar", ver Stephen Graham, *Cities Under Siege* (Londres, Verso, 2010), e, organizado pelo mesmo autor, *Cities, War and Terrorism* (Oxford, Blackwell, 2004). Estudando o laboratório carioca de militarização policial da vida, como assinalado, os autores de *Até o último homem* chegam a conclusões muito semelhantes. Está, portanto, na hora de fazer um balanço em mais esse capítulo da concomitante periferização do núcleo orgânico do sistema e "emergência", não menos orgânica, da periferia, o conjunto confluindo num mundo único de tal modo "pacificado" que "até os cães serão vacinados", como se podia ler no *Jornal do Brasil*, 2 jun. 1988, celebrando mais uma invasão definitiva da Rocinha pela Polícia Militar, enormidade incomensurável devidamente glosada pelos autores do livro mencionado a partir da página 264.

[22] Que neste caso específico Eduardo Tomazine batizou, como se lê no título de seu artigo, de "doutrina da pacificação", uma particular engenharia carioca de controle social, combinando o "choque" característico do capitalismo de desastre segundo Naomi Klein (quando o medo e o desespero provocados por abalos emergenciais se transformam em oportunidade de negócio) com a acumulação por espoliação, como David Harvey denominou a permanência da acumulação primitiva histórica na engrenagem de reprodução e expansão do capitalismo contemporâneo. A "doutrina" dessa outra fórmula mágica da paz, para voltar a falar como os Racionais MC's, é obviamente uma paródia da fraseologia americana da *grand strategy* e se explica por que, na engenhosa construção de Tomazine, para soldar choque e espoliação na gestão de territórios na orla da nova onda de exploração econômica no Rio de Janeiro, é preciso um dispositivo especial de governo, as UPPs, frente e verso, coerção e serviço social, no qual o diplomata americano prontamente reconheceu um equivalente da estratégia atualizada da contrainsurgência, a qual, associada às novas tecnologias onusianas de *peacekeeping* – bem testadas pelos agentes nacionais no Haiti, por exemplo –, veio paradoxalmente desembarcar num ambiente metropolitano cujos

volta espantosa se feche com a conclusão sinistra: tudo, portanto, deve se passar como se o público-alvo, como o nome indica e assinala, de todo esse dispositivo de governo fosse potencialmente insurgente. Mas, pensando bem, quem é afinal o alvo? O problema é que os suspeitos de sempre seriam os menos indicados para preencher a vaga de insurgente. Por mais que mídia e governantes assoprem a brasa dormida das facções, a ameaça de uma provável contraofensiva do varejo enxotado aqui e ali é só isso, uma ameaça, destinada sobretudo a despertar o ânimo bélico dos pacificadores. Desnecessário insistir, relembra Tomazine, examinando os candidatos, o pessoal do "movimento" não é nem de longe "insurgente", mas de fato os elos mais fracos – daí a violência – do circuito internacional do comércio de drogas e armamentos. Sua anomia é conformista, e embora desafiem o monopólio estatal do uso da violência dita legítima, como gostam de recordar os sociólogos ofuscados pela evidência de que o Estado está voltando a ser a relíquia arcaica que sempre foi, um bando armado que vende proteção, nunca cogitaram enfrentá-lo para valer, embora o façam para negociar em melhores condições, como se viu na sublevação do Primeiro Comando da Capital (PCC) em maio de 2006, em São Paulo, muito menos têm qualquer pretensão que poderia se chamar de política – salvo a ironia macabra de que o assim chamado Estado de Direito faça valer suas prerrogativas pelo menos na legislação em princípio garantista da Execução Penal. Nisto são até litigantes de boa-fé, jamais insurgentes. Não é, portanto, o comércio varejista de substâncias ilícitas, tocado pelos donos do morro, que se "insurge" contra "a valorização capitalista das favelas por meio da ocupação policial permanente dos territórios". Resta a "geração perdida" da população favelada – na acepção que lhe deu um oficial do Batalhão de Operações Policiais Especiais (Bope), em conversa reportada pelo nosso *mr*.: aqueles moradores que viveram décadas sob o controle do tráfico e a informalidade dos serviços via de regra providos por fontes piratas. Pois é essa geração e sua circunstância que Tomazine considera o alvo das grandes manobras cariocas de contrainsurgência. É que pacificá-la

---

conflitos só por metáfora poderiam ser verdadeiramente chamados de guerra. Contrainsurgência então meramente preventiva, como pergunta Tomazine na segunda versão do artigo? Seja como for, a mera prevenção – como estamos sugerindo desde o início – abriu um conjunto vazio de expectativas que praticamente suscitou o seu cumprimento num segundo tempo social.

significa quebrar sua resistência – e potencial insurgência – a assumir suas novas responsabilidades perante a suposta normalização capitalista de todas as prestações econômicas e sociais. Tampouco havia insurgentes em pé de guerra nas ruas mais obscuras e violentas de Porto Príncipe, apenas cidadãos pobres e desamparados[23]. Em suma, considerá-la "potencialmente insurgente", conclui Tomazine, é encarar seriamente a contrapartida de "não haver no Brasil um verdadeiro inimigo interno", mas ao mesmo tempo uma população oprimida e recalcitrante, que desconfia e reluta, quando não se insubordina, diante do preço de mercado a pagar pelo despertar de sua subjetividade empreendedora. Quem dera[24].

---

[23] Mas quando sobreveio a devastação cataclísmica do terremoto, a Minustah (e o correspondente sorvedouro ongueiro de recursos internacionais) cuidou apenas de salvar a própria pele, aquartelando-se. No relato notável do antropólogo Omar Ribeiro Thomaz, a virtual "insurgência" do povo pobre e abandonado à própria sorte de Porto Príncipe apresentou-se então na forma de uma surpreendente (para os que temiam, entrincheirados em suas posições, o assalto de uma horda bárbara) capacidade de auto-organização e cuidado dos outros em proporções jamais vistas, sobretudo porque da ignorância em que vivemos do Haiti só se esperam estereótipos. Como a aproximação UPP-Minustah trivializou-se, à esquerda e à direita, não seria demais reconsiderar uma outra hipótese preliminar, além da sugerida linhas antes – todo esse enorme e próspero aparato de ajuda internacional não tem outra finalidade senão a de carrear ainda mais recursos para sua própria autorreprodução –, a saber, que o polêmico impacto das tropas brasileiras no Haiti "não encontra eco para além de nossas próprias fronteiras", numa sentença, "a presença específica brasileira naquele país é algo para consumo interno dos brasileiros" (Omar Ribeiro Thomaz, "O terremoto no Haiti, o mundo dos brancos e o Lougawou", *Novos Estudos*, São Paulo, Cebrap, n. 86, mar. 2010, p. 23-4). É por essas e outras que os observadores mais heterodoxos do laboratório carioca de administração social armada costumam privilegiar o vínculo direto dos vasos sociais comunicantes entre Porto Príncipe e Rio de Janeiro, destacando, por exemplo, que não foi obra do acaso a coincidência de que o comando das incursões militares no Complexo do Alemão e Vila Cruzeiro tenha sido entregue a um oficial superior veterano da Minustah. Cf. Felipe Brito, "Será guerra?", em Felipe Brito e Pedro Rocha de Oliveira (orgs.), *Até o último homem*, cit., p. 221.

[24] Depois de se reportar ao mesmo despacho diplomático norte-americano acerca do Programa de Pacificação das Favelas e o renascimento (historicamente fraudulento) da doutrina da contrainsurgência, Felipe Brito, na passagem citada na nota anterior, se detém igualmente nas alternativas consideradas por Tomazine. Também descarta de saída a hipótese de uma contraofensiva do tráfico, cujos padrões comerciais não comportam qualquer inquietação política, salvo as barganhas de praxe. Mas acompanha nosso autor ao admitir que de fato não é fortuito o desconcertante parentesco entre a pacificação via UPPs e as iniciativas caracterizadas pelos novos Manuais de

E se o paradoxo da contrainsurgência preventiva, da contrainsurgência sem insurgência, fosse redescrito menos como uma "inclusão extorquida" do que como um dispositivo de substituição de comando na fabricação social de um produto novo no mercado de políticas públicas, a favela pacificada? Empreendimento inviável sem o envolvimento "cidadão" da polícia, que obviamente só poderia mesmo ser militar, e uma invisibilização preliminar da violência do tráfico, acompanhada de uma subsequente demão de visibilização máxima de ações sociais. Que hoje mudaram, tais ações sociais: não são mais as mesmas que se presumia dever ser há trinta anos, na década da reinvenção brasileira do "social", como lembrado. Um social por substituição, digamos assim. Como a pacificação contrainsurgente (a expressão é prolixa, mas nos permite abandonar as aspas) é um dispositivo destinado a incitar os moradores a se tornarem gerentes de algum empreendimento, compreende-se que nunca se tenha cogitado, salvo para efeito de propaganda, a extinção dos antigos gerentes do comércio ilegal, e sim seu desarmamento e substituição por novos gerentes do território[25]. Substituição em dois tem-

---

Campo das Forças Armadas americanas como de contrainsurgência. Curiosa equação retrospectiva, sem dúvida: o operador do varejo ilegal, cujo confronto armado com a autoridade estatal visava exclusivamente a viabilidade econômica do seu comércio, ao ser pacificado e "incluído" como um "empreendedor", passa a ser revisto como um personagem cujo papel nunca exerceu, um *ex-insurgente*. A imaginação alimentada pelo discurso das novas guerras fecha a conta. É claro, quem não sabe dos vínculos óbvios entre as ditas insurgências que fervilham pelo mundo e os círculos inferiores do narcotráfico, sem falar no despotismo dos reis do morro, cujo domínio sobre populações abusadas, escala a menos, também teria tudo a ver com os relatos de horrores perpetrados pelos novos senhores da guerra mundo afora. Sarcasmo à parte, e como a blindagem do senso comum parece cada vez mais inexpugnável nos dias que correm, embora em vão, relembro que tais "visões cariocas da administração armada da vida social", se têm algum ponto cego, certamente não é o desconhecimento ou a minimização de que "a presença de grupos armados com domínio sobre o território [...] é um pesadelo permanente para o conjunto da população carioca", o que não as impede de destacar antes de tudo o outro ponto cego, real e simétrico, que esse tormento social só se tornou "um problema que demanda ações de emergência" – passada a retórica belicista do confronto – quando a iniciativa de diminuição da letalidade dos conflitos apresentou-se como exigência de uma reestruturação urbana concebida como cinturão de segurança para uma nova onda de investimentos expropriadores ("Será guerra?", cit., p. 144-5).

[25] Livia de Tommasi e Dafne Velazco, "A produção de um novo regime discursivo sobre as favelas cariocas e as muitas faces do empreendedorismo de base comunitária", texto apresentado na 35ª reunião da Anpocs (Caxambu, 2011). Ver ainda Livia

pos, segundo o protocolo da contrainsurgência. E uma contrainsurgência *en creux*, como se está vendo, operando num vazio insurrecional imaginário, nem por isso menos coercitiva e disciplinadora. Com o necessário *low profile* adotado pelos donos do morro, o foco se volta preferencialmente para a arregimentação dos trabalhadores de chão de fábrica do tráfico, cujo plano de carreira não previa o acesso ao fuzil e seu poder de sujeição, vidas arriscadas na tarefa de matar um leão por dia, como se diz hoje no jargão

---

de Tommasi, "Culturas de periferia: entre o mercado, os dispositivos de gestão e o agir político", *Política e Sociedade*, v. 2, n. 23, 2013; e também, sempre acerca da emergência da "subjetividade empreendedora" dos pobres promovida pela difusão de códigos e práticas internalizados por indivíduos "pacificados", Dafne Velazco, "Intervenções sociais ligadas à juventude e à produção da 'cidade integrada' no Rio de Janeiro", manuscrito ainda inédito quando gentilmente cedido pela autora, como aliás os dois anteriormente citados. Visto pelo ângulo crítico desses estudos, o empreendedorismo dos pobres "libertados" pela pacificação aparece menos como o engodo que realmente é, nele incluído uma polarização social de segundo grau, apartando o pobre-incluído de seu semelhante que afundou um pouco mais, do que como uma bem-sucedida tecnologia de governo de condutas – para falar como Foucault, que é um pouco a língua política das autoras – e, como tal, perseguida por ser mobilizadora, algo como um arremedo de *engajamento*, que parece contagiar com um sopro redentor qualquer transação econômica ou social celebrada (e é este o nome, pois tudo termina em "evento") no âmbito da comunidade envolvida, de sorte que a pacificação como dispositivo de condutas se realiza menos sobre do que através da população ativamente implicada num jogo concorrencial de novo tipo. De UPP em UPP, a contrainsurgência sem insurgência vai assim gerando o objeto do acordo tácito entre Estado, Empresas, Terceiro Setor, Comunidade, o simulacro de uma – como se diz no jargão piedoso – sociedade civil ativa e propositiva, o sonho de consumo no qual convergem as supracitadas entidades, regidas todas por uma mesma e nova racionalidade política, contra a qual ainda estamos aprendendo a lutar. Pois a Pacificação assim entendida não é mais um baluarte a ser tomado de assalto, e sim um processo de autoempresariamento sem fim – pouco importando o grau de ficção e padecimento no processo, bem como a predação concorrencial que ele necessariamente comporta. Do lado de cá também não pode mais haver *alvo*: o foco da paz armada nas favelas, conduzir-se como uma empresa de si mesmo, correndo de projeto em projeto, virou sim peixe dentro d'água, quem diria. Sem falar na sua armadura à prova de bala, o encaixe entre desenvolvimentistas sociais e protagonistas neoliberais – deixemos no ar o jargão. Dessa costura toda, dá notícia a dança dos papéis observada pelas autoras no artigo citado anteriormente: "Policiais que realizam atividades de educadores ou animadores sociais, oferecendo atividades esportivas, recreativas e de reforço escolar às crianças; gerentes de banco que funcionam como conselheiros de negócio e empreendimento, comerciantes que viram caixa de banco, líderes comunitários que gerenciam programas de governo, gestores públicos que transacionam empreendimentos privados".

da autenticidade batalhadora, que o olho clínico dos planejadores da contenção social – treinado, de resto, durante mais de uma década no garimpo dos recursos humanos liberados em abundância pela inelutável ossificação geral dos movimentos sociais clássicos – já havia identificado muito antes do desembarque graças aos postos avançados das ONGs, tanto faz se do bem ou do mal, essas tecnologias de controle e governo são ambidestras. "A juventude desses locais tem um perfil curioso", observava, em outubro de 2010, o principal formulador dessas políticas de contrainsurgência social:

> o jovem tem grandes fragilidades, como baixíssima escolaridade, mas uma grande capacidade de iniciativa, de trabalhar em equipe e de fazer com que os outros trabalhem, tudo o que o mercado de trabalho valoriza hoje, e aprenderam tudo isso no mundo do tráfico, da ilegalidade.[26]

Como se vê, o "movimento" precisou apenas mudar de lugar, transpondo mais uma "fronteira de tensão"[27], para manter o mesmo espírito, no caso, o capitalismo de projetos, que simplesmente não funciona sem a mobilização-implicação dos envolvidos em sua própria exploração[28].

---

[26] Citado por Maurilio Lima Botelho, "Crise urbana no Rio de Janeiro: favelização e empreendedorismo dos pobres", em Felipe Brito e Pedro Rocha de Oliveira (orgs.), *Até o último homem*, cit., p. 203. Antes, o autor comenta o programa Sebrae nas Comunidades Pacificadas – igualmente analisado em detalhe por Livia de Tommasi e Dafne Velazco, no artigo citado na nota anterior, que por sua vez destacam o mote do programa: o empresário é o verdadeiro protagonista do território pacificado, só que ainda não o sabia, pois todo aquele que se vira para viver é empresário –, depois de lembrar que, tudo bem pesado, o modelo alardeado das UPPs pode ser Medellín e a experiência de campo, Porto Príncipe, mas a linha instintivamente seguida é implantada pelos paramilitares cariocas, as milícias: "garantia repressiva de ordem e paz (até por toque de recolher) para fomentar a iniciativa privada e o desenvolvimento do mercado" (ibidem, p. 202) e, se assim é, alcançar a fronteira da ilegalidade pouco muda quanto ao fundo, à circulação da mercadoria política, à compra e venda de proteção e seus derivados. Para a conversão da ilegalidade em mercadoria política, a referência obrigatória são os estudos de Michel Misse, *Crime e violência no Brasil contemporâneo* (Rio de Janeiro, Lumen, 2011), em especial o cap. 10.

[27] Como diria Gabriel Feltran, estudando as relações entre política e violência em São Paulo, mais exatamente as estratégias de cooperação e conflito entre os diversos aparelhos de Estado e as "organizações" (dentro e fora da lei) com as quais disputa sua autoridade sobre o território. *Fronteiras de tensão* (São Paulo, Unesp, 2011).

[28] Sobre a ideia de "projeto" no capitalismo de hoje, ver Luc Boltanski e Ève Chiapello, *Le nouvel esprit du capitalisme* (Paris, Gallimard, 1999) [ed. bras.: *O novo espírito do capitalismo*, São Paulo, WMF Martins Fontes, 2009].

O nosso *mr.*, quando reconheceu na abordagem carioca da pacificação reminiscências da doutrina americana da contrainsurgência, resumiu esta última em três comandos: "limpar, manter, construir"[29]. A limpeza dispensa comentários; a manutenção é óbvia, um posto polivalente de PMs idem; é na construção que está o *x*: como estamos vendo, uma construção eminentemente política, e portanto envolvendo relações mais ou menos coercitivas de avaliações e controle, de situações de mercado em âmbitos sociais redesenhados para produzir uma falsa mercadoria, que atende por diversos nomes, "cidadania", "inclusão", "participação" etc., cotada, vendida e comprada numa bolsa de valores e licitações, em cujos pregões atuam o amplo leque de entidades estatais, empresariais, movimentistas etc. Alguns pesquisadores batizaram essa terra de ninguém de "mercado da cidadania"[30].

---

[29] Trecho citado por Vera Malaguti Batista, "O Alemão é muito mais complexo", cit., p. 77. (Se fosse para avançar o sinal, ficaria difícil deixar de evocar os primórdios insurgentes do MST: "ocupar, resistir, produzir". Só a simetria entre os extremos bem que valeria o CQD.)

[30] Ludmila Costhek Abílio, *Dos traços da desigualdade ao desenho da gestão: trajetórias de vida e programas sociais na periferia de São Paulo* (Dissertação de Mestrado em Sociologia, São Paulo, FFLCH/ USP, 2005); José Cesar de Magalhães Júnior, *O mercado da dádiva: formas biopolíticas de um controle das populações periféricas urbanas* (Dissertação de Mestrado em Sociologia, FFLCH/ USP, 2006). Neste passo, parafraseei em linhas muito gerais a releitura do fantasma do Neoliberalismo que Pierre Dardot, Christian Laval e pesquisadores associados desentranharam de três aulas proféticas num remoto curso de Michel Foucault (*La nouvelle raison du monde: essai sur la société néolibérale*, Paris, La Découverte, 2010). Em poucas palavras, o esquema parafraseado é mais ou menos o seguinte: o Neoliberalismo não seria nem uma ideologia, nem uma política econômica que devolveria aos mercados o que o Estado lhes roubara durante o breve parêntese do *welfare State*, nem um capitalismo tóxico ajustado à pureza consumada de sua matriz originária, nem uma patologia financeira cuja demasia seria curada por uma outra rodada de regulações comandadas por um Estado restaurado na plenitude de suas forças etc. Mas uma racionalidade antes de tudo política, mais precisamente, "governamental", enfeixando "um conjunto de discursos, práticas e dispositivos que determinam um novo modo de governo dos homens segundo o princípio universal da concorrência", implicando este último pelo menos duas novidades maiores: primeiro, que uma tal concorrência entre empresas-pessoas e sujeitos-empresas não significa, trivialmente, que doravante (mais de trinta anos...) o mercado devora toda a realidade, porém que a norma do mercado se estende e se impõe para além do mercado; segundo, que para se realizar tal princípio requer o consentimento ativo e participativo dos, justamente, concorrentes-empresas, que assim são governados não contra ou malgrado sua liberdade, mas através dela para que se conformem por si mesmos a certas normas. Dois minutos de reflexão e não é difícil afirmar que *de te fabula narratur*, reconhecer a

A grande novidade agora é dupla: é que a porta de entrada desse mercado é a polícia, que por sua vez passou a ser apresentada, nada mais, nada menos, como um verdadeiro agente de transformação social[31]. Seja de que tipo for – econômico, social, cultural ou uma combinação dos três, preferencialmente –, o empreendedorismo dos pobres não é nenhuma esquina da história nacional, mas uma saída de emergência para o colapso da sociedade salarial no Brasil e no mundo. Como tal, um novo paradigma de governo das po-

---

transformação da Universidade numa organização: ontem, uma instituição estatutária, pesada, burocrática; hoje, uma fábrica enxuta de indivíduos dóceis e atormentados por um ritual de avaliação que não pode avaliar nada, apenas produzir mais sofrimento, sobretudo nos mais adaptados, porque dessa usina cruel se exige que funcione como uma empresa, embora obviamente não seja uma, daí a violência, por meio da qual, aí sim, se filia ao mercado real, pelo vínculo do trabalho intensificado, justamente – nada a ver com "privatização" ou coisa que o valha, ou melhor, a privatização, se for mesmo necessário manter a ideia feita, vem a ser precisamente essa engrenagem estritamente gerencial de consentimentos e coerções, engajamentos e submissões indiscerníveis. Ainda há pouco, Livia de Tommasi e Dafne Velazco não diziam coisa muito diferente, a saber: brigar contra as UPPs é uma luta vã enquanto não as compreendermos – como já dissemos e não custa insistir – como peças de um dispositivo de poder mais amplo cujo alvo é uma população territorializada a ser regulada por intermédio da construção política de mercados, e cujo objetivo é uma segurança muito mais que meramente securitária-policial.

[31] Esses dois retratos de época, dois flagrantes desse nosso "presente humanitário", como diria Eyal Weizman, foram pescados por Felipe Brito no atual consenso carioca. O mote da porta de entrada policial para a cidadania escande a trilha sonora de um filme comemorativo dos duzentos anos da Polícia Militar do Estado do Rio de Janeiro, documentário no qual um camburão sobe a ruela de uma favela e, depois de muito esforço e barulho, estaciona, dele sai um policial que abre a caçamba, da qual surge então um cordão cívico de médicos, professores, assistentes sociais etc. Não haveria vinheta mais expressiva do atual caráter bifronte do Estado brasileiro, face Sul Global, altamente concentrada no país, a um tempo social e penal: assistir e punir, "bolsa tudo" e encarceramento em massa dos sobreviventes dos autos de resistência. Quanto à promoção da polícia a protagonista da transformação social, a fórmula, mas não a ideia, que circula no ar do tempo se deve a um dos modelos do Capitão Nascimento, primeiro filme. Cf. *Até o último homem*, cit., p.80-1. Sobre as portas giratórias por onde entram e saem esses atores inovadores, por exemplo, a militarização da fiscalização do comércio ambulante na cidade de São Paulo, entre outras dimensões do agregado composto por ordem social penal urbana e nova tecnologia política de gestão das cidades, ver Daniel Veloso Hirata, "A produção das cidades securitárias: polícias e políticas", *Le Monde Diplomatique Brasil*, mar. 2012, p. 10-1. Ver ainda Gabriela Moncau, "Kassab reforça o Estado policial em São Paulo", *Caros Amigos*, jul. 2011.

pulações, e neste sentido sim, uma virada e tanto, que resultou na conformação de um exército de viradores de cujas fileiras seria mesmo um milagre descobrir a mais leve suspeita de insurgência. E, no entanto, mal nasce a manhã, um intempestivo zelo contrainsurgente não cessa de multiplicar os meios de juntar os dois grandes objetivos desse novo paradigma de governo – e não só das populações das famigeradas aglomerações subnormais –, Paz e Oportunidade[32]. A Pacificação e seus Inimigos: demos mais uma volta no parafuso da emergência, e nada. Sem os tais insurgentes que mal e mal imaginamos, o que será de nós pacificadores, fardados e à paisana? Até que o tiroteio voltou, depois de Junho. Como vimos, segundo a fantasia punitiva de que partimos, graças à aliança inusitada porém objetiva entre a

---

[32] Na excelente formulação de Fábio Magalhães Candotti, *Em defesa da juventude: a participação como meio de governo* (Tese de Doutorado em Sociologia, Campinas, IFCH/ Unicamp, 2011). Voltaremos ao binômio, como se dizia na Ditadura, quando o tal binômio era outro, Segurança e Desenvolvimento. Resta saber o que restou desse binômio sinistro. P. S.: Poucos dias depois de redigir esta nota, a presidenta da República, em seu discurso de fim de ano (30 dez. 2013), declarou que o seu governo tornara-se há algum tempo o alvo preferencial de uma "guerra psicológica adversa" movida por "alguns setores" que "instilam desconfiança, em especial desconfiança injustificável". Os dois jornalões de São Paulo reagiram. Em editorial de 1º de janeiro de 2014, o *Estado de S. Paulo* registrou a linguagem estapafúrdia e descabida, sem dar notícia, porém, de sua procedência de origem mais do que comprometedora. Já o colunista da *Folha de S.Paulo* Vinicius Torres Freire (31 dez. 2013, p. A12) destacou a incongruência de uma veterana da luta armada, pela qual pagou o preço da tortura e da prisão, recorrer àquela relíquia da Doutrina da Segurança Nacional, lembrando, por exemplo, que o Ato Institucional n. 14, baixado pela Junta em 1969, legalizava a pena de morte para crimes como "guerra psicológica", revolucionária ou subversiva, como se dizia então, concluindo: "É com pesar que a gente se pergunta o motivo de a presidente ter piorado ainda mais seus discursos assintáticos com essa mancha de péssima memória". Se estamos no caminho certo, a chave do enigma não é nenhum viés autoritário banal – e ainda que fosse, não explicaria o lapso histórico inquietante –, mas sim a dimensão de poder – concentração, expansão e projeção – inerente à ideia histórica de Desenvolvimento, que implica, para além da mera tautologia da acumulação para continuar acumulando, a compulsão ao *catching up*, a ascensão a todo custo (quem não subir, cai) na escala hierárquica e assimétrica do capitalismo como sistema internacional. A prova dos nove veio com a Ditadura, que fundiu desenvolvimentismo e contrarrevolução preventiva. Diante dessa experiência traumática, armou-se o mito compensatório dos Anos Dourados que teríamos vivido no governo JK. Logo veremos se a Doutrina da Pacificação – para adotarmos a fórmula exata de Eduardo Tomazine – terá absorvido ou não a da Segurança Nacional, que por sua vez já não se distingue de sua versão urbana, patente no Urbanismo Militar, assinalado páginas atrás.

grande e destrutiva insubordinação das ruas e o espectro do inimigo titular da Pacificação, o Crime, organizado ou não.

A perfeição quase mecânica do encaixe se deve justamente à ordem temporal invertida. Os Pacificadores, que obviamente não poderiam saber que suas campanhas seriam incorporadas vinte anos depois ao repertório da contrainsurgência, também sonhavam para frente[33]. Mas ao ligarem os pontos que a ninguém ocorreria ligar nas semanas do quebra-quebra mais intenso, pelo menos, ao pressentirem o sinal de uma virada, acertaram, embora no que não viram. A palavra insurgência nem de longe é frequente no vocabulário político brasileiro. Mesmo quem se politizou tendo lido *México insurgente**, de John Reed, raramente a empregou, se é que o fez. Mesmo no auge da Guerra Fria, e portanto em tempos de difusão da terminologia gringa da Segurança Nacional, exterminava-se subversivos, e não insurgentes. Os movimentos de protestos que tomaram as ruas e praças do mundo a partir da queda de Mubarak, em fevereiro de 2011, estavam coalhados de indignados, mas que se saiba nenhum insurgente. Mesmo em Seattle, em novembro de 1999, quando o quebra-pau voltou às ruas atestando que a grande tradição norte-americana de desobediência civil – e seus mártires da manifestação pacífica – batera no teto, havia sim um número crescente de autodenominados anticapitalistas, mas nem mesmo a reestreia com novo *script* dos *black blocs* reconheceu-se insurgente, mesmo porque, como se diz à esquerda e à direita, eles não falam, só quebram. Por fim, o marco zero de todo o novo período, o levante zapatista de 1º de janeiro de 1994. Na acepção trivial do termo, os zapatistas de fato se insurgiram contra o governo federal mexicano, mas em nenhum momento cogitaram tomar o poder, pela simples razão que julgavam ser esta a via real para não transformar o mundo, e nisto bifurcaram no tronco das insurgências históricas na América Latina, não obstante se organizassem também, na defesa

---

[33] Uma analogia arriscada talvez ajude não tanto a ideia, mas a imagem da peripécia que temos pela frente. Atribui-se a Teodoro Petkoff – que, por mais renegado que seja, ex-comunista e ex-guerrilheiro, não padece da cegueira ideológica dos seus aliados esquálidos – o dito segundo o qual a simples chegada de Hugo Chávez ao poder, e ainda pela mais inquestionável das vias institucionais, foi não obstante o suficiente para desencadear uma verdadeira Contrarrevolução, diante da qual se viu na contingência de providenciar uma correspondente Revolução, até então inexistente. *Mutatis mutandis*, a nossa presumida insurgência deu o ar de sua graça, pelo menos aos olhos das várias tribos de branco, bons anos depois dos Contra botarem o bloco na rua.

* São Paulo, Boitempo, 2010. (N. E.)

de suas municipalidades autônomas, na forma de um exército de libertação nacional. Pode ser até que a palavra se encontre em seu imenso acervo de manifestos e comunicados, mas certamente não a coisa.

As avaliações provenientes das mais diversas fontes oscilam entre 10 e 15 milhões de manifestantes em mais de quinhentas cidades. Enquanto não dispusermos de uma razoável coleção de relatos de todas as procedências, sobretudo das mais improváveis, continuará soterrada a memória viva do maior protesto de massa da história brasileira, com esta peculiaridade igualmente divisora de águas, a de que ele foi rigorosamente autoconvocado, ao contrário de episódios altamente coreografados, como as Diretas Já ou os caras-pintadas. Tão cedo não saberemos quem, quantos, em que circunstância, a que altura dos acontecimentos poderiam se reconhecer no performativo – na sua acepção linguística originária, para início de conversa: fazer coisas com palavras – "insurgente". De novo: as visões cariocas da Doutrina da Pacificação mostraram que não se trata de mera preferência terminológica. Na minha documentação impressa, que infelizmente está muito longe de ser exaustiva, apenas numa publicação de novembro de 2013 a jornalista Lena Azevedo e alguns de seus entrevistados recapitulam a onda social que deixou no seu rastro centenas de novos coletivos ao longo de cinco meses de altos e baixos como uma "insurgência nas ruas", "insurgência social", "insurgência popular"[34]. Não é prova de nada, mas pode vir a ser. Resta a novidade de sua redescoberta de agora, porém sentido e referência não podem mais ser o mesmo. A única evidência da pista intrincada que seguimos até aqui foi o aviso de incêndio dado pelos pacificadores. Mas nosso encontro com o espectro da insurgência foi mero efeito dedutivo de uma triangulação de medos e ameaças na qual um dos termos só a chamava pelo nome por ser contra. Ou do acaso. Convidado pela socióloga Isleide Fontenelle em agosto de 2013 a também me exprimir sobre os acontecimentos de junho num ciclo de palestras da Fundação Getulio Vargas (FGV), em São Paulo, notei que, em quatro falas programadas, duas traziam insurgência no título, não sei se empregada em sua acepção corrente ou não, e por quê, pois até então, como observado, a palavra mal circulava no Brasil. Infelizmente, não pude ouvir nenhuma das intervenções. Pelo sim, pelo não, achei que seria uma boa ocasião de testar minha hipótese quando chegasse minha vez, em outubro.

---

[34] Lena Azevedo, "O Estado contra o povo", *Caros Amigos*, n. 200, nov. 2013, p. 20-1.

3

As coisas estavam nesse pé quando me deparei com a tese do antropólogo James Holston, que estuda periferia em São Paulo desde os anos 1980 – tendo, aliás, nesse meio tempo, publicado um livro muito conhecido sobre as notórias segregações socioespaciais multiplicadas pelo urbanismo de Brasília, a utopia urbana que virou pesadelo[35]. A tese desnorteia, não menos que o título, no meu desconhecimento de outras acepções possíveis do termo no repertório político e intelectual americano: *Cidadania insurgente: disjunções da democracia e da modernidade no Brasil*[36]. Há três décadas, a periferia de São Paulo está povoada de cidadãos "insurgentes" e não sabíamos, ou melhor, não sabíamos que seus moradores fora de esquadro também podiam ser chamados assim. Assim como? A definição de Holston é peculiar, por isso a transcrevo, renunciando ao comentário que ela sem dúvida pede:

> A insurgência define um processo que é uma ação na contramão, uma contrapolítica, que desestabiliza o presente e o torna frágil, desfamiliarizando a coerência com que geralmente se apresenta; insurgência não é uma imposição de cima para baixo de um futuro já organizado. Ela borbulha do passado onde as circunstâncias presentes parecem propícias a uma irrupção.[37]

Desde que a entendamos, convenhamos que dará muito pano para manga. Pois, segundo seu autor, nela se enquadram tanto a "insurgência democrática nas periferias urbanas do Brasil", no seu confronto com o regime de cidadania dominante historicamente, como o nazismo (que sem dúvida "lançou um movimento de cidadania insurgente na Alemanha") ou a direita fundamentalista norte-americana – e nesses termos o levante zapatista me pareceria um candidato natural, ainda mais por emendar na insurgência mexicana propriamente dita, dos tempos de Zapata e Villa. Assim abrangente, o sentido de "insurgente" não pode ser mesmo normativo, como adverte o autor: "Cidadanias insurgentes não são necessariamente justas ou democráticas, populistas ou socialistas. Cada caso deve ser avaliado". No caso brasileiro, mas não só, há ainda um sentido suplementar de enfrentamento

---

[35] James Holston, *A cidade modernista: uma crítica de Brasília e sua utopia* (São Paulo, Companhia das Letras, 1993).
[36] São Paulo, Companhia das Letras, 2013. A edição original americana é de 2008.
[37] Ibidem, p. 63.

e combate, expresso já na denominação do regime de cidadania oponente, que o autor batizou de "entrincheirado". Também não saberia dizer se seu uso é corrente ou não na terminologia sociológica norte-americana. Não me parece implausível presumir que a inovação vocabular do autor tenha se dado na ordem inversa das metáforas: uma vez identificado o regime de cidadania desigual como uma linha de barricadas e fortificações edificadas para a defesa de usurpações e privilégios, parece lógico e sob medida a denominação em termos de assalto a uma praça forte para quem se insurge contra essa ordem de desigualdades instauradas.

O desenvolvimento das periferias urbanas – não periferias quaisquer, mas as autoconstruídas – é descrito assim como um confronto entre duas cidadanias, uma insurgente e outra entrincheirada. Não posso obviamente me deter no tema polêmico da autoconstrução, embora ele seja central na argumentação do autor, a ponto de lhe permitir justificar de forma original a ênfase no consumo das classes trabalhadoras, estratégico no atual arranjo apaziguador de poder. Quando os trabalhadores pobres se viram forçados a morar em regiões distantes, em condições precárias e ilegais, no meio do mato, como ainda se diz,

> tiveram de construir suas próprias casas, se organizar para conseguir serviços básicos e lutar para manter suas casas em meio a diversos conflitos, frequentemente violentos, pela propriedade dos imóveis. Ainda assim, em algumas décadas eles urbanizaram esses bairros e melhoraram de forma notável suas condições de vida. Além disso, como os moradores passaram décadas transformando barracos em casas de alvenaria mobiliadas, decoradas e bem acabadas, essa autoconstrução se tornou um domínio de elaboração simbólica. Ela expressa narrativas coletivas e igualitárias de estabelecimento das periferias e narrativas individuais de realizações desiguais. Dessa forma, a autoconstrução transformou as periferias em espaços de futuros alternativos, produzidos nas experiências de se tornar proprietário, de organizar movimentos sociais, de participar de mercados consumidores e de fazer julgamentos estéticos sobre as transformações das casas.[38]

Desse modo, Holston poderá mostrar que desde a década de 1970 as classes trabalhadoras vêm formulando nas periferias das cidades brasileiras "uma cidadania insurgente que desestabiliza o entrincheirado". E assim argumenta que "as provações da moradia ilegal, da construção de residências e dos conflitos de terras" forneceram "o contexto e a substância de uma

---

[38] Ibidem, p. 29.

nova cidadania urbana". Pois então: essa nova cidadania urbana é assim fruto de uma insurgência local que desestabilizou os privilegiados a partir dos lugares históricos na diferenciação igualitária – os direitos políticos, o acesso à terra, a igualdade, o servilismo[39]. Como se está percebendo, o nervo dessa insurgência – inusitada apenas no emprego inesperado da palavra – é urbano, e graças a ela os trabalhadores pobres garantiram nada mais, nada menos, que seu direito à cidade, hoje no epicentro da convulsão nacional que se sabe.

E ganharam seu direito à cidade – nessa acepção muito peculiar, em que gravita na órbita de uma insurgência – "adquirindo direitos políticos, tornando-se donos de imóveis, usando a lei a seu favor, criando novas esferas públicas de participação e se transformando em consumidores modernos".

Uma paradoxal insurgência dentro da ordem, portanto, que Holston descreve como um emaranhado corrosivo e desequilibrador de persistências e resistências em que o insurgente representa, sim, uma ruptura, embora sem dúvida perpetue atributos da cidadania entrincheirada historicamente dominante, como "o significado da propriedade fundiária, a prática da legalização do ilegal e a norma do direito de tratamento especial"[40]. Imagina assim poder evitar o que considera um falso dilema armado pelos estudiosos dos movimentos sociais surgidos nessa onda de cidadania que está chamando de insurgente: no corpo a corpo com o Estado, a oscilação recorrente entre resistência e cooptação, mobilização e institucionalização. Pois aprendeu com a teoria feminista "a ver que a agência humana também produz entrincheiramento, persistência e inércia". Seria o caso de acrescentar, sem mais comentários por ora, que nós também aprendemos na observação dos altos e baixos da galáxia movimentista brasileira – mas não só ela – que a praga da burocratização dos movimentos, ou seu entrincheiramento, como preferiria dizer Holston, não é uma patologia evitável, mas um desdobramento de seu próprio êxito na condução do social[41]. Não é verdadeira a impressão

---

[39] Ibidem, p. 34.
[40] Ibidem, p. 36.
[41] Tampouco me parece ser o caso de retomar, em contraponto, os capítulos correspondentes da tradição crítica brasileira no que concerne, por exemplo, aos vínculos de reprodução da força de trabalho e moradia popular na origem dos novos movimentos sociais. Para o sonho popular imemorial da casa própria e um apanhado da literatura crítica a respeito na virada dos anos 1970 para os 1980, ver Eder Sader, *Quando novos personagens entraram em cena: experiências, falas e lutas dos trabalhadores da grande São*

de que James Holston estaria redescrevendo mais uma vez a grande onda democrática dos anos 1980[42], agora pelo prisma inusual da cidadania dita insurgente – a seu ver, entre outras coisas, a vitória eleitoral de 2002 poderia ser interpretada, para além do triunfo da política democrática, como a conquista de "uma cidadania insurgente de justiça social". Por certo também é esse o caso, mas de fato está dizendo muito mais, que o impulso predominante na origem dessa reviravolta na paisagem brasileira procede mais

---

Paulo (São Paulo, Paz e Terra, 1988), p. 99-114. Seja como for, a ênfase de Holston é na cidadania urbana e na mobilização urbana, e não nos novos movimentos sociais e sua extensa e amplamente conhecida literatura – o que muda muita coisa, como estamos vendo com a introdução da ideia de insurgência nesse contexto movimentista. Não seria menos interessante, também no âmbito daquele marco zero histórico, procurar o encaixe possível dessa denominação assim tão extemporânea – não se trata de mera sinonímia para rebeldia, resistência, contestação etc. – no debate da época acerca da identidade do novo sujeito que estaria emergindo, popular, autônomo, coletivo etc. Novamente impressiona o curto-circuito, ao ver assim o consumo de utilidades e objetos domésticos associado à conformação de uma subjetividade insurgente. E, de novo, a explicação se encontra na experiência histórica da autoconstrução, a ponto de quase se poder falar de um sujeito autoconstruído como tal, e na periferia, por certo. "Quando passaram a construir e montar suas casas", afirma Holston, "as classes trabalhadoras assumiram as identidades sem precedentes de produtores e consumidores da vida urbana. Suas casas se tornaram textos legíveis que atestam essa mudança [na subjetividade], performances arquitetônicas tanto da aquisição de bens individuais e da competição por *status* como do drama coletivo de produzir as próprias periferias ao se apropriar e transformar o solo mesmo da cidade" (*Cidadania insurgente*, cit., p. 27). Ver ainda, no capítulo 7, "Cidadãos urbanos", uma análise do modo pelo qual a novidade que a argumentação por direitos representou para os movimentos sociais urbanos permitiu que estes transcendessem a referência específica à lei, passando a significar uma "mudança na subjetividade: ou seja, a articulação era como uma performance que muda o *status* dos atores" (ibidem, p. 312). Pouco antes, uma inesperada analogia, ao introduzir a "guinada para os direitos" nos movimentos sociais urbanos: "Os argumentos baseados nos direitos motivaram os moradores das periferias não só porque forneciam uma estratégia com a qual lutar contra as grandes desigualdades e deficiências que enfrentavam em sua vida na cidade. Os discursos de revolução armada também fazem isso" (ibidem, p. 311). Se assim é, deve também valer outra analogia parcialmente esclarecedora da preferência do autor pelo repertório antagonístico da insurgência, mesmo que esta culmine na trincheira da propriedade privada: tudo se passa como se fosse necessário um suplemento de energia insurgente para transformar a condição de mero possuidor dependente de favores na de proprietário portador de direitos universalmente reconhecidos.

[42] Como se diz na historiografia do período, sobretudo quando se trata de recuperar a história do petismo e o surgimento do lulismo. Para Lincoln Secco, por exemplo,

especificamente de uma longa batalha pela democratização do solo urbano, travada por uma geração de cidadãos insurgentes, geração que soube criar um acesso sem precedentes a seus recursos[43]. Vale a pena olhar um pouco mais de perto para esse "novo tipo de direito adquirido sobre a cidade".

Afinal, a explosão de Junho se deu em torno de um de seus componentes fundamentais, a livre circulação, sem a qual uma cidade não existe, como se podia ler desde 2010 no grafite-manifesto do Movimento Passe Livre (MPL): "Pule a Catraca! Passe Livre Já! Uma cidade só existe para quem pode se movimentar por ela"[44]. Direito adquirido pela bizarra insurgência

---

aquele partido novo que buscava sua vez e voz na vida brasileira só começaria a ser ouvido "depois da ameaça de uma verdadeira revolução democrática que de 1984 a 1989 sacudiu o país, embora não o suficiente" (*História do PT*, São Paulo, Ateliê, 2011, p. 76). Para um apanhado do que também chama de "primavera democrática", ver André Singer, *Os sentidos do lulismo: reforma gradual e pacto conservador* (São Paulo, Companhia das Letras, 2012), cap. 2.

[43] James Holston, *Cidadania insurgente*, cit., p. 349-50.

[44] Para um comentário sobre essa inscrição na via elevada de uma das avenidas mais movimentadas de São Paulo, ver Teresa Caldeira, "Inscrição e circulação", *Novos Estudos*, São Paulo, Cebrap, n. 94, nov. 2012, p. 58. "Esse tipo de manifesto urbano afirma o desejo de se apropriar da cidade percorrendo-a em todas as direções e reconhece a dificuldade de fazer isso devido ao custo dos transportes coletivos. Portanto, ocorre aí, ao mesmo tempo, a identificação de uma injustiça social e a reivindicação do direito à cidade" (idem). A autora com certeza reconheceria na utopia bem tangível de pular a catraca a cifra de um novo regime de cidadania insurgente, na acepção que lhe deu Holston e que estamos tentando adivinhar. Alargamento na disputa perene entre insurgentes e entrincheirados ou um passo novo? Penso que as duas coisas, pelo que pude depreender do que disse a autora para a reportagem de Cassiano Elek Machado e Graciliano Rocha, "Cientistas sociais procuram modelo para onda de protestos no Brasil", *Folha de S.Paulo*, 23 jun. 2013, *Ilustríssima*, p. 3, no auge das manifestações de junho, para as quais antevia um desfecho semelhante aos motins que incendiaram as periferias francesas no outono de 2005. Indagado a respeito desse possível parentesco, o sociólogo francês Sebastian Roché, autor de um livro sobre aquelas revoltas de 2005, unanimemente consideradas como as mais extensas e intensas na história contemporânea da França – *Le frisson de l'émeute: violences urbaines et banlieues*, Paris, Seuil, 2006 –, confessa não ver muitos pontos de comparação: na França, diz ele, "não foram pobres destruindo o meio de vida de outros pobres. A burguesia ou o governo não foram os alvos. Nenhum espaço do poder foi sitiado ou tomado. Ninguém se aproximou, por exemplo, do parlamento nem da sede do governo" (como ocorreu no Brasil) ("Cientistas sociais procuram modelo para onda de protestos no Brasil", cit.). Faltaram os 20 *centimes*. Trocadilhos à parte, seria muito otimista imaginar que a "cidadania insurgente" no Brasil teria queimado – mas por aqui muita coisa também pegou fogo – a etapa autodestrutiva da raiva? Seja como for, logo veremos, pois um

da autoconstrução, noves fora a força de trabalho não paga empregada nela, mas evitemos a página virada dessa polêmica sem fim[45].

Pois na contramão dos clássicos, o que Holston está dizendo sobre as classes trabalhadoras, não só no Brasil mas em todo o Sul do planeta, é que seus integrantes se tornaram novos cidadãos – e urbanos, para começar – "não por meio das lutas trabalhistas, mas pelas lutas pela cidade". Longe das fábricas, longe dos patrões. É bem conhecida – mas nem sempre lembrada na hora certa[46] – a explicação de Florestan Fernandes para a truculência bárbara das lutas de classe no Brasil, alimentada pelo verdadeiro medo--pânico dos dominantes ante a menor aspiração de desafogo dos setores populares. No capitalismo dependente, como se dizia então, a guerra social sempre se travou entre duas categorias, os "possuidores de bens", que monopolizam todos os benefícios do sistema, e os "não possuidores de bens", na sua grande maioria "os condenados do sistema". Essa brutal assimetria condena os despossuídos a gravitar num universo de "mínimos políticos", assim como desloca para a margem o conflito entre capital e trabalho, e com ele a expectativa de direitos, indisponíveis para os de baixo no mundo exclusivo dos proprietários. Escapar assim da desclassificação social, só pela porta estreita do assalariamento. Daí, concluía Florestan, para escândalo de seus correligionários socialistas,

---

segundo *round* está à caminho, com data marcada e tudo. Veremos também em que direção se terá ampliado o repertório da cidadania insurgente. Aliás, já era o caso no artigo citado: pichadores e grafiteiros, skatistas, rappers e *traceurs*, bem como praticantes de *break*, ao circularem incessantemente por toda São Paulo, outra coisa não fazem, através dessas performances "agressivas, ilícitas, arriscadas", do que se insurgir – nos termos de Holston – contra o regime de "entrincheiramento espacial" a que a cidade foi submetida pelo condomínio que conduz a máquina urbana de crescimento. O sistema de enclaves fortificados no qual São Paulo se converteu – um real e sinistro emaranhado de entrincheirados e insurgentes – já havia sido estudado no livro bem conhecido de Teresa Caldeira, *Cidade de muros: crime, segregação e cidadania em São Paulo* (São Paulo, Edusp/Editora 34, 2000).

[45] A propósito dessa querela infindável, ver Francisco de Oliveira, "O vício da virtude: autoconstrução e acumulação capitalista no Brasil", *Novos Estudos*, São Paulo, Cebrap, n. 74, mar. 2006. Acompanha a transcrição do debate que se seguiu à palestra original.

[46] Salvo por Plínio de Arruda Sampaio Jr., em cuja reconstituição e citações estou me apoiando, a partir de seu livro *Entre a nação e a barbárie: os dilemas do capitalismo dependente em Caio Prado, Florestan Fernandes e Celso Furtado* (Petrópolis, Vozes, 1999), p. 142-50.

a identificação positiva com a proletarização, vista como ascensão social e também como um privilégio, a superestimação do estilo de vida operário etc. Mecanismos pelos quais se concretiza a conciliação dos condenados do sistema com sua ordem socioeconômica.[47]

A insurgência dos pobres urbanos segundo Holston inverteu esse quadro de redenção pelo trabalho regulamentado, herdado do imaginário trabalhista forjado na Era Vargas, como se sabe, sem precisarmos reabrir toda a biblioteca a respeito da "cidadania regulada", na frase famosa de Wanderley Guilherme dos Santos, uma cidadania embutida nas profissões e ocupações reconhecidas e definidas por lei, e por isso restrita e perpetuadora de desigualdades, porém ancorada no mito libertador da carteira de trabalho[48]. As leis trabalhistas, prossegue o argumento, constituíram sem dúvida um horizonte visível de direitos, mas nem por isso a fábrica deixava de ser um espaço "marcado por um profundo sentimento de frustração, fracasso, divisão e dependência", e nesse aspecto, paradoxalmente, o menos propício para o desenvolvimento de uma cidadania da classe trabalhadora, e ainda mais paradoxalmente, em contraste com as periferias ilegais, autoconstruídas e remotas, que, por sua vez, longe dos olhos do Estado, dos empregadores e do trabalho assalariado, foram se convertendo em espaços autônomos abertos por uma cidadania de fato antagônica. Este o resumo da insurgência:

> Exatamente em oposição ao regime fabril, a conquista de uma casa própria se tornou uma emancipação da dominação do empregador e da regulamentação do Estado para os pobres urbanos e, como tal, uma forma de reavaliar seus lugares pessoal e coletivo na sociedade brasileira.[49]

Enquanto esteve na linha de frente da ofensiva popular que ganhou corpo com o recesso da Ditadura, terá sem dúvida contribuído para corroer o prestígio do assalariamento como via de acesso a direitos e fator de identificação com a sociedade dos proprietários dos meios de produção. Até que o Estado e o complexo imobiliário-financeiro entraram em campo dispostos a enfrentar, como se diz, o déficit habitacional, encerrando o ciclo épico da cidadania insurgente. A mesma cidadania insurgente que desacreditara as promessas do assalariamento via-se agora engolida por um outro regime de conversão do

---

[47] Citado em ibidem, p. 146.
[48] Wanderley Guilherme dos Santos, *Cidadania e justiça* (Rio de Janeiro, Campus, 1979/1987). Para o comentário crítico de Holston, ver *Cidadania insurgente*, cit., p. 252-7.
[49] Ibidem, p. 257.

direito à moradia em simples acesso via mercado subsidiado à propriedade de um imóvel, refazendo assim, nos termos de nosso autor, o emaranhado de entrincheirados e insurgentes, ou, na chave atual, daqueles cadastrados por movimentos credenciados e dos relegados de sempre, no fundão cinzento das periferias consolidadas[50]. Muitas leis e instrumentos urbanísticos depois, mais ainda um Ministério da Cidade, um Estatuto da Cidade, planos, conselhos, fundos variados etc., reunidos todos os capítulos da "cidadania democrática insurgente", cujo triunfo James Holston testemunhou numa noite de novembro de 2002 na avenida Paulista, "os pobres foram aconselhados a parar de fazer autoconstrução e mutirão, meios arcaicos de se produzir moradia no mundo de mercadoria, para se tornarem compradores, a prazo e com certo subsídio, da mercadoria-moradia"[51]. Reviravoltas como esta, em que o fundo falso de um processo se comprova na verdade de seu desfecho, não se improvisam. Foi preciso muitos mandatos, ONGs, gabinetes, administrações, universidades, e sobretudo muito empenho sincero de trabalhadores sociais envolvidos na elaboração e aplicação das mais diversas políticas públicas para canalizar as lutas populares – como o nome indica, "canalizar" como se retifica um rio turbulento: essa onda participativo-governativa acabou orientando "a ação direta da desobediência civil (o ciclo das ocupações) na direção da prática responsável de quem faz estatutos e participa de conselhos (o ciclo das leis)"[52]. Ao nos despedirmos da Cidadania Insurgente, seria o

---

[50] Como nos tempos da Ditadura, a ideologia compensatória da casa própria voltou com tudo e, como toda ideologia que "pega", com forte apoio na realidade, como admitem os primeiros críticos desse engodo de massa chamado Minha Casa Minha Vida, Mariana Fix e Pedro Arantes, "Como o governo Lula pretende resolver o problema da habitação", *Brasil de Fato*, jul. 2009. Mas ao reapresentarem a casa própria como o derradeiro "bastião da sobrevivência popular", e tudo o que daí decorre na ampla gama de significados reais e simbólicos da noção onipresente de segurança – da velhice com teto à proteção contra os despejos, passando pela segurança simbólica dos laços de solidariedade de bairro –, não deixam de assinalar mais um deslocamento na retaguarda dos entrincheirados populares, bem como o rebaixamento do antigo horizonte de "futuros alternativos", pois a casa própria que o salário nunca pode comprar é hoje um bem ofertado no mercado de dádivas do governo.

[51] Pedro Fiori Arantes, "Da (Anti)Reforma Urbana brasileira a um novo ciclo de lutas nas cidades", artigo redigido a partir de sua intervenção na Conversa Aberta sobre as Manifestações, promovida pela Faculdade de Arquitetura e Urbanismo da Universidade de São Paulo (FAU/USP), 18 ago. 2013.

[52] Idem. Não se trata de negar, por exemplo, que o Estatuto da Cidade, nos termos em que Holston redescreve todo o processo, seja o resultado dos "movimentos de

caso de dizer que, ao encerrar seu ciclo, ela teria sido suplantada por um novo regime de Cidadania Regulada para o qual ainda não temos nome – quem sabe "totalmente administrada" ou seu equivalente numa sociedade periférica madura, equipada até com multinacionais próprias, que deixou de ser subdesenvolvida, como se dizia nos tempos em que a miragem do desenvolvimento funcionava, sem com isso integrar-se ao condomínio fechado do sistema mundial de poder e acumulação[53].

Mas aí veio Junho. Nem seria preciso esperar alguma manifestação de Holston a respeito para sabê-lo convencido, e reconfortado, de que sua Cidadania Insurgente foi para as ruas em junho. De fato, em entrevista recente, convidado a avaliar o novo fenômeno dos "rolezinhos", não só reconheceu prontamente na velocidade de propagação destes últimos a impregnação do Espírito de Junho, pois tem a ver com ocupação de espaço e circulação, como lembrou que a cidadania insurgente está presente no Brasil há quase meio século, só que esquenta e esfria, dependendo de circunstâncias imprevisíveis: e junho foi um dos momentos em que a chapa ferveu[54]. Ninguém dirá que não, ainda que não saibamos ao certo o que devemos entender por insurgência nas presentes circunstâncias. Todavia, se nos mantivéssemos fiéis aos termos do próprio autor, seria o caso de dizer que a novidade da conjuntura resultaria precisamente não da persistência do antigo e recorrente impulso antagonista, mas do choque, na intensidade que se viu, entre os dois regimes de cidadania, o insurgente e o entrincheirado. Podemos duvidar, mas desse entrechoque pode estar surgindo o oponente

---

cidadania insurgente iniciados nos anos 1970" (*Cidadania insurgente*, cit., p. 376), mas de compreender como "aquilo deu nisso". Como um autor que soube redefinir tão bem a dimensão insurgente da autoconstrução produtora de espaços autônomos na periferia interpretaria as sementes de "entrincheiramento" germinando num programa dito democrático-popular de Reforma Urbana?

[53] Se tudo isso faz algum sentido, na mesma medida torna-se até mais intrigante – por não ser sequer imaginável uma ressurreição da cidadania de tipo varguista, regulada pelo vínculo que atava profissão legalizada, contrato e direitos – a aposta de André Singer de que a redução da pobreza, amenizada pelo sistema de transferência direta, se dará de fato pela incorporação do subproletariado ao que chama de "cidadania trabalhista". Ver, além do citado *Os sentidos do lulismo*, a entrevista a Luís Brasilino, "Novas expressões do conservadorismo brasileiro", *Le Monde Diplomatique Brasil*, out. 2012, p. 21.

[54] "'Rolezinhos' têm origem na luta pelo espaço urbano", entrevista de James Holston a Eleonora de Lucena, *Folha de S.Paulo*, 19 jan. 2014, *Cotidiano*, p. C8.

com o qual sonhavam os planejadores de uma contrainsurgência no vazio. Alguns sinais desse choque que viria e começou a acontecer poderiam ser rastreados no último capítulo do livro, o capítulo dos perigos, ao longo do qual nos deparamos com um pequeno inventário dos espaços de confronto entre o insurgente e o diferenciado, a começar pelas *incivilidades* cotidianas a permear os encontros públicos. A incivilidade é sempre a incivilidade do outro – entendendo por civilidade, como relembra Holston, um código de comportamento associado à participação na vida pública –, e esse outro de agora é mesmo o Outro, aquela nova geração de insurgentes cujo acesso sem precedentes aos espaços públicos e seus recursos gerou um "clima de medo e incivilidade", responsável, por sua vez, pelo "visual sitiado" (Mike Davis) que foi se alastrando pelas grandes aglomerações urbanas brasileiras. Mais uma vez, voltaremos.

4

A primeira vez que deparei com esse provável sinal de uma mutação a caminho foi num pequeno e profético artigo de Silvio Mieli, publicado na última semana de julho de 2013[55]. Sem exagero, quase dois meses depois da explosão de junho, foi uma das primeiras tentativas realmente originais de conceptualização daqueles acontecimentos, nos quais até o *mainstream* da ciência política – com perdão da redundância – reconhecera "a mais expressiva, surpreendente e rápida vitória popular da nossa história", enquanto lideranças históricas não menos expressivas desse ambíguo campo popular vitorioso ainda teimavam, e teimam, em ver naquilo tudo "tão somente uma revolta" (revolta é sempre mera revolta), a "indignação" de uma juventude sem projeto, sem nem mesmo saber no que tudo isso vai dar etc., sem falar na linha justa de sempre, reconfortada pela enésima demonstração de que o esquerdismo é mesmo uma doença infantil[56].

---

[55] Silvio Mieli, "*Black blocs*", *Brasil de Fato*, 25-31 jul. 2013, p. 3.
[56] Seria historicamente injusto não assinalar, entre a ciência política estabelecida e a esquerda da pesada, o *juste milieu* ocupado pelo cientista político que decifrou um dos sentidos do lulismo enquanto expressão política de todo um amplo setor da população pobre brasileira "destituído das condições mínimas de participação na luta de classes" (André Singer, *Os sentidos do lulismo*, cit., p. 77), o qual também reconheceu no "levante urbano desencadeado pelo Movimento Passe Livre (MPL)" não só uma "vitória extraordinária ao conquistar a redução do preço das passagens do transporte

Se entendi bem, Silvio Mieli teria dito mais ou menos o seguinte. Antes de tudo, como sugere de saída a etimologia latina da palavra, insurgir-se é levantar-se, pôr-se de pé, mas também surgir, vindo do fundo, como algo submerso subindo à tona. Ao primeiro sentido, posso acrescentar que, até onde minha vista alcança, muita leitura dos acontecimentos no calor da hora seguiu espontaneamente essa trilha: sair à rua seria um dia entendido como insurgência pelo simples fato de que as pessoas estavam se levantando do sofá diante da televisão – e já ouvi muito engraçadinho dizer que Maio de 1968 só aconteceu porque na França as pessoas ainda não dispunham da televisão como um bem de consumo de massa onde descarregar o mal-estar de uma sociedade na qual não se morria mais de fome, mas em compensação se morria de tédio[57]. Daí a gracinha suplementar perpetrada por outra sumidade, segundo a qual a população foi para a rua porque se *entediava*[58].

---

coletivo em São Paulo e em tantas outras cidades", como admitiu que "nunca na história recente do país – e, talvez, nem na antiga – camadas populares tenham se levantado em tal proporção" (idem, "Esquerda ou direita?", *Folha de S.Paulo*, 22 jun. 2013, p. A2). Mesmo com as ressalvas de praxe quanto à democracia, partidos e sindicatos, foram dois "levantes" numa única coluna.

[57] É preciso reconhecer, entretanto, que no piloto automático da esquerda que ainda não se conformou com a evidência de que manifestações de massa podem acontecer sem organizações de massa, dogma da pirâmide e sua base que ainda compartilha com a direita que se julga vitoriosa porque a "sua" mídia pautou o povaréu na rua assim que se recuperou da barriga comida nos primeiros atos, a poltrona vazia é apenas uma natureza morta, não constam sequer "os motivos que fizeram milhares de pessoas se levantarem do sofá" (Danilo Nakamura, "Crescimento econômico e desintegração social: as raízes do mal-estar brasileiro reveladas nas 'jornadas de junho'", *Marxismo21*, 5 jul. 2013). Apenas uma boa amostra de que a ideia de insurgência começou a fazer o seu caminho pela metáfora original de um corpo que se levanta – e, segundo passo, quebra um feitiço, derrubando no caminho outro tabu, o da cabeça feita pela lavagem ideológica da mídia e congêneres na indústria cultural: as pessoas sabem que se trata de enganação, mas mesmo assim agem como se não soubessem; em nada muda saber se a enganação é comercial ou oficial –, daí o enigma da força estranha que arrancou as pessoas do sofá, que as fez enfim se "insurgirem".

[58] Na origem dessa *boutade* infeliz, encontra-se uma referência desajeitada e oculta à dimensão revolucionária do tédio, cujo fio Walter Benjamin principiou a desenrolar em Baudelaire e chegou até o "situacionista" Raoul Vaneigen, cujo *Traité de savoir--vivre à l'usage des jeunes générations* foi publicado exatamente um ano antes de Maio de 1968. Para uma análise muito original daquela conjuntura centrada justamente no tédio que acompanha o processo de modernização de uma sociedade pacificada como a francesa – o último conflito nacional grave, a guerra de independência da Argélia, terminara em 1962 –, e entendendo o tédio como um barômetro de época,

Mas voltemos à insurgência de Junho segundo Silvio Mieli. E segundo o argumento desenvolvido até aqui, se não surgiu obviamente do nada, veio finalmente preencher o vazio da doutrina contrainsurgente da Pacificação. O outro traço definidor dessa verdadeira ruptura de época – não é lenga--lenga piedosa a convicção difundida de que depois de Junho o país nunca mais voltará a ser o mesmo – é que, ao colocar-se de pé, a insurgência do corpo social caracterizou-se por "*uma série de atos profanatórios*" (grifo meu). Como *profanação* não é um termo qualquer, menos ainda de uso corrente no vocabulário político da esquerda – para não falar na prática, no zelo religioso com que a dita esquerda vem escrupulosamente ajoelhando e rezando, pouco importa se da boca para fora ou não, o que conta é o joelho dobrado –, não penso estar avançando o sinal supondo que sua inspiração nesse passo – *a compreensão da insurgência que levantou o país como uma profanação* – se apoia na recuperação política da ideia mesma de profanação sugerida por Giorgio Agamben[59].

um indicador do "tempo social que está fazendo", ver os dois primeiros capítulos do livro de Jean-Pierre Le Goff, *Mai 68: L'Héritage Impossible* (Paris, La Découverte, 1998). É quase certo que o mencionado palpite infeliz tenha tentado uma ligação direta, como se diz em futebol, com o artigo famoso de Pierre Viansson-Ponté, "La France s'ennuie", publicado no *Le Monde* em 15 de março de... 1968. Menos de três meses depois, "a divina surpresa", redimindo o articulista e confirmando mais uma vez aquele afeto negativo no papel de agente provocador coletivo. Se o Brasil se entediava ou não para valer antes de Junho, no fundo é o que todos queremos saber, frivolidades à parte. Nesse capítulo crucial dos sinais precursores da virada, sem propriamente entrar no assunto, o diretor responsável pela revista *Piauí* elegeu o filme *O som ao redor*, do cineasta pernambucano Kleber Mendonça Filho, lançado em janeiro desse outro ano que ainda não terminou, como muita gente anda dizendo, uma espécie de trilha sonora das revoltas de junho, sugerido mais no título da matéria editorial do que no corpo do texto, onde a trilha sonora é mesmo a vaia no estádio Mané Garrincha, na tarde de 15 de junho (Fernando de Barros e Silva, "O som ao redor", *Piauí*, n. 82, jul. 2013, p. 7). Já que estamos recenseando, até uma ocorrência anódina alguma coisa assinala, onde se menciona a nova composição do *establishment*, "contra o qual as pessoas agora se insurgem". Por outro lado, é apenas um gesto trivialmente óbvio pedido pela cena, o de Clodoaldo e seu irmão levantando-se da cadeira para o acerto de contas, que não poderemos dizer final, pois no plano seguinte o filme fecha com a explosão festiva do cachorro do vizinho, em efígie, é claro.

[59] Giorgio Agamben, *Profanações* (trad. e apr. Selvino Assmann, São Paulo, Boitempo, 2007). O original italiano é de 2005. As citações e referências que se seguem encontram-se entre as páginas 65 e 79 da edição brasileira.

Nas suas escavações arqueológicas, Agamben notou a existência de uma relação muito especial entre "usar" e "profanar", como também redescobriu que o termo religião não deriva de "*religare*", o que une o humano ao divino, mas de "*relegere*", que "indica a atitude de escrúpulo e atenção que deve caracterizar as relações com os deuses, a inquieta hesitação (o 'reler') perante as formas – e as fórmulas – que se devem observar a fim de respeitar a separação entre o sagrado e o profano". Prolongo a citação para efeito de reconhecimento do terreno, que é familiar, como se pode perceber à primeira vista:

> *Religio* não é o que une homens e deuses, mas aquilo que cuida para que se mantenham distintos. Por isso, à religião não se opõem a incredulidade e a indiferença com relação ao divino, mas a "negligência", uma atitude livre e "distraída" – ou seja, desvinculada da *religio* das normas – diante das coisas e de seu uso, diante das formas da separação e de seu significado. Profanar significa abrir a possibilidade de uma forma especial de negligência que ignora a separação, ou melhor, faz dela um uso particular.

Apenas um olhar politicamente educado pelas verdadeiras profanações cometidas por Brecht – as tábuas consagradas do palco desviadas para o ringue de boxe ou o praticável ruidoso e esfumaçado do *cabaret*, o público nem aí para os encantos do fosso e da quarta parede etc., para não mencionar toda a engrenagem de produção de atores "negligentes" na observação do ritual cênico mais do que milenar – e, sobretudo, Walter Benjamin, por ser nosso autor quem é, leitor contumaz do materialismo messiânico e antiprogressista de Benjamin: no caso, será suficiente mencionar a demolição da obra de arte aurática e o correspondente apagamento da distância estética que congela os profanos na imobilidade contemplativa. E certamente pela incansável Crítica da Separação conduzida por Guy Debord e demais "situacionistas" até a beira de sua breve implosão, em Maio de 1968: na verdade, um *continuum* de separações, desde a mais espetacular, a do poder teológico-político e sua imagem soberana de onipotência, até a célula geradora de todas as hierarquias, o trabalho social separado de si mesmo na forma-mercadoria. Não, não estamos redescobrindo a pólvora, a crítica da religião desde Feuerbach como matriz da crítica materialista da ideologia e sua sequência política bem conhecida, da alienação-separação à reapropriação. É que o horizonte emancipatório encurtou de lá pra cá, não há mais nenhum tesouro expropriado a ser recuperado das entranhas em decomposição do capitalismo, levando autores idiossincráticos como Agamben a vasculhar no entulho arcaico da religião e do direito. Sim, o poder separador do sagrado subtraiu o essencial – coisas, lugares, animais, pessoas – ao uso comum dos homens, e profaná-lo significa restituir ao livre uso o que antes estava indisponível, confiscado e preservado fora de alcance em sua aura.

Voltando aos destinos paralelos de há pouco: assim como era de se esperar que à época de seu surgimento a hipótese comunista fosse confrontada como se combate um sacrilégio, com exorcismo e fogueira, logo poderemos sugerir que seu eclipse contemporâneo algo tem a ver com as condições proibitivas que cercam a profanação-restituição, quer dizer, "a tarefa política da geração que vem"[60]. O outro elo da redescoberta da profanação para a ação política (direta, havia alguma dúvida?) diz respeito justamente à crescente incapacidade de profanar numa era de rituais a cuja letra já não corresponde mais nenhum espírito. Para isso, é preciso lembrar que "a profanação não restaura simplesmente algo parecido com um uso natural, que preexistia à sua separação na esfera religiosa, econômica ou jurídica". Abolir pura e simplesmente a forma da separação não basta para reencontrar um "uso não contaminado"[61]. Assim, se a propriedade também pode ser entendida como "o dispositivo que desloca o livre uso dos homens para uma esfera separada, na qual é convertido em direito", nem por isso a simetria da operação inversa da expropriação-reapropriação nos livra da praga do direito: não é uma evidência que "o uso antigo possa ser recuperado na íntegra, como se pudéssemos

---

[60] Ver a respeito a apresentação esclarecedora de Selvino Assmann, em idem.
[61] A melhor ilustração ainda é a do jogo, cujos vínculos originários com o sagrado são bem conhecidos: "As crianças que brincam com qualquer bugiganga que lhes cai nas mãos transformam em brinquedo também o que pertence à esfera da economia, da guerra, do direito e das outras atividades que estamos acostumados a considerar sérias. Um automóvel, uma arma de fogo, um contrato jurídico transformam-se improvisadamente em brinquedos. É comum, tanto nesses casos como na profanação do sagrado, a passagem de uma *religio*, que já é percebida como falsa e opressora para a negligência como *vera religio* [...]. Trata-se de um uso cujo tipo Kafka devia ter em mente quando escreveu em *O novo advogado* que o direito não mais aplicado, mas apenas estudado, é a porta da justiça. Da mesma forma que a *religio* não mais observada, mas jogada, abre a porta para o uso, assim também as potências da economia, da política e do direito, desativadas em jogo, tornam-se as portas de uma nova felicidade" (ibidem, p. 67). Isso dito, somos lembrados de que o jogo como órgão da profanação está em decadência em todo lugar. Pior, como o demonstram os espetáculos esportivos de massa, ao secularizarem uma intenção inconscientemente religiosa, são consumidos como uma nova liturgia, de sorte que "fazer com que o jogo volte à sua vocação puramente profana é uma tarefa política" (ibidem, p. 68).

apagar impunemente o tempo durante o qual o objeto esteve retirado de seu uso comum"[62]. Por isso, os franciscanos, em luta contra a Cúria romana no século XIII, insistiam na possibilidade de um uso totalmente desvinculado da esfera do direito, relembra Agamben, comentando numa entrevista: O que está realmente em questão é, na verdade, a possibilidade de uma ação humana que se situe fora de toda relação com o direito, ação que não ponha, que não execute ou que não transgrida simplesmente o direito. Trata-se do que os franciscanos tinham em mente quando, em sua luta contra a hierarquia eclesiástica, reivindicavam a possibilidade de um uso de coisas que nunca venha a ser direito, que nunca venha a ser propriedade. E talvez "política" seja o nome dessa dimensão que se abre a partir de tal perspectiva, o nome do livre uso do mundo. Mas tal uso não é algo como uma condição natural originária que se trata de restaurar. Ela está mais perto de algo novo, algo que é resultado de um corpo a corpo com os dispositivos de poder que procuram subjetivar, no direito, as ações humanas.[63]

Há, porém, uma pedra no caminho político da profanação, e graças a essa barreira a ser dinamitada a intuição histórica de Silvio Mieli, conjugando num só ato divinatório insurgência e profanação, pelo menos está livre do risco de virar receita. É que nesse meio tempo – na verdade, toda uma era –, continua o argumento de Agamben, a "religião capitalista alcançou a sua fase extrema". Ainda duas palavras, e voltamos aos atos profanatórios de Junho. Como se há de recordar, a tese benjaminiana de 1921 – poucas notas num fragmento póstumo –, segundo a qual o capitalismo é, antes de tudo, uma religião, voltou a circular, e Agamben justamente encontra-se entre seus novos leitores[64]. Nas palavras originais do próprio Benjamin: "O capitalismo deve ser visto como uma religião, o capitalismo está essencialmente a serviço da resolução das mesmas preocupações, aflições, inquietações a que outrora as assim chamadas religiões quiseram oferecer respostas". Depois de contornar a concepção famosa de Max Weber – o

---

[62] No bom comentário de Selvino Assmann, em ibidem, p. 10.

[63] Entrevista concedida à *Folha de S.Paulo*, 18 out. 2005, citada por Selvino Assmann, em ibidem, p. 11.

[64] Entre nós, Michael Löwy consagrou-lhe uma conferência num colóquio promovido pela USP, há uns dois ou três anos, se não me engano, e acaba de organizar e apresentar uma coletânea de escritos pouco lidos de Walter Benjamin, a qual dá título o fragmento em questão: *O capitalismo como religião* (trad. Nélio Schneider, São Paulo, Boitempo, 2013).

capitalismo não é mera secularização da fé protestante, mas é, ele próprio, essencialmente um fenômeno religioso, como resume Agamben[65] –, Benjamin identifica três traços na estrutura religiosa do capitalismo: é uma religião puramente cultual; seu culto é permanente, ou seja, para ele não existem "dias normais"; e é, enfim, um culto culpabilizador, não está voltado para a redenção ou a expiação de uma culpa – um movimento monstruoso, em suma[66]. O ponto luminoso da visão benjaminiana encontra-se na primeira dimensão: o capitalismo é uma religião, mas espectral, no sentido de que nele "todas as coisas só adquirem significado na relação imediata com o culto; ele não possui nenhuma dogmática, nenhuma teologia". Tudo se passa como se da secularização da ascese calvinista restasse apenas o osso do rito exclusivo, implacável e inegociável, um ritual cujo espírito se tornasse por fim a própria letra, e só letra. O capitalismo, dizia Benjamin poucos anos antes do colapso de 1929, enquanto tirava consequências da guerra química e observava a serpente chocar seu ovo, é, no fundo, um sistema de comandos absurdos[67] e, como tal, necessitava, em princípio, de um espírito, como queria Weber, que justificasse aos olhos de suas vítimas e supostos beneficiários – obrigados igualmente a dizer amém para salvar a alma – tamanha mobilização de corações e mentes, só que no ponto de saturação a que chegara, coincidindo afinal, sem deixar resto, com a formalidade cega de seus imperativos de nascença, "o cumprimento preciso da ordem tornara-se mais importante que o conteúdo das ordens", como foi dito pouco depois acerca desse mesmo ritualismo puramente cultual.

> *O cumprimento preciso da ordem tornara-se mais importante que o conteúdo das ordens*: dito, ou escrito, em algum momento entre meados dos anos 1930 e 1946 por Günther Anders, quando afinal publicou

---

[65] *Profanações*, cit., p. 70.
[66] Walter Benjamin, *O capitalismo como religião*, cit., p. 21-2.
[67] "Tudo bem pesado, o capitalismo é um sistema absurdo: nele, os assalariados perderam a propriedade do resultado do seu trabalho e a possibilidade de manter uma vida ativa fora da subordinação. Quanto aos capitalistas, eles se encontram acorrentados a um processo sem fim e insaciável, totalmente abstrato e dissociado da satisfação das necessidades de consumo, sejam elas até mesmo necessidade de luxo. Para esses dois tipos de protagonista, a inserção no processo capitalista carece singularmente de justificações" (Luc Boltanski e Ève Chiapello, *Le nouvel esprit du capitalisme*, cit., p. 41).

seu extraordinário livro sobre um autor muito mal lido e ainda menos compreendido, Kafka[68]. Pois bem, para Günther Anders, Kafka foi o porta-voz literário de um "ritualismo sem ritual", entendendo por ritual o que estamos chamando aqui, na esteira do fragmento de Benjamin relido por Giorgio Agamben, de o "espírito" ausente de uma religião cujo único significado se refere ao cumprimento de um culto. Não estaremos forçando a mão, muito pelo contrário, voltando à nota original, se dissermos que o mundo de Kafka na chave identificada por Günther Anders, um mundo regido por um imperativo categórico monstruoso, "cumpra com precisão os deveres que não conhece!", é exatamente o mundo no qual seu leitor e contemporâneo Walter Benjamin reconheceu o capitalismo como uma religião puramente ritualística, empurrando, por sua vez, para o primeiro plano justamente aquele motivo originário da religião: a precisão, o escrúpulo, o ritualismo, tal como Kafka possivelmente lhe ensinara a ver e Günther Anders, por seu turno, nos ensinou. E, caso tivesse porventura tomado conhecimento do fragmento benjaminiano, sem dúvida concluiria: pois não é que nos deparamos com a mesma combinação de um quadro agnóstico e processos ritualísticos tanto no universo de Kafka como no capitalismo cultual de Benjamin? Deu-se então a junção demoníaca das duas esferas fantasmagóricas. À pergunta: "Onde houve agnosticismo ligado a escrúpulos e ritualismo?", Günther Anders deu uma resposta: "Sob o terror fascista no qual pessoa nenhuma sabe *o quê* em dado momento é exigido dela, porque alguma coisa nos é exigida – mas onde se espera dela o cumprimento mais escrupuloso do indevassável ou do desconhecido"[69]. Conhecemos a resposta de Agamben: na religião capitalista em sua fase contemporânea extrema. Assim, a prática negativa que inspira todo ato profanatório hoje remete, nada mais, nada menos, àquele horror que revestira o capitalismo com a "aparência de uma religião compacta e encouraçada". Mesma resposta para a pergunta: "Onde é válido o abominável imperativo categórico estilizado por Kafka?". Num mundo onde "só se permite

---

[68] Günther Anders, *Kafka: pró e contra* (trad. Modesto Carone, São Paulo, CosacNaify, 2007), p. 105. A primeira tradução é de 1969.
[69] Idem.

auto-humilhação e desespero". Foi assim, continua Günther Anders, naquele "estado terrível em que ninguém se achava digno de saber, mas era obrigado a agir com exatidão"[70]. *E continua assim graças a esse novo e tremendo dispositivo da religião capitalista que estamos chamando de Neoliberalismo.* A prova? Basta uma, de tão bem produzida e inapelável. Estudando um objeto desprezível e soterrado sob montanhas de lugares-comuns bem pensantes acerca da mídia e da natureza humana, a epidemia dos *reality shows*, e nada sabendo do fragmento benjaminiano acerca do capitalismo como processo religioso culpabilizador meramente ritualístico, e muito menos tendo notícia de que Agamben baseara seu elogio da profanação anticapitalista naquela visão do capitalismo como um sistema de deveres a serem tanto mais religiosamente cumpridos quanto mais indevassáveis fossem seu desígnios – a socióloga Silvia Viana, a cujo livro estamos de volta, não só refez por conta própria toda essa tradição crítica, como acrescentou uma nova dimensão ao argumento, a agonia do trabalho descartável, mostrando que o capitalismo como religião em sua forma contemporânea tornou-se um espantoso e interminável "ritual de sofrimento"[71]. Não será possível acompanhar todos os passos da autora a caminho de sua descoberta, a saber, que os rituais absurdos, escrupulosamente observados pelos voluntários que deles participam por contrato, como se fosse a coisa mais natural do mundo, embora todos saibam que não é nada disso, o espetáculo colorido do consumo, por exemplo, são na verdade "rituais de sofrimento", mas de um sofrimento muito particular, o que se padece no inferno do mundo do trabalho contemporâneo. Em tempo: "mundo do trabalho" é, a rigor, mera força de expressão, além do mais consagrada pela literatura especializada, cuja anatomia, como a presente e um bom número de reconstituições similares, é a prova cabal e paradoxal de que o trabalho, tal como o conhecíamos, perdeu sua capacidade de formar um "mundo". E como tantos outros "mundos", o do trabalho também chegou ao fim e, com ele, uma nova pergunta está abrindo caminho: o que significa trabalhar depois do fim do mundo? O que atrai o nosso olhar não é algo obsce-

---

[70] Ibidem, p. 106.
[71] Silvia Viana, *Rituais de sofrimento*, cit.

no, mas o fundamento mesmo da nossa reprodução social, a vida produtiva organizada na forma de empresas flexíveis que gerem sua força de trabalho segundo uma lei ditada por um deus oculto, a da eliminação, sob a aparência arbitrária de um jogo cuja finalidade não é selecionar um vencedor, mas condenar todos os demais ao "paredão".

Tem mais nesse achado: não se trata de uma melodramática imitação da vida, como, aliás, já vimos em um passo anterior deste ensaio; os programas funcionam gerenciando (flexivelmente) a força de trabalho à sua disposição segundo os mesmos rituais em vigor na vida real das empresas cujas vagas são a razão de ser do pega pra capar em cena. As provas são rituais com requintes caprichados de aflição, além do mais, porque se trata de "vencer uma competição na qual as regras mudam ao sabor do vento", não à toa, mas para que, no final, "fiquem apenas o sentimento do mero acaso e o agradecimento à Providência pelo saldo positivo na roleta-russa da vida", no comentário de Isleide Fontenelle ao livro[72], que ainda se pergunta: que forma de vida resulta de uma organização social guiada pela lógica da eliminação? Por certo, responde, uma forma social em que *o estado de alerta* precisa ser permanente. Uma vida, no mínimo, autopoliciada, cujo complemento de segurança sabemos bem qual é. O que a visão do capitalismo como religião, na sua última configuração como ritual de sofrimento, está mostrando nos *reality shows* – por sua vez, laboratórios de iniciação à nova razão do mundo – "são processos seletivos marcados por uma seleção negativa, ou seja, as pessoas vão sendo eliminadas não porque não são boas o suficiente, mas porque há uma cota de eliminação que precisa ser respeitada. A eliminação é, portanto, o meio e o fim"[73]. Não sei qual anjo da guarda dos sociólogos colocou Silvia Viana na pista luminosa de Kafka e Primo Levi, entre tantos outros autores essenciais para se captar, na etapa contemporânea do capitalismo-religião como dispositivo de controle por eliminação, a chave que permite abrir seu momento fundacional, a irrupção fascista de entreguerras. O essencial para a administração dos campos de concentração, dizia Primo Levi,

---

[72] Isleide Fontenelle, "Vida, o *reality show*", Revista de Administração de Empresas, Fundação Getulio Vargas, v. 53, n. 3, maio-jun. 2013.
[73] Idem.

"não é que sejam eliminados os mais inúteis, e sim que surjam logo vagas em uma porcentagem prefixada". É só conferir a atualidade – digamos "neoliberal", e não capitalismo desregulado, fora da coleira, como pensam os que imaginam o capitalismo como um parque temático das forças produtivas – das observações de Hannah Arendt, que nossa autora, arregalando bem os olhos, simplesmente viu na telinha: a organização do inferno funcionava à perfeição não a despeito, mas porque não carecia da menor explicação, mesmo a mais esdrúxula; naquele mundo indecifrável, os mais insensatos e infindáveis cerimoniais eram de fato a "ideologia nazista", que não existia na primitiva nulidade de seus dogmas – afinal, o quadro era agnóstico, como lembrado por Günther Anders –, mas em seus rituais, cujo principal era o da seleção. (Será preciso evocar a ciranda macabra, e minuciosamente protocolada, das cerimônias de eliminação em *Saló*, de Pasolini?) Convenhamos que parece não haver ainda milagre dialético disponível que desentranhe alguma etapa superior do que quer que seja desse último círculo da religião capitalista: um século de guerra social pode ter mostrado que nenhum futuro será parido por esse círculo infernal, nenhuma gestação imanente movida a quantas negações da negação se queira. A tarefa da nova geração agora é outra: como se livrar desse sistema de normas, práticas, dispositivos, de todo esse cerimonial de acumulação, de sofrimento alimentado por seus próprios adoradores? Numa palavra, como sair? Não há resposta, muito menos no ensaio de Silvia Viana, salvo um gesto luminoso e único que irrompe nas últimas linhas do último capítulo. Quando se vê um participante de um *Big Brother* sendo levado a um dos tais quartos de intensificação máxima do processo seletivo – nos conta a autora – dá para adivinhar o que o programa está sussurrando no ouvido do concorrente, àquela altura já nas últimas: "Pede para sair, vai, pede para sair...". Às vezes acontece de pedirem mesmo, mas é raro, já que a Lei da empresa-*reality show*, tanto quanto a empresa da realidade que dispensa o *show*, proíbe recusar o sofrimento gratuito, "pois a violência vã não é apenas autorreferida, é autopropulsionada, trata-se de uma violência impotente, pois põe em movimento o mundo para que não se mova"[74].

---

[74] Silvia Viana, *Rituais de sofrimento*, cit., p. 169.

Desistir sem tentar é, assim, pecado mortal. De passagem, nossa autora sugere que o bordão do filme *Tropa de elite* só se tornou a epidemia que se sabe por escarnecer – ainda por cima, numa voz de comando que aconselha – dos milhões de mobilizados pela disciplina do trabalho, em cujo mundo, de resto, não há mais vagas para todos. Por isso, a ordem é pedir para sair. E quando pedem também pedem desculpa por terem sucumbido ao desespero do momento – e os que vão até o fim e são eliminados, são premiados com a "estranha legitimidade de quem agiu de acordo com a Lei". Até que o milagre aconteceu. "Uma participante [...] não pediu para sair nem foi eliminada. Ela simplesmente saiu. Não fez discursos, não brigou, não exigiu nem acusou. Fez suas malas e saiu." Obviamente foi execrada por todos. Com a autora, a última palavra, abrindo os trabalhos da geração que vem: "Não aceitar as porradas da vida? *Profanação*"[75].

Como lembrado aqui, a crítica materialista da alienação-separação, cujas metamorfoses culminam na sociedade burguesa, principiou historicamente pela crítica da religião como instituição do sagrado enquanto dispositivo ou poder que subtrai e confisca coisas, lugares, animais e pessoas da livre circulação entre os homens. Portanto, desse ângulo, toda crítica é um ato profanatório – o que Debord chamava de prática negativa. Ora, a conclusão de Agamben é que o capitalismo contemporâneo enquanto religião total, quer dizer, um ritualismo integral, impulsionado por imperativos meramente cultuais, tornou-se um sistema inteiramente voltado para a "criação de algo absolutamente Improfanável" – e assim sendo, a profanação do improfanável tornou-se a tarefa política da geração que vem. E se estamos no bom caminho, é essa a mesma tarefa da insurgência que vem, devidamente esconjurada pela Marcha dos Pacificadores, iniciada faz algum tempo à procura do seu verdadeiro alvo: a prova de que finalmente o encontraram é que também desceram em massa para as ruas de Junho. E mais: dependendo para onde se desloque o *establishment* e sua composição, impossível não se dar conta de que os *"coxinhas" também se insurgiram*. Na mesma medida desse deslocamento, também variam as cores dos Contra. Do branco ao vermelho antigo, são mais de quarenta os tons do consenso macabro em expansão,

---

[75] Ibidem, p. 161. Grifo meu.

o consenso da Paz e da Oportunidade, ao qual voltaremos, embora dele nunca tenhamos saído.

> Interessará saber, por certo, que mais adiante Agamben enfrentaria esse nó que torna particularmente problemáticos os atos profanatórios aos quais confiamos a tarefa de libertar o que foi capturado e separado por meio dos dispositivos e de restituí-lo a um possível uso comum. É que "os dispositivos com os quais temos de lidar na atual fase do capitalismo não agem mais tanto pela produção de um sujeito quanto por meio de processos que podemos chamar de dessubjetivação". Contra eles, a profanação que restitui ao uso comum o que a separação capitalista havia sacrificado parece não funcionar mais, pelo menos não mais como nos tempos da prática negativa que costumávamos chamar de política[76]. Um breve apanhado talvez ajude a reconhecer nos atos de Junho o que eles realmente foram: *profanações cometidas por gente sem nome que não está nem pedindo para sair nem aceitando as porradas da vida*. Nem aceitando a cosmologia difundida pelo Bope nas empresas, que reparte o mundo entre "caveiras" e "invertebrados"[77]. Pois voltemos à não menos curiosa cosmologia de Agamben. Nela, o universo também é composto por duas grandes classes de existentes: de um lado, os seres viventes; de outro, os tais dispositivos, em cujo âmbito os primeiros são incessantemente aprisionados, desde sempre no sentido da primeira teologia da Providência Divina governando o mundo, isto é, dispositivos que enredam os viventes na intenção de melhor governá-los e guiá-los para o bem. Ampliando bastante a classe dos dispositivos inventariados por Foucault, Agamben dará tal nome
>
>> a qualquer coisa que tenha de algum modo a capacidade de capturar, orientar, determinar, interceptar, modelar, controlar e assegurar os gestos, as condutas, as opiniões e os discursos dos seres viventes. Não somente, portanto, os manicômios, o Panóptico, a escola, a confissão, a fábrica, as disciplinas, as medidas jurídicas etc., cuja conexão com o

---

[76] Giorgio Agamben, "O que é um dispositivo?", em *O que é o contemporâneo? e outros ensaios* (trad. Vinícius Honesko, Chapecó, Argos, 2009), p. 47.

[77] Conforme relato de palestra motivacional para empresas ministrada por um oficial do Bope, analisada no livro de Silvia Viana, *Rituais de sofrimento*, cit., p. 162. A propósito: na telinha dividida entre manifestantes pacíficos e vândalos baderneiros, como discriminar em cada um dos campos caveiras e invertebrados?

poder é num certo sentido evidente, mas também a caneta, a escritura, a literatura, a filosofia, a agricultura, o cigarro, a navegação, os computadores, os telefones celulares etc.[78]

Como a lista poderia se expandir até os confins do mundo conhecido, poderíamos acrescentar alguns itens de Junho, como UPPs, catracas, megaeventos, redes sociais, armamentos humanitários, máscaras e muitos *et ceteras* que ainda não deram o ar de sua graça, além de outros velhos conhecidos, como os institutos de pesquisa, os *talk shows*, as políticas públicas de sempre, redesenhadas para atender às novas demandas identificadas pelos Data Isso e Aquilo, Pronto Atendimento Jurídico, faixas exclusivas de ônibus, Mais Médicos, regimes semiabertos fechados e vice-versa etc. Entre os seres viventes e os dispositivos, Agamben fecha sua cosmologia com um terceiro grupo, os sujeitos. Tudo aquilo que resulta da relação corpo a corpo entre os viventes e os dispositivos. São as subjetivações, as estudadas por Foucault, por exemplo: a constituição de um sujeito delinquente e de um *milieu* delinquente produzido pelo dispositivo prisional, que por sua vez se torna sujeito de novas técnicas de governo; ou a formação da subjetividade ocidental por excelência, "ao mesmo tempo cindida e, no entanto, dona e segura de si", inseparável da ação plurissecular do dispositivo penitencial inaugurado pela prática da confissão. Este o caso privilegiado por Agamben, pois lhe interessa destacar o eclipse contemporâneo desse processo de subjetivação por excelência, o da cisão provocada pelo dispositivo penitencial, "produtora de um novo sujeito que encontrava a própria verdade na não-verdade do Eu pecador repudiado". Se um dispositivo não desencadear um processo de subjetivação, não poderá funcionar como um dispositivo de governo, reduzindo-se então a um mero exercício de violência. (Foi pensando em particularidades como estas que Livia de Tommasi e Dafne Velazco incluíram as UPPs no rol dos dispositivos de gestão de uma ampla faixa da população carioca.) Para efeito de contraste de época, uma recapitulação:

> Numa sociedade disciplinar, os dispositivos visam, através de uma série de práticas e de discursos, de saberes e de exercícios, a criação de corpos dóceis, mas livres, que assumiam a sua identidade e a sua "liberdade"

---

[78] Giorgio Agamben, "O que é um dispositivo?", cit., p. 40-1.

de sujeitos no próprio processo de assujeitamento. Isto é, o dispositivo é, antes de tudo, uma máquina que produz subjetivações e somente enquanto tal é também uma máquina de governo.[79]

Já não é mais assim com a espantosa acumulação e proliferação de dispositivos que vem a ser o capitalismo de controles rituais sob o qual vivemos, pois na operação de tais dispositivos o momento dessubjetivador tornou-se a tal ponto preponderante que parece não haver mais lugar para a recomposição de novos sujeitos, como no período estudado por Foucault. Havia na raiz de todo dispositivo "um desejo demasiadamente humano de felicidade, e a captura e subjetivação deste desejo, numa esfera separada, constituíam a potência específica do dispositivo". Por isso, a profanação poderia operar como um contradispositivo, e operar justamente pelo, digamos assim, titular de uma subjetivação conflituosa em vias de se consumar. Horizonte perdido nas sociedades contemporâneas, atravessadas por gigantescos processos de dessubjetivação, mas não por isso, que é o caminho da modernização, para recorrer a outro repertório, e sim precisamente porque a tais processos não correspondem mais nenhuma subjetivação real. A política de classes girava em torno dessas subjetivações, política cujo antagonismo constitutivo estruturou todo um campo de "instituições", para voltar a falar à moda antiga. Com o seu eclipse, por falta de sujeitos e identidades reais, a "economia" triunfa sem inimigos como pura atividade de governo que visa apenas a sua própria reprodução. E governo do mais dócil e frágil corpo social jamais constituído na história da humanidade. Teríamos então tocado o fundo distópico de toda essa engrenagem, o limite do ato profanatório. Chegamos, ao que parece, ao indivíduo absolutamente governável,

> o inócuo cidadão das democracias pós-industriais, que executa prontamente tudo o que lhe é dito e deixa que os seus gestos cotidianos, como sua saúde, os seus divertimentos, as suas ocupações, a sua alimentação e os seus desejos sejam comandados e controlados por dispositivos até nos mínimos detalhes.[80]

Aqui o nó górdio. O coletivo invisível que animava a controvertida revista *Tiqqun* batizou esse personagem cuja "vida besta" transcorre

---

[79] Ibidem, p. 46.
[80] Ibidem, p. 49.

"pastando mansamente entre serviços e mercadorias"[81] com um nome próprio pescado na figura central do *Ulysses*, de Joyce, merecendo de quebra toda uma teoria, a Teoria do Bloom[82]. Uma outra caracterização mais recente na construção desse herói do nosso tempo, depois de lembrar que vive um Bloom em cada um de nós, descreve-o como alguém que

> destrói laboriosamente suas possibilidades de vida na mobilização infinita de uma atividade que ele sabe entretanto ser incapaz de jamais produzir uma "ação" digna desse nome. O Bloom é colocado [pelo coletivo *Tiqqun*] como a figura emblemática desse "empreendedor de si mesmo" que cultua e despende assiduamente um "capital humano" com o qual ele não sabe o que fazer.[83]

Ocorre, continua a Teoria, que nesse Bloom nosso de todos os dias vive adormecido um "terrorista" virtual, como se vê mundo afora na monótona recorrência dos massacres à maneira de Columbine e assemelhados. Agamben adota a hipótese – nada se assemelha mais ao terrorista do que o homem comum –, acrescentando, porém, que esta teoria do despertar terrorista das células Bloom adormecidas nos seres acometidos pelos processos de dessubjetivação se origina na e inspira a grande estratégia do Estado de Segurança Preventiva, cujo permanente estado de alerta conta com a colaboração autovigilante desses mobilizados da imobilidade. Como as conjunturas mentais variam, é bom lembrar que esse fantasma do pai de família que à noite se transforma num *hooligan* incendiário passou a assombrar a tradição crítica radical, em estado de choque com a guerra civil mundial que seguiu de perto a desintegração da paz armada propiciada pela Guerra Fria. Se a qualquer momento um vagão de metrô poderia tornar-se uma Bósnia em miniatura, tudo indicava que o processo civilizador descrito por Norbert Elias, responsável pela progressiva pacificação das sociedades, estava dando para trás. Assim como estava dando para trás o improvável sentido do terror político nos anos de chumbo na Itália e na Alemanha, na brasa dormida de quase

---

[81] Como o descreve, por sua vez, Peter Pál Pelbart, *O avesso do niilismo: cartografias do esgotamento* (São Paulo, N-1 Edições, 2013), p. 29.
[82] Tiqqun, *Théorie du Bloom* (Paris, La Fabrique, 2000).
[83] Yves Citron, "Une réaction symptomatique", *Multitudes*, Paris, n. 35, jan. 2009, citado por Peter Pál Pelbart, *O avesso do niilismo*, cit.

duas décadas da herança impossível de 1968. Nas suas visões da nova guerra civil, Hans Magnus Enzensberger foi dos primeiros a entrever, e obviamente temer, "o vazio no centro do terror" que desde então descreveu, justamente, como um *"terror sem ritual"*[84]. Já vimos como ritualismo sem ritual é conosco mesmo, estamos apenas interpolando uma outra data na escalada. As elucubrações de Agamben em torno da hipótese Bloom – segundo consta, inspiradas por ele mesmo –, acerca das consequências explosivas da dessubjetivação endêmica causada pela proliferação dos novos dispositivos de governo, são anteriores à grande crise de setembro de 2008 – alguém se lembra? Certamente não mais, pois o estado de emergência econômica permanente no qual nos encontramos faz tempo tornou-se modo de vida. Deu-se então o que ninguém esperava. Conforme apertava o garrote da austeridade, as células Bloom adormecidas despertaram, mas despertaram menos terroristas e mais "indignadas", de preferência conectadas em rede. No Brasil, foi o Grande Despertar "Coxinha". Todos pela Paz, que veio preencher o vazio no centro do terror. Voltando então aos sinais que anunciavam os contradispositivos profanatórios, que por seu turno abririam caminho para o "comum", é bom ter em mente um aviso histórico aos navegantes: no Brasil, Ingovernável mesmo só índio, sobre o qual o neodesenvolvimentismo de agora está passando o rodo da solução final. Para eles também, depois de Junho a paz será total.

5

MPL insurgente? Tem lá sua graça. Podendo parecer, inclusive, descabida, pois é praxe consolidada na literatura do movimento tratar os episódios maiores da luta pelo transporte coletivo livre como revoltas populares. Não começou em Salvador (2003) nem vai terminar em São Paulo (2013)? Certamente. Como também não é menos certo que algo de novo surgiu em Salvador com a Revolta do Buzu. Pela primeira vez, o que era para ser mais uma manifestação estudantil virou ensaio geral de uma revolta popular, na avaliação de Manolo. Nas suas palavras, "um evento de dimensões

---

[84] Num artigo de 1991, citado e comentado por Robert Kurz, em *Colapso da modernização* (6. ed., São Paulo, Paz e Terra, 2004), p. 189.

jamais imaginadas por quem quer que fosse"⁸⁵. Mas não custa testar, à luz do presente exercício de imaginação política: ligar os pontos e reconhecer os sinais dentro da figura, nada mais, nada menos. Pois então, por falar em imaginação, se há alguma coisa que mexe, e bem lá no fundo, com a imaginação social e política das pessoas é a *circulação nas cidades*. Ao começar a se organizar em plano nacional, logo após sua mais do que improvável vitória em Florianópolis em junho de 2004, derrubando o aumento das tarifas de ônibus, depois de ocupar por semanas as principais vias da cidade, nelas incluídas as duas pontes que ligam a metade insular da capital à sua extensão continental – vamos lá: profanação de um santuário estratégico –, o futuro MPL deve ter sentido que afinal tocara nalguma mola secreta ancestral, a ponto de arriscar uma profecia: "Todos demos o sangue pela vitória dessa atividade [sic], pois ela vai desencadear um processo de revoltas simultâneas jamais visto no Brasil"⁸⁶. Dito e feito. Mesmo assim, o espanto não foi menor⁸⁷. Nas palavras de um veterano da luta pela tarifa zero, não seria preciso quebrar muito a cabeça para desconfiar que a questão do transporte coletivo deve encerrar uma memória específica de anseios históricos tão fortes que, ao menor solavanco, vira uma revolta popular⁸⁸. Como se um sentimento atávico de insurgência fosse reativado no calor de um confronto cujas raízes se perdem não na noite dos tempos, mas nos primórdios da urbanização capitalista.

---

[85] Manolo, "Teses sobre a Revolta do Buzu", *Passa Palavra*, set. 2011. Uma transformação análoga pode ter acontecido em junho de 2013, no que concerne à natureza da revolta popular deflagrada novamente pela questão específica do transporte. Neste sentido, não me parece inócua a variação no repertório que estamos tentando identificar desde o início.

[86] Elena Judensnaider, Luciana Lima, Pablo Ortellado e Marcelo Pomar, *20 centavos: a luta contra o aumento* (São Paulo, Veneta, 2013).

[87] Deixando mais uma vez a esquerda perplexa e a direita, indignada. "A força e as proporções assumidas pela luta contra o aumento das tarifas em São Paulo e outras capitais surpreenderam quase toda esquerda organizada. Um mês antes, dificilmente se previa que uma mobilização de rua fosse alterar de tal modo a conjuntura e impor uma derrota ao governo estadual e à Prefeitura, logo às vésperas da Copa das Confederações. Nossa dificuldade de compreender e responder a esse processo pode nos ajudar a explicar o preocupante avanço conservador no interior da mobilização" (Caio Martins Ferreira, "O povo nos acordou? A perplexidade da esquerda diante das revoltas", *Passa Palavra*, 22 jun. 2013). Voltaremos a este ponto cego.

[88] Ver entrevista de Lucas Oliveira a Maria Carlotto, "Está em pauta, agora, que modelo de cidade queremos", *Fevereiro*, n. 6, set. 2013.

Na greve geral que paralisou e amotinou a cidade de São Paulo em julho de 1917, no repertório variado da revolta, sem que houvesse encomenda ou precedente conhecido, lá pelas tantas, vários bondes foram sequestrados, os cobradores cruzaram os braços e os motorneiros, deixando-se levar pelos passageiros rebelados, porém em férias, embaralharam as linhas, conforme lhes ditava a fantasia daqueles viajantes de ocasião. Num cenário clássico de jornada insurrecional – tropas nas ruas, armazéns saqueados, autoridades sitiadas –, tudo se passa, na observação de alguns historiadores, como se o "espírito de carnaval" tivesse baixado na massa proletária em movimento, disposta a tomar ao pé da letra a ocasião única em que a sociedade estava saindo dos trilhos[89]. Aquele *détournement* dos bondes, na acepção "situacionista" do termo, seria mesmo um flagrante do mundo de ponta-cabeça, separações e hierarquias se quebrando, mas sobretudo confirmando a presença de um apelo original de ultrapassagem, algo como a transcendência de uma finalidade sem fim alojada num simples meio de transporte, num aparato técnico de indivíduos-pagantes num meio urbano reordenado pela produção de mercadorias.

Em seu sentido figurado, o substantivo "transporte" também significa arrebatamento, sensação de entusiasmo e êxtase, nos quais se apoia Paul Virilio para avançar o sinal – como de hábito – e concluir da existência, ao longo de toda história, de uma "errância revolucionária não expressa, não revelada", a organização de um Primeiro Transporte Coletivo, que vem a ser a própria Revolução[90]. Demasia retórica? Talvez até seja, mas tomamos ultimamente um tal porre de Direito à Cidade que por vezes esquecemos de alguns nexos fundamentais, como a presença paradoxal da circulação em todas as revoluções, evidente, por exemplo, na persistência fossilizada

---

[89] "O chamado 'espírito de carnaval' – expressão lúdica de uma breve liberação dos rígidos quadros da existência cotidiana – aparece em alguns momentos. Após narrar a invasão dos bondes pela massa de garotos que marcam passagens, que forçam os motorneiros a levá-los para onde querem, observa o circunspecto *O Estado de S. Paulo*: 'O mais deplorável, é que um bando de mocinhas, infelizes operárias de fábricas, imitou o gesto da garotada, tomando conta de três elétricos no largo da Sé'"(Boris Fausto, "Conflito social na República Oligárquica: a greve de 1917", *Estudos*, São Paulo, Cebrap, n. 10, 1974, p. 88-9). Ver ainda Antonio Mendes Júnior e Ricardo Maranhão, *Brasil história*, v. 3: *República Velha* (São Paulo, Brasiliense, 1979), p. 319-20.

[90] Paul Virilio, *Velocidade e política* (trad. Celso Paciornik, pref. Laymert Garcia dos Santos, São Paulo, Estação Liberdade, 1996), p. 21.

na memória coletiva de alguns comandos antitéticos, como o "proibido estacionar" e o automatismo policial diante de qualquer ajuntamento, "circulando, circulando"[91].

---

[91] Interessado nos vínculos entre velocidade e política – e com um olho no desfecho sinistro do seu primeiro capítulo na crise da sociedade liberal-burguesa de entreguerras, resumido na frase de Goebbels em 1931, palavra de ordem durante a batalha entre fascistas e militantes socialistas e comunistas pela conquista de Berlim: "Quem conquistar a rua conquistará também o Estado!", de sorte que o ponto cego compartilhado pelos dois campos inimigos consistia simplesmente na capacidade de "colocar em marcha", "mobilizar", como se põe em movimento um exército, no caso uma massa proletária rachada de alto a baixo e deslocada dos locais de produção para a rua, tanto pela força do desemprego quanto pela das organizações de classe, onde então se realizava a mutação decisiva, a configuração revolucionária, mas também contrarrevolucionária, se nos voltarmos para o lado oposto, operada no momento em que o substituto técnico da máquina torna-se ele próprio motor, máquina de assalto, isto é, "produtor de velocidade", e essa corrida, é bom não esquecer, por se tratar de um movimento da lógica da corrida, os fascistas ganharam –, Virilio está nos remetendo a uma era geológica da qual não se tem mais memória, muito embora seus vestígios ainda sejam perceptíveis na guerra de hoje entre Trânsito e Mobilidade, não sendo menor o risco dos contendores compartilharem a mesma lógica da aceleração, mesmo quando os ativistas de hoje se dão ao luxo da vida em câmara lenta, com ou sem bicicleta. Dois ou três exemplos não serão demais, sobretudo se observarmos que a visão idiossincrática do Virilio de quarenta anos atrás está cada vez mais deixando de ser uma anomalia, pois para ele o poder burguês sempre foi militar antes de ser econômico. Por outro lado, sendo arquiteto de profissão, Virilio não acredita em urbanismo. A seu ver, a cidade é apenas uma paragem, uma plataforma de vigilância, "onde se associam instrumentalmente o olhar e a velocidade de locomoção dos veículos". No fundo, o que existe é apenas "circulação habitável" (ibidem, p. 19-21). Um vestígio eloquente, tanto num vilarejo francês quanto na distópica Los Angeles: "Ao que parece, esqueceu-se que a rua é tão somente uma estrada atravessando uma aglomeração urbana, ainda que, a cada dia, entretanto, a legislação sobre a 'limitação de velocidade' dos veículos na cidade nos evoque essa continuidade do deslocamento" (ibidem, p. 21). Outra heresia: apenas secundariamente o poder político do Estado é o poder organizado de uma classe para a opressão de outra. Num plano mais material, ele é sobretudo um poder de polícia num sentido muito peculiar: "serviço de manutenção do sistema viário", por isso, continua, desde a aurora da revolução burguesa, o poder político sempre associou "a ordem social com o controle da circulação – das pessoas, das mercadorias – e a revolução, o levante, com o engarrafamento, o estacionamento ilícito, o engavetamento, a colisão" (ibidem, p. 28). Último aviso aos navegantes: "Desde a tomada do poder, o governo nazista ofereceu ao proletariado alemão *esportes e transportes*. Acabam-se as revoltas, não há necessidade de muita repressão; basta esvaziar a rua prometendo a todos a estrada: é o objetivo político do Volkswagen, verdadeiro plebiscito, já que Hitler convenceu 170 mil cidadãos a adquiri-lo apesar de não haver um único disponível" (ibidem, p. 37; grifo meu).

Essas afinidades eletivas entre Comuna Revolucionária e Transporte Coletivo transparecem novamente nos poucos dias de novembro de 1935 durante os quais a cidade de Natal esteve em poder dos sublevados, organizados numa junta governativa composta por um sargento, um sapateiro e dois funcionários públicos, sendo um deles trabalhador dos Correios. Entre outras providências expropriadoras imediatas, o transporte municipal passou para as mãos dos seus usuários, a rigor toda a população numa cidade de raros carros particulares, e, ao que parece, por iniciativa dos estudantes. Se o ar que se respira dentro da cidade deveria ser o da liberdade (deixando obviamente entre parênteses suas origens militares e atual destino de fortaleza urbana), então não seria descabido afirmar, na esteira dessas duas amostras nada triviais, que ao circular livremente por ela sentimos soprar na nuca um vento forte de utopia[92], a qual, sem tirar nem pôr, o MPL, vitorioso nas

---

[92] Espero não abusar dos bons argumentos de Daniel Guimarães Tertschitsch ("Deslocamento é lugar", *Urbânia*, Pressa, n. 4, 2010) ao estender até eles essa reminiscência apenas sugerida de vento utópico que parece soprar em todas as revoltas populares, e mais especialmente, é claro, naquelas cujo detonador envolve o pesadelo do transporte como um mau sonho encobridor de uma secreta convocação para outras viagens. A verdade para a qual Daniel chamou atenção, ao rediscutir em nova chave a questão da mobilidade urbana, teria a ver com a equivalência em importância entre o "caminho" e o "destino", de tal modo que "ir para um lugar já é, objetivamente, um lugar em si". Como para a imensa maioria da população da cidade a vida gira em torno de dois eixos, um diurno, o trabalho, outro noturno, a formação para o trabalho, numa palavra, apenas ir e voltar dos locais do trabalho e do estudo, "o deslocamento já é trabalho" e, por isso mesmo, um lugar em que de algum modo já principiou o uso, ou abuso, de um tempo gasto e não pago. Assim sendo, quem deveria arcar com os custos do deslocamento para o trabalho seria o empregador. Na entrevista mencionada há pouco ("Está em pauta, agora, que modelo de cidade queremos", cit.), Lucas Oliveira observa que, com a aprovação em 1985 da lei do vale-transporte, os quebra-quebras a bem dizer pararam, retornando apenas em 2003. Mas o argumento em favor da tarifa zero e do controle público sobre o sistema de transporte não para por aí, visa mais alto: "Por que encarar como legítimos apenas os deslocamentos para as funções 'oficiais' da cidade (trabalho e formação)?". A dúvida é mais funda do que parece. Os insurretos de 1917, em São Paulo, também fizeram a experiência do deslocamento como lugar, subvertendo-lhe, porém, o sentido ao romperem o recorte de classe daquelas funções oficiais. Para os moleques de rua – talvez os mesmos que faziam tiro ao alvo nos postes de iluminação, facilitando a movimentação noturna dos trabalhadores amotinados –, mudar a seu bel-prazer as linhas dos bondes, embaralhando-as, podia ser, e de fato era, apenas um jogo. Mas, como vimos, nele também acontece a passagem que está nos interessando do sagrado ao profano, no caso, mais uma vez, pelo uso incongruente com o "oficial"

ruas de São Paulo[93], demonstrou ser possível e realizável bem antes que o longo prazo nos mate a todos. O que é ainda mais grave e inaceitável, nos marcos do capitalismo, como se diz na fraseologia da esquerda instalada eternamente na desvantagem da correlação de forças.

> Seria um despropósito atribuir à concepção desbravadora de Henri Lefebvre uma versão barateada do Direito à Cidade, uma espécie de direito à visita ou acesso e usufruto daquilo que já existe, como David Harvey, por exemplo, costuma relembrar sempre que esse novo direito entra em cena a cada nova rodada de "ocupe isso", "ocupe aquilo". Assim que a tempestade amainou e os manifestantes entraram na linha pacífica do bom senso, o resumo bem raso de toda a ópera de Junho passou a ser o seguinte:
>
>> Se, no início, ter um carro conferia ao seu proprietário pleno acesso a todas as oportunidades da vida urbana, em comparação com as condições dadas àqueles que usam os meios de transporte coletivo, hoje esta garantia não existe mais. Ainda que em condições mais vantajosas, os usuários de transporte individual também sofrem hoje para se deslocar, presos no congestionamento que eles mesmos provocam.
>
> Reflexão equilibrada e razoável como tantas outras na mesma direção, que só citei por ter sido publicada exatamente um ano antes

---

de um dispositivo que não por acaso até hoje atende pelo nome popular de "condução". É pouco? Sim, mas é por aí que se torcem as razões da governamentalidade. Ocorrências desses atos profanatórios durante a insurgência de Junho devem ter se multiplicado país afora. Por relato direto de manifestantes, sei de uma em Fortaleza, quando a onda de protestos se aproximou da praia proibida, a Arena Castelão, antes, durante e depois do jogo entre Brasil e México, dia 19 de junho – segundo os cronistas locais, a maior manifestação política na história da cidade. A alturas tantas, o caldo do confronto foi engrossado pela adesão de um enxame de pivetes – vetinhos ou vetins – que capricharam num sem-número de manobras táticas, entre elas o sequestro de um ônibus, ato contínuo desviado na direção de um pelotão de cavalarianos da PM, não sem antes desembarcar os passageiros e confiscar-lhes os ingressos para o jogo. Mas como a barra da direção pesou mais do que podiam os braços do novo motorista, este pulou fora, deixando um saldo devedor atravessado na pista, um dispositivo-bagulho fora do uso oficial. Já não foi assim tão pouco além de ampliar o repertório.

[93] Sei muito bem que o MPL não é o princípio nem o fim de todas as coisas, bem como o famigerado mantra da Mobilidade Urbana. E que minha visão é muito paulista, para não dizer paulistana, mas não há nada que possa fazer a respeito.

das manifestações. Mas poderia ter evocado igualmente, porém na contramão do debate, entre várias outras nessa linha, a lembrança de Thiago Benicchio a respeito do momento em que "trânsito" começa a virar Mobilidade Urbana:

> Essa discussão sobre mobilidade urbana em São Paulo ganhou força nos últimos anos porque chegou a quem até então não era afetado por ela [...] quando essa pessoa [classe média] começa a levar uma hora e meia para ir ao trabalho [distante a não mais de 5 km, por exemplo] [...] isso se tornou um problema social. Identificado como "trânsito".[94]

Mas a fila já vinha andando faz algum tempo. O capital pode ser um mecanismo cego de acumulação como um fim em si mesmo, mas não erra o alvo nunca. Estava muito claro durante a campanha eleitoral de 2012. Não havia marqueteiro que não alertasse seu cliente: é o transporte coletivo, estúpido! E não se trata só de voto. É que a fronteira dos grandes negócios urbanos está se deslocando, como sempre, quando o excesso do ciclo anterior arrisca paralisar o motor da máquina de crescimento justamente no pesadelo da imobilidade total. Não seja por isso: sinal verde para a demonização do transporte individual, e meia-volta dos fundos públicos para as devidas parcerias com o *big business* – modelagem financeira incluída – no setor dos "transportes em comum", como se diz em bom francês – desmoralizando, de quebra, o "comum" dos novos comunistas –, a saber, no mesmo carrinho de compras: metrôs, monotrilhos, trens metropolitanos, ônibus e mais ônibus em corredores e faixas etc.

Noutras palavras, o espectro do apocalipse motorizado pode estar mudando de mãos. Encomendada a peso de ouro ao escritório do arquiteto estelar *sir* Norman Foster, está sendo construída em Abu Dhabi, nos Emirados Árabes Unidos, a primeira cidade do planeta sem emissão de CO_2, totalmente sustentável e tudo mais que se segue dessa palavrinha mágica. *Mas sobretudo e antes de tudo, nela não haverá carros.* As pessoas circularão numa espécie de bonde com paradas a cada duzentos metros deslocando-se sobre trilhos magnéticos e movidos por energia solar. Serão os únicos veículos autorizados a circular,

---

[94] Citado em Daniel Guimarães Tertschitsch, "Deslocamento é lugar", cit.

pois toda cidade pertencerá ao pedestre. Coroando sua reentronização, esta bem-aventurada criatura, o pedestre, terá à sua disposição uma ampla praça onde deambular à sombra de imensos guarda-sóis que seguirão o curso do sol até se fecharem ao anoitecer para liberar o calor absorvido durante o dia. Nesse cenário de mil e uma noites e energia limpa, o carro saiu solenemente de cena, banido para as trevas exteriores do mal absoluto, enquanto estão de volta bondes e trilhos e tudo mais que puder confortar a imaginação apocalíptica dos integrados. Não é *showroom*, tem até nome, Masdar City, e está sendo de fato construída, porém lentamente, para tornar ainda mais devastador seu efeito demonstração. Se a moça não ficar esperta e por descuido embarcar no realejo do "tudo pelo transporte coletivo" – como nos anos 1980 mordemos a isca do "tudo pelo social" –, logo estaremos chovendo no molhado dos novos gestores do negócio "coletivo". A armadilha é poderosa. Mesmo Robert Kurz, num escrito memorável, "Sinal verde para o caos da crise"[95], se deixou apanhar – de raspão, é verdade. Visando o fetichista do automóvel e do progresso pela aceleração tecnológica da mobilidade, amarrou o destino do impulso ao movimento livre ao "lugar nenhum" característico do indivíduo modelado pelo moinho capitalista, totalmente sem rumo por não querer deixar preestabelecer a sua direção de viagem. Não custa prevenir, como se viu: mesmo o mais execrável dos dispositivos, como a máquina-automóvel, nada poderia se não aprisionasse, a seu modo, algum desejo demasiadamente humano de felicidade. Voltemos ao projeto Masdar City, uma porta só aparentemente muito fácil de arrombar. Até o *New York Times* desconfia, ou pelo menos abre espaço para artigos "céticos" levantarem um pouco o véu que afinal recobre a culminação do conceito de *gated community*. Todavia, o abre-te--sésamo conjugado de carbono zero e *car-free city*, desenhado, além do mais, para hospedar a nata das companhias *cleantech*, torna irresistível o apoio dos Greenpeace e WWF da vida. E por aí vamos[96]. Há um

---

[95] Em *Últimos combates* (Petrópolis, Vozes, 1997).

[96] Para uma interpretação da nova constelação urbana em que proliferam esses "paraísos do mal", como os chamam Mike Davis e Daniel Monk, nos quais "os ricos podem andar como deuses no jardim de pesadelo de seus mais profundos e secretos desejos", ver Otília Arantes, *Chai-na* (São Paulo, Edusp, 2011), p. 50-3. A seu ver, esses espaços

outro ponto cego nesse consenso em torno da demonização do carro, o dispositivo de governo das condutas que passou a ser combatido por esse mesmíssimo governo das populações entaladas nos mais diversos aparatos técnicos. O que não falta é material na internet sobre Masdar City. Preferi, no entanto, uma outra fonte para a sumária descrição inicial, aliviando o recorte das devidas aspas para não ter de esclarecer de imediato sua origem, o filósofo francês Francis Wolff, que além do mais conhece muito bem o Brasil, onde lecionou durante um bom tempo. Pois abordando o tema proposto num colóquio recente realizado em várias cidades brasileiras – "o futuro não é mais o que era", uma das tantas frases célebres de Paul Valéry acerca da mutação dos tempos entre as duas grandes guerras do século passado –, Francis Wolff abre sua comunicação contrapondo ao futuro sem carro de Masdar o desastre rodoviarista de Brasília, nosso futuro no passado[97]. Mas se Brasília era o futuro que chegou como um colapso, pelo menos era um futuro, e, se deu no que deu, o seu eclipse não se deve exclusivamente à tendência entrópica de um sistema de exploração baseado em energia fóssil e transporte individual. Ao passo que na perenemente limpa e reciclável Masdar, cujos habitantes andam sobre trilhos, tanto no literal como no figurado, o único horizonte é o presente, embrulhado numa embalagem futurista que reforça ainda mais a couraça da precaução securitária que envolve todo esse aparato preventivo, filtrando os sinais ameaçadores que o futuro lhe envia. E, no entanto, há quem sonhe com esse estado de alerta e vigilância permanente, transposto, é claro, para latitudes menos inóspitas. Como o nosso filósofo, por certo *cum grano salis*: "Sonhamos hoje com Masdar – ou melhor, sonhamos viver numa outra Masdar, longe dos Emirados, talvez perto de Paraty, em algum lugar mágico entre Rio e São Paulo"[98]. "*Luxe, calme et volupté*"? A reminiscência viria a calhar, mas não procede: o convite do poeta à viagem em direção ao

---

urbanos extremos alicerçados no trabalho atroz de imigrantes acampados fora dos muros são "casulos de ansiedade armada, num planeta de megacidades favelizadas" (ibidem, p. 53).

[97] Francis Wolff, "A flecha do tempo e o rio do tempo: pensar o futuro", em Adauto Novaes (org.), *Mutações: o futuro não é mais o que era* (São Paulo, Sesc, 2013), p. 41-3.

[98] Ibidem, p. 53.

Novo foi feito numa era de expectativas crescentes, cujo horizonte encurtou até o grau zero da mais explosiva das emergências. Contra as quais justamente proliferam tais bolhas de sonho que Mike Davis e Daniel Monk batizaram de "paraísos do mal" e Otília Arantes, de "paraísos fora da lei". Tudo somado, já que se trata de sonho e viagens, expectativas e experiências, o futuro há cinquenta anos e o presente indefinidamente expandido de hoje, a boa pergunta deveria ser: afinal, com o que sonha acordada e de olhos bem abertos "a população trabalhadora humilhada pela CPTM", como escreveu em 2012 Ronan[99], se o pesadelo da imobilidade urbana baixou sobre todos, motorizados e transportados? Irmanadas num abraço de afogados, utopia e distopia explodem, mas até agora só explodem – sempre que a circulação retorna ao primeiro plano. P. S.: Leio num magazine francês de variedades que o projeto Masdar City encalhou, mas não o argumento, pelo simples fato de que rende meganegócios e alimenta campanhas eleitorais.

Por que pulamos a catraca? Porque a Tarifa Zero é uma *utopia real*[100]. O que muda tudo. A começar – tendo em vista nosso exercício de imaginação política – pela hipótese da nova insurgência profanatória que teria vindo desmanchar o consenso em torno do processo de paz armada – ou, caso se prefira, pacificação – em curso no país e vulgarmente chamado de Transição, cujo aperfeiçoamento será por certo interminável[101]. Creio que São Paulo,

---

[99] "Um avanço nas revoltas de trabalhadores humilhados pela CPTM", *Passa Palavra*, 10 abr. 2012.

[100] Na boa observação de João Alexandre Peschanski, "O transporte público gratuito, uma utopia real", em David Harvey, Ermínia Maricato et. al., *Cidades rebeldes: Passe Livre e as manifestações que tomaram as ruas do Brasil* (São Paulo, Boitempo, 2013), p. 59-63.

[101] Vasculhando mais uma vez a floresta de *prints* à minha volta, vejo que não estou só na hipótese de que a partir de Junho difundiu-se a percepção de que uma ameaça rondava o consenso Paz e Oportunidade, sobre o qual se erguera a reconciliação nacional uma vez curadas, ou simplesmente entregues à própria sorte, as feridas da Ditadura. Refiro-me ao fecho de um artigo de Henrique Costa. À vista da ressalva feita na nota 93, vale destacar que o autor, embora pesquise na USP, argumenta com matéria colhida principalmente no rescaldo carioca de Junho, do qual aliás partimos nós também. Rescaldo no qual o oficialismo, tal como o fogo de barra-

1917, e Fortaleza, 1935, deixaram claro que o simples gesto – por assim dizer, já que é o mais difícil de todos – de profanar um dispositivo de captura da livre circulação numa cidade segregada pela distribuição das funções do capital libera uma carga de energia utópica que parece muito longe de esgotada – como diz a lenda difundida pelos coveiros da Teoria Crítica. A imensa novidade é que dessa vez ela não se dissolveu no ar. Por meio da ação direta e autônoma, condensou-se numa molécula cujo princípio ativo em duas semanas converteu uma marola de 4 a 6 mil pessoas numa onda de 1,5 milhão em mais de 120 cidades. Não era o milênio, mas a queda de uma tarifa. Para ser preciso[102], uma reversão da lógica da tarifa – outro ato profanatório? –, do seu aumento inercial, um ritual fetichista engolido pela população, entra ano, sai ano (*Oh, My God!* Abaixo da inflação!), para a sua redução crescente até o limite lógico da tarifa zero. E este limite lógico não é o cemitério do longo prazo, é um horizonte próximo, no qual todos os devaneios despertados pelo ato de pular uma catraca – todas as catracas da separação operada pela mercadoria – se materializam na real existência de uma cidade que só existia na expectativa de um dia poder se movimentar livremente por ela.

---

gem midiático contra vândalos, baderneiros e arruaceiros, aos quais, de resto, o pronunciamento presidencial de junho prometeu tolerância zero, estendida mais adiante à "guerra psicológica adversa", viu apenas "anomia niilista", na bizarra expressão de um ideólogo de primeira linha, juntando-se aos correligionários que hoje "quebram a cabeça para desvendar a arapuca que se tornou a conjuntura do Brasil, todos há pouco muito crentes de que o subproletariado garantiria vida eterna ao petismo no poder" – crença que certamente pressupunha igual vida eterna ao subproletariado, e vida eterna dentro da ordem. Como do sonhado casamento com a casta dita neodesenvolvimentista parece que não sobrou nem um troco para a condução, "seria preciso achar um culpado", nas palavras do autor. Sugerimos mais atrás um outro sonho, um sonho de paz: sonhava-se um mau sonho com esse culpado muito antes de ele finalmente encarnar, na brecha aberta pela ruptura que talvez estejamos testemunhando, embora o curso do nosso pequeno mundo tenha reentrado nos eixos, como se pode ver pelo número de ônibus queimados diariamente. "Mas a corda, talvez, tenha finalmente estourado. A mobilização em torno ao sumiço do pedreiro Amarildo na favela da Rocinha mostra que, de junho para cá, a consciência ultrapassou a medida convencional da luta de classes aceita como natural no Brasil. A paz armada proporcionada pelas Unidades de Polícia Pacificadora sofreu um abalo" (Henrique Costa, "O presente e o futuro das jornadas de junho", *Carta Maior*, 11 ago. 2013).

[102] Como Pablo Ortellado, que assina o capítulo final do citado *20 centavos*.

Se entendi alguma coisa da irrupção de Junho, não me surpreenderia reencontrar nos coletivos que planejaram tão bem a luta contra o aumento[103] quem, não obstante o planejamento estratégico evocado agora, não se reconheça num manifesto de mutação histórica como o sugerido, por exemplo, pelas seguintes linhas:

> Há uma urgência nisso tudo [...] e agora há uma nova urgência, uma urgência do próprio tempo [...] as dimensões temporais do pensamento radical e revolucionário mudaram. Colocamos um crânio sobre as nossas mesas, como os monges de antigamente, não para glorificar a morte, mas para nos focarmos no perigo iminente e intensificar a luta pela vida. Não faz mais sentido falar em *paciência* [grifo meu, nem mesmo do Conceito, P. A.] como uma virtude revolucionária ou falar sobre "revolução futura". Que futuro? Precisamos da revolução agora, aqui e agora. Tão absurdo, tão necessário. Tão óbvio.[104]

Então: não obstante o planejamento estratégico – vírgula – por isso mesmo. A utopia real de que começamos a falar é também esse *agora* de um paradoxal raio em céu azul calculado até na sua voltagem[105]. As sucessivas revoltas da catraca que culminaram na vitória de Junho reconverteram o horizonte remoto dessa expectativa numa utopia real. Ao ressaltar o forte componente utópico de uma proposta (quem diria) como a do transporte

---

[103] Nas palavras de Lucas Oliveira, na entrevista feita por Maria Carlotto: "A gente acertou até mesmo o dia em que o aumento ia cair. O aumento caiu no dia em que nós planejamos, de verdade. Foi um planejamento muito sistemático. Nós olhamos para o que aconteceu nas cidades que conseguiram barrar o aumento. O que aconteceu nessas cidades? Uma luta forte e intensa, em tanto tempo, e o grupo que chamou inicialmente as manifestações, a partir de um dado momento, não teve mais o controle sobre elas. Então, depois de estudar essas experiências, a gente concluiu: é isso que a gente precisa em São Paulo ("Está em pauta, agora, que modelo de cidade queremos", cit.).

[104] John Holloway, *Fissurar o capitalismo* (trad. Daniel Cunha, São Paulo, Publisher, 2013), p. 8.

[105] Ao contrário das reticências – para ser ameno – de realistas e pragmáticos, Holloway não está pregando o Sermão da Montanha ao dizer que é preciso mudar o mundo sem buscar redesenhar as estruturas de poder e dominação para melhor colocá-las "a nosso serviço", como lembrado pela resenha do livro escrita por Júlio Delmanto, "Ótima hora para fissurar o capitalismo", *Fórum*, 7 ago. 2013. Ótima hora não no horário estadocêntrico nacional, mas no calendário de Junho, que não por acaso talvez tenha assinalado essa mudança na temporalidade da rebelião, cuja conflitividade em nova chave tanto seus inimigos como (sobretudo) seus amigos querem "estatizar". Foi sim por vinte centavos, mas não por Mais Estado!

coletivo gratuito – nada menos utópico do que uma política pública, cuja única razão de ser é incrementar a governabilidade das condutas, e estamos falando de "condução" –, João Alexandre Peschanski remete a uma especificação desse "real" na utopia, à definição de Olin Wright: "O *real* em 'utopia real' também explora alternativas [utópicas] para instituições dominantes, mas foca no problema da dinâmica das consequências não-intencionais e autodestrutivas"[106]. A Tarifa Zero seria assim um antidispositivo híbrido, uma política pública autodestrutiva, mas autodestrutiva enquanto política pública, sendo o limite lógico da tarifa zero uma cidade fora do limite do capital.

Mas pode não ser, como relembra Peschanski. Do ponto de vista econômico, o transporte público gratuito não só não é incompatível com o capitalismo, como é até desejável e viável. Aliás, Lucas Oliveira, na mesma entrevista com Maria Carlotto, lembrava que recentemente um economista do BNDES publicou um artigo na *Folha de S.Paulo* chamado "Ônibus gratuito"*.

O que ele fala? Que o ônibus de graça desenvolveria a economia da cidade porque mais gente circularia. As pessoas gastariam o dinheiro do transporte

---

[106] Erik Olin Wright, "Utopias reais para uma sociologia global", *Diálogo Global*, v. 1, jul. 2011. Não creio forçar demais a mão se acrescentar que essa exploração prática em busca de utopias reais, ao "identificar configurações existentes que violam as lógicas básicas das instituições dominantes", não deixa de ser uma estratégia de profanação que, por sua vez, nada mais tem a ver com a grandiloquência das *tabula rasa* do passado. Decididamente, os atos profanatórios identificados e convocados na pequena nota profética de Silvio Mieli não têm nada a ver com as transgressões características das vanguardas, históricas ou requentadas. Conhecemos seu destino de progressiva perda de tensão e voltagem, até que a Indústria Cultural complete o serviço de abolição da distância estética que antes apartava as obras consagradas do comum dos mortais. Sirva novamente de advertência a armadilha proibicionista das *car-free cities*: o complexo político-industrial do transporte coletivo está aí operando e "profanando" as separações que caducarem. O efeito demonstração de Masdar City é uma inequívoca manifestação sobrevivencialista: descartando o aterro sanitário social acima do qual flutuam, os super-ricos estão mostrando que o capitalismo pode não ser necessariamente uma sociedade do automóvel. Porém, não mede sacrifícios (alheios) para acumular proibições: tabaco, droga, carro etc., a lista varia conforme dá voltas a espiral da crise. Multiplicando os zoneamentos de segurança: assim, numa cidade livre de veículos movidos a energia fóssil, será proibida a entrada de viventes e semoventes poluidores.

* Marcelo Miterhof, "Ônibus gratuito", *Folha de S.Paulo*, 28 fev. 2013. (N. E.)

em outras coisas, teriam uma mobilidade social maior, tendo uma mobilidade maior, aumentaria o PIB, aumentando o PIB, aumenta a arrecadação, então a médio e longo prazo se paga.

O real obstáculo a essa proposta de componente utópico diz respeito às relações de poder no capitalismo. Obstáculo cuja primeira barreira, mas só a primeira, foi transposta pela ação direta nas ruas. Um processo horizontal e autônomo, estrategicamente planejado para perder o controle da situação numa explosão antissistêmica, alcança finalmente um resultado tangível de alívio prático imediato num contexto de sofrimento social intenso.

> Como indicado, sobre essa confluência finalmente realizada entre processo e resultado – depois de uma larga temporada em que os novos movimentos anticapitalistas sobrevalorizaram o processo, entendido e praticado como um "comunismo pré-figurativo" (Carl Boggs) em detrimento do resultado –, ver o capítulo de Pablo Ortellado no já citado *20 centavos*. Para uma conclusão na mesma direção, o artigo de Rodrigo Guimarães Nunes, que passo ato contínuo a citar para então voltar à interpretação de Ortellado.
>
> Ao contrário de um Occupy Wall Street, que durante meses discutiu se era legítimo apresentar demandas, o movimento brasileiro desde o início teve algumas claramente definidas: fim das tarifas, fim das remoções, desmilitarização da polícia [...] a riqueza dessa luta, que lhe permitiu assumir ressonância tão ampla, está em partir de um objetivo claro, imediato e amplamente consensual (redução das tarifas) para uma discussão mais ampla (lucro das empresas, qualidade dos transportes) e objetivos de médio prazo (abertura das planilhas, passe livre para alguns setores etc.), apontando sempre para uma transformação radical das relações entre capital e trabalho, população e Estado (transporte de qualidade gratuito, financiado pela redução do lucro das empresas e impostos progressivos).[107]
>
> Realmente bizarra insurgência, tão longe e tão perto. Afinal, que horizonte é esse? O mesmo Rodrigo Nunes oferece uma pista preciosa a respeito da esquina que estamos dobrando. Agora que a fórmula gasta escapou, o jeito é explorar o ato falho. Esquina da História são palavras de granito, daí a maiúscula. Esquinas e degraus se alternam então na

---

[107] Rodrigo Guimarães Nunes, "A organização dos sem organização: oito conceitos para pensar o 'inverno brasileiro'", *Le Monde Diplomatique*, jul. 2013.

marcação de um tempo político ascensional. Hoje um Acontecimento como o Junho brasileiro é o seu próprio horizonte. O pacote filosófico de que se extraiu esse juízo sobre o *presentismo* dos acontecimentos de Junho não precisa ser desembrulhado agora – estamos vendo o filme, aliás narrado enquanto transcorria. Vem daí a centralidade da mídia, e não se trata de conspiração, que, aliás, nela é congênita, não é uma patologia exclusiva de uma localização no espectro ideológico. Com o perdão do mau trocadilho, estamos falando da decisão nada épica ou heroica tomada numa manifestação de rua, digamos, historicamente desorientada, de dobrar nesta esquina e não naquela outra, ocupar uma Câmara Municipal ou seguir em frente etc. Ou melhor, quem está falando é o nosso autor, Rodrigo Nunes, rebatendo as críticas à falta de "direção" do movimento, segundo a cartilha conhecida:

> Apenas organizações de massa podem ter "direção"; apenas uma estrutura formal de liderança, como a destas organizações, é capaz de formar uma vontade coletiva; na ausência destas organizações, há apenas ou uma multidão de átomos, ou uma turba disforme, facilmente manipulável.

Saudade eterna deixada pelo Século dos Chefes. (Estou citando o título de um livro notável de Yves Cohen*.) Não vou esmiuçar a original anatomia da massa em movimento proposta por Rodrigo Nunes[108], embora seja tentador, sobretudo por sua "direcionalidade" se contrapor, e por aí assinalando a virada histórica que está nos concernindo, à marcha proletária militarizada analisada por Virilio. Seja como for, o tamanho do abalo explica a virulência das restrições: "Os partidos, sindicatos e movimentos organizados, que se julgavam detentores exclusivos do poder de mobilizar multidões, em que pese sua visível decadência neste sentido, depararam com o impensável: um movimento de massa sem organizações de massa". Contraprova desse fosso dramático que se aprofunda? O fiasco da Jornada Nacional de Lutas, de 11 de julho de 2013, convocada pelas organizações da

---

* *Le siècle des chefs: une histoire transnationale du commandement et de l'autorité (1890--1940)* (Paris, Amsterdam, 2013). (N. E.)

[108] Que, para tal, remete a um artigo seu, "Las lecciones del 2011: tres tesis sobre organización", *El Ciudadano*, 2 abr. 2013.

esquerda histórica – aliás, "fiasco", Jair Meneguelli *dixit* em entrevista ao jornal *O Estado de S. Paulo*, por ocasião dos trinta anos da Central Única dos Trabalhadores (CUT)*. O descompasso revela muito da disjunção dos tempos de que estamos falando. Salvo erro nas contas, somente dez dias depois do primeiro auge das manifestações caiu a ficha e uma plenária foi convocada para "começar a costurar uma plataforma unitária que pautasse [sic] os movimentos nas ruas", como se pôde ler na imprensa de esquerda. Qual a pauta? Um mamute de sete cabeças: "10% do PIB para educação; investimentos em saúde; redução da jornada de trabalho; transporte público; reforma agrária; fim do fator previdenciário; reforma política; reforma urbana; democratização dos meios de comunicação; contra a PEC da terceirização e contra os leilões de petróleo". Todas as demandas obviamente fazem sentido e são notoriamente progressistas. Num certo sentido e no seu conjunto, elas são *o* progressismo brasileiro. E, no entanto, dos milhões de um mês atrás, nem sombra. Por assim dizer, é claro. Para contrabalançar, fiquemos com a avaliação de Lincoln Secco:

> Diante das manifestações de junho, as centrais sindicais convocaram uma greve geral para o dia 11 de julho, algo que não ocorria desde 1991. Cerca de 200 mil pessoas participaram das manifestações em 57 cidades. A abrangência geográfica foi maior que a dos protestos de junho, embora o número de manifestantes fosse menor. Mas o impacto da greve foi maior devido à paralisação de transportes públicos em algumas capitais e pelo bloqueio de rodovias na maioria dos estados da federação.[109]

Avaliação clássica no melhor sentido do termo, precedida de uma outra: "Até o fim de junho, nenhuma greve importante acompanhou os protestos de rua – é preciso lembrar que, em 2012, houve 58% mais greves do que em 2011. Os movimentos sociais e os grupos da periferia das grandes cidades ficaram em compasso de espera". É questão de verificar. Em todo caso, não se trata de Fla-Flu. À medida que se alarga o desencontro histórico entre a esquerda produtivista e a esquerda anticapitalista, vamos cavando nossa sepultura, ora com a mão direita, ora

---

* "'Virou profissão, das boas, ser um dirigente sindical', diz fundador da CUT", *Estado de S. Paulo*, 19 ago. 2013. (N. E.)
[109] Lincoln Secco, "As jornadas de junho", em David Harvey, Ermínia Maricato et. al., *Cidades rebeldes*, cit.

com a mão esquerda. O descompasso não poderia ser maior, sobretudo levando-se em conta a presença na rua de um novo e jovem proletariado, de escolaridade mais alta que a renda, entre outros atributos dissonantes identificados pelos especialistas. Na vasta literatura a respeito da entrada em cena deste novo personagem, será sugestivo confrontar um ponto de vista mais assertivo, "Sob a sombra do precariado", de Ruy Braga[110], com outro mais recente, "Brasil, junho 2013: classes e ideologias cruzadas", de André Singer[111]. Descompasso, enfim, entre forma e conteúdo, como se depreende, entre tantas outras declarações de divórcio de parte a parte, desta fala de Mayara Vivian (MPL):

> O fato de esses atos terem sido muito grandes e contagiados [sic] tem a ver com a forma política que nós tomamos, porque a forma não está dissociada do conteúdo [...]. A gente construiu uma nova cara, porque as pessoas se sentiram à vontade para estar naquele espaço, porque não tinha ali um carro de som vomitando um monte de abobrinhas na orelha delas. É, sim, uma nova forma política.[112]

Corrigindo: adequação entre forma e conteúdo dos dois lados. Quanto à praga do carro de som, chama atenção o fato de que seus adeptos, comprovando o argumento apenas sugerido linhas antes acerca do novo regime temporal do acontecimento político, projetem a mesma lógica da voz condutora na paranoia da mídia manipuladora. Não sei se o carro de som é da mesma família do trio elétrico, todavia são parentes na distribuição pelo alto do som que faz as pessoas dançarem à volta, seja palavra de ordem, seja refrão de música padronizada. Tampouco é meramente anedótica a implicância com bandeira de partido. Bem como a aflitiva insistência do outro lado. Quase um automatismo, neste último caso, aliás extremo: tudo se passa como se delegássemos a bandeiras e organizações, a esta altura mais rituais do que símbolos de um processo em marcha, a incumbência de acreditar por nós, enquanto vamos tocando nossas tarefas e agitando nossas bandeiras – adaptando, para o caso presente, as observações de Silvia Viana acerca da "espantosa

---

[110] Em David Harvey, Ermínia Maricato et. al., *Cidades rebeldes*, cit., p. 79-82.
[111] Em *Novos Estudos*, São Paulo, Cebrap, n. 97, nov. 2013.
[112] Debate no Espaço Cult, registrado em "O que pensam os jovens que ocupam as ruas?", *Cult*, n. 182, ago. 2013, p. 64.

importância que subitamente adquiriram as cores de nossas vestes", creditando a dança inócua de tecidos e bandeiras na conta da política de administração de logos e campanhas[113].

Como lembrado, o foco de Pablo Ortellado em *20 centavos* também é uma questão de adequação entre forma e conteúdo: vencemos porque, do princípio ao fim, dizíamos que queríamos a revogação dos vinte centavos de aumento, nada mais, nada menos, evidenciando, no entanto, a cada demonstração que tampouco negociávamos a carta anticapitalista pela qual se norteava a autonomia de todo aquele processo de ação direta. (Mais adiante veremos que este não é o único foco na sua importante avaliação do legado dos protestos de junho.) Numa palavra, vencemos, ainda parafraseando o autor, porque soubemos conciliar a preservação da lógica libertária da autonomia, cujo horizonte nunca é menos elevado do que a desmercantilização da vida, com a meta "curta" de uma revogação cifrada em menos vinte centavos. Na praça Tahrir, havia uma única demanda: a saída de Mubarak. À pergunta lançada aos ativistas do Occupy Wall Street, "qual é nossa única demanda?", depois de muitos comunicados ziguezagueantes o movimento anunciou enfim sua única demanda: "Acabar com a pena de morte é nossa única demanda... Acabar com a desigualdade de renda é nossa única demanda... Acabar com a pobreza é nossa única demanda... Acabar com a guerra é nossa única demanda". Aos olhos do autor, passaram um atestado de cegueira tática e estratégica, ao contrário do MPL, que saiu à rua em busca de um resultado. "Os sonhos dos ocupantes não cabiam em uma demanda única. O movimento decidiu que não queria os seus vinte centavos", conclui Ortellado. Desafiada por Junho, que lhe roubou as ruas, a esquerda histórica brasileira fez subir aos céus de Brasília uma estrela de onze pontas, o resumo numa única jornada de todo o Projeto Democrático Popular velho de guerra: o eclipse foi visível a olho nu, descontadas todas as ocorrências promissoras elencadas por Lincoln Secco. Depois de Junho, veremos quem (e como) sairá atrás de seus vinte centavos, que, sem dúvida, não é fácil encontrar. Os herdeiros de Seattle, ou Salvador/Florianópolis, levaram uma década para descobrir que não

---

[113] Silvia Viana, "A guerra dos panos", Blog da Boitempo, jun. 2013.

é nem a Economia nem a Questão Urbana (estúpido?), mas os vinte centavos. Para tanto, como vimos, foi necessário que vários consensos--tabu fossem quebrados ao longo do processo, abrindo caminho até esse resultado. As profanações do visionário Silvio Mieli – pelo menos naquela nota ainda mais enigmática por parecer contrabandeada no espaço que a acolheu. Logo veremos a mais sacrílega delas: a profanação da estratégia da não violência. Mais uma vez: jamais esquecer, como se esqueceu na hora em que a tática *black bloc* tornou-se a bola da vez, a dimensão inédita assumida pela tática da ação direta adotada pelo MST – ocupar, resistir, produzir –, que lhe rendeu de volta a fúria assassina dos proprietários e seu braço estatal. Pergunto-me se a rememoração de Pablo Ortellado em torno da tensão entre processo e resultado, ao se deter no marco simbólico que foi a Marcha sobre o Pentágono, em 1967, também não tocou num aspecto importante das profanações políticas de agora, ao que parece nascidas naquela marcha batida rumo a Maio de 1968, na sua definição, "a capacidade mobilizadora da performance contracultural, além da sua potência processual de pura diversão", evocada a propósito da sugestão de algumas cabeças de vento de fazer o Pentágono levitar com milhares de pessoas entoando o mantra "Om", descartada por se tratar de incompreensível futilidade que poria a perder anos de trabalho de conscientização contra a guerra no Vietnã. Sabemos que depois de quase três décadas de hibernação essa potência processual voltou à superfície com as heresias políticas do zapatismo para reemergir em Seattle e, por fim, desembarcar em São Paulo no início dos anos 2000, cavando nos subterrâneos da avenida Paulista até ressurgir nas campanhas preparatórias de junho, já nos anos 2010.

Com a palavra, o próprio MPL:

A cidade é usada como arma para sua própria retomada: sabendo que o bloqueio de um mero cruzamento compromete toda a circulação, a população lança contra si mesma o sistema de transporte caótico das metrópoles [...] é assim, na ação direta da população sobre sua vida – e não a portas fechadas, nos conselhos municipais engenhosamente instruídos pelas prefeituras ou em qualquer uma das outras artimanhas institucionais –, que se dá a verdadeira gestão popular. Foi precisamente isso que aconteceu em São Paulo quando, em junho de 2013, o povo, tomando as ruas, trouxe para si a gestão da política tarifária do município e revogou o decreto do Prefeito que aumentara a passagem em vinte centavos.[114] Principiamos por uma astúcia clássica – mas agora, a da razão insurgente –, o bloqueio que se volta contra si mesmo para obter o efeito oposto, a imobilização como antecâmara disruptiva da livre circulação, posta no entanto em movimento pelo choque direto, pelo confronto *sem mediações*, processo ao longo do qual "as pessoas assumem coletivamente as rédeas da organização de seu próprio cotidiano"[115], para então ultrapassar um limiar inédito, o da "verdadeira gestão popular", no caso, da política tarifária. Veremos, quando chegar a hora das novas licitações exigidas pela legislação, em que pé estará essa gestão às avessas, mas nem por isso menos gestão. A proposta de componente utópico seria então a prática concreta da gestão popular? Essa a utopia real prestes a se materializar numa cidade sem catracas? Insurgência passou a rimar com gestão[116]? Não é sarcasmo,

---

[114] Movimento Passe Livre, "Não começou em Salvador, não vai terminar em São Paulo", em David Harvey, Ermínia Maricato et. al., *Cidades rebeldes*, cit., p. 16.

[115] Idem.

[116] Espero não estar armando um falso problema. Com a palavra, novamente, quem de direito: "Uma outra coisa que eu acho fundamental: ninguém pergunta para um movimento de moradia como você vai custear a reforma urbana, ninguém pergunta porque não é função do movimento social ser gestor público. A gente não quer ser gestor público. Dar opções e discutir isso politicamente, até porque a gente estuda o tema, tudo bem. Mas a função essencial do movimento social é mobilizar politicamente para garantir uma demanda, e criar formas de organização para isso, e não gerir o Estado" (Lucas Oliveira em entrevista com Maria Carlotto, "Está em pauta, agora, que modelo de cidade queremos", cit.). Acredito, mas faltou acertar o relógio com o discurso do MPL no capítulo que lhe coube no livro *Cidades rebeldes*. Seja como for, uma coisa parece clara: o personagem cujo papel não se quer representar – e que tem a idade histórica da reinvenção pela esquerda da "política pública", como foi rebatizada e aclimatada a ação pública dos dominantes numa sociedade antagônica –, o gestor público, continua em cena, e com ele se discutirá igualmente em cena aberta. Uma outra coisa também deveria estar clara: se de fato está acontecendo uma ruptura com as tecnologias sociais de poder normalizadas ao longo de nossa interminável Transição, junto com os ônibus também estão queimando as pontes que nos reconduziriam de volta a um novo marco zero da longa marcha através das instituições iniciada lá atrás pela esquerda de governo, no seu tempo uma tremenda novidade, hoje soterrada por uma avalanche de lugares-comuns fossilizados. Vasto assunto à espera de um juízo histórico por parte de uma tradição crítica, equipada com um filtro mágico, específico das configurações periféricas, através do qual o serviço público e seu Estado suscitaram verdadeiras vocações para a responsabilidade,

mas reticência objetiva. *A contrarrevolução sem revolução, em curso há três décadas*, que apenas padecemos e não vemos mais, gira precisamente em torno de uma reviravolta gerencial de tudo e qualquer coisa "governável", a começar pela força de trabalho que circula por um sistema de catracas chamado cidade. Numa palavra, *nunca fomos tão governados.* Gestão sem governo, então? Por enquanto, um enigma, de cuja solução apenas encaminhada dispomos, desde Junho, de um imenso ensaio geral. Fica a descoberta atônita de que a insurgência que vem, ou está chegando, envolve um momento perturbador de desgoverno, de abalo sísmico do regime normativo dominante: *simplesmente não queremos mais ser governados, ou não mais assim*[117]. Daí soar como um escárnio grotesco o reflexo pavloviano da Reforma Política, toda vez que parece tocar a campainha salivadora do "vocês não me representam".

6

A utopia real armazenada numa proposta tão disparatada quanto sensata não teria surgido no horizonte se o tabu da luta política na rua não tivesse caído. Foram mais de duas décadas de sono dogmático. A regressão ao longo de nossa transição permanente foi tão avassaladora – há quem fale até numa sorte de retrocesso antropológico a propósito da involução que então se cumpriu em nossa capacidade de *agir*, em proveito da propensão a *fazer*

---

como se dizia, produzindo inclusive conhecimento novo sobre um país envenenado pela herança colonial. A famigerada reforma gerencial do Estado – ou seu simulacro, pouco importa, que pôs nos trilhos o seu contrário, o nosso *crony capitalism* – foi inspirada pelos herdeiros dessa mesmíssima tradição crítica.

[117] Digamos que, em Junho – sob a espécie sensível de vinte centavos a mais –, resistiu-se a continuar sendo governado assim, e quase tudo consiste em saber decifrar retrospectivamente um tal "assim". O novo se insinuou por essa brecha, não custa repetir. Daí o espanto, expresso inclusive numa linguagem que ninguém mais estava acostumado a ouvir, ou melhor, nem sabia que ainda existia. Daí o espanto suplementar ao ler estas linhas na revista *Piauí*: "A situação que se abriu é revolucionária. Nela, o inesperado é sempre a nota inicial. [...] isso não significa que o Brasil esteja às vésperas de uma revolução, longe disso. Situação revolucionária não quer dizer tomada de poder. Muito menos a mudança radical da sociedade. A expressão serve para descrever o período em que o povo dá mostras de que não quer mais viver como antes. E que o Estado não pode mais seguir governando como fazia até então. Isso está a acontecer no Brasil" (Mario Sergio Conti, "Rebelião", *Piauí*, jul. 2013, p. 8).

cada vez mais coisas, no geral prescritas por um comando invisível[118] – que mesmo nos observadores menos anestesiados, a tendência inicial é sempre a de trivializar o acontecido em Junho, percepção niveladora encaminhada, aliás, pela banalização da presença dos jovens nas ruas de uns tempos para cá. Desde então, uma das coisas prioritárias a fazer, no geral multiplicadas na forma de "eventos", tem sido ocupar os jovens nos fins de semana justo com a "ocupação" de um espaço público convenientemente selecionado para a "atividade". Tudo virou ocupação, até residência em teatro, e o que era para ser solidariedade foi se tornando rubrica em planilha, embora o termo "residência", de inspiração hospitalar, já não fosse menos infeliz. Ocupações intransitivas, portanto, de sorte que a "bandeira" (é preciso ter uma sempre, fora as carimbadas pelos partidos de praxe) que une os jovens agrupados em tais ocupações só pode ser a própria ocupação. Mobilizações em torno do nada, como as chamou Silvia Viana[119]. Mas é precisamente

---

[118] Esse fazer coisas está longe de ser inócuo – embora o seja, visto pelo ângulo do que se perdeu –, trata-se de uma "nova forma de política", condizente com o tempo novo do futuro que já chegou, prescrita por ONGs, Corporações e Estado aos jovens que irão "protagonizar" alguma atividade em que bens e serviços serão oferecidos gratuitamente, por exemplo, na forma de trabalho voluntário. Ver a respeito dessa máquina de fabricar consensos – mais um dos atuais dispositivos de governo – o impressionante panorama analisado por Regina Magalhães de Sousa, *O discurso do protagonismo juvenil* (São Paulo, Paulus, 2008).

[119] Silvia Viana, "Será que formulamos mal a pergunta?", em David Harvey, Ermínia Maricato et. al., *Cidades rebeldes*, cit., p. 56. No rol desses falsos precursores dos acontecimentos que marcaram 2013 como "o ano em que começamos a vencer" (Erica, MPL, em "A tarefa é fortalecer as lutas sociais", *Caros Amigos*, n. 196, jul. 2013) predominam empreendimentos ditos colaborativos, via de regra ligados à produção cultural e editais conexos, especializados em proclamar a seu modo um direito à cidade na forma de ocupações de espaços públicos nas quais se celebra o fato de estarem juntos naquele espaço fazendo alguma coisa mais ou menos indefinida, geralmente um festival de música com cara de ato público ou vice-versa. Podemos dizer quase sem erro que essa "ida à rua" está na origem da difusão daquela maquiagem do Direito à Cidade, mencionada páginas atrás, com cara de direito a visita e usufruto da paisagem urbana e seus equipamentos. A declaração de um animador dessas manifestações-culturais-espontâneas-que-estão-transformando-a-cidade de São Paulo, transcrita por Silvia Viana, pode servir de ilustração igualmente espontânea do mosaico de estereótipos que movimentam o discurso analisado no citado livro de Regina Magalhães de Sousa, *O discurso do protagonismo juvenil*: "Os jovens estão cada vez mais presentes nas ruas. Hoje, temos grandes movimentos coletivos que contribuem para fortalecer a integração. Quando as pessoas ocupam os espaços, conseguem transformá-los e acabam se tornando protagonistas" (Silvia Viana, "Será que formulamos mal a pergunta?", cit., p. 59). Na contramão vinham outras Marchas,

disso que se trata, como logo adiante veremos, que não haja nada no centro do redemoinho. Foi dessa maneira que se inventou o protesto sem protesto, como conclui a mesma autora[120].

Pôr jovens na rua era e é um negócio, mas, como toda economia é política, o segredo desse negócio é a mobilização enquanto tal, tanto faz se movida a editais, ONGs oficiais, isso ou aquilo em rede, programas assim ou assado de alguma secretaria ou ministério, e por aí vamos, entra ano, sai ano, nessa espantosa fábrica de consensos e consentimentos em que o país se converteu. E de baixo para cima, desde o chão da fábrica social. Numa sociedade-empresa, tudo se mobiliza a partir dessa matriz, e pelo envolvimento através do zelo dos esfolados, pois não há outro jeito de tolerar o intolerável do que partici-

---

a da Maconha, a das Vadias etc., salvo engano, herdeiras em linha direta dos protestos antiglobalização de 2000 (São Paulo, praça da República, S26) e 2001 (São Paulo, avenida Paulista, A20), para ficar nos pioneiros. No primeiro, mil pessoas protestaram em frente à Bolsa de Valores, com tintas e pedras sendo arremessadas na sede da referida instituição, e 39 manifestantes presos depois de ocuparem o centro da cidade por toda a tarde. Na avenida Paulista, no ano seguinte, foram dois mil jovens. A polícia abriu então a sua nova caixa de ferramentas pacificadoras: 79 presos e mais de cem feridos (dados e histórico em André Ryoki e Pablo Ortellado, *Estamos vencendo! Resistência global no Brasil*, São Paulo, Conrad, 2004), só que dessa vez, como lembrado por um dos autores, a prefiguração anticapitalista encenada pelo processo alcançou um resultado anunciado desde o início, de sorte que os jovens manifestantes pela primeira vez não apanharam sozinhos, tampouco havia "protagonistas" de qualquer espécie. Como respondeu um militante à bisbilhotice fulanizadora de um repórter: "Anota aí: eu sou ninguém". O comentário de Peter Pál Pelbart, depois de lembrar o acerto homérico do manifestante ao ressuscitar em pleno tumulto de rua a astúcia de Ulysses com o próprio nome Odisseu (Ninguém), ressalta o quanto a luta para tornar cada vez mais comum o que é comum, ao contagiar o próprio nome comum de quem luta, desnorteia os "dispositivos" que se lançam sobre ele (Peter Pál Pelbart, "Anota aí: eu sou ninguém", *Folha de S.Paulo*, 19 jul. 2013, p. A3).

[120] Como um *rally* que reuniu, há menos de um par de anos, no largo da Batata (zona oeste de São Paulo) – por onde começou, aliás, a megamanifestação de 17 de junho de 2013 –, um punhado de desavisados mais ou menos convencidos de que estavam ali para exprimir seu desconforto com os rumos tomados pela reurbanização do largo e seu entorno, tudo em nome do tal direito à cidade. Seria o caso então de remeter desde já os escaldados por tais banhos de espaço público ao projeto jornalístico investigativo Arquitetura da Gentrificação (ver o texto de Fabrício Muriana e Sabrina Duran, "PPP da habitação: parceria entre governo estadual de São Paulo e capital imobiliário ameaça até classe média", *Arquitetura da Gentrificação*, disponível em <reporterbrasil.org.br/gentrificação/blog>) – e no tal *rally* ninguém sabia ao certo se era a favor ou contra a dita revitalização do largo.

pando, e não há melhor escola de cooperação do que o próprio trabalho[121].

Contrapondo-se à onda de movimentos que reivindicam a cidade por meio de organizações, no geral em rede, ligadas à produção cultural, o coletivo *Passa Palavra* foi direto ao ponto cego dessa coreografia urbana:

> Desde há muito que o capitalismo não se reafirma como forma social unicamente através da repressão. De tempos em tempos, as técnicas de poder precisam ser renovadas e, ao contrário do que se poderia supor, a principal característica destas novas (ou não tão novas) engenharias de controle não consiste mais em manter os dominados imóveis e apáticos frente aos problemas sociais. Ao contrário, tanto mais ela funcionará quanto mais mantiver os de baixo engajados e participativos, contanto que isto aconteça dentro de espaços preestabelecidos. É trazendo para a luz iniciativas que antes ocorriam à sombra que as empresas e os governos asseguram a manutenção de seus privilégios. E, em se tratando de forças renovadoras, a atuação sobre a juventude ganha especial importância.[122]

Um dos choques insurgentes de Junho consistiu justamente na profanação desse confinamento. Mudou-se o curso da mobilização, fazendo a moçada adestrada por sucessivas idas forjadas à rua voltar mais uma vez às ruas como de hábito, mas agora na direção oposta. Não foi da noite pro dia. Fazia algum tempo que outras marchas também vinham na contramão, pois então foi como tirar o dedo de um dique, como lembrado, prestes a se romper: quebrou-se o feitiço.

> Existiam alguns consensos quando a gente começou a luta contra o aumento. Um deles é que as mudanças se faziam por dentro das instituições, por dentro do Estado ou por meio das eleições. Não seria possível barrar o aumento e a maioria da sociedade apoiava as medidas do governo. Esses três consensos caíram em treze dias.[123]

No que emenda a constatação dos jornalistas Cristiano Navarro, Luís Brasilino e Renato Godoy:

> As mobilizações pela redução das tarifas reintroduziram estratégias de lutas nas ruas até então abandonadas no país. Com a força de um tsunami, o

---

[121] Ver, entre outras boas análises, Rafael Alves da Silva, *A exaustão de Sísifo: gestão produtiva, trabalhador contemporâneo e novas formas de controle* (Dissertação de Mestrado em Sociologia, Campinas, IFCH/ Unicamp, 2008).

[122] "Existe consenso em SP? Reflexões sobre a questão da cultura (2ª parte)", *Passa Palavra*, 24 fev. 2013.

[123] Gabriel Simeoni (MTST), em "A tarefa é fortalecer as lutas sociais", cit.

povo trocou abaixo-assinados, *lobbies* e petições online por marchas, cartazes, pedras e pichações em disputa física pelo rumo da sociedade.[124]

Dito isso, estamos longe de desatar o nó, *a conversão do extraordinário em cotidiano*, na fórmula inspirada de Maurício Carvalho, do movimento Juntos![125] E quem assim formulou o programa do próximo passo depois dessas semanas milagrosas de "renascimento libertário da rua"[126] certamente não tinha em vista algum equivalente daquilo que os sociólogos, leitores ou não de Weber, gostariam de chamar e ver acontecer, uma rotinização do carisma, que sem dúvida está à espreita, como atesta o simples tropeço na palavra "gestão" e seus derivados, para não falar na areia movediça da *participação*. No caso da juventude que foi para a rua, o melhor meio de governá-la, como tentou mostrar Fábio Candotti. Como as ruas não podem ficar o tempo todo ocupadas, o que fazer? O fato é que as duas semanas "em que começamos a vencer", quando caíram em treze dias os consensos da "política", tal como a conhecíamos e consensualmente reforçávamos a sua existência numa esfera separada de poder (Estado, instituições, eleições), deixaram uma herança sem receita, um acerto histórico com cara de pedra no caminho. É só comparar: ao contrário dos Indignados europeus, que continuam, com razão, indignados e ocupando praças conforme vai apertando o garrote da austeridade, a rua brasileira tinha uma agenda precisa de apenas vinte centavos, porém do tamanho de todo um ciclo de humilhações no transporte público e privações de toda sorte. E o fato não tão simples assim de estar junto nas ruas pôs em circulação um poder ainda não identificado. Uma experiência inédita que a inércia da pergunta clássica, tributária do antigo regime abalado, mas não abolido, irá por certo esterilizar: a partir de agora, como ele vai ser exercido, esse poder construído pelas ruas? Apostando no rejuvenescimento do modelo participativo? Mas se até mesmo quem aposta nessa alternativa que estimula a participação mas não dá poder e parece que foi enterrada de vez em junho está com a pulga atrás da orelha? Seus coveiros tampouco têm resposta, seja quando encaram, seja quando negam sua condição de gestores públicos virtuais. Não por insuficiência

---

[124] Cristiano Navarro, Luís Brasilino e Renato Godoy, "O junho de 2013", *Le Monde Diplomatique Brasil*, jul. 2013, p. 5.

[125] "A tarefa é fortalecer as lutas sociais", cit.

[126] Douglas Anfra, "Renascimento libertário da rua", *Mouro*, São Paulo, Núcleo de Estudos da Capital, no prelo.

congênita, mas porque a pergunta pelo poder e seu exercício no governo dos homens e na administração das coisas é velha de quase dois séculos.

> Mobilizar desmobilizando ou desmobilizar mobilizando? Bem que Sônia Fleury, referência no âmbito das políticas sociais, avisou. Mais ou menos nos seguintes termos. Em princípio, conseguimos inscrever na Constituição de 1988 "todo um formato deliberativo e participativo de controle da sociedade sobre o Estado". E continuamos ativando isso todo tempo, multiplicando todo tipo de Conferências Nacionais disso e daquilo, porém o real poder de decisão estava passando cada vez mais longe desses tais espaços participativos, se é que algum dia passou de fato. Um bom exemplo, bem no olho do furacão:
>
>> A questão dos megaeventos mostrava muito claramente que o processo decisório de definir quais são as prioridades, para onde vão os recursos, estava se passando entre governo e empresários. Esse *gap*, essa contradição tinha que, num dado momento, estourar, emergir. Porque se fosse só um modelo de decisão fechado, empresarial (a cidade mercadoria, que nós vamos vender), e de repressão total, esses modelos combinam. Agora, é um modelo de ativação por um lado e, por outro, de centralização e concentração do poder [...]. Esse modelo não era desmobilizador como na ditadura: ele era mobilizador e centralizador ao mesmo tempo. Isso tinha que dar errado em algum momento.[127]
>
> Por isso, continua, discorda dessa cantilena do gigante que acordou: "Não é verdade, as pessoas estavam ativas, estavam participando, mas infelizes e insatisfeitas". Não foi por falta de avisos internos. Um ano antes, em julho de 2012, o cientista político Adrian Gurza Lavalle, embora ressaltando a quantidade e a pluralidade de instituições participativas que fazem do Brasil um caso único, e depois de relembrar que a noção de participação "nasceu atrelada a um conjunto de atores sociais que reivindicavam autonomia em relação ao Estado e às mediações políticas tradicionais", apontou que as peculiaridades de nossa transição – mais uma vez, estou muito longe de ser o único a insistir nas anomalias de nossa longa normalização depois de um regime (tradicional) de exceção – fizeram com que a participação, absorvida pelas estruturas estatais,

---

[127] Entrevista de Sônia Fleury a Daniela Alarcon, "A sociedade está se apropriando do poder. Temos que revitalizar a democracia", *Revista Adusp*, out. 2013.

fosse se tornando um discurso institucional e uma categoria de operação do Estado [...]. Hoje, a ideia de participação não é mais aquela carregada das energias utópicas dos anos 1960 a 1970 [...]. A noção de participação e as práticas a ela associadas passaram a funcionar também como uma parte da linguagem e das instituições do Estado.[128]

Ainda segundo o mesmo pesquisador, não é muito difícil atinar com a inflexão na origem dessa exaustão, da sempre lastimada exaustão da antiga energia utópica: mudou o *front* da luta de classes, se é que não se desmanchou, e já chegou mudado na Constituinte, redefinindo, mais uma vez, o rumo da transição.

A participação tinha um claro viés popular e classista. Era a participação dos que não têm vez e, portanto, não se refere aos ricos influentes e já bem representados no poder. Esse discurso classista foi mudando, e uma nova concepção se consolidou na Constituição de 1988, porque não se podia instituir um modelo participativo feito para uma classe específica. A participação popular se tornou, então, participação cidadã.[129]

Abriu-se então a porta dos espaços participativos, agora instituições participativas, e, sobre a rubrica da palavra "cidadã", por ela entraram os reais condutores da Transição. Continuemos nessa brevíssima genealogia de nossas tecnologias sociais de desmobilizar mobilizando o corpo dos governados. Cinco anos antes da radiografia que se acabou de ver em 2007, a ex-secretária-executiva do Ministério da Cidade (2003-2005), Ermínia Maricato, afinal admitia: "Nós batemos no teto. Nós batemos no teto da produção acadêmica. Nós batemos no teto dos movimentos sociais, nós batemos no teto das estruturas democráticas"[130]. E como estamos vendo, batemos no teto subindo por uma escada que nós mesmos ajudamos a construir. Os degraus dessa escada, não custa insistir, são formados por dispositivos sociais, um conjunto de práticas e conhecimentos cujo objetivo é governar, num sentido que se supõe útil, os gestos e os pensamentos dos homens – na formulação filosófica bem conhecida. Mais uma vez: *políticas públicas* é o nome genérico de um desses dispositivos. Assim sendo, é possível dizer que era esta a

---

[128] Entrevista de Adrian Gurza Lavalle a Flavio Lobo, "Na pátria da democracia 'pós-participativa'", *Le Monde Diplomatique Brasil*, jul. 2012, p. 32.

[129] Ibidem, p. 33.

[130] Ermínia Maricato, "Nunca fomos tão participativos", *Carta Maior*, 26 nov. 2007.

ironia que dava título ao artigo em que Ermínia anunciava que estava partindo para outra – "acho que precisamos reinventar a luta" –, a saber, "Nunca fomos tão participativos", querendo dizer não o oposto, mas o seu avesso constitutivo, como já pudemos observar, *nunca fomos tão governados*, completando-se assim a escalada da fabricação da sociedade consensual em que a Transição nos converteu: nos anos 1980, nunca fomos tão engajados – para glosar outro título célebre; desde o processo constituinte, nunca fomos tão participativos; com o "engajamento" das empresas socialmente responsáveis somando-se à malha cada vez mais fina da rede de políticas públicas, pode-se então concluir que nunca nos governamos tanto. Podemos pelo menos imaginar que Junho veio para abrir esse ferrolho. Creio que também pensam assim as pesquisadoras Anna Luiza Salles Souto e Rosangela Dias Oliveira da Paz, que acabam de coordenar uma pesquisa sobre as institucionalidades participativas existentes hoje no país, conforme contam em entrevista a Francele Cocco. Não sei se queriam ou não marcar o fosso que nos separa do que também chamam, por sua vez, "as utopias em torno da democracia participativa", mas o fato é que principiam por uma evocação do movimento dos sanitaristas lá pelos idos de 1970, cujos conselhos de saúde foram a fonte inspiradora de outros conselhos, para ir chegando aos poucos – depois de levantar os 71 conselhos e 74 conferências só no período lulista de 2003 a 2010 – à constatação nuançada o suficiente, mas não menos contundente, de que existe de fato um núcleo duro no projeto do governo que não interessa abrir ao debate, para não falar em participação. Numa palavra, são áreas rigorosamente blindadas. A palavrinha mágica, não por acaso, fala por si mesma: são áreas estratégicas. Já o governo do social admite quantos conselhos e conferências se quiser.

(E mesmo esse tópico está pedindo revisão, se é verdade, como também observou Sônia Fleury, que o dito "social" conheceu uma involução muito característica de todo o processo pacificador pós-ditadura. Entendido nos anos 1980 como o primado dos direitos, passou por uma abordagem econômica nos anos 1990 (repaginado como combate à pobreza), para se tornar agora uma "questão de segurança", mas obviamente não mais nos moldes da República Velha, os dispositivos agora são outros. O que muda tudo, como estamos argumentando desde o início. O pesadelo de uma insurgência difusa foi sonhado na prática da pacificação armada do social, de cuja linha involutiva trata precisamente Sônia Fleury nos termos que se viu, e não creio deturpar o sentido se disser que vão na mesma direção, como se pode confirmar na entrevista que estamos citando:

> E isso [o fato de o social ter virado uma questão de segurança] não é pouca coisa: aqui no Rio de Janeiro, por exemplo, o secretário de Assistência Social é um delegado, a Saúde está ligada aos bombeiros. Você tem um primado não mais do direito, mas dos órgãos coercitivos, articulando todo o social [...] essa ideia de que nós vamos inserir todo mundo dentro do Bolsa Família, e vamos inserir todo mundo consumindo, pode construir mercado, mas não constrói sociedade. A gente que está pesquisando já estava vendo esse problema. Via com muito mais dramaticidade nas favelas, onde o direito estava entre aspas, onde você tem um regime de exceção em termos de direito de se reunir, de manifestações culturais. Esse poder discricionário que foi dado à polícia na favela se mostrou sem nenhum pudor nas manifestações [...]. Quando antes você levantava essas questões de desaparecimento de pessoas, da violência da polícia, todo mundo perguntava: "E o que você quer, então, que volte o domínio do tráfico?". Como se só existisse o domínio da coerção, de um lado ou de outro.

É só ligar os pontos e concluir: "Isso não é democracia; pode ter eleição, mas democracia não é". É pacificação permanente. E se a hipótese for plausível, não se trata apenas de revisão de todo o modelo da institucionalidade participativa, cuja erosão, como foi dito, se confunde com o seu próprio funcionamento. Com certeza, será mais uma vez modulado para gerir a nova conjuntura aberta pela insurgência de Junho.)

Voltemos ao balanço de Anna Luiza Salles Souto e Rosangela Dias Oliveira da Paz. Os grandes projetos correm por fora, continuam, e não se trata apenas de economia ou áreas estratégicas, como energia – tal como nos bons velhos tempos geiselianos. Não só Minha Casa Minha Vida nasceu na Casa Civil em tratativas com as sete irmãs empreiteiras que se sabe, todo o Programa de Aceleração do Crescimento (PAC) corre por fora, e por aí vamos, de escuta em escuta, como se diz no jargão da autenticidade social, ora mais forte, ora menos, e sempre existem atores que berram mais alto. "Nos ocupamos demais com as institucionalidades e esquecemos as ruas." Ocorre, nas palavras das pesquisadoras, justamente apreensivas com o desafio das ruas, que o "cacife da democracia participativa é a mobilização". Estamos vendo – espero – que a

> mobilização total, com a qual o capitalismo se confunde ao banalizar, amalgamando-os, guerra e trabalho, mal se distingue de uma não menos total imobilidade, ou girar em falso perpétuo, como se queira. Por isso, fica a dúvida, não sei se compartilhada pelas autoras, que concluem a entrevista ainda sob o impacto do primeiro Junho, pois o segundo está a caminho, com calendário, agenda e tudo: "As próximas conferências serão o termômetro: as ruas vão conseguir ocupar conferências, 'invadi-las' com seus temas? Para além de querer mais saúde, mais e melhores políticas públicas, as ruas estão falando: nós queremos participar"[131]. Resta saber se as ruas e as conferências estão falando da mesma participação. Se fosse esse o caso, as revoltas de Junho teriam cumprido uma inusitada "revolução" de volta ao ponto de origem.

7

É hora de começar a olhar para o outro lado. O que não chegou a nenhum resultado. Nem chegará, talvez até nem pretenda. Aliás, não é minha a distinção, mas dos autores do balanço *20 centavos*, ao qual já nos referimos em mais de uma ocasião, e penso que não seja só deles. Como se pode ler na conclusão do livro, "os protestos de junho deixam dois legados opostos: de um lado, a explosão de manifestações com pautas difusas e sem qualquer orientação a resultados; de outro, a luta contra o aumento conduzida pelo MPL com profundo sentido de tática e estratégia". Os autores não têm dúvida quanto à importância relativa de ambos, ao ressaltar a dupla vitória da tendência que soube superar o principismo no qual a outra se debatia:

> A dupla vitória de reduzir o custo das passagens e trazer para a centralidade do debate político a tarifa zero por meio de uma ação autônoma com uma estratégia clara é o mais importante legado dos protestos de junho. Ele não é apenas um novo paradigma para as lutas sociais no Brasil, mas um modelo de ação que combina a política horizontalista e contracultural dos novos movimentos com um maduro sentido de estratégia.[132]

---

[131] Anna Luiza Salles Souto e Rosangela Dias Oliveira da Paz em entrevista a Francele Cocco, "A institucionalidade participativa", *Le Monde Diplomatique Brasil*, ago. 2013, p. 22-3.

[132] Elena Judensnaider, Luciana Lima, Pablo Ortellado e Marcelo Pomar, *20 centavos*, cit., cap. final.

Quem sou eu para arbitrar? Cabe, no entanto, a dúvida: teria sido mesmo possível derrotar a maior concentração urbana de poder e dinheiro do país, como é o caso da máquina de crescimento chamada São Paulo, e ainda mais num ponto de honra midiático, onde a capitulação beira o suicídio político, sustentar a nota durante treze longos dias sem a intransigência principista da vertente indiferente a resultados, não teria sido esta mesma evidência pública do inegociável o sinal de virada de todas as humilhações acumuladas? Sei que a resposta será sim, que essa dimensão "antipolítica" é constitutiva do novo paradigma de luta que desfaz o consenso da paz armada – daí a necessidade do choque –, o consenso das "mediações" e representações que se multiplicam e replicam em torno de coisa nenhuma. Já ouvi até muito ativista admitir que sem a mão de gato da tática heterodoxa que se viu em ação, e que aliás ninguém encomendou, mas não surgiu do nada, o aumento da tarifa muito provavelmente não teria caído.

Recapitulemos. Os vinte centavos a menos não caíram do céu. Tampouco o céu foi tomado de assalto à maneira clássica. Foi preciso muito bloqueio, muito ônibus depredado, muita lixeira queimada, muito enfrentamento com a polícia, mas também muita assembleia de rua. Como lembrado mais uma vez, foi preciso, enfim, adicionar à desobediência civil uma forte dose de todas aquelas práticas que a paz armada de nossa interminável transição colocou na ilegalidade – ou manteve. Para que os vinte centavos caíssem foi preciso então *profanar*, nos termos de nosso visionário Silvio Mieli – algo muito mais intolerável que as vidraças quebradas de agências bancárias e assemelhados de marca de luxo –, os santuários do único monopólio que realmente importa, e pior, por gente comum, autoconvocada, monopólio cuja lei não escrita proíbe, desqualifica e demoniza "tudo o que poderia ser eficaz porque realizado diretamente. Nessa concepção de vida pública, toda e qualquer iniciativa cabe exclusivamente ao Estado, às instituições e às autoridades". Quem gritou "Mais Estado!" – um blog paródico gerado em Belo Horizonte abriu cadastramento para um programa Mais Vândalos! – achava por certo que estava se contrapondo ao suposto "Mais Mercado!" da direita nas ruas, cujo Fla-Flu, aliás, não é assim tão raso, pois a direita leu o seu Polanyi e sabe muito bem que o mercado é uma construção política do Estado; quem gritou "Mais Estado!" na verdade estava mesmo era desconcertado e ressentido com tamanha ingratidão, com o rumo assumido por tais atos profanatórios de insurgência, seja qual for o conteúdo de experiência que uma tal visão venha uma hora precipitar. E por isso mesmo, tais anomalias são politicamente inassimiláveis, a depender, é claro, de como conseguirão transformar o extraordinário em cotidiano, para voltar à frase programática de Maurício Carvalho, do coletivo Juntos!. Mas o ponto não é este, e sim o que restou e parece não chegar a lugar nenhum, raciocinando ainda em termos de processo e resultado. A tal pauta difusa. Ou melhor, a ameaça difusa que ficou pairando no ar, depois que o perfil da moçada baixou ao se retirar para um discreto segundo plano, evitando talvez ser pacificada antes da hora. Não é fácil achar o outro lado. Nele, tudo é difuso: sua indignação, sua pauta, sua ameaça. E, como vimos no caso do cão sem nome nem dono, a "insurgência" nasce antes do tempo pelas artes do seu contrário. Também parece ser este o caso da expressão "ameaça difusa". Ela pode ser encontrada, dormindo ou prestes a dar o bote, num editorial da *Folha de S.Paulo* de 22 de julho de 2001, "Rebeldia primitiva". O responsável pela ressurreição daquela peça do nosso museu da ideologia é o sociólogo Adalberto Cardoso, cujo artigo, no qual se dá o referido registro, logo mais passamos a comentar, para não dizer abusar sem a menor cerimônia, tal o valor arqueológico do achado[133]. Para variar, o editorialista encarregado de dar o recado da empresa que edita o jornal passou por algum curso de sociologia, quem sabe USP, também para variar, dando a entender que conhece o livro de Hobsbawm sobre as formas arcaicas dos movimentos sociais, *Rebeldes primitivos*[134]. Não só dá a entender, mas seus temores sugerem que o compreendeu muito bem. Mesmo estando obviamente cansado de saber que não há mais banditismo social, muito menos movimentos milenaristas, no Brasil e no mundo na entrada do século XXI, como tampouco ainda existiam tais irrupções anacrônicas de violência pré--política no tempo em que Hobsbawm concluiu o seu livro, um sexto sentido, digamos, atávico para os "repentes de fúria" que marcaram um passado nem tão remoto assim no país o deixou de sobreaviso. Não era para tanto, afinal o século a que Hobsbawm confiara a prova da atualidade de sua curiosidade de historiador – como escreveu, foi a consciência política que aqueles rebeldes primitivos adquiriram que tornou o século XX o mais revolucionário da história – acabara de morrer e ser enterrado como sinônimo de catástrofe. Mas não sua visão dual da fratura brasileira, que a década que se passara aprofundara

---

[133] Adalberto Cardoso, "As jornadas de junho e a mercantilização da vida coletiva", *Insight/ Inteligência*, n. 62, jul.-set. 2013.

[134] Eric Hobsbawm, *Rebeldes primitivos* (trad. Nice Rissone, Rio de Janeiro, Jorge Zahar, 1970). A edição original é de 1959.

ainda mais, quase nas suas mesmas palavras: de um lado do fosso, os amplos setores da sociedade cuja lógica de reprodução é a da desagregação social, do outro, a minoria globalizada, afluente e influente, dois mundos cada vez mais incomunicáveis entre si. E se estranhando mutuamente. No alto da pirâmide, "um Estado em crise de financiamento, em boa medida alheio à grande maioria da população, dando acesso privilegiado a minorias organizadas e elites bem posicionadas" – e isto que o poder incumbente de turno desembrulhara todo o pacote conforme lhe encomendaram investidores e organismos multilaterais, verdade que eram tempos de apagão e os apoios começavam a minguar. Mas, olhando para o alto dessa pirâmide, "o que os diversos setores da sociedade brasileira, aos quais os frutos do desenvolvimento não chegam", avistavam não deveria ser muito diferente do que os seus ancestrais primitivos e rebeldes entendiam por Estado, "soldados e policiais, prisões, cobradores de impostos, talvez funcionários públicos"[135].

Ironia dos tempos históricos à parte – um Estado inacessível, cada vez mais reduzido ao seu mínimo denominador coercitivo, e inconformismos cada vez mais "arcaizantes" –, passemos ao inventário da desagregação naquele ano de 2001. No topo da lista, um clássico dos medos urbanos de então, os morros cariocas sob o domínio de um suposto Estado paralelo, tal qual o oficial ausente, mesclando brutalidade e intimidação ao arremedo pirata de alguma provisão social. Todavia, ao editorialista esclarecido interessa menos esta imagem inquietante porém chapada da desintegração em curso do que os termos cotidianos desse processo, a saber: as taxas endêmicas de quebra-quebras, saques e linchamentos, que só alcançam o noticiário, irrompendo em ciclos mais agudos ou frequentes, por algum motivo extraordinário, como nos casos mais recentes da seca castigando o Nordeste; a anarquia a que foi entregue Salvador nos piores dias da greve da polícia; o enésimo protesto de comunidades cariocas reagindo às arbitrariedades da polícia; dias depois, perueiros e polícia se enfrentando em Belo Horizonte. O panorama se completa com uma referência no citado editorial a dois parâmetros que permitiriam avaliar com precisão estatística o crescente embrutecimento do dia a dia na cidade de São Paulo:

> Na sexta-feira, outro ônibus foi incendiado. Em 2000, a Prefeitura computou 636 depredações nestes veículos de transporte de passageiros; 38 foram queimados. Como as chacinas, que somaram 53 no ano passado e mataram 185 pessoas, os ataques contra ônibus vão ganhando status de rotina paulistana.

---

[135] Ibidem, p. 14.

Não sei se deliberadamente buscada ou não, essa contabilidade em duas colunas – pessoa chacinada, ônibus queimado – é um retrato de época tão revelador quanto o seu barateamento pelo registro administrativo. Seja como for, salvo a ressaltada rotina sinistra, ao contrário dos ataques a ônibus, não há como incluir as chacinas no rol dos "protestos difusos e violentos", cuja escalada inquietava o editorialista. Sendo assim, por que entraram na conta? Os corpos acumulados dos chacinados estariam enviando algum recado? De qualquer modo, o editorialista estava bem longe de ignorar – daí o bocejo cínico com que alinha os automatismos paralelos – que também se incendeiam ônibus em protesto contra a violência policial desenfreada[136]. Ontem rotina – assinalada como quem destaca uma singularidade cultural –, hoje instituição.

Pois foi a persistência dessas ondas incendiárias que despertou a imaginação do sociólogo Adalberto Cardoso, raciocinando, aliás, como todo mundo, diante da evidência do estopim dos protestos, só que na primeira hora, quando a grande queima de ônibus mal começava a extrapolar a rubrica do *faits divers*. Mas justamente não se trata de um estopim qualquer, como sabemos. E o MPL foi obviamente o primeiro a encarar o paradoxo da utopia real em chamas, aliás, nem tão paradoxal assim, salvo a afinidade ancestral entranhada na imaginação do fogo entre destruição purificadora e libertação – tanto quanto o seu contrário: é só pensar no destino da Comuna de Paris segundo Zola, para não falar na mitologia wagneriana[137]. Não é esse o terreno do MPL, mas uma "tocha gigante", como a *Folha de S.Paulo* se refere à piromania que teria tomado conta ultimamente das ruas

---

[136] "Protestos por causa de assassinatos atribuídos por parentes das vítimas à Polícia Militar foram responsáveis por cerca de um terço de ataques a ônibus na capital neste ano. Três mortes terminaram em manifestações, com a destruição de nove dos 32 ônibus queimados na cidade – média de um por dia desde que 2014 começou" ("Um terço dos ataques foi em protesto por mortes na zona sul", *O Estado de S. Paulo*, 30 jan. 2014, p. A13). Está, por certo, na ponta da língua o arremate, desde que 2014 começou e 2013 ainda não terminou nem terminará tão cedo. Muita coisa ainda vai entrar na conta de Junho. Resta a dúvida: por que somente em janeiro, seis meses depois, quando então, em um único mês, o número de veículos queimados superou o total de casos registrados no primeiro semestre de 2013, junho incluído?

[137] Mexendo agora com fogo, seria indispensável remeter ao capítulo da tese recente de Acácio Augusto Sebastião Júnior sobre a revolta incendiária dos estudantes gregos em dezembro de 2008, *Política e antipolítica: anarquia contemporânea, revolta e cultura libertária* (Tese de Doutorado em Ciências Sociais, São Paulo, PUC, 2013).

da capital[138], sempre comove, quanto mais não seja, pelo próprio poder hipnótico do fogo. No extremo oposto, o incêndio de favelas, criminoso mesmo quando é acidental, para não falar (como sempre) no *Reichstag*. Mas só agora o terreno da luta, e os dispositivos que o atravancam, parece óbvio, pois o transporte não é apenas ruim, é ruim há muito tempo:

> As pessoas destroem os ônibus, e destroem recorrentemente os ônibus, por algum motivo. Se da década de 1940 até 2013 as pessoas continuam quebrando ônibus em momento de revolta popular, é preciso pensar por que as pessoas estão fazendo isso. E é porque aquilo é considerado por elas uma forma de opressão. É considerado algo terrível e violento. Porque não se escolhe aleatoriamente um alvo em um quebra-quebra. Não é uma escolha aleatória. Então, se destrói o ônibus porque ele é o símbolo de um cotidiano opressor, de um cotidiano violento. E aí ganha uma força e uma capilaridade muito grande. Porque o transporte é violento e, ao mesmo tempo, muito caro.[139]

Voltemos à "ameaça difusa" que deu o ar de sua graça no editorial de 2001 e retornou agora em traje de gala: como há uma década, os mesmos "protestos difusos e violentos", os mesmos "repentes de fúria", sinalizando uma "escalada de intimidação" – só que agora, de tão difusa a ameaça ultrapassou a "minoria globalizada e influente" do fim do século passado e alcançou seus sócios menores, embora politicamente majoritários, os gestores autointitulados desenvolvimentistas da pacificação nacional em andamento, e momentaneamente abalada. Mas não avancemos o sinal. Um aviso de incêndio entre outros: com o ambíguo charme da rebeldia primitiva a menos, um outro editorial da mesma empresa jornalística, diante da onda incendiária de agora, depois de enumerar os mesmos indícios inquietantes de desagregação – entre os quais incluía, é bem verdade, os excessos de sua própria polícia, outro ritual cujo exorcismo vale menos que água benta –, abria com uma vinheta tipo Datena: "A depredação de patrimônio público ou privado, a título de protesto contra os mais variados problemas, tem se

---

[138] *Folha de S.Paulo*, 25 jan. 2013, p. C2-3. Publicado na manhã dos confrontos da noite daquele mesmo dia de tiros e atropelamentos.

[139] Entrevista de Lucas Oliveira a Maria Carlotto, "Está em pauta, agora, que modelo de cidade queremos", cit. Tampouco foi aleatória a escolha das catracas na revolta de trabalhadores na estação de trem de Francisco Morato – ou aquilo que a CPTM chama de estação: um barracão de Brasilit sobre canos de ferro –, em 29 de março de 2012, analisada por Ronan no artigo do *Passa Palavra*, "Um avanço nas revoltas de trabalhadores humilhados pela CPTM", cit.

transformado numa perigosa e inaceitável rotina no cotidiano nacional"[140].

Entre o boletim de ocorrência e o arrazoado do juiz de vara cível, os vislumbres de *Aufklärung* sociológica esparsos no similar da década anterior desapareceram sem dar notícia.

Pois então. Pesquisando, em julho de 2013, o termo "ônibus queimado" no site do jornal *O Globo* e encontrando 559 ocorrências que cobriam o período de novembro de 2011 a julho de 2013 – quase uma notícia por dia sobre depredações de ônibus –, Adalberto Cardoso não pensava obviamente estar descobrindo a pólvora, identificando seja um padrão naquela extensão do repertório do protesto social, seja a centralidade da mobilidade urbana na vida das pessoas, sem a qual tudo o que a cidade promete "é vivido como privação e, no limite, como opressão". Espírito e letra do discurso ativista, como se acabou de ver e se poderia multiplicar. Um *protesto regrado*, portanto, que de rebeldia primitiva não tem nada: pois moradores de um extremo periférico qualquer protestam contra enchentes queimando ônibus porque não conseguem chegar em casa, e se não depredam a ponte sobre o rio transbordado, ou um poste de iluminação, tampouco a própria casa ou os carros estacionados no caminho, é porque "a fúria não foi 'primitiva', no sentido do editorialista da *Folha*. Não se tratou de causar danos ao patrimônio público sem mais, nem de um dia de fúria coletiva que vandaliza tudo" – tratou-se, como foi dito, de um protesto regrado[141].

Mas não dizia só isso o indigitado editorialista, que embora esclarecido nem por isso estava menos guiado pelos reflexos condicionados e acumulados ao longo de nossa interminável transição pacificadora: não há conflito que um bom dispositivo social não desarme, a começar pelo sistema dito político, cuja enésima reforma – assim como se reforma incansavelmente a escola, a prisão etc. – foi oferecida durante menos de 48 horas em junho passado (2013). E assim sendo, está dito e estabelecido, ontem como hoje, que o povo toca fogo em ônibus porque se trata de "uma grande massa desorganizada incapaz de acessar as instituições públicas para pressionar pelos seus interesses", de modo que, incapaz de "movimentos coesos", só pode mesmo desatinar nos repentes de fúria, numa rebeldia primitiva etc. etc. Todavia, nosso autor não saiu a campo

---

[140] "Onda incendiária", *Folha de S.Paulo*, "Opinião", 28 jan. 2014.

[141] Adalberto Cardoso, "As jornadas de junho e a mercantilização da vida coletiva", cit., p. 25.

para rebater essa panaceia desmoralizada e roída até o osso. Só as pedras de Brasília e adjacências fingem não saber que a política meramente política há tempos não pode mais nada salvo multiplicar seu poder de dano, sendo que a prova dos nove foi afinal produzida quando, em 2002, a maioria social no Brasil finalmente tornou-se maioria política. E nada[142]. As profanações de Junho – manifestantes dançando um samba rasgado na cobertura do Congresso Nacional – não são, portanto, repentes de fúria de rebeldes primitivos. O que resta saber é se os atos profanatórios da insurgência de Junho mudaram o vento que faz crescer essas ondas incendiárias. Os entrincheirados – para adotar de vez uma das categorias de James Holston –, compreensivelmente, ora sustentam a nota da escalada insurgente-criminosa e seu contraveneno de ilegalidades oficiais, ora banalizam o ciclo atual de protestos violentos, mais uma onda longa e rotineira, tomando, no entanto, o cuidado de situá-la num patamar mais elevado e duradouro de violências urbanas a serem administradas por mais uma rodada de providências securitárias.

> No ponto a que chegamos, o Estado "prefere realmente ser julgado por seus inimigos a sê-lo por seus êxitos inexistentes". Toda política antiterrorista segue esse preceito, enunciado por Guy Débord nos *Comentários* de 1988, como relembra Anselm Jappe, num dos ensaios

---

[142] Obviamente, ao contrário do que pensa a metafísica clássica, esse "nada" tem mil propriedades, sobretudo na acepção brasileira do termo. Pode ser a Paz Total, como logo veremos. Pode ser também o da vida eterna de um sistema de transferências monetárias condicionadas, Providência verdadeiramente divina. Como disse, mil propriedades. *N. B.*: quando Chico de Oliveira lançou a tese da "irrelevância da política", na esteira de sua hipótese bem conhecida do Ornitorrinco – cuja evolução truncada não carece mais de consciência –, a equipe do Cepat Informa (Curitiba) pediu-me que a comentasse, o que fiz nos limites de uma entrevista. Ver Paulo Arantes, "Qual política?", em *Extinção*, cit., p. 285-92. Quanto à outra política, cuja extinção a Paz Total a caminho anuncia e persegue, a política como "dimensão primordial de encaminhamento das expectativas humanas", o nervo mesmo da mobilização social das "pessoas comuns", Greg Grandin, de quem estou emprestando a definição, sustenta que tal foi o objetivo primordial do arrastão aterrorizante que recobriu o continente desde a deposição de Jacobo Arbenz na Guatemala, em 1954, arrastão que nos alcançou em 1964 e prosseguiu Cone Sul adentro até retornar, nos anos 1980, à América Central dos derradeiros genocídios daquelas mais de três décadas de Contrainsurgência. Ver o ensaio "1964", em resposta à pergunta "o que resta da ditadura?", publicado na p. 281-314 deste volume.

de *Crédito à morte*[143]. Poderia ter remetido diretamente à fonte. A intermediação de Jappe não é fortuita. O leitor que porventura tenha procurado o artigo abre-te-sésamo de Silvio Mieli não só poderá avaliar as liberdades que tomei ao comentá-lo, mas poderá verificar o quanto sua visão de um tempo no qual as Revoluções que conhecemos na Modernidade darão lugar a sublevações em que o corpo social se insurgirá através de uma série de atos profanatórios, não digo que seja tributária, mas por assim dizer entrou em estado de alerta graças à leitura de um ensaio de Anselm Jappe, ao qual remete o leitor aludindo brevemente ao seu argumento, "Violência, mas para quê?", incluído no livro citado. Uma amostra do raciocínio histórico que o alertou para o fato de que o fenômeno *black bloc* nos acontecimentos de junho não era trivial pede, sem dúvida, citação por extenso. A esta altura, podemos economizar a recapitulação das últimas três décadas de colapso administrado, que não devemos confundir com a sociedade "totalmente administrada", como os frankfurtianos denominavam os míticos trinta anos gloriosos da ordem fordista do pós-guerra, cujo caráter de saída de emergência e fuga para a frente, rumo ao cataclismo nuclear que animava a "correria" das sociedades afluentes, jamais os enganou, dois desastres administrados emendando um no outro, porém distintos, e responsável tal diferença no tempo do mundo pelas narrativas estilizadas em alternância, ora sobre as ruínas do futuro que não chegou, ora em torno da restauração da saída de emergência de anteontem, em que todos os embarcados pareciam se dar bem. Portanto, no pé em que estão as coisas, ficará cada vez mais difícil para os governados se deixarem governar como no tempo em que havia "valor" para distribuir e algum poder para repartir na margem, ao mesmo tempo que o Estado anuncia que é pegar ou largar, nenhuma mudança é mais possível, chegamos a uma engenharia institucional tão acabada e consolidada que ao Estado não resta mais nada senão oferecer aos seus cidadãos cada vez mais "proteção", agora finalmente compreendida como segurança humana total, da segurança sanitária a operações de manutenção da Paz e imposição da Lei, passando pelas prestações monetárias continuadas e diretas, em suma,

---

[143] Anselm Jappe, *Crédito à morte: a decomposição do capitalismo e suas críticas* (trad. Robson de Oliveira, São Paulo, Hedra, 2013), p. 74.

em graus variados mas contínuos, todos congenitamente vulneráveis e carecidos de proteção – estou parafraseando um tanto livremente, por isso volto ao ponto. Então: ficará cada vez mais difícil encontrar cidadãos aquiescentes.

> Não se trata de justificar ou, ao contrário, de condenar a difusão de práticas classificadas "ilegais" e o recurso que o Estado define como "violência". Pode-se simplesmente dizer uma coisa: vai ser muito difícil que os atos de contestação, que não deixarão de aumentar nos próximos anos, respeitem os parâmetros da "legalidade" concebidos precisamente no objetivo de condená-los à ineficácia.[144]

Ato contínuo "as questões de legitimidade, mais que de legalidade, vão ser colocadas de uma forma renovada. É possível que vejamos novamente acusados que, em vez de sempre proclamar sua inocência em termos de lei, defenderão diante dos tribunais com orgulho o que fizeram e aceitarão as consequências". Como outrora "a grande maioria dos revolucionários históricos", que "entravam e saíam da prisão sem emoções desmesuradas"? Podemos duvidar da propriedade da lembrança, salvo pelo contraste: é que para os rebeldes primitivos de hoje o futuro não é mais o que era para os revolucionários históricos.

> Atos de sabotagem, portanto. E dá a impressão de que é isso que as autoridades temem acima de tudo. Eficácia da sabotagem: se hoje os cultivos de plantas que contêm organismos geneticamente modificados estão parcialmente suspensos na França e se uma boa parte da opinião pública os recusa, isso ocorre graças aos "ceifadores voluntários", e não por causa de abaixo-assinados.

Dito isso, e muito mais que não relatei, entramos no capítulo dos avisos de incêndio, o grande porém de todo o argumento. Por exemplo: se uma guerra civil de verdade estourar, "não é difícil imaginar quem serão os primeiros a ser acordados em plena noite e colados ao muro". Outro, surpreendentemente convencional: "Sentimentos de rejeição engendrados pelo mundo de hoje estão muito mais próximos do ódio sem objeto e dificilmente podem ser incluídos numa 'política' [?], qualquer que seja". Na mesma linha: "É possível odiar o existente

---

[144] Ibidem, p. 75. O artigo que estamos citando, "Violência, mas para quê?", foi publicado originalmente na revista francesa *Lignes*, em 2009.

em nome de algo ainda pior". Sem dúvida. Como também não se pode duvidar desta outra evidência histórica: "Admirar a violência e o ódio enquanto tais ajudará o sistema capitalista a descarregar a fúria de suas vítimas em bodes expiatórios". Ou não tão histórica assim, para nós a outra novidade de Junho, à qual voltaremos mais adiante: ainda incipientes, mas não por muito tempo, milícias de direita se apresentaram em plena avenida Paulista e atuaram segundo um *script* que ainda não sabemos decifrar sem o auxílio de rótulos que nos remetam em sonho às ruas da República de Weimar ou à Roma dos anos 1920. Outro axioma igualmente irrefutável: ao longo de uma crise que já dura trinta anos, muitas coisas se degradaram, e desse apodrecimento não escapam também a violência e a ilegalidade. Desse juízo segue-se a pergunta que encerra o ensaio de Jappe e que Silvio Mieli transcreve, por considerá-la mais do que pertinente no atual cenário das turbulências brasileiras: "É muito provável que a couraça da 'legalidade' não demore a se estilhaçar, e não há o que lamentar. Mas nem todas as razões que empurram à violência são boas. Talvez a violência só devesse encontrar-se nas mãos das pessoas sem ódio e sem ressentimento. Mas será isso possível?"[145].

Com efeito. Schiller achava que não. Mas não só ele, de fato um dos primeiros a levantar o argumento, recorrente desde então. A Revolução Francesa escalou até o máximo do Terror não porque sua violência, de qualquer modo incontornável, caiu em mãos erradas, mas porque não havia nem poderia haver "pessoas sem ódio e sem ressentimento" numa sociedade como a do Antigo Regime, corroída por séculos de opressão e consequente e irreversível mutilação daqueles a quem assujeitou do berço ao túmulo. Daí seu projeto de uma Educação Estética da Humanidade, um verdadeiro programa de desbarbarização *avant la lettre* (viriam outros depois, particularmente depois do apocalipse nazi e, sem muita surpresa, também ancorados na Educação depois da Catástrofe), do qual brotariam os sujeitos emancipados que no limite acabariam por tornar a reviravolta revolucionária dispensável. Tantas voltas para retornar ao paradoxo velho de guerra da Revolução Burguesa, segundo o Idealismo Alemão? Uma geração imaginando expedientes especula-

---

[145] Ibidem, p. 85.

tivos de obter os fins economizando os meios. Não é por certo o caso de nosso amigo Jappe – violência só nas mãos de quem tem amor para dar é coisa de ONG carioca da paz. Sarcasmo à parte, o impasse não é menos impressionante, afinal o moinho de gastar gente, operando hoje em escala planetária, é uma tremenda máquina de gerar ainda mais humilhação social. Segundo o psicólogo José Moura Gonçalves Filho, a humilhação é o mais radical e desestabilizador dos sofrimentos proletários. "A humilhação é golpe ou é frequentemente sentida como um golpe iminente [...], o sentimento de uma pancada torna-se compulsivo, vira pressentimento"[146]. Noutro ensaio deste mesmo volume[147], procurei situar melhor essa visão original de José Moura na cadeia de argumentos vinculando o cortejo de explosões urbanas na França – outra rotina, a primeira e maior delas – a situações de humilhação armadas através de um sistema sofisticado de "desrespeito institucional". É como se quebra o sentimento de ter direitos, de sorte que, ocorrendo o milagre de um emprego qualquer, melhor trabalhar sem levantar os olhos. Mal podemos imaginar o Himalaia de humilhações *ressentidas* pelos milhões na fila de espera à boca dos guichês de ingresso num mundo afluente que não para de encolher. Mas parece que a Teoria Crítica também não consegue imaginar a pequena humilhação suplementar que lhes inflige a cada linha de generalidades acerca da compulsão fetichista que os domina, afinal querem entrar e participar da festa, que é sempre a do consumo – um outro desrespeito institucional. Por esse trilho, a equação "subversão inteligente" e sofrimento social certamente não fechará nunca, pelo menos antes de virar gestão de política pública. Há um século e meio, nem tudo estava perdido. Sobre o pano de fundo do estado de sítio moral no qual se encontrava mergulhada a burguesia francesa – ruminando a novidade da má consciência que lhe envenenava a vida, primeiro por ter massacrado os operários parisienses sublevados em junho de 1848, logo depois por ter não menos sordidamente abdicado do poder político em favor de um golpe de estado que, no entanto, pedira aos céus –, seus ideólogos justamente inventaram um sentimento novo do

---

[146] José Moura Gonçalves Filho, "Humilhação: um problema político em psicologia", *Psicologia USP*, v. 9, n. 12, 1998.

[147] "Alarme de incêndio no gueto francês", publicado neste volume.

> mundo, o Ressentimento e sua constelação de paixões tristes, e como se isto não bastasse, atribuíram a fonte social desse mais sombrio dos afetos negativos ao desejo de vingança dos impotentes, que, a julgar pelo seu próprio interior forrado de rancores, projetavam na miséria moral da classe que haviam destroçado: todo proleta humilhado e ofendido é mesmo um poço de ódio e ressentimento. Pois sobre essa floresta assassina de clichês, cuja fortuna filosófica se conhece, levantou-se o verso luminoso de Baudelaire: *Sans haine et sans remords* [sem ódio e sem remorso]. Faz tempo, não estão mais disponíveis sujeitos assim. Quanto ao pote de mágoas que transbordou em Junho, com sorte ainda atinemos com o seu destino, antes que se esvazie de novo, tantos são os interessados em sugá-lo e transformá-lo numa cesta de produtos, candidaturas no topo da lista.

Voltemos ao editorial de 2001 sobre a rebeldia primitiva fermentando no Brasil contemporâneo. Ali também um padrão é seguido faz algum tempo. Por mais difusas que fossem as ameaças sinalizadas pelos indícios de desintegração alinhados pelo editorialista, havia uma cara nova em cena. E uma novidade tanto para a esquerda, movimentista ou institucional, quanto para a direita propriamente dita. Recapitulemos mais uma vez. Um ano antes, no 1º de Maio de 2000, ativistas de um novo tipo, inspirados pela Ação Global dos Povos, são presos depois de ousarem se manifestar em plena avenida Paulista. Ao voltarem à mesma avenida em 20 de abril do ano seguinte, em sintonia com os protestos de Quebec no mesmo dia contra a Cúpula das Américas, já são mais de 2 mil e duramente reprimidos, outra surpresa política que à época o assim denominado campo popular deixou passar sem maiores estremecimentos, e olhe que no primeiro Fórum Social Mundial, em Porto Alegre, poucos meses antes, o MST e a Confédération Paysanne se juntaram para destruir um campo de transgênicos da multinacional Monsanto. Por fim, dois dias antes da matéria editorial que estamos tomando como baliza, dia 20 de julho, 5 mil ativistas protestavam de novo em São Paulo, na mesma avenida a um só tempo totem e tabu, enquanto em Gênova perto de 300 mil manifestantes entravam em choque com um aparato de força policial desproporcional, para dizer o menos, que viria a ser a norma nas batalhas de rua vindouras, a começar pelo assassinato de um militante por um tiro à queima-roupa, Carlo Giuliani. No dia seguinte, a *Folha de S.Paulo* incluiria os protestos antiglobalização e sua "disposição para o confronto físico" no pacote da ameaça difusa, cujo amplo espectro se viu. A ação direta e autônoma estreava assim como "rebeldia primitiva", com direito ao tratamento reservado aos primitivos, como, aliás, o são todos os que desconhecem as virtudes da mediação e se entregam ao domínio de suas pulsões imediatistas. A amarração estava assim feita no mesmo pacote da violência pré-política. Embora personagem recém-chegado, era um entre outros. Com o passar do tempo, aliás desapercebido, o amálgama foi caminhando para o centro da ameaça, que continuava a mesma, difusa como sempre, só que mais intensa a cada rodada. Até que Junho mostrou retrospectivamente que um padrão se estabelecera, como vimos na abertura dos nossos trabalhos: o processo de pacificação nacional encontra-se periodicamente sob ataque – como todo ato falho, o mais recente revela todo um cenário só aparentemente familiar: somos alvo de uma "guerra psicológica adversa" –, que se apresenta na forma de ondas, a de agora é novamente incendiária, afinal se trata de uma rotina, e como bandidos populares primitivos, e primitivos não tão populares, como ativistas de todo calibre, mas sobretudo os encapuzados, botam todos fogo em ônibus... quando não saqueiam ou lincham.

O padrão dessas racionalizações, como sugerido anteriormente, de fato é duplo, porém, trivializado ou assoprando o fogo, sempre se encontra um jeito de arrastar para o centro do redemoinho o inimigo político a ser neutralizado. No calor dos cinquenta ônibus incendiados só no mês de janeiro na Grande São Paulo, o jornalista Janio de Freitas botou tudo na conta de uma presumida "regra brasileira das ondas" – na verdade, nem tão presumida assim, pois se trata de um dos mais veneráveis lugares-comuns acerca do caráter nacional brasileiro, o fôlego curto de uma proverbial veleidade em toda sorte de iniciativa, aliás falta de iniciativa, consistente e duradoura –, sosseguem, portanto, toda essa violência suburbana dará em nada. Eis a regra: "Os incidentes podem até surpreender no surgimento, mas também surpreenderão no murchar repentino, quando ascendiam com aparência indomável"[148]. Quer dizer, gastei meu latim, e o leitor, seu tempo, caso tenha chegado até aqui. Junho? Fogo de palha. A ordem pública é de fato uma desordem, porém mais aparentada aos ilegalismos populares, que o lendário major Vidigal controlava com mão de ferro no Rio de Janeiro do

---

[148] Janio de Freitas, "Um pouco de vida", *Folha de S.Paulo*, 30 jan. 2014, p. A9.

tempo de Dom João VI, do que a caminho de inverossímil estado caótico de insegurança generalizada, mera projeção paranoide da impressão de fato inquietante disseminada pelos incidentes que, afinal, apenas ressaltam o quão arraigada é a "desordem da ordem pública". Até onde chegou a pegada da tradição crítica brasileira! As ondas vêm e voltam, a praia é sempre a mesma, "mesmo o *black bloc* do ano passado". Podemos respirar? Tanto faz, o recado é outro, a incivilidade dos mascarados surfa na mesma onda dos arrastões de praia e shopping, assim como as ocupações de sem-teto também entram na onda de incêndios por encomenda de bandidos. "No momento, por sinal, eles [os bandidos] estão criando uma onda, esta contra as unidades da PM instaladas em várias favelas: voltam a infiltrar-se e criam conflitos para restabelecer-se". Estava demorando. Para morrer na praia, é claro, em vários outros estados maiores e menores, desordens urbanas vão se sucedendo com a mesma cara: "ataques a ônibus, interrupção de estradas e baderna urbana". Como o nome indica, Junho entra nesta última rubrica, para variar envolto pela mesma névoa dos tiros nas UPPs. É por essas e outras que tais ondas, por mais estilizadas como o eterno recomeço de um mar de Valéry, por vezes encrespam e ganham a força hostil de um real oponente.

Força oponente, para ser mais exato. Assim o Ministério da Defesa, em portaria de 19 de dezembro de 2013, denominou os demônios de junho, camuflando-os, entretanto, num cipoal bem conhecido de ameaças difusas e confusas, que remontam por certo àquele mesmo fundo, ao que parece inesgotável, de seres primitivos que de tempos em tempos se rebelam em dias de fúria. Por remotos que sejam, não são menos estreitos os laços de família entre o artigo de há pouco e o Manual de Garantia da Lei e da Ordem que define normas para o engajamento das Forças Armadas no papel de polícia, se as forças de segurança nacional não funcionarem[149], manual que só pode ser obviamente tão direto como um cabo de esquadra, mas que nada impede de receber uma maquiagem, digamos, mais "dialética", depois da faxina a que foi submetido, flexibilizando a Lei até o limite de sua suspensão dentro da Lei – fazer, em suma, um uso tático da Lei – e chamar de "desordem da ordem pública" a Ordem encarregada de garantir – e como não se trata

---

[149] Ver a reportagem de Wilson Tosta, "Após crítica, Defesa faz mudanças em manual", *O Estado de S. Paulo*, 6 fev. 2014, p. A9. Ver ainda, do mesmo repórter, matéria anterior: "Defesa prevê Forças Armadas no papel de polícia", *Estado de S. Paulo*, 22 jan. 2014, p. A5.

nem de longe de garantismo, seria mais apropriado falar em gerenciar, mais exatamente calibrar a insegurança. Tirante o jargão jurídico-administrativo da caserna, é fácil reconhecer o coquetel de ameaças a ser enfrentado por mais este dispositivo contrainsurgente, só que desta vez nada extemporâneo, embora pareça ressuscitar quinquilharias do tempo em que forças ocultas adotavam estratégias de tensão para melhor dar o bote – como na Itália dos anos 1970, para não ficarmos só com a prata da casa. Antes do expurgo, a pedidos, das expressões mais cruas, entre elas a mais dramática "forças oponentes", o documento listava entre as tais forças oponentes, além dos movimentos sociais e demais organizações que, com razão, estrilaram ante tamanha falta de tato, "organizações criminosas, quadrilhas de traficantes de drogas, contrabandistas de armas e munições [...]" etc. – cuja promoção política a categoria de oponente parece ter surpreendido menos –, igualmente "pessoas, grupos de pessoas ou organizações atuando na forma de segmentos autônomos, ou infiltrados em movimentos, entidades, instituições, organizações [...] provocando ou instigando ações radicais ou violentas", sem se esquecer dos "indivíduos ou grupos que utilizam métodos violentos para a imposição da vontade própria em função da ausência das forças de segurança pública policial". No capítulo das "Principais Ameaças" a serem enfrentadas, caíram as seguintes frases mais polêmicas, como se diz: "ações contra a realização de pleitos eleitorais", "bloqueio de vias públicas", "depredação do patrimônio público e privado", "distúrbios urbanos" (parece que só colunista prefere "baderna"), "paralisação de serviços críticos ou essenciais à população", "sabotagem nos locais de grandes eventos", "saques". Também sumiram referências a operações psicológicas (não se sabe se a pedido da Presidência da República) e ao uso da Comunicação Social para a conquista e manutenção do apoio da população. Advertia-se, noutro parágrafo recauchutado, que o menor incidente poderia "ser explorado pelas forças oponentes ou pela mídia (sic)", abastecendo a "propaganda adversa à atuação das Forças Armadas". Admitamos que o Manual MD33-M-10 tenha ignorado a "regra brasileira das ondas" – não confiou no tino sociológico de nosso conselheiro Ayres, porém ligou os mesmos pontos cujo desenho há poucos meses ainda podia surpreender. De qualquer modo, ainda no capítulo Ameaças Difusas/Pauta Difusa, não deixa de ser preciosa a candura do lapso freudiano de apostila, a denegação que confirma por antecipação: o Ministério negou que o objetivo do Manual fosse dar condições à tropa de atuar durante a Copa do Mundo; tampouco seria o caso de tomar a iniciativa como uma resposta às manifestações de Junho. Nem eles sabem o que fazem, mas fazem assim mesmo, por reflexo. Caso soubessem o que é consciência, o certo seria dizer: não é nem de longe só por isso. Copa e Junho, e mais adiante Olimpíadas, são apenas aplicativos de ocasião, a verdade verdadeira é que o processo de pacificação nacional está ingressando num estágio de ajuste da segurança interna à condição de potência emergente, arcando em sua ascensão com um lastro social negativo, embora inventivamente bem administrado. Se fosse só para prender e arrebentar, não carecia de mais uma cartilha. Trata-se de impor a paz, e mantê-la. Nesse sentido, a nota valorosa lançada pelo Partido Comunista Brasileiro (PCB) assim que a indigitada portaria transpirou – "Editado o Ato Institucional n. 1 da era petista" – se equivoca, inclusive ao atribuí-la aos "setores mais retrógrados da sociedade", nem acertaria se visasse os "mais avançados", o metro não é mais esse. Tampouco ajuda recorrer à Constituição Cidadã de 1988, pois, segundo o artigo 142, cabe às Forças Armadas a "garantia dos poderes constitucionais, e por iniciativa destes, da lei e da ordem". Como costuma lembrar um estudioso das instituições coercitivas como Jorge Zaverucha, há muitas "ordens" na Constituição, interna e internacional, constitucional, pública, social e econômica, e de todas elas, em boa lógica, as Forças Armadas são garantidoras, cabendo na prática àquelas mesmas Forças decidirem quando houve violação da lei e da ordem, já que o texto constitucional não define quem nem quando a lei e a ordem foram violadas, concluindo que, tudo somado, cabe às Forças Armadas "o poder soberano e constitucional de suspender a validade do ordenamento jurídico, colocando-se legalmente fora da lei"[150].

No fim das contas, maquiado ou não, estamos diante de um manual de instruções para a condução de um processo de guerra interna não declarada. Outro despropósito? Sim e não. Daniel Biral, do grupo Advogados Ativistas, conta que, de junho a novembro, só em São Paulo, 373 pessoas estavam respondendo a processos investigativos ligados às manifestações. É um processo claro de criminalização de direitos assegurados pela Constituição, diz ele. Acrescentando que num evento recente o ex-presidente do Supremo Tribunal Federal Cezar Peluso, interpelado sobre a violência policial nas manifestações, teria declarado, sem pestanejar: "Em nenhuma guerra os

---

[150] Jorge Zaverucha, "Relações civil-militares: o legado autoritário da Constituição brasileira de 1988", em Edson Teles e Vladimir Safatle (orgs.), *O que resta da ditadura: a exceção brasileira* (São Paulo, Boitempo, 2010), p. 48-9.

países respeitam as Convenções de Genebra, e vivemos de fato uma guerra interna no país"[151]. Até onde sei, passou batido e, mesmo que não tivesse, o espantoso é que alguém ainda se espante com a declaração, e sobretudo não saiba que é disso mesmo que se trata. Disso mesmo, mas exatamente o quê? O meretíssimo se exprimiu na língua morta de outro tempo. Para ser exato, nos termos de um antigo regime da guerra e sua continuação política. Os tempos agora são humanitários, por isso muita gente que não usar a faixa de pedestres vai morrer, como ouvi não faz muito um ativista, já proscrito e banido das manifestações, dizer serenamente num seminário[152]. Ficaremos na mesma, apelando para a Constituição. Assim como o obsoleto golpe de Estado tornou-se constitucional, para uma declaração de guerra interna basta uma portaria de um ministério a rigor decorativo, apesar do nome de gente grande, Ministério da Defesa, como no Hemisfério Norte. Está claro que para o tempo ao encontro do qual já estamos a caminho precisaremos de muito mais advogados ativistas, defensores populares, magistrados para a democracia e o que mais vier, embora saibamos que, com quase três décadas de democracia, a democracia rotineiramente chacina nas periferias e nos presídios, para não mencionar a sempiterna pistolagem a serviço do Partido da Terra[153], a cuja tradição os novos tempos agregaram o controle direto do território pelas empresas que tocam megaprojetos, controle exercido inclusive pela mobilização de pequenos exércitos privados, à maneira das antigas

---

[151] Vinicius Souza e Maria Eugênia Sá, "Fantasmas da ditadura", *Caros Amigos*, dez. 2013, p. 25.

[152] Numa das tantas cenas desconcertantes do filme *Cronicamente inviável* (2001), de Sérgio Bianchi, uma dondoca fantasiada de socióloga tucana atropela um menino de rua. Não está se desculpando ao dizer aos brados que o infeliz atravessara fora da faixa; na verdade, sai do carro passando uma descompostura, dirigindo-se à pequena audiência de curiosos que se formara à sua roda (seminário sobre as novas incivilidades?), na vítima, seus familiares, educadores e o que mais for pelo descaso na educação que não houve acerca das regras de trânsito.

[153] A história do Brasil sempre foi uma história de camponeses ameaçados e assassinados. Para eles, a guerra interna é permanente e dispensa manual de instruções. *Partido da Terra* é o título do livro de Alceu Luís Castilho, um levantamento sistemático e exaustivo de como os "políticos conquistaram o território brasileiro" e vice-versa, como o nosso sistema político-partidário é ocupado sistematicamente pelos donos do território. O capítulo da guerra é o último, sobre os escravizados, mortos e ameaçados. Ver Alceu Luís Castilho, *Partido da Terra: como os políticos conquistam o território brasileiro* (São Paulo, Contexto, 2012).

companhias mercantilistas do século XVII, comerciais porém datadas de poderes de governo sobre seus territórios de negócios[154].

A transição, ou redemocratização sempre em vias de se consolidar, como se queira, não corre mais pelo velho trilho regulado pela exceção soberana que o defunto liberalismo histórico recriou para uso próprio, ao desentranhá-la da Razão de Estado inventada pelo Absolutismo. A exceção de hoje confunde-se com o próprio governo. Um emaranhado de violações *ad hoc*, estritamente

---

[154] Não precisamos recorrer ao exemplo clássico desse *revival* mercantilista, o "governo" de corporações como Halliburton e Bechtel sobre porções do território iraquiano, então reconquistado em 2003. Ver Paulo Arantes, "A viagem redonda do capitalismo de acesso", em *Extinção*, cit., p. 176-8. À sombra dos megaprojetos e megaeventos, essa fusão de poder capitalista e poder territorialista opera por aqui numa escala jamais vista – a rigor, ela é a expressão integral do Brasil contemporâneo –, tanto nos confins da Amazônia, nos portos secos e propriamente ditos, como, antes de tudo, na cidade que Carlos Vainer vem chamando de Cidade de Exceção, a cidade--empresa sob governo direto do capital, e não se trata apenas do Rio de Janeiro Cidade Olímpica. Além de seu artigo bem conhecido, "Cidade de Exceção: reflexões a partir do Rio de Janeiro", *Anais: encontros nacionais da Anpur*, v. 14, 2011, ver ainda sua mais recente entrevista, a Dario de Negreiros, "Rio promove 'limpeza urbana' e será mais desigual em 2016", *Viomundo*, 30 jan. 2014. Em resumo, a cidade de exceção é uma cidade-empresa planejada para funcionar estrategicamente como uma empresa num mercado internacional de cidades que vendem localização para as grandes corporações que circulam pelo mundo. E como (falsa) empresa atuando numa situação de mercado politicamente construída (uma situação de mercado sem mercadorias reais: por qualquer ângulo que a observemos, a cidade enquanto tal não é uma mercadoria), precisa ser inteiramente despolitizada, como qualquer empresa, e sua legislação específica, indefinidamente derrogada, flexibilizada, contornada. Seu governo se confunde com uma sequência de Operações Urbanas (que, por sua vez, integram o elenco das intervenções contemporâneas) impulsionadas pelos famigerados "instrumentos", quase todos da família das Parcerias Público-Privadas. A última geração delas, fechando o pacote da mão baixa do capital no comando das cidades, inclui uma inovação espantosa, a "concessão urbanística", outro instrumento, mediante o qual o poder de desapropriação do Estado é transferido para o setor privado, de sorte que um cartel de empresas, ao "ganhar" uma concessão para reurbanizar um bairro, torna-se de fato seu dono, podendo desapropriar para investir em megaempreendimentos imobiliários nesse território, que certamente precisará ser altamente protegido e vigiado, resposta armada incluída. Ver a respeito dessas patologias normalizadas a extensa reportagem de Fabrício Muriana e Sabrina Duran, "PPP da habitação: parceria entre governo estadual de São Paulo e capital imobiliário ameaça até classe média", Arquitetura da Gentrificação, cit. É por essas e por outras que o discurso clássico das mediações passou desta para melhor faz tempo. Não há mais "mediações" nas cidades, todas as ligações são diretas.

administrativo. Um sistema ritual de comandos indevassáveis, como vimos, se fui convincente, a racionalidade política que hoje governa o mundo – como outrora o sistema de racionalizações idealizado por Max Weber – é bem outra. Nela se exprime uma outra razão, uma Razão Pacificadora, sendo o seu governo, por isso mesmo, um governo armado, em todos os sentidos. Uma Razão Humanitária, como prefere dizer Didier Fassin, centrada, porém, nessa denominação, no governo das vidas precárias, vai se expandindo pelo conjunto da vida social, que por sua vez se apresenta cada vez mais como um cenário de traumatismos e reparações[155]. Mas "governadas", e não pura e simplesmente reprimidas. Num presente essencialmente humanitário, novamente na acepção que inicialmente lhe deu Eyal Weizman, não espanta que essa Razão Pacificadora careça de cooperação armada para operar – e não se trata tão somente de intervenções humanitárias, elas próprias transes dramáticos de um mesmo paradigma dominante –, e operar num ambiente social e político muito além do *pas de deux* envelhecido Democracia e Ditadura. Vivemos fora do museu onde estes trastes podem ser visitados e apreciados na sua justa medida: Liberalismo (político ou econômico), Social-Democracia, Democracia Participativa (seção Últimas Aquisições), sem falar num outro museu, o da Revolução, a ser frequentado mais assiduamente, é verdade. É onde vivemos, numa ordem que poderia ser redescrita como *ademocrática* – como sugerido por Wendy Brown –, onde não faz mais o menor sentido contrapor a democracia liberal de nossos avós ao fantasma de um autoritarismo neoliberal. Enquanto a esquerda não se livrar desse entulho, nada terá a dizer a não ser chorar o leite derramado, que aliás nunca foi seu. Dizendo isso, estou apenas acompanhando o argumento final de Dardot e Laval[156], no qual relembram que a esquerda, para bem ou para mal, nunca se apresentou com uma alternativa propriamente sua. Sempre parasitou formas alheias de comando e gestão, quando não gerou formações monstruosas ao fundir num só bloco, porém com funções intercambiáveis, administração dos homens e governo das coisas – governo dos homens e administração das coisas, corrigiria Saint-Simon. Seja como for, pelo caminho trilhado até agora não chegaremos nunca à pedra filosofal. A primeira providência é bem simples: apenas olhar e ver que governos governam, o seu reino é o da necessidade, a segurança humana num reino de vulnerabilidades,

---

[155] Didier Fassin, *La raison humanitaire* (Paris, Gallimard, 2010).
[156] Pierre Dardot e Christian Laval, *La nouvelle raison du monde*, cit., p. 469-75.

e se é assim, não faz o menor sentido – malgrado dois séculos de ilusões – enxertar nesse reino, congenitamente securitário – nele todo mundo, cedo ou tarde, se desincumbirá de algum trabalho sujo, que não é trabalho por acaso, planejará efeitos colaterais inevitáveis etc. –, as nossas arvorezinhas da liberdade. Em bom português, esperar de governos que governem como se não fossem governos, mas blocos progressistas na cabine de comando, e como tais periodicamente plebiscitados: visto das alturas de tal cabine, por exemplo, travar o processo de acumulação é atentar contra a segurança do território. Não estou falando de nuvens nem arengando na sacristia depois da missa. Como sugerido em mais de uma ocasião ao longo destas páginas, Junho foi, antes de tudo, sobre isto: como somos governados, como nos governamos e como agora não queremos mais saber disso. Salvo, é claro, o secular progressismo brasileiro, justamente porque *há* governo, sempre uma benção numa sociedade que precisa *dar certo*, pois sempre haverá um resíduo inorgânico a ser absorvido pela máquina civilizatória. Ingratidão? Está certo o ministro. Do alto, é sempre isso que se vê. No dia 24 de janeiro de 2014, no Fórum Social em Porto Alegre, o ministro-chefe da Secretaria Geral da Presidência da República declarou que houve perplexidade no governo federal e até um sentimento de "ingratidão" em relação aos manifestantes de junho de 2013: "Nós ficamos perplexos", esclarecendo que o "nós" abrangia governo e "movimentos sociais tradicionais". Retratou-se no dia seguinte, afirmando que fora mal compreendido ao dizer "Fizemos tanto para essa gente, e agora eles se levantam contra nós". Não é preciso recorrer às costas largas de nossas raízes coloniais. Não é mero ressentimento da gente de mando desapontada com a legião de clientes mal-agradecidos. Mas como essa multidão de ingratos governou-se e foi governada até agora?

Por uma política de terapia social, responderia Edson Teles, pesquisador e militante veterano na luta dos familiares de mortos e desaparecidos pela Ditadura[157]. Desde que, oficialmente, com a Constituição de 1988, a

---

[157] Cito de acordo com os textos que tenho à mão, pois o autor se manifestou muitas vezes a respeito desse modelo de fusão jurídico-normalizadora que geralmente atende pelo nome de Estado Democrático de Direito. Por exemplo, "Democracia e estado de exceção: o conceito de ação na filosofia política contemporânea por meio do discurso dos direitos humanos", inédito, e "Democracia, segurança pública e coragem para agir na política", em Slavoj Žižek, Tariq Ali et. al., *Occupy: movimentos de protestos que tomaram as ruas* (São Paulo, Boitempo, 2012), p. 75-82, artigo publicado originalmente no blog da editora.

assistência social deixou de ser filantropia e configurou-se como um modo essencial de lidar com o sofrimento de populações empobrecidas, fragilizadas e carentes de toda sorte de atenção, foi se consolidando no Brasil a ideia verdadeiramente consensual segundo a qual, sendo Democracia e Estado de Direito uma coisa só, a gradativa submissão do político ao ordenamento jurídico nada mais seria do que a expressão conforme de uma prática social fundamentada no discurso dos direitos humanos, de sorte que

> os danos sofridos pelo sujeito político são objetivados por meio do tratamento da falta, como políticas positivas de reconhecimento e diminuição da injustiça. O sujeito ativo da democracia é identificado com a parte da sociedade capaz de se envolver com a solução do problema [...] em lugar da ação política, os novos atores sociais são instados a fomentar, no teatro da fabricação de resultados, a governança do sofrimento, através de uma mudança social contabilizada nos índices de desenvolvimento humano.

No centro do nosso presente humanitário encontra-se precisamente – mas não só – o processo de dissolução da *última utopia* – como foi caracterizado o *front* dos Direitos Humanos em seu período épico de confronto com a violência exterminista e desaparecedora inerente ao poder soberano enquanto tal –, para ser exato, seu processo de paulatina conversão de verdadeira antipolítica, em sua acepção libertária, em... política pública[158]. Conversão evidentemente dramática para os ativistas herdeiros dessa tradição militante que salvou vidas incontáveis no auge do Terror Branco na América Latina, por exemplo. Não deve ter sido fácil para nosso autor precisar reconhecer a presença dessa burocrática banalização do derradeiro horizonte utópico nas engrenagens das atuais tecnologias de controle social.

> Participando do consenso da política contemporânea, o discurso dos direitos humanos legitima, paradoxalmente, tanto a resistência do indivíduo frente às violências sofridas quanto as políticas dos Estados nacionais, os maiores violadores de direitos. Desta forma, o militante e o ministro, o sem-terra e as forças de segurança, o destituído e a grande mídia são seus usuários.

E como já vimos, a ideia básica deste discurso, eminentemente terapêutico, é a de que estamos cercados de vítimas por todos os lados, que só serão assistidas graças ao império da lei distribuída pelos seus tribunais, um fazer em que tudo se negocia e barganha por consenso – o resto é "politização",

---

[158] Ver Samuel Moyn, *The Last Utopia: Human Rights in History* (Cambridge, The Belknap Press, 2010).

da qual Edson Teles dá como exemplo a carta do governo brasileiro ao Conselho de Direitos Humanos da ONU, em 19 de julho de 2010, "na qual se propõe a negociação com os regimes autoritários com o intuito de evitar a 'politização'". Num quadro como esse, de boa governança dos indicadores de sofrimento social, rebelar-se só mesmo por ingratidão. E além do mais, por milagre, sendo impossível por princípio resistir a um tal consenso fabricado em torno da unanimidade dos direitos humanos. *Pois esse milagre ameaçou acontecer em Junho.*
Sinal de que há processos de subjetivação que as malhas dessa rede estão deixando passar. Uma preciosa descoberta sociológica de Regina Magalhães de Souza – a mesma "desconstrutora" do Discurso do Protagonismo Juvenil, à qual o leitor já foi apresentado – oferece algumas indicações a respeito. Ensinando sociologia por vontade própria numa gigantesca e monstruosa UniEsquina, Regina viu seus alunos – na maioria, trabalhadores pobres, em geral moradores das mais remotas periferias – descobrindo aos poucos a existência de uma coisa chamada "sociedade" – que, segundo o consenso de há pouco, igualmente interpelado por Edson Teles, não existiria mais, apenas uma massa atomizada de vidas vulneráveis e individualizadas, e a rede de programas e socorristas que as gerencia, por um lado, e por outro, o lado ativo dos que "se viram" encarando, nas palavras de nossa autora, sua atuação social apenas como indivíduos exclusivamente responsáveis pela solução de seus problemas através da negociação com outros indivíduos cuidando igualmente de seus interesses particulares –, dando-se conta, ao mesmo tempo, que esta mesma recém-descoberta sociedade "lhes exige muito, mas não lhes oferece as condições de realizarem o que foi exigido". Numa palavra, começaram a pensar. E a "reinterpretar sua posição no mundo, percebendo as conexões entre situações, experiências individuais e conjuntura histórica e social"[159]. Ora, segundo Regina, isso

> só foi possível porque os discursos do poder contemporâneo, que prescrevem um tipo de relação entre indivíduo e sociedade, não haviam atingido esse segmento *sui generis* da sociedade. Pessoas pobres, com o dinheiro contado, tinham acesso apenas parcial ao mercado de consumo e ao modo de pensar propagados pela indústria cultural. Eram adultas, já haviam aprendido a resistir aos apelos da propaganda, não usavam roupas de grife, não navega-

---

[159] Regina Magalhães de Souza, "Trabalhadores vão à faculdade: notas para uma investigação sobre sujeitos que voltam a estudar", capítulo de um livro coletivo organizado por Nilton Ota e Luciano Pereira, ainda inédito.

vam pela internet. Moradores da periferia, mas que, por algum motivo, se mantiveram afastados dos movimentos sociais urbanos de reivindicação de direitos, dos sindicatos e dos partidos. Mas também não eram tão pobres a ponto de preencherem os requisitos para se tornarem os beneficiários de programas sociais, não se tornando objeto, portanto, do discurso das políticas públicas governamentais e não governamentais. Ou seja, parece que essas pessoas não foram atingidas ou totalmente atingidas [...] pelo discurso do *protagonismo* que nega a existência da sociedade apresentada como um aglomerado de indivíduos particulares em atividade e em negociação entre si [...] relativamente distantes do individualismo, padronização e coisificação promovidos pela indústria cultural, e sem participar, quer das "tradicionais", quer das "novas formas de política", essas pessoas não se transformaram em objetos de discurso do poder hegemônico na atualidade, o que lhes proporcionou inusitada abertura ao conhecimento e ao exercício do pensamento.

Pois Regina encontrou muitos deles nas ruas de Junho, que prontamente reconheceram a professora que os ajudara a redescobrir a sociedade escamoteada pelas tecnologias sociais de gestão e controle. Desses últimos peixes fora da rede (até quando? Planilhas e editais para apanhá-los já devem estar sendo desenhados) certamente não se poderá dizer que protestavam por pura ingratidão. Quanto ao milagre que os fizera voltar a pensar, alguma coisa ficamos sabendo agora. Duplo milagre, se incluirmos na conta a contribuição de um clássico, Durkheim, que reinventou sua disciplina no intuito de apaziguar as paixões políticas que periodicamente empurravam a França para o abismo da guerra social.

Falando muito simploriamente, creio que a massa dos manifestantes era de indivíduos *desamparados* e *sem discurso,* mas que por isso mesmo foram capazes de perceber o caráter subalterno e de segunda categoria de sua inserção na sociedade, no mercado de trabalho, no mercado de consumo, no nível superior de ensino, na vida da metrópole [...]. Os desamparados, sem-discurso, "excluídos do interior" (Bourdieu) descobriram que coletivamente podem manifestar-se contra uma sociedade que tudo exige e nada cumpre.[160]

Se não soubermos ou não pudermos contar com eles para a tarefa política da geração que vem, nada feito.

(Continua)

---

[160] Idem, "Impressões sobre os manifestantes de junho na cidade de São Paulo", inédito.

Postscriptum
Na identificação do lado sombrio de Junho, nenhum cuidado será demais. Não sei se Celso Frederico cuidou de tomar essa precaução ao escrever que "o 'demoníaco' deu o ar de sua graça nas manifestações de junho, quando depredações, vandalismo e roubo de lojas aproximaram grupos punks, *black blocs*, policiais infiltrados, ladrões e adeptos da ação direta"[161]. Não sei se o amálgama é uma forma peculiar de conhecimento – embora a enumeração caótica em poesia seja –, mas nesse caso particular ele está no ar enevoado de Junho como uma vontade difusa de encontrar logo o mínimo denominador comum entre aquelas três categorias de coisas que compunham a estranha ontologia do antigo secretário de Defesa norte-americano Donald Rumsfeld: as coisas que nós sabemos que sabemos; as que nós sabemos que não sabemos; e, as mais inquietantes, as que nós não sabemos que não sabemos. Como estas últimas lhe tiravam o sono, acordava atirando a esmo. Espero não cair na tentação de cometer o amálgama simétrico, ao evocar a hoje antiga teoria argentina dos "dois demônios", predominante nos primeiros anos da redemocratização sob Alfonsín. Para voltar à vida normal, pregava a doutrina que inspirou também os julgamentos paralelos dos militares e dos líderes guerrilheiros sobreviventes, era preciso que a Argentina exorcizasse os demônios do passado, um passado de violência política contínua e generalizada, como se sabe, porém convenientemente recortado para acomodar uma revisão da carnificina recente como o resultado do enfrentamento entre dois grupos, no limite socialmente marginais, identificados com a violência, os militares golpistas repressores e a esquerda radical, e por isso mesmo, igualmente terrorista. Descartava-se assim "a crise mais profunda na história argentina como uma mera sucessão de episódios sem sentido nos quais o país fora vitimizado por gangues rivais de sequestradores e assassinos vindos aparentemente do nada"[162]. Com as Forças Armadas ignominiosamente derrotadas na Guerra das Malvinas, essa fantasia de uma reconciliação nacional indolor

---

[161] Celso Frederico, "Da periferia ao centro: cultura e política em tempos pós-modernos", *Estudos Avançados*, v. 27, n. 79, 2013, p. 17.
[162] Tulio Halperin Donghi, citado em Luis Roniger e Mario Sznajder, *O legado de violações dos direitos humanos no Cone Sul* (São Paulo, Perspectiva, 2004), p. 280.

tinha endereço certo, os violentos que quiseram mudar tudo, esses sim os verdadeiros possessos, possuídos pelo demônio das ideias abstratas, cuja passagem ao ato sempre despertou os outros endemoniados que desejam manter tudo igual. Essa doutrina andou passeando por aqui, pregando igualmente a equivalência entre as duas violências que teriam tresloucadamente medido forças numa guerra particular. Mas não poderia pegar para valer, sem a sua contrapartida jurídica. Ao contrário da Argentina, por aqui os demônios fardados continuam à solta. Para não falar nos potentados e hierarcas que desceram aos infernos para convocá-los. Amálgama infeliz à parte, os demônios de agora – exorcizados por toda uma nova era de paz civil – abandonaram o corpo da nação para se refugiar numa outra manada de porcos, a que tomou conta das ruas de Junho, ao invés de cumprirem à risca seu destino evangélico, atirando-se de um precipício urbano qualquer para se afogar nas águas de algum jardim pantanal. Para que o exorcismo surta efeito, é preciso que o demônio diga o seu nome. Na parábola bem conhecida do Novo Testamento, o Possesso de Gerasa teria respondido: "Legião é o meu nome, porque somos inumeráveis". Nas últimas páginas de *Os demônios**, de Dostoiévski, o pai do principal deles, o ridículo liberal ocidentalizado de turno, cuja pantomima ideológica, se traz prestígio para os notáveis do distrito, não engana ninguém, muito menos sua protetora rica, da qual não é mais do que um agregado de casaca, evoca a Parábola, cujo teor o título do romance condensa e ilustra com o paroxismo final de incêndio, assassinatos e patifarias variadas, pelas mãos dos herdeiros pseudotudo que se possa imaginar de caricato em matéria de conspiração e ideias iconoclastas, tão artificialmente enxertadas e manuseadas com a inépcia de vigaristas como as da geração anterior de falastrões inócuos. O truque de Dostoiévski era pôr para gesticular, e quebrar, todo aquele elenco de *détraqués* num cenário impossível, porém ligeiramente deslocado para revelar o fundo falso de todo o progressismo europeu, entre outras ideias alucinadas, pelo prisma russo, é claro. Desse folhetim genial e sangrento, tirou-se muita bobagem depois do 11 de Setembro. Mesmo assim, Toni Negri e Michael Hardt cometeram a imprudência de colher justamente nesse imbróglio todo

---

* São Paulo, Editora 34, 2011. (N. E.)

uma paráfrase incontornável da parábola que lhes interessava por sua vez comentar para melhor ilustrar o seu conceito de Multidão como "multiplicidade de singularidades que não pode encontrar unidade representativa em nenhum sentido"[163]. Não menos imprudente o autor do presente comentário sobre Junho, numa hora (11 de fevereiro de 2014) em que os porcos endemoniados não só incendeiam, depredam e saqueiam, como agora matam. Essa morte trágica de um jornalista foi a gota d'água na qual nos afogaremos todos. Daqui para frente, haverá muita morte acidental de um anarquista, e não será comédia. Embora sem saber se o que nos espera varrerá tudo o que foi escrito até aqui para a lata de lixo dos ornamentos filosóficos, continuemos. Não se trata de uma questão metafísica a ser disputada entre doutrinários qualificados, um diálogo platônico sobre o Uno e o Múltiplo, por exemplo, ou um capítulo da Ciência da Lógica sobre o lugar da particularidade entre o universal abstrato e as singularidades avulsas, mas não é menos verdade que o turbilhão terminológico dos dois autores incriminados nos arrasta para estas altas paragens da especulação. Por outro lado, por mais que os autores insistam que o conceito de Multidão é um conceito de classe, e que esta é determinada pela luta, ninguém acredita. Tanto melhor, no fundo a teoria não importa, no sentido de representação ou cópia conforme do mundo. Ou por outra, o que aparece aqui travestido na roupagem de um conceito teórico seria melhor descrito como expressão de uma prática antagonista de insubordinação diante de um tipo específico de comando, de preferência emanado de um poder soberano, a que nos habituamos chamar governo. Não importa o recheio ontológico ou sociológico com que levamos o conceito de Multidão ao forno, o que de fato está chocando e enfurecendo é o poder coletivo exibido por muitos corpos juntos na rua, demonstrando ser o mais efetivo instrumento de oposição, e pior ainda, sem clamar por um chefe – e não só aqui, essa praga está se alastrando pelo mundo. Capaz de agir em comum sem ser governada, desafia não só o Estado que necessita agora de um *povo* unido em torno da pátria de chuteiras, mas igualmente os partidos que precisam da *massa* de eleitores-consumidores organizados por nichos

---

[163] Michael Hardt e Antonio Negri, *Multidão* (trad. Clóvis Marques, Rio de Janeiro, Record, 2005), p. 186-9.

de demanda, bem como os movimentos e organizações sociais cujos cadastros definham se o *público-alvo* fica muito arisco, e o Capital, enfim, por tudo o que se disse, somado ao zelo indispensável aos envolvidos na procura de um bem escasso chamado emprego. Pois essa legião sem nome começou a mostrar a cara em Junho. Mas por que demoníaca?

dezembro de 2013-fevereiro de 2014

FONTES DOS TEXTOS

"O novo tempo do mundo" – inédito.

"*Sale boulot*: uma janela sobre o mais colossal trabalho sujo da história", *Tempo Social*, v. 23, n. 1, jun. 2011.

"Zonas de espera", em Vera Malaguti (org.), *Loïc Wacquant e a questão penal no capitalismo neoliberal* (Rio de Janeiro, Revan, 2012).

"Alarme de incêndio no gueto francês: uma introdução à era da emergência", *Discursos sediciosos: crime, direito e sociedade*, Rio de Janeiro, Revan, ano 15, n. 17-18, 2011.

"1964", em Edson Teles e Vladimir Safatle (orgs.), *O que resta da ditadura: a exceção brasileira* (São Paulo, Boitempo, 2010).

"Tempos de exceção" – entrevista a Luciano Pereira para a revista *Trans/Form/Ação*, Marília, Unesp, v. 31, n. 2, 2008, p. 7-18.

"Em cena" – entrevista a Beth Néspoli, "Paulo Arantes: um pensador na cena paulistana", *O Estado de S. Paulo*, 16 jul. 2007.

"Um prólogo" – resultado de uma conversa com Maria Tendlau e José Fernando de Azevedo, em Antônio Araújo, José Fernando de Azevedo e Maria Tendlau (orgs.), *Próximo ato: teatro de grupo* (São Paulo, Itaú Cultural, 2011).

"Depois de junho a paz será total" – inédito.

OBRAS DO AUTOR

Hegel: a ordem do tempo. São Paulo, Polis, 1981. 2. ed.: São Paulo, Hucitec, 2000. Ed. fr.: *Hegel: l'ordre du temps*. Paris, Harmattan, 2000.

Um ponto cego no projeto moderno de Jürgen Habermas. São Paulo, Brasiliense, 1992. (Coautoria com Otília B. F. Arantes.)

O sentimento da dialética. São Paulo, Paz e Terra, 1992.

Um departamento francês de ultramar. São Paulo, Paz e Terra, 1994.

O fio da meada. São Paulo, Paz e Terra, 1996.

Ressentimento da dialética. São Paulo, Paz e Terra, 1996.

Diccionario de bolso di almanaque philosophico zero à esquerda. Petrópolis, Vozes, 1997.

O sentido da formação. São Paulo, Paz e Terra, 1997. (Coautoria com Otília B. F. Arantes.)

Notícias de uma guerra cosmopolita. Bauru/São Paulo, Faac/Unesp, 2004.

Zero à esquerda. São Paulo, Conrad, 2004.

Extinção. São Paulo, Boitempo, 2007.

Paulo Arantes em aula pública convocada pelo
Movimento Passe Livre, em 27 de junho de 2013.

Publicada em abril de 2014, dez meses após o início dos protestos contra o aumento da tarifa nos transportes públicos que tomaram conta das ruas e da pauta política do Brasil, esta obra foi composta em Adobe Garamond, corpo 10,5/13,5, títulos em Bauer Bodoni, e reimpressa em papel Avena 80 g/m^2 na gráfica Forma Certa, para a Boitempo, em fevereiro de 2025, com tiragem de 300 exemplares.